Fife	Central	Lothian	Strathclyde	Dumfries/Gallo.	Borders	Land & Leute	Reisetipps
Anhang	Orkney & Shetl.	Äuß. Hebriden	Inn. Hebriden	Norden	Hochland	Grampian	Tayside

Kartenatlas

REISE KNOW HOW im Internet

Aktuelle Reisetipps und Neuigkeiten
Ergänzungen nach Redaktionsschluss
Büchershop und Sonderangebote

www.reise-know-how.de
info@reise-know-how.de

Wir freuen uns über Anregung und Kritik.

Andreas Braun, Holger Cordes, Antje Großwendt

Schottland Handbuch

Grey recumbent tombs of the dead in desert places,
Standing stones on the vacant wine-red moor,
Hills of sheep, and the homes of the silent vanished races,
And winds, austere and pure.

Robert Louis Stevenson (1850-1894)

Andreas Braun, Holger Cordes,
Antje Großwendt

Schottland Handbuch

Impressum

Andreas Braun, Holger Cordes, Antje Großwendt
Schottland Handbuch

erschienen im
REISE KNOW-HOW Verlag Peter Rump GmbH
Osnabrücker Str. 79
33649 Bielefeld

© Peter Rump 1992, 1994, 1996, 1998, 2000, 2003
7., komplett aktualisierte Auflage 2005

ALLE RECHTE VORBEHALTEN

Gestaltung:
Umschlag: M. Schömann, P. Rump (Layout)
  G. Pawlak (Realisierung)
Inhalt: M. Siegmund (Büro für Gestaltung, M. Schömann, Köln)
Karten: Cathérine Raisin, der Verlag
Fotos: die Autoren, Gunda Urban (GU), Wolfram Schwieder (WS)
Titelfoto: Holger Cordes

Lektorat (Aktualisierung): Liane Werner

Druck und Bindung: Wilhelm & Adam, Heusenstamm

ISBN: 3-8317-1351-0

PRINTED IN GERMANY

Dieses Buch ist erhältlich in jeder Buchhandlung Deutschlands, der Schweiz,
Österreichs, Belgiens und der Niederlande. Bitte informieren Sie Ihren Buchhändler
über folgende Bezugsadressen:
Deutschland: Prolit GmbH, Postfach 9, D-35461 Fernwald (Annerod)
sowie alle Barsortimente
Schweiz: AVA-buch 2000, Postfach 27, CH-8910 Affoltern
Österreich: Mohr Morawa Buchvertrieb GmbH, Sulzengasse 2, A-1230 Wien
Niederlande, Belgien: Willems Adventure, Postbus 403, NL-3140 AK Maassluis

Wer im Buchhandel trotzdem kein Glück hat, bekommt unsere Bücher
auch über unseren **Büchershop im Internet:**
www.reise-know-how.de

● Wir freuen uns über Kritik, Kommentare und Verbesserungsvorschläge.

Alle Informationen in diesem Buch sind von den Autoren mit größter Sorgfalt gesammelt
und vom Lektorat des Verlages gewissenhaft bearbeitet und überprüft worden.
Da inhaltliche und sachliche Fehler nicht ausgeschlossen werden können, erklärt der Verlag,
dass alle Angaben im Sinne der Produkthaftung ohne Garantie erfolgen und dass Verlag wie
Autoren keinerlei Verantwortung und Haftung für inhaltliche und sachliche Fehler übernehmen.
Die Nennung von Firmen und ihren Produkten und ihre Reihenfolge sind als Beispiel ohne Wertung
gegenüber anderen anzusehen. Qualitäts- und Quantitätsangaben sind rein subjektive Einschätzungen
der Autoren und dienen keinesfalls der Bewerbung von Firmen oder Produkten.

Vorwort

Die Schotten werden noch immer von dem Klischee verfolgt, sie seien geizig und trügen seltsam gemusterte Röcke. Wir haben auf unseren vielen Reisen einen völlig anderen Menschenschlag erlebt. Schotten sind hilfsbereit und nehmen ihre Gäste herzlich auf. Knauserig zeigt sich in Schottland allenfalls der Boden, denn auf der kargen Erde des Hochlandes gedeiht nicht viel außer Heidekraut, Moosen, Farnen und der schottischen Kiefer. Im Herbst allerdings, wenn die Heide in voller Pracht erblüht, schwelgt die Natur im Überfluss.

Schottland, das Land der Clans und Tartanmuster, der Highland Games und des Dudelsacks, übt auf jeden Touristen einen unwiderstehlichen Reiz aus. Dieser liegt nicht zuletzt auch in den vielen großen Festen und Festivals, die es in Schottland zu feiern gibt.

Wer mit königlich-englischem Blut feiern möchte, dem sei das traditionelle *Braemar Highland Gathering* empfohlen, das im Spätsommer stattfindet. Einen Monat zuvor zieht das große *Edinburgh International Festival* mit kulturellen Veranstaltungen Besucher aus der ganzen Welt an. Auf die zahlreichen kleineren Festivals gehen wir an Ort und Stelle ein, soweit das bei der Vielzahl möglich ist.

Unser Reisehandbuch möchte all jenen praktische Hilfestellung leisten, die dieses faszinierende Land auf eine ganz persönliche Weise erleben wollen. Es umfasst komplette Informationen von der Reiseplanung bis zur Rückkehr. Der Leser kann sich über Geschichte und Tradition genauso gründlich informieren wie über bekannte und weniger bekannte Sehenswürdigkeiten. Wir beschreiben einsame Wanderwege in den Highlands und großstädtisches Leben in Glasgow und Edinburgh, die zum Teil einzigartige Tierwelt von Robbe bis Seeadler und das moderne Schottland, Alltagsleben und Touristenwelt.

Wie immer man seinen Urlaub verbringen will, sei es als Festivalbesucher, Wanderer, Segler oder Golfer, unser Reisebuch vermittelt dafür gründlich recherchierte und sachlich bewertete Informationen. Wir haben für Sie die interessantesten Orte, selbst auf den abgelegensten Inseln, erkundet und sind überall behilflich, Sehenswertes zu entdecken und auch Unterkunft, Restaurants sowie das richtige Verkehrsmittel zu finden.

Wir wünschen viel Vergnügen und reiche Erlebnisse bei der Reise durch das raue und zugleich gastfreundliche Schottland.

An dieser Stelle möchten wir uns für die nach wie vor zahlreichen Leserbriefe bedanken, die uns helfen, auf dem neuesten Stand zu bleiben. Also schreibt uns Kritik und Anregungen. Viel Spaß bei der Reise!

Euer Reiseteam

Inhalt

Vorwort 7
Hinweise zur Benutzung 11

Ermäßigungen 69
Maße und Gewichte 70
Elektrizität und Wasser 70
Zeitdifferenz 71
Lernen und Arbeiten 71

Praktische Reisetipps

Information 14
Diplomatische Vertretungen 16
Reisezeit 16
Ausrüstung 17
Rund ums Geld 21
Versicherungen 22
Hin- und Rückreise 23
Ein- u. Ausreisebestimmungen 32
Unterwegs in Schottland 33
Orientierung 51
Unterkunft 53
Post und Telefon 56
Essen und Trinken 58
Einkäufe 60
Sport und Erholung 60
Gesundheit 65
Notfall 66
Öffnungszeiten 67
Feiertage 69

Land und Leute

Geographie 74
Geologie 75
Klima 75
Tierwelt 77
Pflanzenwelt 81
Kurze Geschichte 83
Bevölkerung 93
Sprache 98
Religion 101
Folklore 102
Die schottische Presse 105
Literatur 108
Malerei 114
Architektur 115
Musik 119
Verwaltung 121
Wirtschaft 124
Umweltschutz 133

Regionen und Orte

Borders	141
Überblick	142
Kelso	145
Melrose	147
Galashiels	150
Peebles	152
Jedburgh	154
Hawick	155
Duns	156
Eyemouth	159
Dumfries und Galloway	161
Überblick	162
Stranraer	165
Newton Stewart	167
Zwischen Dumfries und Newton Stewart	170
Dumfries	173
Moffat	179
Strathclyde und Glasgow	181
Überblick	182
Ayr	183
Glasgow	190
New Lanark	210
Dumbarton	211
Helensburgh	212
Loch Lomond	214
Halbinsel Cowal	215
Bute	219
Inveraray	221
Zwischen Inveraray und Oban	223
Oban	224
Halbinsel Kintyre	226
Lothian und Edinburgh	233
Überblick	234
Edinburgh	234
Östl. und südl. von Edinburgh	267
Zwischen Edinburgh und Stirling	274
Central	279
Überblick	280
Stirling	280
Von Stirling zum Loch Lomond	287
Fife	291
Überblick	292
Culross	292

Inhalt

Dunfermline	294	Islay	457
East Neuk	296	Jura	461
St Andrews	298	Colonsay und Oronsay	464
Falkland	308	Mull	466
Loch Leven	310	Iona	469
		Staffa	469
Tayside	**311**	Skye	470
Überblick	312		
Perth	312	***Die Äußeren Hebriden***	**483**
Scone	316	Überblick	484
Dundee	317	Lewis	490
Zwischen Dundee und		Harris	496
Aberdeen	321	North Uist	499
Das Landesinnere von Angus	325	Benbecula	500
		South Uist	501
Grampian und Aberdeen	**329**	Barra	503
Überblick	330		
Aberdeen	331	***Orkney und Shetland***	**505**
Die Küste Grampians	343	Orkney	506
Von Aberdeen nach Banff	357	Shetland	518
Von Aberdeen nach Keith	360		
Von Aberdeen nach Dufftown	364		
Das Tal des River Dee	372		

Anhang

Das zentrale Hochland	**377**	Schottland im Winter	526
Von Perth nach Inverness	378	Literatur	531
Inverness	393	Register	544
		Die Autoren	551
		Kartenverzeichnis	552
Der Norden		Kartenatlas	553
und Nordwesten	**405**	Umrechnungstabellen	XXIV
Die Ostküste	406		
Die Nordküste	420		
Die nordwestliche			
Atlantikküste	426		
Das westliche Hochland	434		

Arran und die	
Inneren Hebriden	**447**
Überblick	448
Arran	448
Gigha	454

Exkurse

Über Glens und Bens – Der West Highland Way 47
Benutzung des Kompasses 52
Gespensterglaube – eine schottische Leidenschaft 106
Sir Walter Scott 110
Robert Burns 111
Schottische Schriftsteller des 20. Jahrhunderts 113
Gretna Green 164
Geschichte Glasgows 192
Charles Rennie Mackintosh 201
Geschichte Edinburghs 236
Mary Queen of Scots – tragische Heldin oder Opfer ihrer selbst? 246
Theodor Fontane – Sammler schottischer Sagen und Legenden 250
Scotland Home of Golf 300
Geschichte und Wirtschaft Aberdeens 332
Whisky, das braune Wasser des Lebens 370
Crofting 386
Der olympische Geist im Kilt 388
Bonnie Prince Charlie – Held oder Abenteurer? 398
Lochness – Unbekanntes Tauchobjekt oder Sommerlochplombe? 400
Die Erschaffung der Einsamkeit – Highland Clearances im 19. Jh. 410
Brochs und Duns – die Burgen der Vorzeit 440
Schottlands Tal der Tränen – Glen Coe 445
Der Dudelsack 476
Harris Tweed 488
Seevögel an Schottlands Küsten 508

Hinweise zur Benutzung

Dieser Reiseführer ist als praktischer Ratgeber für Touristen konzipiert, die sich Schottland aktiv erschließen wollen. Deshalb ist er so benutzerfreundlich aufgebaut, wie wir es nach mehreren Schottlandreisen für nützlich erachtet haben. Der Führer gliedert sich in drei größere Abschnitte.

Das Kapitel *„Praktische Reisetipps"* enthält allgemein nützliche Informationen wie Adressen, Botschaften, Tipps für die Anreise und das Reisen in Schottland etc.

Der Abschnitt *„Land und Leute"* erläutert die Besonderheiten des Landes und gibt jeweils einen kurzen Überblick über die einzelnen Ressorts wie Geschichte, Wirtschaft, Kultur, Landschaft und dergleichen. Wenn dabei das Kapitel „Geschichte" etwas länger ausgefallen ist, liegt das daran, dass die Geschichte in Schottland immer und überall gegenwärtig ist. Und vieles kann man in Schottland nicht verstehen, wenn man die Geschichte des Landes nicht kennt.

Den größten Platz nehmen verständlicherweise die *Ortsbeschreibungen* ein. Die jeweils touristisch

Hinweise zur Benutzung

wichtigsten Städte oder Gebiete werden immer komplex beschrieben. Dazu gehören auch genaue Hinweise zu Unterkünften, wichtige Adressen und Verkehrsverbindungen.

Die gesamte Region ist am Ende des Buches in einem *farbigen Kartenatlas* im Maßstab 1:700.000 abgebildet. Im Reiseteil wird zusätzlich zu den Kartenhinweisen in der Kopfzeile bei allen wichtigen Orten, Inseln und Sehenswürdigkeiten mit einem *Pfeil* ⬈ auf den Karten-Atlas verwiesen, z. B. ⬈ *II, B1.* Dabei verweist die römische Zahl auf die Atlasseite, Buchstaben und arabische Ziffern verweisen auf das Planquadrat.

Zur Rubrik *„Verbindungen"* sei dabei gesagt, dass wir keine Fahrpläne aufgelistet haben, da diese zu schnell veralten und zudem den Rahmen dieses Buches sprengen würden. Uns ging es darum, zu verdeutlichen, inwieweit ein Ort gut erreichbar ist, ob mehrmals am Tag ein Bus verkehrt oder ob man eventuell mehrere Tage an einer Stelle festhängt, weil der Bus dort nur einmal pro Woche fährt.

In der Rubrik *„Unterkünfte"* haben wir uns bemüht, zu jeder Übernachtungsart mindestens eine Adresse anzugeben, bei Hotels auch in den verschiedenen Preisklassen. Für B&B haben wir nur in seltenen Fällen Adressen genannt, weil es erstens ohnehin kein Problem ist, einen B&B-Anbieter ausfindig zu machen und zweitens die Aufnahmekapazitäten dieser B&B-Anbieter sehr beschränkt sind, d.h. die Häuser bei einer Nennung wahrscheinlich ständig belegt wären. Jugend-

herbergen haben wir grundsätzlich aufgeführt, wenn es am Ort eine gab.

Das *Register* im Anhang erlaubt einen schnellen Zugriff auf Informationen über eine bestimmte Örtlichkeit, eine Person oder ein Sachgebiet.

Für die angegebenen *Preise und Tarife* können wir natürlich keine Garantie übernehmen. Sie sind zumeist auf dem Stand des Frühjahres 2005 und werden sich wahrscheinlich inzwischen wieder verändert haben. Die Preisangaben sind deshalb als Richtwerte zu verstehen, die vor allem Auskunft über die Preiskategorie einer Unterkunft o.Ä. geben sollen.

Im Buch werden folgende *Abkürzungen* verwandt:

DZ	Doppelzimmer
E	Eintritt
Ö	Öffnungszeiten
B&B	Bed and Breakfast
Einw.	Einwohner

Praktische Reisetipps

Information

Informationsstellen zur Anreise (Eisenbahn-, Bus-, Flug- und Fährgesellschaften) werden im Kapitel „Hin- und Rückreise" vorgestellt. Für die Weiterreise in Schottland sind Adressen in „Unterwegs in Schottland" aufgelistet.

Informationsstellen außerhalb Schottlands

● **Britain Visitor Centre,** Hackescher Markt 1, 10178 Berlin, Tel. 01801/46 86 42 (Mo-Do 10-17, Fr 10-13 Uhr), Fax 030/31 57 19 10, gb-info@visitbritain.org, Ö: Mo-Fr 11-18.30, Sa 10-15.30 Uhr
● **Britain Visitor Centre, The British Council,** Schenkenstr. 4, 1010 Wien, Tel. 0800/00 70 07, Fax 01/53 32 61 685, info @bta.org.uk, Ö: Mo-Fr 11-13 Uhr
● **British Tourist Authority,** Badener Str. 21, 8004 Zürich, Tel. 0844/00 70 07 (Mo 10-12, 14-16 Uhr), Fax 043/32 22 000, ch-info@bta.org.uk, Ö: Mo-Fr 10-16 Uhr
● Zusätzlich gibt es in fast allen größeren Städten (z.B. Köln, München) einen **British Council.** Diese Einrichtung entspricht dem deutschen Goethe-Institut und hat die Verbreitung britischer Kultur zur Aufgabe. www.britcoun.org

Literatur und Karten

● Das *Scottish Tourist Board* gibt die hervorragende Schottlandkarte **Touring Map of Scotland** heraus, in der nahezu alle Sehenswürdigkeiten Schottlands eingezeichnet sind. Begleitend dazu erscheint der Reiseführer **Touring Guide to Scotland,** in dem die Sehenswürdigkeiten mit Öffnungszeiten, Eintrittspreisen und Wegbeschreibung kurz erläutert werden. Karte und Führer kosten £ 3.50 bzw. £ 4.99 und sind in allen Tourist *Information Centres* erhältlich bzw. für € 9 und € 14 bei *Britain Direct* zu bestellen (s.u.).

● Beim *Scottish Tourist Board* sind diverse **Wanderbroschüren** kostenlos oder gegen Gebühr erhältlich (http://walking.visitscot land.com).
● Die **Michelin Schottlandkarte** hat einen Maßstab von 1:400.000, ist sehr exakt und zählt verschiedene Sehenswürdigkeiten auf.
● In der **Travel-Map-Serie,** herausgegeben von *Ordnance Survey* (Britisches Landesvermessungsamt) ist Schottland mit 3 Blättern im Maßstab 1:250.000 abgedeckt. Sehr detailliert, viele Hinweise auf Sehenswürdigkeiten, gute Geländedarstellung. www.ord nancesurvey.gov.uk
● **Britain Direct** ist eine Gesellschaft der *British Tourist Authority,* über die die Veröffentlichungen des Fremdenverkehrsamtes und Tickets bestellt werden können. Britain Direct GmbH, Ruhbergstr. 8, 69242 Mühlhausen/Kraichgau, Tel. 06222/67 80 50, Fax 67 80 19, www.britaindirect.com

Weitere Links zu Schottland im Internet

● **Visit Britain,** www.visitbritain.com (auch auf Deutsch)
● **Scottish Tourist Board/Visit Scotland,** www.visitscotland.com/de www.travelscotland.co.uk
● **Regionale Fremdenverkehrsämter** Dumfries und Galloway:www.galloway.co.uk Scottish Borders: www.discovertheborders.co.uk Edinburgh und Lothian: www.edinburgh.org Central: www.visitscottishheartlands.org Fife: www.standrews.com/fife Perthshire: www.perthshire.co.uk Angus/Dundee: www.angusanddundee.co.uk Grampian: www.agtb.org Highlands: www.visithighlands.com Orkney Islands: www.visitorkney.com Shetland: www.visitshetland.com Western Isles: www.visitthebrides.com
● Eine Liste **aller Internetcafés** in Großbritannien findet sich auf www.eats.co.uk/icafes/index.html

Information

Informationsstellen in Großbritannien

Fremdenverkehrsämter
- **British Travel Centre,** 1-3 Regent Street, London SW1Y 4PQ
- **The Edinburgh and Scottish Travel Centre,** Waverley Market, 3 Princes Street, Edinburgh EH2 2QP, Tel. 0131/47 33 800, Fax 47 33 881, esic@eltb.org
- **Visit Scotland,** Fairways Business Park, Deer Park Avenue, Livingston EH54 8AF, Tel. 0845/22 55 121 bzw. 0044/(0)1506/83 21 21 von außerhalb Großbritanniens, info@visitscotland.com
- **Visit Scotland,** 19 Cockspur Street, London SW1Y 5BL, Tel. 0171/93 08 661

Tourist Information Centres
Über ganz Schottland verteilt, gibt es ca. 170 Informationszentren (T.I.C.), die meist ganzjährig geöffnet sind. Die T.I.C. vermitteln Informationen über die entsprechenden Regionen und können oft auch über andere Gebiete Auskunft geben. In den Büros sind sowohl eine Vielzahl von kostenlosen **Informationsbroschüren** mit Angaben über Sehenswürdigkeiten und Unterkunftsmöglichkeiten als auch die Buchveröffentlichungen des *Scottish Tourist Board* erhältlich.

Zudem betreiben die Zentren eine **Zimmervermittlung** für örtliche Unterkünfte und ein *Book-A-Bed-Ahead-System* für Hotels, Gasthöfe und B&B in ganz Schottland. Dieser Service kostet £ 3 plus eine Anzahlung von 10 % des Übernachtungspreises, die mit der Hotelrechnung verrechnet wird.

Schließlich sind hier **Fahrpläne** für die örtlichen Bahn- und Busverbindungen und ggf. die Fähr- und Flugfahrpläne erhältlich.

National Trust for Scotland
In Schottland gibt es zwei Organisationen, die es sich zur Aufgabe gemacht haben, das kulturelle Erbe des Landes zu erhalten. Der *National Trust for Scotland (NTS)* ist eine private Organisation, die sich über Stiftungen und Mitgliedsbeiträge finanziert, und kümmert sich um den Erhalt sowohl von Schlössern als auch von kleineren, bürgerlichen Häusern. Zudem befinden sich einige landschaftliche Monumente wie Glencoe oder die Insel St Kilda in der schützenden Hand des *National Trust for Scotland*. 1931 gegründet, hat die Organisation seitdem Großes für die Kultur Schottlands getan. Eine Mitgliedschaft im *NTS* kostet für ein Jahr £ 33 (bis zum Alter von 25 Jahren £ 12) und ermöglicht den freien Eintritt zu allen Besitztümern des *National Trust*. Die Mitgliedschaft kann man bei allen Besitztümern des *NTS* erwerben *(National Trust for Scotland,* Wemyss House, 28 Charlotte Square, Edinburgh EH2 4ET, Tel. 0131/24 39 300, information @nts.org.uk, www.nts.org.uk).

Historic Scotland
Historic Scotland (HS) kümmert sich ebenso wie der *National Trust for Scotland* um Gebäude oder Einrichtungen von historischer Bedeutsamkeit, ist aber in öffentlicher Hand und untersteht dem Scottish Development Department. Während der *National Trust for Scotland* vor allem erhaltene Sehenswürdigkeiten betreut, liegen im Zuständigkeitsbereich des *Historic Scotland* in erster Linie Ruinen und prähistorische Stätten. Auch hier ist eine Mitgliedschaft für ein Jahr möglich, die freien Eintritt zu den Stätten beinhaltet. Die Kosten für eine einjährige Mitgliedschaft liegen bei £ 42 bzw. £ 34 für Studenten und Reisende über 60 Jahren *(Historic Scotland,* Longmore House, Salisbury Place, Edinburgh EH9 1SH, Tel. 0131/66 88 999, www.historic-scotland.gov.uk).

Informationen für behinderte Reisende

In Schottland
In Schottland gibt es viele Sehenswürdigkeiten, Unterkünfte, Geschäfte und Banken, die speziell für behinderte Reisende zugänglich gemacht wurden:
- Die Broschüre **Practical Information for Visitors with Disabilities** des *Scottish Tourist Board* enthält Informationen zu Reise, Unterkunft und Organisationen für Behinderte.
- Das Heft **Information for Visitors with Disabilities** des *National Trust for Scotland*

stellt die Sehenswürdigkeiten des Trusts zusammen, die auch für Behinderte problemlos zu besichtigen sind, und informiert ebenso über Schwierigkeiten, die bei einem Besuch auftreten können. Das Heft ist kostenlos zu beziehen bei: *National Trust for Scotland,* 28 Charlotte Square, Edinburgh EH2 4ET, Tel. 0131/24 39 300, Fax 24 39 301, information@nts.org.uk.

● Das **Scottish Tourist Board** gibt eine Broschüre heraus, in der Unterkünfte mit Möglichkeiten für behinderte Gäste aufgeführt werden. In den meisten Unterkunftsführern des *Scottish Tourist Board* sind behindertengerechte Unterkünfte mit einem „D" gekennzeichnet.

● Die Organisation **Disability Scotland** gibt zwei Führer für behinderte Reisende mit Informationen zu Schottland und GB heraus. *Disability Scotland,* Princes House, 5 Shandwick Place, Edinburgh EH2 4RG, Tel. 0131/22 98 632, enquiries@disabilityscotland.org.uk.

● Der **Holiday Care Service** erteilt Informationen für Reisende mit besonderen Bedürfnissen aller Art, seien es ältere oder behinderte Menschen, alleinerziehende Mütter/Väter etc: *Holiday Care,* 7th Floor, Sunley House, 4 Bedford Park, Croydon, Surrey CR0 2AP, Tel. 0845/12 49 971, Fax 12 49 972, www.holidaycare.org.uk.

Außerhalb Schottlands

● **Bundesarbeitsgemeinschaft der Clubs Behinderter und ihrer Freunde e.V,** Langemarckweg 21, 51465 Bergisch-Gladbach, Tel. 02202/98 99 811, gibt Tipps bei der Suche nach geeigneten Begleitpersonen.

● **Mobility International Schweiz (MIS),** Froburgstr. 4, 4600 Olten, Tel. 062/20 68 835, Fax 20 68 839, info@mis-ch.ch, www.mis-ch.ch, gibt die Broschüre *„Unbehinderte Ferien für Behinderte"* heraus.

● **Bundesarbeitsgemeinschaft „Hilfe für Behinderte",** Kirchfeldstr. 149, 40215 Düsseldorf, Tel. 0211/31 00 60, Fax 31 00 48, www.bagh.de.

Diplomatische Vertretungen

Für diplomatische Vertretungen Deutschlands, Österreichs und der Schweiz in Schottland siehe Stichpunkt „Notfall". Dies sind die Adressen der **Britischen Botschaft** in Deutschland, Österreich und der Schweiz:

● **Deutschland,** Wilhelmstraße 70, 10117 Berlin, Tel. 030/20 45 70, www.britische botschaft.de

● **Österreich,** Jaurèsgasse 12, 1030 Wien, Tel. 01/71 61 30, www.britishembassy.at

● **Schweiz,** Thunstr. 50, 3005 Bern, Tel. 031/35 97 700, www.britishembassy.gov.uk

Reisezeit

Wann ist die beste Reisezeit? Die Frage kann nur mit: „Geschmackssache!" beantwortet werden. Jede Jahreszeit hat in Schottland ihre Schokoladenseite. Das Frühjahr bringt viele Blumen zum Blühen und junges Laub an die Bäume, wenige Touristen sind im Land. Die Frühsommermonate **Mai und Juni** sind statistisch gesehen die Monate mit dem wenigsten Niederschlag.

Mehr Regen fällt dagegen im **Juli und im August,** obwohl die beiden Sommermonate für die höchsten Temperaturen sorgen und für Wassersportfreunde am geeignetsten sind.

Während der Sommermonate befinden sich die meisten Touristen in Schottland, bedingt durch die Sommerferienzeit. Auf den touristischen

Vorzeige-Inseln Skye, Arran oder Mull trifft man auf viele Besucher aus aller Herren Länder, den U.S.A., Australien, Frankreich, Holland etc., für Sprachenfans ein großes Feld, um seine Kenntnisse walten zu lassen und Kontakte zu knüpfen. Häufig trifft man Leute aus Übersee mit Namen *MacDonald* oder *Campbell*, die in den Fußstapfen ihrer Vorfahren wandeln und *back to the roots* entfernte Verwandte in Schottland aufspüren.

Wer dem Rummel der sommerlichen Hochsaison aus dem Weg gehen möchte, sollte eher auf die äußeren Hebriden oder in abgelegene Gebiete im Hochland ausweichen.

Hinweisen möchten wir an dieser Stelle auf die **Stechmücken,** die in den Sommermonaten ihr Unwesen treiben. Ähnlich wie in den skandinavischen Ländern treten sie oft in Schwärmen auf und schlagen sogar Kühe in die Flucht. Wer allergisch gegen die kleinen Stecher ist, sollte unbedingt vorsorgen und seinen Hausarzt oder eine Apotheke vor Reiseantritt aufsuchen.

Für Naturfreunde sind der **September und der Oktober** die besten Reisemonate. Das Heidekraut leuchtet herbstlich, Anfang September kann man von den wilden Brombeeren naschen, die an jeder Ecke reifen. Zudem sind die Touristenströme verebbt. Selbst auf überlaufenen Inseln wie Arran oder Skye kehrt wieder ein alltägliches Leben ein. Im Herbst beginnt das Spektakel der Wildgänse. Aus dem Norden, aus Grönland, kommen die **Zugvögel,** um der arktischen Kälte zu entfliehen. Auf den Hebriden-Inseln und im Süden der Dumfries & Galloway Region brüten sie zu Abertausenden. Der wärmende Golfstrom verhindert einen strengen Winter, Frost ist die Ausnahme.

Nur in den Highlands und den höheren Regionen der Southern Uplands kehrt der **Winter** mit Schnee und Frost ein. Viele englische Touristen verbringen dort ihren Winterurlaub (siehe „Anhang/Schottland im Winter"). Die meisten Sehenswürdigkeiten in Schottland bleiben während der Wintermonate geschlossen.

Ausrüstung

Der Rucksack

The rucksack, wie er auch im Schottischen heißt, ist zwar im Grunde nur ein auf den Rücken schnallbarer Koffer, doch kann er als Urlaubsvermieser gleich hinter schlechten, füßeruinierenden Schuhen rangieren. Unser Rat beim Rucksackkauf also: Nehmen Sie sich Zeit, probieren Sie an und lassen Sie es auf ein paar Mark nicht ankommen. Man unterscheidet bei Rucksäcken drei Typen:

Das **Daypack** ist ein kleiner Rucksack für Stadtbummel, Tagestouren oder auch kleinere Wanderungen. Bei ihm sollte man nicht zu viel Wert auf Robustheit legen. Eine Rückenpolsterung ist aber ratsam, damit abends keine von drückenden Kameraobjektiven oder anderen Festkörpern verursachte Kraterlandschaft auf dem Rücken zu finden ist.

Der **Innengestellrucksack** hat das Außengestell fast gänzlich ver-

Ausrüstung

drängt. Er trägt sich ungleich bequemer als Außengestellrucksäcke und hat außerdem den Vorteil, mittels seines schmaleren Schnitts durch Abteil- und Bustüren, oder aber beim Trampen besser in kleine Kofferräume zu passen.

Leider hat bis heute kein Hersteller, entgegen allen Beteuerungen, den wasserdichten Rucksack entwickelt. Gegen Nässe hilft nur ein *Regenschutz,* der außen über den ganzen Rucksack gestülpt wird. Billiger ist es, zumindest einige Wäsche und empfindliche Teile in die berühmten Müllbeutel zu verpacken, damit sie nicht nass werden können. Auf Regenschutz ganz zu verzichten, halten wir nicht für ratsam. *Tüten für die Schmutzwäsche* mitzunehmen, ist ebenfalls zu empfehlen, da sonst schnell alles im Rucksack den gleichen angenehmen Geruch annimmt. Denjenigen, die viel zelten wollen, ist zu empfehlen, auf zu viele Außentaschen zu verzichten, da diese stören, wenn man Isomatte, Zeltstangen o.Ä. außen anschnallen möchte.

Der Rucksack sollte wie folgt *gepackt* werden: In das unterste Fach, das Schlafsackfach, kommt der Schlafsack. Schwerere Teile möglichst hoch, aber körpernah packen. Leichte Kleidung nach außen und schwerere nach innen. Harte Teile, die durch die Rückwand stechen, können eine Wanderung sehr unbequem machen. In schwierigem Gelände sollte der Schwerpunkt möglichst tief liegen.

Beim *Aufziehen* werden zunächst die Schulterriemen gelockert. Dann wird der Hüftgurt im oberen Bereich der Hüftknochen geschlossen und festgezogen. Jetzt werden die Schulterriemen festgezogen und am Schluss die Lageverstellgurte angezogen, bis sie etwa waagerecht oder leicht aufwärts zum Rucksack gehen, und der Brustgurt geschlossen. Der Rucksack sollte möglichst eng am Rücken anliegen, um bessere Balance zu gewährleisten.

Das *Gewicht* des Rucksacks sollte nie mehr als ein Fünftel des eigenen Körpergewichtes betragen. Man vermeidet dadurch, dass man, wie wir in unserem ersten Urlaub, ständig an irgendwelchen Orten Gepäck deponieren und später wieder abholen muss, nur weil Walkman, Kassetten, Bücher und Ähnliches zwar unersetzlich scheinen, aber nicht auf Dauer zu tragen sind.

Zelte

Sparen Sie nicht am falschen Platz! Es lohnt zwar nicht, ein Zelt für € 600 zu kaufen, wenn man nicht auf den Nordpol will, aber ein Mindestmaß an Zuverlässigkeit sollte es besitzen. In Glasgow hatten wir einmal ein kleines, sehr billiges Zelt erstanden. Wir schliefen wie die Heringe, obwohl wir die Rucksäcke schon dem Regen aussetzten und wachten jedes Mal in einem See auf, der irgendwie den Weg in das Zelt, nicht aber wieder heraus gefunden hatte.

Das Zelt sollte in jedem Fall *doppelwandig* sein, um das Kondenswasser nicht im Innenraum zu haben. Das Außenzelt sollte eine Dichtigkeit von 2000 mm Wassersäule nicht unterschreiten. Bei Stangen können wir

Ausrüstung

nur Aluminium empfehlen. Zwar sind diese erheblich teurer, aber viel leichter (im Rucksack!), stabiler und im Falle des Falles durch ein passendes Röhrchen schnell provisorisch zu flicken.

Beim Gebrauch unseres Billigzeltes stellten wir schnell fest, dass **Lüftungsöffnungen** in Schottland nicht nur durch ein einfaches Gitter, sondern mit einem sehr feinen Gewebe verschlossen sein müssen. Für *midges* (schottische Mücken) war das Gitter kein Hindernis.

Bei der Benutzung von Zelten sind ebenfalls ein paar grundlegende Dinge zu beachten. Die **Sturmabspannungen** sollten immer zum größten Teil abgespannt sein, um Stangenbruch bei plötzlichem Wetterumschlag vorzubeugen.

Vor **Kochen im Zelt** wird allgemein gewarnt. Wir haben das ignoriert, aber immer darauf geachtet, im Vorzelt zu bleiben und über dem Kocher immer freie Luft zu haben. Als einmal der Gaskocher eine unerklärliche Stichflamme von sich gab, waren wir froh darüber. Nylon brennt sehr leicht und schnell!

Um Ärger (und Durchnässung) zu vermeiden, sollte man in jedem Fall das Zelt zu Hause einige Male auf- und abbauen, um sich so mit dem System vertraut zu machen und Mängel zu beheben. Auch Reparaturhülsen und einige Ersatzheringe sollten nie fehlen. Nach Hause zurückgekehrt, muss das Zelt unbedingt vollständig durchgetrocknet werden, bevor es in den Schrank geht, damit die Baumwolle des Innenzeltes nicht schimmelt.

Schuhe

Zum Wandern in Schottland sind feste Schuhe mit einer stabilen, griffigen Sohle unerlässlich, manchmal sogar lebenswichtig. Oft werden **Gummistiefel** empfohlen, doch glauben wir, dass diese auf Dauer unbequem sind und das Wasser von außen durch das Wasser von innen ersetzt wird. **Goretex-Schuhe** bleiben nur ca. zwei Stunden länger trocken als das gute alte Leder. Überlegen Sie sich also, ob große Mehrausgaben in dieser Richtung lohnen.

Um **Blasen** zu vermeiden, ist es ratsam, keine frischen Socken in die Schuhe zu ziehen, da Waschmittelrückstände die Haut reizen können. Lassen es die Schuhe zu, können zwei Paar übereinandergezogene Socken (am besten Baumwolle innen, Wolle außen) auch sehr blasenhemmend wirken.

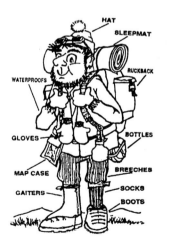

Ausrüstung

Für die Gemeinschaftsduschen in Jugendherbergen und auf Campingplätzen ist zudem die Mitnahme von *Badeschlappen* empfehlenswert.

Kocher

Auf den Kocher sollte kein Wanderer verzichten, zumal nahezu in ganz Schottland Feuermachen verboten ist. Auch bei Kochern bieten sich natürlich unzählige Modelle und Systeme zur Auswahl an. Wir können an dieser Stelle nur auf die wichtigsten eingehen.

Gaskocher überzeugen durch die einfache Handhabung, den billigen Anschaffungspreis und die saubere, geruchlose Flamme. Auch ist das Besorgen von Kartuschen in Schottland kein Problem, an jedem besseren Campingplatz, Tankstelle oder Ausrüsterladen sind die blauen Dosen zu haben. Nachteile sind die hohe Windempfindlichkeit, vergleichsweise geringe Heizleistung, die geringe Lebensdauer und das große Volumen der Kartuschen.

Spirituskocher haben eine gute Heizleistung, können gut gegen Wind geschützt werden und sind ebenfalls unkompliziert, besonders falls Sie das Glück haben, auf ein außenregulierbares Exemplar zu stoßen. Nachteilig ist ihre Größe, die aber oft dadurch kompensiert wird, dass sie im Kochgeschirr verpackt werden können. Die Brennstoffbeschaffung ist ebenfalls problemlos. Man sollte aber darauf achten, dass die Spiritusflasche gut dicht hält, damit das Auto oder der Rucksack nicht riechen.

Benzinkocher sind sehr schwer, das Abgas stinkt, ist giftig und rußt. Daher eignen sich diese Kocher eher für extreme Einsätze im Hochgebirge oder auf dem Nordpol.

Esbitkocher sind klein, simpel und ineffektiv.

Kochgeschirr sollte trotz Gewicht aus Edelstahl sein. Nach neueren Erkenntnissen bildet Aluminium beim Kochen schädliche Rückstände. Nehmen Sie mindestens einen größeren Topf mit, er ist ja hohl, sein Volumen kann also platzsparend genutzt werden. Beim Spaghetti- oder Kartoffelkochen werden Sie diese Entscheidung nicht bereuen. Ein zangenartiger Topfgreifer macht sich sehr bezahlt, da er u.a. feuerfest ist, im Gegensatz zu Handtüchern, Socken oder anderen Topflappen.

Bekleidung

Da das Wetter in Schottland zwar nur selten extrem, aber häufig extrem wechselhaft ist, müssen bei der Auswahl der Kleidung vor allem zwei Kriterien im Vordergrund stehen: Windfestigkeit und Wasserdichtheit. Am besten eignen sich dabei, anders als bei Schuhen, die Goretex-, Sympatex- und sonstigen neuen Stoffe.

Das gute alte *Regencape* kann aber genauso brauchbar sein, wenn auch der Nachteil darin besteht, dass der Regen oft schon wieder vorbei ist, bis man das Ding endlich angezogen hat. Windfestigkeit scheint auf den ersten Blick nicht so wichtig zu sein wie Wasserdichtheit, doch obwohl es in Schottland nie wirklich kalt wird, kann man durch

Rund ums Geld

den stetigen Wind doch leicht auskühlen. Bei stärkerem Wind wärmen Wollsachen nicht mehr. Dennoch wird man es vor allem abends im Zelt nicht bereuen, auch einen **warmen Pullover** eingepackt zu haben.

Wer in Jugendherbergen übernachten will, sollte sich neben der allgemeinen Kleidung eventuell auch ein paar leichte **Hausschuhe** oder wenigstens dicke Socken einpacken. In vielen Herbergen darf man keine Wanderschuhe, manchmal nicht einmal Straßenschuhe tragen.

Buchtipps:
● Wildnis-Küche,
● Wildnis-Ausrüstung,
● Trekking-Handbuch u.v.m.; **Praxis-Reihe,** REISE KNOW-HOW Verlag, Bielefeld

Rund ums Geld

Währung

In Schottland wird mit dem schottischen Pfund, dem **Pfund Sterling** (£) bezahlt. 1 Pfund Sterling besitzt einen Gegenwert von ca. € 1,45 bzw. SFr 2,20, variiert aber natürlich je nach Tageskurs.

Vom englischen Pfund unterscheidet das schottische nur der Name, der Wert ist gleich, und man kann überall in Schottland mit englischen Pfundnoten bezahlen. Will man umgekehrt mit schottischen Banknoten in England bezahlen, wird man manchmal schief angeschaut.

● **Aktuelle Wechselkurse:**
www.oanda.com

Die **Ein- und Ausfuhr** von Pfund Sterling und anderen Währungen ist unbeschränkt möglich. Das gleiche gilt für Schecks.

Geldautomaten und Schecks

Die preiswerteste Art der Geldbeschaffung ist die Barabhebung vom Geldautomaten unter Angabe der PIN mit der **Maestro-Karte** (früher in Deutschland EC-Karte genannt). Je nach Hausbank wird dafür pro Abhebung eine Gebühr von ca. € 1,30-4 bzw. SFr 4-6 berechnet. Bei manchen Banken wird dieser Service an eigenen oder Partner-Geldautomaten im In- und Ausland nicht zusätzlich in Rechnung gestellt, sondern ist im Grundpreis der Kontoführung enthalten.

Innerhalb der EU-Länder sollte die **Barauszahlung** nach der EU-Preisverordnung nicht mehr kosten als im Inland, aber je nach ausgebender Bank können das bis zu 5,5 % der Abhebungssumme sein (am Schalter in der Regel teurer als am Geldautomaten). Für das **bargeldlose Zahlen per Kreditkarte** innerhalb der EU dürfen die ausgebenden Banken keine Gebühren für den Auslandseinsatz veranschlagen; für die Schweizer wird jedoch ein Entgelt von ca. 1-2 % des Umsatzes berechnet.

Bargeld kann man am günstigsten an den Flughäfen **wechseln,** da die *British Airport Authority* gesetzlich dazu verpflichtet ist, Geld billiger zu tauschen als die städtischen Reiseveranstalter.

Versicherungen

Reisekosten

Die **Lebenshaltungskosten** sind in Schottland etwas höher als in der Bundesrepublik. Trotzdem sind insbesondere die Grundnahrungsmittel keineswegs unerschwinglich; etwas teurer wird es dagegen bei Fleisch und Obstwaren.

Ein sparsamer Reisender sollte bei Anreise mit dem Zug, Übernachtungen in Jugendherbergen und Selbstversorgung mit **Urlaubskosten** von ca. € 1100 für drei Wochen rechnen. Sparsam bedeutet in diesem Fall, dass Souvenirs oder Essen in einem Restaurant nicht mitgerechnet sind. Wer trampt und wild zeltet, wird natürlich etwas weniger ausgeben.

Wer sich nicht mit dem ganz einfachen Lebensstil zufrieden gibt, sollte auf jeden Fall € 1300 für drei Wochen einplanen, denn vor allem die Übernachtung mit B&B verschlingt etwa € 30 pro Nacht und Person und wird auf die Dauer recht kostspielig.

Siehe auch unter Stichpunkt „Ermäßigungen".

Trinkgeld

In manchen Restaurants ist in der Rechnung keine Pauschale für die Bedienung enthalten. In diesem Falle ist ein Trinkgeld von etwa 10 % des Rechnungsbetrages üblich. Falls das Trinkgeld schon im Preis enthalten ist, steht auf der Rechnung ein Vermerk *„service charge included"*. Sollte dies der Fall sein, liegt das Trinkgeld in Ihrem eigenen Ermessen.

Unüblich ist es, in Bars ein Trinkgeld zu geben. Besser: den „Wirt" einladen zu einem Drink! (den dieser wahrscheinlich erst nach Dienstende zu sich nimmt). Taxifahrer erhalten in der Regel ein Trinkgeld zwischen 10 und 15 % des Fahrpreises. Ebenso wird Ihr Friseur ein freundliches Lächeln zeigen, wenn Sie ein kleines Extra(geld) hinterlassen.

Versicherungen

Zum Thema Krankenversicherung, siehe Stichpunkt „Gesundheit".

Egal welche weiteren Versicherungen man eventuell abschließt, hier ein *Tipp:* Für alle abgeschlossenen Versicherungen sollte man die Notfallnummern notieren und mit der Policenummer gut aufheben! Bei Eintreten eines **Notfalles** sollte die Versicherungsgesellschaft unverzüglich telefonisch verständigt werden!

Ob es sich lohnt, weitere Versicherungen abzuschließen (wie zum Beispiel eine Reiserücktrittsversicherung, eine Reisegepäckversicherung, eine Reisehaftpflichtversicherung oder eine Reiseunfallversicherung), ist individuell abzuklären. Aber gerade diese Versicherungen enthalten viele Ausschlussklauseln, sodass sie nicht immer Sinn machen.

Die *Reiserücktrittsversicherung* für € 35-80 lohnt sich nur für teure Reisen und für den Fall, dass man vor der Abreise einen schweren Unfall hat, erkrankt oder schwanger wird, gekündigt wird oder nach Arbeitslosigkeit endlich einen neuer Arbeitsplatz bekommt, die Wohnung abgebrannt ist u.Ä. Nicht gelten hingegen: Krieg, Unruhen, Streik, etc.

Auch die *Reisegepäckversicherung* lohnt sich seltener, da z.B. bei Flugreisen verlorenes Gepäck oft nur nach Kilopreis und auch sonst nur der Zeitwert nach Vorlage der Rechnung ersetzt wird. Wurde eine Wertsache nicht im Safe aufbewahrt, gibt es bei Diebstahl auch keinen Ersatz. Kameraausrüstung und Laptop dürfen beim Flug nicht als Gepäck aufgegeben worden sein. Gepäck im unbeaufsichtigt abgestellten Fahrzeug ist ebenfalls nicht versichert. Die Liste ist endlos. Überdies deckt häufig die *Hausratsversicherung* Einbruch, Raub und Beschädigung von Eigentum auch im Ausland.

Eine *Privathaftpflichtversicherung* hat man in der Regel schon. Hat man eine *Unfallversicherung,* sollte man prüfen, ob diese im Falle plötzlicher Arbeitsunfähigkeit aufgrund eines Unfalls im Urlaub zahlt. Durch manche *Kreditkarten* oder *Automobilclubmitgliedschaft* ist man für bestimmte Fälle schon versichert. Die Versicherung über die Kreditkarte gilt jedoch immer nur für den Karteninhaber!

Weitere Informationen

Wer sich unsicher ist, welche Versicherung und welche Versicherungsgesellschaft in Frage kommt, kann sich in Tests der *Stiftung Warentest* in Deutschland und *Konsument.at* in Österreich weiter informieren. Auf den Webseiten kann man Testberichte herunterladen, Online-Abonnent werden oder Hefte zum Thema bestellen: www.warentest.de bzw. www.konsument.at.

Weitere Informationen erhält man auch in Deutschland bei der *Verbraucherzentrale* (www.verbraucherzentrale.com) und in Österreich bei der *Arbeiterkammer* (www.arbeiterkammer.at).

Hin- und Rückreise

In diesem Kapitel sollen nur die Möglichkeiten der An- und Rückreise nach und von Schottland aufgezählt werden. Über die Besonderheiten der Fortbewegung in Schottland selbst informiert weiter hinten im Buch das Kapitel „Unterwegs in Schottland". Dort findet man auch Informationen über die speziellen britischen Touristentickets.

Flugzeug

Flugreisende aus Mitteleuropa werden in Schottland in der Regel *Edinburgh* oder *Glasgow* ansteuern. Generell ist es ratsam, seinen Flug möglichst früh zu buchen, denn dann sind die Preise niedriger. Viele

Hin- und Rückreise

Schnäppchenflüge unterliegen einer Vorausbuchungsfrist von 14 Tagen. D.h. dass, selbst wenn noch Plätze frei sind, diese nicht mehr zu den günstigen Tarifen vergeben werden. Länger als ein Jahr kann man allerdings auch nicht vorausbuchen, da dann die Flüge noch nicht in den Reservierungscomputern gespeichert sind.

Dies sind die **wichtigsten Linienfluggesellschaften** mit Verbindungen nach Schottland (Endpreise inkl. Steuern, Gebühren und Entgelte):

● **Air France,** www.airfrance.de. Von vielen Flughäfen in Deutschland, Österreich und der Schweiz über Paris nach Edinburgh und Glasgow. Hin- und Rückflug ab/bis Hamburg nach Glasgow ab € 200.
● **British Airways,** www.british-airways.de. Von Frankfurt nonstop nach Glasgow sowie von vielen Flughäfen in Deutschland, Österreich und der Schweiz über London nach Edinburgh und Glasgow. Flug von München nach Edinburgh und zurück ab € 250.
● **KLM,** www.klm.de. Von vielen Flughäfen in Deutschland, Österreich und der Schweiz über Amsterdam nach Edinburgh und Glasgow. Hin- und Rückflug von Berlin nach Glasgow ab € 200.
● **Lufthansa,** www.lufthansa.de. Von Frankfurt nonstop nach Edinburgh sowie mit Anschlussflügen von vielen Flughäfen in Deutschland, Österreich und der Schweiz über Frankfurt nach Edinburgh. Hin- und Rückflug ab/bis Frankfurt ab € 180.

Umsteige-Flüge können manchmal preisgünstiger als Nonstop-Flüge sein.

Von London gibt es relativ günstige **Bus-Tickets,** so dass es sich lohnen kann, in London auf Busse der *Scottish Citylink* umzusteigen. Gleiches gilt für die *British Rail.*

Mit den **Jugend- und Studententickets** (je nach Airline alle jungen Leute bis 25 Jahre und Studenten bis 34 Jahre) sind meistens preisgünstigere Flüge möglich. Dann gibt es einen Retourflug von allen deutschen Flughäfen mit Lufthansa über Frankfurt nach Edinburgh ab € 150.

Indirekt sparen kann man, indem man **Mitglied bei einem Vielflieger-Programm** wird. *British Airways* ist im Verbund der www.oneworld.com (8 Airlines), *Air France* und *KLM* bei www.skyteam.com (9 Airlines) und *Lufthansa* bei www.star-alliance.com (16 Airlines).

Billigfluglinien

Günstige Tickets kann man bei besonders langer Vorausbuchung, an Wochentagen oder bei Sonderaktionen erhalten, auf die man per **E-Mail-Newsletter** (kann man auf auf der Internetseite der Airline abonnieren) aufmerksam gemacht wird. Die Billigairlines stellen keine Tickets aus, sondern arbeiten nur mit einer Online-Bestätigung mit einer Buchungsnummer auf der Website oder per E-Mail. Zur Bezahlung wird in der Regel eine Kreditkarte verlangt.

Die **interessanten Billigairlines** für Flüge nach Schottland sind:

● **Air Scotland,** www.air-scotland.com oder Tel. 0044/(0)141/22 22 363. Von Amsterdam nach Glasgow.
● **Easy Jet,** www.easyjet.com oder Tel. 01803/65 432 (D), Tel. 0848/88 82 22 (CH). Von Amsterdam nach Edinburgh und Glasgow. Weitere Flüge von Berlin, Köln-Bonn und Basel nach Liverpool und/oder Newcastle, von wo aus man z.B. mit dem Zug weiterreisen kann.

Hin- und Rückreise

Reisetipps

- **EU-Jet,** www.eujet.com oder Tel. 00353/(0)21/48 68 020. Von Amsterdam nach Kent, von wo aus es dann wieder Flüge nach Edinburgh gibt.
- **FlyGlobespan,** www.flyglobespan.com oder Tel. 0044/(0)131/44 12 700. Von Genf nach Edinburgh und Glasgow.
- **Germanwings,** www.germanwings.com oder Tel. 01805/95 58 55. Von Köln-Bonn nach Edinburgh.
- **Hapag-Lloyd Express,** www.hlx.com oder Tel. 0180/50 93 509. Von Hamburg nach Edinburgh. Auch nach Newcastle von Hannover, Köln-Bonn und München.
- **Ryan Air,** www.ryanair.com oder Tel. 0190/17 01 00. Von Hahn im Hunsrück, Lübeck und Weeze (Niederrhein) nach Glasgow-Prestwick.

Für „Abenteuerlustige" hier auch die Websites aller weiteren Billigairlines, die auf der britischen Insel nur nichtschottische Ziele anfliegen:

- **Bmi Baby,** www.bmibaby.com. Von Amsterdam und Genf nach Nottingham.

- **Air Berlin,** www.airberlin.com. Von verschiedenen deutschen Flughäfen nach Manchester und London.
- **Flybe.com,** www.flybe.com. Von Salzburg nach Southampton und Birmingham.
- **Helvetic,** www.helvetic.com. Von Zürich nach London.
- **Jet2.com,** www.jet2.com. Von Amsterdam nach Leeds Bradford und Manchester.

Flugbuchung

Für Tickets der Linienairlines kann man bei folgenden **zuverlässigen Reisebüros** meistens günstigere Preise als bei vielen anderen finden:

- **Jet-Travel,** Buchholzstr. 35, 53127 Bonn, Tel. 0228/28 43 15, Fax 28 40 86, info@jet-travel.de, www.jet-travel.de. Auch Jugend- und Studententickets. Sonderangebote auf der Website unter „Schnäppchenflüge".
- **Globetrotter Travel Service,** Löwenstr. 61, 8023 Zürich, Tel. 01/22 86 666, zhloewenstrasse@globetrotter.ch, www.globetrotter.ch. Weitere Filialen siehe Website.

Mini „Flug-Know-How"

Check-in

Nicht vergessen: Ohne einen gültigen **Reisepass oder Personalausweis** kommt man nicht an Bord.

Bei den innereuropäischen Flügen muss man mindestens **eine Stunde vor Abflug** am Schalter der Airline eingecheckt haben. Viele Airlines neigen zum Überbuchen, d.h., sie buchen mehr Passagiere ein, als Sitze im Flugzeug vorhanden sind, und wer zuletzt kommt, hat dann möglicherweise das Nachsehen.

Das Gepäck

In der Economy-Class darf man in der Regel nur **Gepäck bis zu 20 kg** pro Person einchecken (steht auf dem Flugticket) und zusätzlich ein Handgepäck

von 7 kg in die Kabine mitnehmen, welches eine bestimmte Größe von 55 x 40 x 23 cm nicht überschreiten darf. In der Business Class sind es meist 30 kg pro Person und zwei Handgepäckstücke, die insgesamt nicht mehr als 12 kg wiegen dürfen. Man sollte sich beim Kauf des Tickets über die Bestimmungen der Airline informieren. Bei den Billigairlines gelten oft andere Standards: Bei *Ryan Air* sind z.B. nur 15 kg erlaubt!

Aus Sicherheitsgründen gehören Waffen, Explosivstoffe, Munition, Feuerwerke, leicht entzündliche Gase (z.B. in Sprühdosen, Campinggas), entflammbare Stoffe (z.B. in Benzinfeuerzeugen, Feuerzeugfüllung) sowie Aktentaschen oder Sicherheitskoffer mit installierten Alarmvorrichtungen nicht ins Passagiergepäck.

Hin- und Rückreise

Last-Minute

Wer sich erst im letzten Augenblick für eine Reise nach Schottland entscheidet oder gern pokert, kann Ausschau nach Last-Minute-Flügen halten, die von einigen Airlines mit deutlicher Ermäßigung **ab etwa 14 Tagen vor Abflug** angeboten werden, wenn noch Plätze zu füllen sind. Diese Last-Minute-Flüge lassen sich nur bei Spezialisten buchen (bei den Rufnummern werden € 0,12-0,20 bzw. SFr 0,12 pro Min. berechnet):

● *L'Tur,* www.ltur.com; Tel. 01805/21 21 21 (D), Tel. 0820/60 08 00 (A), Tel. 0848/80 80 88 (CH), sowie 140 Niederlassungen europaweit. Unter „Super Last Minute" gibt es Angebote für Abflüge innerhalb der nächsten 72 Std.
● *Lastminute.com,* www.de.lastminute. com, Tel. 01805/77 72 57.

Zielflughäfen

Wie man von den Flughäfen in die Stadt kommt, ist in den jeweiligen Ortsbeschreibungen unter „Flug" nachzulesen.

Auto

Alle Wege zur Insel führen über „den Kanal" und auch darunter durch. Von fast allen Orten in Deutschland aus bietet sich für die Fahrt bis zum Ärmelkanal der Weg durch Belgien an. Dafür sprechen die direkten und, im Gegensatz zu Frankreich, kostenlosen Autobahnverbindungen. Wer es eilig hat, sollte demnach über Lille noch ein Stück durch Frankreich fahren, um auf der Landstraße bis Calais zu kurven, da die kurze Überfahrt von dort den Umweg ausgleicht. Wer

es bequem liebt, der kann in Oostende nahezu direkt von der Autobahn auf die Fähren fahren.

Auf der Insel angekommen, bildet das Ballungszentrum London das erste Hindernis. Haben Sie sich durch den dichten Verkehr auf dem Autobahnring hindurchgekämpft, bieten sich zwei Alternativen für den Weg nach Norden. Die eine Route führt weitgehend auf Autobahnen über Birmingham, Manchester und Carlisle nach Glasgow. Da diese Route an den Ballungsräumen Birmingham, Manchester und Liverpool vorbeiführt, drängt sich hier der Verkehr, und es besteht ständige Staugefahr.

Wir empfehlen daher die andere Alternative auf der M 1/ A 1 über Sheffield, Leeds und Newcastle nach Edinburgh. Ab Leeds führt die Strecke größtenteils über Bundesstraßen, doch sind diese gut ausgebaut und nicht so überlastet wie die westlichere Alternative. Auf beiden Strecken kann man sich nicht mehr verfahren. Man braucht sich keine Namen zu merken, sondern nur noch auf den Schildern der markanten Verheißung „The North" zu folgen. Auf der Rückfahrt gilt das Gleiche, aber nun geht es in Richtung „The South".

Hinweise zum Autofahren auf der Insel siehe im Kapitel „Unterwegs in Schottland".

Fähren

Eine **Übersicht über alle Fährverbindungen** zeigt die nebenstehende Karte; die entsprechenden Ree-

Fährverbindungen

Die wichtigsten Strecken und Reedereien (mit Telefonnummern in Deutschland) zwischen Großbritannien und dem Kontinent.

1 Superfast, 0451/88 00 61 66
2 DFDS Seaways, 040/38 90 371
3/4/5/7/9 P&O Ferries, 0180/50 09 437
5/6 Hoverspeed, 00800/12 11 12 11
5 Seafrance, 06196/94 09 11
8/10/11/12 Brittany Ferries, 06196/94 09 11

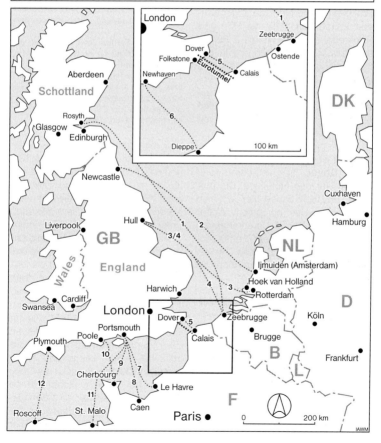

Hin- und Rückreise

dereien sind mit der Telefonnummer ihrer jeweiligen Vertretung in Deutschland sowie der Internetseite zur Onlinebuchung verzeichnet. Genauere Informationen erhalten Sie außerdem in jedem DER-Reisebüro, in dem Sie ebenfalls die für die Hochsaison äußerst ratsamen Vorausbuchungen vornehmen können.

Unten haben wir eine *Auswahl* der für die Durchreise günstigsten Möglichkeiten aufgelistet. Die angegebenen Preise gelten für die Hin- und Rückreise eines PKWs mit 2 Personen bzw. eines Fußgängers in der Hochsaison tagsüber (nachts ist es in der Regel billiger). Wichtig für Vorausplaner: Alle Fährgesellschaften bieten nach Zeitpunkt gestaffelt enorme *Frühbucherrabatte* von zum Teil bis über 50 %.

Die gängigste und schnellste Verbindung ist die Überfahrt von *Calais nach Dover*. Hier verkehren rund um die Uhr drei Fährlinien. Die normale Überfahrt dauert hier, wo man das andere Ufer bei gutem Wetter bereits mit bloßem Auge erkennt, ca. 1½ Stunden, mit dem Luftkissenboot dagegen nur 35 Min., wobei die Preise dafür nur wenig höher als bei normalen Fähren liegen.

● *P&O Ferries* fährt die Strecke täglich ca. 30-mal, ab £ 431 bzw. £ 80 (Frühbucherrabatte bis zu 70 %). Eine beliebte Route ist die Verbindung zwischen Rotterdam oder Zeebrügge und Hull in Mittelengland, ab € 660 bzw. € 150. Reservierung unter: Tel. 0180/50 09 437, www.poferries.com.
● *Seafrance* verkehrt auf der Route ca. 15-mal am Tag, Preise ab £ 250 bzw. £ 80, Infos unter: Berliner Str. 31-35, 65760 Eschborn, Tel. 06196/94 09 11, Fax 48 30 15, www.seafrance.net.

● *Hoverspeed Ltd.* bietet Überfahrten mit Luftkissenbooten ab £ 400, Fußgänger ab £ 80. Infos unter: International Hoverport, Dover, Kent CT17 9TG, Tel. 00800/12 11 12 11, www.hoverspeed.com.
● Bequem, wenn auch kostspielig, ist für Schottlandreisende die Verbindung von *DFDS Seaways* zwischen Amsterdam und Newcastle, da man sich hier den Weg durch England spart. Der Kostenpunkt liegt ab € 450 (Fußgänger ab € 220). Die Überfahrt dauert ca. 16 Stunden. Infos unter: Van-der-Smissen-Str. 4, 22767 Hamburg, Tel. 040/38 90 30, Reservierung: 040/38 90 371, post@dfdsseaways.de, www.dfdsseaways.de.
● *Superfast Ferries* verkehren täglich einmal und benötigen für die Strecke zwischen Zeebrugge und Rosyth bei Edinburgh nur 17,5 Std. Die Preise beginnen bei € 540 bzw. € 150. Infos unter: Hermann-Lange-Str. 1, 23558 Lübeck , Tel. 0541/88 00 61 66, Fax 88 00 61 29, www.superfast.com, info.germany@superfast.com.

Wer mit einem *Campingbus* unterwegs ist, muss damit rechnen, wegen der größeren Höhe als LKW zahlen zu müssen. Besonders bei den alten VW-Bussen kann die Höhe hart an der Grenze sein. Dem lässt sich unter Umständen abhelfen, indem man vor der Überfahrt ein wenig Luft aus den Reifen lässt und so die entscheidenden Zentimeter Höhe verliert. Nach dem Übersetzen sollte man dann aber das Aufpumpen auf keinen Fall vergessen!

Seafrance verlangt ab 6,5 m Länge und 1,85 m Höhe einen Aufpreis, bei *Hoverspeed* liegen die Grenzen bereits bei 5,5 m Länge und 1,6 m Höhe, *DFDS Seaways* setzt die Obergrenze bei 1,85 m Höhe und bei *P&O Ferries* muss man ab 6,5 m Länge und 1,83 m Höhe erhebliche Aufpreise bezahlen. Die angegebenen

Karte Seite 27   **Hin- und Rückreise**

Grenzen variieren allerdings wiederum je nach Route.

Der Kanaltunnel

Seit 1994 ist der Kanaltunnel für den Verkehr geöffnet. Züge von Paris nach London fahren direkt durch den Tunnel, Autos nehmen in Calais die Ausfahrt 13 der A16 und auf dem Rückweg die Ausfahrt 11a der M20 bei Folkstone und parken bequem auf einem der Doppeldeckerwaggons von **Le Shuttle**, wie man in seltener britisch-französischer Eintracht den Zug unter dem Kanal getauft hat. Die Fahrpreise variieren stark (ab £ 98 für Frühbucher bzw. für ungünstige Zeiten, ansonsten ab £ 263) , da sie nach der Größe des jeweiligen Fahrzeugs berechnet werden, unabhängig von der Zahl der Insassen. Auskunft über aktuelle Preise in der Haupt- und Nebensaison, Abfahrtszeiten etc. erteilt *Dertraffic*, Tel. 069/95 88 58 00 oder können auch unter www.eurotunnel.com abgefragt werden.

Eisenbahn

Alle Zugverbindungen nach Schottland führen über London. Ab Brüssel kann man mit dem **Eurostar-London-Ticket** innerhalb von 2 Stunden nach London fahren, was für ein einfaches Ticket zweiter Klasse zwischen € 83,80 (ab Pforzheim oder Karlsruhe) und € 103,80 (ab Berlin, München und Augsburg) kostet.

Der **DB Nachtzug** lässt sich auch mit dem *Eurostar* kombinieren. Neben oben genannten Städten kann man auch ab Bielefeld, Bremen, Göppingen, Hannover, Osnabrück, Stuttgart, Ulm und Wolfsburg einchecken. Die einfache Fahrt im Liegewagen bei 6 Personen/Abteil bekommt man für € 89,80 bis € 110,80 oder in der teuersten Variante bei Einzelbelegung eines Schlafwagenabteils mit Dusche und WC für € 207,80 bis € 258,80.

Alternativ kann man mit dem **Inter-Rail Ticket** der europäischen Eisenbahngesellschaften reisen, das es für Reisende bis 25 Jahre (InterRail –26) und für Reisende ab 26 Jahren (InterRail 26+) erhältlich ist. Es lohnt sich jedoch nur, wenn man auch vor Ort viel mit dem Zug reisen wird, denn immerhin kostet das Ticket für die Zone Großbritannien stolze € 210 bzw. € 299. Es muss binnen 16 Tagen aufgebraucht werden und es kommt auch noch der Fahrpreis für Ihren Wohnsitz bis nach Großbritannien hinzu, wofür man allerdings nur 50 % des Normalpreises zahlt (für den *Eurostar* Brüssel – London muss man nur den Zuschlag zahlen).

Man kann **Bahntickets** in Deutschland, Österreich und der Schweiz an jedem größeren Bahnhof direkt kaufen. Es geht aber auch online oder telefonisch; die Tickets erhält man dann per Post zugeschickt:

●**DB,** www.bahn.de oder in Deutschland Tel. 11 861 (€ 0,03/Sek., ab Weiterleitung zum Reiseservice € 0,39/Min.)
●**ÖBB,** www.oebb.at oder in Österreich Tel. 05 17 17 (zum Ortstarif)
●**SBB,** www.sbb.ch oder in der Schweiz Tel. 0900/30 03 00 (SFr 1,19/Min.)
●**DB NachtZug,** www.nachtzugreise.de oder über die obigen Bahngesellschaften

Hin- und Rückreise

Es gibt bei den Bahngesellschaften regelmäßig **attraktive Angebote.** Damit man keines davon verpasst, kann man bei der *DB* oder *SBB* den **Newsletter** auf der Website abonnieren!

Besondere Ermäßigungen gibt es häufig auch für die Besitzer einer **Kundenkarte der Bahngesellschaft** wie der deutschen *BahnCard*, z.B. mit dem **Rail Plus**, der für € 15 eine 25-prozentige Ermäßigung auf den ausländischen Strecken gewährt (dieses Angebot gilt auf manchen Strecken der schottischen Westküste allerdings nur für Reisende über 60 Jahren), der österreichischen *VORTEILScard* oder dem Schweizer *Halbtax-Abonennten.* Überdies gibt es mitunter **Frühbucher-Rabatte** und **Ermäßigungen** für Online-Buchungen.

Von London nach Glasgow oder Edinburgh fahren praktisch stündlich **InterCity-Züge,** die zwischen £ 30 und £ 50 kosten. Von London Kings Cross oder Euston fahren täglich bis zu 19 InterCity-Züge nach Edinburgh. Bis zu 14-mal täglich wird Glasgow Central von London aus angefahren. Die Fahrtzeiten betragen je nach Zwischenstopps zwischen 4³/₄ und 5³/₄ Stunden. Der *Highland Chieftain,* wie man diesen InterCity nennt, fährt sogar bis zu viermal täglich durch bis Inverness oder Aberdeen (www.railwaytouring.co.uk).

Eine andere Möglichkeit besteht darin, die Nacht im *Flying Scotsman* zu verbringen. Man steigt abends in London ein und am Morgen in Glasgow wieder aus (www.flyingscotsman.com).

Mit dem **Eurodomino Pass** kann man in Großbritannien an 3-8 beliebigen Tagen innerhalb eines Monats reisen. 3 Tage kosten z.B. £ 138 bzw. £ 104. Die ermäßigten Preise gelten wiederum für Reisende unter 26 (www.raileurope.co.uk).

Informationen über binnenbritische Verbindungen und Ermäßigungstickets finden Sie im Kapitel „Unterwegs in Schottland". Über die Mitnahme von Fahrrädern können Sie sich weiter unten informieren.

Bus

Von Deutschland, und zwar von Frankfurt (Hbf. Südseite), fährt täglich und von München, Stuttgart, Mannheim und Darmstadt viermal in der Woche ein Bus der *Deutschen Touring* über die Rheinmetropolen und Aachen nach London. Die Fahrt dauert ab Frankfurt ungefähr 16 Stunden und kostet hin und zurück € 131 (ab München € 140). Von Frankfurt, Dortmund, Köln, Düsseldorf und Bochum fahren sogar täglich Busse direkt nach Edinburgh. Der Preis für die Hin- und Rückreise liegt bei £ 185. Informationen über die Abfahrtszeiten erhalten Sie in Reisebüros oder direkt bei der Deutschen Touring GmbH, Am Römerhof 17, 60486 Frankfurt/Main, Tel. 069/79 03 50, www.touring.de (hier gibt es auch Sonderangebote).

Von London Victoria Coach Station verkehren täglich 3 Busse der Gesellschaften *National Express* (Tel. 08705/80 80 80) direkt nach Glasgow und 2 Busse nach Edinburgh, ebenso viele in der Gegen-

Hin- und Rückreise

richtung. Die Fahrt dauert 8-9 Stunden und kostet hin und zurück ab £ 37. Die Gesellschaft ermäßigt die Preise für Studenten, Senioren und Kinder.

Fahrrad

Das Fahrrad nach Schottland mitzunehmen, stellt in der Regel kein großes Problem dar. *In Flugzeugen* wird meistens eine Gepäcklast von 20 kg zugestanden, zu der auch das Fahrrad gehören kann. Nimmt man noch einige schwerere Gepäckstücke als Handgepäck, so kann man eigentlich mit diesem Limit auskommen. Wenn nicht, zahlt man gewöhnlich je überzähliges Kilo 1 % des Erste-Klasse-Preises.

Mit der *Bahn* kostet der Transport derzeit ca. € 10 (internationale Fahrradkarte), bei der Anreise durch Frankreich sollte allerdings beachtet werden, dass nicht in allen Zügen Fahrräder mitgenommen werden können. In Großbritannien kann das Fahrrad für £ 3 im Zug mitgenommen werden. Eine Reservierung vor der Reise ist zwar aus Platzgründen obligatorisch, aber unkompliziert.

Weitere Informationen gibt es auch bei der *Radfahrerhotline* der Deutschen Bahn Tel. 01805/15 14 15.

Wer sein Fahrrad auf dem *Autodach* mitnehmen will, sollte daran denken, dass Schottland eine recht feuchte Region ist. Alle rostenden Teile (v.a. die Kette, aber auch Schrauben) sollten daher durch gutes Einfetten vor Wasser geschützt werden. Wer per Fähre über Newcastle auf die Insel reist, sollte, wenn er die Fähre verlässt, erst Richtung Tynemouth und dann Richtung Whitley Bay fahren. Danach kommt man automatisch auf die A 192 oder auf die A 193 (ausgeschildert), die beide im Gegensatz zur A 19 oder A 1 nur mäßig befahrene Landstraßen sind.

Näheres auch beim *Allgemeinen Deutschen Fahrradclub,* Postfach 107747, 28077 Bremen, www.adfc. de, Tel. 0421/34 62 90, oder beim *Cyclists' Touring Club,* Coterell House, 69 Meadrow, Godalming, Surrey GU7 3HS, Tel. 0870/87 30 060, www.ctc.org.uk

Trampen

Nach und in Schottland lässt es sich sehr gut trampen. Da Autos in Großbritannien ungeheuer teuer sind, gehört das Trampen in den ärmeren Gegenden des Hochlandes mitunter zu den allgemeinen Fortbewegungsmethoden. Selbst ältere Einheimische kann man hier manchmal trampen (engl. *to hitchhike*) sehen.

Die Anreise sollte man durch Frankreich nach Calais planen. Von Dover aus muss man leider an London vorbei, wo man trotz des starken Verkehrs oft nur schwer mitgenommen wird. Ist man an London vorbei, sollte man auf der M 1, später A 1 bleiben, die auf geradem Weg nach Edinburgh verläuft.

Ideal zum Trampen sind in Großbritannien die *roundabouts*, die Kreisverkehre, da die Autos dahinter meist gut halten können und noch nicht so schnell sind. Auch deshalb empfehlen wir die A 1, weil sie, im Gegensatz zu den Autobahnen, häufig solche *roundabouts* passiert, aber gleichzeitig von viel Fernverkehr befahren wird.

Ein- und Ausreise-bestimmungen

Einreisedokumente

Touristen aus der Bundesrepublik oder anderen EU-Staaten sowie Schweizer benötigen zur Einreise nach Großbritannien einen Personalausweis oder einen Reisepass.

Eine **Aufenthaltsgenehmigung** wird grundsätzlich für sechs Monate erteilt. Wenn Sie länger ohne Unterbrechung im Vereinigten Königreich bleiben wollen, müssen Sie eine *residence-permit* beantragen. Dafür zuständig ist das: *Home Office, Immigration and Nationality Department*, Lunar House, 40 Wellesley Rd, Croydon, Surrey CR9 2BY, Tel. 01/68 60 688. Antragsformulare sind bei jeder Polizeidienststelle erhältlich.

Schweizer erhalten bei Vorlage ihres Ausweises eine Visitor's Card oder bei Vorlage des Reisepasses einen Stempel. Falls der Stempel eine Meldepflicht enthält, können Sie sich nach sechs Monaten bei jeder Polizeiwache registrieren lassen.

Zoll

Strengstens verboten ist die **Einfuhr** von Fleisch- und Wurstwaren (sowohl frisch als auch konserviert) sowie Geflügel- und Molkereiprodukten und Pflanzen, um die Übertragung von Erregern zu verhindern. Zudem ist die Einfuhr von Waffen, mit Ausnahme einer Flinte für den Jagdurlaub, nicht gestattet.

Auch innerhalb der EU- und EFTA-Länder bestehen für die **steuerfreie Mitnahme** von Alkohol, Tabak und Kaffee Grenzen. Bei Überschreiten der **Freigrenzen** muss nachgewiesen werden, dass keine gewerbliche Verwendung beabsichtigt ist:

- **Alkohol:** 90 Liter Wein (davon höchstens 60 Liter Schaumwein), 110 Liter Bier, 10 Liter Spirituosen über 22 % Vol. und 20 Liter unter 22 % Vol.; für Schweizer jedoch nur 2 Liter bis 15 % Vol. und 1 Liter über 15 % Vol.
- **Tabakwaren:** 800 Zigaretten, 400 Zigarillos, 200 Zigarren, 1 kg Tabak; für Schweizer jedoch nur 200 Zigaretten oder 50 Zigarren oder 250 g Pfeifentabak

Darüber hinaus gelten in allen EU- und EFTA-Mitgliedstaaten weiterhin nationale **Ein-, Aus- oder Durchfuhrbeschränkungen,** z.B. für Tiere, Waffen, starke Medikamente, Drogen und auch für Cannabisbesitz und -handel. Nähere Informationen gibt es:

- **BRD:** www.zoll.de oder beim Zoll-Infocenter Tel. 069/46 99 76 00
- **Österreich:** www.bmf.gv.at oder beim Zollamt Villach Tel. 04242/33 233
- **Schweiz:** www.zoll.admin.ch oder bei der Zollkreisdirektion in Basel Tel. 061/28 71 111

Haustiere

Seit dem 3.7.2004 sind die Einreisebestimmungen für Tiere nach Großbritannien gelockert worden. Seitdem gilt die Europäische Heimtierverordnung und die bis dahin bestandene Quarantänepflicht ist aufgehoben. Trotzdem muss man nach wie vor eine Vorbereitungszeit von mindestens 6 Monaten einrechnen.

Hunde und Katzen, die nach Großbritannien mitgenommen werden, müssen mit einem Mikrochip (oder übergangsweise bis zum Juli 2011 mit einer lesbaren Tätowierung) versehen sein, eine Tollwutimpfung erhalten, einer Blutuntersuchung unterzogen werden, und dies muss alles im EU-Heimtierausweis vermerkt sein. Ab der Blutuntersuchung gilt eine Wartezeit von 6 Monaten, während der die Tiere die EU und bestimmte Nicht-EU-Länder nicht verlassen dürfen.

24-48 Stunden vor der Einreise müssen die Tiere zudem gegen Zecken und Bandwürmer geimpft werden. Auch diese Impfung muss in den EU-Heimtierausweis eingetragen werden.

Unterwegs in Schottland

Unter dieser Überschrift haben wir die Besonderheiten summiert, die man bei den verschiedenen Fortbewegungsarten in Schottland beachten muss. Detailliertere Angaben zu den lokalen und regionalen Verbindungen haben wir den Ortsbeschreibungen unter der Überschrift „Verbindungen" nachgestellt.

Auto und Motorrad

Die **Verkehrsregeln** in Schottland unterscheiden sich, außer im Linksfahren, nur wenig von denen des Kontinents. Dennoch gibt es einige Dinge zu beachten. Wie in Deutschland sollten Sie immer den Fahrzeugschein, einen Versicherungsnachweis (Grüne Karte) und den Führerschein bei sich führen. Anschnallen ist auch in Schottland vorn wie hinten Pflicht. Das Linksfahren führt beson-

Doggenspiele

Unterwegs in Schottland

Verkehrs- und Straßenhinweise

bend	Kurve	*old people*	Altersheim in der Nähe
car park	Parkplatz	*parking ban*	Parkverbot
cattle/sheep	Kühe/Schafe	*passing place*	Ausweichbucht
concealed exit	unübersicht. Ausfahrt	*please keep access free*	Einfahrt freihalten
fallen rocks	Steinschlag	*reduce speed now*	abbremsen
emerging telephone	Notrufsäule	*road blocked*	Straße gesperrt
ferry terminal	Fähranleger	*road works*	Straßenbauarbeiten
heavy lorries	schwere Lastwagen	*round about*	Kreisverkehr
keep left	links halten	*slippery*	Schleudergefahr
keep right	rechts halten	*slow*	langsam
level crossing	Eisenbahnübergang	*speed limit*	Geschwindigkeits-
loose chippings	Rollsplitt		begrenzung
no entry	keine Einfahrt	*traffic lights*	Ampelanlage
no through road	keine Durchfahrt	*uneven surface*	Unebenheiten
		xyz crossing	xyz überquert die Straße

Wichtige Begriffe rund ums Auto

Abblendlicht	*dipped lights*	Motor	*engine*
abschleppen	*to tow*	Öl	*oil*
Abschleppseil	*tow rope*	Ölstand	*oil level*
Abschleppwagen	*recovery vehicle*	Ölwechsel	*oil change*
Anhänger	*trailor*	Panne	*breakdown*
Anlasser	*starter*	Radarfalle	*speed control*
Antenne	*aerial*	Rad	*wheel*
Auspuff	*exhaust (pipe)*	Reifen	*tyre*
Batterie	*battery*	Reifendruck	*tyre pressure*
Benzin	*patrol*	Reifenpanne	*puncture*
Benzinpumpe	*fuel pump*	Reparatur	*repair*
Beule	*dent*	Rückleuchte	*rear light*
bleifrei	*unleaded*	Schaltung	*gears*
Bremsen	*brakes*	Scheinwerfer	*headlight*
Bremslicht	*brake light*	Schraube	*screw*
Dichtung	*gasket*	Schraubenschlüssel	*spanner*
Ersatzrad	*spare wheel*	Schraubendreher	*screwdriver*
Ersatzeile	*spare parts*	Sicherheitsgurt	*safety belt*
Fernlicht	*main beam*	Standlicht	*parking light*
Gas geben	*to accelerate*	Steinschlag	*fallen rocks*
Gaspedal	*accelerator*	Tank	*tank*
Getriebe	*gear box*	Tankstelle	*petrol station*
Handbremse	*hand brake*	Türgriff	*door handle*
Hupe	*horn*	Unfall	*accident*
Kanister	*can*	Vergaser	*carburetor*
Karosserie	*body work*	Wagenheber	*jack*
Keilriemen	*fan belt*	Wasser, dest.	*destilled water*
Krankenwagen	*ambulance*	Werkstatt	*garage*
Kühler	*radiator*	Zündkerze	*sparking plug*
Kupplung	*clutch*	Zündverteiler	*distributor*
Lenkung	*steering*	Zylinder	*cylinder*
Lichtmaschine	*generator*	Zylinderkopf	*cylinder head*

Unterwegs in Schottland

ders beim Überholen zu Schwierigkeiten, da der links sitzende Fahrer nicht den gewohnten Überblick hat. Halten Sie daher genügend Abstand, um den Blickwinkel zu vergrößern. Es gelten folgende **Geschwindigkeitsbegrenzungen:**

im Ort:	30 mph (48 km/h)
zweispurige Straßen:	60 mph (96 km/h)
vierspurige Straßen:	70 mph (112 km/h)

Auf den **Autobahnen** in Schottland, Straßen mit einer M-Markierung, ist natürlich das Linksüberholen verboten. In regelmäßigen Abständen finden sich am Fahrbahnrand so genannte *hard shoulders*, Standstreifen, die nur im Notfall angefahren werden dürfen. Dort steht meistens auch eine Notrufsäule.

Vier Brücken erheben in Schottland noch **Brückenzoll:** die Forth Bridge, die Tay Bridge, die Erskine Bridge und die Brücke nach Skye. Wenn die Gebühr die Kosten für den Brückenbau gedeckt hat, wird sie abgeschafft.

In Großbritannien ersetzen **Kreisverkehre** (engl. *roundabout*) oft in sinnvoller Weise große Ampelsysteme. Der Verkehr im roundabout hat immer Vorfahrt und fließt im Uhrzeigersinn.

In den entlegeneren Gegenden, vor allem auf dem Hochland und den Inseln, werden Sie auch heute noch mit *single track roads* konfrontiert werden. Das sind Straßen mit nur einer Fahrspur und **Ausweichbuchten** *(passing places)*. Diese sind durch weiße, rautenförmige Schilder gekennzeichnet und werden zum Vorbeilassen von Gegenverkehr oder zum Überholen benutzt. Anhalten muss derjenige, der sich bei In-Sicht-Kommen am nächsten an einem passing place befindet. Es versteht sich von selbst, dass passing places nicht als Parkplatz verwendet werden dürfen.

Auch sollten Sie im Hochland immer darauf gefasst sein, dass **Vieh,** meist Schafe, seltener auch Kühe, auf der Straße stehen oder liegen und sich nur schwer vertreiben lassen. Besonders im Frühling und Frühsommer sollten Sie auf die Lämmer achtgeben. Meist machen improvisierte Schilder auch darauf aufmerksam, dass Lämmer (*lambs*) auf der Straße sein können. Gerade Mo-

Bei schwierigen Recherchen – das Auto im Geländetest

Unterwegs in Schottland

torradfahrer sollten die *single track roads* mit den allgegenwärtigen Schafen, gelegentlichen „Flitzern", Schlammpfützen und kleinen Wasserfällen, die sich auf die Straße ergießen, nicht unterschätzen.

Das **Tankstellennetz** ist in Schottland gut, so dass Sie nur auf den Nebenstrecken der Highlands und im Nordwesten auf einen vollen Tank achten müssen. Auch bleifreies Benzin gibt es heute in Schottland praktisch an jeder Tankstelle. Die Kraftstoffsorten sind durch Sterne gekennzeichnet: 2 Sterne = 90 Oktan, 3 = 95, 4 = 98. Manche Tankstellen haben noch alte Uhren, die in Gallonen (1 gal = 4,55 l) messen. Die Preise für Benzin wechseln natürlich wie anderswo ununterbrochen, sie entsprechen in etwa denen in Deutschland. Im Hochland kann es durch die hohen Transportkosten und den geringen Absatz passieren, dass ein Liter bis zu 10p mehr kostet als in den Städten. Dramatisch teurer (teilweise doppelt so hoch wie in Deutschland) sind die Preise für Dieselkraftstoffe.

Der **Royal Automobile Club** und die **Automobile Association** helfen auch den Inhabern eines Europaschutzbriefes vom *ADAC, ÖAMTC, TCS* etc. Beide britischen Automobilclubs haben an den Autobahnen und den Fernstraßen wie etwa der A 9 **Notrufsäulen** aufgestellt. Dort lässt sich eine **Pannenhilfe** oder in schlimmeren Fällen auch der Rettungsdienst herbeirufen. Die Pannenhilfen sind aber auch unter Tel. 0800/88 77 66 *(AA)* und Tel. 0800/24 68 10 *(RAC)* zu erreichen.

Bei schwerwiegenden Problemen können Inhaber eines **Europaschutzbriefes** auch die 24-Stunden-Notrufnummern Ihres eigenen Automobilclubs anrufen:

● **ADAC,** www.adac.de; Tel. 0049/(0)89/22 22 22. Unter 0049/(0)89/76 76 76 erfährt man, wo sich in der Nähe Ihres Urlaubsortes ein deutschsprechender Arzt befindet; die Liste kann man auch vorab anfordern.
● **ÖAMTC,** www.oeamtc.at; Tel. 0043/(0)1/25 12 000.
● **TCS,** www.tcs.ch; Tel. 0041/(0)22/41 72 220.

Passiert auf den einsamen Landstraßen oder gar *single track roads* ein „motor breakdown", so sollte man am nächsten Haus nachfragen, ob es in der Nähe eine **Werkstatt** gibt. Mit etwas Glück findet sich eine der kleinen chaotischen Landwerkstätten, die meist Landmaschinen reparieren, aber auch Autos wieder flott bekommen. Wer im schottischen Norden nach einer **Vertragswerkstatt** eines Autotyps sucht, kann sich anhand der Tabelle orientieren, welche Richtung er einzuschlagen hat. Ein genaues Verzeichnis aller Vertragswerkstätten des jeweiligen Autoherstellers ist bei größeren Fachhändlern in Deutschland erhältlich.

Wer gut genug Englisch versteht, der kann über Radio Scotland (UKW 92,4 und 94,7 Mhz) den **Verkehrsfunk** hören, ein Service, der allerdings ohnehin nur in Zentralschottland von praktischer Bedeutung ist.

Das **Leihen von Autos** stellt in der Regel kein Problem dar, außer dass zumeist ein Mindestalter von 23 Jahren verlangt wird. An den Flughäfen

Kfz-Vertragswerkstätten in Schottland

Ford:

Aberdeen
Aberfeldy
Aviemore
Ayr
Berwick-upon-Tweed
Blairgowrie
Brora
Buchi
Crieff
Dingwall
Dundee
Dunfermline
Dunfries
Duns
Edinburgh
Fraserburgh
Galashiels
Glasgow
Grantown
Hawick
Invergordon
Inverness
Inverurie
Irvine
Kelso
Kilmarnock
Kircaldy
Kirkcudbright
Kirkwall (Orkney)
Kirriemuir
North Berwick
Perth
Peterhead
Pitlochry
Portree
Sanquhar
Selkirk
Stonehaven
Stornoway
Stranraer

Mercedes:

Aberdeen
Ayr
Dundee
Glasgow
Inverness
North Berwick
Perth

Opel:

Aberdeen
Brechin
Crieff
Dingwall
Dundee
Fraserburgh
Inverness
Inverurie
Kaith
Kirkwall (Orkney)
Kyle of Lochalsh
Lerwick (Shetland)
Lochgilphead
Nairn
Oabroath
Oban
Peterhead
Stornoway

Toyota:

Aberdeen
Ayr
Dundee
Falkirk
Folar
Glasgow
Inverness
Kircaldy
Lockerbie
North Berwick
Perth

VW:

Aberdeen
Ayr
Dundee
Dunfermline
Dunfries
Edinburgh
Elgin
Falkirk
Folar
Glasgow
North Berwick
Port William
Scalloway (Shetland)

Unterwegs in Schottland

finden sich immer nationale und internationale Gesellschaften, auch einige Hotels verleihen Autos. Je weiter man sich von den städtischen Zentren entfernt, desto teurer wird auch das Leihen von Wagen. Wir haben unter der Rubrik „Verbindungen" in den einzelnen Ortskapiteln oft Verleihfirmen angegeben.

Beim Autoverleih empfiehlt es sich, mit Kreditkarten zu bezahlen, da in einem solchen Fall die meisten Verleihfirmen auf die ansonsten fällige Kaution verzichten.

Von der Reise mit einem **Wohnwagen** können wir für Schottland nur abraten. Zum einen finden sich überall feststationierte Wohnwagen, die im Vergleich zu B&B relativ günstig vermietet werden, zum anderen sind die meisten der schottischen Nebenstraßen mit einem Wohnwagen nur schwer zu bewältigen.

Wer mit einem **Campingbus** oder **Wohnmobil** unterwegs ist, braucht sich keine Sorgen zu machen. Große und die meisten kleineren Campingplätze besitzen Stellplätze mit Strom- und teilweise Wasseranschluss. Die Preise haben wir in der Regel bei den Campingplätzen angegeben. Auch die Versorgung mit Gasflaschen stellt kein Problem dar, da die größeren Campingplätze meist einen „Shop" haben, der die blauen Behälter verkauft. Allerdings

Letzte Tankstelle vor Nirgendwo: Servicestation im Norden Sutherlands

Unterwegs in Schottland

Reisetipps

ist die Übernachtung auf dem Campingplatz auch die einzige Möglichkeit, denn nahezu an allen Straßen und Parkplätzen stehen Schilder mit dem Hinweis „No Overnight Parking", und die schottische Polizei erscheint zur Einhaltung dieser Regelung auf einmal allgegenwärtig.

Flug

In Schottland verkehren die nachfolgenden Fluggesellschaften:

- *Eastern Airways,* www.easternairways.com
- *British Airways,* www.britishairways.com
- *Highland Airways,* www.highlandairways.co.uk
- *bmi,* www.flybmi.com (Stornoway, Edinburgh, Aberdeen, Inverness, Edinburgh, Glasgow)
- *Logan Air,* www.loganair.co.uk (sehr ausgedehntes Netzwerk zu 30 großen und kleinen schottischen Flughäfen)
- *Loch Lomond Seaplanes,* www.lochlomondseaplanes.com (Charterflüge in ganz Schottland)

Öffentliche Verkehrsmittel

- *Traveline* ist die „public transport info" für alle öffentlichen Verkehrsmittel in England, Wales und Schottland, egal ob es sich um Überlandbusse, Stadtbusse, Züge, Straßenbahnen, U-Bahnen oder Fähren (ausgenommen Flugzeuge) handelt. Unter Tel. 0870/60 82 608 und www.traveline.co.uk bzw. www.travelinescotland.com spezifisch für Schottland kann man sich über alle öffentlichen Verkehrsverbindungen informieren.

Busse

Innerhalb Schottlands sind Busse oft die einzigen regelmäßig verkehrenden öffentlichen Verkehrsmittel. Einige große *Fernverkehrsgesellschaften* verbinden in einem sehr guten Netz alle wichtigen Orte in Schottland, im Norden und Westen auch die kleineren Fährhäfen miteinander.

- *National Express,* Tel. 08705/80 80 80, www.nationalexpress.com.
- *Scottish Citylink,* Tel. 08705/50 50 50, www.citylink.co.uk.
- *Stagecoach,* unter diesem Label sind u.a. folgende Gesellschaften in Schottland zusammengeschlossen: *A1 Service, Fife, Glasgow, Perth, Western, Aberdeen, Bluebird, Elgin, Inverness,* Tel. siehe oben: *Traveline,* www.stagecoachbus.com.
- *First,* Tel. siehe oben: *Traveline,* www.firstgroup.com.
- *Lothian Busses,* die Busgesellschaft für Edinburgh und Lothian, Tel. 0131/55 56 363, www.lothianbuses.co.uk.
- *Rapsons Coaches,* Tel. 01856/87 05 55, www.rapsons.co.uk, größte Busgesellschaft der Orkneys.

Die größeren Busgesellschaften bieten *ermäßigte Tickets* an:
- Auf den Buslinien von *National Express* fahren Reisende über 60 Jahren generell zum halben Preis. 16- bis 26-jährige Reisende können für £ 10 eine *NX2 Card* erwerben. Diese ist ein Jahr gültig und gewährt zum Teil erhebliche Ermäßigungen auf allen Strecken der Gesellschaft. Freie Fahrt auf allen Strecken erlaubt der *Brit Xplorer.* Der Kostenpunkt dafür liegt für 7 Tage bei £ 79, für 14 Tage bei £ 139 und für 28 Tage bei £ 219.

39

Unterwegs in Schottland

- Bei *Scottish Citylink* können über 50-Jährige für £ 7 eine **50+ Discount Card** erwerben, die ein Jahr lang 20 % Ermäßigung auf allen Buslinien beinhaltet. Das Pendant für 16- bis 26-Jährige und Studierende ist die **Young Persons Card,** die ebenfalls £ 7 kostet.
- Zu empfehlen sind **One-Tickets,** die für einen Tag ab ca. £ 5.75 kosten und für fast alle Busse im Süden Schottlands gelten (www.one-ticket.co.uk). Zu kaufen gibt es die Tickets in vielen Supermärkten wie *Coop* und *Spar*.
- In *Stagecoach Buses* sollte man beim Busfahrer nach **DayRider-** bzw. **MegaRider-Tickets** fragen.

Mit den **lokalen Busverbindungen,** den Postbussen, Schulbussen und örtlichen Unternehmen ist es möglich, selbst in entlegenste Gegenden vorzustoßen, wobei sich allerdings die Weiterreise schwierig gestalten kann. In den einsameren Gebieten fahren Busse meist morgens hin und am späten Nachmittag zurück.

Busse können besonders in den unbewohnteren Gegenden überall auf der Strecke per Handzeichen gestoppt werden. In den abgelegenen Gegenden des Nordwestens und auf den meisten Inseln ist der Busverkehr während der Schulzeit am besten, da dann zusätzlich zu den öffentlichen Bussen auch die Schulbusse fahren, die einen gerne mitnehmen.

Eine weitere empfehlenswerte Möglichkeit stellen die **Minibusse**

Taxi oder Doppeldecker? (WS)

Unterwegs in Schottland

Reisetipps

der Post dar. Dies sind Kleinbusse, die der Postbote beim Ausfahren der Post benutzt und mit denen man mitfahren kann. Zwar dauert die Fahrt wegen der häufigen Stopps länger, doch kann man bei dem unvermeidlichen Schwätzchen mit dem *postman* unter Umständen interessante Tipps erhalten.

Regionale Postbusauskunft
- Borders, Fife und Lothian, Tel. 08457/74 07 40.
- Central und Tayside, Tel. 01738/63 25 52.
- Highlands, Orkneys und Western Isles, Tel. 01463/25 62 73.
- Strathclyde, Tel. 0141/24 24 193.
- Allgemein bei: *Communications Services,* The Post Office, Room 716, 102 West Port, Edinburgh EH3 9HS, Tel. 08457/74 07 40 oder Tel. 01752/38 71 12, www.royalmail. com.
- *Postbus Controller Royal Mail*, 7 Strothers Lane, Inverness IV1 1AA, Tel. 01463/25 62 73.

- Eine weitere Möglichkeit der Rundreise sind **Backpacker-Busse** wie *Go Blue Banana* oder die *Haggis Backpacker Busse* von *Radical Travel*. Auf einem großzügigen Rundkurs fahren diese Privatunternehmen mehrmals wöchentlich durch Schottland und halten an allen billigen Unterkünften. Man bezahlt einen einmaligen Betrag und kann dann so oft aus- und wieder zusteigen wie man will, bis man wieder am Ausgangspunkt ist. Vorteile: Man erhält gute Tipps, hat keine Übernachtungssorgen mehr und bewegt sich unter Gleichgesinnten. Das Ticket kostet ab £ 85 und Informationen erhält man bei allen Herbergen auf der Route bei *Go Blue Banana,* 16 High Street, Edinburgh EH

1 1TB, Tel. 0131/55 62 000, Fax 55 88 400 oder bei *Radical Travel Network,* 60, High Street, The Royal Mile, Edinburgh EH1 1TB, Tel. 0131/55 79 393, www.haggisad ventures.com.

Eisenbahn
In Schottland selbst ist das Bahnfahren nicht die ideale Fortbewegungsweise. Zwar ist das Schienennetz in der **Region um Glasgow** recht ausgebaut, und es verkehren genügend Züge zwischen den größeren Städten wie Glasgow, Edinburgh, Inverness und Aberdeen, doch außerhalb dieser Regionen kann die Eisenbahn nur bedingt benutzt werden. Der Norden ist entweder ohne Schienenverbindung, oder die Züge fahren so selten, dass Anschlüsse nur mit langen Wartezeiten zu erhalten sind. Außerdem kommen die Züge wegen der teilweise steilen Steigungen nur sehr langsam vorwärts

Von Glasgow nach Norden führt nur noch ein Route nach Oban und eine über Crianlarich und Fort William nach Mallaig, die berühmte **West Highland Line,** auf der im Sommer noch eine alte Dampflok schnauft (s.a. Fort William im Kap. „Norden/Westliches Hochland").

Von Inverness führt eine Linie nach Kyle of Lochalsh und eine nach Norden bis Thurso, die **North Highland Line.** Beide Linien, besonders aber die Route Oban-Crianlarich-Mallaig, können wir Ihnen nur ans Herz legen wegen der landschaftlichen Herrlichkeit, die die Bahn hier gemütlich durchrollt. Der gesamte Nordwesten

41

Unterwegs in Schottland

Ein Herz für Kinder: Kinderfest der Glasgower Taxifahrer

ist mit dem Zug allerdings nicht zu erreichen.

Es werden einige **Ermäßigungstickets** angeboten, die eine Überlegung wert sind:

• Mit dem **Highland Rover** kann man an 4 von 8 aufeinanderfolgenden Tagen die Bahnverbindungen des *First ScotRail*-Netzes zwischen Glasgow und dem Norden Schottlands für £ 59 nutzen. Das Pendant für den Süden, d.h. für die Bahnstrecken zwischen Glasgow und Edinburgh, in Central und in Fife, heißt **Central Scotland Rover.** Es kostet für 3 von 7 Tagen £ 29 (www.firstgroup.com/scotrail).

• Das britische Pendant zu diesen schottischen Rover-Tickets ist der **BritRail Flexi Pass.** Er erlaubt die freie Fahrt 2. Klasse auf dem gesamten Streckennetz der britischen Bahn in England, Schottland und Wales an 3, 4, 8 oder 15 beliebigen Tagen innerhalb von 3 Monate. Der Pass muss aber schon vor der Anreise in Deutschland (Österreich, Schweiz) bei der Bahn erworben werden. Er kostet für 3 Tage € 150, für 4 Tage € 180, für 8 Tage € 260 und € 399 für 15 Tage (www.britrail.com).

• Für Gruppen zwischen 3 und 4 Personen bietet sich der **Friends Fare** von *First ScotRail* an, da hier die ganze Gruppe für £ 45 im Zug zwischen Aberdeen und Glasgow/Edinburgh oder zwischen Inverness und Glasgow/Edinburgh hin und zurück reisen kann. Das Ticket muss

Unterwegs in Schottland

spätestens 2 Tage vor Fahrtantritt gebucht werden (Online zu kaufen unter: www.firstgroup.com/scotrail).
●Ohnehin ist eine Buchung bis spätestens 2 Tage vor Fahrtantritt bei der schottischen Bahn stets lohnend, da man so die günstigen **APEX-Tickets** erwerben kann.

Fähren

Schottland wird auf drei Seiten von Wasser umgeben und zählt ca. 790 Inseln, davon 130 bewohnte, zu seinem Territorium. Die Fähre gehört daher in Schottland zu den alltäglichen Verkehrsmitteln. Nahezu alle größeren Inseln werden heute von **Autofähren,** bei kurzen Überfahrten von den praktischen *roll-on-roll-off* Fähren, angefahren. Nur noch einige winzige Inseln der Hebriden und Orkneys sind auch heute noch nur mit Frachtschiffen zu erreichen, auf die das Auto mit einem Kran verladen werden muss. Kleinere Inseln werden oft auch nur von Personenfähren angefahren.

Alle diese Verbindungen werden von lediglich zwei **Fährgesellschaften** fast im Monopol unterhalten. Für den gesamten Westen, die Inneren und Äußeren Hebriden ist die Fährgesellschaft *Caledonian MacBrayne* und für Orkney und Shetland *Northlink Ferries* zuständig. Preise und Fahrzeiten, sowie die Möglichkeiten, Geld zu sparen, wenn man eine der kleinen Personenfähren benutzt, sind in den Ortsbeschreibungen unter der Rubrik „Verbindungen" aufgelistet.

Die meisten Linien nehmen auch **Vorausreservierungen** an, die in den Sommermonaten vor allem für Fahrzeuge ratsam sind. Im Winter wird der Verkehr auf einigen Linien eingeschränkt oder sogar gänzlich eingestellt. *Caledonian MacBrayne* bietet zwei verschiedene Arten von ***Ermäßigungen:***
●Das ***Island Rover Ticket*** erlaubt 8 Tage (£ 48.50/Pers., £ 234/Auto) oder 15 Tage (£ 71/Pers., £ 350/Auto) frei wählbare Fährbenutzung auf annähernd allen Linien der *Caledonian MacBrayne*. Man erhält das Ticket an den Schaltern der Gesellschaft.
●Das ***Island Hopscotch Ticket*** ist ein interessantes Angebot von *Caledonian MacBrayne*, das eine große Zahl an festgelegten Fährkombinationen beinhaltet. Es eignet sich besonders in dem Fall, wenn Sie sich über die Routen, auf denen Sie beispielsweise die Äußeren Hebriden erkunden wollen, bereits vorher im Klaren

43

Unterwegs in Schottland

sind (z.B. die Uists, Harris und Lewis = £ 37/Pers., £ 154/Auto). Das Ticket ist an allen Schaltern von *Caledonian MacBrayne* erhältlich.

- ●*Caledonian MacBrayne Ltd.,* Tel. 01475/ 65 01 00, Fax 63 76 07, Reservierung: Tel. 08705/65 00 00, Fax 01475/63 52 35, reservations@calmac.co.uk, www.calmac. co.uk
- ●*John O'Groats Ferries Ltd.,* Tel. 01955/ 61 13 53, Fax 61 13 01, office@jogferry.co. uk, www.jogferry.co.uk
- ●*NorthLink Orkney and Shetland Ferries,* Tel. 0845/60 00 449, www.northlink ferries.co.uk.
- ●*Western Ferries,* Tel. 01369/70 44 52, www.western-ferries.co.uk.
- ●*Pentland Ferries Ltd.,* Tel. 01856/83 12 26, www.pentlandferries.co.uk, für Verbindungen mit den Orkneys.
- ●*Orkney Ferries Ltd.,* Tel. 01856/87 20 44, Fax 87 29 21, www.orkneyferries.co. uk, für Verbindungen mit den Orkneys.

Im äußersten Südwesten von Schottland gibt es Fährverbindungen mit **Nordirland.**

- ●*Stena Line Ltd.* verkehrt zwischen Stranraer und Belfast, in Deutschland buchbar: Tel. 01805/91 66 66 oder in Großbritannien, Tel. 08705/ 70 70 70, www.stenaline. de.
- ●*P&O Irish Sea,* verkehrt von von Troon und Cairnryan nach Larne, Tel. 0870/24 24 777, www.poirishsea.com.

Verkehrsmittelübergreifende Ermäßigungstickets

- ●Freie Fahrt auf den Citylink-Linien sowie eine Ermäßigung von 50 % auf alle *Caledonian-MacBrayne*-Fährverbindungen ermöglicht der **Scottish Explorer Pass,** der für 3 Tage £ 39, für 5 von 10 Tagen £ 62 und für 8 von 16 Tagen £ 85 kostet.

●Der **Freedom of Scotland Travelpass** berechtigt zur Nutzung aller Routen von *ScotRail* und *Caledonian MacBrayne* und gewährt ein Drittel Nachlass auf vielen Busrouten sowie Ermäßigungen bei *Northlink Ferries.* Der Preis für 4 innerhalb von 8 Tagen liegt bei € 128, 8 von 15 Tage kosten € 165.

Trampen

Da vor allem die ländlichen Regionen Schottlands nicht zu den reichsten Gegenden Europas zählen, können sich hier bis heute viele Menschen kein Auto leisten. Selbst Einheimische trampen öfter mal in die Stadt. Hinzu kommt, dass die Verbrechensrate im bevölkerungsarmen Schottland recht niedrig liegt und man deshalb vor Trampern weniger Angst hat. Uns ist es öfters passiert, dass uns sogar alte Damen auf dem Weg zum Einkaufen mitgenommen haben und wohlmeinend erklärten, sie wüssten ja, dass die jungen Leute heute nicht viel Geld hätten. Lange Rede, kurzer Sinn: **Es trampt sich gut** in Schottland.

Im Südwesten, Norden und Nordwesten sowie auf den Inseln kann Trampen dagegen nur als Ergänzung zum Busfahren oder Wandern dienen, da hier nur noch sehr selten Autos verkehren.

Wie schon im Anreisekapitel erwähnt, eignen sich in Großbritannien die *roundabouts* (Verkehrskreisel) hervorragend für Tramper. Die Autos sind beim Passieren noch nicht so schnell und können meist sehr gut halten.

Unterwegs in Schottland

Fahrrad

In puncto Fahrrad ist Schottland differenziert zu werten. Einerseits eignen sich die einsamen Straßen des Hochlandes hervorragend zum Fahrradfahren, gerade vom Fahrrad aus ist die Landschaft richtig zu genießen, andererseits sind die **Bedingungen zum Fahrradfahren** aber auch sehr ungünstig. Das zeigt sich in der Unerfahrenheit der Autofahrer im Umgang mit den schwächeren Verkehrspartnern, an den fehlenden Fahrradwegen bei stark befahrenen Straßen – die A 9 ist ein Schrecken für Radfahrer – und daran, dass in den Städten gerade die Fahrbahnränder ungeheuer beschädigt sind und Kanaldeckel oft genug 10-15 cm tief im Asphalt liegen. Die meisten dieser Nachteile liegen darin begründet, dass die Schotten selbst nur wenig Fahrrad fahren. Lassen Sie sich von dieser Aufzählung aber nicht zu sehr schrecken, auf dem Land ist Fahrrad fahren ein Vergnügen, man gewöhnt sich mit der Zeit sogar an den Regen.

Bei der Anreise mit dem **Fahrrad auf dem Autodachständer** sollten Sie unbedingt darauf achten, dass alle empfindlichen Teile der Räder gut eingefettet sind, da Wind und Regen auf dem Autodach die Korrosion ungemein beschleunigen.

Sie sollten auch für die wichtigsten **Reparaturen** Werkzeug und Kleinteile einstecken. Als ich einmal einen winzigen Defekt beheben wollte und dazu eine der kleinen, chaotischen Landwerkstätten anfuhr, musste ich erst eine halbe Stunde lang verschiedene Schraubenschlüssel ausprobieren, bis ich einen fand, der passte. Nicht nur die Entfernungen meiden in Schottland metrische Maße, auch Schrauben und Muttern messen sich in Zoll.

Wichtige Worte rund ums Fahrrad

Achse	spindle
Felge	rim
Felgenbremse	caliper brake
Gangschaltung	gear shift
Kettenblatt	chain ring
Kettenwerfer	changer
Kurbelkeil	crank wedge
Lenker	handlebar
Nabe	hub
Reifen	tyre
Sattel	saddle
Schlauch	inner tube
Schutzblech	mudguard
Tretlager	bottom bracket

Bei der Anreise mit der **Fähre** wie auch auf den Inlandfähren wird in der Regel kein Zusatzpreis für Fahrräder verlangt. Die schottische **Bahn** verlangt eine Pauschale von £ 3 für die Beförderung auf allen Fahrten oder £ 15 für eine Woche. Vor Antritt der Fahrt muss eine Reservierung für das Rad vorgenommen werden. Reservierungen bei *First ScotRail* unter Tel. 08457/55 00 33, www.first group.com/scotrail.

Bei den **Fluglinien** hat man nur bei der Anreise keine Probleme; die Flugzeuge innerhalb Schottlands befördern in der Regel keine Fahrräder, sie sind meist einfach zu klein.

Unterwegs in Schottland

Die Alternative zur Mitnahme eines Fahrrades besteht im **Ausleihen** vor Ort. Für alle wichtigeren Orte haben wir in diesem Führer Fahrradverleihstellen angegeben. Dabei kann man davon ausgehen, dass die meisten Fahrradverleihe mittlerweile Mountainbikes anbieten. Die Leihgebühren sind meist nicht billig. Sie liegen in der Regel um £ 15/Tag, abhängig natürlich von der touristischen Erschlossenheit des Gebietes.

Manchmal können auch billigere Wochentarife in Anspruch genommen werden. Oftmals verleihen auch die Jugendherbergen Fahrräder. In Großbritannien existiert neben den Automobilclubs auch ein Fahrradclub. Über den *Cyclists' Touring Club* sind alle das Fahrrad betreffenden Informationen, wie etwa Listen von Fahrradverleihen oder -werkstätten zu erhalten. Mitgliedern werden noch weitere Leistungen geboten. Adresse: CTC, 69 Meadrow, Godalming, Surrey GU7 3HS, Tel. 0870/87 30 060, www.ctc.org.uk

Wandern

Schottland ist ein Paradies für Wanderer, und das Laufen gehört zu den schönsten Arten, das Land zu erkunden. Dabei sollte man aber daran denken, dass das maritime Klima Schottlands sehr wechselhaft ist und Wandern daher wetterfeste Schuhe und Kleidung erfordert.

Zelten in der Landschaft ist in Schottland offiziell nicht verboten, es sei denn, es handelt sich um Privatgrund. In diesem Falle bitte erst die Erlaubnis des Besitzers einholen – wir sind noch nirgends abgewiesen worden. Verboten ist auch das Anzünden von **offenem Feuer.** Auch

Drahtseilakt: Hängebrücke bei Strath of Kildonan

Der West Highland Way

Über Glens und Bens – Der West Highland Way

Noch bekannter als der *Southern Upland Way* ist wohl der Fernwanderweg Schottlands, der *West Highland Way*. Von Milngavie, einem nördlichen Vorort Glasgows, bis nach Fort William am Beginn des Great Glen hat die *Scottish Countryside Commission* einen 152 km langen Wanderweg durch eine der landschaftlich reizvollsten Gegenden Schottlands angelegt. Von der größten Stadt Schottlands führt der Weg zunächst durch die weiche Lowlandlandschaft bis zum größten See des Landes. Am Ostufer des Loch Lomond entlang führt der Weg dann langsam in rauere Gebiete. Spätestens ab Crianlarich befindet man sich im tiefsten Hochland. Die Gegend wird einsamer und auch die Quartiersuche kann sich schwieriger gestalten. Weiter nördlich streift der Weg das Rannoch-Moor, die Einöde, in der sich früher Verbrecher versteckten. Quer durch das grandiose Glen Coe nähert man sich dann Fort William, der kleinen Stadt am Fuße des größten Berges im Königreich.

Der Weg folgt zu einem großen Teil **historischen Pfaden**. Von alten Viehtrieben, Militärstraßen zur „Befriedung" des Hochlandes, früheren Postkutschenrouten bis hin zu ausgedienten Eisenbahnlinien werden alle möglichen Arten von früheren Verkehrsverbindungen genutzt. Die Countryside Commission hat ihn gut **mit Zeichen markiert,** dennoch sollte man auf Karte und Kompass nicht verzichten. Wie auf allen Fernwanderwegen in Schottland weist die von einem Sechseck gerahmte Distel, hier in dunkelbrauner Farbe, den Weg.

Die meisten Wanderer beginnen den Weg erst in Balmaha am Ufer von Loch Lomond. Hier findet sich eine Infotafel, die den weiteren Weg erklärt. Der Weg steigt hier steil an, bietet auf der Höhe aber einen grandiosen Blick über den See.

Einige Teilstücke im Süden des Weges sind relativ leicht begehbar, so dass auch unerfahrene und nicht so ausdauernde Wanderer sie beschreiten können. Vor allem der nördliche Teil, ab dem Loch Lomond, ist aber nur noch von erfahrenen und **trainierten Wanderern** zu bewältigen. Da an einigen Stellen auch mal geklettert werden muss, ganz abgesehen von den Möglichkeiten, die umliegenden Bergspitzen zu erklimmen, sind feste Wanderschuhe unerlässlich für die Tour. Auch wasser- und winddichte Kleidung sowie warme Sachen dürfen nicht fehlen, da in dieser Gegend auch im Sommer mit allen Witterungen zu rechnen ist – und das manchmal in erstaunlich schnellem Wechsel. **Wettervorhersagen** kann man über *Mountaincall* (Tel. 01898/50 04 42) oder die *Climb Line* (Tel. 01898/65 46 69) erfragen. Die Tagesetappen sollten nicht zu groß gewählt werden, da das Wandern im oft morastigen Hochland besonders anstrengend ist. Bei allem was nötig ist an **Gepäck,** besonders wenn man plant zu zelten, sollte der Rucksack nie schwerer bepackt werden als ca. 1/5 des Körpergewichts. Zu Beginn der Wanderung sollte man jemanden über das Vorhaben unterrichten (nicht vergessen, nach der Ankunft Entwarnung zu geben).

Entlang des Weges haben sich einige **B&B und Hotels** besonders auf Wanderer eingerichtet, was vor allem heißt, dass auf verschlammte Schuhe nicht sauer reagiert wird und Trockenmöglichkeiten bestehen. Diese Unterkünfte erkennt man an der Wegweiserdistel, die mit einem „*Walkers Welcome*" umrandet ist. Ratsam ist es, besonders im Sommer zur Hauptsaison die Unterkünfte schon vor Beginn der Wanderung zu buchen.

Eine **Broschüre** über die Route und auch einige Unterkunftsmöglichkeiten gibt *Scottish Natural Heritage* (12, Hope Terrace, Edinburgh EH9 2AS, Tel. 0131/ 44 74 784, www.west-highland-way.co.uk, www.snh.org.uk) heraus. Man erhält sie auch in den betreffenden Tourist Informationen. Ein guter Führer mit einer Wanderkarte (1:50.000) ist von *Robert Aitken* für ca. £ 9 in Buchhandlungen erhältlich.

Unterwegs in Schottland

auf die Gas- oder Spirituskocher sollte gut aufgepasst werden.

Durch Schottland sind bisher vier so genannte *long-distance routes* angelegt, d.h. Wanderwege, die über so lange Strecken führen, dass sie nur in mehreren Tagesetappen zu bewältigen sind. Die Wege sind ausgeschildert und in Begleitheften beschrieben, in denen auch Unterkünfte entlang des Weges angegeben werden.

The Southern Upland Way beginnt im Westen bei Portpatrick in Galloway und endet an der Ostküste der Borders in Cockburnspath. Der Weg führt teilweise über höher gelegene Gebiete und erfordert entsprechende Ausrüstung. Insgesamt werden 341 km zurückgelegt.

The West Highland Way beginnt am Rande Glasgows in Milngavie und führt am Loch Lomond entlang, durch Teile des Glen Coe und endet nach 152 km in Fort William. Streckenweise ist dieser Weg, der insbesondere im Norden durch traumhaft schöne Gebiete verläuft, rau und nur für geübte Wanderer begehbar.

The Speyside Way ist mit 77 km Gesamtlänge der kürzeste der vier Langstreckenwege. Der Weg beginnt in Tugnet an der Mündung des River Spey, verläuft in drei Routen entlang des Flusses und endet in Tomintoul bzw. Dufftown oder Aiemore.

Im Frühjahr 2002 wurde ein vierter Fernwanderweg, der *Great Glen Way,* eröffnet. Er verbindet Fort William mit Inverness, umfasst 118 km und ist somit quasi die Verlängerung des *West Highland Way,* www.greatglenway.com.

Außer den großen Wanderwegen sind auch viele Pfade für einen Tagesausflug angelegt, beispielsweise über die Grampians, oder durch das Glen Coe und viele Täler der Highlands.

Broschüren zu den Wanderwegen sind bei den jeweils zuständigen Fremdenverkehrsämtern erhältlich. Das *Scottish Tourist Board* gibt zudem den Führer „*Scotland: Walks and Trails*" über Wandern und Wanderwege heraus.

Abschließend sei noch auf ein paar *Verhaltensregeln* hingewiesen, die eigentlich selbstverständlich sein sollten, trotzdem oft nicht eingehalten werden:

● Kein offenes Feuer anzünden und auch sonst jegliche Brandgefahr vermeiden!

● Gatter hinter sich wieder schließen, da ansonsten das Vieh ausbricht!

● Wenn Sie sich auf Privatgrund befinden, die Wege nicht verlassen!

● Keinen Abfall liegen lassen!

● Zäune, Mauern oder Hecken nicht beschädigen!

● Wilde Tiere, Pflanzen und Bäume nicht schädigen bzw. beschädigen, und ganz allgemein auf die Natur Rücksicht nehmen!

● In Küstengegenden und vor allem auf den Orkneys brüten viele Vögel im Gras, da nicht ausreichend Bäume zur Verfügung stehen. Solche Wiesen möglichst meiden oder nur sehr vorsichtig betreten!

Bergwandern

Es gibt in Schottland 279 so genannte *Munros,* das sind **Berge,** die über

Unterwegs in Schottland

3000 ft (914 m) hoch sind. Über 4000 ft (1290 m) ragen jedoch nur noch die Spitzen von sieben Bergen hinaus, und selbst der höchste Berg Schottlands, der Ben Nevis, kann gerade mit einer Höhe von 1343 m aufwarten.

Ausrüstung

Die meisten Berge können von geübten Wanderern in einem Tag erklommen werden, Vorraussetzung ist dabei natürlich die richtige Ausrüstung. Auch wenn die Berge recht einfach zu besteigen sind, kommen trotzdem jedes Jahr mehrere Urlauber in den schottischen „Gebirgen" um. Zurückzuführen ist dies einerseits auf den Leichtsinn vieler Wanderer, andererseits auf das schottische Wetter. Beginnt man seine Tour bei schönstem Sonnenschein, steht man vielleicht eine halbe Stunde später im dicksten Nebel und kann keine Hand mehr vor den Augen, geschweige denn einen Wanderweg, erkennen.

Um sich nicht unnötiger Gefahr auszusetzen, gilt es, ein paar grundlegende Vorsichtsmaßnahmen zu treffen, die einfach und ohne großen Aufwand erfüllt werden können:

Zweckmäßige **Kleidung:** Außer dem unbedingt erforderlichen festen Schuhwerk sollte man immer ausreichend warme, wind- und wasserfeste Kleidung mitführen. Dies gilt auch bei strahlendstem Sonnen-

Fragile Schönheit: alte Steinbrücke auf Skye

Unterwegs in Schottland

Ohne Worte

Orientierung

schein, denn auf den Bergen kann es winterlich kalt werden.

Ausreichend **Nahrung:** Lebensmittelrationen nicht zu knapp bemessen, da man sich aufgrund widriger Witterungsverhältnisse eventuell auf einen längeren Aufenthalt bei Mutter Natur einrichten muss. Die Essrationen sollten auch einige zucker- oder glukosehaltige Dinge enthalten, wie Schokoladenriegel oder Fruchtkuchen. Getränke sollten ebenfalls in großzügig bemessenen Mengen mitgeführt werden.

Orientierungsmittel: Zur Grundausrüstung eines jeden Bergwanderers sollte ein Kompass und eine topografische Karte der Umgebung (Maßstab 1:50.000) gehören, vor allem, wenn Sie vorhaben, sich abseits der großen Wanderwege zu bewegen. Diese beiden Gegenstände ermöglichen eine Orientierung auch bei Nebel, wenn man ohne Kompass Gefahr läuft, im Kreis zu gehen. Gefährlich ist es dagegen, sich bei Nebel von Zäunen oder Ähnlichem führen zu lassen, wenn man nicht weiß, wo diese hinführen. Nicht selten enden sie abrupt an einem steilen Abgrund.

Wandergruppen sollten eine **Trillerpfeife** mitführen. Falls Sie sich dann im Nebel verlieren, können Sie sich mit ihrer Hilfe leichter wiederfinden.

Ins Gepäck gehören außerdem einiges **Verbandszeug** und eine **Taschenlampe.**

Vor dem Aufbruch sollte man eine Beschreibung der **geplanten Route** hinterlassen sowie den voraussichtlichen Zeitpunkt der Rückkehr. In die-

sem Fall können dann gegebenenfalls Rettungsmaßnahmen eingeleitet werden. Nach der Rückkehr darf natürlich nicht vergessen werden, Bescheid zu geben, dass alles gut verlaufen ist.

Genauere **Informationen,** auch über Wanderwege, erteilt das jeweils zuständige Tourist Information Centre.

Orientierung

Ausschilderung von Straßen

In Großbritannien im Allgemeinen und Schottland im speziellen besteht in der Ausschilderung von Straßen ein kleiner Unterschied gegenüber dem Kontinent. In Schottland haben alle Straßen eine Nummer. Straßen mit einem „M" und einer Zahl sind Autobahnen, _motorways._ Die Ausfahrten der **Autobahnen** sind ebenfalls nummeriert und zwar fortlaufend vom Anfang der Autobahn, bis sie irgendwo endet oder mündet. Besonders in der Nähe großer Städte macht sich dieses System bezahlt, da man sich nicht die Namen der Ortsteile anzusehen braucht, sondern nur auf der Karte die entsprechende Nummer der Ausfahrt heraussucht und abwartet. In allen guten Karten sind die Nummern der Ausfahrten (engl. _junction)_ abgedruckt.

Buchtipps:
● GPS-Outdoor-Navigation,
● Orientierung mit Kompass und GPS,
● Richtig Kartenlesen u.v.m.; **Praxis-Reihe,** REISE KNOW-HOW Verlag, Bielefeld

Reisetipps

Orientierung

Die **normalen Straßen** haben in Schottland ebenfalls eine Nummerierung. Straßen, die unseren Bundesstraßen entsprechen, d.h. (meistens) bessere Landstraßen, besitzen ein „A" vor der Zahl, die anderen Straßen ein „B". Straßen ohne Nummern muss man nicht unbedingt misstrauen, sie sind aber in der Regel schlecht ausgebaut, meistens sind es *single track roads* und nicht selten Sackgassen.

Wie mit den Ausfahrten der Autobahnen verhält es sich auch mit den Straßen. In erster Linie sind die Nummern ausgeschildert. Wenn das Reiseziel und die Route feststeht, sucht man sich auf der Karte also nicht Ortschaften als Etappenziele heraus, sondern man merkt sich lediglich die Nummern der Straßen, die man benutzen will. An manchen Kreuzungen sind nicht einmal die Richtungen ausgeschildert, sondern lediglich die Straßennummern.

Auch **Vorwegweiser** zu größeren Straßen existieren, die man daran erkennt, dass auf einem Schild die Nummer der befahrenen Straße in einem Rechteck steht und dahinter in einem gestrichelten Rechteck die Nummer der Straße oder der Straßen, die man auf dieser Strecke erreicht.

Nach einer gewissen Eingewöhnungszeit empfanden wir dieses System als bedeutend besser als unser bundesdeutsches, da es erspart, sich manchmal unaussprechliche Ortsnamen zu merken, nur weil wir dort vielleicht abbiegen mussten.

Orientierung im Gelände

Die großen Wanderwege in Schottland sind gut markiert und in Broschüren schön beschrieben, so dass man sich dort eigentlich nicht verirren dürfte, meint man. In Schottland muss man aber damit rechnen, dass Nebel schnell jede Orientierung unmöglich macht. Außerdem sind vor allem kleinere Wanderwege manchmal gar nicht als solche erkennbar, größere dagegen verzweigen sich tausendfach, weil jeder

Benutzung des Kompasses

Bei der Benutzung des Kompasses ergibt sich ein kleines Problem. Da der magnetische Nordpol, auf den die Kompassnadel immer zeigt, 2100 km südlich des geografischen Nordpols liegt, der von den Karten angepeilt wird, können kleine Abweichungen entstehen. Diese Abweichungen nennt man Missweisung oder **Deklination.** Auf topografischen Karten, und nur solche sollte man beim Wandern benutzen, ist bei der Legende auch die Missweisung angegeben. Da sich die Deklination jährlich um ½ bis 1 Grad ändern kann, wird der Angabe immer noch die Jahreszahl hinzugefügt und angegeben, wie sich die Abweichung in den folgenden Jahren entwickeln wird. In Schottland liegt die Deklination bei ca. 6. Man kann die Missweisung auch selbst feststellen, indem man seinen Kompass in einer klaren Nacht auf den Polarstern (man findet ihn, indem man die Rückwand des Großen Wagens ca. fünfmal nach oben verlängert) ausrichtet. Da dieser Stern genau über dem geografischen Pol steht, zeigt die Abweichung der Kompassnadel nun exakt die Deklination an.

Weg, den mehr als zehn Leute nacheinander gegangen sind, sich in ein einziges Morastloch verwandelt. Es ist also auch auf den großen Wanderwegen äußerst ratsam, einen Kompass zur Orientierung dabeizuhaben.

Unterkunft

In Schottland bieten sich für den Reisenden mehrere Arten der Übernachtungen. Dazu zählen wie überall das Zelten, Jugendherbergen, Hotels und Selbstversorgerunterkünfte, zudem gibt es die B&B-Unterkünfte. In diesem Buch finden Sie bei größeren Orten Hotels mit Adressen und den niedrigsten Übernachtungspreisen. In Städten sind Hotels in allen Preislagen aufgeführt, in kleineren Ortschaften zumeist das Hotel mit der billigsten Unterkunft.

B&B haben wir nur in seltensten Fällen aufgeführt, da es wegen des übergroßen Angebots wenig Schwierigkeiten bereitet, eine solche Unterkunft zu finden. Zudem umfasst die Kapazität eines B&B-Anbieters in der Regel nur ein bis zwei Zimmer, die bei einer Nennung schnell hoffnungslos überfüllt wären. Campingplätze sind ebenso wie die Jugendherbergen bei den jeweiligen Orten mit Adresse angeführt, zudem haben wir uns bemüht, eine kurze Wegbeschreibung zu geben.

Zu den jeweiligen Unterkunftsarten gibt das *Scottish Tourist Board* Führer heraus, in denen eine sehr große Auswahl an Hotels, B&B usw. aufgelistet ist. Zusätzlich enthält dieser Führer Wegbeschreibungen, Angaben zu Ausstattung und Preisen sowie eine Bewertungsskala, mit der die einzelnen Herbergen ihrer Güte entsprechend klassifiziert sind.

Wer sich selbst auf Unterkunftssuche begibt, für den betreiben die örtlichen *Tourist Information Centres* gegen eine geringe Vermittlungsgebühr von £ 3 eine **Zimmervermittlung,** Tel. 0845/22 55 121 oder Tel. 0150/68 32 121.

Zur **Standortbestimmung** peilt man über Kimme und Korn des Kompasses nacheinander zwei markante, möglichst weit entfernte Punkte in der Landschaft an, die auch auf der Karte eingezeichnet sind. Durch den Spiegel schauend, lässt sich nun der Ring mit der Gradeinteilung so weit drehen, dass die Nadelspitze auf die Nordmarkierung (bzw. die Gradzahl lt. Deklination) zeigt. Dann liest man die Gradzahl ab, die der Richtung zum jeweiligen Objekt entspricht. Anschließend zeichnet man durch jeden der angepeilten Punkte auf der Karte eine Linie in dem abgelesenen Winkel (Deklination beachten). Die Gradzahl auf dem Kompass entspricht dem Winkel der Linie zu einem der Längengrade auf der Karte. Im Schnittpunkt der Linien liegt der eigene Standort.

Zur Orientierung muss nun nur noch die **Karte eingenordet** werden. Hierzu legt man lediglich die Linealkante des Kompass an einen der Längengrade auf der Karte an und dreht beide solange, bis die Nadel im „N" der Scheibe steht.

Unterkunft

Hotels und Gasthöfe

Das Hotelangebot ist in Schottland sehr groß, das Angebot reicht von vornehmen Luxushotels bis zu Gasthöfen mit moderaten Preisen. Normalerweise schließen die Zimmerpreise das Frühstück ein, doch ist auch Voll- oder Halbpension möglich. Die meisten Hotels führen gleichzeitig ein Restaurant, und in kleineren Ortschaften ist oft die Dorfkneipe ebenfalls im Hotel untergebracht. In kleineren Dörfern finden sich weniger Hotels als Gasthöfe, hier beginnen die Preise für eine Übernachtung mit Frühstück oft schon bei £ 18.

B&B

B&B bzw. *Bed and Breakfast* ist eine typisch britische Art der Unterkunft. B&B beinhaltet Übernachtung mit Frühstück und wird zumeist von privaten Gastgebern angeboten, die sich auf diesem Wege ein Nebeneinkommen verdienen. Morgens wird ein britisches Frühstück serviert, das oft so reichhaltig ist, dass sich jegliches Mittagessen erübrigt.

Die Suche nach B&B gestaltet sich selbst in abgelegeneren Gegenden einfach. Schilder vor den Haustüren zeigen eine B&B-Unterkunft an. Der Preis für eine Übernachtung mit Frühstück liegt zwischen ca. £ 8 und £ 15. Generell ist die Übernachtung in abgelegeneren Gebieten billiger als in Städten oder touristisch stark erschlossenen Gebieten. Während der Sommermonate werden zudem des Öfteren Zimmer in Studentenwohnheimen an B&B-Suchende vermietet. Adressen dieser zumeist etwas billigeren Übernachtungsmöglichkeit sind ebenso wie andere kostengünstige Herbergen in dem Führer *Budget Accommodation* aufgeführt, der bei den Tourist Information Centres erhältlich ist.

Jugendherbergen

In Schottland gibt es etwa 70 Jugendherbergen, die über das ganze Land verteilt sind. Die einzelnen Herbergen sind in verschiedene Kategorien unterteilt, die mit einer Gradeinteilung gekennzeichnet wird. Schottische Jugendherbergen sind für Selbstversorger immer mit einer Küche ausgestattet, Frühstück und Abendessen sind nur in wenigen Herbergen des *Higher Grade* erhältlich. Diese Herbergen schließen abends um 2 Uhr, in Herbergen des *Standard Grade* und des *Standard L Grade* muss man bis 23.45 Uhr heimkehren. In *Simple-Grade*-Herbergen schließen die Pforten gar um 23 Uhr, zudem sind sie mittags und nachmittags geschlossen. Morgens müssen die Zimmer bis 9 Uhr geräumt werden.

Im Sommer empfiehlt es sich, die Betten im Voraus zu buchen.

Der Begriff **Junior** und **Senior** werden in Schottland anders gebraucht als in der Bundesrepublik. *Senior* sind alle Personen über 18 Jahre.

Higher Grade Herbergen bieten warme Duschen, kleinere Zimmer und z.T. auch einen Waschraum. Die Preise liegen zwischen £ 11 und

Unterkunft

£ 18. **Standard Grade Herbergen** verlangen eine geringe Gebühr für warme Duschen und kosten £ 8.50-13. **Simple Hostels** schließlich bieten nur geringen Komfort (keine Duschen). Eine Übernachtung kostet hier zwischen £ 8 und £ 10.

Neben den offiziellen Jugendherbergen gibt es **Independent Hostels**, die meist billiger sind.

- **Scottish Youth Hostels Association (SYHA),** 7 Glebe Crescent, Stirling FK8 2JA, Tel. 0870/15 53 255, Fax 01786/89 13 36, reservations@syha.org.uk oder info@syha.org.uk, www.syha.org.uk.
- **IBHS:** The Secretary IHBS, PO Box 7024, Fort Williams PH3 6YX. Diese Adresse gilt nur für allgemeine Fragen, nicht für Resevierungen. Erhätlich ist hier aber der „Blue Guide", in dem sämtliche Independent Hostels von Schottland aufgeführt sind (internationalen Antwortcoupon mitsenden). Unter www.hostel-scotland kann man sich den „Blue Guide" alternativ auch herunterladen.

Camping

Überall in Schottland sind **Campingplätze** angelegt. Eine Übernachtung mit Zelt kostet um £ 11, auf einigen Campingplätzen kann man schon für £ 6 sein Zelt aufschlagen.

Wild Zelten ist in Schottland nicht verboten. Doch sollte man sich vergewissern, dass man nicht auf Privatgrund zeltet bzw. dann vorher fragen. Keine Angst, schottische Bauern sind durchweg äußerst freundlich und werden auf eine höfliche Frage auch entsprechend antworten.

Schwieriger ist es für Campingbus- und Wohnmobilfahrer, da auf nahezu

Jugendherberge

Post und Telefon

allen Parkplätzen das Übernachten verboten ist.

Selbstversorger

In Schottland werden neben Ferienhäusern und -wohnungen auch oft Wohnwagen als Übernachtungsmöglichkeit angeboten. Die **Wohnwagen** sind mit einer Küche ausgestattet und bieten in der Regel Platz für 6-8 Personen. Wohnwagen werden zumeist ab einer Übernachtungsdauer von 3 Tagen vermietet, Anbieter sind Campingplätze und Privatpersonen. Der Mietpreis für einen Wohnwagen beträgt um £ 150-200/Woche, manche sind auch schon ab £ 100 zu mieten. Ist man in einer etwas größeren Gruppe unterwegs und möchte mehrere Tage an einem Ort bleiben, bietet sich in den Wohnwagen eine der günstigsten Übernachtungsmöglichkeiten, denn selbst Jugendherbergen sind oft teurer.

Post und Telefon

Post und Porto

Da im schottischen Hochland und in kleineren Ortschaften die **Postämter** in der Regel in ein Lebensmittelgeschäft integriert sind, beschränkt sich hier ihr Aufgabenbereich auf den Briefmarkenverkauf und die Brief- und Päckchenannahme. In größeren Städten unterscheidet sich die Post dagegen in nichts von den hiesigen Einrichtungen, außer in ihrer Farbe: die Post ist in Großbritannien rot.

Postkarten und Briefe zum Kontinent sind etwa 3-6 Tage unterwegs und kosten 40 p. Für **Päckchen** gilt: Das Porto ist oft teurer als der Inhalt.

Wer Post erwartet und keine Kontaktadresse in Schottland hat, kann sich die Briefe in größeren Ortschaften auch postlagernd zusenden lassen.

Zu den Öffnungszeiten der Ämter siehe Kapitel „Öffnungszeiten".

Telefonieren innerhalb Schottlands

Zellen mit grün-weißen Streifen werden mit **Telefonkarten** bedient. Die Karten sind bei allen Postämtern, Flughäfen, größeren Bahnhöfen sowie überall da, wo ein grünes Telefonkartenzeichen angebracht ist, erhältlich. Karten gibt es in folgenden Ausführungen: 20 Einheiten = £ 2, 40 Einheiten = £ 4, 100 Einheiten = £ 10 und 200 Einheiten = £ 20 (doppelseitig). Zudem werden inzwischen sog. **Jubilee Phone Cards** verkauft, die statt eines Chips eine Nummer tragen. Diese Karten werden nicht in das Telefon gesteckt. Stattdessen wird die Nummer der eigentlichen Anschlussnummer vorausgewählt. Auf diese Weise wählt man immer automatisch die günstigste Verbindung. Am Ende des Gesprächs wird das Restguthaben angesagt.

Zellen mit gelb-blauen Streifen sind **Münztelefone,** die Münzen zu 10p, 20p, 50p und £ 1 akzeptieren. Telefoniert man an Münztelefonen, wählt man zuerst die Nummer und wirft

Post und Telefon

erst nach Zustandekommen der Verbindung die Münzen ein.

Auslandsgespräche

In den Telefonzellen, die eine Rufnummer am Apparat aufweisen, kann man sich auch anrufen lassen.

Vorwahl Bundesrepublik Deutschland 0049, Österreich 0043 und Schweiz 0041. Nach dieser Nummer wählt man die Vorwahl der entsprechenden Stadt ohne die erste Null, dann die Teilnehmernummer. Will man vom Ausland nach Schottland telefonieren, ist die Vorwahl 0044. Sollte es Schwierigkeiten geben, eine Verbindung zu erhalten, kann man sich unter der Nummer 155 vermitteln lassen.

Will man von Schottland mit dem **Handy** nach Hause telefonieren, sucht sich das Handy selbst das britische Netz, das ein Abkommen mit

Postamt mit Selbstbedienung: Briefkasten in Schottland

Essen und Trinken

Nützliche Telefonnummern
- *Auskunft:* national 192, international 153.
- *Vermittlung:* national 100, intern. 155.
- *Notruf:* Polizei, Feuerwehr und Rettungswagen erreicht man unter der Nummer 999.

der eigenen Telefongesellschaft hat. Wegen hoher Gebühren sollte man bei seinem Anbieter nachfragen oder auf dessen Website nachschauen, welcher der Roamingpartner günstig ist und diesen per *manueller Netzauswahl* voreinstellen. Nicht zu vergessen sind die *passiven Kosten,* wenn man von zu Hause angerufen wird (Mailbox abstellen!). Der Anrufer zahlt nur die Gebühr ins heimische Mobilnetz, die teure Rufweiterleitung ins Ausland zahlt der Empfänger.

Wesentlich preiswerter ist es, sich von vornherein auf *SMS* zu beschränken, der Empfang ist dabei in der Regel kostenfrei. Der Versand und Empfang von *Bildern per MMS* hingegen ist nicht nur relativ teuer, sondern je nach Roamingpartner auch gar nicht möglich. Die *Einwahl ins Internet* über das Handy, um Daten auf das Notebook zu laden, ist noch kostspieliger – da ist in jedem Fall ein Gang in das nächste Internetcafé weitaus günstiger.

Falls das Handy *SIM-lock-frei* ist (keine Sperrung anderer Provider vorhanden ist) und man viele Telefonate innerhalb Schottlands führen möchte, kann man sich eine örtliche *Prepaid-SIM-Karte* besorgen.

Für die Netzabdeckung gilt, dass in den Metropolen sowie im Süden und Osten, keine Probleme mit dem Empfang bestehen, während man im westlichen Hochland durchaus streckenweise kein Netz mehr findet.

Essen und Trinken

Die schottische Küche

Die schottische Küche ist nicht so schlecht wie ihr Ruf, denn die Rohprodukte für die Speisen sind von guter Qualität. Das *Fleisch* etwa der Angus- und Galloway-Rinder zählt zum besten der Welt, obwohl es durch BSE in Verruf gekommen ist.

Ebenso gut schmeckt der *Fisch,* der immer frisch ist und in jeder Zubereitung köstlich mundet, und die *Scottish Broth,* ein Eintopf mit Hammelfleisch und Graupen, steht in dem Ruf, die einzige gute britische Suppe zu sein.

Essen und Trinken

Absolutes Stiefkind der schottischen Küche ist das **Brot.** In Schottland ist es nahezu unmöglich, etwas anderes als Toastbrot zu finden, und je weiter man gen Norden reist, um so schwieriger wird es. Die Suche nach dem geeigneten Belag ist von unterschiedlichem Erfolg gekrönt. Die Wurst ist nahezu ungenießbar, der Käse gut und die etwas teuren Gelees und Marmeladen sind ausgezeichnet.

Das bekannteste schottische Gericht ist wahrscheinlich **Haggis,** mit fetten Schafsinnereien gefüllter Magen. Der *great Chieftain of the Pudding-race* ist in allen Metzgereien erhältlich und wird oft in Pubs als Mahlzeit angeboten.

Der **Essrhythmus** der Schotten unterscheidet sich etwas von dem der Deutschen. Das berühmte Frühstück ist ausschweifend, das Mittagessen (*lunch*) dafür weniger reichhaltig und abends wird mit dem *dinner* die Hauptmahlzeit eingenommen.

Fastfood

Fish and Chips ist in Schottland sehr beliebt und schmeckt auch Fastfood-Gegnern. Der Fisch, zumeist Schellfisch oder Wittling, ist frittiert und in den Fischereihäfen die billigste Möglichkeit, frischen Fisch zu kosten. Viele Imbissstubenbesitzer können sich nicht entscheiden, ob sie Pommes frites oder Bratkartoffeln zum Fisch reichen, die Chips bilden oft den Mittelweg. Über Fisch und Chips spritzen viele Schotten Essig *(vinegar)* – reine Geschmackssache.

Gebäck

Schottisches Gebäck, insbesondere Kekse und Plätzchen, sind ausgezeichnet. **Scones** sind kleine, weiche Kuchen aus Gersten- oder Weizenmehl, oft mit viel Butter und Rosinen angereichert. **Shortbread** sind nahrhafte Butterplätzchen, die früher nur zu Weihnachten gebacken wurden. Shortbread gibt es inzwischen in den verschiedensten Ausführungen, die alle gut schmecken. Das Gebäck wird zum Tee gereicht, den man in Schottland mit Milch trinkt.

● Um **Highlander-Shortbread** zu **backen,** brauchen Sie: 50 g Zucker, 100 g Butter, 125 g Mehl, 50 g Stärke, Milch und Demerara Sugar (brauner, grober Zucker). Rühren Sie Zucker und Butter cremig und geben Sie dann Mehl und Stärke hinzu. Formen Sie anschließend den Teig zu einer Wurst, bestreichen diese mit Milch und rollen sie in

Basic Accommodation: Black House Jugendherbergen in Howmore auf South Uist

Einkäufe, Sport und Erholung

dem Demerara Sugar. Danach wird die Rolle in ungefähr 18 – 20 Teile geschnitten, auf ein mit Backpapier ausgelegtes Blech gelegt und im vorgeheizten Ofen bei 200° C ca. 15 Min. gebacken.

Scones bestehen aus 200 g Mehl, 50 g Butter, 1 gestr. Tl. Natron, 1 gestr. Tl. Backpulver, Zucker und Rosinen nach Geschmack. Dazu wird so viel Milch gegeben, bis der Teig knetbar ist. Daraus formt man mehrere kleine Brötchen und bäckt diese 15 Min. bei 220° C.

Selbstversorger

Die Nahrungsmittelbeschaffung stellt den Schottlandreisenden *im Süden* des Landes bis hoch nach Inverness vor keine größeren Probleme, da jeder Ort ein Lebensmittelgeschäft besitzt, das so ziemlich alles führt, was das Herz begehrt.

Etwas schwieriger, wenn auch nicht direkt problematisch, wird es dagegen in den einsamen Gebieten des *Hochlandes.* Die Lebensmittelhändler sind nicht in jeder der weitgestreuten Ortschaften zu finden. Wenn die eigenen Vorräte zur Neige gehen, ist es daher generell ratsam, sich beim nächsten Händler einzudecken, denn nicht immer erreicht man einen zweiten vor Ladenschluss.

Einkäufe

Waren aller Art sind in Schottland meistens teurer als in der Bundesrepublik. Dies trifft seltsamerweise auch auf das urschottische Produkt, den **Whisky,** zu. *Blend* ist generell in Deutschland billiger, und auch den *Maltwhisky* (ab £ 20), den man in

deutschen Supermärkten erhält, kauft man lieber zu Hause. Dafür ist die Auswahl in Schottland größer und viele Sorten, die in der Heimat nur in Spezialitätenläden stehen, kann man genauso teuer oder manchmal sogar billiger in Schottland erstehen. Auf gar keinen Fall sollte man den Whisky direkt in den Brennereien *(distillery)* kaufen, die Preise hier sind völlig überhöht.

Wolle und Strickwaren, insbesondere handgestrickte, dicke Pullover, sind oft relativ preisgünstig. Das Land ist nicht zuletzt für gute Textilwaren bekannt. Viele Besucher nehmen sich gern ein Stück Tartan oder Tweed mit nach Hause. Der handgewebte Harris-Tweed ist sogar wasserdicht, kostet aber leider dementsprechend viel.

Der Tourismus scheint auch das schottische **Kunsthandwerk** zu beleben. Viele Töpfereien stellen recht schöne Gebrauchskunst her, und Gold- und Silberschmiede lassen sich gerne von keltischen Mustern zu traditionell angehauchtem Schmuck inspirieren.

Sport und Erholung

In Schottland werden fast alle Urlaubssportmöglichkeiten angeboten. In vielen Orten sind Tennisplätze zu mieten, oft gibt es Schwimmbäder, da das Baden im kalten Meer nicht jedermanns Sache ist und auch die Wassertemperatur der schottischen Seen selten mehr als 15° C erreicht.

Zusätzlich zu den üblichen Sportarten wird in Schottland auf bestimmte

Sport und Erholung

Aktivitäten besonderer Wert gelegt: auf Golf, Angeln, Wassersport und Rugby.

Golf

Golf ist in Schottland **Nationalsportart.** Im Gegensatz zu anderen Ländern ist die Ausübung dieses Sports nicht erst ab einem bestimmten Jahreseinkommen möglich, in Schottland spielt jeder Golf. Daher gibt es über das ganze Land verteilt über 400 **Golfplätze** und somit mehr Plätze pro Kopf als irgendwo sonst in der Welt.

Der berühmteste Platz ist der Old Course von St. Andrews, auf dem jeder Golfenthusiast einmal in seinem Leben gespielt haben möchte.

Nichtmitglieder können bei den meisten Golfplätzen gegen eine **Gebühr** von £ 7 bis £ 25 eine Runde spielen. Schläger und Bälle werden in der Regel mit vermietet, Tagestickets und manchmal auch Wochentickets sind ebenfalls erhältlich. Manche Golfclubs verlangen ein Handicap-Zertifikat, das Auskunft über das Können eines Spielers gibt, oder eine Bescheinigung des Heimatclubs, bevor sie die Genehmigung zu einem Spiel erteilen.

Wer noch mehr wissen will, kann sich bei der Britischen Zentrale für Fremdenverkehr in Frankfurt erkundigen, die eine Broschüre mit allen Golfplätzen inklusive kurzer Beschreibung und Kontaktadressen herausgibt (siehe auch Exkurs).

Angeln

Schottland ist bekannt für seinen Fischreichtum, und das Angebot für den Angler reicht von Flussangeln über Angeln in den Seen bis hin zur Hochseefischerei. Allerdings ist es praktisch nirgends möglich, kostenlos zu angeln, immer müssen vor Beginn dementsprechende Angellizenzen erstanden werden.

Begehrtester Fisch ist der **Lachs,** der von Februar bis Oktober durch die Bäche und Flüsse Schottlands zu seinen Laichplätzen wandert, doch ist die Lizenz für die Lachsfischerei recht teuer. Billiger sind die Lizenzen für das **Forellenangeln** (zwischen März und Oktober), oder für den Fang anderer Fische wie Brasse, Barsch, Karpfen, Schleie, etc.

Sport und Erholung

Die **Angelsaison** ist von Fisch zu Fisch und Ort zu Ort verschieden, **Angellizenzen** verkaufen in der Regel die örtlich ansässigen Postämter, Hotels, Geschäfte oder die Tourist Information Centres. Der Preis für eine Lizenz variiert denn auch je nach Gebiet. Forellenangeln im Tweed kostet z.B. zwischen £ 1 und £ 3 pro Tag, Lachsfischerei in Angus, Dumfries und Galloway zwischen £ 10 und £ 20, während das Angeln auf dem Tay und dem Spey bis zu £ 2000 pro Woche kosten kann.

Anders als die Binnenfischerei haben die **Hochseeangler** das ganze Jahr über Saison. Vor allem Flundern, Makrelen, Kabeljau, Schellfisch, Schollen, Rochen und Seezunge können vor der schottischen Küste gefangen werden; im Norden, auf den Hebriden und vor Orkney und Shetland kann man sogar Heilbutt, Glattrochen oder Langfisch an den Haken bekommen.

Zum Hochseeangeln braucht man natürlich eine besondere Ausrüstung, aber von den meisten größeren Häfen starten des Öfteren spezielle Hochseetouren für Angler, oder man kann sich ein eigenes Boot chartern.

Der Angler...

der Lachs...

Sport und Erholung

Genauere **Informationen** über Angelsaison und Sonstiges vermittelt die Broschüre die *Scottish National Anglers Association (SANA)*, The National Game Angling Centre, The Pier, Loch Leven, Kinross KY13 8UF, Tel. 01577/86 116, www.sana.org.uk bzw. unter http://fish.visitscotland.com.

Wichtige Begriffe für Angler

baits	Köder
dapping	mit Heuschrecken oder Maifliegen fischen
float	Schwimmer
fly-casting	mit Fliegen fischen
hook	Haken
landing net	Kescher
line	Schnur
lure, spinner, spoon	Blinker
maggots	Maden
reel	Rolle
rod	Angel
shot, weight	(Blei)-Gewicht
tackle	Anglerausrüstung
tackle shop	Anglerbedarfsladen
worms	Würmer

Wassersport

Der Caledonian Canal und die Westküste sind nur zwei von vielen Gegenden, wo Boote und Yachten gechartert werden können, und zwar sowohl zum eigenhändigen **Segeln** als auch mit Bootsführer. Die große Beliebtheit dieses Sportes erfordert allerdings eine rechtzeitige Buchung im Voraus. Informationen erhält man unter: Royal Yachting Association Scotland, Caledonian House South Gyle, Edinburgh EH 12 9 DQ, Tel. 0131/31 77 388.

Windsurfing findet ebenfalls viele Anhänger, und Seen wie Loch Earn, Loch Morlich oder im Strathclyde Park sind hierfür besonders geeignet. Auch andere Sportarten wie Wasserski, Kanufahren, Segeln oder Tauchen werden praktiziert, vor allem auf den Binnenseen, wie Loch Earn und Loch Tay, wo große Wassersportzentren angesiedelt sind. Hier kann man auch Geräte ausleihen oder Unterricht nehmen. Information: *RYA Scottish Windsurfing Comittee*, Caledonian House, South Gyle, Edinburgh EH12 9DQ, Tel. 0131/31 77 388, Fax 31 78 566

...und das bittere Ende

Sport und Erholung

Auf dem Trockenen: Jachthafen von North Berwick-Lothian

Tauchen erfreut sich besonders auf den Orkneys großer Beliebtheit, da hier viele untergegangene Schiffe ein lohnendes Ziel für neugierige Taucher bieten. Das klare Wasser und der Artenreichtum locken dagegen viele Taucher nach St Abbs in Berwickshire, und dies sind nur zwei der interessanten Plätze in Schottland. Nichtsdestotrotz sei darauf hingewiesen, dass das Wasser teilweise sehr kalt ist, speziell an der Ostküste.

Rugby

Während in Deutschland nur eine kleine hartgesottene Minderheit auf den Rugbysport schwört, ist der „Bruder des Fußballspiels" in Schottland äußerst beliebt und sogar regulärer **Schulsport.**

Geboren in der kleinen englischen Stadt Rugby, war das *mittelalterliche „Rugbyspielen"* wahrlich kein Friedensgottesdienst. Im Mittelalter bestand es aus dem erbitterten Kampf zwischen der männlichen Bevölkerung zweier Dörfer. Als Sieger galt dasjenige Dorf, das den Ball als Erstes durch das Tor des anderen Ortes beförderte. Mord und Totschlag waren keine Seltenheit. Später entschärfte man das Spiel, indem man das frühere Massenschlachten auf 30-40 Mann je Dorf beschränkte. Bis in die Mitte des 19. Jahrhunderts waren Tritte gegen das Schienbein des Gegenspielers oder auch das Beinstellen noch legale Mittel, um seinen Gegner zu bremsen.

Mit der Gründung der **Rugby Football Union** in den 70er Jahren des 19. Jahrhunderts erhielt das Spiel endlich ein festes Regelwerk mit der Absicht, einen fairen Sport frei von Rohheiten zu schaffen. Es möge sich jeder seine eigene Meinung bilden, inwiefern Rugby ein friedvolles Gegeneinander ist, ein Spektakel stellt es allemal dar.

Wer sich ein Spiel ansehen möchte: Fast jedes größere Dorf im schottischen Südosten wie Peebles, Galashiels oder Kelso besitzt eine eigene Rugby-Truppe, die regelmäßig Spiele austrägt.

Eine **Rugbymannschaft** besteht aus 15 Personen; 8 Stürmern, 2 Halbspielern, 4 Dreiviertelspielern und einem Schlussmann. Während der Spielzeit von 2x40 Min. streiten sich die Rugby-Recken um das Le-

Gesundheit

der-Ei mit dem Willen, es in das so genannte gegnerische **Malfeld** zu treten, tragen, werfen oder rollen. Wem ein solcher Versuch gelingt, bekommt dafür 3 Punkte und zusätzlich die Möglichkeit, den Ball durch die beiden aufgestellten Stangen zu treten und zwar von jenem Ort, wo der Versuch gestartet wurde. Glückt dies, gibt es zwei Punkte extra. Spielern, denen es gelingt, den Ball aus dem Lauf durch die obere Hälfte des Mals zu treten, erobern 4 Punkte für ihre Mannschaft.

Ein **Straftritt,** der Elfmeter des Rugbyspiels, wird bei grobem Foulspiel verhängt; aus einer Entfernung von etwa 20 m hat man die Gelegenheit, 3 Punkte zu erringen, indem man den Ball wiederum durch die beiden Malstangen tritt.

Eine kleine technische Einschränkung des Rugbyspiels ist die **Abseitsregel,** welche bestimmt, dass jeder Mitspieler vor dem Ball grundsätzlich abseits steht. Ausnahme: Der Spieler greift nicht ins Spielgeschehen ein. Weiterhin darf das Leder-Ei nur mit dem Fuß nach vorn gespielt werden.

Gesundheit

Ärztliche Versorgung

In Großbritannien ist das Gesundheitswesen verstaatlicht und die Behandlung für Einheimische kostenlos. Die gesetzlichen Krankenkassen von Deutschland, Österreich und der Schweiz garantieren eine Behandlung auch **im akuten Krankheitsfall** in Großbritannien, wenn die medizinische Versorgung nicht bis nach der Rückkehr warten kann. Als Anspruchsnachweis benötigt man seit Januar 2005 die **Europäische Krankenversicherungskarte,** die man von seiner Krankenkasse erhält (bei manchen Krankenkassen übergangsweise bis 2006 noch eine Ersatzbescheinigung).

Im Krankheitsfall besteht ein **Anspruch auf ambulante oder stationäre Behandlung** bei jedem zugelassenen Arzt und in staatlichen Krankenhäusern. Da jedoch die Leistungen nach den gesetzlichen Vorschriften im Ausland abgerechnet werden, kann man auch gebeten werden, zunächst die Kosten der Behandlung selbst zu tragen. Obwohl bestimmte Beträge von der Krankenkasse hinterher rückerstattet werden, kann doch ein **Teil der finanziellen Belastung beim Patienten** bleiben, also zu Kosten in kaum vorhersagbarem Umfang führen.

Aus diesem Grund wird zusätzlich der Abschluss einer **privaten Auslandskrankenversicherung** dringend empfohlen. Diese sollte außerdem eine zuverlässige **Reiserückholversicherung** enthalten, denn der Krankenrücktransport wird von den gesetzlichen Krankenkassen nicht übernommen. Die Auslandskrankenversicherungen sind z.B. in Deutschland ab € 5-10 pro Jahr auch sehr günstig (für Empfehlungen siehe z.B. „FinanzTest" 01/05).

Zur **Erstattung der Kosten** benötigt man grundsätzlich ausführliche **Quittungen** (mit Datum, Namen,

Reisetipps

65

Bericht über Art und Umfang der Behandlung, Kosten der Behandlung und Medikamente).

Der Abschluss einer *Jahresversicherung* ist in der Regel kostengünstiger als mehrere Einzelversicherungen. Günstiger ist auch die Versicherung als Familie, statt als Einzelpersonen. Hier sollte man nur die Definition von „Familie" genau prüfen.

Krankenhäuser finden sich in größeren Städten, *Adressen von Ärzten* sind auch in kleineren Ortschaften bei den örtlichen *Tourist Information Centres* zu erfahren. Generell ist das ärztliche Versorgungsnetz nicht so dicht gespannt wie bei uns, trotzdem werden Sie allenfalls in völlig abgelegenen Gebieten Schwierigkeiten bei der Arztsuche haben.

Mücken

Die schottischen Mücken *(midges),* wissenschaftlich *Culicoides impunctatus,* und verwandte Arten sind äußerst lästige Zeitgenossen. Sie sind winzig klein (Flügelspannweite 1,4 mm), treten zumeist in großen Schwärmen auf und - beißen!

Midges bevölkern Schottland in den Sommermonaten (Mai–August) und brüten in feuchten Moor- und Sumpfgebieten. Bevorzugte *Aufenthaltsorte* sind die Umgebung von Seen, Bächen und Wäldern im Hochland. Besonders an windstillen Tagen und in der Dämmerung kann niemand den aufdringlichen Midges entkommen. Dunkle Kleidung soll sie angeblich in ihren Annäherungsversuchen noch ermutigen.

Gegen die hierzulande üblichen *Insektenabwehrmittel* scheinen die kleinen Biester immun zu sein. Besser lässt man sich in einer schottischen Apotheke beraten und kauft dort seine Mückenrüstung (z.B. *Imoo).* Nach einem Biss schwören manche auf die Behandlung mit Zaubernuss, bei den meisten Menschen bleibt ein Biss jedoch ohne Wirkung, so dass sich die Behandlung erübrigt.

Notfall

Diplomatische Vertretungen

Wird der *Reisepass oder Personalausweis gestohlen,* muss man dies bei der örtlichen Polizei melden. Darüber hinaus sollte man sich an die nächste diplomatische Auslandsvertretung seines Landes wenden, damit man einen Ersatz-Reiseausweis zur Rückkehr ausgestellt bekommt.

Auch in *dringenden Notfällen,* z.B. medizinischer oder rechtlicher Art, sind die Auslandsvertretungen bemüht, vermittelnd zu helfen:

Konsulate in Schottland

●*Aberdeen: Honorary Consulate of Germany,* 12 Albert Street, Tel. 01330/84 44 14

●*Edinburgh: Consulate General of Germany,* 16 Eglinton Crescent, Tel. 0131/33 72 323; *Honorary Consulate of Austria,* 9, Howard Place. Tel. 0131/55 81 955

●*Glasgow: Honorary Consulate of Germany,* The Pentagon Centre, Suite 215, 36 Washington Street,Tel. 0141/22 68 443

Öffnungszeiten

● **Shetland:** *Honorary Consulate of Germany,* Shearer Shipping Services Ltd., Garthspool, Lerwick, Tel. 01595/69 25 56
● **Orkney Islands:** *Honorary Consulate of Germany,* Shore Street, Kirkwall, Tel. 01856/87 29 61

Botschaften in London
● *Embassy of Germany,* 18 23 Belgrave Square, Tel. 020/78 24 13 00
● *Embassy of Switzerland,* 16-18 Montagu Place, Tel. 020/76 16 60 00
● *Embassy of Austria,* 18 Belgrave Mews West, Tel. 020/72 35 37 31

Diebstahl/Verlust von Geld

Bei Verlust oder Diebstahl von Geldkarte oder Reiseschecks sollte man diese umgehend sperren lassen.

Bei **Maestro-Karten** muss man für die computerisierte Sperrung seine Kontonummer nennen können:

● **Maestro-Karte,** Tel. 0049/(0)1805/02 10 21 (D); 0043/(0)1/20 48 800 (A); 0041/(0)1/27 12 230 (CH); UBS: 0041/(0)8488/88 601; Credit Suisse: 0041/(0)8008/00 488.

Tipp: Nummer der **Kreditkarte** und Kartensperrnummer vorher notieren! Sie stehen auf der Kreditkarte. Einige Banken haben eigene Sperrnummern. Die unten stehenden Kontakte können Ihnen in der Regel dennoch die für Ihre Kreditkarte zutreffende Sperrnummer nennen:

● **MasterCard und VISA,** Tel. 0049/(0)69/79 33 19 10 (D); 0043/(0)1/71 70 14 500 (A; MasterCard) bzw. 0043/(0)1/71 11 17 70 (A; VISA); 0041/(0)44/20 08 383 (CH) für alle Banken außer Credit Suisse, Corner Bank Lugano und UBS.

● **American Express,** Tel. 0049/(0)69/97 97 10 00 (D/A); 0041/(0)1/65 96 666 (CH).
● **Diners Club,** Tel. 0049/(0)69/66 16 61 23 (D); 0043/(0)1/50 13 50 (A); 0041/(0)1/83 54 545 (CH).

Nur wenn man den Kaufbeleg mit den Seriennummern der **Reiseschecks** sowie den Polizeibericht vorlegen kann, wird der Geldbetrag von einer größeren Bank vor Ort binnen 24 Stunden zurückerstattet. Also muss der Verlust oder Diebstahl umgehend bei der örtlichen Polizei und auch bei American Express bzw. Thomas Cook gemeldet werden:

● **American Express Reiseschecks,** Tel. 0049/(0)69/97 97 18 50 (D); 0043/(0)1/54 50 120 (A); 0041/(0)1/74 54 020 (CH).
● **Thomas Cook Reiseschecks,** mehrsprachiger Computer für alle Länder Tel. 0044/(0)173/33 18 949.

Tipp: Zumindest in Deutschland soll im Juli 2005 die **einheitliche Sperrnummer** 0049/11 61 16 für Maestrokarten, Kreditkarten, Krankenkassenkarten und Handykarten u.a. eingerichtet werden.

Öffnungszeiten

Geschäfte

Schottland besitzt kein Ladenschlussgesetz, trotzdem sind die Öffnungszeiten der Geschäfte ähnlich wie in der Bundesrepublik. In der Regel sind die Geschäfte Mo-Sa von 9 Uhr bis 17.30-18 Uhr geöffnet, einige Läden haben allerdings sams-

Öffnungszeiten

tags am Nachmittag geschlossen. In touristisch stark erschlossenen Gebieten sind die Geschäfte oft bis spät in den Abend geöffnet, und in den Städten hat der *lange Donnerstag* Einzug gehalten; an diesem Tag werden erst zwischen 19.30 und 20 Uhr die Türen dicht gemacht.

In ländlichen Gebieten gibt es den *Early-closing-day,* an dem die Geschäfte nachmittags geschlossen sind. An welchem Wochentag Sie sich nur morgens dem Konsumrausch hingeben können, ist von Ort zu Ort verschieden, meistens fällt dieser Tag jedoch auf einen Mittwoch.

Andererseits findet man in Städten und größeren Ortschaften oft auch einen Supermarkt, der *sonntags* geöffnet ist.

Banken

Banken sind in der Regel Mo-Fr von 9-16 Uhr geöffnet, eine Ausnahme bildet hier lediglich die *Royal Bank of Scotland*, die erst ab 16.45 Uhr geschlossen ist. Donnerstags schließen sich die Banken der langen Öffnungszeit an und stehen ihren Kunden bis 17.30 Uhr zur Verfügung. Die *Girobank* ist immer in den Postämtern angesiedelt und hat Mo-Fr von 10-14.30 Uhr geöffnet. Die *TSB Scotland* öffnet samstags in größeren Städten zwischen 9.30-12.30 Uhr ihre Tore für die Kunden, zudem ist die *TSB* auch freitags bis 17.30 Uhr geöffnet.

Burgen, Schlösser und Museen

Hier variieren die Öffnungszeiten sehr stark und sind in diesem Buch bei den jeweiligen Sehenswürdigkeiten angegeben. Häufig hat sich jedoch folgende Standardöffnungszeit durchgesetzt: Apr.-Sept. Mo-Sa 9.30-18 Uhr, So 14-18 Uhr, Okt.-März Mo-Sa 9.30-16 Uhr, So 14-16 Uhr. Bei den Angaben in diesem Buch wird die Zeit von April bis September generell als „Sommer" und die Zeit von Oktober bis März als „Winter" bezeichnet. Weiterhin ist zu beachten, dass der letzte Einlass etwa 45 Min. vor Schließung gewährt wird.

Restaurants und Pubs

Sowohl unabhängige als auch in Hotels angesiedelte *Restaurants* haben gewöhnlich von 12-14.30 Uhr und von 18-24 Uhr geöffnet. Diese Zeiten können jedoch stark variieren, besonders in ländlichen Gegenden schließen die Restaurants früher. Manche Restaurants, Bistros und Cafés öffnen zudem zum Frühstück und nachmittags zum Tee. In ländlichen Gebieten trifft man oft auf die Institution des *High Tea,* eine einfache Mahlzeit mit Tee, die zwischen 16.30-18 Uhr gereicht wird.

Pubs haben in der Regel Mo-Sa von 11-14.30 und 17-23 Uhr, sowie sonntags von 12.30-14.30 und 18.30-23 Uhr geöffnet. An dieser Stelle ein Hinweis an Familien mit Kindern. Kindern unter 14 Jahren ist das Betreten eines Pubs mit Alkoholausschanklizenz selbst in Begleitung

Feiertage, Ermäßigungen

der Eltern verboten. Pubs, die über eine räumliche Trennung zwischen Bar und Lounge verfügen, empfangen Familien bis 20 Uhr in ihrer Lounge.

Feiertage

Die Schotten sind zwar ein Volk, das gern und bei jeder Gelegenheit feiert, doch wann und wie, das lassen sie sich nicht gerne vorschreiben. So kommt es auch, dass in Schottland nur zwei **gesetzliche Feiertage** existieren. Der eine fällt auf Neujahr, also den ersten Januar, der andere auf den ersten Weihnachtsfeiertag, d.h. den 25. Dezember.

Neben diese beiden freien Tage gesellen sich dann noch die so genannten **Bankferien.** Während der Bankferien sind im ganzen Land die Banken und gleichzeitig auch die Ämter geschlossen. Diese Feiertage sind der 2.1., Karfreitag, der erste und letzte Montag im Mai, der erste Montag im August sowie der 28.12. **Kirchliche** und sonstige **Feiertage** können in Schottland, anders als in England, von den einzelnen Städten selbstständig festgelegt werden. Daraus resultiert, dass sie in den meisten Städten auch auf unterschiedliche Tage fallen.

Die *Glasgow Chamber of Commerce,* 30 George Square, Glasgow G2, 1 EQ, Tel. 0141/20 42 121 gibt eine Broschüre heraus, die die einzelnen regionalen Regelungen zusammenfasst. Auch die regionalen Tourist Information Centres geben gern Auskunft über Feiertage.

Ermäßigungen

In Großbritannien allgemein und Schottland im Besonderen werden die verschiedensten Ermäßigungskarten angeboten, die Reisenden das Fortkommen erleichtern oder z.B. **Eintrittspreise** verbilligen. Im Allgemeinen erhalten Senioren und Kinder bei Eintrittsgeldern Ermäßigung, wogegen Schüler und Studenten nur selten verbilligt Einlass bekommen. Normalerweise muss für die Ermäßigung ein gültiger Ausweis (Senioren-, Schüler-, Studentenausweis) vorgezeigt werden, aber meistens werden Sie an einen freundlichen Kassierer geraten, der Ihrem ehrlichen Gesicht vertraut. Den **internationalen Studentenausweis** (ISIC) oder **Schülerausweis** (IYTC) muss man schon zu Hause erworben haben.

●*ISIC/IYTC,* zum Kauf (€ 10 bzw. SFr 20) geht man zum AStA, in ein Reisebüro oder zum Studentenwerk und muss Immatrikulationsbescheinigung bzw. Schülerausweis sowie Personalausweis und Passbild vorlegen. Den nächsten Verkaufspunkt findet man unter www.isic.org oder www.isic.de.

Im Folgenden listen wir noch einige Möglichkeiten für Sammel-, Ermäßigungs- oder Reisekarten auf:

Die Mitgliedschaft bei **Historic Scotland** (Jahresbeitrag £ 42 bzw. £ 34 für Studenten) oder im **National Trust for Scotland** (Jahresbeitrag Kinder und Junioren bis 25 Jahre £ 12, Senioren £ 33) öffnet Ihnen die Türen zu allen von diesen Organisationen verwalteten Sehenswürdigkeiten. Dazu gehört der überwiegen-

Reisetipps

Maße und Gewichte, Elektrizität und Wasser

de Teil aller historischen Gebäude oder Baulichkeiten in Schottland. Die Mitgliedschaft können Sie in allen entsprechenden Besitztümern erwerben.

Das **National Trust Discovery Ticket** ermöglicht einen freien Eintritt in alle Besitzungen des *National Trust for Scotland* und kostet für 7 Tage £ 17 (Familie £ 35).

Das **Scottish Explorer Ticket** von *Historic Scotland* gestattet den Eintritt in über 60 Sehenswürdigkeiten (darunter auch Edinburgh Castle). Es kostet für 3 Tage £ 16 (ermäßigt £ 12), für 7 Tage £ 22 (£ 16.50) und für 10 Tage £ 25 (£ 19).

In Schottland werden viele Ermäßigungskarten für das Reisen innerhalb des Landes, sei es mit dem Zug, per Bus oder Fähre, vertrieben. Diese sind in dem Kapitel „Unterwegs in Schottland" aufgeführt.

Maße und Gewichte

Im Zuge der europäischen Einigung hat Großbritannien 1995 seine Maß- und Gewichtseinheiten auf das metrische System umstellen müssen. Traditionsreiche Produkte wie z.B. Bier bilden jedoch eine Ausnahme und werden immer noch in den alten Mengen ausgeschenkt.

Und so wollen wir hier doch die alten Umrechnungstabellen auflisten (siehe auch im Anhang):

Längenmaße

1 inch (in.)	=	2,54 cm
1 foot (ft.)	= 12 inches	= 30,48 cm
1 yard (yd.)	= 3 feet	= 91,44 cm
1 mile (m.)	=	1,609 km

Hohlmaße

1 gill (gl.)	=	0,142 Liter
1 pint (pt.)	= 4 gills	= 0,568 Liter
1 quart (qt.)	= 2 pints	= 1,136 Liter
1 gallon (gal.)	= 4 quarts	= 4,546 Liter

Gewichte

1 ounce (oz.)	=	28,35 g
1 pound (lb.)	= 16 oz.	= 453,60 g
1 stone (st.)	= 14 lbs.	6,35 kg
1 quarter (qt.)	= 2 st.	12,7 kg
1 hundredweight	= 4 pt.	= 50,8 kg

Temperatureinheit

Die Temperatur wird in Großbritannien meist in Fahrenheit (°F) angegeben. Fahrenheit-Grade lassen sich in Celsius-Grade wie folgt umrechnen:

$$\frac{(°F \text{ minus } 32) \times 5}{9} = °C.$$

0 °C entsprechen demnach 32 °F, 25 °C = 77 °F, 100 °C = 212 °F.

Elektrizität und Wasser

Netzspannung

Die schottischen Steckdosen haben in der Regel 220 bis 240 Volt Wechselstrom. Da Schukostecker nicht in die schottischen Steckdosen passen, ist ein Zwischenstecker erforderlich, der bereits im Heimatland erworben werden kann.

Zeitdifferenz, Lernen und Arbeiten in Schottland

Reisetipps

Wasser

Schottisches Wasser ist kalkarm, also sehr weich, und schmeckt besonders gut. Der Tee, den Sie damit kochen, wird Ihnen in heimischen Gefilden selten so köstlich munden.

Im Hochland hat das Wasser aus den Leitungen oft eine bräunliche Färbung. Dies bedeutet nicht, dass es schmutzig ist, die Farbe zeigt lediglich die Herkunft, das Moor, an. Im Norden Schottlands können Sie oft auch aus den kleinen Bächen trinken, der Genuss von stehendem Wasser oder solchem aus größeren Bächen ist nicht empfehlenswert.

Zeitdifferenz

In Großbritannien gilt die westeuropäische Zeit (WEZ), d.h. die Uhren gehen im Vergleich zu unserer Zeit (MEZ) eine Stunde nach, der Urlauber muss folglich die Uhren um eine Stunde zurückstellen. Dies gilt ebenso für den Sommer, da auch in Großbritannien im Frühjahr die Uhren umgestellt werden.

Lernen und Arbeiten in Schottland

Das Studium in Schottland

Das **akademische Jahr** ist in Schottland im Gegensatz zu hiesigen Gewohnheiten in Trimester eingeteilt, d.h. in drei jeweils acht- bis zehnwöchige Abschnitte. Das Studienjahr beginnt im Oktober und endet im Juni oder Juli des darauffolgenden Jahres. Trotz Trimestereinteilung wird die Studiendauer nicht nach Trimestern, sondern nach Studienjahren berechnet, d.h., die Studierenden befinden sich im *1st, 2nd, 3rd year,* etc.

Das **Studium in Schottland** ist in zwei deutlich voneinander abgegrenzte Bereiche unterteilt. Der erste Abschnitt, die *undergraduate studies*, ist stark reguliert und bietet in seiner Organisation kaum Wahlmöglichkeiten. Am Ende dieser *undergraduate studies* steht der Erwerb eines akademischen Abschlusses, in der Regel des *Bachelor Degree* bzw. des *Master of Arts* oder des *Bachelor of Science.* Studierende, die diese Abschlussprüfung mit guten Noten bestanden haben, können in einem anschließenden, zweiten Studienabschnitt, der freier organisiert ist, Forschung betreiben und sich auf einen höheren akademischen Grad vorbereiten.

Die traditionelle Aufgabe der Hochschulen ist weniger die spezifische Berufsvorbereitung als die Persönlichkeitsentfaltung und die Entwicklung intellektueller Fähigkeiten. Berufsspezifische Kenntnisse erhalten die Studenten so vermehrt erst in der Praxis.

Ein Studium ist in Großbritannien immer noch ein Privileg für die reicheren Schichten, da pro Jahr immens hohe **Studiengebühren** bezahlt werden müssen, die nur die wenigsten aufbringen können. Allerdings gibt es für mittellose Studierende auch einen *grant,* eine Art Bafög,

Lernen und Arbeiten in Schottland

das aber nicht zurückgezahlt werden muss. Inhaber eines *grant* müssen zudem in den ersten vier Jahren keine Studiengebühr zahlen. Ausländischen Studierenden erlassen viele schottische Hochschulen ebenfalls die Studiengebühr, Teilnehmern eines Sokrates-Austauschprogrammes generell, anderen gegebenenfalls nach vorheriger Absprache mit der entsprechenden Universität.

Für **deutsche Studenten,** die an einer schottischen Hochschule zugelassen werden wollen, gilt als Mindestvoraussetzung der Nachweis der deutschen Hochschulzugangsberechtigung. Studienanfänger, die einen vollen Studiengang in Schottland absolvieren wollen, müssen den Zulassungsantrag dem *Universities Central Council on Admission (UCCA)*, PO Box 28, Cheltenham, Gloucestershire GL50 3SA, vorlegen.

Studienbewerber, die nur für eine begrenzte Zeit in Schottland studieren wollen und bereits an einer deutschen Hochschule eingeschrieben sind oder auch als Studienanfänger beispielsweise nur ein Jahr studieren wollen, müssen ihren Zulassungsantrag direkt an de*n Admission Officer* der Hochschule ihrer Wahl schicken.

Ansprechpartner in der BRD ist: *Deutscher Akademischer Austauschdienst - DAAD*, Kennedyallee 50, 53175 Bonn, Tel. 0228/88 20 oder 88 21, www.daad.de.

Arbeitserlaubnis

Großbritannien ist bekannterweise Mitglied der *Europäischen Union*, so dass für Bürger der Bundesrepublik Deutschland oder Österreich keine spezielle Arbeitserlaubnis erforderlich ist. Ein Reisender kann also durchaus, wenn er plötzlich in finanzielle Nöte gerät, einen **Ferienjob** annehmen, der allerdings schwer zu finden ist.

Sprachkurse

Wer seine Englischkenntnisse in Schottland auffrischen oder vertiefen möchte, kann aus einer umfangreichen Palette an Sprachkursen wählen. Die Kurse dauern von einer Woche bis zu einem Jahr; dementsprechend variieren die Preise von ca. £ 50 an aufwärts. Das komplette Angebot enthält die Broschüre „Learn English in Scotland", die man beim Fremdenverkehrsamt in Berlin erhalten kann (Adresse siehe „Information").

Land und Leute

Geographie

Zwischen dem 55. und 66. **Breitengrad** liegt Schottland auf gleicher Höhe mit der russischen Hauptstadt Moskau. Dank des wärmenden **Golfstromes** müssen sich die Schotten jedoch nicht mit den vergleichbaren russischen Wintertemperaturen plagen.

Zu Schottland, das den Norden der Britischen Inseln umfasst, gehören neben dem so genannten schottischen *mainland* die Inselgruppen der westlich gelegenen Äußeren und Inneren Hebriden sowie die nördlichen Orkney- und Shetlandinseln. Insgesamt zählt man 790 **schottische Inseln,** von denen 130 von Menschen bewohnt werden.

Regenwolken sind hier nicht selten

Mit einer **Fläche** von rund 78.000 km^2 hat Schottland in etwa die gleiche Größe wie Österreich oder Bayern. Damit umfasst das Land ungefähr ein Drittel von Großbritannien. Das schottische *mainland,* das Hauptland ohne die Inseln, hat eine Nord-Süd-Ausdehnung von 440 km, von Osten nach Westen sind es ca. 248 km. Die Länge der Küstenlinie, inklusive die der Inseln, beträgt beachtliche 10.140 km, ein Ergebnis der vielen Buchten und Fjorde.

Die Nachbarn der Schotten sind die Engländer und das Meer. Geographisch trennen Schottland von England die Hügelkette der Cheviots und der Fluss Tweed, entlang deren die ca. 100 km lange Grenze verläuft.

Grob betrachtet, gliedert sich das Land im Norden Großbritanniens in drei große **geographische Regionen:**

- das Gebiet der **Southern Uplands,** dessen sanfte Bergzüge sich über das Grenzgebiet zu England, der Borders Region, und der westlich davon gelegenen Region Dumfries and Galloway ziehen
- das **mittelschottische Flachland,** das sich zwischen dem *Firth of Clyde* am Atlantik und dem *Firth of Forth* an der Nordsee erstreckt
- das schottische **Hochland,** zu welchem die Highlands und die Grampians zählen, sowie die Hebriden-, Orkney- und Shetlandinseln.

In Schottland finden sich einzig im Hochland jene **Berge,** die die Einheimischen *munro* nennen. Das Kennzeichen eines Munro ist seine Höhe, welche über 3000 englischen Fuß (914 m) liegen muss. 279 Munros verteilen sich über die Highlands und die Grampians. Der König der Munros ist der Ben Nevis (1344 m), gleichzeitig der höchste Berg der Britischen Inseln.

Geologie

Der überwiegende Teil Schottlands ist bergiges Hochland. Die **Böden des Hochlandes** bestehen aus kieselsauren Gesteinen und liegen meist über einer Höhe, die eine landwirtschaftliche Bestellung erlaubt. Das **nordwestliche Hochland,** das sich jenseits des 96 km langen **Kaledonischen Grabens** erhebt, setzt sich aus Gneisen zusammen, wobei sich zur Westküste hin Sandstein, zum kaledonischen Graben hin Glimmerschiefer anlagert. Die starken Winde, die meist von Westen her über Schottland hinwegfegen, haben dem Hochland ihren Stempel aufgedrückt und zu einer enormen Erosion geführt. Viele Täler der Westküste verlaufen deshalb in Ost-West-Richtung, bevor sie in den *firths*, den lang gestreckten Meeresbuchten, im Atlantik auslaufen.

Östlich des kaledonischen Grabens liegen die **Grampians** auf einem geschlossenen Untergrund aus Glimmerschiefer und Granit (wie z.B. in Deutschland auch der Harz oder der Schwarzwald). Die östliche Küste von Caithness, des Moray Firth und die Orkneys liegen auf einer dünnen Schicht aus Sandstein.

Zwischen dem nördlichen Hochland und der mittelschottischen Senke bildet die so genannte **Highland Boundary Fault** die natürliche Grenze. Diese Verwerfung erstreckt sich von der Ostküste bei Stonehaven (südlich von Aberdeen) bis zum Firth of Clyde.

Das flachere **Mittelschottland** selbst weist eine große Bandbreite von Gesteinen, u.a. Sandstein, auf. Ferner befinden sich in Mittelschottland Steinkohlelager. Fruchtbare Böden aus Lehmen und Braunerden ermöglichen außerdem einen ertragreichen Ackerbau.

Das **südschottische Bergland** besteht aus einem Sockel von Tonschiefer, Sandstein und Grauwacken, welcher von verschiedenen anderen Gesteinen überlagert wird.

Die fruchtbaren **Niederungen des Südens** können im Gegensatz zum Hochland landwirtschaftlich genutzt werden. Vor allem das Land an der Solway-Küste ist wegen des sehr guten Bodens eine Hochburg der Landwirtschaft.

Klima

In Schottland herrscht ein **ozeanisches Klima,** das sich auszeichnet durch mäßig warme Sommer und milde Winter sowie eine allgemeine Unberechenbarkeit des Wetters. Jede noch so kleine Wolke überrascht mit einem Regenguss. Die Verantwortung für das relativ milde ozeanische Klima trägt der **Golfstrom,** der seinen Ursprung im Golf von Mexiko hat. Von dort aus versorgt er Schottland das ganze Jahr über mit er-

Land & Leute

Klima

Mittlere Anzahl der Tage mit Niederschlag pro Monat

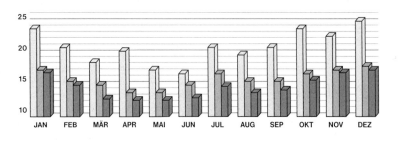

- Stornoway (Hebriden)
- Edinburgh
- Tynemouth (Ostküste)

Mittlere Niederschlagsmenge pro Monat in mm

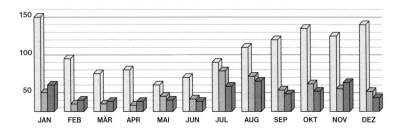

Mittlere tägliche Maximum- und Minimumtemperaturen in °C

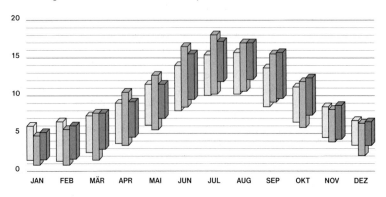

Tierwelt

wärmtem Wasser (bis zu 27 °C) und entsprechend warmen Winden.

Vor allem an der schottischen **Nordwestküste,** die ohne schützende Berge den Winden und Wettern des Golfstromes ausgeliefert ist, macht sich das ozeanische Klima bemerkbar. An zwei von drei Tagen fällt Niederschlag, die Sonne versteckt sich oft hinter jenen Wolken, die der Golfstrom unaufhörlich herbeischafft. Die Temperaturschwankung, über ein Jahr betrachtet, ist relativ gering. In Stornoway, auf der äußeren Hebrideninsel Lewis, beträgt die durchschnittliche Temperatur beispielsweise im Juli 13 °C, im Wintermonat Januar 4,7 °C.

Die **Berge des Hochlandes** sind der Hauptregenfänger in Schottland. In Lagen oberhalb 300 m regnet es über 2000 mm im Jahr. Auf dem Ben Nevis bei Fort William erreichen die Niederschläge gar über 4000 mm. Der 1344 m hohe Gipfel wird bei Durchschnittstemperaturen von 4,8 °C im Januar und 5,4 °C im Juli nahezu das ganze Jahr über von Frost heimgesucht.

Da der Wind in Schottland fast immer aus SW-NW weht und unweigerlich die atlantischen Tiefdruckgebiete über die Hochlande treibt, bleiben die Wolken in den Bergen der Grampians und Highlands hängen und regnen sich dort aus. Die Folge: Das **mittelschottische Tiefland** sowie die **Ostküste** weisen vergleichsweise geringere Niederschläge auf. Das Klima im östlichen Schottland ist im Allgemeinen beständiger. An der Ostküste bei Aberdeen werden im Jahresmittel Regenmengen zwischen 600 und 900 mm verzeichnet. Die Winter sind kälter als an der Westküste, da sich der Einfluss des wärmenden Golfstromes hier weniger auswirkt.

Die Abnahme der Schauerneigung von West nach Ost trifft, mit Abstrichen, auch auf das **südschottische Bergland** zu. In den Tälern sind die Sommer kühl, die Winter mild. Je nach Höhenlage fallen zwischen 600 und 2000 mm Niederschlag im Jahr.

Die **Westküste des schottischen Südens** liegt allerdings im Regenschatten von Irland, der Halbinsel von Kintyre und der vorgelagerten Hebriden-Inseln. Daher regnet es an der Küste von Ayrshire im Süden Schottlands nicht so häufig wie an der nördlichen Westküste.

Tierwelt

Die artenreiche schottische Tierwelt hat in den letzten Jahrhunderten **Verluste** hinnehmen müssen: Im 18. Jh. wurde der letzte Wolf geschossen. Auch der Elch ist ausgerottet. Eine andere Tierart hat sich dafür ausgebreitet: der **Hirsch,** *deer,* der auf Arran, Islay und anderen Inseln lebt. Der einzige Feind des Hirsches ist der Mensch, der Ende August, Anfang September auf Jagd geht und die Hirschbestände in Grenzen hält.

Während der Kriegsjahre vermehrten sich die **Wildkatze,** *wild cat,* und der **Fuchs,** *fox.* Die Wildkatze ist der gefährlichste Räuber in Schottland, allerdings ist ihr Bestand Ende des

Land & Leute

Tierwelt

20. Jahrhunderts wieder stark zurückgegangen.

Ein anderer Räuber, eine Nummer kleiner als die Wildkatze, ist das **Hermelin,** *stoat,* eine Wieselart, dessen wertvoller weißer Winterpelz früher von Fürsten und hohen Geistlichen zu Festen getragen wurde. Die weiße auffällige Farbe hat das Hermelin, das nachts auf Jagd geht, in schneelosen Wintern oft das Leben gekostet.

Der **Dachs,** *badger,* ist ebenso wie das Hermelin ein nächtlicher Räuber. Doch er ist lieber gesehen als das **Wiesel,** *weasel,* das schon so manches Huhn getötet hat, denn er fängt in den Schonungen die **Kaninchen,** *rabbit,* und **Hasen,** *hare,* die zum Teil verheerende Schäden an jungem Baumbestand anrichten.

An Flüssen und felsiger Küste findet man den **Otter,** *otter,* der sowohl im Süß- als auch im Salzwasser zu Hause ist. Otter sind Feinschmecker: Sie verspeisen gerne Lachs und ziehen im Frühjahr weite Wege, um den Laich von Fröschen zu verzehren. Auf der schottischen Kiefer lebt der seltene *pine marten,* ein **Marder,** der des Öfteren für ein großes Eichhörnchen gehalten wird.

Schon fast ein Wahrzeichen von Schottland sind die **Robben,** *seals,* auch Seehunde genannt. Die Seals haben sich fast völlig an das Leben im Wasser angepasst. An Land können sie sich lediglich durch kurze Sprünge bewegen. Zwischen den fünf Zehen ihrer Flossenfüße ist im Laufe der Evolution eine Schwimmhaut gewachsen. Die Robben ernähren sich ausschließlich von Fisch.

Der größte Artgenosse der Robben ist das **Walross,** *walrus,* das über 1000 kg Körpergewicht auf die Waagschale bringt. Das Walross gebärt seinen Nachwuchs unüblicherweise im Herbst, während die anderen Robben ihr Junges im Mai oder Juni bekommen. Zum Gebären verlassen die Robben das Meer und ziehen sich auf unbewohnte Inseln oder in abgelegene Höhlen zurück. Die neugeborenen Seehunde tragen ein weiches weißes Fell zum Schutz vor den heftigen atlantischen Winden. Dieses Fell ist sehr begehrt für Kleidungsstücke. In der Vergangenheit haben deshalb Robbenfänger den Bestand an Robben erheblich dezimiert. Erst in den achtziger Jahren wurde durch Aktionen von

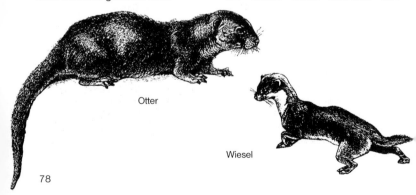

Otter

Wiesel

Tierwelt

Green-Peace-Mitgliedern das Abschlachten der jungen Robben verhindert. Die Naturschützer färbten den kleinen Robben das Fell ein und machten es damit als Kleidungsstück unbrauchbar.

Bussard

Vogelwelt

Raubvögel

Jeder Vogelfreund wird seine helle Freude am reichen schottischen Vogelleben haben, angefangen beim **Stein- oder Goldadler,** der in Mitteleuropa als ausgestorben gilt. In den Lüften Schottlands kreist der *golden eagle* mit seiner Spannweite von 180-210 cm nach wie vor, obwohl er unermüdlich von seinem einzigen Feind, dem Menschen, gejagt worden ist. Auf den bergigen Inseln der Hebriden und im Hochland lebt der König der Lüfte. Obwohl die Adler ihre Eier bzw. ihre ausgeschlüpften Jungen wie ihren eigenen Augapfel bewachen, schaffen es einige Menschen, so genannte „Eiersammler", auch heute noch, den Tieren die Nachkommenschaft zu stehlen. Der Steinadler ist ein großer, dunkelgefärbter Raubvogel, dessen englischer Name *golden eagle* sich von der goldgelben Färbung an Nacken und Kopf ableitet.

Ein kleinerer König der Lüfte ist der **Wanderfalke,** *peregrine falcon,* der im Gegensatz zum Steinadler ein verschwenderischer Jäger ist. des Öfteren tötet er ohne Grund oder lässt seine Beute fallen, wenn er eine bessere entdeckt hat. Den Wanderfalken entdeckt man in den felsigen Regionen des schottischen Hochlandes. Zeitweise war dieser Jagdvogel, der im Sturzflug Geschwindigkeiten bis zu 280 km/h erreicht, vom Aussterben bedroht, weil das mittlerweile verbotene Pflanzengift DDT die Schale seiner Eier brüchig machte.

Über das ganze Land verbreitet sind zwei andere Raubvögel, der **Bussard,** *buzzard,* und der **Hühnerhabicht,** *hen harrier.*

Hühnervögel

Eine beliebte Mahlzeit der Raubvögel ist das **Sumpfhuhn,** *grouse.* Das unauffällige Sumpfhuhn mit rotem Gefieder lebt in den Mooren und Marschgebieten an flachen Küstenstreifen. Es wird vermutet, dass das Sumpfhuhn ein Abkömmling des **Schneehuhns,** *ptarmigan,* ist, das ein weißes Federkleid trägt. Nach

Schottisches Moorschneehuhn

Tierwelt

dem Ende der letzten Eiszeit hatte die weiße Tarnfarbe des Schneehuhns ihre Funktion verloren. Die Natur verpasste den Hühnern ein rotes Federkleid, das sie fortan in der braunen Moorlandschaft besser tarnte. Das Sumpfhuhn ernährt sich vor allem von Milben, Maden und Regenwürmern.

Austernfischer

Der Austernfischer

Eine dem Kontinentaleuropäer wenig bekannte Vogelart ist der Austernfischer, *oyster catcher*. Dieser Vogel hat sich seinen Lebensraum an den salzigen Fjorden des Hochlandes eingerichtet. Dort knackt der schwarz-weiße Vogel mit seinem langen roten Schnabel die Muscheln, die das Meer an Land spült. Zu erkennen ist der Austernfischer an seinem Gefieder, Kopf und Federkleid sind schwarz, der Bauch weiß gefärbt. Dieser Vogel veranstaltet lärmintensive Pieptiraden. Austernfischer, die am Strand auf Nahrungssuche sind, zwitschern gerne ihren Artgenossen grüßend zu, die droben durch die Luft schwirren.

Möwen

Eine Vogelart, die man überall in Schottland, insbesondere in Fischerhäfen, findet, ist die Möwe, *gull*. Große Möwenkolonien brüten an der Steilküste, wie auf den Orkney-Inseln oder auf Islay. Die Möwe ernährt sich in der Regel von Fisch, entweder fängt sie ihre Opfer selbst oder aast am Fleisch toter Lebewesen. Die **Silbermöwe** mit ihren silbergrauen Flügeln und die kleinere, schwarzgeflügelte **Lachmöwe** sieht man am häufigsten.

Wildgänse

Jahr für Jahr kommen im Herbst Abertausende von Wildgänsen, *geese,* nach Schottland, um dem arktischen Winter zu entfliehen. Sie brüten in den sumpfigen Küstenstreifen südlich von Dumfries und auf der Insel Islay. In den Monaten März und April verlassen sie das Land wieder gen Norden. Gänse sind insofern ungewöhnliche Vögel, als sie in der Lage sind, Gras zu verdauen. Ansonsten ernähren sie sich von Kleinlebewesen, Würmern und so ziemlich allem, was ihnen vor den Schnabel kommt.

Andere Zugvögel

Der **Regenpfeifer,** *dotterel,* ein gedrungener Wattvogel mit auffälligem Gefieder, zieht im Sommer in die Bergwelt des schottischen Nordens ein. In den flacheren Gebieten Schottlands lebt ein weiterer Zugvogel, die **Schwalbe,** *swallow*. Sie ernährt sich von den Insektenschwärmen, die in den Sommermonaten über der Heidelandschaft schwirren.

Pflanzenwelt

Die schottische Pflanzenwelt erweist sich weniger artenreich als die des europäischen Festlandes. Eine Erklärung bietet das Inseldasein Großbritanniens. Nur etwa 1050 verschiedene Pflanzenarten werden in Schottland gezählt. Die geringe Anzahl von Arten zeigt sich insbesondere in der Baumwelt. Die *scots pine*, die **schottische Kiefer,** ist der einzige verbreitete einheimische Baum, der in Höhenlagen bis 600 m vorstößt. Andere Baumarten, wie die Lärche, die Douglas-Tanne oder die Norwegische Fichte, sind nach Schottland zwecks Aufforstung importiert worden.

Ehemals war ganz Schottland bis auf 400-500 m Höhe mit Wald bedeckt, vorherrschend mit der Scots Pine, einem erstaunlich widerstandsfähigem Baum. Auf dem Boden der Pinien-Wälder blühten Blumen und Gewächse wie das efeuartige **Wintergrün,** die **Vogelmiere** oder **Orchideen.** Leider ist der Bestand des ursprünglichen *Caledonian Forests* bis auf wenige Ausnahmen, wie den *Black Wood of Rannoch* oder *Rothiemurchus Forest,* von der schottischen Bildfläche verschwunden. Der heutige Waldbestand ist zum größten Teil aufgeforstet. Die Waldlandschaft dominieren schnellwachsende Tannen, die zwar im ersten Moment gewinnträchtig erscheinen, aber dem Boden bei intensivem Anbau sehr viele Reserven entziehen.

So kennt Schottland kaum noch Naturwald, obwohl einst überall der

Königin der Lüfte: die Silbermöwe

Pflanzenwelt

Kaledonische Wald stand, der über die Jahrhunderte hinweg abgeholzt oder brandgerodet wurde, um Weideflächen für die Schaf- und Rinderzucht zu gewinnen. Heute herrscht eine morastige Heidelandschaft im Hochland vor. Dem Boden mangelt es oft an mineralischen Salzen wie Kalium, Calcium oder Magnesium. Auf dem nährstoffarmen Grund gedeiht lediglich das **Heidekraut,** *calluna,* das der Landschaft einen purpurroten Anstrich gibt.

Ein Anzeiger für nährstoffreicheren Boden ist das *bracken fern,* das **Farnkraut,** welches nicht selten mannshoch gedeiht und im Herbst golden glänzt. Überfeuchter Boden dagegen zeigt sich am Vorkommen von **Schilfgras,** *sedge.*

Rose of Scotland

Auf weniger feuchtem Heideboden wachsen die **Heidelbeere,** *whortleberry,* und die **Schwarzbeere,** *blackberry,* welche beide im Spätsommer reifen. Beide Beeren eignen sich aufgrund ihrer geringen Größe kaum als Magenfüller, eher als Genussmittel.

Nach der letzten Eiszeit bedeckten weite **Moosteppiche.** vor allem den regenreichen Westen Schottlands, aus denen sich Schicht für Schicht der Torf bildete, der auf den Hebriden-Inseln, wie z.B. Islay, gestochen wird. Auf jenem torfigen, feuchten Boden sind Aufforstungsmaßnahmen nur mit Drainagen zu realisieren, wie auf Skye zu sehen. Schottische Kiefern wachsen kaum auf dem feuchten Torfboden, dafür **Norwegische Fichten.**

Im Hochland haben die Pflanzen alpinen, arktischen Charakter, **Flechten** und **Moose** bedecken die Berge. Die Bäume und Sträucher der oberen Höhenlagen wie der *saxifrage,* der **Körnersteinbrech,** sind meist untersetzt. Sie gedeihen selbst auf felsigem Boden. Die dicken verwachsenen Stämme erreichen meist nur eine geringe Höhe. Einzig in den feuchten, felsigen Bergen der Cuillin Hills auf der Insel Skye findet man die seltene **Felsenkresse,** *rock cress.*

An der Ostküste Schottlands erkennt man kaum mehr einen Unterschied zwischen einer schottischen Wiese mit ihren Hecken und Blumen und einer Wiese in Mitteleuropa.

An der Westküste zeigt sich dagegen eine reichere Vegetation, beeinflusst vom „warmen" Golfstrom. **Hortensien, Azaleen** und **Fuchsien** blühen hier vor allem in den öffentlichen Gärten.

Häufig stößt man auf **Rhododendren,** deren Blütenpracht die Landschaft purpur bis hellrot färbt. Der Rhododendron, der vor allem in den Alpen zu finden ist, gehört zur Familie der Heidekrautgewächse. Die bis zu drei Meter hohen Sträucher tragen das ganze Jahr über ein grünes Blätterkleid.

Kurze Geschichte Schottlands

Geschichte in Schottland ist allgegenwärtig: in den Häusern, Burgen, Palästen, in den Reden der Politiker, auf Whiskyflaschen, auf Festen und in Trachten, vor allem aber im Bewusstsein und den Herzen der Menschen. Es ist nichts Ungewöhnliches, wenn Ihr Nachbar an der Theke einer Glasgower Kellerbar beginnt, *Burns* Lieder zu singen und von *Bonnie Prince Charlie* und seinen Fourtyfivern zu erzählen. Auch ist es kein Zufall, wenn die Bewohner der Inseln *Orkney* und *Shetland* auf ihren seit 1468 ungeklärten Verfassungsstatus hinweisen, um gegen die Errichtung eines Atomkraftwerks zu protestieren.

Geschichte erscheint dem Besucher in diesem Land der Clans und tragischen Könige häufig als real existierende Romantik, die oft für die verschiedensten Zwecke verklärt und missbraucht wird (nicht zuletzt, um Touristen Nebensächlichkeiten anzupreisen). Als 1707 die Unabhängigkeit des Landes beendet wurde, kommentierte einer der schottischen Verhandlungsführer: „This is the end of an auld sang!"

Vorgeschichte

Die Geschichte beginnt in Schottland weit früher als anderswo. Ein Volk von Nomaden und Fischern besiedelte schon **vor ca.**

Magische Zeugen der Vergangenheit: Standing Stones of Callanish/Lewis

Kurze Geschichte Schottlands

6000-7000 Jahren das heute als Schottland bezeichnete Gebiet im Norden der Britischen Inseln. Um **3000 vor unserer Zeitrechnung** ergriffen dann von Irland aus sesshafte Bauern Besitz von den damals noch fruchtbaren Landstrichen. Bevor dieses Volk wieder im Dunkel der Geschichte verschwand, hatte es die großen vorgeschichtlichen Monumente errichtet, die noch heute den Betrachter faszinieren: das Dorf Skara Brae und das Grab Maes Howe auf Orkney, vor allem den Steinkreis von Callanish auf Lewis und viele Stätten mehr. Doch all diese frühen Kulturen versanken auf rätselhafte Weise wieder, und kein Wissenschaftler vermag zu erklären, warum und wohin.

Um **400 v. Chr.** wanderten die **Kelten** von Irland her ein. Wie sie sich selbst nannten, wissen wir nicht; von den Römern erhielten sie wegen ihrer vielen Tätowierungen den Namen **picti** (lat. = die Bemalten). Die Pikten errichteten ein Königreich in Mittelschottland (heutiges Grampian) und wurden zum späteren ethnischen Element im späteren Völkergemisch der Schotten.

Die Bezeichnung Schotten leitet sich von den **Skoten** ab, einem anderen keltisch-irischen Stamm, der im **6. Jh. n. Chr.** einwanderte und das Königreich Dalriada im Südwesten Schottlands (heute Strathclyde) gründete.

Im Süden des Landes siedelten sich zur gleichen Zeit die ebenfalls keltischen **Briten** an, die von der angelsächsischen Invasion aus England vertrieben worden waren. Doch die germanischen **Angelsachsen,** die aus Norddeutschland kamen, folgten ihnen auf dem Fuße und siedelten in ihrer Nachbarschaft im Südosten.

Die Entstehung Schottlands

Diese vier Völkerschaften vereinigten sich im Laufe des frühen Mittelalters zur Nation der Schotten. Um **563 n. Chr.** hatte der Ire *Columba* auf der kleinen Insel Iona ein Kloster gegründet und begann, das schottische Festland zu christianisieren. Im Laufe der Zeit wurde dadurch das **Christentum** zu einem der wichtigsten einigenden Elemente unter den verschiedenen Völkerschaften.

Eine zweite Voraussetzung für die Vereinigung der Volksgruppen war der Aufstieg der Pikten. Der Aufbau und die Organisation ihrer Kleinkönigtümer entwickelte sich soweit, dass sie den Rahmen für ein Reich bilden konnten. Der dritte wichtige Grund für die Entstehung eines einigen Reiches war der Druck von außen. Die gesamten Küstengebiete des Nordens und Westens wurden immer wieder von plündernden und brandschatzenden Wikingerhorden heimgesucht, und der Druck der expandierenden Angelsachsen von Süden her wuchs stetig.

Durch den äußeren Druck, gefördert von den einigenden Elementen der Religion und der gemeinsamen keltischen Kultur entstand ein Königreich. **843** erbte der Scotenkönig *Kenneth MacAlpine* durch Heirat die Krone von *Scone* und vereinigte so Skoten und Pikten zum **Königreich Alba.** Dieses Königreich – auf gälisch heißt Schottland noch heute *Alba* – dehnte sich im Laufe der Zeit immer weiter nach Süden aus. *Malcolm II.* (1005-1034) schloss ein Bündnis mit den Sachsen und besiegte die Briten, um sich das fruchtbare Lothian einzuverleiben. Von nun an hieß das Königreich *Scotia* - Schottland.

Duncan, der Sohn *Malcolms II.,* unterlag **1040** *MacBeth,* einem anderen Thronanwärter im Kampf um die Krone. Bei den Pikten waren Verwandtschaft und Erbrecht über die weiblichen Linien Tradition. Dies führte dazu, dass bis ins hohe Mittelalter hinein die Thronfolge stets umstritten war und der jeweilige König sich erst durchsetzen musste. *MacBeth* regierte 17 Jahre lang. Doch wie viele schottische Könige nach ihm, verlor er die Unterstützung des Adels. *Duncans* Sohn *Malcolm* hatte sich zu den Engländern geflüchtet und kehrte mit einer englischen Prinzessin zurück, um mit Hilfe des Adels seinerseits *MacBeth* zu schlagen.

Unter *Malcolm III.* (1057-1093) gewann die **englische Kultur Einfluss auf Schottland.** Seine englische Frau, die Hl. *Margaret,* führte den Katholizismus ein, der durch seine hierarchische Organisation dem König half, sein Reich in einen „modernen" Feudalstaat umzuwandeln.

Malcolms Söhne setzten sein Werk fort. *David I.* (1124-1153) hatte seine Jugend am

Kurze Geschichte Schottlands

englischen Hof zugebracht. Als er zurück nach Schottland kam, brachte er befreundete anglonormannische Adelige mit und schenkte ihnen Land im Südwesten. Sie wurden die Stammväter mächtiger Clans wie *Bruce, Balliol* oder der *Comyn*. Daneben verbesserte er die wirtschaftliche Infrastruktur, indem er Klöster (z.B. *Holyrood* oder *Melrose*) gründete. Klöster waren im Mittelalter eine wichtige Basis der Wirtschaft, da sie am besten mit Geld umgehen konnten, bemüht waren, den Bodenertrag zu erhöhen oder neues Land zu roden, vor allem aber, weil die Mönche sehr diszipliniert und arbeitsam waren.

1175 schloss *William the Lyon* einen **Pakt mit Frankreich,** der als *„The Auld Alliance"* immer wieder erneuert, bis ins 18. Jh. seine Wirkung zeitigen sollte. Aufgrund dieses Paktes fiel *„der Löwe"* in England ein, um Gebiete zurückzuerobern, die sein Vater verloren hatte, scheiterte jedoch und wurde gefangen genommen. Daraufhin zwang ihn England zum Lehnseid: Schottland verlor seine Unabhängigkeit.

Die Unabhängigkeitskriege

Die Stellung des Landes festigt sich wieder unter dem starken König *Alexander III.,* der *1263* in der **Schlacht bei Largs** (an der Küste westlich von Glasgow) die Norweger schlägt und die bis dahin unter Herrschaft der Wikinger stehenden, westlichen Inseln einschließlich der *Isle of Man* für Schottland erobert.

Nach seinem Tod kommt es zum Thronstreit. Die streitenden Parteien der *Bruces, Balliols* und *Comyns* rufen *Edward I.* von England als Schiedsrichter an. Der fordert als Pfand die wichtigsten schottischen Festungen und von *John Balliol*, den er zum König macht, den Lehnseid. *John Balliols* Regierung *(1292-1296)* endet im Desaster. *Edward* fordert zu viel von den Schotten und bewirkt nur, dass sich *Balliol* gegen ihn erhebt. Doch mit Hilfe der Lowland Barone (Lords), die auch Gebiete in England besitzen, stürzt *Edward I., „the Hammer of the Scots",* den neuen König und lässt Schottland durch Statthalter regieren.

Robert the Bruce

Einer der großen Volkshelden Schottlands, **Sir William Wallace,** treibt daraufhin die Engländer aus ihren wichtigsten Festungen. Sogar ein englisches Heer besiegt er bei *Stirling*. Doch dem Nichtadeligen, der sich auf Bürger und Bauern stützt, folgen die schottischen Großen nur ungern. *Edward* kann ihn durch Verrat gefangen nehmen und lässt ihn, der ihm nie den Lehnseid geschworen hat, *1305* als Verräter hinrichten.

Nun beginnt der Aufstieg eines der volkstümlichsten und berühmtesten schottischen Helden. **Robert the Bruce (1274-1329)** hatte einen Thronanwärter zum Vater, der von *Edward* zurückgesetzt worden war. Zunächst kollaborierte *Bruce* mit den Engländern und wurde sogar zum Mitregenten von Schottland ernannt. Nach einem Streit mit seinem Kollegen und Thronrivalen *John Comyn* erschlug er diesen in einer Kirche. Das Verbrechen, das ihm die Exkommunikation einbrachte, führte zu der großen Wandlung des *Bruce* zum Freiheitshelden.

Um sich der Strafe zu entziehen, lässt er sich in Anwesenheit von nur wenigen Adeligen *1306* in Scone zum König krönen. Den berühmten *„Stone of Scone"* oder *„Stone of Destiny"* allerdings, den Krönungsstein der schottischen Könige, hatte *Edward I.* nach England mitgenommen, von wo er erst 1996 in einer feierlichen Zeremonie nach Edinburgh zurückgekehrt ist.

Kurze Geschichte Schottlands

Die schottischen Adeligen hatten *Bruces* unrühmliche Rolle in den zurückliegenden Jahren der Besatzung jedoch nicht vergessen. Er erhält nur wenig Unterstützung und flieht, mehrmals von *Edward* geschlagen, auf eine der Hebrideninseln. Dort wendet sich sein Schicksal. *Edward I.* stirbt und sein Sohn, *Edward II.*, erweist sich als ein schwacher König. Einige kleine Siege bringen neue Sympathien und Unterstützung für große Siege: *1314* wurde nur noch das uneinnehmbare Stirling Castle von einer englischen Besatzung gehalten. *Edward II.* versucht, es mit einem starken Ritterheer zu entsetzen. Trotz seiner Unterlegenheit entscheidet sich *Bruce* zur Schlacht. Bei *Bannockburn*, kurz vor Stirling, vernichtet er durch sein strategisches Genie das Reiterheer und wird nun unanfechtbar der König Schottlands.

1327 musste *Edward III.* die **Unabhängigkeit Schottlands** im Vertrag von York anerkennen. *Robert I. Bruce* war aber nicht nur Vater der Unabhängigkeit Schottlands, sondern auch ein großer König, der einen gut organisierten Staat mit einer starken Zentralgewalt gründete. Unter anderem war er der erste König, der im Parlament mit Vertretern der Städte einberief.

David II., Roberts Sohn und Nachfolger, verspielte um ein Haar das Erreichte wieder. Er begab sich wieder in Abhängigkeit zum englischen Hof. Nur dem schottischen Adel war es zu danken, dass in den folgenden blutigen Bürgerkriegen die Unabhängigkeit nicht wieder verloren ging.

Die frühen Stewarts

Als *David II.* kinderlos starb, brach die Epoche der berühmten wie unglücklichen *Stewarts* mit *Robert II.*, dem Schwiegersohn von *Robert I. Bruce*, an. *Stewart* ist die Bezeichnung für einen Maier oder Hofmarschall. Als solche hatten die *Stewarts* es zu immer mehr Ansehen gebracht, bis *Bruce* seine Tochter an seinen *High Stewart* verheiratete.

Nicht von ursprünglich königlichem Geblüt hatten es die *Stewarts* in der Folgezeit schwer, sich gegen den mächtigen Adel, der sie nicht als Gleichgestellte betrachtete,

durchzusetzen. *James I. (1406-1437)* versuchte es mit Gewalt: er wurde ermordet. Sein Sohn, *James II. (1437-1460)*, hatte einigen Erfolg; er unterwarf die mächtige Familie der *Douglas* (ihr Sitz war das trutzige *Tantallon Castle* in Lothian). *James III. (1460-1488)* dagegen starb durch die Hand eines Meuchlers.

Die starke Stellung des Adels wurde begünstigt durch die häufige Minderjährigkeit der Könige und ihre frühen Tode, wodurch wieder nur ein Kind als Nachfolger zurückblieb. Die Regenten der Zwischenzeit arbeiteten für die Macht des Adels im Allgemeinen und die Macht der eigenen Familie im Besonderen. *James IV. Stewart (1488-1513)* war der erste schottische Renaissancekönig. Während seiner Regierungszeit versuchte er, das schottische Staatswesen zu erneuern. Er gründete *1495* zu den zwei bereits existierenden Universitäten St Andrews (1412) und Glasgow (1451) noch eine dritte in Aberdeen. Eine stehende Armee sollte ihn im Kampf gegen den Adel stärken. Er rüstete sein Heer erstmals mit Kanonen aus und begann mit dem Aufbau einer kleinen Flotte. Die alte Allianz mit Frankreich wurde ihm zum Schicksal. Zwar hatte er 1503 *Margaret*, die Schwester *Heinrichs VIII.* von England, geheiratet, doch war er *1513* gezwungen, in den Krieg gegen das hochgerüstete England zu ziehen, da *Heinrich VIII.* in Frankreich eingefallen war. Mit einem zum Teil noch feudal organisierten Heer überschritt er die Grenze und traf bei Flodden Field auf einen wohlvorbereiteten Gegner. Die Schlacht endete strategisch zwar unentschieden, doch fielen so viele Schotten, darunter Herzöge, Grafen, Barone und – der König, dass nur noch wenige in der Nacht nach Schottland flüchten konnten. Die „Blumen des Landes waren abgemäht", so beklagt seitdem ein oft gesungenes Volkslied die Katastrophe (*„the flowers of the forest"*).

Wieder trat ein Minderjähriger die Nachfolge an. *James V. (1513-1542)* gelang es nach seiner Volljährigkeit jedoch endlich, die Macht seines Adels zu brechen. Mit Hilfe der Kirche, die nun langsam unter den Druck der Reformation geriet, baute er ei-

Kurze Geschichte Schottlands

nen zentral gelenkten absolutistischen Staat auf. Aber auch *James V.* musste im Bündnis mit Frankreich gegen England ziehen und erlitt, wie sein Vater, am Solway Moss eine vernichtende Niederlage. Gebrochen starb er *1542* in Linlithgow und hinterließ nur eine neugeborene Tochter: *Maria Stewart,* die sich in Frankreich später *Stuart* nennt, da im Französischen kein w existiert.

Die Reformation

Um *Maria,* die kindliche Königin, vor machtbesessenen Kidnappern zu schützen, wurde sie schnell nach Frankreich in Sicherheit gebracht. Dort wuchs sie bei Hofe auf und heiratet *1558* den französischen Thronfolger.

Währenddessen regierte ihre Mutter, **Maria Guise,** eine französische Hochadelige, in Schottland. Sie hielt sich mit Hilfe des französischen Hofes und ihrer einflussreichen Verwandten an der Macht. Darüberhinaus stützte sie sich auf die Kirche, der sie, wie alle katholischen europäischen Könige, unter dem Eindruck der Reformation immense Summen abverlangte. Die Kirche war bereit, diese zu zahlen, um von der Krone vor der Reformation beschützt zu werden. Die Prälaten und Bischöfe hatten sich allerdings an ihr verschwenderisches Leben gewöhnt und erhöhten deshalb einfach die Pacht für ihre Hörigen. Zu der Unzufriedenheit über die Ausbeutung durch die Kirche kam der Argwohn gegenüber einer veralteten und dem neuen Denken der Renaissance widerstrebenden Theologie.

Wie auf dem Kontinent nutzten einige Adelige die Gelegenheit der Reformation. Gegen die ungeliebte frankophile Regierung der *Maria Guise* formierte sich eine an England angelehnte Opposition der Barone. Königin *Elisabeth I.* von England unterstützte diese Opposition und die von ihr ausgehende Reformation, da sie ihr protestantisches Land von allen katholischen Mächten Europas, besonders von Frankreich und Spanien, bedroht sah.

Die Leitfigur der schottischen Reformation wurde der fanatische Prediger **John Knox.** Seine bewegte Geschichte begann, als er zum Galeerensträfling verurteilt wurde, weil

er in einem Aufstand in St. Andrews die geistige Führung übernommen hatte. Mit englischer Hilfe entkam er aus der Gefangenschaft und zog durch Europa, wo ihn besonders die Lehre *Calvins* beeindruckte. Obwohl in Abwesenheit zum Tode verurteilt, kehrte er nach Schottland zurück, als seine Gönner ihm genug Schutz zu bieten vermochten. *1555* gründete er die calvinistische *Church of Scotland,* die *1560* zur Staatskirche wurde.

Maria Stuart, die Königin von Schottland, kehrte erst *1561* in ihre Heimat zurück, nachdem ihr erster Mann, der König von Frankreich, gestorben war. Sie blieb zwar ihrer Konfession treu, doch an der Reformation konnte sie nichts mehr ändern.

Da die Königin von Schottland nicht bereit war, auf ihre englischen Thronansprüche zu verzichten, die sie aus katholischer Sicht zur legitimen Königin Englands machten, geriet sie in einen scharfen Gegensatz zu *Elisabeth I.* von England. Der verstärkte sich noch, als Maria ihren Vetter *Lord Darnley* heiratete, der ebenfalls Ansprüche auf den englischen Thron stellte.

Doch die Ehe scheiterte und Darnley erlag einer Intrige, die ihn das Leben kostete. Als *Maria Stuart* kurz darauf den Hauptverdächtigen heiratete, brachte sie den Adel gegen sich auf. Man zwang sie zur Abdankung zugunsten ihres kleinen Sohnes *James VI.* und verbannte die Königin von Schottland nach Loch Leven Castle. Nach einjähriger Gefangenschaft gelang ihr die Flucht, doch konnte sie nicht mehr genügend Anhänger um sich scharen, so dass ihr nur die weitere Flucht nach England zu ihrer Cousine *Elisabeth I.* blieb. Da *Maria* aber nicht auf ihre Thronansprüche verzichten wollte, ließ *Elisabeth* sie 19 Jahre lang in *Fotheringhay Castle* einsperren und dann, mit Zustimmung von *James VI,* ihrem Sohn, *1587* hinrichten (siehe auch den Exkurs „Mary Queen of Scots").

Von der Einigung der Kronen zur Einigung der Parlamente

Nach der Flucht *Maria Stuarts* stand der nun elternlose **James VI.** in Schottland zwi-

Land & Leute

87

Kurze Geschichte Schottlands

schen den verschiedenen rivalisierenden Adelsparteien. Man ließ ihn, im Gegensatz zu seiner Mutter, im Sinne eines streng reformierten Calvinismus erziehen. Der Renaissancephilosoph *George Buchanan* als sein Erzieher versuchte, ihm die Ideale der Volkssouveränität und der beschränkten Königsgewalt nahezubringen. Die Versuchung der Macht verdrängte in den späteren Jahren jedoch diese Prägung des Königs.

Schon früh zum Lavieren zwischen den Parteien gezwungen, lernte *James VI.* sehr bald diplomatisches Handeln. Nach seiner Volljährigkeit gelang es ihm, die rebellierenden katholischen Adeligen des Nordens gegen die Protestanten des Südens auszuspielen und die Königsmacht zu stärken. Das zentrale Ziel seiner Innen- und Außenpolitik blieb aber die **Erringung der englischen Krone.** Seine Anstrengungen wurden mit Erfolg „gekrönt", als er *1603* der ohne Nachkommen verstorbenen *Elisabeth* auf dem Thron folgte. Die Personalunion mit dem wirtschaftlich mächtigen und auch an Einwohnerzahl weit überlegenen England brachte der Königsmacht in Schottland eine ungeahnte Stärkung. Für den König in London bestand keine Gefahr mehr, von rebellierenden Adeligen gefangen genommen oder sogar ermordet zu werden. Er konnte Schottland „mit dem Stift" regieren, wie er es vorher „mit dem Schwert" nicht vermocht hatte. *James VI. und I. von Großbritannien* war es nun möglich, absolutistisch zu regieren, Schottland von ernannten Regenten unter Kontrolle zu halten.

Schon bald begann *James,* für seine Ziele auch die Kirche einzuspannen. Die reformierte Kirche war *presbyterianisch,* dass heißt auf der Basis selbstständiger Gemeinden organisiert. *James* brachte sie unter seine Kontrolle, indem er wieder Bischöfe einführte, die über die Gemeinden wachten. Dies ließen sich die Schotten noch gefallen, doch als er darüber hinaus die anglikanische (englische), größtenteils katholisch geprägte Liturgie einführte, war der Bogen zum Zerreißen gespannt.

Sein Sohn und Nachfolger **Charles I. (1625-1649)** brachte das Fass zum Überlaufen, als er die Liturgie noch weiter an die verhasste katholische Form annähern wollte. Die Führer der schottischen Gesellschaft, Adel und Pfarrer, schlossen den „*National Covenant*", einen Vertrag, in welchem sie sich gegenseitig versicherten, die Reformation aufrechtzuerhalten und zu schützen. Gleichzeitig hatte *Charles* das englische Parlament durch seinen kompromisslosen Absolutismus herausgefordert: Es kam zum Aufstand. Der schottische *Covenant* und das englische *Parliament* griffen zu den Waffen. Gemeinsam besiegten sie in einem kurzen, blutigen Bürgerkrieg den König.

Doch *Charles* floh zu den Schotten und versprach ihnen eine eigene Kirche. Der *Covenant,* der die Freiheit der Kirche, nicht aber den Sturz des Königs wollte, war damit zufrieden und schlug sich auf die Seite *Charles'.* Doch die neue Allianz wurde besiegt, und nach der Niederlage mussten die Schotten ihren König an die Engländer unter Führung des neuen Generales **Oliver Cromwell** ausliefern. Dessen Armee machte mit dem *Stuart* kurzen Prozess, und *1649* wurde *Charles I.* in Whitehall enthauptet. *Cromwell* ernannte sich zum *Lordprotektor,* zum Diktator über das gesamte Vereinigte Königreich.

Der Covenant in Schottland, schockiert von der Hinrichtung des Königs und abgestoßen von *Cromwell,* dessen soldatisch rationaler Geist den frommen Schotten als ketzerisch erschien, verbündete sich daraufhin mit *Charles II.,* dem Sohn des hingerichteten Königs. Er hatte vorher, taktisch klug, ebenfalls den Covenant unterschrieben. Unter dem Befehl von *David Leslie* sammelten sie ihre Armee und erwarteten den Angriff. *Cromwells* Armee war *1650.* Sie war abhängig von der Verbindung mit der Flotte, und so beschloss Cromwell, den Hafen von *Edinburgh* zu erobern. *Leslie* hatte jedoch gut vorsorgen lassen, seine befestigten Stellungen waren für den Engländer unbezwingbar. *Cromwell* musste sich zurückziehen. Aber vom schlechten Wetter getrieben und in der Annahme, die Engländer schifften sich wieder ein, verließen die Schotten ihre Stellungen zu früh. *Cromwell* erkannte seine Chance, packte den Gegner in der Flanke und rollte das ganze Feld auf. Nun beherrschte

Kurze Geschichte Schottlands

Cromwell das Terrain in Schottland; seinem militärischen Genius waren *Charles II.* und seine Covenanter nicht gewachsen. Bis *1652* waren alle Festungen in seiner Hand.

Der König floh nach Frankreich, und Schottland blieb die nächsten neun Jahre unter der Herrschaft *Cromwells.* Für das Land, das von den vielen Bürgerkriegen, Aufständen und Fehden seit der Reformation ausgeblutet, heruntergekommen und verarmt war, brach eine Zeit des Friedens an. Zwar litt Schottland unter hohen Steuern und Fremdherrschaft, doch der Frieden verhalf der am Boden liegenden Wirtschaft etwas auf die Beine. Zudem war die Rechtsprechung der Engländer, befreit von den bisher geltenden Bindungen der Freundschaft und Verwandtschaft (*„kith and kin"*), effektiver, schneller und gerechter.

Dennoch begrüßte die ganze schottische Nation *1660*, nach dem Tod *Cromwells*, begeistert die **Rückkehr Charles II.** aus dem französischen Exil. Doch mit *Charles II. (1660-1685)* begann die Geschichte, sich zu wiederholen. Er regierte wie sein Großvater absolut, hatte aber gelernt, dass er zwar die Bischofskirche wieder einführen könne, doch die presbyterianische Liturgie unangetastet lassen musste. Diesen Fehler beging sein Sohn, *James VII./II.* Er wollte den Katholizismus wieder einführen. Nachdem seine Politik gescheitert war, musste er vor der Revolution nach Frankreich fliehen.

Das englische Parlament bot *1689* **Wilhelm von Oranien,** dem Statthalter der Niederlande, einem Enkel *Charles' I.* und Schwiegersohn *James' VII./II.*, die Krone an. *Wilhelm* akzeptierte, musste aber zuvor dem Parlament in den *bill of rights* weitgehende Rechte zugestehen. Diese *bill of rights* begründeten die konstitutionelle Monarchie in England. In Schottland fand sich eine schwache Mehrheit im Parlament, die sich ebenfalls für diese Lösung entschied und kurz darauf unter der Bedingung freier Religionsausübung *Wilhelm III.* die Krone des Reiches anbot.

Doch vor allem in den Highlands sammelten sich die Anhänger der Stuarts unter der Führung von *Lord Claverhouse, Viscount Dundee,* dem *„Bonnie Dundee"* der Volkserzählun-

gen. Dieser zettelte noch im gleichen Jahr eine Rebellion an, den ersten der **Jacobitenaufstände**, die nach dem Sohn des gestürzten Königs, *James* (schott. Jacob), benannt sind. In der Schlucht von Killiecrankie brachte Lord Claverhouse einer überlegenen antiroyalistischen Armee eine vernichtende Niederlage bei, doch er selbst fiel in der Schlacht. Ohne ihn war der Aufstand führerlos und brach in sich zusammen.

Der neue König saß danach fest im Sattel. An das *„Revolution Settlement",* die Bedingungen seiner Machtübernahme (er sollte regelmäßig ein Parlament einberufen, sich an dessen Beschlüsse halten, die Bischofskirche abschaffen u.a.), hielt er sich nur zum Teil. Er behielt den *Secretary of State for Scotland,* den administrativen Lenker Schottlands, in London und setzte ihn persönlich ein, als das schottische Parlament opponierte. In einem neuen Schwur, der ebenfalls gegen das *Settlement* verstieß, mussten alle Schotten ihn als König nicht nur theoretisch, sondern auch praktisch anerkennen. In der Folge dieses Eides kam es dann zum **Massaker von Glen Coe** (siehe auch Exkurs „Schottlands Tal der Tränen").

Als *Wilhelm III.* 1702 starb, folgte ihm seine Schwägerin **Anna (1702-1714),** eine protestantische Tochter *James' VII./II.,* auf dem Thron. Gleich nach ihrem Amtsantritt berief sie eine beratende Versammlung ein, die eine Union der beiden Königreiche einleiten sollte. In Schottland war diese Union zunächst unbeliebt. Verschiedene Ereignisse hatten Unmut gegen England aufkommen lassen. Aktionen wie das Massaker von Glen Coe hatten *Wilhelm* sehr unbeliebt gemacht. England gewährte den Schotten keinen Freihandel und brachte den *Darien Plan,* die Gründung einer schottischen Kolonie in Panama, zum Scheitern.

Dennoch wurde *1707* eine **Vereinigung der Parlamente** beider Länder vorgenommen. Die vernünftigen Politiker beider Seiten hatten dabei immer die Konsequenzen eines Scheiterns ihres Planes vor Augen. England stand im Krieg mit Frankreich und konnte sich keinen jacobitischen Feind im Norden leisten, außerdem wollte es die Thronfolge des Hauses Hannover auf die

Land & Leute

89

Kurze Geschichte Schottlands

kinderlose *Anna,* der letzten *Stuart,* gesichert sehen. Andererseits war die schottische Wirtschaft auf den Freihandel mit dem englischen Partner angewiesen, und die schottischen Verhandlungsführer hatten die Gefahr eines blutigen Bürgerkrieges und eines neuerlichen katholischen Königs vor Augen.

Die Einigung sah folgendermaßen aus: Die beiden Königreiche sollten unter dem Namen Großbritannien eine Flagge, ein Staatssiegel und eine Währung besitzen. Die Thronfolge sollte an die Hannoversche Prinzessin, eine Enkelin *James VI./I.,* und ihre Erben übergehen. Schottland sollte eine angemessene Zahl *Peers* (Vertreter des Hochadels) in das Oberhaus und Abgeordnete in das Unterhaus entsenden sowie seine eigene Rechtsprechung behalten. Die schottische Rechtsprechung beruht bis heute auf dem römischen Recht, wogegen in England das Prinzip des Gewohnheitsrechtes herrscht.

Schottland profitierte von der Einigung. Die Wirtschaft begann, befreit von der Last der Zölle und mit freiem Zugang zu den Märkten der englischen Kolonien, zu florieren. Die Maschinenweberei wurde eingeführt, und als *1765* der Schotte *James Watt* die Dampfmaschine betriebsreif verbesserte, begann für Europa die Industrielle Revolution. In der Landwirtschaft brachten neue Anbaumethoden verbesserte Erträge, die Einführung der Kartoffel schaffte die Hungersnöte ab und trug zum Bevölkerungswachstum bei. im Großen und Ganzen nahm Schottland, das nach den *„sieben schlechten Jahren"* der Regierung *Wilhelms I.* unter großer Armut litt, nach der Vereinigung mit England endlich seinen Aufschwung. Das 18. Jh. wurde zum goldenen Zeitalter der schottischen Geschichte.

Die Jacobitenaufstände

Dennoch gab es immer noch Jacobiten, die von der Restauration einer katholischen Stuartmonarchie träumten. Unterstützt wurden die Exilstuarts und ihre fast ausschließlich schottischen Anhänger von Frankreich und dem Vatikan. Die Aufstände, die als Jacobitenaufstände in die britische Geschich-

te eingingen, haben bis heute eine große Bedeutung im schottischen Geschichtsbild.

Den **ersten Versuch einer Invasion** unternahm der Sohn des exilierten *James VII./II.,* der „Old Pretender", den die Franzosen als *James III.* anerkannt hatten. *1708* segelte er mit französischen Schiffen und Soldaten nach Schottland, doch verhinderte schlechtes Wetter, französische Unlust und das Auftauchen englischer Fregatten eine Landung im Firth of Forth. Die Schiffe drehten ab und kehrten nach Frankreich zurück.

1715 führte der *Earl of Mar* den **zweiten Aufstand.** Er brachte die Highlands und Grampian hinter sich und konnte neben der allgemeinen Unzufriedenheit auf die Unterstützung der episkopalischen Pfarrer, Anhänger der Bischofskirche, hoffen. In Braemar zog er im Beisein einiger weniger Persönlichkeiten die königliche Flagge auf und stellte ein Heer von 12.000 Mann auf. Aber Frankreich versagte die Unterstützung, die Städte südlich des Tay wandten sich gegen die Jacobiten und der *Earl of Sutherland* bedrängte sie von Norden her. In Sheriffmuir bei Dunblane wurde der Earl of Mar geschlagen. Mit dem inzwischen eingetroffenen „Old Pretender" floh er nach Frankreich. Da ihre zurückgebliebenen Anhänger in Schottland breite Sympathie genossen, erhielten sie keine zu hohen Strafen, bis auf den Clan der *MacGregors,* deren Name bereits seit 1617 verboten war und die ihre Bürgerrechte erst 1774 zurückerhalten sollten.

Am bekanntesten ist die Rebellion *„The rising of Fourty Five".* Diese Erhebung, angeführt von *Charles Edward Stuart, „Bonnie Prince Charlie",* dem Enkel des gestürzten Königs, birgt alle Elemente der Romantik in sich. Dem *„Young Pretender",* wie ihn die Engländer nannten, sollte es noch einmal aufgrund seines Charismas und seines Wagemutes gelingen, die Clans zu vereinigen. Er marschierte mit einer Armee bis Derby in Mittelengland, bevor er umkehren musste und auf dem Culloden Moor bei Inverness vernichtend geschlagen wurde. Die folgende abenteuerliche Flucht durch das Hochland machte seine Geschichte zur Legende. Auf eine nähere Schilderung der Rebellion wollen wir an dieser Stelle aber mit dem

Kurze Geschichte Schottlands

Hinweis auf den Exkurs „Bonnie Prince Charlie – Held oder Abenteurer?" verzichten.

Die Rebellionen der Jacobiten waren von Anbeginn zum Scheitern verurteilt gewesen. Nicht einmal in Schottland fand sich eine Mehrheit für das katholische Königshaus, die Stuarts hatten sich als Dynastie überlebt. Die Jacobitenaufstände werden von schottischen Nationalisten jedoch bis heute als Befreiungskriege verklärt und romantisiert. Für das Hochland war die Niederlage ein Desaster. Um endlich jeder weiteren Rebellion den Boden zu entziehen, griff die Hannoversche Dynastie zu brutalen Methoden. Der Tartan und der Kilt (Karomuster und Schottenrock) wurden genauso verboten wie das Dudelsackspielen. Schlimmer noch war, dass viele der Hochland-Chiefs enteignet und abgesetzt wurden und das Land oft an Engländer verkauft wurde. Die uralte Clansgemeinschaft, in welcher der Chief sich um seine Angehörigen sorgte, wurde zerstört. Hinzu kam, dass für den Laird nicht mehr wichtig war, wie viele Männer er unter Waffen stellen konnte. Er sah den Reichtum der Lowland Lords und wollte nun ebenfalls aus seinem Land Geld herausholen. In der Folge des letzten Jacobitenaufstandes wurde somit die alte Hochlandkultur zerstört.

Das 18. Jahrhundert

Politisch betrachtet, hatten diese Aufstände jedoch keine Wirkung. Im südlichen Tiefland ging das Leben weiter wie bisher. Besonders der Handel mit den nordamerikanischen Kolonien brachte große Gewinne. Nicht nur Handel und Industrie in Schottland erlebten im 18. Jh. ihren großen Aufschwung, auch das Geistesleben hatte in diesem Jahrhundert seine große Epoche. Edinburgh wurde das geistige Zentrum des Landes und den vielen Philosophen und Wissenschaftlern verdankt die Stadt neben ihrer herausragenden klassizistischen Architektur den Ruf eines „Athens des Nordens". *Adam Smiths* „An inquiry into the Nature and Causes of the Wealth of Nations" ist bis heute ein Klassiker der Wirtschaftswissenschaft geblieben. Der Erfolg der *Bank of*

Scotland inspirierte die Gründung der berühmten *Bank of England*. Ja, manche Spötter behaupten sogar, um schon den Kindern das Geldverdienen beizubringen, wurde im frommen Schottland auf die Rückseite der Katechismen eine Rechentabelle gedruckt.

Der romantische Dichter *Walter Scott* wertete mit seinen Historienromanen das schottische Selbstbewusstsein ebenso auf, wie es der Volksdichter *Robert Burns* mit seinen Liedern tat, oder wie *Ian MacPherson*, der mit seinen gefälschten Ossian-Balladen auf die uralte keltische Kultur verwies.

Industrialisierung und 20./21. Jahrhundert

In das 19. Jahrhundert trat ein wirtschaftlich aufstrebendes und wieder selbstbewusstes Schottland ein. Dieses Jahrhundert war das schottische Biedermeier, das **Zeitalter des Victorianismus.** Ruhe und Ordnung gingen einher mit wirtschaftlicher Entwicklung. Schottland wurde dem englischen Teil des Königreiches immer mehr gleichgestellt und hatte einen großen Anteil an der Gründung und Verwaltung der Kolonien wie an dem expandierenden Handel und der Industrie.

Um Glasgow herum entstand eine sich entwickelnde **Schwerindustrie.** Weiter südlich in Lanark und am Forth in Dundee florierte die Webereiindustrie. Straßen wurden gebaut. Der *Clyde-Forth-Canal* wie das technische Meisterwerk des *Kaledonischen Kanals* sollten die wirtschaftliche Infrastruktur verbessern. In der zweiten Hälfte des Jahrhunderts setzte der Eisenbahnbau ein, der die ländlichen Regionen besser mit den städtischen Industriemetropolen verband.

Dieser florierende Aufschwung im Süden des Landes wurde jedoch überschattet von dem Elend, das sich in den Highlands abspielte. Die kleinen Pachthöfe, die sich im Hochland gegen die Annahme verbesserter Anbaumethoden wehrten, konnten wie überall in Europa die steigende Zahl ihrer Bewohner nicht mehr ernähren. **Auswanderungen,** besonders nach Kanada und Australien, begannen. Verschlimmert wurde die Not der Highlander durch die erwachende Profitgier der Grundbesitzer, die keine ver-

Land & Leute

Kurze Geschichte Schottlands

antwortungsbewussten Clansführer mehr sein wollten. Als sie bemerkten, dass mit dem Verkauf von Wolle mehr Profit zu machen war als mit Landverpachtung, trieben viele die kleinen Pächter von ihrem Land.

Das für den englischen Schiffbau abgeholzte Hochland (*„man made desert"*) verödete durch die Überweidung noch mehr. Als durch das Überangebot der Wollpreis fiel, vertrieben die Grundbesitzer auch noch die letzten verbliebenen Schafhirten und ließen vermehrt Rotwild ansiedeln. Die Hobbyjäger der europäischen High Society erbringen bis heute die höchsten Einnahmen von dem ausgebluteten Land.

Erst *1886* nahm sich das Londoner Parlament der geschundenen Hochländer an und erließ viel zu spät die *„Crofters Charter"*, die den Pächtern ihr Bleiberecht auf ihren angestammten Crofts verbriefte (s.a. den Exkurs „Die Erschaffung der Einsamkeit – Highland Clearances im 19. Jh.").

Im Schiffbau und in der Leinenproduktion stieg Schottland an die Weltspitze auf. So war gut möglich, dass amerikanischer Weizen nach der Ernte in Säcken aus der Leinenhochburg Dundee mit Lokomotiven aus Springfield zu Schiffen gebracht wurde, die am *Clyde* gefertigt worden waren.

Im *Ersten Weltkrieg (1914-1918)* erreichte Schottland die Spitze seiner Produktion. Nachdem Deutschland in seinem uneingeschränkten U-Boot-Krieg viele britische Handelsschiffe versenkt hatte, brauchte Großbritannien jedes Schiff, das die Werften am Clyde hergaben. Nach dem Krieg verdienten die großen Industrien noch ein, zwei Jahre am Wiederaufbau, doch danach ging es steil bergab.

Die *Weltwirtschaftskrise* der späten 1920er Jahre tat ein Übriges. Die darniederliegende Schwerindustrie des Landes, die einen Großteil der Gesamtwirtschaft ausgemacht hatte, kam nie mehr auf die Beine. Namentlich der Schiffbau wurde zu teuer, um der Konkurrenz aus dem Fernen Osten standhalten zu können.

Daran änderte auch die zweite große Weltkatastrophe nichts. Zwar wurden nun Zweige der Leichtindustrie, wie die Automobilproduktion, aufgebaut, doch befanden sich diese fast ausschließlich im Besitz von ausländischen, meist amerikanischen Konzernen. Die Arbeitslosenrate Schottlands lag seit dem ersten Weltkrieg immer weit über dem englischen Durchschnitt. Erst heute zeigen die Anstrengungen in Richtung auf die Entwicklung neuer, modernerer Industriezweige langsam ihre Wirkung. Selbst Glasgow befreit sich langsam aus dem Sumpf, in dem es nun über ein halbes Jahrhundert unterzugehen drohte.

Nach dem Zweiten Weltkrieg stieg ein neues Phänomen am politischen Horizont auf: der *Nationalismus*. Schon vor dem Krieg hatte sich eine neue Partei gegründet, die *Scottish National Party (SNP)*, die sich besonders ein Schlagwort auf die Fahnen geschrieben hat, die Forderung nach *„Home Rule"*. Home Rule bedeutet, Schottland von Schottland aus regieren, bedeutet mehr Unabhängigkeit. Zunächst war dieser politische Nationalismus nicht sehr erfolgreich, doch die wachsende Unzufriedenheit aufgrund der wirtschaftlichen Misere brachte ihm immer mehr Zulauf.

Nachdem seit Mitte der *1970er Jahre* in der schottischen Nordsee *Öl* gefunden wird, hat die *SNP* ein Argument mehr, nach Unabhängigkeit zu rufen, damit nicht das Öl an Schottlands Ökonomie vorbeifließt.

Bei den Unterhauswahlen von 1974 erreichten die Nationalisten über 30 % der Stimmen. Um diese Entwicklung einzudämmen, brachte die Labourregierung unter Premier *Gallaghan* 1976 einen Gesetzentwurf zur Dezentralisierung in das Unterhaus ein. Nach jahrelangem wahltaktischen Hin und Her wurde für den *1. März 1979* ein *Referendum* festgesetzt, in dem die Schotten über eine größere Autonomie entscheiden sollten. Die Abstimmung ergab mit 51,6 % zwar ein knappes „Ja" zum Parlament, doch scheiterte die Reform an der geringen Wahlbeteiligung. Das schottische Selbstbewusst- sein war erst am Wiedererstarken, jedoch noch nicht so weit wie es die *SNP* gerne sah.

In dieser Entwicklung stellt das Referendum eher den Start- als den Schlusspunkt dar. *Seit 1979* waren in London die kompromisslosen Zentralisten um *Margaret*

Thatchers Tories an der Macht. Die Depression der 80er Jahre, die rigide Sozial- und liberale Wirtschaftspolitik der Konservativen stieß auf wenig Gegenliebe in Schottland. Man fühlte sich unverstanden und „ohne Stimme" in London. Die Forderung nach „**Home Rule**" wurde wieder lauter. Als die Thatcherregierung 1990 die **Polltax,** eine kommunale Kopfsteuer, einführte, kam es in Schottland zu dramatischen Zuständen. Die Steuer wurde einfach boykottiert, was in kürzester Zeit zur praktischen Zahlungsunfähigkeit vieler Kommunen führte. Die Krise führte zum Sturz von Frau *Thatcher.*

Andererseits hatte das liberale Stehvermögen des Thatcherismus nicht nur England zu einer der wirtschaftlich gesündesten Nationen Europas gemacht, sondern auch den Grundstein für den ökonomischen Aufschwung Schottlands gelegt. Der wirtschaftliche Erfolg und das Wachstum der Städte ermöglichten eine kulturelle Blüte, die das **neue Selbstbewusstsein** der Schotten in einem nie gekannten Selbstvertrauen aufgehen ließ.

Schon mit den Unterhauswahlen von 1993 war Schottland zur „toriefreien Zone" geworden, doch erst der Sieg von *Tony Blairs „New Labour"* bei den Wahlen 1997 ebnete dem gewandelten Bewusstsein den Weg, ein neues Sein zu schaffen. Am 700. Jahrestag der Schlacht von Stirling, als *William Wallace* die Engländer geschlagen hatte, am 11. Sept. 1997, stimmten in einer neuen Volksabstimmung 74 % für die Errichtung eines eigenen **schottischen Parlamentes** mit einer eigenen Exekutive. Im Mai 1999 wurden die 129 Abgeordneten gewählt, die in der konstituierenden Sitzung im Juli das erste schottische Parlament seit 292 Jahren bildeten. Die Schotten haben nun die Möglichkeit, ihre Gesetze wie ein Bundesstaat selbst zu machen. Außen- und Sicherheitspolitik bleiben zwar in Händen Großbritanniens, doch haben die Schotten eigene Vertreter beim Europäischen Parlament in Brüssel. Natürlich gibt es Rufe, die eine weitergehende Souveränität fordern, und die Schattenseiten der nationalen Bewegung zeigten sich in der jüngsten Vergangenheit bei Übergriffen gegen Engländer.

Für die Nationalisten der *SNP* stellt das Parlament den Ursprung eines eigenen schottischen Staates unter dem Dach der Europäischen Union dar. Für die *Tories* ist es der Anfang vom Ende Großbritanniens. Der Wahrheit am nächsten kommen aber wohl *Labour* und die *Liberalen,* die im föderalistischen Konzept eine Chance sehen, regionale Bedürfnisse regional zu befriedigen und Schottland wieder im Königreich zu verankern.

Das schottische Regionalparlament wird alle 4 Jahre gewählt; zuletzt fanden Wahlen im Mai 2003 statt.

Bevölkerung

Das Königreich Schottland ist mit einer **Fläche** von 78.772 km^2 etwa so groß wie Bayern und nimmt ein Drittel der Fläche des Vereinigten Königreiches von Großbritannien ein. Allerdings leben nur 8 % der britischen **Bevölkerung,** 5,1 von 59,6 Mio. Einwohnern, in Schottland. Die **Bevölkerungsdichte** ist daher in Schottland auch um ein Mehrfaches geringer als in England.

Auffallend ist in Schottland die unregelmäßige **Verteilung der Bevölkerung:** Im Großraum Glasgow leben etwa 1,7 Mio. Menschen, ein Drittel aller Schotten. Im industriell gut erschlossenen Tieflandgürtel liegt die Bevölkerungsdichte bei ca. 700 Einw./km^2, im Hochland aber nur noch bei 15 Einw./km^2, mit einer abnehmenden Tendenz, je weiter man nach Norden vorstößt. Im gesamten Hochland und auf den nördlichen Inseln, in einem Gebiet, das die Hälfte des Landes umfasst, leben nur 353.000 Menschen, das sind 7 % der Bevölkerung.

Die Clans

Der Clan – für Kontinentaleuropäer gehört diese Gemeinschaft gleichnamiger, Schottenrock tragender Hochlandbewohner genauso zu Schottland wie Whisky oder Dudelsackmusik. Der Begriff Clan ist heute so bekannt, dass er auf der ganzen Welt als Synonym für die verschworene Gemeinsamkeit einer Großfamilie steht.

Tatsächlich bedeutet das gälische Wort Clan „Kinder", der Clan verstand sich als Großfamilie. Als keltische Stämme, von Irland kommend, Schottland besiedelten, ließ sich in jedem der unzugänglichen wilden Hochlandtäler eine kleine Stammesgemeinschaft nieder, die sich im Laufe der Zeit auf einen gemeinsamen Stammvater zurückführten. So kam es auch, dass die Stammesmitglieder als Beinamen alle den Namen des Stammvaters führten. Der Clansmann Connor MacNeil war also niemand anders als „Connor, der Sohn von Neil". Die Führung der Familiengemeinschaften, der Kith and Kin („Freunde und Verwandte"), in den Tälern übernahmen Oberhäupter, die sich **Chieftains** oder **Lairds** – im Gegensatz zur Lowlandbezeichnung „Lord" nannten. Bei den Hochlandadeligen muss man darüber hinaus noch zwischen drei unterschiedlichen Namen unterscheiden. Sie führten als erstes den Familien- oder Clansnamen, daneben besaßen sie den Adelsnamen und oftmals noch den Hochlandnamen. So hieß der Chief der Campbells etwa *Robert Campbell, Duke of Argyle* und mit Hochlandnamen *Mac Callum Moore*.

Die Chiefs verteilten unter ihren Clanskindern das Land oder auch die Beute aus den unvermeidlichen Raubzügen gegen die benachbarten Clans. Hunger und Elend gab es in diesem System nicht und wenn, dann nur gemeinschaftlich. In Zeiten der Not, wie bei Missernten, rationierte der Chief die Vorräte und besorgte Reserven. Die Clans entwickelten sich zu Schutz- und Trutzgemeinschaften, deren Siedlungsgebiete zu kleinen **Familienkleinstaaten** wurden. *James V.* schrieb an seine Braut in Frankreich fast resigniert: „Meine Lords betrachten einen König, der wirklich König sein will, als unerträglichen Rivalen."

Tatsächlich waren die Clans bis in die Neuzeit hinein festgefügte Solidargemeinschaften, in denen der Häuptling treu für seine „Kinder" sorgte, diese ihm dafür in unverbrüchlicher Treue und Ergebenheit folgten. Kein König vermochte dem etwas entgegenzusetzen. Der König war immer nur *primus inter pares* und musste mit bitterster Fehde rechnen, wenn er versuchte, die Macht der Kleinkönige in den Hochlandtälern in Frage zu stellen.

Das **Ende der Clans** kam mit dem Ende der Unabhängigkeit. Ein König in London brauchte die Clans nicht zu fürchten. Die Chiefs konnten nicht mehr mit militärischer Überlegenheit drohen, sondern mussten sich teure Stadtpaläste leisten, wollten sie Einfluss behalten. Es war nicht mehr wichtig, wie viele Männer ein Laird unter Waffen stellen konnte, sondern wie viel seine Ländereien abwarfen. Das Sozialsystem, das die Einfüh-

Bevölkerung

rung des Lehnswesens genauso überdauert hatte wie die Einrichtung des Pachtwesens, zerbrach.

Nach dem Desaster von Culloden 1745, als der letzte Traum vom schottischen Königtum in Feuer und Eisen zerbarst, versetzte die englische Administration aus Angst vor einem weiteren jacobitischen Aufbegehren den Clans den Todesstoß. Immer wieder waren es vor allem die Clans aus dem Hochland gewesen, die dem vertriebenen Königshaus der Stuarts wieder auf den Thron verhelfen wollten.

Diese jacobitischen Widerstandsnester sollten nun trockengelegt werden. Die gälische Sprache wurde verboten, das Dudelsackspielen mit Strafe belegt, wer es wagte, den Tartan, das Karomuster als Kennzeichen der Clans, zu tragen, riskierte Verbannung und der Name der Mac-Gregors wurde sogar gänzlich verboten. Viele der abtrünnigen, alten Clanchiefs wurden abgesetzt, verbannt und durch junge ehrgeizige Adlige ersetzt. Die väterliche Bindung zwischen Oberhaupt und Familie ging verloren; im 19. Jh. zierte sich kein Chief, als es darum ging, seine Clansmen zu vertreiben, um den Schafen Platz zu schaffen (siehe Exkurs „Clearances"). Viele der Clansmen wanderten aus nach Übersee.

Wenn heute von einer *Clansrenaissance* gesprochen wird, so muss darunter vor allem das aufflammende Interesse der Nachkommen dieser Auswanderer an dem Herkunftsort ihrer Ahnen verstanden werden. Sollten Sie in Schottland al-

so vermehrt rocktragende Männer in den Straßen sehen, achten Sie einmal darauf, dass fast alle eine Videokamera tragen und einen stark kanadisch gefärbten Akzent sprechen.

Der Schottenrock

Geblieben aus der großen Zeit der Clans ist jedoch ein Stück Stoff, das so berühmt ist wie der Clan selbst: der *Tartan*. Als Tartan bezeichnet man das Muster, dass im Hochland traditionell den Wollstoffen eingewebt wurde. Jeder Clan bewohnte mehr oder weniger autark und abgeschieden ein Tal in den Bergen. Irgendwann begann man, die Wolle, aus der die Kleidung hergestellt werden sollte, mit Hilfe der am Ort vorhandenen Pflanzen und Gesteine zu färben. Manche behaupten, dass dieser Brauch bis in die Zeit der Römer zurückzuverfolgen sei. Auf jeden Fall bildeten sich, bedingt durch die regionalen Unterschiede in der Vegetation, mit der Zeit verschiedene voneinander abweichende *Muster* heraus. Irgendwann im Mittelalter wurde es zur Regel, dass jeder Clan seine Tücher in einem eigenen Muster färbte: der Tartan war geboren.

Die verschiedenen Muster dienten fortan auch der Unterscheidung der Clansangehörigen während bewaffneter Auseinandersetzungen. Außerdem durften Personen verschiedener Ränge Tartans mit einer bestimmten Anzahl von Farben tragen; gewöhnlichen Clanmitgliedern war nur eine Farbe erlaubt, den Anführern drei, und die königliche Familie durfte sich in sieben Farben kleiden.

Bevölkerung

Schottische Trachten des 18. Jh.

Bevölkerung

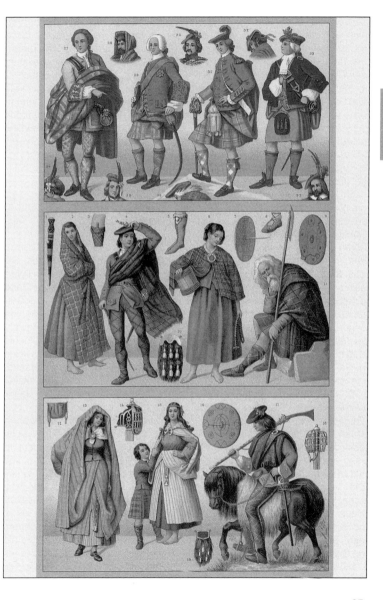

Theodor Fontane berichtet, dass man anhand der Farben auch die Herkunft der Clans erkennen könne: die Tartans mit viel Rot würden von den Clans getragen, die von den keltischen Briten abstammen, und viel Gelb verwendeten die Clans, die sich von den Wikingern ableiteten, und schließlich herrschte bei den irisch-gälischen Stämmen das Grün vor.

Getragen wurde der Tartan ursprünglich in Form des **Plaids.** Diese große, warme Wolldecke wurde nach einem bestimmten Verfahren um den Körper gewickelt und diente so als Kleidung am Tage und als Decke in der Nacht. Nur ungern hören es Schotten, dass der Erfinder des eigentlichen **Schottenrocks,** des **Kilts,** ein Engländer gewesen sein soll, der zu Beginn des 18. Jh. eine Gießerei in Schottland besaß. Irgendwann konnte er nicht mehr zusehen, wie unbeweglich seine Arbeiter waren, wenn sie den Plaid trugen. Kurzerhand ließ er die riesige Wolldecke soweit kürzen, bis nur noch ein Rock übrig war.

Als 1745 dann der Tartan verboten wurde, gerieten viele der Muster in Vergessenheit. Erst als es 1822 *Sir Walter Scott* fertig gebracht hatte, dass der junge König *George IV.* während seines Edinburghbesuchs den Kilt trug, begann eine Renaissance. Die vergessenen Tartans wurden schnell durch neu erfundene ersetzt. Heute existieren ca. 600 verschiedene Tartans (weit mehr, als es je Clans gab), über deren Reinheit verschiedene Gesellschaften wachen.

An vielen Stellen in Schottland (z.B. an der Royal Mile in Edinburgh) kann man sich, falls man schottische Vorfahren besitzt, per Computer seine Clanszugehörigkeit, seinen Tartan, das Wappen und den unerlässlichen Schlachtruf bescheinigen lassen – ein Service, der sehr oft von kanadischen Touristen in Anspruch genommen wird. Die seriöseste Datenbank für einschlägige Auskünfte verwaltet *The Scots Ancestry Research Society*, 20 York Place, in Edinburgh.

Sprache

Gälisch

Im Schottland des 10. Jh. war Gälisch die Sprache der Einheimischen. Sie wurde von allen gesprochen und verstanden. Seitdem verlor diese Sprache immer mehr an Boden zugunsten des Englischen, und bald verständigten sich nur noch die Bewohner der Highlands auf gälisch. Heute sind die äußeren Hebriden das letzte Reservat der gälischen Sprache, doch geht zumindest in den letzten Jahren die Tendenz wieder dahin, mehr gälisch zu sprechen.

Gälisch gehört zur **keltischen Sprachfamilie.** Das schottische Gälisch ist eng verwandt mit dem Irlands, unterscheidet sich aber von Walisisch oder Bretonisch. Gälisch sprechende Iren und Schotten können sich mit einiger Mühe verstehen. Im Gegensatz zu Irland gibt es in Schottland keine Dialekte, sondern nur regionale Abweichungen und Akzente. Auf den Hebriden sprechen noch ca. 75 % der Bevölkerung Gälisch als Muttersprache.

Sprache

Schottische Trachten des 18. Jahrhunderts (S. 96/97)

S. 96: Ein Krieger des *Macdougal-of-Lorne-Clan* im traditionellen Kilt und beschlagener Felltasche (oben li.); sein über 1,50 m langer Zweihänder hat einen bleigefüllten Griff, um das Gewicht der Klinge auszugleichen. Wie auch das Stammesmitglied des *Ferguson-Clans* rechts daneben trägt er ein Hemd aus safrangelber Farbe, die in Schottland besonders beliebt war. Die Stellung des Dudelsackpfeifers, hier einer aus dem *MacCruimin-Clan* (Mitte li.), wird vererbt. Er war nicht nur eine wichtige Figur am Königshof, sondern feuerte die Krieger auch bei Auseinandersetzungen an. Der Bogenschütze vom *MacLaurin-Clan* (Mitte re.) trägt einen kegelförmigen Helm. Wie man französische Eleganz mit schottischem Chic verbindet, zeigt der Ehrenmann aus dem *Robertson-Clan,* der am Hofe Ludwigs XV. lebte (unten, 2. v. li.). Auch verschwenderische Goldverzierungen, Samt und Seide werden mit dem traditionellen Tartanstoff kombiniert, was von den Ehrenmänner des *Macintosh-Clans* bevorzugt wurde (unten, 2. v. re.).

S. 97: Das Stammesmitglied des *Ogilvie-Clans* (oben li.) trägt seinen Plaid nach der Mode von 1745. Daneben (kl. Abb.) ein Mitglied des *Davidson-Clans,* der seinen Plaid als Kapuze benutzt, was vor allem bei rauem Highland-Wetter eine günstige Variante war. Die Galionsfigur der 45er Rebellion „*Bonnie Prince Charlie*" (re. daneben) trägt die *Stuart-Tracht.* In der Hand hält er die Samthaube mit dem Symbol der weißen Rose. Die barfüßige Dame aus dem *Sinclair-Clan* (Mitte li.) ist mit einem langen Schal bekleidet. Das Barfußlaufen war jedoch kein Zeichen der Armut, sondern im Hochland eher üblich. Ein häufig getragener Plaid war der *Arisad,* der die Trägerin aus dem *Urquhart-Clan* (unten li.) von Kopf bis Fuß einhüllt.

In jüngster Zeit werden Versuche unternommen, die Sprache zu retten. In den Schulen wird wieder Gälisch unterrichtet und BBC gründete in Stornoway einen **gälischen Radiosender,** doch können sich diese Versuche nicht mit den Anstrengungen messen, die in dieser Beziehung in Irland unternommen werden. Auf der Halbinsel Sleat, im Süden von Skye, gibt es allerdings ein Business-College, das in gälischer Sprache unterrichtet. Hier können im Sommer Interessierte in 1-2-wöchigen Kursen die Sprache und Musik Schottlands kennen lernen. (Adresse: Sabhal Mòr Ostaig, Sleat, Isle of Skye IV44 8RQ, Tel. 01471/88 80 00, www.smo.uhi.ac.uk)

Abschließend noch eine kleine Liste der wichtigsten **Aussprecheregeln,** da Nichteingeweihte oft ratlos vor Ortsschildern stehen ohne die leiseste Ahnung, wie die Namen auszusprechen sind:

ao (i)	-	meist ähnlich wie ö
ai	-	a
bh	-	v; u nach a/o
chd	-	chk
d	-	d; dsch bei i/e
dh	-	g; j bei i/e
fh	-	h oder stumm
gh	-	stimmhaftes ch; j bei i/e
mh	-	v; u nach a/o
ph	-	f
s	-	s; sch bei i/e
sh	-	h
t	-	t; tsch bei i/e
th	-	h oder stumm

Akzente bezeichnen Langvokale, und die Betonung liegt auf der ersten Silbe. Ansonsten ähnelt die Aussprache dem Deutschen.

Land & Leute

Sprache

Wörterbuch

Die folgende Wörterliste enthält schottische Ausdrücke, die häufig in Ortsnamen auftauchen oder in anderer Weise öfters benutzt werden. In den Klammern ist jeweils die Herkunft angegeben: *S* bedeutet Scots, *G* steht für Gälisch und *N* für Nordisch.

abhainn (G)	Fluss
achadh (G)	Feld
adhar (G)	Himmel
aiseag (G)	Fähre
Alba (G)	Schottland
ard (G)	Hügel
ay/ey (N)	Insel
baile (G)	Ort
beag (G)	klein
beck (N)	Bach
beinn/ben (G)	Berg
blar/blair (G)	Moor, Ebene
bray/brei (N)	breit
brig (S)	Brücke
burach (G)	Ufer
burn (S)	Bach
caol (G)	Meerenge
carn/cairn (G)	Steinhaufen
ceilidh (G)	Treffen bei gälischer Musik, Balladen
cill (G)	Grab
cnoc/knock (G)	Hügel
croft (S)	Kleinbauernhof
eas (G)	Wasserfall
eilean/ayle (G)	Insel
fell (N)	rauer Hügel
fraoch (G)	Heide
gleann/glen (G)	Tal
heugh (S)	niedriger Hügel
holm (N)	kleine Insel
hope (N)	Bucht
inbhir/inver (G)	Mündung, Zusammenfluss
kirk (N)	Kirche
knowe (S)	Erdhügel
lag (G)	Höhle, Senke
land (S)	Mietshaus

law (S)	konischer Hügel
learg/larg (G)	Küste, Ebene
links (S)	Sanddünen
lochan (G)	kleiner See
loch (G)	See
meal/mull (G)	karges Vorgebirge, Hügel
monadh (G)	Moor
muckle (S)	breit, groß
muir (G)	Meer
mullach (G)	Gipfel
mull/mool (N)	Vorgebirge
ness (N)	Vorland
ob, plur. *oban* (G)	Bucht
poll/pool (G)	Teich
ros (G)	Wald
scall (N)	Hütte
sean (G)	alt
shieling (S)	Hirtenhütte
sleat/slat (N)	Ebene
soa/soay (N)	Schafe
stain/sten (N)	Stein
tigh/tay (G)	Haus
tir (G)	Land
tobar (G)	Quelle
tolbooth (S)	Gefängnis
traigh (G)	Watt, Strand
tuath (G)	Norden
uig (G)	Ecke
uisge (G)	Regen, Wasser
usquebaugh (S)	Whisky
vennel (S)	Allee
weem (S)	Höhle
wick (N)	Bach, Bucht
wight (S)	kräftig, stark
wynd (S)	enge Straße

Religion

Weitere **Informationen** über die gälische Sprache gibt es bei: _An Comunn Gaidhealach,_ 109 Church Street, Inverness IV1 1EY, Tel. 01463/23 12 26, www.ancomunn.co.uk oder unter www.ambaile.org.uk.

Scots

Die andere Sprache Schottlands nennt sich Scots und ist aus einem nordenglischen Dialekt entstanden. Französische, germanische sowie nordische Einflüsse wurden in dieser Sprache verarbeitet, die sich vom Englischen vor allem im Vokabular unterscheidet. Satzkonstruktionen differieren dagegen nur selten, die schottische Grammatik ist der englischen gleich.

Scots war die Sprache des schottischen Hofes, bis _James VI._ 1603 zum englischen König gekrönt wurde und Schottland verließ. Von da an begann auch Scots, ähnlich wie das Gälische, an Einfluss zu verlieren und erhielt niemals eine Schreibform. In den letzten Jahren erlebt auch Scots eine kleine Renaissance, und das schottische Wörterbuch _„Concise Scots Dictionary"_, das vor einiger Zeit veröffentlicht wurde, landete bald in den schottischen Bestsellerlisten.

●Um den Erhalt des Scots bemühen sich: **Scottish National Dictionary Association,** 27 George Square, Edinburgh EH8 9LD, Tel. 0131/66 71 011, www.snda.org.uk; sowie **Scots Language Society,** 60 Victoria Road, Falkirk FK2 7AX, Tel. 01324/62 15 67, www.lallans.co.uk.

Buchtipps:
●**Scots, die Sprache der Schotten,** Kauderwelsch Band 86
●**Irisch-Gälisch Wort für Wort,** Kauderwelsch Band 90
REISE KNOW HOW Verlag, Bielefeld

Religion

Die Schotten sind zum großen Teil sehr religiös und regelmäßige Kirchgänger, so dass der sonntägliche Besuch des Gottesdienstes fester Bestandteil des wöchentlichen Programms der schottischen Bewohner ist. Die Schotten sind seit dem 16. Jh. evangelisch mit stark puritanisch-calvinistischer Ausrichtung und unterscheiden sich so von der anglikanischen Kirche Englands. Seit 1668 kommt der protestantischen Kirche in Schottland der Rang einer Art Staatskirche zu.

Von den vielen verschiedenen Ausrichtungen der schottischen evangelischen Kirche nimmt die **Church of Scotland (Presbyterian)** die herausragendste Stellung ein. Diese ist mit 838.650 regelmäßig an Gottesdiensten teilnehmenden Mitgliedern die größte Kirche Schottlands. Sie ist stark von _John Knox,_ dem schottischen Radikalreformator und Calvinjünger, geprägt und unterliegt der Presbyterialverfassung. Diese sieht nur das kirchliche Amt eines Geistlichen _(Presbyter)_ vor und kennt keine übergeordneten Instanzen. Einmal im Jahr treffen sich die Abgesandten der über 1700 Gemeinden der _Church of Scotland_ zu Beratungen in Edinburgh.

Andere Ausrichtungen der evangelischen Kirche sind die _Episcopalian,_

Folklore

Lebendige Tradition oder Touristenattraktion?

Schottland hat sich bis heute eine sehr lebendige traditionelle Kultur bewahrt. Trotz oder gerade wegen der jahrhundertelangen Unterdrückung der schottischen Kultur durch die Engländer sind die Schotten stolz auf ihre Wahrzeichen und besitzen daher meistens auch einen Kilt in ihren Clansfarben. Selbstverständlich wird der **Schottenrock** nicht im normalen Leben getragen, allenfalls von Kanadiern und Amerikanern schottischer Abstammung, die sich noch traditionsbewusster geben. Aber bei festlichen Anlässen wie Hochzei-

Protestant, Baptist Church und *Free Church.* Die **Episcopalian Church** ist eine aus der englischen Reformation hervorgegangene Kirche mit bischöflicher Verfassung. Die **Free Church of Scotland** ist unabhängig von staatlichen Einflüssen, frei konstituiert, und die Mitglieder werden nur nach ausdrücklich erklärtem eigenem Willen aufgenommen.

Die **katholische Kirche** in Schottland hat sich vor allem auf den Äußeren Hebriden sowie in Glasgow und an der Westküste durch irische Einwanderer erhalten. Heute ist sie nach der *Presbyterian Church* die zweitgrößte Kirche Schottlands.

Auf dem schottischen Festland wird die Einhaltung der **Sonntagsruhe** heute nicht mehr so ernst genommen, doch auf den Hebriden-Inseln, wo der Einfluss der *Free Church* sehr stark ist, wird sie zumeist noch strikt eingehalten. Einen Verstoß gegen die Sonntagsruhe tolerieren die dortigen Bewohner noch nicht einmal bei der ansonsten so geliebten Königsfamilie. Der sonntägliche Besuch eines Pferderennens seitens der Queen wurde als skandalös und pietätlos empfunden und tagelang in den Regionalblättern diskutiert.

Für den Urlauber bedeutet diese strikte Auslegung der Sonntagsruhe, dass er eventuell keine Unterkunft mehr findet, kein Bus mehr fährt und alle Tankstellen etc. geschlossen bleiben. Insbesondere trifft dies auf die Inseln Lewis und Harris der Äußeren Hebriden zu. Die Bewohner der südlicheren Inseln der Äußeren Hebriden sind dagegen römisch-katholisch, die Einwohner nicht streng dogmatisch.

Tradition alive: Pipemajor in Braemar – Zentrales Hochland

Folklore

ten und Empfängen, wenn Smoking Pflicht ist, trägt der Schotte zum schwarzen Jacket seinen Kilt.

Auch die **Highland Games,** die im Spätsommer stattfinden, sind keine speziell touristisch aufbereiteten folkloristischen Veranstaltungen, sondern haben wirklichen Volksfestcharakter und werden vor allen Dingen von Schotten für Schotten ausgetragen. Vor großen Sehenswürdigkeiten oder auf den Straßen der Großstädte sieht man oft Schotten in Tracht oder gar vollständige Bands, die sich ihr Geld mit **Dudelsackspielen** verdienen. Oft werden diese *Piper* auch extra von den Fremdenverkehrsämtern engagiert, um den Touristen ein möglichst authentisches Bild von Schottland zu vermitteln. Nichtsdestotrotz gehört der Dudelsack zum Leben der Schotten. Es gibt unzählige *Piperbands*, die durchaus nicht nur Touristen erfreuen sollen, sondern in erster Linie bei *Highlandgames,* Festivals, größeren Festen und offiziellen Anlässen für schottisches Publikum spielen.

Feste und Veranstaltungen

Über das ganze Jahr verteilt, mit Schwerpunkt auf den Sommermonaten, finden in Schottland Festivitäten aller Art statt. Das Angebot reicht von kleinen Verkaufsveranstaltungen über Folkfestivals und Highland Games bis hin zu internationalen Kunst- und Theaterfestivals.

Jedes Jahr erscheint Ende März die Broschüre „Events in Scotland" des *Scottish Tourist Board,* in der sämtliche Veranstaltungen mit Termi-

nen aufgelistet sind. Die örtlichen *Tourist Information Centres* geben zusätzlich auch Auskunft über kleinere Veranstaltungen.

In der **Burns' Night,** am 25. Januar jeden Jahres, wird der Geburtstag des beliebtesten schottischen Dichters, *Robert Burns,* begangen. Begleitet von Dudelsackmusik wird ein *Haggis* feierlich in den Speisesaal getragen und dann das Gedicht *Burns',* das dieser der schottischen Spezialität gewidmet hat, rezitiert. Hinterher wird noch ein Toast auf den Dichter ausgesprochen, der den Rest des Abends mit Unmengen von Whisky begossen wird.

Zwischen Mai und September finden im schottischen Hochland die sog. **Highland Games** statt. Nahezu jede Gemeinde veranstaltet ihre eigenen Spiele, bei denen sich starke Mannen u.a. im Baumstammwerfen, Tauziehen und Dudelsackspielen messen und zierliche Mädchen beim Hochlandtanz die kompliziertesten Schritte vollführen. Ebenfalls fester Bestandteil der Spiele ist das abendliche Besäufnis aller Teilnehmer und Zuschauer (s.a. Exkurs).

Die **Borders Fairs** sind Grenzlandfeste, die im Laufe des Sommers stattfinden. Die Festivitäten beinhalten Schäfer- und Jagdhundeprüfungen, Pferdeshows und verschiedene Sportveranstaltungen.

Jedes Jahr im Herbst veranstalten die einzelnen Gemeinden der Grampian Region an einem Samstag oder Sonntag ein sog. **Sale of Work.** An diesem Tag verkaufen dann hauptsächlich die Frauen der Gemeinden, was sie im Laufe des vorangegange-

Folklore

nen Jahres hergestellt haben. Selbstgemachte Gelees und Marmeladen gehören ebenso zum Angebot wie handgestrickte Pullover. Der Eintritt kostet meistens um 50p, und zum Abschluss wird Tee und Kuchen gereicht. Zettel, die die Veranstaltung ankündigen, hängen zumeist beim örtlichen „Tante-Emma-Laden" aus.

Festivals

Darüber hinaus laden, über das Jahr verteilt, diverse Folk-Festivals zu einem Besuch ein. Diese Festivals bieten ein Forum für die traditionelle Volksmusik, Tanzgruppen, Theater, und alles, was nur entfernt etwas mit Folklore zu tun hat.

Das **Edinburgh Folk Festival** im März ist vermutlich das bestbesetzte und größte Folk Festival in Schottland. Über hundert Veranstaltungen werden innerhalb von zehn Tagen angeboten, die Auswahl umfasst sowohl einheimische Tanz- und Musikgruppen als auch international bekannte Künstler.

Das größte und auf jeden Fall das bedeutendste schottische Festival ist das **Edinburgh International Festival of Music and Drama,** das immer in den letzten zwei Augustwochen und der ersten Septemberwoche stattfindet. Mit 2000 Veranstaltungen ist das Festival sogar weltweit das größte seiner Art. Dargeboten werden Theater, Musik aller Art, d.h. sowohl klassische Musik als auch Jazz oder Folk. Das **Fringe Festival** innerhalb des offiziellen Festivals beinhaltet ein Alternativprogramm mit

Lebendige Tradition: Mittelalterfest in Inverness

Darbietungen unbekannter, zumeist junger Gruppen.

Landesweit startet im Sommer (24.-25. Juni) auch das **Midsummer Festival Weekend.**

Halloween am 31. Oktober bevölkert die Straßen mit Hexen, Geistern und Dämonen, wenn die schottischen Kinder in ihrer Verkleidung auf Halloween-Parties gehen.

Der **Guy Fawkes Day** am 5. November ehrt den Mann, der im Jahre 1607 versuchte, das englische Parlament in die Luft zu sprengen, um gegen die antikatholischen Gesetze *James VI./I.* zu protestieren. Der Plan wurde jedoch vor der Ausführung aufgedeckt und *Guy Fawkes* verbrannt. Das Fest erfreut heute vor allem die schottischen Kinder, da an diesem Tag allerlei Feuerwerkskörper in die Luft gesprengt werden.

St Andrew's Day am 30. November wird ähnlich wie die *Burns' Night* mit *Haggis* und viel Whisky begangen, nur wird diesmal der schottische Nationalheilige geehrt.

Up Helly Aa ist das größte und bekannteste Festival Shetlands. Es findet alljährlich in Lerwick am letzten Dienstag des Januar statt und erinnert an die nordische Vergangenheit der Shetland Inseln, denn die Wikinger begingen das Ende des Winters mit einem großen Fest und rituellem Feuer. *Up Helly Aa* ist auch heute ein Feuerfest, bei dem die Shetländer in nordischer Tracht auftreten und auch ein wikingisches Langschiff vorfährt.

Die schottische Presse

Schottland hatte ehemals eine blühende Zeitungsindustrie, die einen wichtigen Zweig der nationalen Wirtschaft bildete. Doch das 20. Jh. war gekennzeichnet vom Niedergang der großen schottischen Zeitungsimperien, so dass sich die Auswahl schottischer Zeitungen deutlich verkleinert hat.

Der **Daily Record** ist ein Sensationsblatt ähnlich der *Bild-Zeitung* und findet eine breite Leserschaft (www.dailyrecord.co.uk). Das sonntägliche Äquivalent zum *Daily Record* ist die **Sunday Mail** (www.sunday mail.co.uk).

Der **Glasgow Herald** ist eine seriöse, landesweit gelesene Zeitung mit einer politischen Ausrichtung, die leicht nach rechts tendiert (www.the herald.co.uk).

The Press and Journal ist in Aberdeen beheimatet, wird aber ebenfalls in ganz Schottland gelesen und fällt durch seine sehr ausführliche Berichterstattung auf (www. pressandjournal.co.uk).

The Scotsman vertritt zwar den Anspruch, eine überregionale Zeitung zu sein, die auch über die national relevanten Ereignisse berichtet, nichtsdestotrotz liegt der Schwerpunkt dieser Zeitung eindeutig in Edinburgh und bei der offiziellen Politik (www. scotsman.com).

Die **Sunday Post** schließlich ist ein beliebtes Sonntagsblatt, das allerdings mehr für seine Comics als für

Land & Leute

Gespensterglaube – eine schottische Leidenschaft

Schottland ist seit eh und je ein Paradies für Geister und Gespenster gewesen. Sie sind ein Teil dieses Landes wie karierte Röcke, Schafe oder die klagenden Töne des Dudelsacks. Wer könnte sich auch eine passendere Kulisse für einen traditionsbewussten Geist denken als schroffe, von düsteren Regenwolken verhangene Berge und karge, sturmgepeitschte Moore? Wo gäbe es ein schaurigeres Kettenrasseln als in den zugigen Verliesen der schottischen Ruinen?

Burgen gibt es in Schottland zur Genüge und meist sind es keine dekadenten Lustschlösschen, sondern trutzige Bilderbuchburgen, die wehrhaft auf einsamen Hügeln thronen. Vor diesem Hintergrund ist der Gedanke an die Unterwelt nicht fern, und sogar der nüchterne Mensch des 20. Jh. kann sich bei einbrechender Dunkelheit, wenn langsam die Nebelwolken aus dem Moor aufsteigen, eines leichten Gruselns nicht erwehren.

Zudem gibt es wohl kaum ein Volk, dass eine größere Liebe für seine Gespensterwelt hegt, denn immerhin glaubt fast die Hälfte aller Schotten an deren Existenz oder gibt dies zumindest mit einem leichten Augenzwinkern vor. Jeder siebente Einwohner ist bereits von einer Erscheinung heimgesucht worden, und daran können auch mehr als tausend Jahre Christianisierung nichts ändern.

Sei dem, wie es ist, wenn es kein anderes Volk gibt, das seine Gespenster mehr liebt, so existiert noch viel weniger ein anderes Volk, das von seinen Geistern lieber erzählt als das schottische. Jeder Burg ihr eigener *Burggeist,* und wenn es sich dabei nur um ein weißgekleidetes Wesen mit rasselnden Ketten handelt, ist man lediglich auf einen Vertreter der Spezies gemeiner Schlossgespenster getroffen. Ungewöhnlicher, dabei aber doch recht weit verbreitet, sind Damen in jeglichen Farbzusammenstellungen. In Crathes Castle im Deetal und im Comlungan Castle unweit von Gretna Green treibt beispielsweise jeweils eine *Grüne Dame* ihr Unwesen. Glamis Castle, das berühmteste Spukschloss Schottlands, kann mit einer *Grauen Dame* aufwarten, der zudem vom *Earl Beardie* und einem namenlosen Schlossmonster, vermutlich einem ungeliebten Sohn des *Earl of Strathmore,* Gesellschaft geleistet wird.

Doch nicht nur Menschen vergangener Jahrhunderte konnten sich von der Erde nicht so recht trennen und fristen nun ein Schattendasein zwischen Tod und Leben, die Geisterwelt macht auch vor diesem Jahrhundert nicht halt und bedient sich sogar modernster Technologien. Auf dem verlassenen Flughafen von Montrose spuken angeblich zwei tote Piloten, die sich nach ihrem Flugzeugabsturz nicht vom Ort des Geschehens trennen konnten, und auf der Straße zwischen Edinburgh und Stow soll ein Phantomauto sein Unwesen treiben.

Traditionsreicher und zudem über das ganze Land verteilt sind dagegen einige Gestalten aus der schottischen Mythologie: Die *Schwarze Annis* zieht ohne festen Wohnsitz durch Schottland und ist ein widerliches altes Weib mit bläulicher Haut und nur einem einzigen, durchdringenden Auge. Bei Gerüchten über ihr Erscheinen sehen sich Mütter veranlasst, ihre Kinder einzusperren, und einsame Wanderer suchen sich einen Begleiter, denn die *Schwarze Annis* ernährt sich von Menschenfleisch. Sollte sie jedoch keines erbeuten, begnügt sie sich auch mit Schaf- oder Hirschfleisch.

Von ganz anderer Wesensart sind die *Brownies,* kleine freundliche Erdgeister mit flachen Gesichtern und lediglich zwei Löchern an Nases statt. Die kleinen behaarten Wesen sind nicht sonderlich attraktiv, haben dafür aber einen ausnehmend liebenswürdigen und hilfreichen Charakter. Sterbliche mit den gleichen guten Eigenschaften können die *Brownies* sehen, doch leider gibt es kaum noch Menschen dieser Art, außer

Gespensterglaube

den Kindern, mit denen die Brownies in sehr gutem Einverständnis leben. Wenn sich die *Brownies* auch den Erwachsenen nicht zeigen, hält es sie trotzdem nicht davon ab, ihnen jederzeit hilfreich zur Seite zu stehen.

Ehemals auch hilfreiche Wesen, haben sich die **Gremlins** heute zu kleinen, frechen Werkzeug- und Maschinengeistern verwandelt. Noch *James Watt* konnte von der technischen Findigkeit der *Gremlins* profitieren, als ihn ein solcher die Dampfkraft entdecken ließ, indem er den Deckel eines kochenden Wasserkessels auf und ab hüpfen ließ. Als die Menschen jedoch vergaßen, den *Gremlins* für ihre Hilfe Dank zu zollen, verwandelten sie sich in kleine Störgeister, die vor allem ungeübten Heimwerkern zur Last fallen. Jeder Haushalt erbt einen *Gremlin* und wenn der Hebel vom Toaster unten bleibt, so dass der Toast verkohlt, die Luft aus dem Autoreifen entweicht oder die Benzinleitung des Rasenmähers verstopft, können Sie sicher sein, Opfer des sog. „Gremlin-Effektes", kurz GE, geworden zu sein.

Weniger harmlosen Schabernack treiben dagegen **Rotkappen,** üble Kobolde, die ihre roten Kappen mit Menschenblut färben oder ein **Kelpie,** das Wasserross der Flüsse Schottlands, das schon manchen einsamen Reiter zu Tode gedrückt oder zumindest erschreckt hat.

Banshees schließlich sind selten gesehene, aber häufig gehörte weibliche Geister, die entsetzliche Schreie ausstoßen und so den Tod eines Familienmitgliedes ankündigen.

Unheimlicher jedoch als alle Geisterwesen ist oft der **schottische Humor,** der nicht davor zurückschreckt, ohnehin schon ängstlichen Touristen in aller Freundlichkeit einen leichten Schauer über den Rücken zu jagen.

gute Berichterstattung bekannt ist. Wendet man sich von den Comics den Artikeln zu, sind diese zumeist rechtsgerichtet und leicht moralisierend (www.dcthomson.co.uk/mags/post).

Neben den Tageszeitungen werden in Schottland noch einige Magazine publiziert, die regelmäßig in größeren Abständen erscheinen.

Das **Scots Magazine** erscheint einmal im Monat und veröffentlicht Artikel zu den Themen schottische Geschichte, Landschaft, Lebensart, Sprache, etc (www.scotsmagazine.com).

Ebenfalls einmal im Monat berichtet **Scottish Field** über all das, was Grundbesitzer, Feldsportler oder Jäger interessiert (www.scottishfield.co.uk).

Vierteljährlich erscheint **Tocher,** das in seinem Untertitel *Tales, Songs, Tradition* schon alles über seinen Inhalt verrät. *Tocher* publiziert jeweils eine Auswahl an traditionellen Erzählungen, Liedern, Folklore und mündlich überlieferter Geschichte, die sich im Archiv der *School of Scottish Studies* in Edinburgh finden, das über die größte Sammlung dieser Thematik in Schottland verfügt (www.celtscot.ed.ac.uk/tocher.htm).

Einmal im Jahr gewährt die *School of Scottish Studies* der *University of Edinburgh* Einblick in ihre Forschungsarbeit über traditionelles Leben in Schottland, wenn sie ihre neuesten Erkenntnisse in den **Scottish Studies** veröffentlicht (www.pearl.arts.ed.ac.uk).

Ebenfalls im Abstand von einem Jahr schließlich erscheint das Heft

Transactions of the Gaelic Society of Inverness, das über die gälische Kultur und die Geschichte des Hochlandes informiert (www.gsi.org.uk).

Literatur

Ähnlich wie die keltischen Vorfahren der Iren waren auch die keltischen Vorfahren der Schotten erfüllt von dem Drang zur Poesie. Dies zeigt sich in der lebendigen Tradition des Volksliedes und -gedichtes. Diese Lieder und Gedichte wurden fast ausschließlich mündlich überliefert und erst im 18. Jh. kam dann auch die schriftliche Literatur zur Geltung. Im 18. Jh. erlebte die schottische Literatur eine Blütezeit, die insbesondere mit den Namen *Robert Burns* und *Sir Walter Scott* verbunden ist.

Weitere schottische Literaten

Eine literarische Kuriosität hat Schottland in **James Macpherson** (1736-1796) zu bieten. Dieser sorgte für Furore, als er eine Sammlung von Fragmenten alter Dichtungen und die Prosawerke „Fingal" und „Temora" veröffentlichte, die von dem keltischen Barden *Ossian* im 3. Jahrhundert aufgeschrieben worden sein sollten. *Macpherson* gab vor, das Werk entdeckt und ins Englische übersetzt zu haben. Der *Ossian* galt als Sensation, auch deutsche Klassiker wie *Goethe* gerieten in eine wahre *Ossian*-Euphorie und stellten das Werk auf eine Stufe mit *Homers Ilias*. Erst nach Jahren erkannte man, dass es sich um eine geniale Fälschung handelte. *Macpherson* hatte alte Sagenfragmente mit seiner eigenen, reichen Fantasie kunstvoll verwoben und somit ein gelungenes Kunstwerk geschaffen.

Andere bekannte Literaten sind **Sir Arthur Conan Doyle** (1889-1930), der mit seinen Sherlock-Holmes- Romanen auch heute noch Leser in aller Welt fesselt, und **Robert Louis Stevenson** (1850-94).

Stevenson erweckte den Abenteuerroman zu neuem Leben. Sein erster Bucherfolg „Treasure Island" („Die Schatzinsel", 1883), dem Schilderungen ungewöhnlicher Reisen vorausgegangen waren, ist nicht unbekümmert draufloserzählt, sondern zeigt ein feines psychologisches Einfühlungsvermögen in die einzelnen Figuren. Die Spannung des Abenteuers ist vermischt mit einer unheilvollen Atmosphäre, die von Anfang an über der Schiffsbesatzung lastet.

Seine Neigung zum Geheimnisvollen und Unheimlichen, sein Interesse für die Welt des Unterbewusstseins spiegeln sich in dem experimentierenden psychologischen Roman „The Strange Case of Dr. Jekyll and Mr. Hyde" (1886) wider, in dem *Stevenson* das Motiv des gespaltenen Ichs ausführt.

Zudem gibt es in vielen Regionen Schottlands Volksdichter, die in ihrem eigenen Gebiet gelesen und geliebt werden, jedoch nicht über die Grenzen ihrer Heimat hinaus Bekanntheit erlangten.

Literatur im 20. Jahrhundert

Am Anfang des 20. Jh. schien die schottische Kultur völlig von der englischen absorbiert zu sein. Man musste bis zu *Scott* zurückdenken, um einen Literaten zu finden, dessen Literatur und Präsentation Schottlands und der Schotten internationales Interesse und Anerkennung gefunden hatten. So stand der Jahrhundertanfang unter dem unglücklichen Stern des kulturellen Niedergangs Schottlands und war geprägt von einer massiven **Vergangenheitsverklärung.** Auch die gälischsprachigen Schriftsteller arbeiteten in dem Bewusstsein, eine Kultur zu vertreten, die bald aussterben würde.

Zu der ohnehin schwierigen kulturellen Lage der Autoren kam der wirtschaftliche **Niedergang** der ehemals wichtigen **schottischen Verlagshäuser,** und 1930 verschwanden auch viele kleinere Magazine, die bis dahin „Newcomer" unterstützt hatten. Erst in den 60er und 70er Jahren verbesserte sich die Lage der Literaten, als der *Scottish Arts Council* begann, Schriftsteller zu unterstützen.

Ein anderes Problem war und ist die **Rolle der Literatur im Erziehungswesen.** Literatur wird an schottischen Schulen und Universitäten immer unter dem Titel „Englisch" gelehrt, Studiengänge wie „Scottish studies" sind erst ein Produkt jüngerer Zeit und immer noch selten. Das Wertesystem, in dem englische Kultur das ideale Modell der menschlichen und humanistischen Entwicklung darstellt, wurde mit großem Enthusiasmus an schotti-

Sir Walter Scott

Sir Walter Scott

Walter Scott wurde 1771 in Edinburgh geboren und starb 1832 in Abbotsford. Er war nicht nur ein großer schottischer Schriftsteller, sondern auch einer der bedeutendsten Romantiker und Begründer des historischen Romans. Für Schotten mögen sein überzeugter Patriotismus und seine Initiative, die 1818 zur Wiederentdeckung der schottischen Kronjuwelen führte, bedeutsamer sein.

Seine Kindheit verbrachte er zum großen Teil bei seinen Großeltern in den Borders. Seine Großmutter erzählte ihm die Balladen und Legenden der Region und weckte dadurch sein Interesse für die Geschichten des Landes. In der ersten Stufe seines literarischen Schaffens (1796-1805) trat er daher als **Sammler, Herausgeber** und **Übersetzer** hervor. 1803 veröffentlichte er die dreibändige „Minstrelsy of the Scottish Border", in denen er schottische Balladen in einer von ihm überarbeiteten Form niederschrieb und so die Sammlung „Percy's Reliques", die er schon als Jugendlicher gelesen hatte, ergänzte.

Seine zweite dichterische Epoche (1805-1814) kann als eine folgerichtige Weiterentwicklung der ersten Phase gesehen werden. Der Versuch, die Borderlegenden *Gilpin Horner's* in einer Ballade zu gestalten, endete in der Versdichtung „Lay of the Last Minstrel" (1805), dem ersten Bucherfolg der **Romantik.** *Scott* verwob hierin Geist und Schauplatz der Borderballaden mit einer Rittergeschichte und romantisierte das bunte Allerlei aus Rittern, Burgfräuleins, Mönchen, sanften Tälern und wildem Hochland mit einer Zauberin und einem Zwerg.

Weitere Werke dieser Periode sind u.a. „Marmion" (1808), „Lady of the Lake" (1810) und „Lord of the Isles" (1815), die alle Motive aus der schottischen und englischen Geschichte thematisieren. Sie bilden damit eine **Übergangsform** zwischen der alten Versdichtung und dem historischen Prosaroman, den *Scott* in seiner letzten Schaffensphase entwickelte.

Diese Phase (1814-1832) in der Entwicklung Scotts gilt als die literarisch bedeutsamste. „Waverley", der erste Roman der Gattung des **historischen Romans,** erzählt eine Begebenheit aus der für *Scott* jüngsten Geschichte, den Jakobitenaufständen. „Waverley" wurde ein großer Publikumserfolg und besticht vor allem durch die genauen Zustandsbeschreibungen. So war *Scott* auch nicht Moralist, sondern Beobachter, er wertete nicht, er beschrieb. Die nächsten drei Romane, unter ihnen „Guy Mannering" (1815), widmen sich allein dem Leben im schottischen Tiefland und fallen wegen der gelungenen Charakterstudien auf.

Mit „Rob Roy" (1818) griff *Scott* wieder auf die Historie zurück, es folgten weitere historische Romane, sog. *Novels of Manners,* die dem Alltagsleben gewidmet waren, und frei erfundene, romantische Abenteuerromane. In dieser Zeit entstand auch „The Heart of Midlothian" (1818), das zu den besten seiner Romane zählt und berühmt ist für die Figur der *Jeanie Dean* sowie die Schilderung der sog. *Porteous Riots.*

Später griff der Schriftsteller auch auf **Motive aus dem Mittelalter** zurück, und viele werden in ihrer Jugend den Ritterroman „Ivanhoe" (1819) gelesen haben, dessen Charakterstudien allerdings etwas oberflächlich bleiben.

1826 ging der Verlag, an dem *Scott* finanziell beteiligt war, bankrott, und *Scott* war gezwungen, in den folgenden Jahren eine Schuld von über £ 100.000 zu begleichen. Um dies zu leisten, begann er eine Art **Massenproduktion.** Ab fünf Uhr früh saß er am Schreibtisch und schrieb bis in den späten Abend hinein. 1832 starb er in Abbotsford, in dem Haus, das er sich zusammen mit seiner Frau *Margaret Charlotte Carpenter* errichtet hatte.

Robert Burns

Robert Burns

Walter Scott kommen große Verdienste für Schottland und die kulturelle Anerkennung des Landes zu, doch konnte er nur die gebildeteren Schichten für sich gewinnen, nie aber das Herz des Volkes. Der **Dichter-Held der Schotten** über alle sozialen Grenzen hinweg, dabei von nicht minderer literarischer Qualität, ist *Robert Burns*. Auch *Goethe* schätzte *Burns* und nannte ihn einen „Dichter von Mäusen und Menschen". Noch heute wird *Burns* in Schottland verehrt wie kein anderer. Überall trifft man auf sein Bildnis und jeder „echte" Schotte weiß mindestens ein *Burns-Gedicht* zu rezitieren.

Robert Burns wurde 1759 als Sohn eines Bauern in Alloway geboren, und bis auf die letzten sechs Jahre seines Lebens, in denen er als eine Art Gerichtsvollzieher arbeitete, verdiente auch er sich sein Brot als Bauer. Er liebte die Frauen und zeugte mindestens 15 Kinder – nicht alle davon ehelich – war regelmäßiger Kneipengänger und ein aufrührerischer Geist. *Burns* starb 1796 im Alter von 37 Jahren und hinterließ seiner Frau *Jean Armour* sechs Kinder und keinen Penny.

Seine Gedichte sind **lebensverbunden und erdnah,** sie kennen keine künstliche Herkunft oder gesellschaftlichen Rangstufen und zeigen gleichzeitig ein Streben nach formaler Vollendung. In seinem ersten Gedichtband „Poems Chiefly in Scottish Dialect" (1786) betonte er die Notwendigkeit, schottisch zu schreiben, um dem Leben und Fühlen seiner bäuerlichen Mitmenschen gerecht zu werden. So sind die meisten und besten seiner Gedichte und Lieder im schottischen Dialekt geschrieben, während seine englischsprachigen Werke nur zum Teil in gleicher Weise mitreißen können.

Burns dichterisches Können zeigt sich auch in der Umarbeitung oder Neudichtung alter, abgenutzter **Volkslieder,** die er mit wenigen Kunstgriffen zu neuem Leben erweckte und dabei Lieder schuf, mit denen sich ganz Schottland identifizieren konnte. Seine Gedichte sind aufrichtig und ungekünstelt. Die Natur seiner Heimat sah er nie romantisch verklärt, sondern stets realistisch; sie ist Hintergrund für das Leben, das sie bevölkert. Dieses Leben und die Menschen beschreibt er ohne Illusionen, und doch sind seine Gedichte erfüllt von der Liebe zum Leben in all seinen Facetten.

Die Engstirnigkeit der **Kirche** karikiert *Burns* in „Twa Herds", den heuchlerischen Geistlichen in „Holy Willie's Prayer". „The Cotter's Saturday Night" und das herausfordernde „A Man's a Man for a' that" sind Manifeste seines demokratischen **Unabhängigkeitssinnes,** die Erzählung „Tam o' Shanter" und die Satire „Death and Doctor Hornbrook" von einem faunischen Lachen erfüllt.

Die Schotten feiern den Geburtstag des beliebtesten schottischen Dichters jedes Jahr am 25. Januar mit der **Burns' Night,** in der man *Haggis* isst, Unmengen an Whisky trinkt und *Burns-Gedichte* rezitiert.

(Siehe auch im Kapitel „Dumfries und Galloway")

Robert Burns

Literatur

schen Schulen gelehrt und brachte fast automatisch eine völlige Vernachlässigung der eigentlichen Traditionen des Landes mit sich. Schottische Literatur wurde allenfalls als Untergruppe der englischen gelehrt und, wenn sie nicht mit dieser konform lief, als nichtig betrachtet.

Trotz dieser widrigen Umstände ist schottische Literatur im 20. Jh. nicht nur nicht von der Bildfläche verschwunden, sondern hat sogar eine **Blütezeit** erlebt. Es scheint gerade von der Tatsache, zwischen verschiedenen Kulturen zu stehen, statt mit einer fest verankert zu sein, eine große Inspiration auszugehen. Dabei hat schottische Literatur immer eine gewisse Unabhängigkeit von der englischen bewahrt, denn Schottland steht weniger mit England in einem kulturellen Kontext als mit Europa. Zeitgenössische schottische Literatur erreicht einen Grad von Abstraktion, der ungewöhnlich ist für englische Literatur des 20. Jh. Gleichzeitig ist sie philosophischer und mehr an der Arbeiterklasse orientiert als die englische.

Auch die **Wahl der Sprache** ist ein wichtiger Aspekt der schottischen Literatur. Die meisten Schriftsteller sind zweisprachig und stehen so immer vor der Wahl, in welcher Sprache sie schreiben sollen. Diese Zweisprachigkeit kann neben einer reichen Quelle für sprachliche Lebendigkeit auch eine große Einschränkung bedeuten.

Schreibt ein Autor in Gälisch oder in Scots, dann verfasst er seine Werke nur für ein kleines Publikum, denn nur wenige lesen diese Sprachen, und außerhalb Schottlands gibt es praktisch kein Publikum für diese Schriften. Entscheiden sich Schriftsteller dagegen für das Englische, werden sie sogleich von der englischen Kultur absorbiert und forthin als englische Autoren gehandelt. Aus dieser Problematik erklärt sich die oft geäußerte Ansicht, dass schottische Literatur entweder engstirnig (Autoren einer Minderheit schreiben für eine Minderheit) oder schwach sei (große schottische Literaten sind wahrhaftiger Teil der englischen Literatur).

Die erste Blütezeit erlebte die schottische Literatur in den 20er Jahren, die heute die **Scottish Literary Renaissance** genannt wird. Nach dem ersten Weltkrieg brach die englische Kultur zusammen und bot damit Gelegenheit für Schriftsteller auch in Nordamerika, Australien und den nicht englischen Teilen des United Kingdom, Manifeste kultureller Unabhängigkeit zu schaffen. Sie erkannten die englische Kulturtradition als Beschränkung ihrer ursprünglichen Sprachformen und die englische Sprache den modernen literarischen Bedürfnissen als nicht mehr angepasst.

Schottische Autoren nahmen, maßgeblich von *Hugh MacDiarmid* beeinflusst, mit Scots als literarischer Sprache die Möglichkeit wahr, Klassenkonflikte aufzuzeigen und internationale, politische und soziale Themen auf eine Weise auszudrücken, die das Englische, wo Schreiben in Dialekten kaum üblich war, nicht bot. So ist die schottische Renaissance geprägt von der Verbindung zwischen internationalem Modernismus

Schottische Schriftsteller des 20. Jahrhunderts

Hugh MacDiarmid wurde 1892 in Langholm als *Christopher Murray Grieve* geboren und gilt als einer der Begründer der sog. *Scottish Renaissance*, deren Ziel es war, die schottische Literatur von der Sentimentalität des 19. Jh. zu befreien und in Einklang mit modernem europäischem Denken zu bringen. Sein Leben lang schwankte er zwischen kommunistischen und nationalen Interessen und war so abwechselnd Mitglied der Kommunistischen Partei und der Nationalen Partei Schottlands.

MacDiarmid entdeckte Scots wieder als literarische Sprache, wobei er eine große Bandbreite schottischer Dialektwörter in völlig neue Zusammenhänge brachte, und zwar mit der erklärten Absicht, eine ländliche Sprache den wesentlich komplexeren Bedürfnissen der städtischen Zivilisation anzupassen. 1926 erschien „A drunk man looks at the thistle", ein Gedicht von 2865 Zeilen, das allgemein als sein bestes Werk angesehen wird. *MacDiarmid* verstarb 1978 in Brownsbank.

Neil Gunn (1891-1973) wird aufgrund seiner Fähigkeit, die Landschaft und die Menschen der Highlands zu beschreiben, der Verbindung von Mythos und Realität und seiner großen Vorstellungskraft oft als der größte schottische Romanschriftsteller des 20. Jh. bezeichnet.

Sein erster erfolgreicher Roman, „The Morning Tide", den er 1930 veröffentlichte, spiegelt seine Kindheitserfahrungen als Fischerjunge wider und thematisiert das Verhältnis von Mensch und Meer. „Sun Circle" aus dem Jahre 1933 zeugt von dem Interesse Gunns für die Vergangenheit und erzählt die Geschichte einer Wikingerinvasion in Schottland. Gleichzeitig verdeutlicht der Roman seinen Glauben an ein Goldenes Zeitalter während der piktischen Periode in Schottland, ein Gedanke, der ihn sein ganzes Leben begleitete.

Während des Krieges erschien unter anderem der Roman „The Silver Darlings" (1941), der wieder das uralte Thema von der Hassliebe des Menschen zum Meer aufnimmt. Der Held dieses Romans ist eine Reinkarnation des Finns der epischen Legende, der durch sein Handeln die gälische Kultur fortsetzt.

Muriel Spark ist eine jener Schriftstellerinnen von Weltruhm, die immer zur englischen Literatur gezählt werden, obwohl sie selbst die wichtige Bedeutung ihrer schottischen Herkunft und Erziehung für ihr Werk betont. 1918 in Edinburgh geboren, lebte sie seit dem zweiten Weltkrieg zunächst in London, ab 1949 abwechselnd in Rom und New York. 1954 trat sie zum Katholizismus über und wird seitdem mit der englisch-katholischen Dichtungstradition verbunden.

„The Prime of Miss Jean Brodie" (1961), ihr einziger Roman, der in Schottland spielt, thematisiert die Triebkräfte des Calvinismus. Miss Jean Brodie lehrt an einer Edinburgher Mädchenschule und schwärmt für die Ideale des faschistischen Italiens Mussolinis, während sie andererseits eine fortschrittliche Erziehung praktiziert. In der Unterteilung Brodies zwischen der Elite (ihren Schülerinnen) und dem Rest (die Schülerinnen, die nicht von ihr erzogen werden) spiegelt sich zudem das calvinistische Dogma von den ‚Erwählten' und ‚Verdammten' wider.

Sparks Auffassung von der nicht eindeutigen Moral des Gut und Böse erscheint auch in einigen anderen ihrer Romangestalten, wie „Dougal Douglas" in „The Ballad of Peckham Rye" (1960), Mrs Pettigrew in „Memento Mori" (1959) oder Patrick Seton in „The Bachelors" (1961). Diese Figuren legen das Bild des Teufels als ein fürchterliches menschliches Wesen nah, das trotz allem Anlass zur Komik bietet, eine Konzeption, die sich schon bei *Robert Burns* findet.

und heimatsprachlicher Wiederbelebung. Zugleich zeichnet die Schriftsteller eine unermüdliche Suche nach einer dauerhaften schottischen Identität aus, ein Unterfangen, dass nicht unbedingt von Erfolg gekrönt schien, da aufgrund von Einwanderungs- und Auswanderungswellen kein homogenes Bild von Schottland entstehen konnte. Das Land befand sich sozusagen auf dem Kreuzweg zwischen den Städten der neuen Welt und den niedergehenden ländlichen Gemeinden der alten Welt.

Die schottische Identität war unstetig und gespalten, und das Motiv dieser Zerissenheit spiegelte sich nicht nur in den Charakteren der literarischen Werke wider, sondern auch in der Tendenz der Autoren, unter einem Pseudonym zu schreiben. Diese Zerstückelung verliert erst mit Fortschreiten des Jahrhunderts an Bedeutung, als durch die Teilung auch vieler anderer Kulturen die Zweisprachigkeit und das Stehen zwischen zwei Kulturen nicht mehr als anormal empfunden wird.

Die *zweite Blütezeit des Jahrhunderts* umfasst etwa die Jahre 1950-1970 und ist von einer zunehmenden Hinwendung zur amerikanischen Literatur gekennzeichnet. Diese Zuwendung erfolgte jedoch nicht im Sinne einer Nachahmung, sondern war von der Faszination für eine englische Sprache geprägt, die in Klang und Vokabular nicht mehr fest an das Englische gebunden war, wenn sie auch noch innerhalb dessen grammatikalischen Systems funktionierte. Diese „Befreiung der Sprache" beflügelte die schottischen Autoren, zumal die rasche Veränderung der sozialen Situation in Schottland, vor allem der Niedergang der Industrie, ausreichend Themen bot, die weit davon entfernt waren, von rein lokaler Bedeutung zu sein.

Malerei

Schottische Malerei machte erstmals im 18. Jh. mit den **Portraitmalern** *Allan Ramsay* (1713-84) und *Sir Henry Raeburn* (1756-1823) von sich reden. Deren vortreffliche Werke unterscheiden sich vor allem im Ausdruck von den ansonsten oft künstlich und leblos wirkenden Portraits anderer Künstler. Auf die Gemälde *Ramsay's* und *Raeburn's* stößt man in einigen Schlössern oder in den Galerien von Edinburgh.

Nach 1750 erfreute sich die **Landschaftsmalerei** zunehmender Beliebtheit. Hier sind u.a. *Sir David Wilkie* (1785-1841), *John Thomson* (1787-1840), *William McTaggart* (1855-1910) und *Horatio Maculloch* (1805-67) zu nennen.

Anfang des 20. Jahrhunderts entfaltete in Glasgow der *Jugendstil* seine Blüten. Viele junge Künstler ließen sich von der neuen Kunstrichtung inspirieren, allen voran die Künstler *Charles Rennie Mackintosh* und *Martha Macdonald Mackintosh,* die in Glasgow eine ganz eigene Richtung des Jugendstils entwarfen. Der schottische Jugendstil ist weniger verschnörkelt als der kontinentaleuropäische und in seinen klaren Linien oft stark von der Klassik beeinflusst. (Zu *Charles Rennie Mackintosh* s.a. Kap. „Architektur" und Exkurs im Kap. „Glasgow")

Architektur

Bis ins 20. Jh. verwendeten die Bauherren Schottlands nahezu ausschließlich den Baustoff, den es in Hülle und Fülle gibt, den Stein. Schon die ersten Zeugnisse der schottischen Architektur in der Bronze- und Eisenzeit wurden in Stein gebaut, etwa die Grabkammern von Maes Howe auf den Orkney-Inseln oder die **Brochs.** Unter Brochs versteht man jene runden Steinhäuser, die ohne Verwendung von Mörtel aufgeschichtet wurden, der *broch von Mousa* auf den Shetland-Inseln beispielsweise.

Die Anfänge

Die **Römer** hinterließen nach ihrer Besetzung Englands und des Südens von Schottland als markantestes und in Teilen bis heute erhaltenes Bauwerk den **Antonius Wall** (143 n. Chr.), ferner jene Forts oder Festungsanlagen, die den Wall gegen die wilden Schotten schützten sollten. Die Hauptleistung der Römer bestand allerdings in der Anlage des Straßennetzes, das bis in die Gegenwart das Grundgerüst des südschottischen **Straßennetzes** darstellt.

Irische Einflüssse

Von Irland kam das Christentum nach Schottland. Im 6. Jh. n. Chr. kam der irische *Mönch Columba* auf die kleine westschottische Insel Iona und brachte, indem er ein Kloster auf dem Eiland gründete, neben dem Christentum die **irische Bauweise** mit nach Schottland.

Die **frühen Klosteranlagen** bestanden aus losen Gruppen von Holz- oder **Flechtwerkshütten** mit Scheune, Stall, Mühle, Bäckerei und gemeinsamem Speisesaal, dem Refektorium, sowie einer kleinen Kirche. Vor Angriffen wurde die Anlage durch einen Erdwall geschützt, wahrscheinlich nicht ausreichend, denn im Laufe der Zeit ersetzte man den Baustoff durch Stein.

Außerdem errichtete man wie in Irland befestigte **Rundtürme,** zu sehen in Abernethy oder Brechin, wohin der Klerus sich verzog, wenn feindliche Segel über den Atlantik kamen. Andere irische Architekturelemente, die man an jenen Rundtür-

Turm nach irischem Vorbild

Architektur

men entdeckt, sind die geneigten Türpfosten oder die schmalen Fenster, die mit einem Rundbogen abschließen.

Kontinentaler Einfluss

Das Christentum breitete sich wie ein Flächenbrand über Schottland aus. Die römische Kirche erweiterte ihren Einfluss und schuf die schottische Kirche nach eigenem Vorbild. Mit der christlichen Kirche drang der kontinentale *romanische Baustil* nach Schottland. Die herausragenden Bauwerke dieser Zeit entstanden in Edinburgh (St Margaret Chapel), in St Andrews (St Regulus Cathedral) und in Kirkwall (St Magnus Cathedral) auf den Orkney-Inseln.

Zu erkennen gibt sich die romanische Architektur durch den Rundbogen, dicke, massive Wände, lange, schmale Räume und flache Holzdecken.

Der gotische Baustil

Ende des 12. Jh. hielt der gotische Baustil seinen Einzug auf den britischen Inseln, angeregt durch *französischen Einfluss*. Der schottische *König David I.* gründete in der Borders Region, an der Grenze zu England, einige Klöster, die wie die Dryburgh Abbey in gotischem Stil erbaut wurden. Aus dem Rundbogen der Romanik entwickelte sich der Spitzbogen. Dank des technischen Fortschritts konnte man mit dem Kreuzgewölbe größere und höhere Räume bauen, die durch emporstrebende Fenster beleuchtet sind. Die Glasgow Cathedral mit ihrer Krypta und dem kunstvollen Gewölbe gehört ebenso in die gotische Epoche wie die Arbroath Abbey.

Im Laufe der Zeit entwickelte sich aus dem puren gotischen Stil die verspieltere Variante des **Decorated Gothic**. Die Gewölbe und Fenster erhielten Verzierungen, wie z.B. die Melrose Abbey, Sweetheart Abbey oder Dunblane Cathedral.

Burgenbau

Im 12. Jh. entstanden auch die **ersten Burgen** in Schottland. Federführend für den Bau erwiesen sich die unter *David I.* ins Land geholten normannischen Adelsfamilien. Ihre Burgen dienten nicht nur militärischen Zwecken, sondern bildeten gleichzeitig den Sitz der lokalen Verwaltung. Anfangs noch aus Holz und Erdwerk errichtet, entstanden im 13. Jh. die ersten Burgen aus massivem Stein, beispielsweise das Castle Duffus in Morayshire oder Dirleton in East Lothian.

Eine Weiterentwicklung der Burg ist der so genannte **Palace**, dessen Schwerpunkt sich im Gegensatz zur frühen Verteidigungsburg in Richtung **Wohnburg** verschoben hat. Das Zentrum des Palace bildet in der Regel ein zweigeschossiger Saal, der als Wohn- und Essraum dient. Der Linlithgow Palace am gleichnamigen See verbindet Alt und Neu: Der Palace schließt dort direkt an die alte Burg an. Die Anregungen für diese großzügigere Architektur lieferte Frankreich, der Bündnispartner Schottlands gegen England.

Architektur

Fassadenbruch – Inverness/zentrales Hochland

Eine kleinere lokale Variante des Palastes ist der **Wohnturm,** wie das Neidpath Castle in der Nähe von Peebles mit seinen massigen Wänden und seinem Kellergewölbe, auf dem sich in den oberen Etagen die Wohnräume türmen.

Wohnhäuser

Kein weiter Weg führt von jenem Wohnturm zum eigentlichen **bürgerlichen Wohnhaus** des 16. Jh. Das älteste Wohngebäude Schottlands steht in Glasgow, Provand's Lordship. Viele Elemente des Burgenbaus leben in den Wohnhäusern fort, wie verstrebte Fenster, zinnenartige Fassaden oder kleine Türme. Gleiches lässt sich an den alten **Herrenhäusern** Schottlands feststellen, beispielsweise dem *Traquair House* bei Innerleithen oder dem Pilmour House in East Lothian.

Der **Renaissance-Stil** des Kontinentes hielt in Schottland lediglich als Dekorationsstil Einzug. Die Säle des Edinburgh Castle oder des Falkland Palace bei Glenrothes schmücken Motive, die der französischen Renaissance entliehen sind.

Architekten

Bis ins frühe 17. Jahrhundert folgten die Schotten mit ihrer Architektur einem eigenen, **heimatverbundenen Weg,** der danach lediglich beim Bau der Bauernkaten und Landhäuser weiterverfolgt wurde.

Dann begann die Phase, die sehr stark von einzelnen Charakteren, sprich Architekten, geprägt wurde. Ein erster Name lautet **William**

Architektur

Bruce, der die Entwürfe für Merchants' Steeple in Glasgow sowie das Kinross House an Loch Leven zeichnete. Beide Bauten liebäugeln mit dem französischen Barock.

Ein anderer Architekt, **William Adam,** führte den Klassizismus nach Schottland ein, ausgeführt an seinem Yester House in der Nähe von Grifford. Populärer als *William* war dessen Spross **Robert Adam,** der sich ausgiebig mit der Architektur Italiens und anderer Mittelmeerländer beschäftigte. *Robert* schuf das Culzean Castle in Strathclyde, das er als Gesamtkunstwerk sowohl innen wie außen gestaltete.

Der Klassizismus Adamscher Machart wurde noch vertieft durch das so genannte **Greek Revival,** das sich zurück in die griechische Antike orientierte. In Anlehnung ans alte Griechenland entwarf **Playfair** die National Galery in Edinburgh. Die Royal High School in der gleichen Stadt baute der so genannte „Griechen-Thomson", **Alexander Thomson,** der vor allem in Glasgow arbeitete.

Eine andere Strömung des 19. Jh. versuchte, die **gotische Bauweise** wiederzubeleben. Das romantische **Balmoral Castle** in der Nähe der Highland-Games-Stadt Braemar steht als Musterbeispiel für diese unselbstständige Art der Gebäudegestaltung. Nur wenige Architekten, wie **Sir Robert Lorimer,** brachten es zu einem eigenständigeren Stil.

Als sich das Tor zum 20. Jh. noch nicht geöffnet hatte, war ein Mann geistig bereits über die Schwelle ins neue Jahrhundert gesprungen: **Charles Rennie Mackintosh.** Der

Wohnen im Museum: Culross/Fife

Schotte schüttelte die romantisierenden Bauweisen ab und gelangte zu einer Architektur, in der sich Elemente des Jugendstils mit denen des schottischen Burgenbaus vereinen.

Nach der Architektur von *Mackintosh* folgte wenig, was das Prädikat „typisch schottisch" verdient hätte. Als Beispiele schottischer **Architektur der Gegenwart** seien abschließend erwähnt: Das Art Centre der St.-Andrews-Universität von *Stirling,* das Headquarter der Scottish Amicable Society in Glasgow von dem Architekten-Trio *King, Main, Ellison* oder die Burrell Collection in Glasgow.

Musik

Folkmusic

In seiner langen Geschichte hat Schottland noch keinen Komponisten von Weltruhm hervorgebracht. Nichtsdestotrotz gibt es eine lebendige musikalische Tradition, die sich im Bereich der Volksmusik äußert. Jeder kennt die schottischen **Dudelsackpfeifer** *(Piper),* deren Melodien zumeist von Trommlern mit komplizierten Rhythmen unterlegt werden. Andere beliebte Instrumente sind die

Geige, die in teilweise atemberaubendem Tempo gespielt wird, und die Harfe.

Die schottische Volksmusik ist eng verbunden mit der gälischen Sprache. Die **gälische Musik** baut auf pentatonischen Skalen auf, das heißt, die Melodien enthalten meist nur fünf verschiedene Töne. Dies unterscheidet die schottische Volksmusik von der in anderen Teilen Europas.

Seit einigen Jahren erlebt diese Volksmusik eine **Renaissance.** Oft wird abends in Kneipen Livemusik gespielt, oder es werden Abende organisiert, an denen Musik mit dem Vortrag von schottischen Gedichten kombiniert wird. In ganz Schottland werden zudem mehr und mehr Folklore-Festivals veranstaltet, die vor allem jungen Musikern ein Forum zur Pflege traditioneller Musik sein sollen.

In den letzten Jahren findet die so genannte Folkmusik auch auf dem europäischen Kontinent, vor allem beim jüngeren Publikum, wieder mehr Zuspruch. Diese Entwicklung, die zunächst insbesondere die irische Musik betraf, hat inzwischen auch vor der schottischen Musiktradition nicht haltgemacht. Als Anfang der 90er Jahre *The Scottish Folk Festival* durch Deutschland tourte, waren die Karten für die Konzerte bald ausverkauft. Neben mitreißenden Dudelsack-Tänzen, getragenen Harfenklängen, kämpferischen Liedern über einstige Schlachten und traurigen Balladen fand auch die siebenköpfige Gruppe *Ceolbeg* großen Anklang, die in ihrer Musik traditionelle und moderne Klänge verbindet (s. auch Exkurs „Dudelsack").

Musik

Klassische Musik

Seit Kriegsende findet auch die klassische Musik wieder mehr Zuspruch. 1949 wurde das *Scottish National Orchestra* gegründet, 1962 folgte die Eröffnung der *Scottish Opera* in Glasgow, die inzwischen internationalen Ruhm besitzt. Das *Scottish Ballet* mit Sitz ebenfalls in Glasgow wurde etwa zur gleichen Zeit gegründet. Sein Repertoire umfasst sowohl klassische als auch zeitgenössische Werke.

Das *Scottish Chamber Orchestra* bereist ebenso wie das erwähnte Nationalorchester regelmäßig Schottland, tritt aber auch außerhalb der Landesgrenzen, in erster Linie in England, jedoch auch auf dem Kontinent, auf. Beide Orchester sind vor allem für ihr Bemühen um moderne Musik bekannt. Neben den bisher genannten Ensembles ist noch das *BBC Scottish Symphony Orchestra* erwähnenswert, das ebenso außerhalb der Landesgrenzen bekannt ist.

Rock und Pop

Schottland kann sich in der Anzahl erfolgreicher Bands oder Sänger-Innen in keiner Weise mit seinem großen Bruder England und dessen überaus reger Musikproduktion messen. Nichtsdestoweniger vermag auch Schottland, mit einigen bekannten Musikern aufzuwarten.

Seit einiger Zeit macht die von Skye stammende Gruppe *Runrig* von sich reden. Mit Rockmusik und Balladen mit zum Teil gälischen Texten füllte sie in Deutschland schon mehrere Konzerthallen.

Eine der erfolgreichsten schottischen Bands ist schon seit Jahren *Texas*, die mit Hits wie „Summer Sun" in allen internationalen Hitparaden vertreten waren.

Aus Edinburgh stammen *The Proclaimers,* die 1993 die Filmmusik zu *Benny & Joon* mit *Johnny Depp* und *Mary Stuart Masterson* komponierten.

Neben *Ceolbeg* tourte auch *Wolfstone* mit dem *Scottish Folk Festival* durch die Bundesrepublik und überraschte mit für dieses Festival ungewohnt harten Klängen à la frühe *Deep Purple*.

Erfolge in jüngerer Zeit konnten auch *Wet Wet Wet* verbuchen, die mit erdigen Klängen zwischen Soul und Rock auch außerhalb Schottlands immer mehr Anhänger finden.

Abschließend sei noch auf einen prominenten Bewohner Schottlands hingewiesen, der allerdings nicht auf schottischem Boden, sondern in Liverpool geboren ist. Ex-Beatle *Paul McCartney* trägt nicht nur einen schottischen Namen, sondern lebt schon seit einigen Jahren auf einer Farm auf der Halbinsel Kintyre, die er in seiner Hymne „Mull of Kintyre" besang.

Verwaltung

Seit 1707 in der **Union of parliaments** das schottische im britischen Parlament aufging, hatte Schottland keine eigene Legislative mehr. Im gemeinsamen Unterhaus von England, Schottland, Wales und Nordirland stellt Schottland 72 der 635 Abgeordneten. Dennoch behielt Schottland einige eigene Rechte, die v.a. Fragen der Kirchen, des Bildungswesens, der kommunalen Verwaltung, aber auch das Recht auf Emission eigener Banknoten betrafen.

Im Londoner Kabinett wird Schottland seit 1975 durch einen **Schottlandminister** repräsentiert, der im St. Andrew's House auf dem Calton Hill in Edinburgh seinen Amtssitz hat. In sein Ressort fallen Landwirtschaft, Erziehung und Bildung, Strukturplanung und Regionalentwicklung, Industrie- und Gesundheitswesen.

Das Verhältnis zwischen Schottland und England ist seit der Union immer ein gespanntes geblieben. Seit dem Ende des Zweiten Weltkrieges wächst in den britischen Regionen jedoch ein neuer Patriotismus, der sich gegen Zentralismus, ökonomische, soziale und kulturelle Bevormundung wehrt. Sichtbarer Ausdruck ist das Erstarken der **Scottish National Party** (SNP), in Deutschland v.a. durch ihren prominentesten Wahlkämpfer *Sean Connery* bekannt.

Den neuen Patriotismus versuchte erstmals die Labourregierung 1979 für sich zu nutzen, als sie ein Referendum zur Einführung eines Regionalparlamentes abhielt. Die Zeit war allerdings noch nicht reif; das Vorha-

ben scheiterte knapp. Doch die soziale Kälte und der ökonomische Erfolg des Thatcherismus der 80er Jahre legte das Fundament für das wachsende schottische Selbstvertrauen und die immer lauter werdende Forderung nach **Home Rule.**

Mit dem Wahlsieg von *Tony Blair* und seiner *New Labour* wurde eine neue Ära eingeleutet. Noch im gleichen Jahr, am 11. Sept. 1997 sprach sich eine neue Abstimmung für ein **schottisches Parlament** mit einer eigenen regionalen Regierung aus, und 1999 konstituierte sich in Edinburgh nach 292 Jahren wieder ein Parlament mit weitgehenden Autonomierechten. Seine Zuständigkeiten umfassen die Bereiche Bildung und Gesundheit, Rechts- und Verkehrswesen, Wohnungsbau, Umwelt, Landwirtschaft und Sport. Die Regierung unter *prime minister Donald Dewar* verwaltet selbstständig das aus London fließende Budget und kann, vom Parlament kontrolliert, in eigener Vollkommenheit den Satz der Einkommensteuer um 3 % verändern. Auch im Europäischen Parlament sind die Schotten nun mit eigenen Abgeordneten vertreten.

Bis 1976 war Schottland verwaltungstechnisch in 33 **Grafschaften** untergliedert. Eine Verwaltungs- und Bodenreform hob diese Unterteilung auf und schuf eine neue Gliederung mit 12 **Regionen** (schott.: *region*): Dumfries and Galloway, Borders, Lothian, Strathclyde, Central, Tayside, Grampian, Fife, die Western Isles, die damit erstmals ungeteilt selbstverwaltet waren, Highland sowie Orkney and Shetland. Nicht alle Ein-

Grafschaften

Verwaltung

wohner der Regionen waren glücklich über die neue Einteilung, da oft die gewachsenen Grenzen uralter Grafschaften zerschnitten wurden. Die Halbinsel Fife etwa sollte auf die Regionen Lothian und Tayside aufgeteilt werden. Doch die Bewohner, die sich immer wieder auf die Traditionen Fifes als altes piktisches Königreich beriefen, demonstrierten so lange für ihre Selbstverwaltung, bis sie einen eigenen Bezirk erhielten.

Seit dem 1. April 1996 gibt es die neuen **Council areas of Scotland,** zweiunddreißig an der Zahl. Die neuen Landkreise sind direkt verwaltet und bedeuten eine Annäherung an das alte System mit den Grafschaften, welches vor der Einteilung in Regionen (1976) existierte – und zwar seit 1889. Das neue Council-area-System spart eine Verwaltungsebene ein. Im Kartenatlas am Ende des Buches sind die *Council areas* eingezeichnet.

Wirtschaft

Geschichte

Trotz des nach wie vor einfachen Lebens in einigen Regionen Schottlands und der landwirtschaftlichen Prägung, der nahezu das ganze Land unterliegt, kann man Schottland gemeinsam mit England als die erste Industrienation der Weltgeschichte bezeichnen. Hier wurde die Erfindung gemacht, die zum Meilenstein der wichtigsten Revolution der neueren Geschichte wurde: *James Watt* verbesserte 1765 die **Dampf-**
maschine und setzte damit die **Industrielle Revolution** in Gang.

Auch die geistige Grundlage der neuen Wirtschaft kam aus Schottland. 1776 veröffentlichte *Adam Smith* seine „Untersuchung der Beschaffenheit und Ursachen für den Wohlstand der Nationen", die bis heute zu den Standardwerken der wirtschaftswissenschaftlichen Literatur zählt. Zusammmen mit dem Londoner Bankier *David Ricardo* wurde *Smith* dadurch zum Begründer des wirtschaftlichen Liberalismus, dessen grundsätzliche Ideen gerade heute wieder Triumphe feiern.

Mit der Dampfmaschine wurde es nun möglich, die **Kohlengruben** in Zentralschottland auszubeuten, der erste Boom begann. Im 19. Jh. entwickelte sich dann vor allem um die Clydemetropole Glasgow eine pulsierende **Schwerindustrie.** Die Dampflokomotiven aus Springfield wurden in alle Welt verschifft, und in Dundee blühte die **Leinenproduktion.** Während in Glasgow die ersten Ozeanriesen gebaut wurden, machten die schnellen Teeclipper aus Aberdeen den Maschinenschiffen zum letzten Mal Konkurrenz.

Viele Hochländer und Iren, die nicht nach Übersee auswanderten, kamen nach Glasgow, um nach Arbeit zu suchen. Die Elendsviertel füllten sich, und die **Strukturprobleme,** mit denen die Stadt noch heute zu kämpfen hat, entstanden. *Robert Owen,* der berühmte britische Frühsozialist versuchte in New Lanark mit seinem Experiment der kollektiven Arbeit, neue Wege aus dem Elend der Industriearbeiter zu finden.

Wirtschaft

Nach dem ersten Weltkrieg kam die **Weltwirtschaftskrise,** die auch die schottische Wirtschaft ruinierte. Darüber hinaus wurde die Konkurrenz in Fernost immer größer, so dass die Werften am Clyde langsam, aber sicher zugrunde gingen. Die schottische Wirtschaft machte eine ihrer größten **Krisen** durch: „Wenn die englische Wirtschaft den Schnupfen hat, bekommen wir die Lungenentzündung", sagt man in Schottland.

Doch die schottische Ökonomie ist auf dem Wege der Besserung. Durch den reichen **Ölsegen,** der seit den späten siebziger Jahren aus der Nordsee sprudelt, wurde es möglich, die Investitionen stark zu erhöhen. Mittels geschickter Ansiedelung neuer Industrien gelingt es dem Land, sich langsam aus den Fängen des schwerindustriellen Erbes zu befreien, wenngleich man noch auf absehbare Zeit damit zu kämpfen haben wird.

Ölförderung

1969 wurde das erste große Ölfeld in der schottischen Nordsee entdeckt. In erstaunlich kurzer Zeit wurde die notwendige Förder-, Verarbeitungs- und Serviceindustrie aufgebaut, und seit Mitte der siebziger Jahre läuft die Ausbeutung der Vorkommen auf vollen Touren. Heute sind Ölplattformen auf nahezu vierzig Feldern installiert.

Die entstandene neue Ölindustrie half der siechenden schottischen Ökonomie wieder auf die Beine. Der Primäreffekt bestand zunächst vor allem in der Schaffung von Arbeitsplätzen. Doch das Öl half nicht nur, das Elend der Massenarbeitslosigkeit zu mildern, sondern es erschloss der schottischen Wirtschaft auch neue Industriezweige und gab ihr dadurch das verlorene Selbstvertrauen zurück.

Die primären Wirkungen sind mittlerweile alle ausgereizt, mit weiteren Auswirkungen auf den Arbeitsmarkt wird nicht mehr gerechnet, doch hofft man, dass in Folge weiter steigender Weltmarktpreise für Rohöl die Ausbeutung marginaler Felder lohnender wird. Dadurch könnte der Ölsegen noch etwas verlängert werden, der wegen der Erschöpfung der Vorkommen in absehbarer Zeit versiegen würde.

Werftindustrie

Die am Boden liegende Schiffsbauindustrie wurde in den letzten Jahren drastisch gesundgeschrumpft. Auf der anderen Seite investierten vor allem der Staat und amerikanische Investoren in die Modernisierung der Anlagen. Mit der Entwicklung von Spezialschiffen, die in der Ölförderung benötigt werden, hofft man, wieder in den Markt einsteigen zu können, der den Schotten, wie allen Europäern, wegen der zu hohen Lohnkosten von der fernöstlichen Konkurrenz verschlossen wird. In einem gewissen Umfang haben sich die Erwartungen in den letzten Jahren auch erfüllt.

Hochtechnologien

Ein wichtiger Sekundäreffekt des Ölbooms ist das Geld, das Großbritan-

Wirtschaft

nien mit dem Verkauf des Rohöls verdient. Ein Teil der staatlichen Einnahmen fließt wieder in die Kassen Schottlands zurück, wenn auch viel zu wenig, wie viele Schotten meinen und deshalb noch lauter die Unabhängigkeit fordern. Mit diesen finanziellen Mitteln konnten verschiedene neue Projekte in Angriff genommen werden, die Schottlands veraltete Industrie in das Zeitalter der Hochtechnologie einführten.

Besonders das **Highland and Island Development Board** (HIDB), das das wirtschaftlich rückständige Hochland und die Inseln entwickeln soll, unternimmt große Anstrengungen, in die **Computertechnologie** einzusteigen. Dieser Industriezweig ist nicht so stark wie etwa die Schwerindustrie auf die Infrastruktur angewiesen, die bisher im Hochland gering ausgebaut ist. So wurde z.B. auf Orkney ein Forschungszentrum aufgebaut, das sich allgemein mit der strukturellen Entwicklung von Inseln auseinandersetzt. Seine Pläne und Programme werden heute in die ganze Welt verkauft. Die Universität von Aberdeen beschäftigt sich u.a. mit der Entwicklung von Computertechnologien zur Ölförderung. Eine Studie hat unlängst ergeben, dass Schottland neben der Republik Irland und der Bundesrepublik Deutschland zu den zukunftsträchtigsten Standorten für die Mikroelektronikindustrie gehört.

Insgesamt verschiebt sich in Schottland also der Schwerpunkt von der früheren Schwerindustrie auf die Hochtechnologien, die heute schon einen Anteil von 15 % am gesamten industriellen Umsatz von Großbritannien haben. Dennoch hält die Schwerindustrie in Schottland ihre Stellung. Immer noch produzieren die schottischen Stahlfabriken 8 % des gesamten britischen Ausstoßes.

Tourismus

Ein expandierender Zweig der schottischen Gesamtwirtschaft ist neben den obengenannten Hochtechnologien auch die Tourismusbranche. Jährlich nimmt die Zahl der Urlauber in Schottland zu. Besonders hoch ist dabei der Anteil von Besuchern aus Übersee, meist schottischstämmigen Amerikanern oder Kanadiern, und aus Japan. Das HIDB und das *Scottish Tourist Board* (STB) bemühen sich seit ihrem Bestehen darum, das Niveau des Angebotes zu erhöhen und besonders die Unterbringungsmöglichkeiten zu verbessern. Besonders in einigen strukturschwachen Regionen des Hochlandes gehört die Tourismusbranche heute zu den wichtigsten Arbeitgebern.

Energieversorgung

Vor allem dem Besucher der Highlands wird eine Besonderheit in der Energiegewinnung Schottlands auffallen. In vielen der unbewohnten, engen Täler des Hochlandes wurden Talsperren errichtet, um durch die saubere **Wasserenergie** Strom zu produzieren. Diese saubere und alternative Form der Energiegewinnung hat das Land jedoch nicht vor der Installation von **Kernkraftwerken** bewahren können. Das erste

126

britische Atomkraftwerk wurde in Schottland errichtet, um die Gefahr, solange sie noch unerforscht war, so weit wie möglich von London entfernt zu halten. Heute hat die Kernenergie 36,8 % Anteil am Gesamtelektrizitätsverbrauch in Schottland. Dieser Anteil liegt damit höher als irgendwo sonst in Großbritannien.

Der Finanzsektor

Einer der wichtigsten Zweige der schottischen Wirtschaft ist das Finanzwesen. Schottland errichtete bereits 1695 mit der *Bank of Scotland* erstmals in der Geschichte eine Staatsbank. Von der erfolgreichen Arbeit der **Bank of Scotland** beeindruckt, wurde später die *Bank of England* gegründet, die im Laufe der Geschichte zum Vorbild für alle übrigen Staatsbanken wurde. Manche Schotten behaupten sogar stolz, das *banking* sei von ihnen erfunden worden. (Spötter erzählen, dass im 17. Jh. im frommen Schottland auf der Rückseite der Katechismen eine Rechentabelle abgedruckt gewesen sei.)

Fest steht, dass Edinburgh heute nach London der zweitgrößte Finanzplatz Großbritanniens ist. Neben der *Bank of Scotland* besitzen die *Royal Bank of Scotland,* die 1727 gegründet wurde, weil man erstere als jacobitisch verdächtigte, und die *Clydesdale Bank* (1838) das Recht, eigene Banknoten herauszugeben, die im ganzen Land angenommen werden.

Mit dem **berüchtigten Geiz,** der den Schotten nachgesagt wird, hat das jedoch nichts zu tun. Dieses Vorurteil beruht auf der großen Armut,

unter der die Schotten noch im 19. Jh. litten und über die sich ihre englischen Nachbarn lustig machten.

Agrarwirtschaft

Überblick

Schottland besitzt in etwa die gleiche Größe wie Österreich. Von 7,7 Mio. ha Gesamtfläche können die Schotten für die intensive Landbewirtschaftung ungefähr 1/4 nutzen. Jenes Land wird als Acker- oder Grasland bestellt. Dabei nimmt Gras 65 % der bebauten Fläche ein, Getreide 25 %, der Rest entfällt auf Kartoffeln, Zuckerrüben etc.

Auf weit über der Hälfte des schottischen Landes wird dagegen nichts angebaut, das Land besteht aus Naturweide, Moorland oder Forst, in welchem oftmals Rotwild gehalten wird.

Der durchschnittliche Agrarbetrieb eines schottischen Bauern bewirtschaftet 67 ha. Die meisten Landwirte sind **Feierabendbauern,** *crofter.* An der schottischen Westküste sind 3/4 aller Landwirte Kleinerzeuger, die sich für ihren Lebensunterhalt in der Regel mit dem Fremdenverkehr ein zweites Standbein geschaffen haben.

Ähnlich wie in anderen EU-Staaten gehen viele kleine und mittelständische Bauernhöfe zugrunde, weil sie dem Konkurrenzkampf gegen die **Viehfabriken** und **Landmultis** nicht gewachsen sind. Jedes Jahr vermindert sich die Zahl der schottischen Bauernhöfe um 2 %.

Die britische Regierung versucht, jener Entwicklung entgegenzusteuern. Die **Erfahrung des 2. Welt-**

Wirtschaft

krieges, als das Deutsche Reich die Britischen Inseln mit einer Seeblockade von der Außenwelt abschnitt, offenbarte den britischen Mägen, wie wichtig eine intakte Landwirtschaft ist, welche die eigene Bevölkerung wenigstens zu einem großen Teil ernähren kann. Nicht zuletzt aufgrund jenes Schocks werden die britischen Bauern staatlich unterstützt, Festpreise für die landwirtschaftlichen Produkte garantiert sowie Beihilfen für Düngemittel, Viehzucht, Modernisierung von Gebäuden und die Ausstattung kleinerer Betriebe gezahlt.

Naturweide

Der größte Teil des schottischen Bodens ist wenig fruchtbar, entweder sauer, wie vor allem an der nördlichen Westküste, oder besteht aus steinigem Hochlandboden. Nur der geringere Teil des schottischen Bodens kann intensiv, z.B. für den Anbau von Getreide, genutzt werden.

Den Löwenanteil nimmt daher die **extensive Weidenutzung** ein, der Naturweidebetrieb. Dieses so genannte *rough grazing* trifft man generell in Höhenlagen über 250-300 m an. Die Naturweiden jener Höhenlagen bestehen aus naturbelassenem Land, auf welchem Raschgräser, Binsen, Farne, Heidekraut und Zwergsträucher wachsen, Pflanzen mit geringem Nährwert.

Schafe

Von diesen kargen Böden des schottischen Berglandes ernährt sich das Schaf, der ständige Begleiter eines Schottlandurlaubers. Allerdings erlauben die Böden des schottischen Berglandes nur eine geringe Zahl von Schafen pro m² Weideland, ganz im Gegensatz zum fruchtbaren Tiefland im südlichen Schottland, z.B. dem Tweed-Tal, wo sich das Schaf an üppigem Gras weidet.

In jenen tiefergelegenen Gebieten werden die Schafe vor allem gemästet – Lammfleisch ist sehr populär in Schottland. Mastschafe sind meistens **Cheviots,** anzutreffen im Tiefland. Im schottischen Norden, den Cairngorms und Monadhlioth Mountains, züchtet man vor allem das **Blackface Sheep,** zum Teil auch im südschottischen Bergland. Das Blackface Sheep zeichnet sich durch eine hohe Widerstandsfähigkeit gegen Wind und Wetter aus.

Auf den Shetland-Inseln weidet das **Shetland Sheep,** ein kleinwüchsiges, wetterfestes Wesen, dessen weiche Wolle im Lauf der Jahrhunderte zur Ausbildung einer **Stickerei- und Webereiindustrie** auf den Shetland-Inseln geführt hat. Ähnlich bildet die Schafhaltung auf den Äußeren Hebriden den Grundstock für die Erzeugung des weltberühmten Stoffgewebes des **Harris Tweeds** (vgl. Exkurs).

„False alarm, girls, it's just another local"

128

Wirtschaft

Kein Platz für Klaustrophobie: Schaftransport auf den Hebriden

Wirtschaft

Für die schottischen Schafzüchter spielt die Wollproduktion heutzutage nur noch eine untergeordnete Rolle, da ausländische Wollimporte billiger sind. Die schottischen Schafzüchter konzentrieren sich daher mehr und mehr auf die **Mastlammerzeugung.**

Das Rind

Langhaarige, zottelige Rinder mit verbogenen Hörnern haben einst das gesamte Hochland bevölkert. Jene **Highland Cattles,** aus denen in den vergangenen Jahren das ausgestorbene **Urrind** oder der Auerochse zurückgezüchtet wurden, zeigen sich resistent gegen das raue Hochlandklima. Heutzutage wird das Highland Cattle allerdings eher als Touristenattraktion denn als Fleischrind gehalten, da es im Vergleich zu anderen Rassen kein lohnenswertes Schlachtgewicht auf die Waage bringt. Höchstens Hotels der gehobenen Preisklasse nehmen das Fleisch der Highland Cattles ab, welches dann als Spezialität auf der Speisekarte erscheint.

Zum Mästen bevorzugt der schottische Bauer die einheimischen Rassen der **Galloway- oder Aberdeen-Angus-Rinder.** Vor allem in Nordostschottland und im schottischen Süden liegen die Aufzuchtstationen jener Rinder. Das schottische Rindfleisch ist zwar im Grunde von hervorragender Qualität, aber durch BSE, den so genannten Rinderwahnsinn, in den letzten Jahren in Verruf geraten.

Im Gegensatz zu den eingeborenen Mastrindern rekrutiert sich der Bestand an Milchvieh aus importierten Rindern; die Milchkühe sind in der Regel **schwarzbunte Rinder** aus **Friesland.** Die einheimische Ausnahme findet sich an der Westküste in Ayrshire, wo das gleichnamige schwarze **Ayrshire-Rind** seine Heimatweide hat.

Getreideanbau

Fruchtbares Land existiert in der mittelschottischen Senke, dem flachen Küstengebiet nördlich der Grenze zu England und der Solway-Küste. Dort liegen die **Hauptanbaugebiete** der schottischen Landwirte. Bestellt werden die Felder vor allem mit **Weizen** und Gerste. Das relativ milde Klima des schottischen Südens erlaubt den Anbau von Winter-

Kuhhaupt

Wirtschaft

weizen. Die Erträge auf dem lehmigen Boden der Solwayküste sind nicht nur hoch, sondern gehören zu den höchsten in der Welt.

Ein Wermutstropfen: Einzig der so genannte *Soft Wheat,* eine Weizensorte, die sehr viel Feuchtigkeit verträgt, gedeiht in Schottland. Der Soft Wheat eignet sich zwar hervorragend zum Backen von Weißbrot und Biskuits. Der richtige Weizen für Schwarzbrot, der *Hard Wheat,* muss leider vollständig aus Ländern mit trockenerem Klima, wie Kanada, importiert werden.

Für Whisky und Bier brauchen die schottischen Brenner- und Brauereien *Malz,* das aus dem Korn der Gerste gewonnen wird. Auf den Hebriden-Inseln, wie Islay oder im Hochland, wo sich viele Destillerien befinden, lohnt sich der Anbau der Gerste nicht. Das raue Klima verringert die Erträge. Die benötigte Gerste beziehen die Brennereien deshalb von den Bauern des schottischen Südens.

Im Gegensatz zu Weizen und Gerste kann sich der *Hafer* (*oats*) auch mit weniger fruchtbaren Böden arrangieren, er wächst an der Südwest-Küste Schottlands, wurde früher fast überall in Schottland angebaut. Der Anbau von Hafer ist jedoch stark rückläufig, da sich die Zahl der Hauptabnehmer seit Anfang des 20. Jahrhunderts um über 90 % verringert hat. Die Rede ist vom Pferd, das früher ebenso unverzichtbar war für die Bestellung der Felder wie als Mittel zur Fortbewegung. Auch im Vergleich zu Gerste und Weizen lohnt sich der Anbau von Hafer für

den schottischen Landwirt nicht, da die Erträge zu gering sind.

Weiterverarbeitung

Schottland stellt nicht nur landwirtschaftliche Rohprodukte her, sondern hat in den letzten Jahren auch beträchtliche Kapazitäten in der Weiterverarbeitungs- und Veredelungsindustrie aufgebaut. Besonders die Herstellung von Milchfertigprodukten, wie etwa des bekannten **Cheddar-Käses,** nimmt einen wichtigen Platz ein.

Der weitaus umsatzgrößte Einzelzweig dieser Industrie ist in Schottland selbstverständlich die **Whiskyherstellung.** 116 Malzwhiskybrennereien existieren in Schottland. Daneben gibt es noch ein paar Erzeuger von Grainwhisky (siehe auch Kapitel „Grampian"). Das Zentrum der Whiskydestillation ist **Speyside,** südöstlich von Inverness, während die Verblendungen (Verschneidungen von Malz- und Grainwhisky zum Blend) in Glasgow vorgenommen werden.

Forstwirtschaft

Bis zum Anfang des 20. Jahrhunderts verminderte sich der Waldanteil in Schottland auf 5 % der Gesamtfläche. Holz musste aus anderen Ländern, zumeist aus den skandinavischen, importiert werden. Größere Aufforstungsmaßnahmen starteten erst nach dem 1. Weltkrieg. Im Jahre 1919 wurde eine **staatliche Forstbehörde,** die *Forestry Comission,* mit dem Ziel gegründet, eine angemessene Holzreserve aufzubauen. Eingeschränkt wird die Forst-

Wirtschaft

behörde durch die staatliche Auflage, lediglich Landstriche zur **Aufforstung** zu erwerben, die landwirtschaftlich nicht intensiv genutzt werden können.

Für Schottland bedeutet dies, ärmere moorige Gebiete aufzuforsten, die sich in der Regel im Hochland befinden. Die Aufforstung jener Regionen bereitet viel Mühe. Der Boden muss vor dem Pflanzen junger Bäume entsprechend vorbereitet werden, durch Drainagen, tiefes Umpflügen und Düngung.

Entweder zäunt man die Neuanpflanzungen dann ein oder steckt ein Plastikrohr über den jungen Baum, so dass er vor Wild bzw. vor starken Winden geschützt ist. In der Regel werden **raschwachsende Nadelhölzer** aufgeforstet, die nicht einheimisch sind, wie *Douglasien* oder *Sitkafichten*. Mittlerweile hat sich die Forstwirtschaft in einigen Regionen, z.B. dem Argyll Forest Park, zu einem wichtigen Wirtschaftszweig entwickelt. In der Umgebung von Fort William haben die Wiederaufforstungsmaßnahmen die Papier- und Zelluloseindustrie angelockt.

Das ehemals fast kahlgeschlagene Land besitzt heute wieder nahezu 10.000 km^2 Wald. Über die Hälfte davon gehört der *Forestry Commission* unter der Schirmherrschaft des *HIDB*. Das staatliche Forstamt ist bemüht, nicht nur effektive Forstwirtschaft zu betreiben und durch den Aufbau kleinerer örtlicher Weiterverarbeitungsfabriken das Arbeits-

Buntes Chaos: Fischkutter

platzangebot in den strukturschwa-chen Regionen des Hochlandes zu verbessern, sondern durch die An-lage von Hütten, Camping- und Pick-nickplätzen auch den Freizeitwert dieser Waldgebiete zu steigern.

Fischereiindustrie

Neben Landwirtschaft und Forstwirt-schaft nimmt die **Hochseefischerei** einen wichtigen Platz in der nichtin-dustriellen Produktion Schottlands ein. 72 % der britischen Fangerträge werden von schottischen Booten an-gelandet. Über 2260 Schiffe sind auf Fischfang von schottischen Hä-fen aus unterwegs. Die größten Fi-schereihäfen sind Aberdeen und Pe-terhead, Makrelen werden beson-ders in Ullapool an Land gebracht, und der größte Heringshafen ist seit Jahrhunderten Lerwick auf Shetland.
Neben dem Hochseefischfang spielt die **Fischzucht,** besonders von Lachs und Forelle, eine immer größere Rolle. Die Nachfrage nach diesen Fischen steigt ständig, und da das Angeln der Fische in den Flüssen zu kostspielig ist und den Sportanglern und Touristen vorbehal-ten bleibt, hilft das *Highland and Is-land Development Board* seit einigen Jahren vor allem in den entlegenen Gebieten, wie den äußeren Hebriden und dem Nordwesten, bei der Grün-dung von Fischfarmen. Die ökologi-sche Problematik von Fischfarmen, deren Ablagerungen ähnliche Pro-bleme aufwerfen wie die Flut der Jauche aus norddeutschen Schwei-nemästereien, spielt dabei in Schott-land noch keine Rolle.

Umweltschutz

Waldvernichtung und Wiederaufforstung

Wiederaufforstung gehört mit Sicher-heit zu den dringendsten Aufgaben des Naturschutzes in Schottland. Noch vor weniger als dreihundert Jahren bedeckten noch ausgedehn-te Kiefernwälder die schottischen Hochlande. Vorherrschende Baum-art war die einheimische Scotch Pine. Doch wo sind die Wälder ge-blieben?
Die **Anfänge der Waldvernich-tung** reichen zurück bis in die Bron-zezeit; schon damals musste Wald gerodet werden, um für die wachsen-de Bevölkerung Kulturland zu gewin-nen. Später bewirkten die zahlrei-chen Kriege weitere Waldvernich-tung. Zur besseren Kriegsführung wurde beispielsweise von den Rö-mern Wald abgeholzt oder schlicht-weg abgebrannt.
Seit dem 16. Jh. verschlang dann der **Schiffsbau** enorme Holzmen-gen. Der Bau eines mittelgroßen Kriegsschiffes kostete mindestens 1000 Eichen das Leben.
Im 18. und 19. Jahrhundert ver-setzte die **Schafzucht** dem schotti-schen Wald den entscheidenden Schlag, immer neue Weiden für die Schafe wurden gerodet. Noch heute sind im Hochland die Wurzeln der Bäume zu sehen, die damals gero-det wurden.
Die letzte Phase der Waldvernich-tung hängt mit der **industriellen Revolution** zusammen. Zum einen

Land & Leute

Umweltschutz

Teil benötigte die Industrie Holz zur Feuerung der Dampfmaschinen, zum anderen verwandte aber auch die im 19. Jh. explosionsartig wachsende Bevölkerung als naheliegenden Brennstoff Holz.

Mittlerweile verspüren die Schotten die **Folgen** der jahrhundertelangen Waldrodung mit aller Konsequenz, denn wo der Wald abgeholzt ist, kann der Wind, der gnadenlos über Schottland hinwegfegt, ungehindert fruchtbare Erde mitreißen. Ferner haben die Waldtiere, Rehe, Hirsche und Füchse den Großteil ihres Lebensraums verloren. Seit Beginn des 20. Jahrhunderts versuchen die Schotten, das Rad der Geschichte wieder zurückzudrehen und den Wald aufzuforsten. Beispiele der **Wiederaufforstungsmaßnahmen** sind der Argyll Forest Park an der schottischen Westküste oder der Queen Elizabeth Forest Park bei Loch Lomond.

Doch augenscheinlich verfolgt die zuständige staatliche Behörde, die *Forestry Commission,* weniger das Ziel, den ursprünglichen Wald wiederzubeleben, als vielmehr, **schnellwachsenden Forst** zu schaffen, der wirtschaftlich einträglich ist. des Öfteren steht man deshalb in Schottland entsetzt vor Wüstungen und totem Wald. Der allgemein wenig fruchtbare Boden wurde mit einer zu hohen Baumdichte bzw. zu häufig bepflanzt, was zur Folge hatte, dass der Erde zu viele Nährstoffe entzogen wurden und ganze Schonungen abstarben. Als Ergebnis blieb nicht nur toter Wald, sondern auch tote Erde zurück.

Gewässerschutz

Allgemein kann man sagen, dass die **Flüsse** in Schottland wenig verschmutzt sind, vor allem jene in den Gebieten des schottischen Hochlandes, denn dort gibt es nur eine geringe Anzahl von Verschmutzern, d.h. weder Industrie noch eine intensive Landwirtschaft.

Eine krasse Ausnahme bilden die Gewässer, welche durch die schottischen Städte fließen. Im Clyde beispielsweise, der Glasgow durchfließt, wurde seit 1860, dem Beginn der industriellen Revolution, bis zum Jahre 1986 kein einziger Lachs mehr gesichtet. Erst seit Anfang der 80er Jahre begann man, der Reinheit der Flüsse größere Bedeutung beizumessen.

Die schottischen Flüsse und Seen kontrolliert seitdem das *Scottish Development Department.* Diese Behörde erstellt Gutachten über die Qualität der Gewässer. Der **Verschmutzungsgrad** von Flüssen wird in vier Kategorien eingeteilt:

In der ersten Kategorie befinden sich Flüsse, die Trinkwasserqualität aufweisen. Dazu zählen immerhin 95 % der Flüsse oder 45.712 Flusskilometer. Leicht verschmutzt sind 4 % (1822 km), stark verschmutzt ist 1 % (283 km) der Flüsse. Der Anteil biologisch toter Flüsse beträgt weniger als 1 % (167 km).

Damit liegen die schottischen Flüsse im **europäischen Vergleich** obenauf, denn nur 75 % der europäischen Flüsse rangieren in der ersten Kategorie, d.h. besitzen Trinkwasserqualität.

Umweltschutz

Wächter am Tor zu Skye: Castle Moil in Kyleakin

Umweltschutz

Von den schottischen **Seen** erreichten zuletzt allerdings nur 70 % den Standard eines Badegewässers entsprechend der europäischen Norm.

Geschützte Gebiete

Im Gegensatz zu England und Wales sucht man in Schottland vergeblich nach Nationalparks. Der höchste Schutzgrad, den ein schottischer Landstrich erreichen kann, heißt **national scenic area.** Vierzig solcher Gebiete bedecken insgesamt 13 % der Gesamtoberfläche Schottlands.

Weite Teile der Hebriden, die Berg- und Seenlandschaft North West Sutherland, Wester Ross, die Cuillins auf Skye, die Cairngorms sowie Ben Nevis/Clen Coe rechnen sich zu diesen ausgezeichneten Landschaften.

Die Betreuung dieser Areale obliegt der **Countryside Commission for Scotland.** Die *Countryside Commission* unterstützt die Arbeit anderer Organisationen, die auf dem weiten Feld des Umweltschutzes direkt oder indirekt tätig sind, wie den *National Trust for Scotland*, den *Woodland Trust* oder die *Royal Society for the Protection of Birds*. Zu den Hauptaufgaben der Kommission gehören Erhaltung und Organisation schützenswerter Gebiete und die Kontrolle der Fischfarmen und Skigebiete. Für die Zukunft ist geplant, das Gebiet zwischen Glasgow und Edinburgh als großes Naherholungsgebiet zu gestalten, womit entsprechende Aufforstungsmaßnahmen verbunden wären.

Während die *Countryside Commission* eine staatliche Organisation ist, vertritt der **National Trust** die Interessen von Privatleuten. Der *Trust* zeigt sich als größter Landeigentümer in Schottland mit einer Landfläche von über 40.000 ha. Er kümmert sich um über 100 geschützte Ländereien und Gebäude und die dortigen Fuß- und Wanderwege.

Müll

Ähnlich wie in der Bundesrepublik hat auch in Schottland erst Ende der 80er Jahre ein wirkliches Umdenken in Punkto Müll eingesetzt. Eine **getrennte Hausmüllsammlung** wird man allerdings vergeblich suchen. Der Schotte sammelt, wenn er will, seinen Müll getrennt und bringt ihn zu den öffentlichen Müllstationen für Papier, Glas und Metall. In abgelegenen Landstrichen wird man allerdings keine öffentlichen Container finden, denn für jene Gemeinden liegen die Kosten für eine Getrenntmüllsammlung oft zu hoch.

An dieser Stelle möchten wir jeden Besucher Schottlands bitten, **keinen**

Umweltschutz

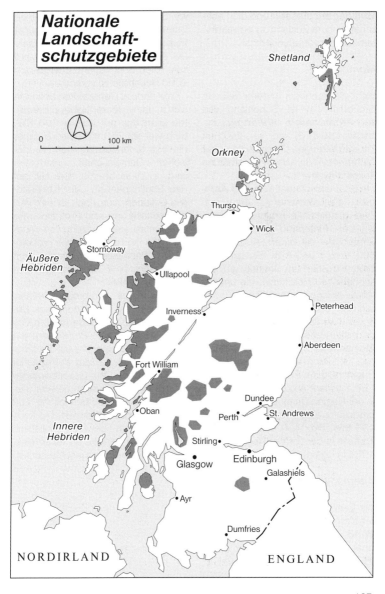

Umweltschutz

Müll liegenzulassen und die Landschaft in dem Zustand zu bewahren,
wie man sie vorgefunden hat.

Atomenergie

Mehr als irgendein anderer Teil von
Großbritannien ist Schottland von
der **Atomenergie abhängig.** Im-
merhin 36,8 % der elektrischen
Energie erzeugen die spätestens seit
Tschernobyl in Verruf geratenen
Atomkraftwerke.

In Schottland findet man **fünf Anlagen,** die Atomenergie erzeugen.
Zwei gasgekühlte Kraftwerke arbeiten bei Hunterston in der Region
Strathclyde mit einer Leistung von
300 bzw. 1.040 MW. Ein schneller
Brüter existiert in Dounray an der
schottischen Nordküste, die umstrit-
tenste Anlage in Schottland. Eigentlich war geplant, Dounray bis zur Mitte der 90er Jahre zu schließen, doch
da mittlerweile die Debatte um die
Atomenergie wieder einmal verklun-
gen ist, kann von Schließung des
Reaktors keine Rede mehr sein.

Eine weitere Anlage in Chapelcross
in der Region Dumfries und Galloway
produziert eine Energieleistung von
196 MW, die 1400 MW-Anlage von
Torness in der Lothian Region wurde
1988 in Betrieb genommen.

Alternative Energiequellen

Als Energiequelle Nummer eins bietet sich in Schottland eigentlich der
Wind an, denn er fegt beständig
über das Land hinweg. Der größte
Windkraftgenerator steht auf Orkney
bei Burgar Hill. Er hat eine Kapazität

von 3 MW, sein Rotorflügel hat einen
Durchmesser von 60 m, er arbeitet
ab einer Windstärke von 7 m pro sek.
Bei einer Windstärke von 17 m pro
sek. liefert er genügend Energie, um
2000 Haushalte zu versorgen.

Zwei andere Generatoren befinden
sich in unmittelbarer Nähe, produzieren allerdings nur jeweils 300 KW.
Eine weitere 750 KW-Wind-Turbine,
die mit Unterstützung der Europäischen Gemeinschaft unterhalten
wird, existiert bei Susetter Hill auf
den Shetland-Inseln. Alle Generatoren befinden sich noch in der Ver-
suchsphase und sind Prototypen für
eine umfassende Nutzung von Wind-
Turbinen an der windigen schottischen Westküste. Ihr Manko liegt
hauptsächlich in der mangelnden
Wirtschaftlichkeit.

Ein anderes Pilotprojekt befasst
sich mit Energiegewinnung aus **Ebbe und Flut.** Die Rede ist vom Ge-
zeitenkraftwerk. Das Projekt wird von
der britische Regierung auf der Inne-
ren-Hebriden-Insel Islay in Portnahaven realisiert. Das Gezeitenwasser
wird in ein Kanalsystem geleitet. Dabei wird die darin befindliche Luft
verdrängt und komprimiert. Die kom-
primierte Luft bewegt schließlich
eine Turbine, welche an einen elektrischen Generator angeschlossen ist.

Regionen und Orte

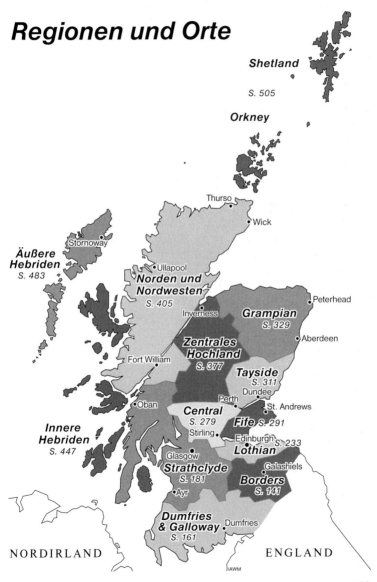

Borders

Borders

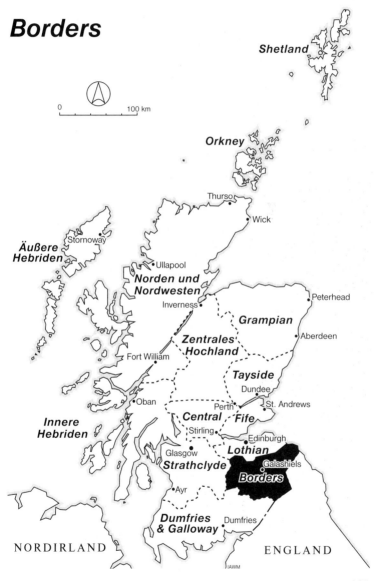

Überblick

Die Cheviot Hills und der Fluss Tweed bilden die natürliche Grenze zwischen England und Schottland, das schottische Gebiet jenseits dieser Grenze nennt sich *Borders*. Über viele Jahrhunderte hinweg waren die Borders ein erbittert umkämpfter Landstrich. In der Antike versuchten die Römer, dort Fuß zu fassen; sie bauten Forts und zwischen Carlisle und Newcastle einen Schutzwall, den **Hadrians-Wall,** um sich gegen die unberechenbaren Attacken der „Barbaren" zu schützen.

Wenn in späteren Jahrhunderten die englische Krone die Absicht hegte, einen Krieg gegen die Schotten zu führen, waren die Borders an vorderster Stelle betroffen, denn die englischen Truppen mussten in Richtung Norden zwangsläufig durch die Borders marschieren. Im Mittelalter waren die vier schottischen **Grenzklöster** Melrose, Jedburgh, Dryburgh und Kelso ein beliebtes Angriffsziel der Engländer in der Absicht, die Schotten am wirtschaftlichen Nerv zu treffen.

Lebten die Schotten mit den Engländern einmal in Frieden, gab es immer noch einen Feind in ihren eigenen Reihen: die so genannten *Border Reivers*, **Schmuggler- und Räuberbanden,** die ihr Unwesen an der Ostküste trieben.

Im Herzland der Borders, in den Tälern der Flüsse Tweed und Teviot, herrscht eine sanfte, meist land- oder forstwirtschaftlich genutzte Landschaft vor. Die grünen Hügel sind so friedlich gewellt, dass man kaum glauben kann, sich auf ehemaligen Schlachtfeldern zu bewegen.

Bergiger wird die Natur dagegen an der **Grenze zu England,** wo sich die Cheviot Hills erheben, und im Westen der Borders – in den Tweedsmuir Hills. Dramatisch ist die **Nordseeküste** um **St. Abb's Head,** wo sie steil zum Meer hin abfällt; die Gegend ist zum Naturschutzgebiet erklärt worden. Jener Küstenstreifen an der Nordsee zählt zu den schönsten Tauchgründen Schottlands.

Die Borders sind weniger für eine außergewöhnliche Landschaft bekannt, als für zwei Erscheinungen anderer Art: den **Romancier Sir Walter Scott** und ein Wollgewebe namens **Tweed,** das in den Borders erfunden wurde.

Die Romane von *Sir Walter Scott,* eines romantischen Schriftstellers des 19. Jh., spielen an historischen Or-

Jedburgh Abbey

Farbkarte Seite VI, VII **Überblick**

ten in den Borders, wie der Melrose Abbey oder dem Hermitage Castle. Seine historischen Romane, die flugs in der westlichen Welt berühmt wurden, lösten schon kurz nach dem Tod von _Sir Walter Scott_ ein regelrechtes Schottlandfieber aus. Das Wohnhaus von Scott in Abbotsford haben seit dem Berühmtwerden des Schriftstellers Generationen von Touristen besucht, nicht allein wegen der Person von _Scott,_ sondern wegen der verspielten Architektur seines Heimathauses, des **Abbotsford House,** das Elemente vieler Epochen in sich vereint.

Stilechte Häuser dagegen sind das **Mellerstain House** in Kelso, entworfen von _William Adam_ und seinem Sohn _Robert_ – oder das **Manderston House** bei Duns, dem Geburtsort des mittelalterlichen Philosophen _John Duns Scotus_, seines Zeichens Franziskanermönch. Das königliche **Traquair House,** erbaut im 10. Jh. in der Nähe von Peebles, ist

Burghaus im Süden Schottlands

Überblick

Gruppendynamik in den Borders

Farbkarte Seite V, VII

das älteste Haus in Schottland; ein historischer Ort, der viele schottische Monarchen beherbergte.

Die wichtigsten Städte der Borders-Region liegen entlang zweier Flüsse. Der **Tweed** ist der zweitlängste schottische Fluss. In einem Flussbett von ca. 156 km Länge fließt das Wasser von den Tweedsmuir Hills an der Grenze zu Dumfries and Galloway durch die Städte Peebles, Galashiels und Kelso. Auf dem Mündungsweg in die Nordsee bildet der Tweed zwischen Coldstream und der nord-englischen Stadt Berwick-upon-Tweed die natürliche Grenze zu England.

Südlich des Tweed-Tales befindet sich ein weiteres Tal, dem die Baumwollindustrie den Stempel aufgedrückt hat, das **Tal des Teviot.** Der Fluss Teviot entspringt im Eskdalemuir Forest, östlich von Moffat. Er schlängelt sich durch die Städte Hawick und Denholm, macht einen kleinen Bogen um Denholm und mündet schließlich in Kelso im River Tweed.

Information

● www.discovertheborders.co.uk

Verbindungen

● Der **Zug** ist das falsche Verkehrsmittel, um die Borders-Region zu erkunden. An der Ostküste verläuft zwar eine Eisenbahnstrecke, die fährt jedoch nonstop durch die Borders. Wer mit dem Zug anreist und sich das „Grenzland" ansehen möchte, steigt am besten in der englischen Grenzstadt Berwick-upon-Tweed auf den Bus um.
● Der **Harrier Scenic Bus Service** fährt die Touristen in den Sommermonaten zu Orten, die der normale Linienbus nicht ansteuert.

● **First** ist die Busgellschaft in den Borders-Städtchen und auch Edinburgh. Fahrkarten gibt es u.a. beim Fahrer zu kaufen.
● **Konkrete Verbindungen:** *Traveline* für alle öffentlichen Verkehrsmittel (außer Flügen) www.travelinescotland.com bzw. Tel. 0870/ 60 82 608 (siehe auch „Unterwegs in Schottland" für günstige Tickets).

Kelso   ↗ VII, D2

In Kelso trifft sich der Fluss Teviot mit dem Tweed. Eine **fünfbögige Brücke,** im Jahre 1803 vom schottischen Ingenieur *John Rennie* entworfen, überspannt den Tweed. Die Brücke stand 1811 Modell für die alte Waterloo Bridge in London, die allerdings 1934 abgerissen wurde.

Die Innenstadt von Kelso zeigt sich wie ein feines **Schmuckkästchen.** *Sir Walter Scott* kürte das Städtchen einst gar zum schönsten der ganzen Borders Region. Das Zentrum bildet der rechteckige, großflächige Marktplatz. Von dem mächtigen **Kloster** in Kelso aus dem Jahre 1128 haben die vielen kriegerischen Auseinandersetzungen in den Borders nur wenig heilgelassen.

Keine Schäden zeigt dagegen das **Floors Castle,** ein romantisches Schloss aus dem 18. Jh. Der *Herzog von Roxburghe* ist der Besitzer des massiven Gebäudes, in dem *Prinz Andrew* und seine rothaarige Braut *Sarah Ferguson* einst ihre Verlobung feierten.

Im September steht Kelso unter einem landwirtschaftlichen Stern. Das **Kelso Ram Sales** (Anfang Sept.) und das **Kelso Horse Sales** (Ende

Kelso

Sept.) sind beides Volksfeste, bei denen Schafe, Pferde und Ponys zum Verkauf feilgeboten werden.

Sehenswertes

Die Fragmente der **Kelso Abbey** stehen in der Nähe des Marktplatzes von Kelso, in Richtung Coldstream. Der schottische König *David I.* gründete das Kloster im Jahre 1128. Schnell wuchs die Kelso Abbey in der Borders Region zu einem reichen und mächtigen Wirtschaftszentrum empor. *James III.* wurde in der Abteikirche 1460 zum schottischen König gekrönt. In der ersten Hälfte des 16. Jh. zerstörten die Engländer die Abbey wiederholt. Im Jahre 1545 radierten sie das Kloster fast vollständig aus: Das Kloster wurde außer dem Turm und der Fassade des Nordwestteils gründlichst zerstört, so dass sich ein Besuch nur noch lohnt, um von der Geschichte der einst mächtigen Klosteranlagen zu träumen. (Ö: April-Dez. Mo-Sa 9.30-19, So 14-19 Uhr, Jan.-März nach Schlüssel fragen, E: frei)

Das **Floors Castle,** 2 km westlich von Kelso, bezeichnet sich als „größtes bewohntes Schloss in Schottland". In der Tat: Die Ausmaße sind überwältigend, eine Vielzahl von Türmen und Zinnen vermittelt das Gefühl, keine einzelne Burg, sondern eine ganze Burgfamilie vor sich zu sehen. Wer romantische Burgen mag, wird entzückt sein von diesem Märchenschloss. Die Innenausstattung des Gebäudes ist dagegen weniger überladen. Zu besichtigen ist eine

Gestreifte Kühe – Belted Galloway

Farbkarte Seite VII **Melrose**

Ausstellung von Porzellan, Portraits und Teppichen.

Im Floors Castle, das in den Jahren 1721-1725 nach einem Entwurf von *William Adam* gebaut wurde, hat der Herzog *Duke von Roxburghe* seinen Sitz. In den 30er Jahren des 20. Jh. war das protzige Schloss der Drehort für den Tarzan-Film „Greystoke". (Ö: im Sommer 10-16.30 Uhr, E: £ 5.75)

Das **Mellerstain House,** ein Herrenhaus im Georgianischen Stil 11 km nordwestlich von Kelso in Richtung Lauder (A 6089), wurde ebenfalls von den Adams, der berühmten Architektenfamilie Schottlands entworfen: *W. Adam* begann, das Herrenhaus im Jahre 1725 zu bauen, sein Sohn Robert, der auch das Culzean Castle an der schottischen Westküste entwarf, vollendete die Arbeit seines Vaters im Jahre 1778. Von außen wirkt das Mellerstain House eher schlicht. Elegant und bis ins Detail geplant ist dafür die Inneneinrichtung. Die Möbel sind von Designern wie *Chippendale* entworfen. Die Gemäldesammlung umfasst die Maler *A. Ramsay* und *Gainsborough.* Liebhaber gediegenen Wohnens sollten sich das Mellerstein House nicht entgehen lassen. (Ö: im Sommer So-Fr 12.30-17 Uhr, E: £ 5.50)

Information

●Das **Tourist Information Centre** in Kelso ist im Town House, The Square, Kelso TD5 7HF, in der Nähe des Marktplatzes untergebracht; alternativ: Kirk Yetholm, Teviot Water Gardens, Tel. 0870/60 80 404.
●www.kelso-online.co.uk

Unterkunft

●**Bellevue House,** Bowmont Street, Tel. 01573/22 45 88, liegt zentral in Kelso, die Preise für Einzelzimmer ab £ 30, für Doppelzimmer ab £ 27.
●**Cross Keys Hotel,** 36-37 Square, Tel. 01573/22 33 03, gehört zur höchsten Preisklasse in Kelso, befindet sich zentral an der großen Piazza in Kelso. B&B ab £ 40 für ein Einzelzimmer, ab £ 32 für Doppelzimmer.
●**Black Swan Inn,** Horsemarket, Tel. 01573/22 45 63, nimmt für B&B ab £ 24.
●**Kirk Yetholm Hostel,** Yetholm, 11 km südöstlich von Kelso Ortsausgang in Richtung Pawston, Tel. 0870/00 41 132, £ 10,50, ideale Jugendherberge zum Wandern in den Cheviot Hills.
●**Springwood Caravan Park,** 1,5 km südlich von Kelso an der A 699, Tel. 01573/22 45 96, ab £ 12.

Melrose ⤤ VII, C2

Der kleine, geschäftige Ort Melrose liegt in der hügeligen Landschaft der Eildon Hills südöstlich von Galashiels an der A 609. Die Hauptattraktion ist unbestritten die **Melrose Abbey,** die Klosterruine aus dem 12. Jh. Auf einer Anhöhe über der Klosteranlage thront die Jugendherberge, untergebracht in einer schönen Villa. Melrose liegt sehr zentral in den Borders, eine gute Basis für Ausflüge zum Traquair House in der Nähe von Peebles, dem Neidpath Castle oder den vielen anderen Sehenswürdigkeiten im Grenzland.

Borders

Melrose

Sehenswertes

Der **Melrose Abbey** eilt der Ruf voraus, „unter den Klosterruinen der Borders die schönste zu sein." Die romantische Ruine findet sich, von der Market Square in der Ortsmitte von Melrose aus gesehen, rechts an der Abbey Street. Ihre Gründung durch *König David I.* war ca. 1136. Mönche des Zisterzienserordens von Rievaulx in Yorkshire legten den Grundstein für das Kloster in Melrose und widmeten ihr Werk Maria, der Mutter Jesu'. Schnell entwickelte sich die Abtei zu einer wirtschaftlichen Macht in den Borders und verleibte sich große Ländereien ein.

Das Herz des schottischen *Königs Robert Bruce* wurde in der Abteikirche bestattet, nachdem es in einer Silberkapsel die Reise nach Jerusalem angetreten hatte, um nach dem Wunsch des Königs dort begraben zu werden. Doch die Sarazenen verhinderten die Grablegung der Silberkapsel, und das Herz kehrte zur Bestattung wieder nach Schottland zurück.

Den ersten großen Rückschlag brachte der Melrose Abbey das Jahr 1385. *Richard II.,* König von England,

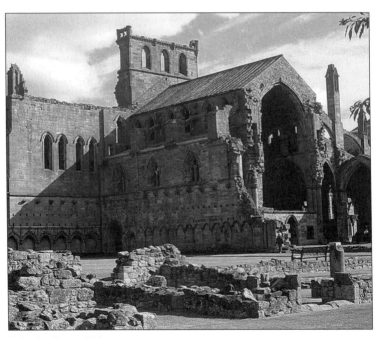

Ruine des Klosters Melrose

Farbkarte Seite VII **Melrose**

fügte dem Kloster bei einem Feldzug gegen Schottland großen Schaden zu. Endgültig zerstört wurde die Melrose Abbey durch einen englischen Angriff, geführt im Jahre 1545 vom Earl of Hertford. Nach der Zerstörung des Klosters nutzte die Bevölkerung von Melrose die Ruine fortan als Steinbruch.

Das Kreuzschiff, das in Kapellen unterteilte Seitenschiff und die freigelegte Gründung vermitteln ein Bild, wie die Melrose Abbey einst ausgesehen hat. Leider sind einige dekorative Details an der Fassade mit dem bloßen Auge schwer zu erkennen, wie etwa das dudelsackspielende Schwein am Dach der Abteikirche.

Sir Walter Scott, dessen Roman „Das Kloster" (1820) in der Melrose Abbey spielt, rät den Besuchern: „Und willst du des Zaubers sicher sein, so besuche Melros' bei Mondenschein; Die goldne Sonne, des Tages Licht, sie passen zu seinen Trümmern nicht." (nach einer Übersetzung von *Theodor Fontane*). Leider vereiteln die Öffnungszeiten den Ratschlag des Dichters. (Ö: Apr.-Sept. Mo-Sa 9.30-18.30, So 14-18.30 Uhr, Okt.-März Mo-Sa 9.30-16.30, So 14-16.30 Uhr, E: £ 3.50)

Steinmetzarbeit an Melrose Abbey

Wer sich weitergehend mit der Melrose Abbey beschäftigen möchte: Das Museum im **Commdendator's House** – ganz in der Nähe über die Cloisters Road hinweg – dokumentiert die Geschichte der Melrose Abbey. Ferner informiert es über die Spuren, die einst die Römer in der Borders-Region hinterließen, und stellt Fundstücke jener Zeit aus.

Das **Roman Heritage Centre,** Ormiston Institute, Melrose, The Square, taucht tief in die römische Geschichte ein, die sich im schottischen Süden abgespielt hat. (Ö: Apr.-Okt. 10.30-16.30 Uhr, E: £ 1.50)

Im **Abbotsford House** verbrachte *Sir Walter Scott* die letzten Jahre seines Lebens, bevor er dort 1832 verstarb. Das Herrenhaus nahe der A 7 zwischen Melrose und Galashiels ist ein buntes Allerlei verschiedener Baustile. Der englische Architekt *William Atkinson* entwarf das Gebäude 1822 nach dem strengen Willen des Romandichters. *Scott* war nicht nur ein leidenschaftlicher Literat, sondern auch ein Sammler von Kuriositäten, die in seiner Bibliothek mit über 9000 Büchern ausgestellt sind: Locken von *Admiral Nelson* und *Bonnie Prince Charlie,* eine Nachbildung des Totenschädels von *Robert Bruce* etc. (Ö: März-Okt. Mo-Sa 9.30-17, So 14-17 Uhr, E: £ 4.50)

Wer seinen Kindern eine Freude bereiten möchte oder wer bei „Land unter"-Wetterlage nicht ins Freie möchte, dem sei das **Teddy Bear Museum** empfohlen, The Wynd, in Melrose. (Ö: im Sommer 10-17 Uhr, E: £ 1.50)

Information

● **Tourist Information Centre** in Melrose, Abbey House, Abbey Street, Melrose TD6 9LG, Tel. 0870/60 80 404.
● www.melrose.bordernet.co.uk

Unterkunft

● **Burts Hotel,** Market Square, Tel. 01896/82 22 85, bereitet gute Mahlzeiten. B&B ab £ 46.
● **Dunfermline House,** liegt zentral mit Blick über die Abbey, Tel. 01896/82 24 11, B&B ab £ 25.
● **Braidwood,** Buccleuch Street, ganz in der Nähe der Melrose Abbey, Tel. 01896/82 21 48, B&B ab £ 22.
● **Mrs. Aitken,** High Street, 01896/82 24 79, B&B ab £ 20.
● **Old Abbey School,** Waverley Road, Tel. 01896/82 34 32, B&B ab £ 24.
● **Torwood Lodge,** High Cross Avenue, Tel. 01896/82 22 202, B&B ab £ 25.
● Vom Market Cross in der Ortsmitte von Melrose sind es 5-10 Min. zu Fuß bis zum **Melrose Hostel** (B&B ab £ 11,50). Man folgt der Straße East Port und biegt nach ungefähr 500 Metern nach links in die Priorwood Road ein. Die Jugendherberge ist in einer alten Villa eingerichtet, man hat von einer Ecke Blick auf die Melrose Abbey, Tel. 0870/00 41 141.
● Der **Campingplatz Gibson Park** befindet sich in Melrose in einer Nebenstraße, die von der High Street abzweigt. Der Stellplatz kostet ab £ 16.10, Preise für Zelte auf Anfrage, Tel. 01896/82 29 69.

Galashiels   ↗ VII, C2

Neben Hawick, das weiter südlich im Teviot-Tal liegt, ist Galashiels die größte Stadt in den Borders. Die Textilindustrie hat der Stadt ihren Stempel aufgedrückt: Viele Woll- und

Farbkarte Seite VII — **Galashiels**

Stoffläden zeugen noch heute davon. Ein College bildet Textildesigner aus. Wer sich des Weiteren über die Wollproduktion informieren möchte, kann dies im **Galashiels Museum.** Ein Besucherzentrum erläutert den Vorgang der Wollverarbeitung vom Schafscheren bis zum fertigen Pullover.

Der Name Galashiels hat seinen Ursprung in den so genannten *shielings.* Das sind Unterstände, welche die Schafhirten vor vielen hundert Jahren am Ufer von Gala Water bauten.

Sehenswertes

In Galashiels gibt das **Lochcarron of Scotland Cashmere and Wool Centre,** Waverley Mill, an der Huddersfield Street, Auskunft über die Geschichte der Wollindustrie in Schottland vom Ein-Mann-Betrieb bis zur Großindustrie. Ein Geschäft vor Ort verkauft Wollsachen aus eigener Herstellung. Wer sich einen schönen Pullover aus Schottland mitbringen möchte, sollte sich diese Kaufgelegenheit nicht entgehen lassen. (Ö: Mo-Do 9-17.30 Uhr, Führungen um 10.30, 11.30, 13.30 und 14.30 Uhr, E: £ 2.50, Gruppe £ 2)

Im Herzen des Ettrick Forest findet sich das **Bowhill Theatre,** ein kleines Theater, das Musik und Dramen aufführt, Tel. 01750/22 204.

Das **Traquair House** aus dem 10. Jh. (ca. 20 km westlich von Galashiels, hinter Walkerburn an der A 72 nach links abbiegen) ist „das älteste fortwährend bewohnte Herrenhaus in Schottland". Einst nutzten es die schottischen Könige als Jagdschloss. Die schlichte Fassade erinnert mit ihren trutzig kleinen Fenstern und den Ecktürmen eher an eine Burg als an ein Herrenhaus. Gediegen ist dafür das Innenleben des Hauses: die Originaleinrichtung entstammt größtenteils dem 18. Jh. Viele berühmte Personen gaben sich im Traquair House ein Stelldichein, insgesamt 27 Monarchen, darunter *Mary Queen of Scots* oder *William the Lion,* der hier 1175 ein Dokument unterschrieb, welches Glasgow in die Riege der königlichen Städte erhob. Damit hatte Glasgow das Recht erhalten, jeden Donnerstag einen Markt abzuhalten. Seit 1492 besitzt die Familie *Stuart* das Traquair House mit seiner weiten Parkanlage, mit einer Brauerei und diversen Kunsthandwerksläden. Momentan nennt die Witwe des 20. Laird (Gutsherr) das Herrenhaus ihr eigen. (Ö: Mai-Sept. 12.30-17.30 Uhr, Juni, Juli und Aug. ab 10.30 Uhr, E: £ 5.80)

Information

● **Tourist Information Centre** in Galashiels ist in der 3 St. John's Street zu finden, Tel. 0870/ 60 80 404, Apr.-Okt. geöffnet.
● www.galashiels.bordernet.co.uk

Unterkunft

● **Abbotsford Arms Hotel,** Stirling Street, Tel. 01896/75 25 17, bereitet hausgemachte Speisen, Doppelzimmer ab £ 35, Einzelzimmer ab £ 45.
● **Kirklands,** Gala Terrace, Tel. 01896/75 37 62 für Wanderer, Radfahrer, ab £ 17.50.
● **Ettrickvale,** 33 Abbotsford Road, liegt außerhalb von Galashiels nahe des Tweed,

Borders

Peebles

B&B ab £ 20, zu empfehlen für Familien, Tel. 0870/00 41 141.
- In Galashiels selbst gibt es keine Jugendherberge. Es besteht die Möglichkeit, in das etwas dezentral, aber ruhig gelegene **Broadmeadows Hostel** auszuweichen. Es befindet sich südwestlich von Galashiels an der A 708 von Selkirk nach Moffat kurz vor dem kleinen Ort Yarrowford (Tel. 0870/00 41 107), ab £ 10.75.
- Oder man quartiert sich im **Melrose Hostel** ein, einer Jugenherberge, die in einer alten Villa im Ortskern von Melrose (siehe „Melrose") eingerichtet ist (Tel. 0870/00 41 141), ab £ 11,50.

Peebles ♢ VI, B2

Von der geräumigen Hauptstraße in Peebles, der **High Street**, zweigen enge Gassen ab, die eine Entdeckung wert sind. Die High Street ist die Pulsader von Peebles und mit Geschäften, Cafés, Imbissbuden etc. gesäumt und führt direkt auf die Kirche von Peebles zu. Direkt vor der Kirche teilt sich die High Street: Nach links führt sie über die Tweed-Brücke (15. Jh.) in die Neustadt von Peebles, nach rechts gelangt man

Schottisches Herrenhaus

Farbkarte Seite VI

Peebles

zur **Ruine der Cross Kirk.** Von der alten Klosteranlage aus dem 13. Jh. sind ein Schiff und der Westturm übrig geblieben, aber aus dem freigelegten Fundament erschließt sich der einstige Grundriss der Cross Kirk.

An einem Felshang am Tweed, 2 km westlich von Peebles an der A 72, thront das gut erhaltene **Neidpath Castle,** eine Befestigungsanlage aus dem 13. Jh. Im 17. Jh. hielten die dicken Mauern der Burg den Angriffen von *Cromwells* Truppen länger stand als die irgendeines anderen Border-Castles. Eine kleine, aber feine Ausstellung in der Eingangshalle informiert über die Geschichte des Neidpath Castle und berichtet über mittelalterliche Foltermethoden. (Ö: Apr.-Sept. Mo-Sa 11-17, So 13-17 Uhr, E: £ 3)

Information

● **Tourist Information Centre,** High Street, Peebles EH45 8AG, Tel. 0870/60 80 404.
● www.peebles.info

Unterkunft

● **Cross Keys Hotel,** Northgate, serviert auch Speisen zu moderaten Preisen, B&B: ab £ 28, Tel. 01721/72 42 22.
● **The Tontine,** High Street, Tel. 01721/72 08 92, mit Kneipe/Restaurant, kostet ab £ 40.
● **Green Tree Hotel,** 41 Eastgate, Tel. 01721/72 05 82, am östlichen Ende von Peebles, ab £ 32.

● Ein Zelt- und Wohnwagenplatz ganz in der Nähe von Peebles ist der **Rosetta Camping Park,** Tel. 01721/72 07 70, eine gute Basis, um das Tal des Tweed zu erwandern. Von Peebles fährt oder geht man auf der A 72 vom Zentrum in Peebles in Richtung Glasgow, bis rechts ein ausgeschilderter Weg auf den Platz hinweist. Preis pro Stellplatz ab £ 10, Ö: Apr.-Okt.

Fahrräder

● **The Hub** ist ein Café, das Fahrräder und Mountainbikes verleiht. Hier erhält man außerdem Informationen zum Wandern mit und ohne Rad. Das Café befindet sich im Glentress Forest, Innerleithen Road, Peebles, www.hubintheforest.co.uk, Tel. 01721/72 17 36.

Umgebung

● Peebles ist ein belebtes Städtchen, günstig gelegen zum **Wandern** in den südlich angrenzenden Tweedsmuir Hills oder nördlich in den Moorfoot Hills.

● Von Edinburgh trennen Peebles rund 30 km, nicht zu weit, um einen **Ausflug in die Hauptstadt** von Schottland zu unternehmen oder während des Edinburgh Festivals zur Übernachtung nach Peebles auszuweichen, denn in Edinburgh findet sich während des internationalen Festes nur schwer eine Möglichkeit zu übernachten.

Borders

Jedburgh ⚲ VII, C/D2

An einem kleinen Nebenfluss des Teviot, dem Jed Water, liegt Jedburgh. 16 km südlich von Jedburgh beginnt bereits die Grenze zu England, an der sich die Cheviot Hills erheben. Die Jedburgh Abbey aus rotem Sandstein ist zwar eine Ruine, oft zerstört und wieder aufgebaut, aber von allen Klöstern in den Borders das am besten erhaltene.

Sehenswertes

Auf einem Hügel hoch über der Stadt thront das ehemalige Gefängnis von Jedburgh, **Castle Jail,** das heute ein Museum für Sozialgeschichte beherbergt. (Ö: im Sommer Mo-Sa 10-16.30, So 13-16 Uhr, E: £ 2)

Ebenfalls ein Museum ist aus jenem Haus geworden, in welchem *Mary Queen of Scots* im Jahre 1566 für einige Zeit in Jedburgh verweilte. Das **Mary Queen of Scots House** erzählt die tragische Geschichte der Schottenkönigin. (Ö: Apr.-Okt. 10-17 Uhr, E: £ 3)

Das Kloster aus rotem Sandstein, die **Jedburgh Abbey,** besitzt eine ähnliche Geschichte der fortwährenden Zerstörung wie die anderen Abteien in der Borders Region: Der schottische König *David I.* gründete das Kloster im 12. Jh.; in der wirren Zeit des Mittelalters war das Kloster oftmals Ziel englischer Angriffe, und im 16. Jh. eroberten die Engländer auf Befehl *Henry VIII.* die Jedburgh Abbey und fügten ihr dabei großen Schaden zu.

Im Zentrum von Jedburgh, in der High Street, steht die **Ruine des Augustiner-Klosters.** Überlebt haben lediglich der 25 m hohe Kirchturm der Abtei und Teile des Hauptschiffes. Über die geschichtliche Seite der Jedburgh Abbey und das Leben der Mönche klärt eine Ausstellung vor Ort auf. (Ö: Mai-Sep. Mo-Sa 9.30-18.30, Okt.-März Mo-Sa 9.30-16.30, So 14-16.30 Uhr, E: £ 3.50)

Information

● **Tourist Information Centre,** Murray's Green, Jedburgh TD8 6BE, Tel. 0870/60 80 404, ganzjährig geöffnet.
● www.jedburgh.org.uk

Unterkunft

● **The Friars Willow Court,** ein paar Minuten vom Zentrum, Tel. 01835/86 37 02, ab £ 21.
● **Royal Hotel,** Canongate, Tel. 01835/86 31 52, ab £ 25.
● **Jedwater Caravan Park,** Jedburgh, Tel. 01835/84 02 19, am Fluss Jed, ab £ 7.
● **Froylehurst,** Friars, mit Garten, Tel. 01835/86 24 77, Doppelzimmer ab £ 22.

Farbkarte Seite VII **Hawick**

Hawick ⌦ VII, C2

Am Ufer des Flusses Teviot liegt Hawick – zu sprechen „Heuk"-, die Stadt mit der größten **Textilindustrie** in den Borders und vielen einschlägigen Geschäften, die Tweed und Strickwaren verkaufen.

Die **Bronzestatue** in der Stadtmitte, ein Pferd mit einem Reiter, der stolz sein Banner gen Himmel reckt, erinnert an 1514, das Jahr nach der vernichtenden schottischen Niederlage bei Floddenfield. Alle wehrtüchtigen Männer der Stadt starben in der Schlacht von Floddenfield. Eine Truppe Heranwachsender aus Hawick rettete die schottische Ehre. Die Pubertierenden zeigten den Engländern die Zähne, als sie plündernde englische Soldaten in die Flucht schlugen und den Engländern ihr Banner raubten. Jenes Banner hält der bronzene Reiter stolz in seiner rechten Hand. Dieses Ereignis aus dem 16. Jh. wird noch heute während des **Common-Riding-Festes** im Sommer gefeiert.

In der **Johnnie Armstrong Gallery** formen Künstler keltische Gegenstände nach alten Mustern sowie allerlei Kunsthandwerk; Henderson's Knowe, Teviothead, 15 km südlich von Hawick an der A 7. (Ö: täglich außer dienstags)

Das **Hermitage Castle** ist eine Trutzburg, 26 km südlich von Hawick an der B 8399 in Richtung Newcastleton. In einer hügeligen Gegend nahe der englischen Grenze gelegen, überblickt man von der Burg ein weites Gebiet. Von außen schaut sie mit ihren mächtigen Ecktürmen intakt aus, innen sind die Schäden vergangener Tage nicht zu übersehen. Das Castle, das kein Liebhaber von Burgen- und Rittersagen verpassen sollte, ist ein beliebter Drehort für Maria-Stuart und Macbeth-Filme.

Im Jahre 1566 ritt *Mary Queen of Scots* in mörderischem Galopp vom 40 km entfernten Jedburg zum Hermitage Castle, um ihren Geliebten

155

Bothwell zu sehen, der bei einem Gefecht stark verwundet worden war. Der Ritt stresste Mary derart, dass sie ein starkes Fieber befiel, von dem sie sich nur langsam wieder erholte. (Ö: Apr.-Sept. Mo-So 9.30-18.30 Uhr, Okt.-März Mo-Sa 9.30-16, So ab 14 Uhr, E: £ 2.20)

Information

● **Tourist Information Centre,** Drumlanrig's Tower, Hawick TD9 9EN, in der Ortsmitte, Tel. 0870/60 80 404, April-Okt. geöffnet.

Aktivitäten

● **Scottish Academy of Falconry,** The Wigg, Bonchester Bridge, Hawick, Tel. 01450/86 06 66. Bietet einen kompletten Ferienaufenthalt an, der Kurse in der Abrichtung von Falken und Habichten beinhaltet.
● **Hawick Cashmere Company Ltd,** Trinity Mills, Duke Street. Hier wird gezeigt wie der berühmte Stoff des Schals aus „Cashmere" gewebt wird. (Ö: im Sommer Mo-Sa 9.30-17, So 11-16 Uhr)

Unterkunft

● **Bridge House,** Sandbed, am Teviot gelegen mit Biergarten und Restaurant, Tel. 01450/37 07 01, Doppelzimmer ab £ 25.
● **Elm House Hotel,** 17 North Bridge Street, Tel. 01450/37 28 66, Doppelzimmer ab £ 25.
● **Jane Peddie,** in der Nähe des historischen Zentrums, 6 Weensland Road, Tel. 01450/37 00 02, B&B ab £ 20.
● **Hawick Riverside,** Caravan Park, Hornshole Bridge, 5 Autominuten vom Zentrum, Tel. 01450/37 37 87, ab £ 12.

Duns   ⤤ VII, D1

Im **Merse,** dem Marschgebiet an der Ostküste, befindet sich der Ort Duns, der geprägt wird von landwirtschaftlichen Betrieben. Zwei berühmte Menschen sind in Duns geboren: einer der führenden Philosophen des Mittelalters, *John Duns Scotus,* und der Formel-1-Rennfahrer *Jim Clark,* dessen Trophäen im **Jim Clark Room** zu bewundern sind. Wer sich für Autorennsport interessiert, kann sich die Pokale und Erinnerungsstücke von *Jim Clark* in der Newton Street in Duns, an der A 6105, ansehen.

Nördlich von Duns befindet sich ein **Naturschutzgebiet** mit Wanderpfaden. In diesem Gebietes lag einst der Ort Duns. Der englische König *Henry VIII.* unternahm jedoch im Jahre 1544 aus Wut, dass *Mary Stuart,* Queen of Scots, seinen Sohn nicht geheiratet hatte, einen Rachefeldzug nach Schottland, bei dem das „alte" Duns völlig verwüstet wurde.

Unterkunft

● **Barnikan House Hotel,** 18 Murray Street, Tel. 01361/88 24 66, B&B ab £ 25.
● **Mrs. S. Blackley,** 8 Langton Gate, zentral gelegen, Tel. 01361/88 36 52, ab £ 21.
● **Cockburn Mill,** Duns, Tel. 01361/88 28 11, Farmhaus am Fluss gelegen, B&B ab £ 24.

Umgebung

● Das **Manderston House,** ein edles schottisches Landhaus in edwardianischem Baustil (18. Jahrhundert) steht abseits der A 6105, 3 km östlich von Duns. An der Innenausstattung wurde nicht gespart, ein Treppenhaus ist in Silber ausgeführt und im Ballsaal hängen Vorhänge aus Samt mit gold- und silberbestickten Gardinen.

Ein schöner Garten mit Rhododendren und Azaleen vervollständigt das Manderston House. (Ö: Mitte Mai-Sept. Do und So 14-17.30 Uhr, E: £ 6.50)

● Das **Paxton House** zählt zu den schönsten Landhäusern in Großbritannien und beherbergt die größte Chippendale-Sammlung in Schottland. Das von *John und James Adam* entworfene Haus aus dem 18. Jh. ist in einen Gartenpark gebettet, der zum Spazierengehen lädt. (Ö: Apr.-Okt. 11.15-16.15 Uhr, 16.15 Uhr letzte Tour, E: £ 6)

● Die **Swinton Pottery** in Swinton, 5 km südlich von Duns, töpfert fantastische Sammlerstücke für Burgen-

Fahrbarer Verkaufsstand unterwegs im Süden Schottlands

Duns

Vom Aussterben bedroht: rote Telefonzelle

fans, kleine Zauberer, Burgen und anderes mehr. 25-27 Main Street in Swinton. (Ö: Di-Fr 10-17 Uhr)
● *The Wheatsheaf at Swinton* lädt ein zum regionalen Dinner, Tel. 01890/86 02 57, www.wheatsheaf-swinton.co.uk. (Ö: 12-14, 18-21 Uhr)

Eyemouth   ⤢ VII, D1

Die Küstenlinie der Borders Region hat zwar nur eine Länge von rund 40 km, dafür ist sie um so spektakulärer – nirgends an der Ostküste Schottlands existiert eine vergleichbare Steilküste. Zum Teil ist der Küstenstreifen wie der um St Abbs Head nördlich von Eyemouth zum Naturschutzgebiet erklärt.

Direkt am Meer ist das Fischerdorf Eyemouth angesiedelt, der letzte größere Ort Schottlands vor der englischen Grenze. Das lebendige Dorf zieht viele **Wassersportfreunde** an, denen sich Möglichkeiten zum Tauchen, Segeln und Baden eröffnen. Wer keine Wasserratte ist, kann die Küste erkunden, die von Sandstränden, Höhlen und einer herrlichen Steilküste geprägt wird.

Das **Eyemouth Museum** erinnert an ein Ereignis aus dem Jahre 1881, als ein Tornado einen Großteil der Fischerflotte von Eyemouth vernichtete, wobei 129 Männer starben.

Sehenswertes

Das verspielte **Ayton Castle** aus dem Jahre 1846, ein viktorianisierter Bau, wurde erst kürzlich saniert und

wird bewohnt. (Ö: Mitte Mai bis Mitte Sept. Mi und So 14-17 Uhr, E: £ 3)

Information

● *Tourist Information Centre,* Auld Kirk, Mansfield Road, Eyemouth TD14 5JE, Tel. 0870/60 90 404, April-Okt. geöffnet.
● www.eyemouth.com

Unterkunft und Essen

● *The Churches,* Albert Road, Tel. 01890/75 04 01, bereitet hausgemachte Spezialitäten, B&B ab £ 45.
● *Ship Hotel,* Harbour Road, Tel. 01890/75 02 24, ist ein guter Ort, um die Wassersportmöglichkeiten von Eyemouth wahrzunehmen, B&B ab £ 22.50.
● *Dolphin Hotel,* North Street, Tel. 01890/75 02 80, ab £ 25.
● Die Jugendherberge *Coldingham Sands* liegt direkt am Meer in der Nähe von St. Abbs, 2 km entfernt von Coldingham, Tel. 0870/00 41 111, ab £ 11. Wegbeschreibung: In Coldingham läuft man in Richtung St. Abbs, passiert einen Lebensmittelladen. Auf der rechten Seite taucht der *Campingplatz von Coldingham* auf, hinter welchem man nach rechts abbiegt. Von dort bis zur Jugendherberge, die rechts auf einer kleinen Anhöhe steht, ist noch eine Strecke von rund 3 km zu bewältigen.

Umgebung

● Vom **Fast Castle,** ca. 16 km nördlich von Eyemouth, ist kaum mehr als die Gründung erhalten. Stolz hat die Burg einmal auf jenem Felsvorsprung gestanden, den die Wellen der Nordsee unaufhörlich bearbeiten. Von der Felsklippe hat man einen wunderbaren Blick entlang der Küste in Richtung Nordwesten. Et-

Eyemouth

was störend wirkt allerdings das Kraftwerk, das man in weiter Ferne entdeckt.

Vom Erbauer des Fast Castle ist leider nichts Näheres bekannt. Im 14. Jh. war die Home-Familie im Besitz der Burg. Später sollen sich Schmuggler und Seeräuber hier verschanzt haben.

Das Fast Castle liegt nordwestlich von Eyemouth an der Steilküste. Von Eyemouth fährt man nordwestlich nach Coldingham, von dort entlang der A 1107 (!) in Richtung Cockspurnpath. Ca. 7 km hinter Coldingham biegt eine Straße nach rechts ab. Man überquert den Telegraph Hill und kommt zu einer Farm, an welcher der Fahrweg endet. Der Rest der Strecke zum Fast Castle muss zu Fuß zurückgelegt werden. Vorsicht, das letzte Stück über blanken Fels bis zur Ruine ist nicht ganz ungefährlich!

Dumfries und Galloway

Überblick

Viele Reisende schenken der Region Dumfries und Galloway im Südwesten Schottlands zu Unrecht wenig oder gar keine Beachtung, wenn sie die Region auf der A 74 durchqueren, der Schnellstraße von Carlisle nach Glasgow. Dumfries & Galloway besitzt genügend landschaftliche Reize, angefangen von der Berglandschaft bei Moffat bis zur Steilküste der Rhinns of Galloway.

Die **Rhinns of Galloway** sind eine hammerförmige Halbinsel, die an der äußersten, südwestlichen Ecke Schottlands nach Irland weist. Von Stranraer, der größten Stadt auf der Halbinsel, laufen Fähren nach Douglas (Nord-Irland) aus. Weiter südlich, in Portpatrick, beginnen die 339 km des Southern Upland Way, des Wanderweges von der West- bis zur Ostküste.

Die Küste der Rhinns of Galloway verläuft felsig und fällt steil ab. Nur ab und an schiebt sich zwischen die schroffen Felsen eine sandige Bucht, in der ein kleines Dorf Schutz findet, wie das südlichste Dorf Schottlands, Drummore. Südlicher noch liegt das **Mull of Galloway.** Von hier kann man einen herrlichen Ausblick genießen, nach Irland, der Küste des Solway Firth und der Englischen Westküste.

Vor den Rhinns of Galloway erstreckt sich die kahle, flache Landschaft **The Moors,** besiedelt von

Ebbe an der Südküste bei Dumfries

Farbkarte Seite II, III **Überblick**

vereinzelten Farmen und kleinen Siedlungen. Nördlich davon ragen die waldgesäumten Hügel des Galloway-Forest-Parks bis knapp 800 m in die Höhe und laden zum Wandern und zum Baden in den höchsten Binnenseen Schottlands ein. Baden allerdings ist hier nur für Abgebrühte ein Vergnügen.

Ähnlich wie The Moors ist ein anderer Landstrich mit Namen **The Machars,** der wie eine große Nase in den Atlantik ragt, von der Landwirtschaft geprägt. Den so genannten Galloway Rindern bietet The Machars ausgezeichnete Weiden. In dem kleinen Dorf Whithorn am Solway Firth landete im Jahre 379 der **Heilige Ninian** und legte dort den Grundstein für die erste christliche Kirche in Schottland. Irische Pikten folgten Ninian, gingen ebenso am Solway Firth an Land und verbreiteten das Christentum im Landesinneren. Vom Süden Schottlands breiteten sie sich langsam gen Norden aus, an der Westküste und über die Inseln, wo sie das sagenhafte Königreich Dalriada gründeten.

Ein zentraler Ort in der Region Dumfries und Galloway ist die landwirtschaftlich geprägte Marktstadt **Newton Stewart,** ein idealer Ausgangspunkt, um den Südwesten Schottlands zu erkunden. In Newton Stewart gibt es eine Jugendherberge ohne großen Komfort, aber mit viel Atmosphäre.

Die größte und wirtschaftlich bedeutendste Stadt der Region ist

Portpatrick am „Hammer von Galloway"

163

Überblick

Dumfries. Hier hat der schottische Barde *Robert Burns* die letzten vier Jahre seines Lebens als Beamter verbracht. Auf dem Michaels-Friedhof in Dumfries liegt er beerdigt. Die Tweedsmuir Hills, nördlich von Dumfries an der Grenze zu der Borders-Region, sind landschaftlich reizvoll. Die roten, zum Teil felsigen Sandsteinberge erreichen Höhen von über 800 m.

Die Auszeichnung „Best Kept Village" hat **Moffat,** das Kurstädtchen am südlichen Rand der Tweedsmuir Hills, mehrmals gewonnen. Wahrhaftig, Moffat ist ein Vorzeigestädtchen. Die Straßen sind wie geleckt, Touristen sitzen in den Cafés an der Haupt-

Gretna Green

Fragt man Eltern oder Großeltern nach der Bedeutung des schottischen Ortes Gretna Green, erhält man meist diffuse Antworten: „Hat das nicht irgend etwas mit schrankenlosem Heiraten zu tun?" „Ach, das ist doch die Vermählung von Minderjährigen durch einen Schmied, oder?" etc.

An alledem ist etwas Richtiges, nun aber die ganze Wahrheit: Nachdem man auf der A 74 die Brücke über den kleinen Fluss Sark passiert hat, befindet man sich in Schottland, England ist vergessen. Die Gegend hat sich kaum gewandelt, sie ist immer noch flach und langweilig. Kurz hinter der Brücke über den River Sark taucht linker Hand das Städtchen Gretna auf, das man auch links liegen lässt. Wenig später ist es soweit. Das schottische Örtchen Gretna Green ist erreicht.

Ein kurzer Ausflug in die Geschichte: Schottland behielt nach der Union mit England im Jahre 1707 seine eigene Rechtssprechung. Als 1754 in England durch den Hardwick Marriage Act heimliche Hochzeiten per Gesetz verboten wurden, flüchteten verliebte Paare über die Grenze nach Schottland, wo nach wie vor die alte Rechtssprechung besagte, dass eine Heirat mit dem Ja-Wort der Geliebten vor zwei Zeugen beschlossene Sache ist, vorausgesetzt, beide Teilnehmer haben ein Alter von 16 Jahren erreicht.

So überqueren viele heiratswütige Menschen die Grenze von England nach Schottland, um sich meist gegen den Willen der Eltern in Gretna Green zu lieben, in die Ehe zu stürzen und nicht selten ins Unglück. Um der Trauung ein wenig Pomp zu verleihen, vollzog im Laufe der Jahre ein Hufschmied über einem Amboss oder ein Gastwirt die Trauung. Kluge schottische Köpfe kamen auf die Idee, von der ganzen Ehegeschichte ihren Profit abzuwacken. Mitte des 19. Jahrhunderts enstand ein Gesetz mit der Bestimmung, dass sich einer der beiden Ehewilligen vor der Trauung für mindestens 21 Tage in Schottland aufhalten müsse. Damit machten die Hotels in Gretna Green ihre ersten Geschäfte, vor allem mit reichen, adligen Söhnen, die sich gegen den Willen der Eltern in Bürgertöchter verschossen hatten.

Die Herrlichkeit der heimlichen Eheschließung währte bis 1940, als das Parlament diese Art der Hochzeit unterband. Fortan lebte nur noch der Ruf von Gretna Green als einstiger Zufluchtsort für heimliche Heiratswillige fort.

Dieses Image führt bis heute eine Unzahl von Touristen nach Gretna Green, die sich je nach Bedarf von einem Hufschmied über einem Amboss vermählen können – allerdings nur zum Schein, aber für ein echtes schottisches Pfund.

Farbkarte Seite II **Stranraer**

straße und verspeisen ihre Sahnetorte. Moffat ist zwar ein idealer Ausgangspunkt für Wanderungen zu der Schlucht Devil's Beef Tub oder dem Wasserfall Grey Mare's Tail, aber nicht für jeden ein Ort zum Wohlfühlen.

Ähnlich bestellt ist es um die Ortschaft **Gretna Green,** jenes bekannte schottische Grenzdorf, das früher ein Zufluchtsort für heiratswillige Menschen aus dem benachbarten England war.

Information

● www.galloway.co.uk

Stranraer   ⤢ II, A2/3

Geschützt im Loch Ryan im Südwesten Schottlands liegt die Hafenstadt Stranraer. Von hier verkehren Fähren nach Irland. Schmuckstücke sind Hafenstädte selten. Das gilt auch für Stranraer. Doch das sollte niemanden abschrecken, dorthin zu fahren, denn immerhin verfügt die Stadt über ein reiches Sportangebot von Angeln bis zum Freizeitbad. Eher als Stranraer ist das nahe **Portpatrick** ein guter Standort zur Erkundung der landschaftlich reizvollen Halbinsel Rhinns of Galloway.

Die Wurzeln Stranraers reichen zurück bis in die **Römerzeit.** Die Römer nutzten die geschützte Lage am Loch Ryan aus, um hier vor Anker zu gehen. Damals nannte sich das kleine Städtchen noch *Rericonius Sinus,* was so viel bedeutet wie „geschützter Meerbusen".

Vom **Castle of St John** im Zentrum der Stadt Stranraer erzählt die Legende, dass es einst auf Wollballen erbaut wurde, damit seine Steinmauern nicht im sumpfigen Boden verschwinden. Die gut erhaltene Burg stammt aus dem 15. Jh. Sie war einst der Wohnsitz von *John Graham of Claverhouse,* jenes Bluthundes, der als großer Verfolger der Covenanters in die Geschichte einging. Vom 17 Jh. bis hinein ins 19. Jh. nutzte man das Castle als Gefängnis und Sitz der Polizei. (Ö: Apr.-Sept. Mo-Sa 10-13 und 14-17 Uhr, E: £ 1.20)

Information

● **Tourist Information Centre,** Harbour Street, Stranraer, Tel. 01776/70 25 95, Fax 88 91 56, ganzjährig geöffnet.
● www.stranraer.org

Verbindungen

● **Stena Line Ltd.** verkehrt zwischen Stranraer und Belfast, die Überfahrt dauert zwischen 2.20 Std. und 3.15 Std., Hin- und Rückfahrt kosten £ 24-36, mit PKW ca. £ 90-186.
● Die Fähren der **P&O Irish Sea** laufen von Cairnryan und Larne nach Nordirland aus, Ab Cairnyan (ca. 8 km nördlich von Stranraer) 1 Std. (Express) oder 2.15 Std. Fahrtzeit, Rückfahrkarte ab £ 22 (5 Tage gültig), mit PKW ca. £ 150-225 (5 Tage gültig).
● Die Fähre in Stranraer ist direkt verbunden mit den **Zügen,** die aus dem Norden kommen.
● Busse von **Scottish Citylink** fahren von Glasgow nach Stranraer, ca. £ 11 einfache Fahrt.
● Busse von **National Express** verkehren zwischen London (Victoria) und Stranraer (Stena Terminal), über Birmingham/Coach Street/Dumfries/Newton Stewart. Einfache Fahrt: £ 33.

Dumfries/Gallo.

Stranraer

● **Konkrete Verbindungen:** *Traveline* für alle öffentlichen Verkehrsmittel (außer Flügen) www.travelinescotland.com bzw. Tel. 0870/ 60 82 608 (siehe auch „Unterwegs in Schottland" für günstige Tickets).

Unterkunft

● **Harbour Guest House,** Market Street, liegt direkt am Hafen, ideale Übernachtungsmöglichkeit für Irlandreisende. B&B ab £ 25, Tel. 01776/70 46 26.
● **Fernlea Guest House,** Lewis Street, liegt in der Nähe des Hafens. Tel. 01776/70 30 37, ab £ 18.

● Zwischen Stranraer und Portpatrick liegt der **Drumlochart Caravan Park** mit Möglichkeiten zum Fischen und Bootfahren (Ö: März-Okt.), Tel. 01776/87 02 32, ab £ 11 für Wohnwagen.

Aktivitäten

● **Logan Botanic Garden,** ungewöhnliche Pflanzen, Palmen, Farne etc. 22,5 km südlich von Stranraer an der B 7065. (Ö: 10-18 Uhr, E: £ 3)
● Wer seine Ferien auf dem Wasser verbringen möchte, kann mit seiner Familie oder mit Freunden (max. 12 Personen) eine **Jacht chartern** und zu den westlichen In-

Idyllisches Castle Kennedy

Farbkarte Seite II **Newton Stewart**

seln segeln: *Northwest Ventures* Portamaggie Dunskey Estate, Portpatrick, Tel. 01776/81 05 84 oder 81 04 81.

●In Portpatrick, dem Ausgangspunkt des Wanderweges *Southern Upland Way,* gewährt das *Colfin Smokehouse,* Tel. 01776/82 06 22, einen Einblick in das traditionelle Räuchern von Lachs und bietet darüber hinaus über 100 verschiedene Sorten von Malt Whisky, Shortbread u.a. zum Verkauf an.

●In der Nähe von Stranraer finden sich die 18 Löcher des *Portpatrick (Dunskey) Golf Club,* Golf Course Road, Tel. 01776/81 02 73. (E: eine Runde £ 27)

Umgebung

●Das *Castle Kennedy,* erbaut im 15. Jh., war der ehemalige Sitz des *Earls of Stair.* Heute leben der Graf und seine Frau im Viktorianischen Lochinch Castle gegenüber der alten Burgruine.

Die Gärten um die beiden Burgen, die *Castle Kennedy Gardens,* wurden bereits im 18. Jh. angelegt. Extra für die Gartenarbeiten befreite der zweite *Earl of Stair* seine Soldaten von ihren militärischen Pflichten. Als Gesandter des Königs hatte der *Earl of Stair* Frankreich besucht und kehrte beeindruckt von der Gartenanlage in Versailles nach Schottland zurück. Er wählte einen schmalen Landstrich zwischen zwei kleinen Seen für seinen eigenen Gartenpark, den er mit Rhododendren, Azaleen und wilden Sträuchern bepflanzen ließ.

Die Anlage, die zu ausgedehnten Spaziergängen animiert, befindet sich etwa 5 km vor Stranraer nördlich der A 75 zwischen den Seen Black Loch und White Loch. (Ö: Apr.-Sept. 10-17 Uhr, E: £ 4)

●Am Südzipfel der Rhinns of Galloway erhebt sich das *Mull of Galloway* vom Meeresspiegel auf eine Höhe von über 60 m. Von hier, dem südlichsten Punkt Schottlands, blickt man bei klarer Fernsicht bis an die irische Küste, die 40 km entfernt ist. Von Stranraer bis zum Mull of Galloway beträgt die Distanz ca. 35 km.

Newton Stewart ⟋ II, B2

Das Städtchen Newton Stewart, am südlichen Rand des Galloway-Forest-Parks und am Fluss Cree gelegen, ist mit 2903 Einwohnern eine *sympathische Kleinstadt,* eingebettet in eine angenehme landwirtschaftliche Atmosphäre, mit einem allwöchentlichen Viehmarkt in der Ortsmitte. Die Hauptstraße A 714, die sich durch den Ort schlängelt, schmücken bunte, einfache Häuser, die sehr gepflegt wirken. In den Häusern sind Kneipen, Hotels und Geschäfte vom Antiquariat bis zum Lachsverkauf untergebracht. Der Ort eignet sich gut als Ausgangspunkt für Ausflüge in den Galloway Forest Park und zu den südlich gelegenen frühchristlichen Stätten.

Information

●*Touristen Information Centre,* im Ortskern an der Markthalle gelegen, Dashwood Square, Tel. 01671/40 24 31, April-Okt. geöffnet.

●www.newtonstewart.org

Newton Stewart

Unterkunft

● **Kilwarlin Mrs. H. Dickson,** 4 Corvisel Road, Tel. 01671/40 30 47, ab £ 20.

● Das **Flower Bank Guest House** befindet sich in Minigaff, der Ortschaft auf der anderen Seite des Flusses direkt am Ufer des Cree, Tel. 01671/40 26 29, B&B ab £ 20.

● Clugston Farm, ca. 8 km westlich an der A 75, Tel. 01671/83 03 38, ab £ 16.

● Das **Minnigaff Hostel** liegt in dem gleichnamigen Ort, jenseits des Flusses Cree. Nachdem man die Brücke überquert hat, biegt der Weg zur Jugendherberge direkt hinter dem Krämerladen nach links ab. Von dort geht man ca. 1-2 km immerzu geradeaus, bis die Jugendherberge linker Hand auftaucht. Einen eigenen Charakter hat sie: Viele Einzelreisende machen hier Station, die Schlafsäle sind groß und die Betten etwas ausgeleiert, doch mit den Leuten hier lassen sich angenehme Tage verbringen, Tel. 0870/00 41 142, Ö: Apr.-Okt., ab £ 10,50.

● 11 km westlich von Newton Stewart finden Camper auf dem **Three Lochs Caravan Park,** Tel. 01671/83 03 04, einen Stellplatz ab £ 7 (Zelt), Ö: März-Okt. Sie fahren von Newton Stewart in Richtung Kircowan und bleiben einige km auf der A 75, bis rechter Hand ein Hinweisschild „Whitecairn Farm" auftaucht, welchem Sie folgen. Der Campingplatz liegt ca. 6 km hinter der Farm.

Umgebung

● Am Clatteringhaws Loch, 9 km vor New Galloway an der A 712, befindet sich das **Clatteringhaws Visitor Centre.** Die umgebaute Farm zeigt anhand von lebenden Hirschen und Informationstafeln, wie diese Tiere leben und sich in freier Wildbahn verhalten. Eine weitere Ausstellung vor Ort ist dem Lachs gewidmet (Ö: im Sommer 10-17 Uhr, E: frei). Clatteringhaws Loch ist auch ein guter Ausgangspunkt für Wanderungen und Radtouren.

● Wahrscheinlich im Bronzezeitalter wurden die 19 Steinblöcke des **Torhouse Stone Circle** aufgestellt. Der Steinkreis befindet sich auf einem Erdhügel abseits der B 733, ca. 7 km westlich von *Wigtown,* und gehört zu den umfangreichsten in Großbritannien. Die 19 rundlichen Steine beschreiben einen Kreis mit einem Durchmesser von 183 m. Die Mitte des Kreises markieren drei weitere Steinblöcke.

● **Monreith Animal World,** 10 km westlich von Withorn an der A 747, informiert über Leben und Überleben an der Küste. Mit kleinem Museum über *Gavin Maxwell.* (E: £ 3.50)

● 6 km südlich von Withorn entlang der Küste führt ein 5 km langer Spaziergang zu einer Höhle, welche *St. Ninian,* dem schottischen Missionar, als Elfenbeinturm diente: **St Ninian's Cave.**

● **The Whithorn Story,** eine archäologische Ausgrabungsstätte mit Besucherzentrum, findet sich in der George Street in Whithorn. Die Geschichtsforscher graben nach Zeugnissen aus der Zeit der ersten christlichen Gemeinde und einem Dorf der Wikinger, die hier einst siedelten. Über bereits Entdecktes informiert eine Führung. Ein Lichtbildvortrag im Besucherzentrum erhellt den geschichtlichen Hintergrund, berichtet von den Lebensbedingungen der Pilger im Mittelalter und erzählt von den Taten des Heiligen Ninian. (Ö: Apr.-Okt. 10.30-17 Uhr, E: £ 2.70)

• **Bladnoch Distillery Visitor Centre,** 1 km südlich von Wigtown, gewährt einen tiefen Einblick in die Kunst des Whisky-Brauens. Eine reizvolle Kulisse für eine nicht mehr produzierende Brennerei bilden die herrliche Landschaft mit kleinen Flüsschen (auch für Camper!), sowie die stilvollen alten Gebäude des Hauses Bladnoch. Eine Ohrenweide ist der „dialektische" Vortrag der jungen Frau, die liebevoll durch die alten Whiskyfässer geleitet – wenn auch nicht immer zu verstehen. (Ö: Mo-Fr 9-17 Uhr, im Sommer auch Sa und So 10-17)

• Nördlich von Newton Stewart erstreckt sich der 400 km² große **Galloway Forest Park.** Der von der *Forestry Commission* verwaltete Park ist kein natürlich entstandenes Waldgebiet, die meisten Bäume sind von Menschenhand gepflanzt und dienen wirtschaftlichen Interessen. Die Touristeninformation im Ortskern von Newton Stewart verteilt eine Beschreibung der Wanderwege durch das ruhige, dünnbesiedelte Gebiet mit den zum Teil felsigen Bergen. Der Merrick, höchster Berg in den Southern Uplands, erreicht eine Höhe von 843 m.

• Ein interessantes Wandergebiet erstreckt sich an der Verbindungsstraße von Newton Stewart nach

Kuhhaupt

New Galloway – wegen ihrer königlichen Landschaft auch **Queensway** genannt. *Robert Bruce,* der schottische Herrscher von 1306-1329, hat an dem heute so friedlich ausschauenden See die **Schlacht von Rapploch Moss** im Jahre 1307 gegen die Engländer geführt – und gewonnen. Er und seine Schotten zogen sich auf die Anhöhe zurück und rollten Felsblöcke von der Anhöhe hinab auf die englischen Streitkräfte. Zum Gedenken an diese Schlacht steht der **Bruce's Stone** auf einem Hügel und blickt voller Stolz hinab auf das Clatteringshaw Loch. Der Weg zum Bruce's Stone ist mit einem Zeichen des National Trust markiert.

Eine andere Schlacht hat *Robert Bruce* im Tal **Glen Trool** nördlich von Newton Stewart gegen die Engländer geschlagen und gewonnen, der Auftaktsieg zur Schlacht von **Bannockburn.** Auch für diesen Sieg haben die stolzen Schotten ihrem einstigen Chef einen Stein aufgestellt. Er befindet sich nördlich des Loch Trool. Zu erreichen ist das landschaftlich sehr reizvolle Glen Trool, indem man in Clauchaneasy, ca. 15 km nördlich von Newton Stewart, nach rechts abbiegt in Richtung Glen Trool Lodge: Ein absolutes Muss für Wanderer!

Zwischen Dumfries und Newton Stewart

Zwischen den beiden zentral gelegenen Orten des Südwestens sind einige sehenswerte Bauten erhalten geblieben.

Auf dem Weg bis zu der Ortschaft Gatehouse of Fleet, an der A 75, stehen zwei Tower Houses, eine Art Mischform zwischen Burg und Wohnhaus. Hinter Creetown an der rechten Straßenseite befindet sich das eine: die dachlose Ruine des **Carsluith Castle** aus dem Jahre 1560. (Ö: Apr.-Sept. Mo-So 9.30-18.30 Uhr, Okt.-März Mo-Sa 9.30-16.30, So 14-16.30 Uhr, E: frei)

Die zweite „Wohnburg", das vierstöckige **Cardonnes Castle** aus dem 15. Jh., kann vor Gatehouse of Fleet auf der linken Seite besichtigt werden. Die Ruine stammt aus dem 15. Jh. Interessant sind die Kellergewölbe, die Wendeltreppe, die steinernen Bänke und die Kamine. Vom

Kunst für Schafe im Glenkiln Reservoir (WS)

Farbkarte Seite II, III **Zwischen Dumfries und Newton Stewart**

Burgturm eröffnet sich ein weiter Blick über die Fleet Bay. (Ö: Apr.-Sept. Mo-Sa 9.30-18.30, So 14-18.30 Uhr, Okt.-März Mo-Sa 9.30-16.30, So 14-16.30 Uhr, E: £ 2.50).

Die 10 km südöstlich von Kirkcudbright (A 711) gelegene **Dundrennan Abbey** aus dem 12. Jh. ist sehr zerfallen, dennoch sind einige interessante Gebäudeteile erhalten. Während der Reformationszeit wurde das ehemalige Zisterzienser-Kloster stark beschädigt und konnte wegen der großen Zerstörung nicht mehr bewohnt werden. Die Leute aus dem Dorf Dundrennan nutzten die Ruine fortan als Steinbruch, um mit wenig Aufwand an Baumaterial für eigene Gebäude zu kommen. Daher entdeckt man in vielen Häusern des Dorfes ehemalige Steine der Dundrennan Abbey.

Ihre letzte Nacht auf schottischem Boden soll *Mary, Queen of Scots*, 1568 in der Dundrennan Abbey verbracht haben, bevor sie sich nach England begab. (Ö: Apr.-Sept. Mo-So 9.30-18.30 Uhr, Okt.-März Mo-Sa 9.30-16.30, So 14-16.30 Uhr, E: £ 2)

Die einzige runde „Wohnburg" in Schottland, der **Orchardton Tower,** erbaut im 15. Jh., liegt abseits der A 711, zwischen Auchencairn und Palnackie, über einen befestigten Weg zu erreichen. Der Rundturm ist normalerweise für Irland typisch. (Ö: Apr.-Sept. Mo-So 9.30-18.30 Uhr, Okt.-März Mo-Sa 9.30-16.30, So 14-16.30 Uhr, E: frei)

Thron ohne Palast: Henry Moores „König und Königin" im Glenkiln Reservoir – Dumfries

Zwischen Dumfries und Newton Stewart

Auf einem Werder im Fluss Dee, der bei Kirkcudbright mündet, steht die Festung **Threave Castle** vor dem Ort Castle Douglas abseits der A 75 auf der rechten Seite. *Archibald „der Schreckliche"*, der dritte *Earl der Douglasses*, die Galloway einst regierten, legte im Jahre 1369 den Grundstein für die stramme Festung auf der damals nahezu uneinnehmbaren Flussinsel. Ein Angreifer hatte keine Deckungsmöglichkeit. Er war den Geschützen der Verteidiger hoffnungslos ausgeliefert.

Bei einer Konfrontation der so genannten schwarzen *Douglasses* mit dem schottischen *König James II.* verteidigte sich das Threave Castle als letzte Festung der *Douglasses*. Im Jahre 1455 fiel die Burg nach langer Belagerung in die Hände von *James II.* und gehörte fortan der schottischen Krone.

Ein Motorboot setzt den Besucher auf die flache, grasbewachsene Flussinsel im Dee über. (Ö: Apr.-Sept. Mo-So 9.30-18.30 Uhr, E: £ 2.50)

Threave Gardens and Wildfowl Refuge sind knapp 2 km südlich von der Burg enfernt. Die meisten Pflanzen der viktorianischen Anlage blühen im Sommer. (Ö: täglich 9-17 Uhr, E: £ 5; für Garten und Haus £ 9)

In einer Landschaft von grün rollenden Hügeln, den Glenkiln, sitzt das Paar „King and Queen", zwei Bronzefiguren des Künstlers *Henry Moore*.

Threave Castle

Dumfries ⌕ III, C2

Ein Kaufmann stellte diese und andere von Künstlern geschaffene Skulpturen in die freie Natur. Die besondere Begegnung mit den Kunstobjekten erlebt man im **Glenkiln Reservoir.** Zu erreichen: zwischen Crocketford und Dumfries linker Hand nach Shawhead abbiegen, in Shawhead wieder nach links abzweigen und schon durchfährt man das Gebiet des Glenkiln.

Geschichte

Als *„The Queen of the South"* war Dumfries einst bekannt, mit 31.146 Einwohnern die größte Stadt im Süden Schottlands. In geographischer Hinsicht hat die Stadt am Fluss Nith ihren Ruf bewahrt, allein wenn man sich auf der Landkarte die Straßen betrachtet, die auf das wirtschaftliche Zentrum der Region zusteuern.

Wie ein roter Faden durchzieht die Geschichte Dumfries' der fortwährende Kampf um ihren Besitz zwischen Engländern und Schotten. Die Stadt an der Mündung des Nith er-

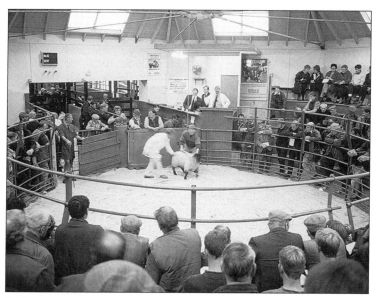

Schafversteigerung in Newton Stewart

Dumfries

langte bereits im 12. Jh. den Rang einer *Royal Burgh,* was ihr einige Rechte einbrachte. Im Jahr 1301 brachte *Edward I.* die Stadt in englische Hand. Doch ganze fünf Jahre später gab *Robert the Bruce* in Dumfries das Signal für den Aufstand gegen die verhassten Engländer. Vor dem Hochaltar der Franziskanerkirche erschlug der spätere schottische Herrscher den Abgesandten des Königs. Der Aufstand verlief erfolgreich, Dumfries wurde wieder schottisch. Umgekehrt siegten die Engländer in den Jahren 1448, 1536 und 1570 gegen die Schotten. *Bonnie Prince Charlie* versuchte 1745, noch einmal Einfluss in Dumfries zu gewinnen, scheiterte aber.

Im 20. Jh. wurde die Bevölkerung von Dumfries unmittelbar mit Leid und Weh eines Krieges konfrontiert, denn die Stadt war während des 2. Weltkrieges das Hauptquartier des Norwegischen Militärs.

Sehenswertes

Schottlands Nationaldichter **Robert Burns** hat während der letzten vier Jahre seines Lebens in Dumfries als Steuereinnehmer gearbeitet; seine Hauptaufgabe war es, Schmugglern das Handwerk zu legen. Die harte, schlechtbezahlte Arbeit bei Wind und Wetter, mit der er fünf Kinder und seine Frau *Jean Armour* ernähren musste, zehrte den Dichter mit der Zeit auf. Im Alter von 36 Jahren starb Rober Burns sehr früh. Auf dem Friedhof von St Michaels ist er bestattet worden. Über seinem Grab prangt ein kleiner griechischer Tempel, ein Relief darin bildet den Dichter in seinem ehemaligen Beruf als Landwirt ab.

Zwei seiner Stammkneipen, **The Globe Tavern** und das **Hole in the Wa,** in der High Street, haben *Robert Burns* in guter Erinnerung bewahrt. In eine Fensterscheibe des The Globe Tavern hat Burns eine Liebeserklärung an die Kellnerin geritzt. Böse Zungen behaupten, der Dichter sei nach einer Zechtour in seiner Lieblingskneipe The Globe Tavern volltrunken im Schnee liegengeblieben und habe seine Gesundheit bei jenem Umtrunk dermaßen ruiniert, dass er sich nicht mehr erholte und schließlich starb.

Informationen über *Burns'* Leben in Dumfries hält das **Robert Burns Centre** am Ufer des Nith bereit – die beste Möglichkeit, sich einen Überblick über das Leben des Poeten in Dumfries zu verschaffen. (Ö: Apr.-Sept. Mo-Sa 10-20, So 14-17 Uhr, Okt.-März Di-Sa 10-13, 14-17 Uhr, E: £ 1.50)

Information

● **Tourist Information Centre,** 64 Whitesands, Dumfries DG1 2RS, Tel. 01387/25 38 62, Fax 24 55 55, ganzjährig geöffnet.
● www.galloway.co.uk

Verbindungen

● Von Dumfries verkehren Züge direkt in Richtung Norden **nach Glasgow,** in Richtung Süden **nach Carlisle** (England). Um **Edinburgh** zu besuchen, muss man per Bahn entweder nach Carlisle zurück oder sich per Bus nach Lockerbie durchschla-

Farbkarte Seite III   **Dumfries**

gen, von wo jeweils direkte Züge nach Edinburgh fahren.

●Wer mit der Bahn **von London** (Bahnhof Euston) nach Dumfries fahren möchte, muss in Carlisle umsteigen. Von dort verkehren direkte Züge nach Dumfries.

●Eine direkte Bahnlinie von Dumfries **nach Stranraer,** dem Fährhafen nach Irland, existiert leider nicht. Abhilfe verschafft der Busservice 500, der Dumfries und Stranraer verbindet.

●**Stagecoach Western Buses** unterhält die Hauptverbindungen im Südwesten Schottlands, nach Stranraer und anderen Orten an der A 75, Annan, Castle Douglas, Kirkcudbright, Twynholm, Gatehouse of Fleet, Creetown, Newton Stewart und Glenluce. Außerdem verkehren Langstreckenbusse nach Glasgow und Ayrshire.

●**MacEwan's Coach Services** steuert Edinburgh an, allerdings nur an Wochenenden. Die Busse halten u.a. in Tweedmuir und Moffat und benötigen ca. 2 Uhr bis Edinburgh. In der Regel starten die Busse um 10 Uhr in Dumfries, an der Bushaltestelle Whitesands. Nähere Auskünfte sind dort zu erhalten oder telefonisch unter 01387/ 25 65 33.

●**Konkrete Verbindungen:** *Traveline* für alle öffentlichen Verkehrsmittel (außer Flügen) www.travelinescotland.com bzw. Tel. 0870/ 60 82 608 (siehe auch „Unterwegs in Schottland" für günstige Tickets).

Unterkunft

Hotels

●**Station Hotel,** 49 Lovers Park, in der Nähe der Bahnstation von Dumfries, Tel. 01387/25 43 16, Fax 25 03 88, ab £ 45.

●**Aberdour Hotel,** 16-20 Newall Terrace, Tel. 01387/25 20 60, ab £ 25.

●**Dalston Hotel,** 5 Laurieknowe, im Zentrum von Dumfries, ab £ 30, Tel./Fax 01387/25 44 22.

B&B

●**Dumfries & Galloway College Heathhall,** ganzjährig geöffnet, Tel. 01387/24 38 40, B&B ab £ 14 ohne Frühstück.

●**The Rondo Guest House,** 5 Min. zu Fuß vom Bahnhof, 62 Queen Street, B&B ab £ 17, Tel. 01387/26 55 01.

●**Glenlossie Guest House,** 75 Annan Road, Tel. 01387/25 43 05, B&B ab £ 18.

●**Beeswing Caravan Park,** liegt von Dumfries nach Delbeattie (A 711) 1 km hinter Beeswing, Tel. 01387/76 02 42, ab £ 6.75.

Essen und Trinken

●**The Venue,** Church Place, gelegen in der Stadtmitte, serviert flotte Rhythmen und umfangreiche Menüs, Tel. 01387/26 36 23.

●**The Old Bank Restaurant,** 94 Irish Street im Stadtzentrum (Bank Street Corner), serviert Frühstück, Salat, vegetarische Gerichte, Mittagsmahlzeiten und natürlich Tee am Nachmittag, Tel. 01387/25 34 99.

●**Cargenbank Antiques and Iceroom,** Crocketford Road, servieren hausgemachtes Gebäck in viktorianischem Ambiente, Tel. 01387/73 03 03.

●**The Five Arches,** 345 Annan Road, liegt direkt an der A 75 in Richtung Annan. Im Pub wird ein gepflegtes Bier serviert, Tel. 01387/26 43 28.

Umgebung

●In New Abbey, ca. 10 km südlich an der A 710, steht die gut erhaltene Ruine der **Sweetheart Abbey,** gestiftet von der Witwe *Devorgilla Balliol.* Als ihr Mann *John* im Jahre 1269 starb, ließ die Witwe sein Herz einbalsamieren und trug es in einem Kästchen aus Elfenbein stets an ihrem Herzen. Im Jahre 1273 legte *Devorgilla* zu Ehren ihres verstorbenen Gatten den Grundstein für ein **Zisterzienser-Kloster** in New Abbey. Als die Witwe im Jahre 1290 im Alter von 80 Jahren starb, wurden sie und das einbalsamierte Herz ihres „sweet, silent companion" im

Dumfries

Die Ruine der Sweetheart Abbey

Kloster beigesetzt. Die Mönche des Zisterzienserordens wussten die unsterbliche Liebe zu würdigen und gaben dem aus rotem Sandstein gebauten Kloster den Namen Sweetheart Abbey. (Ö: Apr.-Sept. Mo-So 9.30-18.30 Uhr, Okt.-März Mo, Mi, Sa 9.30-16.30, So erst ab 14 Uhr. E: £ 2)

• Ebenfalls in New Abbey, in der Dorfmitte, befindet sich die **Corn Mill**, eine Mühle aus dem 19. Jh., die mit Wasserkraft betrieben wird und den Besuchern demonstriert, wie man aus Getreide feines Mehl schrotet und mahlt. (Ö: Apr.-Sept. Mo-Sa 9.30-19, So nur 14-19 Uhr, Okt.-März Mo-Sa 9.30-16 Uhr, So nur 14-16 Uhr, E: £ 3, Tel. 01387/84 02 60)

• Das Besondere an der Wasserburg **Caerlaverock Castle**, ca. 15 km südlich von Dumfries an der B 725 gelegen, ist ihr dreieckiger Grundriss. Das Eingangstor markieren zwei Rundtürme, ebenso findet sich an den beiden anderen Ecken ein Rundturm. Die Burg wurde von den Engländern am Ende des 13. Jahrhunderts als Brückenkopf für eine Invasion in Schottland gebaut. Doch die Schotten besiegten den englischen Monarchen *Edward I.* und nutzten die Burg fortan selbst zur Grenzsicherung. Im 13. Jahrhundert soll die Festung mit lediglich 60 Leuten 2 Tage lang einer Übermacht von 3000 angreifenden Engländern getrotzt haben. Leider wurde die stolze Festung im 17. Jh. von den *Convenanters* erobert und beschädigt, so dass von der Innenausstattung nicht viel übrig blieb. Erhalten sind die mächtigen Grundmauern und die Türme, die jedem Burgenliebhaber ein imposantes Bild des einstigen Maxwell-Castles vermitteln. (Ö: im Sommer Mo-So 9.30-18.30 Uhr, im Winter Mo-Sa 9.30-16.30, So 14-16.30 Uhr, E: £ 4)

• In der Nähe der Burg Caerlaverock findet jeden Winter ein Naturspektakel statt. Ca. 12.000 **Ringelgänse** kommen aus Grönland Jahr für Jahr zum Brüten dorthin, außerdem Schwäne, Enten und Stelzvögel. Das marschige Gebiet zwischen der Mündung des Nith und des Lochar Water gehört zum großen Teil dem *WWT Caerlaverock Wetlands Centre.*

Eckturm des Caerlaverock Castle

Dumfries

Das unter Naturschutz gestellte Gebiet ist ganzjährig geöffnet, und vom Castle aus gut per pedes zu erreichen. (E: £ 4)

●Von Caerlaverock weiter in Richtung Annan, steht an der B 747 in der Kirche von Ruthwell das **Ruthwell Cross,** ein gut erhaltenes Hochkreuz aus dem 7. Jahrhundert. Die **Ruthwell Church** wurde zum Schutz des Kreuzes vor Wind und Wetter im 18. Jh. gebaut. (Ö: beliebig, E: frei)

●Und noch einmal **Robert Burns:** Das schottische Dichter-Idol lebte auf der Ellisland Farm in den Jahren 1788-1791. Zu finden ist das Domizil 10 km nördlich von Dumfries an der A 76 in Holywood. (Ö: Apr.-Sept. Mo-Sa 10-17, So 14-17 Uhr, Okt.-März Di-Sa 10-17 Uhr, E: £ 2.50)

Friedhof in Wigtown

Moffat

⚐ III, D1

Der Kurort Moffat liegt in einer Landschaft, die zu den schönsten des schottischen Südens zählt. Ein idealer Ausgangspunkt, um die Reize der *Southern Uplands* zu kosten. Viele Touristen legen auf ihrem Weg ins schottische Hochland einen Zwischenstopp in Moffat ein, denn der bekannte Ort befindet sich nur 2-3 km abseits der Schnellstraße A 74 nach Glasgow.

Die Landschaft um Moffat ist attraktiv, den Ort selbst haben wir aber auf seltsame Art als unschottisch, sprich: unfreundlich, kennen gelernt. Einige Cafés untersagen durchnässten Wanderern gar den Eintritt in ihre gute Stube. Die Einheimischen antworten einem auf die Frage, woran dieses unschottische Klima denn liege, mit „an jenen griesgrämigen Engländern, die sich für wenig Geld Grundstücke in unserem Kurstädtchen kaufen – denn die Grundstücke in Schottland sind billiger als in England. Wenn jene Engländer irgendwann ins Rentenalter kommen, ziehen sie sich für ihren Lebensabend nach Moffat zurück und bewirken eine ziemlich lebensmüde Stimmung."

Information

● Urlaubsgäste können ihr Zimmer im **Tourist Information Centre,** Churchgate, gegenüber der Kirche in der Ortsmitte buchen. Wer Moffat als Stützpunkt zum Wandern auserkoren hat, kann hier die entsprechenden Karten kaufen, Tel. 01683/22 06 20.
● www.dalbeattie.com/moffat

Unterkunft

● Die meisten Hotels und Restaurants stehen im Zentrum von Moffat an der High Street. Die Zimmervermittlung befindet sich in der Touristen-Information gegenüber der Kirche. Sollte diese geschlossen sein, kann man auf einem Bildschirm ersehen, welches Zimmer im Ort noch frei ist.
● Liebhaber gediegener Architektur aufgepasst: **Moffat House Hotel,** entworfen von Robert Adam, High Street, Tel. 01683/22 00 39, Fax 22 12 88, ab £ 40.
● **Star Hotel,** High Street, Tel. 01683/22 01 56, an der Hauptstraße von Moffat, ab £ 28.
● **Wellview Private Hotel,** Ballplay Road, Tel. 01683/22 01 84, verlangt für die Übernachtung mit Frühstück ab £ 40.
● **Barnhill Springs Country Guest House,** ein Landhaus an der A 74, südlich von Moffat, ist eine gute Zwischenstation für Wanderer auf dem Southern Upland Way, ab £ 23, Tel. 01683/22 05 80.
● **Seamore Guest House,** Academy Road, zentral in Moffat, Tel. 01683/22 04 04, ab £ 22.50.
● Eine Möglichkeit, dem Trubel in Moffat aus dem Weg zu gehen, ist **Hammerland's Farm,** Tel. 01683/22 04 36. Der Stellplatz kostet ab £ 12.30 pro Nacht.

Verbindungen

● Moffat besucht man am besten mit dem Auto. Der **Busverkehr** in Richtung der Borders-Region, wo sich das Wandergebiet der Moffat Hills erstreckt, lässt zu wünschen übrig, eine Bahnlinie nach Osten in die Borders existiert überhaupt nicht.
● Wer mit der **Bahn** nach Moffat anreist, muss in Beattock, 3 km südlich von Moffat, aussteigen.
● Di und Do (Juli-Sept.) sowie am Wochenende verkehrt **The Harrier Scenic Bus Services** nach Dumfries südlich von Moffat und nach Melrose in den Borders. Die Busse halten übrigens auch an dem Wasserfall Frey Mare's Tail (s.u.).

Moffat

●*Konkrete Verbindungen:* *Traveline* für alle öffentlichen Verkehrsmittel (außer Flügen) www.travelinescotland.com bzw. Tel. 0870/ 60 82 608 (siehe auch „Unterwegs in Schottland" für günstige Tickets).

Umgebung

●Die nördlich von Moffat gelegenen Berge, die *Tweedsmuir Hills,* erreichen eine Höhe von über 800 m. In einer riesigen Schlucht, der *Devil's Beef Tub,* in den Bergen 10 km nördlich von Moffat, versteckten Viehdiebe einst ihr Diebesgut. Die *Schlucht* ist zu Fuß von Moffat in etwa 3 Stunden zu erreichen. Mit dem Auto hat man etwa 9 km nördlich von Moffat von der A 701 einen guten Einblick in die Schlucht.

●Nordöstlich von Moffat gelangt man zu *Grey Mare's Tail,* einem *Wasserfall* am Fuße des Berges White Cöomb. Der „Schwanz der Grauen Stute" fällt in mehreren Etappen von Loch Skeen über 60 Höhenmeter hinab bis zur Mündung in den Fluss Moffat Water. Leider ist der Wasserfall fast nur mit dem PKW zu erreichen, denn Busse entlang der A 708 sind eine Seltenheit. Von Moffat folgt man der A 708 ca. 18 km in Richtung Galashiels. Durch das Gebiet um Loch Skeen, das schon an der Grenze zu den Borders liegt, ziehen sich zwei Wanderpfade, einer führt zum Wasserfall, der andere umrundet den See.

●Weitere Wanderwege führen durch das Berggebiet westlich der A 708 zum *Hart Fell* mit einer Höhe von 808 m und zum *Lochcraig Head* mit 800 m. Aufpassen sollte man bei Wettereinbrüchen und auf keinen Fall die vorgeschriebenen Routen verlassen, denn vor einigen Jahren sollen hier vier Leute bei schlechtem Wetter tödlich verunglückt sein.

Wanderkarten verkauft die Touristen-Information in Moffat gegenüber der Kirche.

Überblick

Der Süden von Strathclyde, des größten Regierungsbezirks, besteht aus den ehemaligen Grafschaften Renfrewshire, Ayrshire und Lanarkshire. Die Landschaft ist hier meist sanft, es gibt keine rauen Berge. Grasbewachsene Hügel bestimmen das Landschaftsbild. Auch die Küste ist weniger bizarr als die des Nordwestens. Flache Strände, einzig südlich von Ayr fällt die Küste an den Heads of Ayr steiler ab. Seglern und Badegästen kommt der **flache Küstenverlauf** entgegen. Wer lieber Trockensport treibt, kann Golf spielen. An der Westküste hat jeder die freie Auswahl. Von Largs über Irvine, Thron, Ayr bis Girvan gibt es über 15 Golfplätze.

Getrübt wird der Freizeitspaß leider von den **Industriestädtchen** Irvine, Saltcoats und Ayr. In Prestwick, das nördlich an Ayr grenzt, hat Schottlands Flughafen für internationale Flüge seine Heimat.

Während sich die Industriebetriebe vor allem in Küstennähe angesiedelt haben, prägen Bauernhöfe und kleinere Siedlungen das Hinterland.

In einem dieser kleinen Orte, Alloway, südlich von Ayr gelegen, wurde im Jahre 1759 der Volksdichter **Robert Burns** geboren. Sein Geist ist noch allgegenwärtig. Der **Burns Heritage Trail** folgt wichtigen Stationen im Leben von Burns und führt zu Orten, die ihn zu seinen Gedichten inspiriert haben. Burns ist zweifellos die große Attraktion der Grafschaft Ayrshire an der Westküste.

Loch Lomond

Während *Robert Burns* eine nationale Größe im eigenen Land darstellt, sind die Ideen eines anderen Mannes weit über die Grenzen Schottlands bekannt. Die Rede ist von **Robert Owen,** Sozialreformer und Vater des englischen Sozialismus. In seiner Baumwollfabrik in **New Lanark,** südöstlich von Glasgow, verwandelte Owen seine Ideen von der genossenschaftlichen Organisation eines Betriebes unmittelbar in Tatsachen. Aus dem ehemaligen Industriezentrum von Lanark in schöner, abgeschiedener Lage am Fluss Clyde ist heute ein Museum geworden.

Der wirtschaftliche und kulturelle Brennpunkt der Region ist **Glasgow,** die Weltstadt am Firth of Clyde. Auch wenn einige Probleme aus dem 19. Jh. der einstigen Schwerindustriemetropole noch immer ihrer Entsorgung harren, präsentiert sich Glasgow als Kulturstadt, die immer mehr Besucher in ihren Bann zieht.

Zum Norden Strathclydes gehören die Inneren Hebriden, Skye, Loch Lomond, die Halbinseln Cowal und Kintyre sowie das Gebiet der ehemaligen Grafschaften Argyll und Lorne.

Die **Insel Cowal** und die Gegend um **Loch Lomond** sind mühelos in einer Stunde von Glasgow mit dem Auto oder der Fähre zu erreichen. Nördlich von Dumbarton, einer Industriestadt am Firth of Clyde, werden bei Loch Lomond aus sanften Hügeln allmählich die Berge des Schottischen Hochlandes, wie der knapp 1000 m hohe Ben Lomond oder die Beinn Ime.

Westlich von Loch Lomond, des größten Sees in Schottland, erstreckt sich der **Argyll Forest Park.** In den Niederungen des aufgeforsteten Landstriches stehen keine schottischen Gehölze, sondern kanadische Douglasien, die wesentlich schneller wachsen als z.B. die schottische Kiefer oder die Eiche und somit scheinbar rentabler sind.

Das Gebiet südlich des Argyll-Forest-Parkes, die **Halbinsel Cowal,** lädt zu ausgedehnten Wanderungen ein. Das Landesinnere der Halbinsel ist tief eingeschnitten von fjordähnlichen Meeresbuchten. Die Berge erheben sich hier selten höher als 600 Meter. Mit ca. 8000 Einwohnern ist die Stadt Dunoon am Firth of Clyde das touristische Zentrum von Cowal.

Ayr   ⤢ II, B1

Die Hafenstadt Ayr am Firth of Clyde steht auf einem altem Grund. Ihre Geschichte datiert zurück bis ins 8. Jh. *Robert Bruce,* der im Jahre 1314 für Schottland die Unabhängigkeit erkämpfte, fügte hier den Truppen *Edwards I.* von England eine schwere Niederlage zu, als er ihre Unterkünfte in Brand steckte, wobei 500 Engländer starben.

Doch vergessen ist die Vergangenheit. Heutzutage ist Ayr ein großer Urlaubsmagnet an der unteren Westküste. Touristen aus ganz Großbritannien reisen an und nutzen die breite Palette an **Sport- und Freizeitmöglichkeiten.** Ein über 3 km langer Sandstrand, die vielen Geschäfte und Lokale, die drei Golfplätze und

Ayr

die Autorennstrecke von Ayr ziehen in den Sommermonaten die Urlauber in ihren Bann.

Über allem jedoch steht das Markenzeichen von Ayr: *„the ploughman poet"*, der Volksdichter **Robert Burns.** Die Stadt ist ein geeigneter Ausgangspunkt, um ein paar historische Lebensstationen von *Burns* zu erkunden. (s. „Umgebung")

Information

● **Tourist Information Centre,** 22 Sangate, Ayr KA7 1BW, versorgt die gesamte Region mit Informationen, Tel. 01292/29 03 00, Fax 28 86 86.
● www.ayrshire-arran.com

Aktivitäten

● *Mark McCrindle* veranstaltet **Seetouren nach Ailsa Craig,** der kartoffelförmigen Insel vor der Küste Girvans (südlich von Ayr). Die Insel steht unter Naturschutz und bietet den Tieren ein Paradies, denn sie ist von Menschen nicht bewohnt. Genauer berät *McCrindle* selbst, 7 Harbour Street, Girvan, Tel. 01465/71 32 19, mccrindlem@aol.com, www.ailsacraig.org.uk.
● Du bist mein bester Freund, **Johnnie Walker & Sons Ltd.** in Kilmarnock lädt ein zu einem Scotch Whisky. Die Führungen durch eine der größten Brennereien der Welt finden montags bis donnerstags jeweils um 9.45 Uhr und um 13.45 Uhr, freitags nur um 9.45 Uhr statt. Johnnie Walker findet man in der Hill Street in Kilmarnock, Tel. 01563/23 401.
● **Ayrshire Equitation Centre,** South Mains, Corton Road, Ayr, hier werden Pferde vermietet ab £ 15 die Stunde. Tel. 01292/26 62 67, Fax 61 03 23, www.ayrequestrian.co.uk.
● **ASW Fishing & Diving Charters,** starten ab Girvan Hafen, 33 Jempland Road, Dalry, Tel. 01294/83 37 24.

● Im **St. John's Tower,** Eglinton Terrace, Ayr tagte einst das schottische Parlament. Am 26.04.1315 nach der Schlacht von Bannockbum bestätigte es hier den Erfolg der Schottischen Krone.

Verbindungen

● Der schnellste Weg mit dem **Auto** zwischen Glasgow und Prestwick/Ayr ist die A 77. Landschaftlich wesentlich reizvoller, aber um so zeitaufwendiger und allein von der Strecke doppelt so lang, ist die **Küstenstraße,** zuerst die A 8, später die A 78 von Glasgow, über Gourock, Largs, Ardrossan (Fährablegestelle zur Insel Arran) nach Prestwick und Ayr.
● Nördlich an Ayr grenzt **Prestwick** mit dem **Glasgow Prestwick Airport,** der etwa 50 km von Glasgow entfernt liegt. Alle 30 Min. gibt es eine Bahnverbindung und alle Stunde eine Busverbindung nach Glasgow. Eine Taxifahrt nach Glasgow kostet ca. £ 40-50. Tel. 0871/ 22 30 700, www.gpia.co.uk.
● Zwischen London's Euston Station und Ayr verkehrt ein **Nachtzug** (außer sonntags).
● **Stagecoach-Busse** verkehren zwischen Glasgow, Prestwick Airport und Ayr, Linie X76/X77.
● **Konkrete Verbindungen:** *Traveline* für alle öffentlichen Verkehrsmittel (außer Flügen) www.travelinescotland.com bzw. Tel. 0870/ 60 82 608 (siehe auch „Unterwegs in Schottland" für günstige Tickets).
● Die **Taxis und Kleinbusse** von Central Radio Taxis in Ayr sind erreichbar unter: Tel. 01292/26 76 55.
● **Discount Car Hire** verleiht Kleinwagen und Großwagen (Minibus), Tel. 01294/27 75 50.

Unterkunft

● **Langley Bank Guest House,** 39 Carrick Road, ab £ 25, Tel. 01292/26 60 19.
● **Tramore Guest House,** 17 Eglinton Terrace, Tel. 01292/26 60 19, ab £ 18.
● **Ayr Hostel,** 5 Craigwell Road, vom Bahnhof in rund 15 Minuten zu Fuß zu erreichen, £ 10-11, Tel. 01292/26 23 22, diese Ju-

Farbkarte Seite II **Ayr**

gendherberge hat das ganze Jahr über geöffnet.
- **Belmont Guest House,** 15 Park Circus, Tel. 01292 26 55 88, ab £ 22.
- Nach *Bed and Breakfast* sucht man in Ayr am besten in der Prestwick Road oder in der Castlehill Road.
- *Crofthead Caravan Park,* von Ayr in Richtung Cumnock (A 70), die erste Straße rechts nach dem Kreisverkehr, Tel. 01292/26 35 16, £ 8.
- *Heads of Ayr Caravan Park,* Dumure Road, Tel. 01292/44 22 69, ab £ 150/Woche (4-6 Pers.).
- *Wilson Hall SAC,* das Scottish Agricultural College, Tel. 01292/52 52 03, Fax 52 52 07, ab £ 12, geöffnet März-April, Juli-Sept.

Umgebung

- Der **Burns Heritage Trail,** eine mit blauen Schildern markierte Straße, führt zu wichtigen Stationen im Leben des Dichters. Die Straße beginnt in Alloway, dem Geburtsort von *Burns*, und endet in Dumfries, wo *Burns* im Alter von nur 37 Jahren begraben wurde.

- Im **Burns' National Heritage Park** in Alloway, 3 km südlich von Ayr an der B 7024 in Richtung Maybole, ist das Buch „Poems and Songs of

Culzean Castle – Architektur als Selbstdarstellung

Ayr

Vom Gotteshaus zum Hexenkult: Auld Kirk of Alloway – Strathclyde

Farbkarte Seite II **Ayr**

Robert Burns" erhältlich, das Interessierten den notwendigen Hintergrund liefert, um den Stationen des Heritage Trail die richtige Bedeutung beizumessen. Darüber hinaus informiert eine Ausstellung über das Leben von Burns. (Ö: im Sommer 9-18 Uhr, im Winter Mo-Fr 10-16, So 12-16 Uhr, E: £ 5; nur Museum £ 3)

Im Haus, in dem sich heute das **Burns' Cottage and Museum** befindet, ist *Robert Burns* am 25. Januar des Jahres 1759 geboren worden und die ersten sieben Jahre seines Lebens aufgewachsen. Das strohgedeckte Haus hat der Vater gebaut. Das Mobiliar stammt zum Teil noch aus der Originaleinrichtung des Hauses. Im Museum befinden sich Manuskripte, Briefe und Bücher des Dichters ausgestellt.

Wenn man die Straße vor dem Land O'Burns Centre überquert und immer geradeaus läuft, steuert man genau auf die **Alloway Kirk** zu. Die kleine Kirche, die schon zu Burns Lebzeiten eine Ruine war, ist der Schauplatz des Gedichtes „Tam O'Shanter".

Auf dem Nachhauseweg von der Kneipe beobachtete der angetrunkene Farmer Tam O'Shanter durch das Kirchenfenster der Alloway Kirk angeblich einen wilden Tanz der Hexen, zu dem der Teufel auf dem Dudelsack aufspielte. Die Hexen anzuschauen, war keine Freude für Tam, knochig, spindeldürr und alt. „Doch Tam war keineswegs von Sinnen: / Er sah ein hübsches Dirnlein drinnen". Der Zechbruder war verzückt von der Perle unter den hässlichen Weibern, verzückt von ihrem kurzen

Rock: „Nun wars um Tams Verstand getan / Er schrie ihr: ‚Bravo Kurzhemd!' zu, / Da – all der Glanz verlosch im Nu; / Kaum hat sich Tam aufs Pferd geschwungen / So kam das Höllenheer gesprungen." Tam floh auf seinem Pferd vor den wilden Schreien der Hexen, „O Tam, zum Lohn für deine Taten / Wirst du bald in der Hölle braten", und hielt auf die Brig o'Doon zu, eine kleine, einbögige Brücke, die in der Nähe der kleinen Kirche das braune Wasser des Doon überspannt, denn Hexen können nicht über Wasser gehen. Sein Pferd Grete lief um Tod oder Leben, verfolgt von der wilden Hexenschar. „Doch wilder noch war Gretes Mut, ein letzter Sprung – und Tam war frei; / Doch sie verlor den Schweif dabei: / Die Hexe packt' ihn dicht am Rumpf / Und ließ der Grete kaum nen Stumpf." (Übersetzung nach *Theodor Fontane*)

1995 wurden das *Burns'-Cottage, Burns'-Museum, Burns'-Monument, Auld Brig o'Doon and Alloway Kirk* im **Burns' National Heritage Park** zusammengefasst. Dazu gehört auch die so genannte **Tam O'Shanter Experience,** eine multimediale Schau (www.burnsheritagepark.com).

●Am River Doon, in Sichtweite der Brücke, haben die Schotten ihrem Nationaldichter das **Burns Monument** errichtet, einen kleinen Tempel in griechischem Stil. Im Inneren sind diverse Bücher und Dokumente ausgestellt, die mit dem Leben von *Burns* in Beziehung stehen. Zwei besondere Andenken an das Liebesleben des Dichters liegen in den Vitri-

Strathclyde

Ayr

nen: eine Locke und die Bibel seiner geliebten *Mary Campell,* der **Highland Mary,** die kurz vor der geplanten Heirat mit *Robert Burns* aus dem Leben schied.

• In der Nähe von Failford, östlich von Ayr an der B 743, steht zu *Marys* Gedenken das **Highland Mary's Monument.** Dort sollen sich *Robert* und *Mary* die Ehe versprochen haben, die nie Wirklichkeit wurde.

• Andere wichtige Stationen im Leben von *Burns* befinden sich östlich von Ayr, in **Mauchline,** 16 km von Ayr entfernt, weiter der B 743 folgend. Im **Burns House Museum,** Castle Street, hatte *Robert Burns* 1788 ein Techtelmechtel mit seiner späteren Frau *Jean Armour* (Ö: im Sommer Mo-Sa 10-17, So 14-17 Uhr, E: frei). In der näheren Umgebung finden sich weitere *Burns-Stätten*. **Poosie Nansie's,** eine Bierschenke, die noch heute in Betrieb ist, regte *Burns* zu seinem Lied „The Jolly Beggars" an, das noch heute in Schottland gesungen wird.

• In **Tarbolton,** an der B 730, die nördlich von der A 743 abzweigt, findet man **The Bachelors Club.** Burns hat hier die Tanzschule besucht und außerdem mit Freunden eine Lesegemeinschaft ins Leben gerufen. (Ö: im Sommer 13-17 Uhr, E: £ 2.50)

Der berühmteste Trunkenbold des Landes: Tam-O'Shanter-Denkmal in Alloway

Farbkarte Seite II **Ayr**

●Als eine weitere Station sei noch **Souter Johnnie's Cottage** genannt, ca. 20 km auf der A 77 südlich von Ayr, in Kirkoswald, hinter der Stadt Maybole. Im Sommer 1775 lernte der junge *Robert Burns* im **Kirkoswald's Inn** zechenderweise den Farmer und Schmuggler *Douglas Graham,* genannt *Tam* von der Shanter Farm, und den örtlichen Schuhmacher, *Souter Johnnie,* kennen. *Johnnie* und *Tam* waren das lebende Vorbild für die Figuren in *Burns* Ballade „Tam-O'Shanter". Lebensgroß aus Stein gemeißelt, sitzen die beiden, der Wirt des Kirkoswald's Inn und dessen Frau vor der Hütte von *Douglas „Tam" Graham.* (Ö: im Sommer Fr-Di 11.30-17 Uhr, E: £ 2.50)

●Das **Culzean Castle,** ein großartiges Schloss und deshalb eine häufig besuchte Sehenswürdigkeit Schottlands, steht am Rande der Steilküste 18 km südlich von Ayr in Richtung Girvan. Im Jahre 1777 wurde das Culzean Castle nach einem Entwurf von *Robert Adam* gebaut, dem bekanntesten Spross der berühmten schottischen Architektenfamilie *Adam.* Das Gebäude vermittelt von außen den Eindruck eines Wohnpalastes, der im schlichten Stil einer Burg mit Rundtürmen und Schießscharten erbaut wurde. Innen dagegen erschlägt einen dagegen die Pracht der Ausstattung, die *Robert Adams* komplett bis ins Detail gestaltet hat, vom Teppichboden bis zur Stuck-

Gartenhausarchitektur im Culzean Castle

Strathclyde

Glasgow

decke. Besonders ansprechend wirken das ovale Treppenhaus sowie das runde Gesellschaftszimmer, in welchem zahlreiche Details von *Adam* entworfen und in Beziehung zur Gesamtgestaltung abgestimmt wurden.

Ein 225 ha großer Park mit terassenförmigen Gärten und einem Treibhaus, mit einem Vogelhaus, Palmen und Sträuchern runden die Anlagen des Culzean Castle ab. Der Park ist übrigens auch von *R. Adam* entworfen. Für eine der meistbesuchten Sehenswürdigkeiten Schottlands kann man bei gutem Wetter getrost einen Tag einplanen. (Ö: Apr.-Okt. 10.30-17.30 Uhr, E: Castle und Country Park: £ 10; nur Castle: £ 6).

•*Crossragual Abbey*, 3 km südwestllich von Maybole an der A 77 in Richtung Kirkoswald, eine gut erhaltene Klosteranlage aus dem frühen 13. Jh., vermittelt ein eindrucksvolles Bild, wie das mittelalterliche Treiben einmal gewesen sein könnte. (Ö: im Sommer, E: £ 2.20)

Glasgow ⌕ V, D1/2; VI, A1

Überblick

In einer Talsenke am Firth of Clyde liegt das wirtschaftliche Nervenzentrum der Region Strathclyde, die Stadt Glasgow. In der **Weltstadt am Atlantik** leben zur Zeit 629.500 Einwohner, im Großraum Glasgow sogar 1,7 Mio. das sind fast ein Drittel aller Schotten.

Geografisch trennen Glasgow von der Hauptstadt Edinburgh an der schottischen Nordseeküste lediglich 60 Straßenkilometer, doch die beiden Städte hinterlassen einen grundsätzlich verschiedenen Eindruck. Edinburgh wirkt sauber, städtebaulich gesund: eine langsam gewachsene Stadt. In der Arbeiterstadt Glasgow hatten die Stadtplaner große Mühe, für die wachsende Bevölkerung Stadtquartiere und Wohnungen bereit zu stellen. Das **Stadtbild** hinterlässt einen zerrissenen Eindruck. Kahle, moderne Hochbauten haben sich zwischen viktorianische Schmuckhäuschen gedrängt. Bis in die 1970er Jahre waren Glasgows Bauten überzogen mit einer schwarzen Rußschicht, die vor allem durch die Kohlebeheizung der Wohnhäuser und den Dreck der Schwerindustrie verursacht wurde.

Anfang der 1980er Jahre nahmen sich die Stadtväter Glasgows vor, das heruntergekommene Image der dreckigen Industriestadt am Clyde aufzupolieren. Unter dem Motto „Glasgow is Miles better" wurden viele Fassaden in der Innenstadt mit

Farbkarte Seite V, VI; Stadtplan Seite 194 **Glasgow**

dem Sandstrahler gesäubert, einige Gebäude renoviert. Kein Geld aber investierte die Stadt in ihre *suburbs.* So liegen die **Vorstädte** wie Castlemilk nach wie vor im Koma, sind teilweise unbewohnbar, teilweise an der Schwelle zur Verslummung.

Die Aktion „Glasgow is Miles better" brachte jedoch insgesamt einen großen Erfolg, die Stadt überwand ihr schlechtes Image, wurde 1990 prompt zur *„Europäischen Kulturhauptstadt"* gewählt und stand plötzlich in einer Reihe mit Städten wie Athen, Florenz, Berlin oder Paris, welche die Auszeichnung in den Jahren zuvor gewonnen hatten.

Den Preis erhielt Glasgow zu Recht, denn die Stadt besitzt ein *blühendes Kulturleben.* Die Scottish Opera, das Scottish National Orchestra und das Scottish Ballett haben ihren Sitz in Glasgow. Der keltischen Traditon werden die so genannten **Celtic Connections** im Januar gerecht, mit allen möglichen Veranstaltungen von Tanz bis Konzert. (Viele Veranstaltungen finden statt in der *Royal Concert Hall,* Sauchiehall Street, Tel. 0141 / 35 38 000)

Zwei weitere **Festivals** finden im Sommer statt, das „Glasgow International Jazz Festival", Ende Juni-Mitte Juli, und das „World Pipe Band Championship", am 2. Samstag im August. Seine Rolle als „Hauptstadt" von **Architektur und Design** stellte Glasgow 1999 unter Beweis, denn in jenem Jahr war die Mackintosh-Stadt *UK-City of Architecture & Design.* Der Jugendstil-Architekt **Charles Rennie Mackintosh** hat in Glasgow seine schönsten Gebäude geschaf-

fen, wie die *School of Arts* in der Renfrew Street oder den *Willow Tea Room* in der Sauchiehall Street.

Bei aller Kultur und allen Sehenswürdigkeiten, das Herz Glasgows sind zweifelsohne die **Bewohner der Stadt.** „Can I help you?", fragt der Glasgower hilfsbereit einen Touristen, der offensichtlich die Orientierung verloren hat. „Can I help you?", fragt er genauso jenen Besucher, der einsam im Pub sein Pint Bier trinkt. Schnell verwickelt einen der offenherzige Glasgower ins Gespräch. Er ist großzügig und gibt den ersten Whisky aus. Nicht selten beginnt so eine muntere Unterhaltung, begleitet von einem ebenso munteren Trinken.

Einige Schwierigkeit bereitet dem Ausländer des Öfteren die Sprache der Glasgower, der schottische Slang. Schade, wegen des Sprachproblems wird man manchen verruchten Witz nicht verstehen, den ein Glasgower am Abend erzählt.

Sehenswertes

Da Glasgow an der wetterunbeständigen Westküste Schottlands liegt, sind plötzliche Regenschauer keine Seltenheit. Doch keine Sorge, bei schlechtem Wetter weicht man in Glasgows **Museen** aus, die fast alle einen kostenlosen Eintritt gewähren. Im bekanntesten, der *Burrell Collection,* einer Sammlung von Kunsthandwerk aus aller Welt, kann man mit Leichtigkeit einen ganzen Tag verbringen. An Galerien und Kunstausstellungen besitzt Glasgow neben

Strathclyde

191

Geschichte Glasgows

Glasgows Geschichte begann der **Legende** nach im Jahre 600 nach Christus in Lothian mit einer gescheiterten Liebe: Eine piktische Prinzessin, die Tochter von *König Loth von Lothian,* trieb sich nicht ohne Folgen mit einem Mann von unstandesgemäßer Herkunft herum.

Der Vater, *König Loth,* lachte nicht; er setzte seine geschwängerte Tochter in einer Barke im Firth of Forth aus. Das Meer spülte die Schande in Culross (Fife) an Land. Ein Christ, *St Servanus,* nahm sich der Mutter gewordenen Prinzessin an und taufte das Kind auf den Namen *Mungo.* Das Kind wuchs und reifte zum Missionar. Eines Tages sprach Gott zu ihm: „Mungo, trage die heiligen Knochen des toten St Fergus so weit und lange, bis Dir meine Stimme gebietet: STOPP!"

Mungo ging gen Westen, der STOPP erfolgte in einem lieblichen grünen Grunde, wo heute Glasgows Kathedrale steht und die Ferguskonchen in einer Gruft liegen.

Leute siedelten sich in der Nähe der Gebeine an und tauften ihr Dorf auf den **Namen Glas Cau,** weil die gälischen Worte „lieber grüner Ort" bedeuten. Glas Cau wuchs zur mittelalterlichen Stadt. Im 12. Jh. wurde ein Castle gebaut, im Jahre 1253 die heutige Form der Kathedrale begründet. Dies waren die Voraussetzungen, dass Glasgow im Mittelalter die Stadtrechte erhielt, die es erlaubten, wöchentlich einen Markt und jährlich eine Messe zu veranstalten.

Als 1707 das englische Parlament mit dem schottischen fusionierte, eröffneten sich den Glasgowern neue Märkte in Übersee: die englischen Kolonien in Amerika und Westindien. Glasgow, wegen der Lage an der Westküste durch einen relativ kurzen Schiffsweg mit Amerika verbunden, stieg in den **Welthandel** ein: Tabak, Zucker, Wolle, Menschensklaven kurbelten die Wirtschaft der Stadt an. Die Vereinigung der Parlamente hatte auch positive Folgen für den Binnenhandel. Die Wegzölle fielen weg und die ganzen britischen Inseln wurden Freihandelsgebiet.

Die florierende Wirtschaft in Glasgow mit ihren aufstrebenden Manufakturen zog viele Arbeitslose und Arme aus dem schottischen Hochland an. Auch aus Irland wanderten die Menschen nach Glasgow ein. So war es kein Wunder, dass die Bevölkerungszahl rapide in die Höhe schnellte. Dadurch entstanden große **soziale Probleme,** denn es gab weder genügend Wohnungen noch ausreichend Arbeit in Glasgow. Alles in allem führte der wirtschaftliche Aufstieg zu einer Verarmung des Mittelstandes, der sich vor allem aus Handwerkern zusammensetzte. Gegenüber den arbeitsteiligen Manufakturen waren die Handwerker nicht konkurrenzfähig. Den sozialen Aufstieg erlebte dagegen die kleine reiche Schicht von Tabakbaronen, Manufakturbesitzern und Kaufleuten, die sich eine dicke Geldbörse an dem Handel mit den Kolonien verdiente.

Als die USA im Jahre 1776 ihre Unabhängigkeit erklärten, erlebte der Handel in Glasgow einen derben **Rückschlag**, denn viele Kapitalanlagen in den USA waren mit einem Schlag verloren. Während der napoleonischen Kriege brach zudem noch der Handel mit Westindien zusammen. Das Ergebnis: Die Kaufleute und die rotbemantelten Tabakbarone mussten nach anderen Wirtschaftszweigen Ausschau halten.

Doch die Weichen waren bereits gestellt für ein neues Zeitalter.

Für die **Industrialisierung** Glasgows mussten einige Voraussetzungen erfüllt

Farbkarte Seite V, VI; Stadtplan Seite 194   **Geschichte Glasgows**

sein. Wichtig war die Schiffbarmachung des Clyde und damit ein direkter Transportweg zum Atlantik. Wirtschaftlich gesehen, musste Kapital für Investitionen vorhanden sein und ein überschüssiges Potential an Arbeitskräften. Beide Voraussetzungen waren in Glasgow erfüllt, der Handel hatte in den Kolonien enorme Geldreserven erwirtschaftet und Arbeitssuchende gab es mehr als genug im Einzugsbereich der Stadt.

Eine andere Bedingung für die Industrialisierung waren verschiedene Erfindungen, die **Spinnmaschine** von *Arkwright* ebenso wie die des mechanischen Webstuhls. Mit die wichtigste Entwicklung gelang allerdings in Glasgow. Im Jahre 1764 entwickelte *James Watt* in Glasgow die **Dampfmaschine.** Nach einigen Verbesserungen konnte sie erstmals im Jahre 1776 in einer Fabrik eingesetzt werden.

Wie Pilze schossen dann die **Fabriken** zu Anfang des 19. Jh. aus dem Boden; auf der einen Seite die wollverarbeitende Industrie, auf der anderen die Schwerindustrie. Die Fabrikbesitzer verdienten sich in der Eisen-, Stahl- oder Schiffsindustrie eine goldene Nase, während die Arbeiternase im Dreck steckte. Die Bevölkerung hatte sich rapide vermehrt, von 66.000 Einwohnern im Jahre 1791 auf 202.000 im Jahre 1831. Die Stadt platzte förmlich aus den Nähten, in der Unterschicht herrschte **Armut,** Wohnungsnot und Hunger vor. Die Leute lebten auf engstem Raum, von Hygiene keine Spur. So wüteten im 19. Jh. einige Seuchenwellen, Pest und Cholera unter der Bevölkerung.

Der **Bürgerkrieg in den USA** (1860-66) bescherte den Glasgowern eine ähnliche **wirtschaftliche Pleite** wie das Jahr 1776. Wieder gingen Kapitalanlagen in Amerika verloren. Die Glasgower hatten ihr Kapital in den Südstaaten investiert, denn diese waren ihr Handelspartner im Baumwollgeschäft. Doch die Südstaaten waren die Unterlegenen im Bürgerkrieg. Das investierte Geld der Kaufleute aus Glasgow fiel in die Hände der siegreichen Nordstaaten. Für die Baumwollindustrie in Glasgow war die Niederlage der Südstaaten ein schwerer Schlag, denn die Folge des amerikanischen Bürgerkriegs war das Ende des Sklavendaseins der schwarzen Bevölkerung und somit eine Verteuerung der Baumwolle. Die Baumwollindustrie in Glasgow siechte allmählich dahin. Zudem war es für einen Unternehmer moderner und mannhafter, sich in der Schwerindustrie zu betätigen.

So wandten sich viele Unternehmer der Stahl- und Eisenproduktion zu. Am Ende des 19. Jh. schossen die Zahlen der Schiffs- und Eisenbahnproduktion in die Höhe. Im **Schiffbau** wurden die Werften am Clyde führend in der Welt – 20 % aller neuen Schiffe in der Welt wurden noch im Jahre 1928 am Clyde hergestellt. Danach folgte, ausgelöst durch den „Schwarzen Freitag" in den USA, eine wirtschaftliche **Talfahrt der Schwerindustrie.** Der 2. Weltkrieg bremste die Misere für ein Jahrzehnt, denn er verschaffte der Kriegsindustrie unerwartete Aufträge. Danach führte die wachsende internationale Konkurrenz, vor allem die asiatische, in den 60/70er Jahren zu einem Niedergang des Schiffbaus. Eine Werft nach der anderen ging bankrott.

Mit einer intelligenten Politik der Umstrukturierung wandelte sich Glasgow zur Wende des 20. ins 21. Jahrhundert zu einem modernen **Medien- und Dienstleistungszentrum.** Dies hat geholfen, die einstige **Arbeitslosenquote** der 1990er Jahre von über 15 % um die Hälfte zu reduzieren.

Glasgow

vielen kleinen, zwei große Kunsthäuser, die Hunterian und die Kelvingrove Gallery.

Im Südosten Glasgows am Clyde liegt Glasgow Green, ein Ort für Müßiggänger, ein schöner grüner Park. Man erreicht Glasgow Green von der U-Bahn-Station St Enoch im Zentrum Glasgows durch die Trongate Street und die London Road. Mittendrin steht ein glasüberdachter Wintergarten, der **People's Palace,** wie die Glasgower den Palast aus Glas nennen. Das Innere des Glaspalastes zieren tropische Pflanzen und Sonnenschirme. Da es manchmal undicht ist und es bei starkem Regen von der Decke tropft, nutzt man die Sonnenschirme des Öfteren als Regenschutz. Hier treffen sich die Leute, um bei Kaffee, Tee und Kuchen oder dem Mittagessen einen netten Plausch zu führen.

Für das geistige Wohl sorgt ein ungewöhnliches Museum, das sich im People's Palace befindet. Die Ausstellung informiert über die Sozial- und Industriegeschichte Glasgows vom 12. Jh. bis heute. Auch von der Frauenbewegung, den Gewerkschaften und der industriellen Entwicklung weiß das Museum zu berichten. Die Ausstellung hat Überraschungen zu bieten, man begegnet einem Punker, der sich Nägel in den Kopf geschlagen hat. Erst auf den dritten Blick entdeckt man, dass der Punker gar nicht atmet, sondern eine leblose Puppe ist (Ö: Mo-Sa 10-17 Uhr, So 11-17 Uhr, E: frei).

Gegenüber dem People's Palace steht die ehemalige **Templetons Carpet Factory.** *Templeton*, ein Tep-

★ 1 People's Palace
★ 2 (Ehem.) Templeton Carpet Factory
★ 3 Flohmarkt Barras
ii 4 Glasgow Cathedral
★ 5 Provand's Lordship
★ 6 Necropolis
• 7 George Square
★ 8 City Chambers
⊠ 9 Postamt
❶ 10 Touristeninformation
• 11 Nordbahnhof Queen Street Station

Farbkarte Seite V, VI **Glasgow**

- **12** Südbahnhof Central Station
- Ⓑ **13** Busbahnhof Buchanan
- **14** Glasgow Royal Concert Hall
- Ⓜ **15** Gallery of Modern Art
- **16** Reiseauskunft St Enoch Square
- **17** City Halls & Fruit Markets
- ★ **18** Citizen Theatre
- Ⓜ **19** Centre for Contemporary Arts
- ★ **20** Willow Tearoom
- **21** Polizei
- Ⓜ **22** Glasgow Transport Museum
- ★ **23** Kelvin Hall
- Ⓜ **24** Universität und Hunterian Museum
- 🛏 **25** Jugendherberge
- Ⓜ **26** Kelvingrove Art Gallery & Museum
- Ⓜ **27** Hunterian Art Gallery
- ★ **28** Burell Collection
- ★ **29** Pollok House
- ★ **30** Haggs Castle
- ★ **31** Tramway Theatre

Glasgow

pichfabrikant aus Glasgow, war nach einer Italienreise vom Dogenpalast in Venedig so fasziniert, dass er die Fassade seiner Fabrik im gleichen Stil erbauen ließ.

Ganz in der Nähe, zwischen Gallowgate und London Road, befindet sich der **Barras,** der größte **Flohmarkt** Glasgows. Hier gibt es allerlei zu stöbern, von Jugendstilmöbeln bis zu alten Pantoffeln. (Ö: Sa und So von 9-17 Uhr)

Der Highstreet nach Norden folgend, entlang der Castle Street (rund 20 Min. zu Fuß), erreicht man die ältesten Gebäude der Stadt. **Glasgow Cathedral,** erbaut 1136, ist davon das älteste. (Ö: im Sommer 9.30-18.30, So 14-17 Uhr, im Winter jeweils bis 16 Uhr; E: frei). Schwarz und rußig trotzt die gotische Kirche in einer Niederung der Luftverschmutzung und dem königlichen Krankenhaus links daneben. Im östlichen Teil der Kathedrale liegt der Altarplatz *(choir),* der sich in zwei Ebenen gliedert. In der oberen Ebene, hinter dem Hochaltar, steht der Schrein des heiligen *St Mungo,* des sagenhaften Gründers von Glasgow. Unten, in einer Gruft der Kathedrale, liegt er unter dem Hochaltar beerdigt.

Schräg gegenüber der Kathedrale an der Ecke Castle Street/Mac Leod Street, befindet sich ein anderer Oldtimer, **Provand's Lordship.** Das älteste erhaltene Wohnhaus der Stadt wurde im Jahr 1471 gebaut. In seiner Frühzeit beherbergte das Gebäude ein Krankenhaus, das St Nicholas

Mystik in der Glasgow Cathedral

Straßenszene in Glasgow

Hospital, später wohnte der *provand* hier: der Pfründner, der die Einnahmen aus den Kirchengütern verwaltete. Im Inneren des renovierten „Gottesschiffes" ist eine Möbelausstellung aus dem 17. Jh. zu betrachten. (Ö: Mo-So 10-17, So 11-17 Uhr, E: frei)

Hinter den alten Bauten auf dem Hügel *Fir Park Hill* hinter der Kathedrale liegt der **Friedhof Necropolis**, die „Schwarze Stadt"; er beherbergt die Überreste der High Society des 18./19. Jh. An den Gedenkstätten der Fabrikbesitzer und Bankiers durften Künstler aller Stilrichtungen schaffen. So braucht man sich nicht zu wundern, auf griechische, indische oder chinesische Grabmäler zu stoßen.

Stadtwappen von Glasgow

Als ich an einem Herbstabend die Stätte besuche, hängt ein Schild „Kein Eintritt" am verschlossenen Haupteingang. Davon lasse man sich nicht abschrecken Dann ist vielleicht der Nebeneingang geöffnet und trägt kein Verbotsschild.

Der Anstieg zum Friedhofshügel und die Aussicht, die sich auf Glasgow bietet, zwingen des Öfteren zur Rast. Dann erreicht man das Hochplateau des Hügels und da ragen sie in den Himmel: die Kapitalisten. Lebensecht aus Stein gehauen, stehen sie auf ihren Gräbern, oder ihr Grab ist als kleiner Tempel inszeniert. In der Dämmerung schimmert das Kupferdach der Kathedrale in den letzten Strahlen der Sonne.

Ein Fußmarsch von einer Viertelstunde führt entlang der Castle Street und der George Street zum Nabel Glasgows: Der **George Square** ist der große Platz in der Mitte der Innenstadt. Zentral gelegen eignet er sich hervorragend als Orientierungspunkt bei einem Erkundungstrip durch die Stadt. Viele fremde Sprachen hört man hier, denn der George Square ist die erste Anlaufstelle für viele Auswärtige, die sich einen Eindruck von Glasgow verschaffen möchten, oder für müßige Leute, die lediglich ein Stück Zuckerkuchen aus der Bäckerei am Platz verspeisen möchten und das in der Anwesenheit von *Sir Walter Scott,* der als Statue das chaotische Treiben der Menschen unter sich aus einer Höhe von 24 Metern gelassen hinnimmt.

Neben Scott zieren andere berühmte Schotten als Standbilder den

Glasgow

George Square, wie der Nationaldichter *Robert Burns* oder der erfindungsreichste Glasgower, *James Watt*. Den Sommer über bläst ab und an eine Militärband den Dudelsack. In der Nähe des Georg Square hat 1996 ein Museum für zeitgenössische Kunst eröffnet, die **Gallery of Modern Art,** Queen Street. (Ö: Mo-Mi und Sa 10-17, Do 10-20, Fr und So 11-17 Uhr, E: frei)

City Chambers nennt sich das Rathaus Glasgows an der Ostseite des George Square. Ende 1883 im italienischen Renaissancestil entworfen, lohnt es einen Besuch wegen seiner prachtvollen Innenausstattung. Führungen finden jeweils Mo, Di, Mi und Fr um 10.30 Uhr und um 14.30 Uhr (E: frei) statt. (Ö: Mo-Fr 9-16.30 Uhr)

Was hat Glasgow zu bieten, wenn der Himmel unter Wasser steht? Bei schlechtem Wetter, damit muss man rechnen, sucht man am besten den Westteil der Stadt auf, das Gebiet rund um den Kelvingrove Park (an der U-Bahnstation Kelvinhall aussteigen). Dort unterhält das **Museum Transport** jeden Technikinteressierten. Eine Menge Oldtimer, alte Eisenbahnen, eine Original Tramway (Straßenbahn), landwirtschaftliche Traktoren und Geräte aus der Vorkriegszeit und als Extrabonbon der historische Nachbau der Kelvin Street des Jahres 1938 sind die herausragenden Exponate, deren Be-

„Im Inneren eines Wales" – People's Palace in Glasgow

Farbkarte Seite V, VI; Stadtplan Seite 194   **Glasgow**

sichtigung gut und gerne einen halben Tag ausfüllt. Das Museum befindet sich hinter der Kelvin Hall an der Bunhouse Road. (Ö: Mo-Sa 10-17, So 11-17 Uhr, E: frei)

Die **Kelvin Hall** an der Argyle Street ist übrigens der Austragungsort sportlicher Großereignisse, hier fand die Leichtathletik-EM 1990 statt. Wer gerne Sport treibt, kann hier auch Squash spielen oder den Fitness-Raum benutzen.

Schräg gegenüber der Kelvin Hall zeigt das **Kelvingrove Art Gallery and Museum** internationale Malerei in erlesener Vielfalt. Zurzeit wird es renoviert (voraussichtlich bis 2006 geschlossen). Wer sich in der Nähe etwas ansehen möchte, dem sei das **University of Glasgow Visitor Centre** ans Herz gelegt, welches sich einerseits selbst präsentiert, auf der anderen Seite allerlei Phänomene erklärt: *camera obscura* etc. Allein die historischen Gebäude lohnen den Besuch. (Ö: Mai-Sept. Mo-Sa 9.30-17, So 14-17 Uhr, Okt.-Apr. Mo-Sa 9.30-17 Uhr)

Ein anderes Museum liegt im Norden des Kelvingrove Parks, das **Hunterian Museum.** Zu Fuß sind es ca. 20 Min. von der Art Gallery & Museum bis zum Hunterian Museum. Man geht den Kelvin Way entlang, der quer durch den Kelvingrove Park führt, vorbei an einigen älteren Männern, die sich im Bowlingspiel messen.

Das Ziel des Weges ragt gotisch in den Himmel, die Glasgow University. Im Hauptgebäude ist das Hunterian Museum untergebracht, Glasgows ältestes Museum (seit 1807 geöffnet). Fundstücke von der Zeit menschlichen Höhlenlebens bis zur Invasion der Römer in Schottland sind hier ausgestellt, außerdem Material von *Captain Cooks* Reisen und die berühmte Münzsammlung von *William Hunter*. (Ö: Mo-Sa 9.30-17 Uhr, So geschlossen, E: frei)

Dem Hauptgebäude der Uni gegenüber in der Hillhead Street befindet sich die **Hunterian Art Gallery.** Angenehmes Tageslicht beleuchtet die impressionistischen Gemälde des US-Amerikaners *James Whistler* (1834-1904). An den Wänden hängen die schottische Moderne und weitere Impressionisten, etwa der Schotte *Edward Atkinson Hornel,* aber auch einige ältere Gemälde von *Chardin* und *Rembrandt*.

Ein Muss für Leute, die schöne Möbel und Inneneinrichtung lieben, ist in die Hunterian Art Gallery integriert, das **Mackintosh House.** Grafiken, Bilder und Möbel von *Charles Rennie Mackintosh,* dem Jugendstilkünstler, werden ausgestellt (Ö: Mo-Sa 9.30-17 Uhr, E: frei). Ein weiteres Bonbon für Mackintosh-Fans: der Willow-Tearoom in der Sauchiehall Street!

Im Pollok Country Park, südlich des Stadtzentrums, ist im Museum **Burrell Collection** eine eindrucksvolle Sammlung von Kunst und Kunsthandwerk untergebracht.

Der Großindustrielle *Sir William* und seine *Lady Burrell* setzten sich 1944 ihr eigenes Denkmal, indem sie ihre Kunstsammlung der Stadt Glasgow vermachten. Schon die preisgekrönte Architektur der Burrell Collection ist einen Besuch wert. Die von Tageslicht durchflutete Architek-

Strathclyde

Glasgow

tur und der Blick ins Grüne tragen zur Entspannung während der „Kunstpausen" bei.

Die Sammlung des *Sir William Burrell* umfasst über 8000 Kunstobjekte aus verschiedenen Kulturkreisen, antike, chinesische, orientalische und mittelalterliche Keramik, Tassen, Möbel und Teppiche. Die Zeichnungen und Gemälde der Ausstellung stammen aus dem 15. bis 19. Jh. und reichen von *Rembrandt* bis *Cezanne*. (Ö: Mo-Do und Sa 10-17, Fr und So 11-17 Uhr, E: frei)

Im Pollok Country Park gibt es eine weitere Schenkung eines Reichen an die Allgemeinheit, das **Pollok House.** Im Jahre 1750 entworfen von einem bekannten schottischen Architekten des 18. Jahrhunderts, *William Adam,* steht das Gebäude mitten im angelegten Grün. Schon allein seine schöne Lage macht einen Besuch lohnenswert. Im Jahre 1966 verschenkten die Eigentümer, die *Maxwells*, ihr Gebäude an die Stadt (jetzt: *National Trust for Scotland*). Heute werden spanische Gemälde von *El Greco, Goya, Blake* u.a. im *Pollok House* ausgestellt. (Ö: Mo-So 10-17 Uhr, E: im Winter frei, im Sommer £ 8)

Kindern oder weniger Kunstbegeisterten bietet der **Pollok Country**

Mackintosh Museum/Glasgow

Farbkarte Seite V, VI; Stadtplan Seite 194 **Glasgow**

Park genügend Alternativen, vom Spiel- oder Golfplatz bis zum Cricketfeld. Hobbygärtner können sich einen Lerngarten südlich des Pollok House ansehen.

Glasgows Beitrag zum neuen Jahrtausend heißt **Glasgow Science Center.** Es präsentiert technische Innovationen, ein Planetarium, interaktive Ausstellungen, einen 100 m hohen Turm, der sich dreht, sowie Schottlands einziges _IMAX_-Kino. Das Glasgower Wissenschaftszentrum liegt am Fluss Clyde, 50 Pacific Quay. Tel. 0141/ 42 05 010. (Ö: auf Anfrage, E: ca. £ 7)

Information

● **Tourist Information Centre,** 11 George Square, Glasgow G2 1DY, Tel. 20 44 400, Fax 22 13 524, enquiries@seeglasgow.com.
● www.seeglasgow.com

Aktivitäten

Musik und Theater

Was kulturelle Veranstaltungen betrifft, braucht sich Glasgow hinter keiner europäischen Stadt zu verstecken.

● Das **Centre for Contemporary Arts,** ein Künstlerzentrum in der 270 Sauchiehall Street, veranstaltet Theater, Konzerte, Kunstausstellungen und Lesungen. Ein Programm über die jeweiligen Veranstaltungen ist im Innern des Zentrums erhältlich. Ein Buchgeschäft im Foyer verkauft Kataloge über

---

Charles Rennie Mackintosh (1868-1928)

Die Kunstakademie in Glasgow bildete den Jugendstilarchitekten _Charles R. Mackintosh_ aus; im Büro „The Studio" in London kam er schon früh in Berührung mit Arbeiten von _Jan Toorop_, welche ihn in Richtung Jugendstil beeinflussten. Im Jahre 1896 beteiligte sich _Mackintosh_ am Wettbewerb für den Ausbau der **Glasgower Kunstschule**. Er gewann, und seine eigenwillige Karriere konnte beginnen. Der Bau jener Schule, allgemein als sein _masterpiece_ bezeichnet, steht ganz im Zeichen des Jugendstils. Die Gestaltung der Kunstschule, innen wie außen, ist komplett von _Mackintosh_ und seiner Frau _Margaret_, einer Innenarchitektin, durchgeführt worden.

Das Besondere am Jugendstil _Mackintoshs_ ist seine Art, aus der alten schottischen Tradition etwas Neues herauszukitzeln, die althergebrachte Formenwelt mit dem **Neuland des Jugendstils** zu kombinieren. Die Kreativität _Mackintoshs_ sprühte über die

Grenzen Schottlands, wirkte auf die Jugendstilbewegung Hollands und Österreichs. Vor allem auf _Joseph Maria Olbrich_, dessen Gebäude seelenverwandt sind mit denen des Schotten.

Mackintosh war bekannt für seinen **Individualismus** und seine **Willensstärke.** Der Firma _Honeyman & Keppie_, für die er arbeitete und an der er mit Aktien beteiligt war, kehrte _Charles_ im Jahre 1913 den Rücken. Seine verbleibenden 15 Lebensjahre verbrachte er mit **Malerei** sowie Möbel- und Stoffentwürfen, bevor er im Alter von 70 Jahren starb.

Die wichtigsten Werke des Architekten:

1896	Glasgower Kunstschule
1897	Cranston-Teestuben in Glasgow
1899-01	Windyhill-House in Kilmacom
1902-03	Hill-House in Helensburgh
1906	Scotland Street School in Glasgow
1907-09	Bibliothek der Kunstschule in Glasgow

Strathclyde

Glasgow

laufende Ausstellungen und über Kunst. Die Selbstbedienungs-Bar bietet leckere Salate an. (Ö: Di-Sa 11-0, So 11-18 Uhr)

● Aufgepasst Opernfreunde: Im *Theatre Royal* in der Hope Street hat die *Scottish Opera* ihren Sitz, die *Scottish Opera* ist das einzige Opernhaus in Schottland, Tel. 0141/24 84 567.

● Das *Scottish National Orchestra* gibt seine Konzerte in der *Glasgow Royal Concert Hall*, 2 Sauchiehall Street. Das Konzerthaus bietet Platz für 2500 Besucher, Tel. 0141/22 63 868.

● *The Old Fruitmarket*, hier finden das Jazz-Festival, die Celtic Connection und andere Festivitäten statt. Allison Street, Tel. 0141/28 78 909.

● Eines der modernen Theater in Glasgow ist das *Tramway Theatre*, 25 Albert Drive, Tel. 0141/44 22 023. Einst war hier das Museum for Transport beheimatet, heute führt das Theater zeitgenössische Schauspiele, Opern und Ballett auf. Zu finden ist das Tramway Theatre südwestlich vom Zentrum. Man kann die U-Bahn benutzen und steigt dann an der Bridge Street aus. Von dort sind es ca. 20 Min. zu Fuß entlang der Eglinton Street und Pollokshaws Street, von welcher der Albert Drive rechts abzweigt.

● Eher Klassisches führt das *Citizens Theatre* auf. Das Schauspielhaus steht in der 119 Gorbals Street, Tel. 0141/42 90 022, www.citz.co.uk.

● *Tron Theatre*, 63 Trongate, zeigt Theater, Comedy, Musik und Tanz. Karten sollte man sich unbedingt früh genug kaufen. Die Abendkasse ist meist ausverkauft. In der modern eingerichteten Tron Bar am Tron Theatre kann vor und nach der Aufführung noch etwas getrunken werden. Tel. 0141/55 24 267.

● Zum Lachen sind die Vorführungen des *The Stand Comedy Club* mit wechselndem Programm von Do-So, 333 Woodlands Road, Tel. 0870/60 06 055.

Straßenkultur: die Gruppe Street Biz in Glasgow

Farbkarte Seite V, VI; Stadtplan Seite 194 **Glasgow**

● *Ticketlink-Ticketservice,* Candleriggs, vertreibt die Karten für die diversen Aufführungen, Tel. 0141/28 75 511.

Kino

● *Glasgow Film Theatre,* 12 Rose Street, heißt das Programmkino (2 Kinos) mit attraktiven Filmen. Die Rose Street ist eine Seitenstraße der Sauchiehall Street. Die Preise beginnen bei £ 5. Tel. 0141/33 28 128.

Spezielles

● Für all diejenigen, die sich einen guten Überblick über Glasgow verschaffen möchten, bietet sich ein **Stadtrundgang** an. Information und Reservierung unter Tel./Fax 0141/20 40 444, 153 Queen Street.
● *Forge Market,* 1201 Duke Street, gilt als der Basar der 1000 Händler in Glasgow, alles überdacht. (Ö: Fr-So 9-17 Uhr)
● *Teh Cookery School* lehrt das Kochen. Reich wie die Küche in Glasgow ist das Lehrangebot der Kochschule: von Scones bis Sushi. Es gibt Tages- und Wochenkurse, 65 Glassford Street, Tel. 0141/55 25 239, www.thecookeryschool.org.
● Die **Mitchell Library,** Kent Road, ist die größte Bibliothek Europas und liegt am Ende der Bath Street nach links, in der Nähe der Charing Cross Zone, am Motorway 118. Hier können Bücherwürmer in einem Meer von Büchern versinken; vor allem geeignet für Leute, die sich über Schottland näher informieren möchten. Eine Ausstellung widmet sich dem Nationalpoeten *Robert Burns.* (Ö: Mo-Fr 9-21, Sa 9-17 Uhr)

Verbindungen und Stadttransport

● *Konkrete Verbindungen: Traveline* für alle öffentlichen Verkehrsmittel (außer Flügen) www.travelinescotland.com bzw. Tel. 0870/60 82 608 (siehe auch „Unterwegs in Schottland" für günstige Tickets).

Flug

● Glasgow hat zwei Flughäfen in der Nähe. Der erste Flughafen ist der **Glasgow Airport** in der Nähe von Paisley, etwa 12 km vom Stadtzentrum entfernt. Für eine Taxi-

fahrt bis nach Glasgow werden ca. £ 10-15 fällig. Alle 15-30 Min. verkehrt ein Bus der *Scottish Citylink* mit der Nummer 905 zwischen dem Flughafen und den Busbahnhöfen Anderston und Buchanan hin und her. Der Bus benötigt eine Fahrzeit von ca. 20 Min. Flugauskunft: Tel. 0870/04 00 008, www.baa.co.uk

Ein anderer Weg zum Bahnhof oder zum Flughafen: Ein Zug verkehrt zwischen Glasgow Central, dem Hauptbahnhof, und dem Gilmour Street Bahnhof in Paisley. Acht Züge fahren in der Stunde, Fahrzeit 12 Min. Vom Gilmour Street Bahnhof in Paisley fahren die Busse *Scottish Service* 160 oder 180 im 10-Minuten-Takt weiter zum Flughafen (£ 3). Nach Edinburgh verkehrt ein stündlicher Bus-Service (£ 9).

● Der zweite Flughafen ist **Glasgow Prestwick Airport,** der ca. 50 km von Glasgow entfernt liegt. Alle 30 Min. gibt es Bahn-, alle Stunde Busverbindungen nach Glasgow. Eine Taxifahrt kostet ca. £ 40-50. Tel. 0871/22 30 700, www.gpia.co.uk.

● Die **British Airways CityExpress** und **Loganair** steuern Ziele auf den Äußeren und Inneren Hebriden, Campeltown auf der Halbinsel Kintyre, Inverness, Southampton und Leeds/Bradford an. Nähere Informationen hierzu sind zu erfahren in allen Reisebüros Glasgows (auch Tel. 0870/85 09 850, www.ba.com, www.loganair.co.uk). *Scottish Airpass* ab £ 169 zzgl. Flughafengebühr.

Glasgow

Postmoderne Kopfbedeckung: Reiterstandbild in Glasgow

Farbkarte Seite V, VI; Stadtplan Seite 194 **Glasgow**

Zug

● *First ScotRail* verbindet Glasgow mit den Vororten und den größeren Städten (Edinburgh).
● Die beiden **Hauptbahnhöfe** *Glasgow Central* und *Glasgow Queen Street* sind der Ausgangspunkt für Reisen in die Highlands oder andere Ziele in Großbritannien. Zwischen den beiden Hauptbahnhöfen verkehrt täglich außer So ein Bus im 15-Minuten-Takt, die einfache Fahrt kostet 50p.

Stadtbus

● Glasgow ist eine Busstadt. Alle Sehenswürdigkeiten sind bequem mit dem meist **zweistöckigen Bus** zu erreichen. Wohin welcher Bus fährt, verrät ein „Führer für Besucher", erhältlich in den **Travel Centre,** St Enoch Square, **Buchanan Bus Station** oder beim **Tourist Information Centre.** An vier U-Bahnhöfen kann vom PKW auf *Park & Ride* umgestiegen werden. Der Buspass „First-Day" kostet £ 2.25.
● Die **Nummern** der Busse stehen an der jeweiligen Station. Das **Bezahlsystem** ist je nach Busunternehmen verschieden. Auf jeden Fall sollte man passendes Kleingeld (50p- und 10p-Münzen) bereithalten, da viele Busfahrer nicht wechseln.
● Vom *George Square* im Zentrum Glasgows fahren eine Vielzahl von **Nachtbussen** in einem Umkreis von 8 km zu den Vororten der Stadt. An Freitagen und Samstagen existieren zusätzlich Verbindungen zu Orten, die weiter außerhalb liegen. Details und Fahrpläne der Nachtstrecken sind im Travel Centre St Enoch Square (an der U-Bahn- Station) erhältlich.

U-Bahn

● Die U-Bahn fährt auf einer **Rundstrecke** mit 15 Stationen. Im Takt von 6-8 Min. taucht ein Untergrundzug auf. Morgens um 6.30 Uhr beginnt die U-Bahn zu kreisen, abends fällt die Klappe zwischen 22 und 23 Uhr. Die Öffnungszeit an Sonntagen ist auf 11 bis 18 Uhr beschränkt.
● Unabhängig von der Streckenlänge zahlt der Erwachsene für die normale Fahrt 90p, www.spt.co.uk.

Kombinierte Tickets

● Für Besucher gibt es die **Roundabout Tickets** (ab £ 4.50) die für U-Bahn und die meisten Busse und Bahnen gilt. Das *Travel Centre* auf dem St Enoch Square, Glasgow, berät Sie über die billigste Fortbewegungsart. (Ö: Mo-Sa 9.30-17.30 Uhr)
● Das **Discovery Ticket** (nur für U-Bahn) erlaubt für £ 1.70 einen Tag lang freie Fahrt für die weitere Erkundung der Umgebung von Glasgow (ab 9.30 Uhr). Erkundigen Sie sich nach dem **Day Tripper Ticket** (für Familien ab £ 15 (2 Erwachsene + 4 Kinder).
● **Mackintosh Trail,** £ 10, zu allen Mackintosh Sehenswürdigkeiten, www.spt.co.uk.

Taxi

● Meistens schwarz und ein Oldtimer, das kennzeichnet ein Taxi in Glasgow und überhaupt in Großbritannien. Die vor allem im Zentrum Glasgows allgegenwärtigen Taxis halten auf Handzeichen. Im Vergleich zu deutschen Taxis sind die schottischen billiger. Fährt man zusammen mit mehreren Leuten, bedeutet eine Taxifahrt keinen Sprung ins finanzielle Fiasko und ist zusätzlich noch bequem und sicher. Das Taxi vom *Glasgow International Airport* ins Zentrum der Stadt kostet ca. £ 12.
● **Glasgow Taxis,** Tel. 0141/42 97 070.
● **Taxi Owners Association,** Tel. 0141/42 97 070.

Autoverleih

● **Jim Nearly,** 15 Fearly St, Tel. 0141/42 75 475, Fax 42 77 244, vermietet Wagen, Kleinbusse, Landrover und LKW. Der gemietete Wagen wird bereits am Ankunftsort, z.B. am Flughafen, bereitgestellt.
● **Universal Garage,** 367 Alexandra Parade, Kleinwagen ab £ 195/pro Woche, Tel. 0141/55 45 175.

Unterkunft

Während der Sommerferienzeit ist Glasgow oft ausgebucht, zumal viele Besucher des Edinburgher Festivals nach Glasgow zur Übernachtung ausweichen. Ein Zimmer im

Strathclyde

Glasgow

Voraus *zu buchen* spart auf jeden Fall Ärger. Oft ist selbst die Jugendherberge überfüllt und andere billige Übernachtungsmöglichkeiten sind rar.

Anlaufstelle für Leute, die kein Zimmer finden, ist das **Tourist Information Centre** (s.o.). Es vermittelt Übernachtungen und nimmt Vorausbuchungen an.

Hotels

● **Kirklee Hotel,** in der Nähe der Glasgow University, ruhig gelegen, 11 Kensington Gate, Tel. 0141/33 45 555, Einzelzimmer ab £ 48, Doppelzimmer ab £ 36.

● **Sandyford Hotel,** 904 Sanchiehall Street, Tel. 0141/33 40 000, ab £ 26 für Doppelzimmer.

● **Botanic Hotel,** 1 Alfred Terrace, Tel. 0141/33 77 007 im Wetsen Glasgows, verlangt für B&B ab £ 22.

In der Stadtmitte finden sich einige Hotels mit moderaten Preisen:

● **Smith's Hotel,** 963 Sauchiehall Street, Tel. 0141/33 97 674, B&B ab £ 20.

● **Campsi Guest House,** 2 Onslow Drive, Tel. 0141/55 46 797, ab £40.

● **Seton Guest House,** 6 Seton Terrace, Tel. 0141/55 67 654, ab £ 18.

B&B

● **Enro Hostel,** 318 Clyde Street, ist günstig für Rucksackreisende für eine Übernachtung ohne Frühstück, Tel. 0141/22 22 928, ab £ 15.75.

● **Belle Vue Guest House,** 163 Hamilton Road, Mount Vernon, Tel. 0141/77 81 077, kostet ab £ 22 für Doppel- und £ 24 für Einzelzimmer.

● **YMCA Aparthotel,** David Naismith Court, 33 Petershill Drive, Tel. 0141/55 86 166, im Nordosten Glasgows ist die wohl eine der billigsten Möglichkeiten der Übernachtung abgesehen von der Jugendherberge und dem Backbackers Hotel (s.u.). B&B kostet £ 14. Im Hotel sind 4 Wohnungen für Selbstversorger für je 4-6 Personen vorhanden, £ 250/Woche.

● **Paterson,** 16 Boyton Avenue, Tel. 0141/63 74 402, B&B ab £ 22.

Jugendherberge

● Das **Glasgow Youth Hostel,** 7/8 Park Terrace, Tel. 0870/00 41 119, hat seinen Platz am Rande des Kelvingrove-Parks. Die Jugendherberge hat bis 2 Uhr nachts geöffnet. Übernachtung ab £ 13.

Für Zugreisende: Vom Bahnhof *Central Station* fährt ab die Hope Street die Buslinie 44 oder die Nummer 59 bis Lynedoch Street. Die Straße Park Terrace, an der sich die Jugendherberge befindet, grenzt unmittelbar an. Vom Bahnhof *Queen Street Station* fährt die Buslinie 10 von der Cathedral Street bis zur Woodlands Road.

● **Backpackers Hotel,** 21 Park Terrace, Tel. 0141/33 29 099, die direkte Konkurrenz der Jugendherberge, kostet £ 12-16, hat allerdings nur von Anfang Juli bis Mitte Sept. geöffnet.

Camping

● Campern und Rucksackreisenden steht der **Craigendmuir Caravan Park,** Campsie View, in Stepps offen. Zwei Personen plus Zelt zahlen £ 10.50 für die Nacht. Stepps liegt nordöstlich von Glasgow und ist von Glasgow zu erreichen über die M 8 (Autobahn) und die A 80 Richtung Cumbernauld, Tel. 0141/77 92 973, Jan.-Dez. geöffnet.

Essen und Trinken

Eine internationale Stadt wie Glasgow hat neben den schottischen Nationalgerichten wie Haggis natürlich auch eine internationale **Küche** zu bieten. Jeder kann etwas entdecken, das seinem Geschmack entspricht.

● Traditionell mit französischem Einfluss: **Brian Mark,** 176 West Regent Street, Tel. 0141/24 83 801, ab £ 15.

● Feine Gerüche strömen aus dem **The City Merchant Restaurant,** 97/99 Candleriggs, Ö: 12-23 Uhr. Die aufgetischten schottischen Gerichte bewegen sich zumeist in der gehobenen Preiskategorie. Nach dem Essen beschleunigt ein Whisky in der Kellerbar die Verdauung. Tel. 0141/55 31 577.

Farbkarte Seite V, VI; Stadtplan Seite 194 **Glasgow**

●Designed: **Saint Jude's,** 190 Bath Street, Tel. 0141/35 28 800, ca. £ 15-20.

●In der gehobenen Preisklasse befindet sich das **Rogano Seafood Bar & Restaurant,** 11 Exchange Place. Das alteingesessene Art-Déco-Lokal serviert Austern, Sashimi und Lamm (ca. £ 15 für Hauptgerichte), Tel. 0141/24 84 055.

●Das **Café Gandolfi** direkt am Candleriggs Market (zwischen Trongate und George Street) nimmt ab £ 8 aufwärts für ein gutes Menü. Ähnliche Preise verlangen die Pubs in der Woodland Road und der Sauchiehall Street.

●**Ubiquitons Chip,** 12 Ashton Lane, West End. Schottische Küche, lokale Produkte. Tel. 0141/33 45 007, ab £ 20 (Menü).

Pubs

In Glasgows Pubs trifft sich jung und alt. Selbst wenn die Musik laut oder schräg ist, veranlasst das keine Altersgruppe, die Kneipe zu wechseln. In der Regel legt das Gesetz die Sperrstunde auf 24 Uhr fest; wenn ein Pub länger geöffnet ist, dann hat sich der Besitzer eine Lizenz für weitere Nachtstunden gekauft.

●Viele Kneipen gruppieren sich um den Candleriggs Market: Im **Chubbie Chesters,** Ingram Street (gegenüber zweigt die Glassford Street ab), bläst samstags zwischen 14 und 17 Uhr eine Jazz Big Band die Tuba.

●Das **Black Friars** zieht alle Altersklassen an. Abends am Wochenende gibt es Livemusik. Die Küche ist preisgünstig und bereitet ein gutes Essen. Eine buntgemischte Palette an Bieren lässt sich im Black Friars versuchen.

●Preise für schmale Geldbörsen bietet das **Horse Shoe,** 17 Drury Street, 1.Stock, zwischen Bahnhof und George Square, ab £ 5 für komplette Menüs.

●Südlich der Argyle Street liegt ein altes Schlachtschiff in Glasgows Kneipenmeer: Die **Scotia Bar,** an der Ecke Howard/Stockwell Street; eine Trink- und Billardkneipe. Gegen den Lärm aus den Musikboxen hilft kein Ohropax mehr und die stimmgewaltigen Besucher der Scotia Bar sind nicht

Schulhof in Glasgow an der Woodlands Road

Glasgow

weit davon entfernt, die Musikboxen noch zu übertönen. Gegenüber bei *Vicky* (Victoria Bar) gibt es 2x wöchentlich schräge Konzerte.

● Gediegen ist das *Rab Has* in der Hutchenson Street, die von der Trongate Street abzweigt.

● Im *Uisge Betha* (gäl.: Wasser des Lebens = *Whisky*), an der Ecke Woodland Road, Willowbank Cres. lebt die Tradition: Die Bedienung trägt den Schottenrock, stolze Clanführer hängen als Gemälde an der Wand und das Pfeifen des Dudelsacks in der Luft.

● Das *Studio* versorgt Nachtschwärmer bis 3 Uhr nachts (Mi-So) mit Disco aus den 60ern und 70ern.

● Der Pub *Bourbon Street* findet sich in der George Street, Tel. 0141/55 20 141.

Einkäufe

● Der Stadtbummler tritt in Glasgow in ein Schlaraffenland. Zu seinen Füßen liegen im Zentrum Glasgows die zum großen Teil verkehrsberuhigten Straßen **Sauchiehall, Bu-chanan** und **Argyle Street** sowie die Nebenstraßen dieser großen Einkaufspassagen.

● Außerhalb des Stadtzentrums sind entlang der **Great Western Road** weitere Geschäfte und Kaufhäuser aller Art zu finden.

● Der **Trödelmarkt Barras,** zwischen Gallowgate und London Road, steht abseits der Leuchtreklame-Glitzer-Welt. Von neuen Elektrogeräten bis zu gebrauchten Antiquitäten gibt es hier beinahe alles zu kaufen. Auf dem Barras gibt es zu gucken, zu wühlen und zu feilschen. Der Markt findet jeweils samstags und sonntags von 9 bis 17 Uhr statt.

● Auf der Suche nach dem Zeitgeist stößt man auf moderne Einkaufszentren wie **St Enochs, Parkland Forge** oder **Sauchiehall Street Centre** und auf den edlen **Princess Square** mit einer Vielzahl diverser Läden.

George Square

Farbkarte Seite V, VI; Stadtplan Seite 194　　　　　　　　　　　**Glasgow**

●Wer sich in Glasgow modisch einkleiden möchte, der kauft ein bei **Mademoiselle Anne,** 133 Stockwell Street, oder bei **The Adress,** 3 Royal Exchange Court.

●Auf dem **Forge Market,** 1201 Duke Street, wird alles Mögliche gehandelt: Schottlands größter Markt in vier Wänden.

●Keine modische, aber sehr individuelle Kleidung erhält man beim Highlandausstatter: **Hector-Russels,** 110 Buchanan Street, oder **Geoffrey Highland Tailor,** 309 Sauchiehall Street.

●Gebrauchte **Schallplatten** und **Antiquitäten** gibt es bei *Alba Seconhand Music,* 61 Otago Street, Tel. 01389/87 59 96.

●**Tiso Graham,** ein **Ausrüstergeschäft** in der 129 Buchanan Street, verkauft Zelte, Rucksäcke, Wanderschuhe und andere Utensilien, die für Wanderer und Bergsteiger unverzichtbar sind.

Umgebung

●Als Gott die Ausflugsziele verteilte, war Glasgow ein Schreihals. Im Westen lockt **Paisley** (zu erreichen mit den Buslinien 36, 37, 38 und 39 der *Western Scottish* von der Buchanan Bus Station). Mit dem Auto gelangt man auf der M 8 und A 737 zu der etwa 10 km entfernten Stadt. Paisley ist die Geburtsstätte des berühmten Paisley-Schals, der mit Tannenzapfensegmenten gefärbt ist. Das **Paisley Museum and Art Galleries** in der High Street stellt die Entwicklung des weltbekannten Schals dar und informiert über die Geschichte von Paisley. (Ö: Di-Sa 10-17, So 14-17 Uhr, E: frei)

Paisley besitzt ein Kloster aus dem 12. Jh. In der **Paisley Abbey** (Ö: Mo-Sa 10-15.30 Uhr) an der Abbey Close in der Innenstadt steht ein keltisches Kreuz aus dem 10. Jh., das

Barochan Cross, das einst einen festen Platz auf einem Hügel im Port Glasgow hatte. In der Abbey sind schöne Glasfenster zu sehen und die Gräber der *Bruces,* des Gründergeschlechts Schottlands. Andere Attraktionen befinden sich weiter südlich von Glasgow.

●Im **Tal des Clyde** in Uddington an der M 74 südöstlich von Glasgow steht das **Bothwell Castle** aus dem 13. Jh.. Die Burg aus rotem Sandstein gehörte wie viele Castles im Süden Schottlands zum Machtbereich der Black Douglasses und war eines der größten im Lande. (Ö: Apr.-Sept. Mo-So 9.30-18.30 Uhr, Okt.-März Mo-Mi und Sa 9.30-16.30, Do 9.30-12.30, So 14-16.30 Uhr, E: £ 2.50, Studenten £ 2)

●Das **David Livingston Centre** liegt bei Blantyre hinter Bothwell, von Glasgow auf der M 8/M 74 zu erreichen. *David Livingston,* der Missionar und Entdecker, wurde dort im Jahre 1813 geboren. Sein Vaterhaus, eine afrikanische Hütte mit einer Ausstellung über afrikanische Geschichte und Fundstücke, die *Livingston* von seinen Reisen mitgebracht hat, sind hier zu besichtigen. Ein Besuch lohnt sich vor allem für Leute, die sich für die Erschließung des afrikanischen Kontinents interessieren. (Ö: im Sommer Mo-Sa 10-17, So 12.30-17 Uhr, E: £ 4)

●Weiter südlich bei Lanark im Tal des Clyde liegt ein Meilenstein der Sozialgeschichte, **New Lanark.** In der Industriesiedlung wirkte der Sozialre-

Strathclyde

former *Robert Owen*. In den mächtigen Baumwollfabriken von New Lanark hat Owen seine sozialistischen Ideen in die Tat umgesetzt und u.a. die erste Schule für Kinder in Schottland gegründet (siehe unten).

● Nordwestlich von Glasgow befindet sich das Naherholungsgebiet um **Loch Lomond.** Die Ufer von Loch Lomond säumen die Berge des schottischen Hochlandes. Bis zum größten See von Schottland fährt man von Glasgow etwa eine Stunde mit dem PKW (die Great Western Road führt in die Highlands). Auf der Strecke zum Loch Lomond verkehren auch Busse der *Scottish Citylink* von der *Buchanan Bus Station* aus (vgl. Kap. „Loch Lomond").

New Lanark ⤢ VI, A2

Dem Flusslauf des Clyde folgt von Glasgow die M 74/A 72 in Richtung Lanark. Hinter Motherwell und Hamilton verlässt man die Vorstädte Glasgows. Allmählich werden die Ortschaften kleiner und die Landschaft attraktiver. Der höchste Berg des Clyde-Tales ist der Tinto-Hill, der fast 700 m hoch ist.

In einer malerischen Schlucht des Clyde südlich der Stadt Lanark stehen die Fabrikgebäude der einstmals **größten Baumwollspinnerei** von Großbritannien. Der Barbier *Richard Arkwright* trat 1783 an den Industriellen *David Dale* heran, um einen Geschäftspartner für seine Entwicklung

einer mit Wasserkraft betriebenen Spinnmaschine zu finden. *Dale* und *Arkwright* wurden Partner, als Standort der Baumwollfabrik wählten die beiden den Fluss Clyde. Das Projekt wurde ein Erfolg, knapp 2500 Menschen lebten und arbeiteten in New Lanark. Allerdings waren die Arbeitsbedingungen katastrophal, Kinderarbeit an der Tagesordnung.

1799 heiratete der Waliser **Robert Owen** die Tochter von *David Dale* und wurde dessen Geschäftspartner. *Robert Owen,* ein sehr innovativer Mensch, versuchte durch Verbesserungen im sozialen Bereich respektablere Lebensbedingungen zu schaffen, mit der Erkenntnis im Hinterkopf: Ein zufriedener Arbeiter leistet mehr.

So führte *Owen* die kostenlose ärztliche Versorgung ein. Die Lebensmittelpreise wurden gesenkt, um Forderungen nach einer Lohnerhöhung vorzubeugen. „The New Institution for the Formation of Character" hieß die Schule, die *Robert Owen* gründete, die erste Schule für Arbeiterkinder in Großbritannien. Kinder bis zum Alter von zehn Jahren wurden in einem großen Saal unterrichtet, ältere besuchten die Abendschule.

Doch der Unternehmer scheiterte mit seinen gutgemeinten Sozialreformen an der englischen Regierung, die ihm die finanzielle Unterstützung versagte. Er zog sich aus New Lanark zurück und versuchte in Amerika, einen genossenschaftlichen Betrieb zu verwirklichen. Der Versuch scheiterte ebenso, und *Owen* engagierte sich fortan für die Gewerkschaften.

Farbkarte Seite V, VI   **Dumbarton**

Heute ist aus New Lanark ein **Museum** geworden, das in einer Ausstellung vorführt, unter welch harten Bedingungen Kinder zu Anfang des 19. Jh. leben und schuften mussten. Ferner wird erklärt, wie die Baumwollverarbeitung in jener Zeit funktionierte und wie das Wasser des Clyde für die Baumwollverarbeitung eingesetzt wurde. (Ö: Mo-So 11-17 Uhr, E: £ 4.95)

Ein ausgeschilderter Pfad führt von New Lanark am Ufer des Clyde entlang durch das **Falls of Clyde Nature Reserve**. Leider raubt die Schleuse eines Wasserkraftwerks dem Clyde eine enorme Wassermenge, die die Stromschnellen und Wasserfälle einiges an Dramatik kostet. Für die Lachse, die den Clyde hinaufschwimmen oder -springen, genügt das reduzierte Wasservolumen, um die Granitfelsen und die Klippen zu überwinden. An einigen Sonntagen in den Sommermonaten wird die Schleuse für eine Stunde geöffnet, und die Clyde-Wasserfälle führen wieder Normalwasser.

Information

● www.newlanark.org

Unterkunft

● **Mrs. M. Findlater,** Jerviswood Mains Farm, 2 km östlich des Ortskerns, Tel. 01555/66 39 87, ab £ 28.
● **New Lanark Youth Hostel,** Rosedale Street, Tel. 0870/00 41 143, ab £ 12.

Dumbarton   ⇗ V, D1

Von Glasgow aus führt die A 82 in Richtung Norden tief in die Highlands hinein bis nach Fort William. Etwa 25 km hinter Glasgow passiert man die Industriestadt Dumbarton, die einst ein Zentrum des Schiffbaus war.

Mary Queen of Scots wurde im Alter von fünf Jahren von Dumbarton mit einem Schiff nach Frankreich gebracht, zum Schutz vor dem wütenden englischen Monarchen *Henry VIII.* Dieser hatte sich im 16. Jh. einen trickreichen Plan erdacht, um Schottland ohne Krieg ins englische Königreich einzugliedern. Sein Sohn Edward sollte mit *Mary Stewart,* der legitimen schottischen Thronfolgerin, vermählt werden und Edward dann die beiden Königreiche in einer Person (Personalunion) regieren.

Doch die Schotten durchschauten die Pläne des englischen Königs und krönten *Mary Stewart* im Jahre 1542 kurzerhand zur Königin von Schottland. *Henry VIII.,* furchtbar erzürnt über das schottische Handeln, reagierte seine Wut im südlichen Schottland ab, wo seine Truppen große Verwüstungen hinterließen – das Ereignis ging in die schottische Geschichte als „Rough Wooing" ein.

Sehenswertes

Mary wurde vom **Dumbarton Castle** vor den Truppen des englischen Königs nach Frankreich in Sicherheit gebracht. Von der ursprünglich mittelalterlichen Burg in Dumbarton sind heute das Burgverlies, ein Torweg

Strathclyde

Helensburgh   ⌕ V, D1

Hinter Dumbarton führen 2 Straßen, die A 82 und die A 814, nach Norden in die Highlands. Beide treffen in Arrochar, einem Dorf hinter Loch Lomond, wieder zusammen. Die verkehrsreiche A 82 ist der Hauptverbindungsweg ins schottische Hochland und verläuft am linken Ufer von Loch Lomond. Die ruhigere, nicht ausgebaute A 814 folgt zuerst der Küstenlinie von Gare Loch, danach der des Loch Long. Etwa 13 km hinter Dumbarton erreicht die Straße Helensburgh.

Ein berühmter Mann ist im Jahre 1888 in der Stadt Helensburgh geboren worden, *John Logie Baird,* der Pionier der Fernsehtechnik. Er erfand einen mit infraroten Strahlen arbeitenden Fernsehapparat.

Die Küste von Helensburgh ist ein geeigneter Standort zum Schwimmen, Segeln oder Wandern. Die Berge im Hinterland von Helensburgh ermöglichen weite Blicke über Gare Loch und den Mündungsarm des Clyde. Ein schöner Weg führt durch Glen Fruin; ein Tal, das sich von der B 832 vor der Ortschaft Daligan erreichen lässt.

und eine Sonnenuhr erhalten, die Königin *Mary* dem Castle geschenkt hat. Der große Rest des Inventars stammt aus späteren Jahrhunderten.

Das Dumbarton Castle steht auf einem Felsen, dem Dumbarton Rock, in der Stadtmitte. (Ö: im Sommer 9.30-18.30 Uhr, Okt.-März Mo-Mi 9.30-16.30, Do, So 14-16.30 Uhr, E: £ 2.50)

Verbindungen

- Von Glasgow fahren vier **Busse** von *First* (204/205/215/216) von der Buchanan Bus Station bis Dumbarton. Morgens um 8.30 Uhr verkehrt der erste Bus, um 13.30 Uhr (außer sonntags) der zweite, der letzte um 18 Uhr. Studenten zahlen die Hälfte.
- Nach Dumbarton und weiter nach Loch Lomond führt ein **Radweg,** auf dem viele Glasscherben liegen: Flickzeug! Er startet in der Nähe des *Kelvin Hall & Transport Museums*.
- **Konkrete Verbindungen:** *Traveline* für alle öffentlichen Verkehrsmittel (außer Flügen) www.travelinescotland.com bzw. Tel. 0870/60 82 608 (siehe auch „Unterwegs in Schottland" für günstige Tickets).

Sehenswertes

Im Jahre 1902 entstand das so genannte **Hill House,** ein Landhaus, entworfen von *Charles Rennie Mackintosh,* dem einflussreichen Jugendstilarchitekten. *Mackintosh* begreift das Wohnhaus in seiner geschichtlichen Entwicklung als Fortführung der

Burg. Bewusst verwendet er Elemente der mittelalterlichen Burg-Architektur, wie den Turm, das verstrebte (vergitterte) Fenster oder den Erker. Diese architektonischen Elemente verbindet er mit seinen eigenen Vorstellungen von Baukunst. Einige Anregungen, wie zum Beispiel die Pflanzen- oder Tierornamentik, hat *Mackintosh* aus dem asiatischen Kulturkreis übernommen. Unterstützt von seiner Frau, entwarf *Mackintosh* nicht nur das Äußere des Hill House, sondern auch die komplette Inneneinrichtung.

Das Hill House, Upper Colquhoun Street, liegt an der B 832 am Stadtausgang von Helensburgh in Richtung Daligan auf der rechten Seite, von wo man den breiten Mündungsarm des Clyde überblickt. (Ö: täglich 13-17 Uhr, E: £ 8)

Information

● www.helensburgh.info

Verbindungen

● Helensburgh ist mit dem **Zug** vom Bahnhof Glasgow, Queen St., zu erreichen.

Mackintosh's Hill House in Helensburgh

Loch Lomond

- Eine **Personenfähre** verkehrt neunmal täglich mit den Orten Kilcreggan und Gourock, die sich am Mündungsarm des Clyde gegenüberliegen. Von Gourock laufen Fähren weiter nach Dunoon aus, dem Urlaubszentrum auf der Halbinsel Cowal.
- Die **Busse** von *First* fahren von Glasgow, Glassford Street ab, eventuell muss man in Dumbarton umsteigen.
- **Konkrete Verbindungen:** *Traveline* für alle öffentlichen Verkehrsmittel (außer Flügen) www.travelinescotland.com bzw. Tel. 0870/60 82 608 (siehe auch „Unterwegs in Schottland" für günstige Tickets).

Loch Lomond ⤴ V, D1

Der **größte Binnensee Großbritanniens** zeigt sich dem Besucher von zwei verschiedenen Seiten. Die eine Seite ist das touristische Westufer, an dem die laute Hauptverbindung, die A 82, entlangführt. Die andere Seite ist das Ostufer, an dem der 917 m hohe, grasbewachsene Ben Lomond vom Ufer steil in den

Argylls Berge

Himmel ragt. Die single-track-road B 837 entlang der östlichen Uferlinie endet kurz hinter dem Ort Rowardennan.

Information

● www.visit-lochlomond.com

Aktivitäten

● In Balloch oder Tarbet startet man am besten eine kleine oder große **Bootsrundfahrt** auf Loch Lomond.

Leider verkehrt die historische **Countness Fiona** nicht mehr auf Loch Lomond. Falls jemand £ 20.000 zur Restauration des Alten Schiffes übrig hat .

● Das Gebiet um Loch Lomond eignet sich hervorragend für **Wanderungen:** Die Trossachs im Osten waren einst die Heimat von *Rob Roy.*

Unterkunft

● Das **Anchorage Guest House** in Balloch, am südlichen Ende von Loch Lomond, Balloch Road, kostet ab £ 25, Tel. 01389/ 75 33 36.

● **Balloch Hotel** in Balloch nimmt für B&B ab £ 57.50, Tel. 01389/75 25 79. Wer das nötige Kleingeld besitzt, sollte hier das Essen probieren.

● Am nördlichen Ende von Loch Lomond, in Ardlui, liegt das gleichnamige **Ardlui Hotel,** B&B ab £ 40-50.

● Die *Forestry Comission* betreibt die **Cashel Caravan & Dampsite,** Rowardennan, geöffnet März-Okt., ab £ 8-9.60, Tel. 01360/ 87 02 34.

● In Rowardennan bietet sich die gleichnamige **Rowardennan Hostel,** Tel. 0870/ 00 41 148, als Durchgangsstation an: für Wanderer auf dem West Highland Way, der am Ostufer von Loch Lomond verläuft, oder als längere Bleibe, um die Hügel und Seen des *Queen Elizabeth Park* ausgiebig zu erkunden. März-Okt., ab £ 11.

● Ganz in der Nähe der Ortschaft Balloch, an der A 82 in Richtung Norden, steht am linken Straßenrand die noble **Loch Lomond Hostel,** etwa 2 km vor Arden, Tel. 0870/00 41 136, ganzjährig geöffnet, ab £ 13.

● **Mrs. A. Lennox,** Shantron Farm in Luss, Tel./Fax 01389/85 02 31, B&B für £ 22 bis £ 30.

Halbinsel Cowal ⟋ V, C 1/2

Die Halbinsel Cowal, begrenzt von Loch Long im Osten und Loch Fyne im Westen, zerfurchen fjordartige Meeresarme. Freunden des **Wassersports** eröffnen sich hier viele Möglichkeiten. Auf der Segelschule in Tighnabruaich können Anfänger das nötige Handwerk lernen. Angelbegeisterte haben die freie Auswahl, ihr Glück in den salzigen Loch Long oder Loch Goil zu versuchen oder Forellen im Süßwasser von Loch Eck zu fangen. An der Küste südlich von Tighnabruaich laden Sandstrände zum Baden ein.

Im Norden Cowals erstreckt sich der **Argyll Forest Park.** Ausgedehnte Wanderpfade führen durch die aufgeforsteten Gebiete zwischen Loch Eck und Loch Goil. Für Klettertouren ist das Bergmassiv, die „Arrochar Alps", im Norden Cowals geeignet. Die Berge The Cobler und der Beinn Narnain erreichen beide eine Höhe von über 1000 m.

Eine gute Bleibe für Wanderer und Bergsteiger im Lochgoilhead bietet **Country Holidays,** Tel. 01282/44 58 00, von hier lässt sich das Loch

Halbinsel Cowal

Goil überblicken und die nördlich gelegene Bergwelt erwandern.

Die Straße A 815 erschließt das Gebiet der Halbinsel Cowal; sie zweigt kurz vor Cairndow von der A 83 ab, welche ihren Weg weiter nach Inveraray fortsetzt. Wer Hunger verspürt, sollte vor Erkundung Cowals jedoch noch ein Stück weiter auf der A 83 nach Cairndow fahren. Die **Loch Fyne Oyster Bar** serviert täglich 9-18 Uhr Austern und Fischspezialitäten, Tel. 01499/60 02 36.

Nach 4 km Fahrt auf der A 815 öffnet sich vor dem Fahrer das Tal **Hell's Glen.** Eine einspurige Straße, die B 839, schlängelt sich durch das tief eingeschnittene Tal bis nach Lochgoilhead und weiter an der Küste Loch Goils entlang bis Carrick, dem Ende der Straße!

In Carrick, auf einer kleinen Landzunge am Loch Goil, steht das **Castle Carrick.** Die Mauern der Burg aus dem 14. Jh. sind intakt, es gibt ein neues Dach. Die *Lords von Argyll* hielten hier Gericht, und Übeltäter fanden nach einem Urteilsspruch gleich ihren Platz im Gefängnis der Burg. Im Jahre 1685 brannten die Truppen des *Earls of Atholl's* die Burg nieder.

Zum **Castle Lachlan** fährt man 4 km hinter Strachur die B 8000 nach Newton ab. Die Burgruine liegt 4 km hinter Newton in Richtung Otter Ferry am Loch Fyne. Das Castle war früher der Sitz des Clans MacLachlan. Ein Besuch der grünüberwachsenen Burgruine, die zum ersten Mal im Jahre 1314 erwähnt wurde, lohnt vor allem unter landschaftlichen Gesichtspunkten.

Hinter dem Ort Clachan of Glendarual zweigt von der A 886 die A 8000 ab, eine single-track-road. Sie führt in eine Gegend, die schon allein wegen ihres Panoramas zu den feinsten auf Cowal zählt.

Dort, im Südwestzipfel der Halbinsel ist **Tighnabruaich** das geschäftigste Dorf. Einige Segelyachten liegen in der geschützten Bucht. Die *Tighnabruaich Sailing School* (Tel. 01700/81 17 17) erteilt im Sommer Segel- und Surfkurse. Als Übernachtungsmöglichkeit bietet sich hier das **Tighnabruaich Hotel,** Main Street, an, Tel. 01700/81 16 15, B&B ab £ 20.

Auf einer Länge von 30 km setzt die A 815 ihren Weg nach Dunoon fort, dem größten Ort auf der Halbinsel Cowal. Die Straße verläuft am Ufer von Loch Eck, das sich wie ein Bandwurm zwischen den Bergen des Argyll Forest Parkes windet. Von den waldgesäumten Hügeln des Parks hat man eine hervorragende Aussicht auf Loch Fyne, Loch Long oder Loch Goil. In Kilmun, 10 km nördlich von Dunoon, lässt sich die **Kilmun Church** bestaunen. Dort war einst ein keltisches Kloster aus dem 7. Jh. Der Turm der Kirche stammt aus dem 15. Jh., das aktuelle Gebäude aus dem 19. Jh. Die Orgel wird mit Wasserkraft betrieben. (Ö: Ostern bis Sept. Di-Do 13.30-16.30 Uhr, E: Spende)

Farbkarte Seite V

Halbinsel Cowal

Dunoon   ↗ V, C1

In der Stadt Dunoon, am Firth of Clyde, leben über 9000 Menschen, mehr als 50 Prozent der gesamten Bevölkerung Cowals. Die meisten von ihnen arbeiten in der **Tourismusbranche** oder sind in der Militäreinrichtung der US-Marine am Holy Loch beschäftigt. An Wochenenden und in den Sommerferien zieht Dunoon mit seinen Seen und bewaldeten Bergen in der unmittelbaren Umgebung erschöpfte Glasgower an, die abends die große Auswahl an Pubs genießen und tagsüber Wassersport treiben oder die Landschaft erwandern.

Vom geschichtsträchtigen **Dunoon Castle,** das auf einem kleinen Hügel die Stadt und den Firth of Clyde überblickt, sind nur noch die Reste der Grundmauern zu sehen. Das Dunoon Castle war lange Zeit ein Zankapfel zwischen den Schotten und Engländern, bis der Verfall der Burg aus dem 13. Jh. derart fortgeschritten war, dass es sich für die verfeindeten Parteien nicht mehr lohnte, um sie zu streiten.

Am Fuß des Burghügels steht eine **Highland-Mary's Statue** zu Ehren der Geliebten von *Robert Burns.* Diese hieß *Mary Campbell of Auchnamore* und wurde auf einer Farm in der Nähe von Dunoon geboren. Der schottische Dichter hatte sich in das Mädchen vom Lande mit Haut und Haaren verliebt. Die beiden versprachen sich gegenseitig die Heirat, doch *Mary* starb, bevor die beiden Liebenden vor den Traualtar treten konnten.

The **Cowal Highland Gathering** nennen sich die Highland Games in Dunoon. Der Wettbewerb der Dudelsackbläser, Pipe-Bands, Hammerwerfer und vieler anderer Athleten findet am letzten Wochenende im August statt. Verbunden mit den Highland Games wird ein Tanzwettbewerb veranstaltet. Während der **World Highland Dancing Championships** messen sich Tanzgruppen aus aller Welt in der Disziplin des Schottentanzes. Die Wettbewerbe locken in der Regel sehr viele Besucher an, sind aber eine ausgesprochen touristische Veranstaltung. Die Eintrittskarten bestellt man am besten im Voraus bei: *Cowal Highland Gathering,* 2 Hanover Street, Dunoon, Tel. 01369/70 32 06 (ab Februar).

Nicht verpassen sollte man den **Younger Botanic Garden** in Dunoon, einen 60 ha großen Landschaftspark mit riesigen Redwood-Bäumen. (Ö: März-Okt. 9.30-18 Uhr, E: £ 3)

Information

● Wanderkarten, ein ausführliches Verzeichnis der Sehenswürdigkeiten auf Cowal und andere Informationen vertreibt das **Tourist Information Centre,** 7 Alexandra Parade, Dunoon PA23 8AB, Tel. 0870/72 00 629, Fax 01369/70 60 85, info@dunoon, visit scotland.com.
● www.cowal-dunoon.com

Aktivitäten

● **Clyde Marine Cruises** am Pier bietet kleine Kreuzfahrten rund um den Firth of Clyde an.
● **Castle Tennis Club,** Castle Gardens, hat vier Courts zur Verfügung.

Halbinsel Cowal

- **Dunoon & District Angling Club,** 28 Royal Crescent, Tel. 01369/70 57 32, erteilt die Erlaubnisscheine zum Angeln.
- Im **Cowalc Golf Club,** Ardenslate Road, Tel. 01369/70 56 73, spielt man auf einem 18-Loch-Platz. Die Runde kostet ab £ 16.
- **Velvet Path Trekking & Pony Riding Centre,** in Innellan südlich von Dunoon, verleiht Pferde an alle Reitbegeisterten.

Verbindungen

- Zwischen Gourock, auf der Ostseite des Firth of Clyde, und Dunoon verkehren in der Zeit von 6.20 und 20.18 Uhr über 15 **Fähren.** Von Gourock besteht ein sehr guter Anschluss zum Bahnhof Glasgow Central. Die *Caledonian MacBrayne Ltd* unterhält die Fährverbindung mit Gourock. Die einfache Fahrt kostet ab £ 3.10, PKW ab £ 7.60.
- Eine andere, etwas billigere Fährverbindung besteht zwischen **Hunters Quay und McInroys Point,** unterhalten wird die Strecke von *Western Ferries*, Abfahrtszeiten halbstündlich 6.15-23.30 Uhr.

- **Konkrete Verbindungen:** *Traveline* für alle öffentlichen Verkehrsmittel (außer Flügen) www.travelinescotland.com bzw. Tel. 0870/ 60 82 608 (siehe auch „Unterwegs in Schottland" für günstige Tickets).

Unterkunft

- Im **West End Hotel,** West Bay Promenade, Tel. 01369/70 29 07, ab £ 24.
- **Mrs. Murchison,** 201 Marine Parade, Hunters Quay, Tel. 01369/70 38 58, ab £ 20.
- **Bed & Breakfast** findet sich rund um den Pier ab £ 20 in der Alexandra Parade und der Marine Parade.
- In der näheren Umgebung von Dunoon gibt es einige Campingplätze, der **Cot House Caravan Site,** Cot House Kilmun, Tel. 01369/84 03 51, ab £ 9.
- **Stratheck Country Park,** Loch Eck, Campingplatz an der A 815 bei Younger Botanic Garden, Tel. 01369/84 04 72, £ 5-16.
- **Glendarnel Caravan Park,** Gleendarnel, Tel. 01369/82 02 97, £ 9-13, nur im Sommer geöffnet.

Kampf der Elemente am Mull of Galloway

Bute

🖉 V, D1/2

Die Insel Bute trennt nur ein Katzensprung vom Festland der Halbinsel Cowal. Bute gehört zum Naherholungsgebiet von Glasgow. Das Zentrum der Insel ist die Stadt Rothesay an der Westküste mit rund 6000 Bewohnern; auf dem Lande leben dagegen zum Vergleich nur rund 1500 Menschen.

Bute ist touristisch von A-Z erschlossen. Im Mai wird ein Jazz-Festival veranstaltet und Mitte August finden die **Highland Games** statt. Wenig später schließt sich die **Rothesay Flower Show** zu Beginn des Septembers an.

Sehenswertes

In und um Rothesay gruppieren sich viele Sehenswürdigkeiten Butes. Die **Ardencraig Gardens,** südlich von Rothesay an der A 844, gehören der Royal Burgh of Rothesay; hier zieht man Pflanzen, die in ganz Bute vertrieben werden. In Käfigen sind Vögel aus aller Welt zu beobachten und allerlei verschiedene Fische schwimmen in den Teichen des Gartens. (Ö: Mo-Fr 9-16.30, Sa und So 13-16.30 Uhr; E: frei)

Das **Bute Museum,** in der Stuart Street im Zentrum Rothesays gegenüber dem Rothesay Castle gelegen, stellt eine breite Palette von frühgeschichtlichen Funden aus und gibt Auskunft über die Geschichte der Seefahrt auf Bute. (Ö: Mai-Sept. Mo-Sa 10.30-16.30, So 14.30-16.30 Uhr, E: £ 2.50).

Die Geschichte hat in Bute Spuren hinterlassen, die tiefste Spur im **Rothesay Castle,** das im 11. Jh. von den Wikingern gegründet wurde und in der Schlacht von Largs im Jahre 1263 in schottische Hände fiel. Die Burg wurde von den Truppen Cromwells im Civil War, dem Bürgerkrieg im 17. Jh., stark beschädigt. Das besondere an der mittelalterlichen Burg ist ihre Architektur: Vier Rundtürme sind zusammen mit hohen Mauern um einen runden Burghof angeordnet. Die Burg, eine Zeit lang Hauptquartier der *Stewarts,* des schottischen Herrschergeschlechts, befindet sich auf dem Castlehill, dem Burghügel mitten in Rothesay. (Ö: Apr.-Sept. Mo-Sa 9.30-18.30, So 14-18.30 Uhr, E: £ 2.50)

Die Überreste einer mittelalterlichen Pfarrkirche zu Ehren der Mutter Jesu, **St Mary's Chapel,** finden sich im Süden von Rothesay an der Upper High Street, in Richtung Loch Fad. In der Kapelle, die wahrscheinlich im 12. Jh. errichtet wurde, sind zwei Grabmäler zu sehen. Auf einem ist ein Ritter in voller Rüstung abgebildet, auf dem anderen eine Mutter mit ihrem Kind. (Ö: ganzjährig, E: frei)

Schon im 6. Jh. gründete der *Heilige Blane* die **St Blane's Chapel** ganz im Süden Butes, die heute leider nur noch eine Ruine ist. Zur Kapelle führt von Rothesay die A 845 nach Kingarth, in Richtung Süden. Kurz vor Kingarth muss man nach Garrochty rechts abbiegen. Die Kapelle liegt nach etwa 2 km links auf einer kleinen Anhöhe. Am Straßenrand auf dem Weg dorthin sind ein

Strathclyde

Bute

Steinkreis und einige Standing Stones zu sehen.

Auch der *Heilige Ninian* hat auf Bute im 6. Jh. eine Kirche gebaut. Von der **St Ninians Chapel** existieren allerdings nur noch die Grundmauern und der Klostergarten. Die Kapelle findet sich zwischen Glecknabae und Kilmichael an der Nordwestküste Butes.

Kames Castle liegt an der A 886 von Rothesay kommend hinter Port Bannatyne auf einer kleinen Anhöhe. Die Burg aus dem 14. Jh. ist allerdings für die Öffentlichkeit nicht zugänglich.

Information

● **Tourist Information Centre,** Winter Gardens, Victoria Street, Rothesay, Isle of Bute PA20 0AT, Tel. 0870/72 00 619, Fax 01700/50 51 56, info@rothsey.visitscotland.com.
● www.isle-of-bute.com

Verbindungen

● Die früheste von den ca. 15 **Fähren** nach Rothesay legt um 7.15 Uhr von **Wemyss Bay** ab, die letzte um 20.40 Uhr. Auf umgekehrtem Weg von Rothesay nach Wemyss Bay startet die erste Fähre um 6.30 Uhr, die letzte um 19.45 Uhr. Samstags und sonntags ist der Fährbetrieb eingeschränkt. Die einfache Fahrt kostet £ 3.40 für eine Person, ab £ 15.20 für einen PKW. Zum Einchecken sollte man 30 Min. vor Abfahrt an Ort und Stelle sein.
● Die andere **Fährverbindungung** nach Bute ist **Colintraive-Rhubodach,** im Norden Butes. Zwischen 5.30 Uhr und 19.55 Uhr verkehren die Fähren im 30-Minuten-Takt. Der Fahrpreis beträgt 95 p für die einfache Fahrt, für Autos zahlt man ab £ 6.50.
● Von *Glasgow Central Station* aus besteht eine direkte **Zugverbindung** nach Wemyss Bay, der Fährablegestelle nach Bute. Ab 6.05 Uhr in der Frühe fahren nahezu stündlich Züge nach Wemyss Bay.
● **Autofahrer** nehmen von Glasgow die M 8 Richtung Port Glasgow/Greenock und durchfahren Greenock in Richtung Largs. Etwa 15 km hinter Greenock erreicht man Wemyss Bay, die Fährablegestelle nach Bute.
● **Konkrete Verbindungen:** *Traveline* für alle öffentlichen Verkehrsmittel (außer Flügen) www.travelinescotland.com bzw. Tel. 0870/ 60 82 608 (siehe auch „Unterwegs in Schottland" für günstige Tickets).

Aktivitäten

● Ein weites Feld ist das Sportangebot auf Bute. **Golfer** können zwischen drei Golfplätzen wählen.
● **Angler** fangen Forellen in den Seen im Süden der Insel, Quien Loch, Loch Fad und Loch Ascog, vorausgesetzt, sie haben sich vorher um die Angelerlaubnis gekümmert. Das *Bute Estate Office* in Rothesay, High Street, erteilt die Lizenz, um im Quien Loch und im Loch Ascog Forellen zu angeln. Die Angelerlaubnis für Loch Fad bekommt man vom *Bute Tools,* 45 Montague Street in Rothesay.
● **Reitersleuten** offerieren zwei Farmen auf Bute Pony Trekking: das *Rothesay Riding Centre,* Ardbrannan, Canada Hill, in Rothesay und das *Kingarth Trekking Centre,* Old School, Kilchattan Bay im südlichen Teil der Isle of Bute, Tel. 01700/83 16 27.
● **Wanderer** versuchen ihr Glück im Norden Butes. Dort kann man auf den höchsten Hügel, den Windy Hill (278 m), spazieren. Bergsteiger kommen in Bute nicht auf ihre Kosten.
● Das ideale Fortbewegungsmittel auf Bute ist das **Fahrrad.** Wer sein eigenes zu Hause gelassen hat, kann sich in der East Princess Street, Rothesay, einen Drahtesel ausleihen, Tel. 07742/85 87 22.
● **Ritchies** verkauft Fisch, geräucherten Lachs, Makrelen inklusive der entsprechenden Rezepte. 37 Watergate, Rothesay, Tel./ Fax 01700/50 54 14, www.ritchiessmokedsalmon.co.uk.

Unterkunft

● **Kames Castle,** Port Bannatyne, ein Tower House aus dem 14. Jh, in einem alten Cottage, 4-9 Personen, £ 350-750/Woche, Tel. 01700/50 45 00, www.kamescastle.co.uk.

● **Port Royal Hotel,** 38 Maine Road, in Port Bannatyne mit Pub „russische Taverne", Tel. 01700/50 50 73, ab £ 22.

● **Guilford Court,** liegt zentral am Hafen von Rothesay, nur eine Minute vom Ferry Terminal entfernt, 3 Watergate, Tel. 01700/50 37 70, ab £ 20.

● Bute besitzt zwei **Campingplätze.** Beide liegen in der Nähe von Rothesay. **Lanerly Garth,** Serpentine Road, bietet keine Möglichkeit zum Zelten, dafür Wohnwagen zum Mieten für Selbstversorger. Die Serpentine Road liegt in direkter Nachbarschaft zum Golfplatz. Wegbeschreibung: Der A 845, der High Street Richtung Loch Fad, dann der Minister's Brae nach links folgen, dann auf der Höhe nach rechts der Rosslin Road entlang, die nächste Straße links, dann wieder links. Der Campingplatz befindet sich gleich auf der rechten Seite, zwischen £ 105-240. Tel. 01700/50 20 48.

● Von **Roseland Caravan Park,** Canada Hill, Rothesay, hat man einen Überblick über den Firth of Clyde. Der Campingplatz verfügt über zehn Wohnwagen sowie 3 Zeltstellplätze. Tel. 01700/50 45 29. Der Canada Hill ist der Hügel, der sich hinter Ardencraig auftürmt, ab £ 8.

Inveraray ⤢ IX, D3

Von Arrochar am Loch Long fährt man auf der A 83 etwa 40 km bis nach Inveraray, einem Städtchen mit einer merkwürdigen Geschichte. Das Städtchen am Loch Fyne ist der Sitz der Herzöge von Argyll. Im 18. Jh. ließ *Archibald,* der dritte Herzog (Duke) of Argyll, seine mittelalterliche Burg abreißen, weil sie seinen ästhetischen Maßstäben widersprach. Das Fischerdorf Inveraray störte seinen Sinn für Kunst ebenfalls, und daher wurde zusammen mit der alten Burg auch gleich das gesamte Fischerdorf abgerissen.

Der Reichtum *Archibalds* sorgte dafür, dass ein neues prunkvolles Schloss an der Stelle der alten Fischersiedlung entstand. Das neue

Inveraray Castle

Inveraray verlegte der leitende Architekt *Roger Morris* einen Kilometer weiter südwärts auf eine Landzunge. *Robert Mylne* entwarf das Argyll Arms Hotel und das Rathaus, ein anderer bedeutender Architekt seiner Zeit, *John Adam*, die Kirche. Das Städtchen, das auf dem Zeichenbrett entstand, hat mit seinen weißen Häusern an sich etwas Prachtvolles – wenn man über die Souvenirläden, die auf Touristen fixierten Cafés und Kneipen sowie die hohen Eintrittspreise hinwegsieht.

Sehenswertes

Das *Inveraray Castle* liegt einen Kilometer nördlich von Inveraray an der A 83. Das Schloss des *Duke of Argyll*, des Clanchiefs der *Campbells*, begonnen im Jahr 1744, beanspruchte über 40 Jahre Bauzeit. Das Ergebnis ist ein prachtvolles rechteckiges Märchenschloss mit vier runden Spitztürmen an jeder Ecke, eingebettet in eine künstlich angelegte Gartenlandschaft.

Das Innere des Schlosses wurde noch üppiger als das aufwändige Äußere gestaltet. Wertvolle Teppiche, Silbergeschirr und Porzellan aus China, die Waffenhalle mit Beutestücken vergangener Feldzüge und die Familienportraits, gemalt von Meistern wie *Ramsay* oder *Raeburn*, locken heute sehr viele Besucher an. (Ö: April, Mai und Okt. Mo-Sa 10-13, 14-17.45, So 13-17.45 Uhr, Fr geschlossen, Juni, Juli und Aug. Mo-Sa 10-17.45, So 13-17 Uhr, E: £ 5.90)

Inveraray Jail, das alte Gefängnis am Ufer von Loch Fyne, wurde umgestaltet in ein Gefängnismuseum. In den historisch präparierten Zellen sitzen Menschenpuppen. Eine Ausstellung klärt über die Foltermethoden des Mittelalters auf. (Ö: Apr.-Okt. 9.30-18 Uhr, E: £ 5.75)

Der *Argyll Wildlife Park* ist ein 25 ha großer Tierpark an der A 83, 2 km südlich von Inveraray, berühmt für seine Eulen- und Wildhuhnsammlung. (Ö: Mo-So 10-18 Uhr, E: £ 4)

Das *Auchindrain Township Open Air Museum* liegt 9 km südlich von Inveraray. Das ursprüngliche Hochlanddorf wird heute als *Freilichtmuseum* genutzt. Die Landhäuser aus dem 18. und 19. Jh. sind wie zu ihrer Gründungszeit belassen, als die Bauern das Feld noch mit den einfachsten Geräten bestellen mussten. Das Empfangshaus hält bei Regen einen Schirm bereit. (Ö: Apr.-Sept. 10-17 Uhr, E: £ 4.50)

Information

● www.inveraray-argyll.com

Unterkunft

● Das *Fernpoint Hotel* am Pier kostet ab £ 28-50, Tel. 01499/30 21 70.
● *Hillean Farmhouse, Mrs. Semple,* 6 km südlich, Tel. 01499/30 24 74, ab £ 20.
● Das *Inveraray Hostel,* Dalmally Road, findet sich in Richtung Dalmally/Oban. Von Arrochar kommend, biegt man am Ortseingang durch den steinernen Torbogen nach rechts ab. Nach etwa 500 m steht die Jugendherberge an der linken Straßenseite, Tel. 0870/00 41 125, ab £ 11.
● Der *Argyll Caravan Park* liegt 4 km südlich von Inveraray, an der Küstenstraße A 83, Tel. 01499/30 22 85, ein Wohnwagen kostet ab £ 200 die Woche (6 Personen), der Stellplatz £ 12-15.

Zwischen Inveraray und Oban

In Inveraray zweigt die A 819 nach Norden von der A 83 ab, die ihren Weg bis Lochgilphead fortsetzt. Auf einer Länge von etwa 25 km durchquert die A 819 das **Glen Aray,** ein waldgesäumtes Tal, dann erreicht die Straße hinter Cladich einen lang gezogenen Inlandsee, **Loch Awe.** Folgt man ca. 8 km dem Uferverlauf des Sees, dann stößt man auf die A 85, die Verbindungsstraße zwischen Perth und Oban.

In Richtung Oban muss man nach links abbiegen. An der nördlichen Spitze von Loch Awe präsentiert sich **Kilchurn Castle,** eine Wohnburg aus dem 15. Jh. Die Burg wurde auf Veranlassung von *Sir Colin Campbell* gebaut, der Nord- und der Südteil stammen aus dem Jahre 1693. Die Burg besteht heute noch als Ruine. Man kann sie zu Fuß oder per Boot erreichen. (Ö: nur im Sommer, E: frei)

Zurück auf der Straße nach Oban, der A 85, passiert man kurz nach der Burg das Dorf **Lochawe** am gleichnamigen Loch Awe. Wer die mit ca. 37 km längste Bucht Schottlands mit ihrer reichen Vegetation erkunden möchte, für den ist der kleine Ort ein guter Ausgangspunkt. Vom Pier sticht ein **restauriertes Dampfschiff,** *Lady Rowena,* zu Erkundungsausflügen in See, allerdings nur im Sommer. Das Schiff fährt ca. um 10.30 Uhr und um 16 Uhr ab. Die Fahrt dauert zwischen einer und drei Stunden (Tel. 0141/42 91 234).

Nach Lochawe steigt die Straße allmählich an und überquert den Pass of Brander, rechts flankiert vom 1126 m hohen Ben Cruachan, von dessen Spitze sich bei klarem Wetter eine weite Aussicht eröffnet. Innen im Berg, in einer riesigen Aushöhlung, befindet sich die **Cruachan Pumped Storage Power Station,** ein Wasserkraftwerk mit einer Leistung von 400 MW. Die Einfahrt in das Kraftwerk befindet sich an den Waterfalls of Cruachan. Ein kleiner Bus fährt Besucher in den Berg. (Ö: im Sommer 9.30-18 Uhr, E: £ 4)

An dem Ort **Taynuilt** hat man die Passhöhe hinter sich gelassen. Die Landschaft wird weniger gebirgig; zur rechten liegt das Loch Etive, zur linken erstreckt sich ein Waldgebiet, der Fearnoch Forest. Wenn Sie in Taynuilt der A 845 nach rechts folgen, erwartet Sie dann am Loch Etive eine Besonderheit, ein Relikt aus der Anfangszeit der Industrialisierung: **Bonawe Iron Furnace,** ein mit Holzkohle gefeuerter Hochofen. Hier wird die Herstellung von Eisen vom Abholzen der Bäume, die sich auf Kohlemeilern in Holzkohle verwandeln, bis zur Verhüttung erklärt. (Ö: im Sommer Mo-So 9.30-18.30 Uhr. E: £ 3)

Von Taynuilt bis nach Oban, der geschäftigen Touristenstadt am Firth of Lorn, sind es noch rund 20 km.

Oban

⤢ IX, C2

Die Hafenstadt am Firth of Lorne ist ein florierender Ort, mit 8120 Einwohnern der größte im weiten Umkreis. Bekannt ist Oban als Urlaubsgebiet für Wassersportler, vor allem für Segler und Taucher. Sie profitieren von der geschützten Lage der Stadt. Die Insel Kerrara liegt wie ein Wellenbrecher in einer Entfernung von 1-2 km vor der Küste Obans und schützt den Hafen. Für Inselreisende, die mit den Schiffen der *Caledonian MacBrayne* auf die Hebriden fahren möchten, ist die Stadt Oban Durchgangsstation.

Mitte/Ende August finden die **Highland Games** in Oban statt. Andere Feste: **Ceilidh Festival** und **Oban Mod** werden gewöhnlich in der 2. Junihälfte veranstaltet.

An Sehenswürdigkeiten ist Oban nicht reich, dafür besitzt es eine Kuriosität, den **McCaig's Tower.** Entworfen nach dem Vorbild eines Kolosseums, thront das eigenartige Bauwerk des Bankiers *McCaig* über der Stadt. Zwei Ziele verfolgte *McCaig* mit dem Bau, erstens sich und seiner Familie ein außergewöhnliches Denkmal zu schaffen, was ihm ohne Zweifel gelungen ist, und zweitens den vielen arbeitslosen Zeitgenossen eine Beschäftigung zu geben. Leider wurde das Bauwerk nicht vollendet, denn *McCaig* starb vorher und seine Erben verfolgten andere Ziele, als *McCaig's* Sozial-Turm zu vollenden. (Ö: beliebig, E: frei)

Nördlich von Oban, zu Fuß ca. eine halbe Stunde, steht die Ruine des **Dunollie Castle** aus dem 13. Jh. Die Burg war der Stammsitz des *Clans MacDougall,* der die Grafschaft Lorne beherrschte. Von der Burgruine hat man einen schönen Ausblick auf die Bucht von Oban. (E: frei)

Eine andere Burg der *MacDougalls* findet sich weitere 6 km nördlich, abseits der A 85. Das **Castle Dunstaffnage** kontrollierte in strategisch günstiger Position die Einfahrt zum Loch Etive. (Ö: im Sommer Mo-So 9.30-18.30 Uhr, E: £ 2.50)

Information

● **Tourist Information Centre,** Argyll Square, Oban PA34 4AN, Tel, 0870/72 00 630, Fax 01631/56 42 73, info@oban.visitscotland.com, übernimmt auch die Vermittlung von Zimmern.
● www.oban.org.uk

Aktivitäten

● **Oban Rare Breeds Farm Park,** 3 km südöstlich von Oban, Richtung Kilmore ist ein kleiner, natürlicher Park mit viel Brimborium. Viele Tiere dürfen gestreichelt werden. Eine Tierärztin leitet den Park und klärt die Besucher über die vom Aussterben bedrohten Haustierrassen auf (Ö: im Sommer 10-18 Uhr, E: £ 6)
● **Borro Boats,** Dungallan Parks. Gallanach Road, Tel. 01631/56 32 92 verleiht kleinere Segel- und Motorboote.
● **Oban Highland Theatre,** in der George Street im Zentrum, führt zweimal wöchentlich Theater auf, außerdem die neuesten Kinofilme, Tel. 01631/56 24 44.
● Ein klassischer *Single-Malt* wird in der **Oban Distillery,** unterhalb McCaig's Tower hergestellt, Tel. 01631/56 42 62. (Ö: im Sommer Mo-Sa, im Winter Mo-Fr, 9.30-17 Uhr, E: £ 3.50)
● **Sea.fari Adventures,** 4 Easdale Island, bei Oban, Argyll, unternimmt Kayak-Expeditionen auf den Hebriden-Inseln und den

Farbkarte Seite IX **Oban**

Küstenstrichen vor Oban und Mull. Die Easdale Insel befindet sich ca. 25 km südlich von Oban. Man folgt von Oban zuerst der A 816 in Richtung Lochgilphead, bevor man dann bei Kilniver nach rechts zur Insel abbiegt. Tel. 01852/30 00 03, www.seafari.co.uk.

● *L'ecume des Mers* veranstaltet Segelkurse. Der Preis beträgt ab £ 415 für 5 Tage, der Turn geht ab zu den Äußeren Hebriden bis nach Irland, Tel. 01384/37 21 84, Fax 44 13 26, 2 Quantry Road, West Midlands, www.lecumedesmers.com.

● Wer in die Luft gehen möchte: **Segelflugzeuge** von **Connel Gliding Club,** Creachann, Glenmore Road, Oban, Argyll, Tel. 01631/71 02 14, www.whitelaw.flyer.co.uk.

Verbindungen

● Von Oban aus verkehren **Autofähren** mit den Hebrideninseln Mull, Lismore, Colonsay, Coll, Tiree, Barra und South Uist. Mittwochs ist eine Verbindung über Colonsay bis Islay möglich.

● Oban ist mit der **Bahn** vom Bahnhof Glasgow Queen St. zu erreichen. Oban ist die letzte Station der Bahnlinie. Wer weiter nach Norden will, muss zurückfahren bis Crianlarich. Von dort geht die Bahnlinie weiter bis nach Mallaig, der Fährablegestelle nach Skye.

● Von Glasgow Buchanan Bus Station fahren die **Busse** von *First* bis nach Oban.

● **Konkrete Verbindungen:** *Traveline* für alle öffentlichen Verkehrsmittel (außer Flügen) www.travelinescotland.com bzw. Tel. 0870/60 82 608 (siehe auch „Unterwegs in Schottland" für günstige Tickets).

Unterkunft

● An der Esplanade, der Hauptstraße in Oban, finden sich sehr viele Hotels und B&B.

● **Strathnaver Guest House,** Dunolhi Road, Tel. 01631/56 33 05, nahe an der Oban Bay, £ 21-30.

● **Kings Knoll Hotel,** Dunollie Road, zentral, Tel. 01631/56 25 36, ab £ 20-35.

Hafenpromenade von Oban

- **Invercloy Guest House,** Ardconnel Terrace, Tel. 01631/56 20 58, ab £ 19.
- **Oban Backpackers,** Breadalbane Street, Tel. 01631/56 21 07, Rucksäcke und Reisende werden in 8 großen Räumen verstaut, £ 10-12.
- Die billige Adresse für Leute, die mit dem Rucksack unterwegs sind, heißt **Jeremy Inglis,** 21 Airds Crescent, Tel. 01631/56 50 65, ganzjährig geöffnet, ab £ 7-8.
- Sutherland Hotel, Corran Esplanade, Tel./Fax 01631/56 25 39, ab £ 18.
- Das **Oban Hostel,** eine schöne Villa, liegt am Ufer an der Corran Esplanade in Richtung Norden, Fort William. Vom Bahnhof in Oban läuft man ca. 25 Min. bis zur Jugendherberge, Tel. 0870/00 41 144, ab £ 10.50.
- **Oban Caravan & Camping Park,** Gallanach Road, erreicht man über die kleine Küstenstraße südlich von Oban. Vom Zentrum der Stadt folgt man dem Hinweisschild Gallanach, Tel. 01631/56 24 25. Stellplatz ab £ 9-10, April-Okt. geöffnet.
- Zum **Country Divers Caravan Park,** Glenshellach Road, Tel. 01631/56 27 55, biegt man in Oban in die High Street ein, lässt das Tourist Information Centre rechts liegen und biegt nach links in die Glenshellach Road ein. Nach ca. 2 km erreicht man den Campingplatz, Stellplatz £ 8-12.
- **James Inglis,** Kilninver Raera Farm für Selbstversorger, man kann ein Chalet, ein Haus oder ein Cottage mieten, Tel. 01852/31 62 71, £ 120-470/Woche.

Halbinsel Kintyre

↗ IV, B1-3

Überblick

Wie der mahnende Zeigefinger der schottischen Gegner der englischen Nordirlandpolitik weist die über 100 km lange Halbinsel Kintyre auf die irische Nachbarinsel. Es scheint, als hätte die Natur vorausgeahnt, dass viele Schotten heute mit den katholischen Nordiren sympathisieren würden.

Die **Landschaft** der Halbinsel ist weich gewellt und besitzt für Schottland ungewöhnlich große Waldflächen. Unterhalb der Steilküsten erstrecken sich lange Sandstrände, denen verstreut herumliegende, ausgewaschene Felsen oft ein romantisches Aussehen verleihen. Unberührte Natur werden Sie in Kintyre nicht finden, da der größte Teil des Landes der Halbinsel landwirtschaftlich genutzt wird. Für Ruhe und Erholung ist diese Gegend dennoch wie geschaffen.

Kintyre gehört zu den **ältesten Siedlungsgebieten** der irischstämmigen Kelten in Schottland. Kammergräber und Steinkreise zeugen darüber hinaus von einer noch älteren Kultur. Im frühen Mittelalter war die Halbinsel das Kernland der Scoten, deren Volksstamm Schottland den Namen gab. Im Hochmittelalter beherrschten die Wikinger Kintyre, wie die gesamte Westküste und die Inseln. Viele Ortsnamen weisen heute noch auf diese Phase der Geschichte hin.

Leider besitzt die ganze Halbinsel Kintyre keine Jugendherberge, die nächsten befinden sich in Oban oder Inveraray, so dass für dünne Geldbeutel nur Zelten oder das vergleichsweise teure B&B bleibt.

Information

• www.kintyre.org

Verbindungen

• *Loganair* fliegt wochentags mehrmals von Glasgow aus Campbeltown an (Rückflug ab £ 55).
• *Scottish Citylink* unterhalten die **Buslinie,** die früh und abends, werktags auch noch nachmittags von Glasgow Buchanan Station über Inveraray nach Campbeltown fährt. Die Gegenrichtung wird genauso oft befahren. Die gesamte Fahrtzeit beträgt viereinhalb Stunden. Von Glasgow bis Campbeltown kostet die einfache Fahrt ca. £ 13 und von Tarbert ca. £ 7. Von Oban aus fährt nachmittags ein Bus bis Lochgilphead, von wo man mit dem *Scottish Citylink* weiterfahren kann. Auf der Rückfahrt ergibt sich diese Verbindung nur, wenn man schon um 7.15 Uhr in Campbeltown losfährt.

• Von Kennacraig, 8 km südlich von Tarbert, fahren **Autofähren** nach den Inseln Islay und Jura. Von Claonaig, auf der B 8001 ca. 7 km im Südosten von Kennacraig, starten im Sommer Autofähren zur Insel Arran. Von Tayinloan an der A 83 auf halbem Weg zwischen Tarbert und Campbeltown verkehrt eine Autofähre von *Caledonian MacBrayne* zur Insel Gigha.
• **Konkrete Verbindungen:** *Traveline* für alle öffentlichen Verkehrsmittel (außer Flügen) www.travelinescotland.com bzw. Tel. 0870/ 60 82 608 (siehe auch „Unterwegs in Schottland" für günstige Tickets).

Von Oban nach Tarbert

Durch eine weiche und oft bewaldete Landschaft schlängelt sich die A 816 von Oban aus nach Süden. Von Kilninver, einem kleinen Hafenstädtchen 10 km südlich von Oban, lohnt ein Abstecher nach Westen zur **Isle of Seil.** Die *„Bride over the Atlantic",* eine Bogenbrücke aus Stein aus dem Jahre 1793, verbindet „Festland" und Insel. Hier lohnt sich ein Besuch des **Easdale Island Folk Museum,** das die Gewinnung des *Slate* (Schiefer) auf den Inseln illustriert. (Ö: Apr.-Okt. 10.30-17 Uhr, E: £ 2.25, www.slate.org.uk)

Nach weiteren 35 km Fahrt erreichen Sie die kleine Ortschaft **Kilmartin.** Am Ende des Dorfes finden Sie rechts einen Parkplatz. Gegenüber liegt ein Hotel mit einem gemütlichen Pub, das am Nachmittag auch einen für britische Verhältnisse guten Kaffee ausschenkt.

Neben dem Parkplatz steht das **Kilmartin House – Museum of ancient culture.** Wie der Name schon sagt, werden in dem fein restaurierten Gebäude alle möglichen prähistorischen Utensilien dargestellt und fassbar gemacht. (Ö: 10-17.30 Uhr, E: £ 4.50)

Im Tal, das sich rechts des Weges hinter Kilmartin ausbreitet, können Sie schon von der Straße aus einige einzelne stehende Steine erkennen. Wenn Sie auf die Nebenstraße entlang des Baches abbiegen, befinden Sie sich in einem der an vorgeschichtlichen Fundstätten reichsten Täler Schottlands. In den Feldern verstreut liegen mehrere **Steinzeitgräber,** die etwa 3000 v.Chr. aufgeschichtet wurden. Im Gegensatz zu den Typen Nordschottlands ist hier die Grabkammer nicht rund, sondern lang gezogen.

In einem Eichenhain, dem **Temple Wood,** gleich rechts des Weges, stehen außerdem die Reste zweier Steinkreise. Im nördlichsten Stein des besser erhaltenen Kreises ist eine spiralförmige Einritzung zu erkennen, die Frühgeschichtler als ein Sonnensymbol deuten. Ein anderer Stein sollte im Mittelalter wohl als Mühlstein verwendet werden. Als er allerdings bei der Bearbeitung zerbrach, blieb er an der Kultstätte unbenutzt liegen. Die Folgen der Versuche des Müllers können Sie noch heute im östlichen Teil des Kreises erkennen.

Ein paar Kilometer weiter liegt in dem breiten Tal des gemächlich mäandernden Add **Dunadd Fort.** Über einen holprigen Feldweg und eine alte Brücke erreichen Sie, wenn Sie von der Hauptstraße rechts abbiegen, den hoch aufragenden einzelnen Felsen mitten in dem weiten Tal. Von der Festung, die hier auf dem Felsen vom 6. bis 9. Jh. Hauptstadt

Bilderrätsel für Archäologen: Sonnensymbol am Temple Wood, Kilmartin/Kintyre

des schottischen Königreiches Dalriada war, ist wenig mehr geblieben als einige wenige fast unsichtbare Mauerreste. Wem das nicht genügt, der wird sich dennoch begeistern lassen von der schönen Aussicht auf den Fluss. Ein Fußabdruck, der in einen der Felsen gemeißelt ist, diente wahrscheinlich einer Zeremonie bei der Krönung des Königs.

In Lochgilphead, einem größeren Ort ohne nennenswerte Sehenswürdigkeiten, trifft die Straße auf die A 83, die weiter bis Campbeltown führt. Der Weg zieht sich nun am Westufer des Loch Fyne entlang, bis er nach 22 km **Tarbert** erreicht. Das Städtchen liegt auf der Ostseite der schmalsten Stelle von Kintyre. Das East Loch Tarbert erstreckt sich bis in den idyllischen kleinen Hafen des Ortes. Halbkreisförmig umstehen die Häuser das Hafenbecken, beschützt von der Ruine einer dornenumrankten Burg.

Unterkunft

● **The Argyll Hotel,** Lochnell Street, Lochgilphead, Tel. 01546/60 22 21, Fax 60 35 76, altes Gasthaus im Zentrum, manchmal gibt es Livemusik, wöchentlich Disko, B&B £ 30.
● **Empire Travellers Lodge,** Union Street, Lochgilphead, Tel. 01546/60 23 81, Unterkunft im Lodge Stil in altem Kino aus der Empirezeit, B&B £ 24.
● **Tarbert Hotel,** Harbour Street in Tarbert, Tel. 01880/82 02 64, Fax 82 08 47, guter Ausgangspunkt zur Erkundung der Westküste von Kintyre, ab £ 22.50.
● In Tarbert finden Sie am Hafen und in der Stadt verteilt mehrere **B&B's:** Mrs. Tinney, Pier Road, Tel. 01880/82 08 96, ab £ 20.
● **Lochgilphead Caravan Site**, Bank Park, Lochgilphead, Tel. 01546/60 20 03, Zelte

Spielwiese für Elfen: Kultsteine in Kintyre

Halbinsel Kintyre

und Wohnwagen £ 10. Der Platz liegt rechts der Straße von Lochgilphead Richtung Campbeltown. (Ö: Apr.-Okt.)

Campbeltown ⌕ IV, B3

An der Westküste von Kintyre, begleitet von lang gezogenen Sandstränden und Steilküsten, führt die A 83 weiter Richtung Campbeltown. Auf halbem Weg passieren Sie *Tayinloan,* den Fährort zur kleinen Insel Gigha. Hier finden Sie einen guten Campingplatz: **Point Sands Caravan Park,** Tayinloan, Tarbert, Argyll, Tel. 01583/44 12 63, Wohnwagen ab £ 10, Zelte ab £ 9.

61 km nach Tarbert erreichen Sie die Stadt der Campbels am Ende des gleichnamigen Fjords. Die Hügel um Campbeltown sind mit Weideflächen überzogen, die schon auf den ländlichen Charakter der Stadt hinweisen. Erst während des Heringsbooms im 19. Jh. wuchs der Ort zur Stadt heran. Geblieben sind davon nur zwei Brennereien.

Information
● *Tourist Information Centre,* MacKinnon House, The Pier, Campbeltown PA28 6EF, Tel 0870/72 00 609, Fax 01586/55 32 91, info@campbeltown.visitscotland.com. Hier kann man sich nach Segelschulen oder Bootsverleihen erkundigen.

Unterkunft
● *Argyll Arms Hotel,* Main Street, Tel. 01586/55 34 31, B&B im Stadtzentrum ab £ 42.
● *Westbank Guest House,* Dell Road, Tel. 01586/55 36 60, B&B ab £ 18-23.
● In der Shore Street oder der Fort Argyll Road, aber auch auf einigen der umliegenden Farmen gibt es *B&B* z.T. schon ab £ 15.
● *Machrihanish Camping & Caravanning Club Site,* East Trodigal, Tel. 01586/81 03

Preiswerte Übernachtung

Farbkarte Seite IV

Halbinsel Kintyre

66, Zelte wie Wohnwagen ca. £ 10. Zum Platz folgen Sie von Campbeltown der B 843 Richtung Machrihanish. Der Platz liegt kurz vor dem Ort rechts der Straße. (Ö: März-Okt.)

Mull of Kintyre   ⚓ IV, B3

Ein Stück hinter Campbeltown endet die A 83. Um das Mull of Kintyre zu erreichen, fahren Sie von hier auf der B 842 weiter. 16 km hinter der Stadt gelangt man nach **Southend,** das aus ein paar Häusern entlang der Straße besteht. An der Küste erstreckt sich ein schöner, lang gezogener halbrunder Sandstrand. Das andere Ende des Strandes begrenzt der malerische **Dunaverty Rock,** auf dem sich einst eine Burg erhob und der mit einer grauenvollen Erinnerung beladen ist: Sein zweiter Name lautet *Blood Rock*. 1647, während der Bürgerkriege, ließen die Covenanter hier 300 Königstreue niedermetzeln.

Hinter dem Berg liegt das Areal eines 18-Loch-Golfplatzes. Etwas weiter befindet sich rechts der Straße am Fuße eines hohen Felsens ein alter Friedhof. An seinem Ende, ein paar Meter den Hang hoch, ist an zwei Fußabdrücken noch gut die Stelle zu erkennen, an welcher der *Heilige Columba* 563 n.Chr. erstmals das schottische Festland betrat.

An der nächsten Abzweigung biegen Sie links ab und passieren die letzten Häuser. Nun schlängelt sich die Straße holprig und steil durch einsame Heidelandschaft dem Felsen **Mull of Kintyre** zu. Exbeatle *Paul McCartney*, der sich in der Nähe

eine kleine Farm gekauft hat, besang diesen hoch aus dem Meer ragenden, auch im Sommer windumtosten Felsen in einem seiner größten Erfolge („Mull of Kintyre"). Von hier oben ist sogar eine Ortschaft in dem nur 20 km entfernten Nordirland zu erkennen.

Auf dem Rückweg von Campbeltown nach Norden bietet sich die schmale und idyllische B 842 entlang der Ostküste von Kintyre als Alternative zur schnellen A 83 an. Immer wieder steil hinauf und hinunter, passiert diese Route hübsche kleine Fischerorte und bietet herrliche Aussichten auf die Berge von Arran.

In Saddel auf dieser Route ca. 16 km hinter Campbeltown, verstecken sich am Waldrand die Reste der kleinen alten Zisterzienser-Abtei **Saddel Abbey.** Wenig ist heute von der Abtei erhalten, außer ein paar Mauern und Grabsteinen, doch die hohen alten Bäume und der versteckt plätschernde Bach machen den Ort zu einer romantischen Idylle.

In Claonaig, dem Fährhafen nach Arran, treffen Sie auf die B 8001, die nördlich nach Tarbert zurückführt. Vorher bietet sich noch ein Abstecher nach **Skipness** an. Der Weg führt auf einer engen Straße kurvig zwischen wie von Riesenhand auf den Strand geworfenen Felsen hindurch. In Skipness erhebt sich mit einem schönen Blick auf Arran die Ruine von **Skipness Castle,** einer typischen Festung des 15. Jh. In der Nähe der Burg gibt es eine kleine Kapelle, die älter ist als das Skipness Castle. Sie stammt aus dem 14. Jh. und beherbergt 5 Grabsteine.

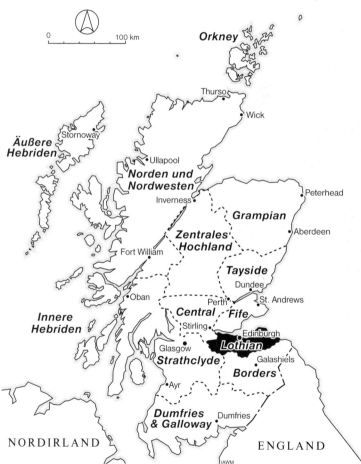

Überblick

Die im Südosten Schottlands gelegene Region Lothian wird von drei Seiten durch natürliche Barrieren begrenzt: im Norden durch den Firth of Forth, im Osten durch das Meer, und im Süden trennen drei Hügelketten, die Pentland-, die Moorfoot- und die Lammermuir Hills, das Land von den Borders. Einzig im Westen gibt es keine natürliche Grenze, hier verläuft die Regionalgrenze etwa auf halbem Wege zwischen Glasgow und Edinburgh. Zentrum und Hauptstadt dieser fruchtbaren Region ist Edinburgh.

Die *historischen Wurzeln* des Gebietes lassen sich bis in die Steinzeit zurückverfolgen. Schon damals lebten hier Menschen und hinterließen in den Lammermuir Hills Spuren von Hügelforts. Seit der Zeit der Römer bewohnten die Pikten Lothian, dessen Name sich vermutlich von einem ihrer Könige, *Loth,* ableitet. Den Pikten folgten die Angeln. Lothian bildete den Nordteil des Landes Bernicia und war so bis 1018 unabhängig vom übrigen Schottland. Dann aber besiegte *Malcolm II.* die Angeln und verleibte Lothian seinem Königreich ein. Noch im selben Jahrhundert wurde der schottische Gerichtshof nach Edinburgh verlegt, und von da an verlief die Geschichte Lothians mit der Edinburghs parallel.

Als mit Verlust der schottischen Unabhängigkeit Anfang des 18. Jh. friedlichere Zeiten in das Land einkehrten, verlor die Architektur ihren wehrhaften Charakter, und neue, feinere Herrenhäuser entstanden. Die Residenzen wurden oft mit den Gewinnen aus der Kohleförderung finanziert, einem Erwerbszweig, der schon vor 800 Jahren durch mittelalterliche Mönche Einzug in diese Region hielt.

Auch die *Landwirtschaft* spielt hier seit alters her eine wichtige wirtschaftliche Rolle. Noch heute ist Lothian eines der fruchtbarsten Gebiete Großbritanniens und versorgt u.a. Edinburgh. In den weiten Ebenen des Landes wird vor allem Gerste angebaut, während in den höher gelegenen, weniger fruchtbaren Gebieten Schafe weiden. Die großen Äcker und Felder erstrecken sich, soweit das Auge reicht, und prägen das Landschaftsbild, einzig unterbrochen von Hügeln aus Vulkangestein, die plötzlich und unerwartet wie Pickel aus der Landschaft aufragen.

Edinburgh   ⌔ VI, B1

Überblick

Die Hauptstadt des Königreiches Schottland (449.000 Einw.) erhebt sich inmitten eines urzeitlichen Vulkangebietes, dessen Berge von der Eiszeit durch tiefe Täler getrennt wurden. Die Täler, die sich oft als grüne Adern durch die Stadt ziehen, sind der Beitrag der Natur zum Flair dieser Stadt.

Das eigentlich Ungewöhnliche an Edinburgh ist jedoch das einmalige Nebeneinander einer gut erhaltenen schottischen Altstadt und des vielleicht größten klassizistischen Stadt-

Farbkarte Seite VI; Stadtplan vordere Umschlagklappe **Edinburgh**

viertels der Welt, der „Neustadt". Die Neustadt hatte Edinburgh einst den Ruf eines **„Athens des Nordens"** eingebracht. Jenen Beinamen prägte vor allem die an die griechische Antike angelehnte Architektur der Baumeister wie *Henry Playfair* und *Robert Adam*. Die Zeitgenossen erinnerte aber auch das von Philosophen wie *Dugald Stewart* und *David Hume*, von Dichtern wie *Robert Burns*, *Walter Scott* und *R. L. Stevenson* und von Ökonomen wie *Adam Smith* geprägte rege Geistesleben an die Blütezeit griechischer Kultur.

Wer mit dem Zug in Edinburgh ankommt, blickt, aus dem Bahnhof kommend, genau auf die Princes Street Gardens, die eine grüne Grenze zwischen Alt- und Neustadt bilden. Links thront auf dem Berg über der **Oldtown** die Burg, die für viele Schotten heute noch die Unabhängigkeit und Freiheit Schottlands repräsentiert. Rechts strahlt – wenn die Sonne einmal scheint – die georgianische **Newtown** Weltstadtflair, Wohlstand und Modernität Edinburghs aus.

Das Nebeneinander zweier so verschiedener Stadtcharaktere kann bei vielen Besuchern, die im Sommer in die Stadt strömen, den Eindruck eines riesigen Freilichtmuseums erwecken. Deshalb lohnt es, sich Zeit zu nehmen und auf Entdeckungssuche am Rande der Attraktionen zu gehen oder einfach mit den Bewohnern des „Museums" zu reden.

Während des weltberühmten **Edinburgh Festivals** und des parallel stattfindenden **Edinburgh Fringe Festivals** platzt die Stadt im Sommer regelmäßig aus allen Nähten. Das

Holyrood Palace

Geschichte Edinburghs

Die Besiedelung Edinburghs begann schon in der Steinzeit, wie die Ausstellung im Huntly House Museum sehr anschaulich zeigt. Spätestens seit dem 7. Jh. war dann der Burgberg befestigt. Manche sagen, der Name *Edinburgh* verweise auf *Edwin*, den König von Northumbria, der die Burg gründete (Edwins burgh). Andere meinen, der Name ginge auf das gälische *Din Eidyn* zurück, das so viel wie Hügelfestung bedeutet. Die schottischen Könige bauten erst 1128 eine Burg auf dem Felsen, aber schon 1215 tagte hier das erste Parlament.

Die Stadt wuchs, und schon bald übertraf sie die alte Königsstadt Perth an Bedeutung, so dass *James II. Stewart* 1452 seine Residenz nach Edinburgh verlegte. Etwa in dieser Zeit wurde die erste Stadtmauer angelegt. 1530 brannte die ganze Stadt nieder, und was stehen blieb, zerstörten die Engländer *Heinrichs VIII.*, als sie Edinburgh 1544 einnahmen. Dies ist auch der Grund, warum außer St. Margaret's Chapel, St. Giles und Holyrood Abbey heute fast kein altes Gebäude mehr steht.

Als *Maria Stuart* 1561 in Edinburgh einzog, erlebten die Bürger der Stadt eines der verwirrendsten und aufregendsten Kapitel ihrer Geschichte. Die junge Königin in der Hand machtlüsterner Männer und ihr entschiedener Feind, der fanatische Prediger *John Knox* („Killjoy", der Freudentöter), hielten die Gemüter in Bewegung (siehe auch Exkurs weiter unten).

Nach der Reformation wurde 1583 die Universität gegründet. Als 1603 *Jacob VI.* auch *James I.* von England wurde, zog er mit seinem gesamten Hofstaat nach London um und ließ in Edinburgh Castle nur einen leeren Stuhl zurück.

Vom Ende der Stuarts kündete der Diktator *Cromwell*, der 1650 in Edinburgh einzog. Bis zum Ende der Bürgerkriege und Revolutionen blieb Edinburgh nun wieder Brennpunkt der Ereignisse in Schottland. Doch nachdem *Bonnie Prince Charlie* mit dem letzten Versuch der Jacobiten, den Thron zurückzuerobern, gescheitert war, fiel Edinburgh in Provinzrang zurück.

Erst nachdem *Sir Walter Scott* den britischen König *George IV.* 1822 für eine Schottlandreise gewinnen konnte, die zu einem Triumph für das britische Königshaus wie für die schottische Nation (der König trug Kilt) wurde, besuchen die britischen Staatsoberhäupter die Stadt wieder regelmäßiger.

Queen Victoria, die königliche Schottlandliebhaberin, verweilte später immer wieder einige Zeit in Edinburgh, seine alte Bedeutung als Hauptstadt erlangte die Metropole am Forth jedoch nie mehr. Auf den Gebieten der Kultur, der Wissenschaft und auch des Finanzwesens genießt Edinburgh jedoch auch heute noch Weltruhm.

Farbkarte Seite VI; Stadtplan vordere Umschlagklappe und Seite 238 **Edinburgh**

dreiwöchige Festival, das mit über 2000 Veranstaltungen das größte Kunstfestival der Welt ist, verdoppelt jedes Jahr im August die Einwohnerzahl der Stadt.

Edinburgh lebt aber nicht nur vom Tourismus. Nach London ist die Stadt der zweitgrößte **Bankenplatz** des Vereinigten Königreiches. Fast alle großen britischen Banken und Versicherungsgesellschaften unterhalten hier eine Filiale und die Zentralen der drei größten schottischen Banken, der *Bank of Scotland*, der *Royal Bank of Scotland* und der *Clydesdale Bank* befinden sich in Edinburgh. Die Börse verbindet die Stadt mit den Finanzmärkten der Welt. Manche Schotten behaupten sogar, das *banking* sei hier erfunden worden.

Edinburgh ist im Gegensatz zur Industriemetropole Glasgow eine Stadt des Mittelstandes. Dennoch findet sich auch hier **Industrie.** Die wichtigsten Branchen sind die Gummi-, Maschinenbau- und die Elektronikindustrie. Auch die in Schottland unvermeidlichen Brauereien und Brennereien schaffen Arbeitsplätze. Besonders dem Edinburgher Bier begegnet man in ganz Schottland wieder.

Die **Universität** ist eine der ältesten des Landes. Sie ist im ganzen Vereinigten Königreich bekannt, und vor allem die medizinische Fakultät genießt Weltruhm. Als Beweis wird gerne erzählt, dass die Ärzte der russischen Zaren über Jahrhunderte hinweg Schotten waren.

Zwischen den beiden Metropolen Schottlands, **Edinburgh und Glasgow,** besteht seit Jahrhunderten eine stille Rivalität. Glasgower werfen den Edinburghern gerne Hochnäsigkeit vor. Dabei spielt sicherlich auch ein gutes Stück Neid auf die wirtschaftliche und damit soziale Gesundheit Edinburghs im Vergleich zur Nachbarin am Clyde mit. Tatsache ist aber, dass Edinburgher Fremden aufgrund deren massenhaften Auftretens erheblich gleichgültiger gegenüberstehen als die gastfreundlichen Glasgower.

Sehenswertes in der Old Town

Die Innenstadt Edinburghs teilt sich im Wesentlichen in die zwei Bereiche Altstadt und Neustadt. Im Zentrum der Altstadt, der *Old Town*, verläuft die **Royal Mile,** jene Straße, zusammengesetzt aus Castlehill, Lawn-

Edinburgh Castle

Edinburgh

market, High Street und Canongate, welche die Burg und das Schloss der schottischen Könige direkt miteinander verbindet. Ihren Anfang nimmt die königliche Meile am Castle (www.royalmile.com).

Edinburgh Castle

Edinburgh Castle ist die **bekannteste Burg des Landes,** für Schotten zugleich auch die symbolträchtigste. Ersteres ist vor allem an der Besucherzahl von einer Million im Jahr und an dem Einbahnstraßensystem, durch das sich die Touristenmassen in der Hochsaison durchs Castle schieben, zu erkennen. Letzteres liegt daran, dass die Festung in den Kriegen gegen England oft hin und her wechselte, oft zerstört wurde, aber letztlich immer schottisch blieb und wieder aufgebaut wurde.

Der Vulkanfelsen des Burgberges (133 m) war schon in der Eisenzeit besiedelt. Spätestens seit dem 7. Jh. wurde er auch befestigt. Aufgrund ihrer strategisch günstigen Lage war die Burg bald wichtig und umkämpft. *Kirkaldy of Grange* hielt am längsten einer Belagerung stand: drei lange Jahre gegen die Feinde seiner Königin *Maria Stuart.* Der *Earl of Moray* nahm das Castle 1313 in einer Nacht: Er kletterte mit dreißig Mann den Felsen hoch und überrumpelte die Wachen im Handstreich. Heute ist die Burg immer noch Hauptquartier der schottischen Division, doch ist der Ansturm so groß, das eine Verteidigung gar nicht erst gewagt wird.

Man nähert sich der Burg über die **Esplanade,** dem alten Exerzierplatz, das **Portcullis Gate.** Das Original entstand hier 1574, doch das jetzige Gebäude ist das Ergebnis einer viktorianischen Rekonstruktion.

Oben auf der alten Burg angekommen, fällt ein winziges Kapellchen auf, **St Margaret's Chapel,** das älteste Gebäude der Burg und der Stadt. Im normannischen Stil im 11. Jh. erbaut, ist sie der *hl. Margaret* geweiht, die als Frau *Malcolms III.* den Katholizismus und die englische Sprache nach Schottland brachte. Unterhalb

Edinburgh, Royal Mile

ii 1 St Maragaret's Chapel
★ 2 Portcullis Gate
★ 3 War Memorial
Ⓜ 4 Services Museum
★ 5 Great Hall
★ 6 Crown Room
  7 Esplanade
★ 8 Outlook Tower
★ 9 Edinburgh Old Town Weaving Company
★ 10 Assembly Hall
★ 11 Scotch Whisky Heritage Centre

Farbkarte Seite VI; Stadtplan vordere Umschlagklappe **Edinburgh**

der Kapelle auf einem Absatz Richtung Stadt blickt man auf einen Friedhof besonderer Art. Seit der Zeit Victorias werden hier auf dem *Cemetery for Soldier's dogs* besonders verdiente Vierbeiner aus der britischen Armee beigesetzt. Über der **Halbmondbatterie** (1574), die auf die Old Town zielt, erhebt sich der **Palast,** dessen Gebäude den **Crown Square** umschließen. Er datiert aus dem 15. Jh., wurde jedoch oft umgestaltet.

Im Ostflügel befinden sich der Crown Room und die Gemächer *Maria Stuarts*. Im **Crown Room** werden die Kroninsignien ausgestellt, die Krone *Jacobs V.*, die bis auf *Robert Bruce* zurückgeht, das Schwert und das Zepter, die der Papst um 1500 *Jacob IV.* überreichte. Diese Herrschaftszeichen waren über ein Jahrhundert, seit der Unionsakte 1707, die die Parlamente Schottlands und Englands vereinte, verschollen. Erst

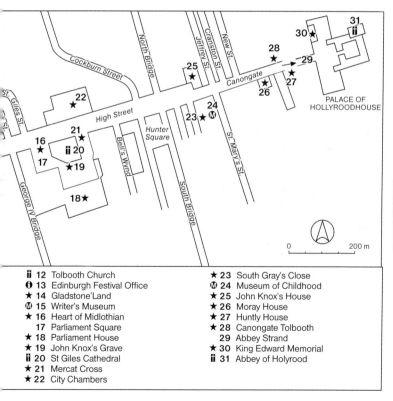

ii	12	Tolbooth Church	
❶	13	Edinburgh Festival Office	
★	14	Gladstone'Land	
Ⓜ	15	Writer's Museum	
★	16	Heart of Midlothian	
	17	Parliament Square	
★	18	Parliament House	
★	19	John Knox's Grave	
ii	20	St Giles Cathedral	
★	21	Mercat Cross	
★	22	City Chambers	
★	23	South Gray's Close	
Ⓜ	24	Museum of Childhood	
★	25	John Knox's House	
★	26	Moray House	
★	27	Huntly House	
★	28	Canongate Tolbooth	
	29	Abbey Strand	
★	30	King Edward Memorial	
ii	31	Abbey of Holyrood	

Edinburgh

1818, als die schottische Öffentlichkeit sich ihrer plötzlich besann und glaubte, die Engländer hätten sie geraubt, öffnete *Sir Walter Scott* mit Erlaubnis *George IV.* eine bestimmte Truhe im Crown Room und entdeckte sie wieder. Seither sind die Insignien, die die Schotten nie mehr benutzen, aber hier im Castle aufbewahren dürfen, in diesem Raum ausgestellt.

Nebenan liegen die Gemächer *Maria Stuarts*, die hier in einem winzigen Zimmer *Jacob VI.* den späteren *James I.* zur Welt brachte. Die Räume sind mit einigen Reliquien von der Schlacht bei Culloden sowie einigen Portraits der Royal Family geschmückt. Über dem Eingang prangen die Monogramme *Marias* und ihres zweiten Mannes *Henry, Lord Darnley*.

Im Südbau befindet sich die in allen schottischen Burgen obligatorische **Great Hall.** Ihre Wände sind mit Unmengen von Kriegswerkzeug geschmückt.

Nicht weniger martialisch ist die Kanone aus dem 15. Jh., die unter dem großen Saal steht. Auch **Mons Meg,** wie sie im Volksmund heißt, war nach England verschwunden, und erst *Scott* konnte die Kanone, die schon 1681 platzte und seitdem nur noch Symbolwert besitzt, von *George IV.* zurückerwirken. In ihrem gewaltigen Rohr, so heißt es, seien auch schon Kinder gezeugt worden.

Im Westbau ist heute das **Scottish United Forces Museum** untergebracht. Dieses 1933 gegründete Museum präsentiert, wie viele ähnliche Museen in schottischen Castles, martialische Kriegstradition als eine

Das königliche Wappen der Stuarts am Edinburgh Castle

240

Farbkarte Seite VI; Stadtplan vordere Umschlagklappe und Seite 238 **Edinburgh**

Art Kulturerbe. Die Nordseite des Palasthofes wird von einem Kriegerdenkmal abgeschlossen, das auf der Stelle errichtet wurde, auf der früher die Burgkapelle stand. Unterhalb der Bergkuppe, im jüngeren Teil des Castles, befinden sich noch einige Gebäude, die heute als Kasernen genutzt werden. Wer enttäuscht sein sollte von dem, was das von ferne so imposante Castle innen zu bieten hat, wird aber sicher mit der Hauptattraktion der Burg entschädigt werden: der herrlichen Aussicht über Edinburgh und den Forth. (Ö: im Sommer Mo-So 9.30-17.15 Uhr, im Winter nur bis 16.15 Uhr; £ 9.50)

Entlang der Royal Mile

Direkt unterhalb des Castles, Ecke Castlehill/Ramsay Lane, liegt auf der linken Seite der **Outlook Tower.** Er beherbergt eine **Camera Obscura,** die den Blick über die Stadt auf eine Platte projiziert. Die letzte Führung findet ca. eine halbe Stunde vor Schließung statt. (Ö: im Sommer 9.30-18 Uhr, davon Juli/Aug. 10-19.30 Uhr, im Winter 10-17 Uhr)

Dem „Aussichtsturm" gegenüber liegt **The Scotch Whisky Heritage.** In Beschreibungen, aufgebauten Szenen und Ausstellungsstücken wird versucht, dem Thema Whisky gerecht zu werden. Als passionierte Whiskyliebhaber müssen wir jedoch viel eher den Besuch einer „lebenden" Brennerei im Hochland empfehlen. Wer schon in Edinburgh dem Lebenswasser näher kommen möchte, dem seien die Pubs am Grassmarket, einer der besten Whiskyläden der Welt, **Cadenhead's Whisky Shop** in der Canongate (vgl. „Ein-

Steinerne Geschichte – die Royal Mile

Edinburgh

kaufen"), oder ein Tasting bei der alt-ehrwürdigen **Scotch Malt Whisky Society** (vgl. „Essen und Trinken") angeraten. (Ö: Mo-So 10-17, www.smws.com)

Schräg gegenüber kann man sich in der **Edinburgh Old Town Weaving Company** seinen eigenen Tartan weben lassen. (E: £ 9)

Vorbei an der **Tolbooth Church** (1844) und der **Assembly Hall,** der Versammlungshalle der *Church of Scotland,* gelangt man nach Lawnmarket, an dem nach einigen Metern auf der linken Seite **Gladstones Land** liegt. *„Land"* ist die alte schottische Bezeichnung für einen Wohnblock. Gladstones Land war ein Miethaus, das ein *Mr Gladstone* im 17. Jh. kaufte und ausbauen ließ. In jedem Stockwerk lebte eine Familie. Heute gehört das Haus dem *National Trust for Scotland,* der es, wie alle seine Häuser, liebevoll mit Möbeln der Zeit eingerichtet hat und hier das Leben einer mittelständischen Familie des 17. Jh. nachstellt. Den originalgetreuen Eindruck versucht schon vor dem Eingang eine liegende Plastiksau in rührender Weise zu vermitteln. Durch das Haus wird man von den wie immer ehrenamtlichen, äußerst netten Helferinnen des Trusts geleitet. Einen Besuch dieses Museums können wir nur empfehlen. (Ö: Apr.-Okt. Mo-Sa 10-16.30, So 14-16.30 Uhr)

Im Hinterhof hinter Gladstone's Land findet sich unvermutet das Lady Stair's House mit dem **Writer's Museum,** das einige Gegenstände der bekanntesten schottischen Schriftsteller *Burns* (sprich „Brrns"), *Scott* und *Stevenson* beherbergt. Neben

Kinder mit viel Schwein vor Gladstones Land

Farbkarte Seite VI; Stadtplan vordere Umschlagklappe und Seite 238 **Edinburgh**

Büsten, Habseligkeiten und Originaltexten der Dichter kann auch eine alte Druckerpresse besichtigt werden. (Ö: Mo-Sa 10-17, im Aug. auch So 12-17 Uhr, E: frei)

Etwas weiter bergab, am Anfang der Highstreet (Highstreet ist in allen alten schottischen Städten die Bezeichnung für die Hauptstraße) befindet sich der **Parliament Square.** Der Platz erhielt seinen Namen durch das **Parliament House** hinter St Giles, das bis 1707 Sitz des schottischen Parlaments war. Das gegenwärtige Aussehen des Platzes ist noch nicht sehr alt. Es entstand erst, als 1817 das Old Tolbooth (Gefängnis), einige Wohnblocks und der alte Friedhof von St Giles abgerissen wurden. Das **Heart of Midlothian,** ein herzförmiges Pflaster in der Straße, markiert die Stelle, an der sich einst die Todeszelle des alten Tolbooth befand.

Die **Statue** hinter der Kirche stellt **Charles II.** dar. Vor dem König soll an der Kirchenwand das Grab des schottischen Reformators *John Knox* gelegen haben, was heute nur noch an seinem Namen in einem der Kirchenfenster und an seiner Statue zu erkennen und daher immer noch etwas umstritten ist.

Den Platz beherrschend erhebt sich **St Giles Cathedral,** eines der Zentren der schottischen Geschichte. Hier wurden die Könige gekrönt, und *John Knox* predigte gegen die Katholiken. Heute ist sie die Hauptkirche der presbyterianischen Christenheit. Die Fundamente gehen auf eine normannische Gründung zurück, von der allerdings nur eine ein

zige, achteckige Säule erhalten geblieben ist. Der heutige Bau stammt zum größten Teil aus dem 15. Jh., jedoch wurde das Äußere 1829 erneuert, während man den typischen Turm in seiner ursprüngliches Form beließ. Sehenswert sind vor allem der Osteingang und die dort liegende **Thistle Chapel,** die Kapelle des ältesten schottischen Ritterordens, des *Thistle Orders* (Distelordens), die *Robert Lorimer* 1911 neu ausgestaltete. (Ö: im Sommer Mo-Fr 9-19 Uhr, im Winter Mo-So bis 17 Uhr, sonntags 5 Gottesdienste)

Gegenüber dem Osteingang der Kirche steht das **Mercat Cross,** das Zeichen der Stadtwürde im schottischen Mittelalter. Unter dem Hoheitszeichen, dem Einhorn, wurden früher öffentliche Enthauptungen durchgeführt.

Gegenüber dem Mercat Cross erhebt sich das **Rathaus.** Der Bau des Rathauses markierte den Beginn des Neoklassizismus in Edinburgh, der im Entwurf der New Town gipfelte. *John Adam* schuf das Gebäude 1761 ursprünglich als königliche Börse und erweiterte es später zum Rathaus und Sitz der Behörden.

Wer eine Abwechslung vom Sightseeingalltag braucht, sollte kurz vor dem Knox House links in den Chalmers Close einbiegen. Der britische Volkssport **Brass Rubbing** bietet hier in der Apsis der Trinity Church, dem einzigen Überrest der gotischen Trinity College Church von 1460, die Gelegenheit, sich nicht ganz alltägliche Souvenirs zu errubbeln. (Ö: im Sommer Mo-Sa 10-17, im Aug. auch So 12-17 Uhr)

Edinburgh

Es gibt Menschen, die behaupten, es sei kein Zufall, dass sich die High Street hinter dem **John Knox House** verengt, denn die bescheidene Straßenbreite scheint der streng puritanischen Einstellung des Reformators Rechnung zu tragen. In dem nur von außen schönen Haus, erbaut 1490, hat der Überlieferung nach der schottische Reformator *John Knox* 1561-72 gewohnt, beweisen lässt sich das allerdings nicht. Innen sind die meisten Räume unansehnlich, bis auf einen, den eine der wenigen erhaltenen prächtigen Deckenmalereien des 16. Jh. ziert. Die übrigen Räume sind spärlich mit Reliquien des protestantischen Heiligen ausgestattet. Auf einigen Tafeln wird die Geschichte der schottischen Reformation dargestellt. Gut ausgestattet ist nur der Eingangsraum mit seinen Souvenirs. Das Haus ist noch heute im Besitz der *Church of Scotland*. (Ö: Mo-Sa 10-16.30 Uhr, Juli-Aug. auch So 12-16.30 Uhr)

Dem John Knox House schräg gegenüber liegt das **Museum of Childhood.** Das öffentliche Museum zeigt Exponate, die alle Bereiche des kindlichen Lebens dokumentieren. Ein Bonbon für kindliche Museumsmuffel stellt die bemerkenswerte Sammlung von Spielzeugen aller Art dar. (Ö: Mo-Sa 10-17 Uhr, Juli-Aug. auch So 12-17 Uhr, E: frei)

In der Canongate, die ihren Namen nach den Kapitelherren (Kanonikern) des nahen Klosters erhielt, steht auf der linken Seite das **Moray House.** 1628 von einer Gräfin erbaut, gehört es zu den größten der alten aristokratischen Stadthäuser. Ein gutes Stück schottischer Geschichte spielte sich

Das Haus von John Knox

244

Farbkarte Seite VI; Stadtplan vordere Umschlagklappe und Seite 238 **Edinburgh**

hier ab. So nahm *Cromwell* 1648 hier sein Hauptquartier und 1707 wurde in den Räumen der Unionsvertrag unterzeichnet. Heute befindet sich in dem Gebäude eine Schule.

Ein wenig unterhalb, auf der gegenüberliegenden Seite, befindet sich das **Canongate Tolbooth.** Das Gebäude von 1591 war einst Heimat von Stadtverwaltung, Justiz und Gefängnis. Die große Uhr an der Außenseite ist eine viktorianische Zutat. Heute beherbergt das Gebäude *The People's Story,* ein städtisches Museum, das in liebevoller und detailgetreuer Weise mit vielen Szenen, Ausstellungsstücken, Geräuschen und Erzählungen das tägliche Leben der Menschen des ausgehenden 18. Jh. nahe zu bringen versucht. Dieses Museum ist in jedem Fall einen Besuch wert. (Ö: Mo-Sa 10-17 Uhr, im Aug. auch So 14-17 Uhr, E: frei)

Gegenüber befindet sich in **Huntly House** das Museum of Edinburgh. Auch Huntly House (erbaut 1517) gehört zu den großen alten Häusern von Edinburgh. Das heutige Heimatmuseum der Stadt führt umfangreich und liebevoll, bisweilen kurios durch die Geschichte Edinburghs und des Umlandes seit der Zeit der ersten Besiedlung. (Ö: Mo-Sa 10-17 Uhr, im Aug. auch So 14-17 Uhr, E: frei)

Ein Blick in den **White Horse Close** kurz vor Holyrood auf der linken Seite lohnt sich. Aus dem schön renovierten Hinterhof fuhr früher die Postkutsche nach London ab.

The Palace of Holyrood House

Am östlichen Ende der Royal Mile erhebt sich The Palace of Holyrood House. *David I.* hatte im 12. Jahrhundert an dieser Stelle eine Abtei gegründet, aus deren Gästehaus sich nach und nach der Palast entwickelte. *James IV.* beschloss, das Gebäude auszubauen, und sein Sohn *James V.* fügte 1528 den Nordwestturm hinzu, der als einziger Gebäudeteil vom alten Schloss erhalten blieb. In dieser Periode entstand auch der quadratische Grundriss der Anlage.

Während der sechs Jahre, in denen *Maria Stuart* in dem Palast residierte, war Holyrood Schauplatz bewegter Ereignisse.

Seine heutige Gestalt erhielt der Palast in den Jahren 1671-76, als *Charles II.*, obwohl nie in Edinburgh gewesen, beschloss, die Anlage umzubauen. *Sir William Bruce of Balcaskie* verordnete dem alten Palast eine Radikalkur. Er ließ, bis auf den Nordwestturm, alles wegreißen und neu errichten. Zur Vereinheitlichung der Front spiegelte er den überlebenden Turm im Südwesten und vereinigte so in der Anlage Renaissance mit Barock.

1745 erlebte das alte, von den britischen Königen vernachlässigte Gemäuer noch einmal ein paar kurze, aber glänzende Monate, als *Charles Edward Stuart* hier Hof hielt und die Clans versammelte. Doch nach der Niederlage von Culloden dauerte es 76 Jahre, bis 1822 unter *George IV.* Holyrood als Residenz wiedergeboren wurde. Seit der Zeit *Queen Victorias* wurde Holyrood dann wieder regelmäßige Residenz der britischen Könige. Es ist daher möglich, dass während der Aufenthalte von Mitgliedern der königlichen Familie das

Lothian

245

Mary Queen of Scots

Mary Queen of Scots – tragische Heldin oder Opfer ihrer selbst?

Man schrieb das Jahr 1542. Nach der Schlacht am *Solway Moss* lag *Jacob V.* zugrunde gerichtet in seiner Burg und wartete auf den Tod. Da schenkte ihm seine französische Frau einen Thronfolger. Aber, der Sohn war ein Mädchen. *Jacob* ließ es noch schnell auf den Namen seiner Mutter, *Marie de Guise*, taufen und sofort zur Königin salben, dann begab er sich enttäuscht zu seinen Ahnen.

Eine **Königin in Windeln,** das war es, worauf *Heinrich VIII.* nur gewartet hatte. Er plante, die Kleine, die als seine Nichte, solange er kinderlos blieb, auch seine Erbin war, zu entführen und sich dadurch Schottland zu sichern. *Mary of Guise* vereitelte das Vorhaben. Sie ließ ihre Tochter **an den Hof von Frankreich** zu ihren mächtigen Verwandten in Sicherheit bringen.

Unter den französischen Königskindern wuchs *Maria Stewart* zu einem fröhlichen jungen Mädchen heran. Der alte *König Heinrich II.* (reg. 1547-1559) von Frankreich nannte seinen Gast liebevoll „ma petite reigne" und vermählte sie 1558 mit seinem Sohn und Erben. Bald starb der alte König, und *Maria*, die sich nun auf französische Art *Stuart* nannte, wurde so **Königin von Frankreich**. Doch *Franz II.* war ein recht ungesunder Ehemann, der seine Frau schon 1561 zur Witwe werden ließ. Die junge Witwe war nun nur noch Königin von Schottland. Sie nahm ihren neuen Namen und kehrte in die alte Heimat zurück.

Nach Schottland zurückgekehrt, musste die junge Katholikin erkennen, dass nach dem Tod ihrer Mutter 1560 das schottische Parlament in Eigenregie den Protestantismus zur Staatsreligion erhoben hatte. *Maria* ließ sich aber nicht das Recht nehmen, die verbotene katholische Messe zu hören. Gleichzeitig trieb sie ihr wacher Intellekt dazu, sich das Gedankengut der neuen Konfession zu erschließen. Oft musste **John Knox,** der 1555 die *Church of Scotland* gegründet hatte, von seinem Haus auf der Royal Mile zum Holyrood Palace wandern und mit einer Frau über Theologie streiten. Der Frauenhasser, der mit seinen Schriften sogar seine frühere Beschützerin *Elisabeth I. von England* verärgert hatte, konnte mit seinen lebensfremden Bibelsprüchen die lebensfrohe Königin nicht beeindrucken. Dennoch verbündete sich die Pragmatikerin mit den protestantischen Lords und konnte dadurch eine stabile Regierung etablieren.

Als **ledige Königin** war *Maria* natürlich auch eine begehrte Braut. Um ihre Hand warben Kaiser- und Königssöhne aus ganz Europa. *Maria* plante, sich mit *Elisabeth* auf einen Kandidaten zu einigen. Sie hoffte dadurch und mit einem Verzicht auf ihre direkten Thronansprüche, *Elisabeths* Anerkennung als Erbin zu erhalten. Doch *Elisabeth* wollte nur eine minderwertige Heirat zulassen, und so regelte *Maria* die Angelegenheit schließlich für sich allein.

Sie **heiratete 1566** ihren Cousin *Henry Stewart, Lord Darnley*, der ebenfalls Ansprüche auf den englischen Thron besaß. Der junge Chevalier hatte der Königin den Kopf verdreht. Die Heirat sollte ihr Leben wenden. Nach der katholischen Hochzeit fürchteten viele Protestanten eine Gegenreformation. Zum Unglück für *Maria* zeigte sich bald nach der Hochzeit, dass *Lord Darnley* arrogant,

Mary Queen of Scots

dumm und treulos war. Er trank und betrog die junge Königin ununterbrochen.

Maria Stuart wendete sich deshalb immer mehr ihrem italienischen Sekretär **David Rizzio** zu. Er wurde nicht nur zum ersten Berater der Königin, sondern auch ihr Gesellschafter. *Lord Darnley* wurde misstrauisch und in seiner Eifersucht noch von einigen Lords bestärkt, die in *Rizzio* einen Spion des Papstes erkannt zu haben glaubten. Am 9. März 1566 ließ *Darnley* über eine enge Treppe, die seine Gemächer mit denen seiner Frau verband, seine Mitverschwörer ein. Vor den Augen der Hochschwangeren brachten sie den Italiener dann auf brutalste Art und Weise um. Noch heute wird in Holyrood Palace die Stelle gezeigt, an der *Rizzio* verblutet sein soll.

Maria Stuart vergaß ihrem Mann die Tat nie. Sie verstand es sehr schnell, ihn von seinen Anhängern zu isolieren und schickte alle an dem Mordkomplott Beteiligten ins Exil. Als im Juni ihr **Sohn James geboren** wurde, durfte der Vater ihn nicht einmal sehen. *Maria* ließ den Säugling in einem Korb heimlich am Festungsberg abseilen und nach Stirling in Sicherheit bringen.

Am frühen Morgen des 10. Februar 1567 zerbarst das Stadthaus ihres Mannes *Darnley* in einer Detonation. Sein erdrosselter Körper wurde in der Nähe gefunden. Gerüchte brodelten auf. Obwohl *Maria* eine Beteiligung nicht nachzuweisen war, wendete sich mit dieser Tat ihr Schicksal, denn sie **heiratete zum dritten Mal,** noch in der Trauerperiode, den Hauptverdächtigen *James Hepburn, fourth Earl of Bothwell.*

Nicht nur Schottland, auch *Marias* europäische Verbündete waren geschockt. Die Lords erhoben sich gegen *Bothwell.* In der Schlacht bei Musselburgh wurde er geschlagen und *Maria,* die in einem Nacht- und Nebelritt zu ihm geeilt war, wurde **gefangen genommen.** Sie wurde gezwungen, abzudanken und einen Regenten für den minderjährigen *James* einzusetzen. Sie selbst wurde in Loch Leven Castle gefangen gesetzt, *Bothwell* machte eine kurze Karriere als Seeräuber auf Orkney und endete in der Gefangenschaft des Dänischen Königs.

Am 2. Mai 1568 gelang es *Maria Stuart,* zu fliehen und zu ihren Verwandten in Südschottland zu gelangen. Doch in Langside bei Glasgow wurde ihre improvisiert zusammengestellte Armee geschlagen, und sie musste weiter **nach England fliehen.** Dort, so hatte sie gehofft, würde ihr *Elisabeth I.* Asyl gewähren.

Doch die englische Königin hatte *Marias* Ansprüche auf ihren Thron nie vergessen. Sie setzte ihre Cousine in Fotheringhay Castle gefangen. *Maria Stuart* versuchte aus der **Gefangenschaft** heraus immer wieder, gegen *Elisabeth* und sogar gegen ihren Sohn, *James VI.,* zu intrigieren. Nach 19 Jahren Haft wurde sie am 8. Februar 1587 enthauptet, nachdem man eine bis heute umstrittene Geheimkorrespondenz gefunden hatte, die sogar die Ermordung *Elisabeths* nicht ausschloss.

Seither haben sich immer wieder Historiker und Literaten mit dem dramatischen Leben dieser ungewöhnlichen Frage auseinandergesetzt. *Schillers* „Maria Stuart" ist nur das bekannteste Beispiel dafür. Lesenswert ist auch die gleichnamige Romanbiographie von *Stefan Zweig.*

Lothian

247

Edinburgh

Schloss für die Öffentlichkeit geschlossen ist.

Zur Besichtigung freigegeben sind nur die offiziellen Staatsgemächer, die Galerie und die historischen Gemächer *Lord Darnleys* und *Maria Stuarts*. Der erste Teil der Führung, die zumeist zu einer Massenabfertigung gerät, bei der eine Gruppe der nächsten auf dem Fuße folgt, geht durch die **Staatsgemächer.** Diese enthalten wertvolle Gobelins aus ganz Europa und sind zum größten Teil mit Möbeln des 17. Jh. ausgestattet.

In der **Gemäldegalerie,** dem größten Saal des Palastes, fanden früher die Bälle *Bonnie Prince Charlies* statt. An den Wänden des Raumes hängen 111 Portraits schottischer Könige von *Fergus I.* (330 v.Chr.) bis *James VII.* (1685-88), der diese Ahnengalerie anlegen ließ. Der Maler, der Holländer *De Witt,* nahm sich mangels besserer Vorlagen einfach zwei Männer von der Straße, die er verschieden kostümierte und dann malte. Die Portraits zeigen, bis auf das *Maria Stuarts* und des Auftraggebers natürlich, folgerichtig nur zwei Gesichter in allen möglichen Gewändern des 17. Jh.

Die folgenden **Räume Darnleys und Maria Stuarts** in dem alten Nordwestturm sind nahezu leer, bis auf ein sehr wertvolles, noch erhaltenes Prunkbett aus dem 16. Jh. In *Maria Stuarts* Gemächern erinnert eine Messingplatte an die Stelle, an der ihr Sekretär, *David Rizzio*, ermordet wurde. *Darnley* hatte über eine enge Treppe, die seine Gemächer mit de-

Edinburgh Castle und Princess Street Gardens

Farbkarte Seite VI; Stadtplan vordere Umschlagklappe und Seite 238   **Edinburgh**

nen seiner Frau verband, die Verschwörer eingelassen.

Der **Park** schließt sich dem Palast nach Osten an. Bewacht wird er von den königlichen Bogenschützen in ihrem grünen Ornat und ist für die Öffentlichkeit nicht zugänglich. Einmal im Jahr findet hier die *Royal Garden Party* statt, zu der mehr als 3000 Gäste geladen werden.

Den Namen Holyrood erbte das Schloss von der älteren **Abtei.** 1228 hatte *David I.* an der Stelle des heutigen Schlosses einen Jagdunfall. Vor dem sicheren Tod bewahrte ihn nur das Auftauchen eines heiligen Hirsches, dem angeblich, gleichsam als drittes Horn, ein Kruzifix zwischen dem Geweih stand. Daraufhin gründete der König an dieser Stelle ein Augustinerkloster, das zugleich den Einfluss des Katholizismus vergrößern sollte. Schon vor Ende des Jh. war die erste Kirche zu klein, und ein neuer Bau wurde begonnen. Den Bildersturm der Reformation *John Knox'* überlebte allerdings nur ein Teil, der in der Folge als reformierte Pfarrkirche genutzt wurde. Doch als *James VII.* das Gotteshaus zur Krönungskirche und Hauptkirche des *Thistle Ordre's* machte und wieder offen den Katholizismus einführte, fiel 1688 auch der Rest der Revolution zum Opfer. 1758 versuchte man noch einmal, das Gebäude zu retten und deckte die Kirche mit einem Steindach. Als dieses bereits zehn Jahre später einstürzte, überließ man die Kirche endgültig sich selbst.

Die romantische Ruine ist mit vielen Grabplatten und -steinen übersät, die der Stätte etwas Gespenstisches

verleihen, sofern sie nicht von Besuchern übervölkert ist. (Ö: Mo-So 9.30-17.15, im Winter nur bis 15.45 Uhr, E: £ 8.50, www.royal.gov.uk/output/page559.asp).

Südlich der Royal Mile

Die Old Town besteht aber nicht nur aus der Royal Mile. Südlich unterhalb des Burgfelsens liegt mitten in der Altstadt ein hübscher alter Platz: der **Grassmarket.** Von ihm fuhren früher die Postkutschen ab, und hier fanden die niederen, nichtadligen Hinrichtungen statt. Früher wie heute finden sich am Grassmarket und seiner Umgebung die besten Kneipen der Stadt, billige Studentenküchen und Cafés.

Im Gasthaus **White Heart Inn,** das auf der zur Burg liegenden Seite des Platzes steht, kehrten auch schon *Burns, Wordsworth* und andere Persönlichkeiten regelmäßig ein. Während der drei Wochen des Festivals findet auf dem Platz jeden Samstag ein Flohmarkt statt, auf dem sich mit etwas Glück billig Antiquitäten ergattern lassen.

Von Grassmarket aus können Sie mit dem Rücken zum Castle die Candlemaker Row den Berg hinaufgehen. Am Ende der Gasse liegt rechts der Eingang der **Greyfriars Church** (erbaut 1620). Um die Greyfriars Church herum befindet sich der älteste Friedhof der Stadt. Er war Schauplatz der Unterzeichnung des *National Covenant* (1638), des Dokumentes, in dem sich die Unterzeichner gegenseitig das Festhalten an der Reformation versicherten. Auch die rührselige Geschichte von *Grey-*

Lothian

Theodor Fontane –
Sammler schottischer Sagen und Legenden

1858, als *Theodor Fontane* in London lebte und sich als Zeitungskorrespondent seinen Unterhalt verdiente, ergriff er die Gelegenheit, in das raue und mythische Land zu reisen, das *Walter Scott* und dessen Dichtungen eine Heimat gewesen war. Als junger Mensch hatte *Fontane Scotts* „Minstrelsy of the Scottish Border" (1802/03) kennen gelernt, ein Werk, das, wie er selbst sagte, „auf Jahre hinaus meine Richtung und meinen Geschmack bestimmte". Der Realist *Fontane,* der die Romantik des eigenen Jahrhunderts als Modeströmung verurteilte, war begeistert von „Echtheit" und „Stil" des Werkes *Walter Scotts:* „Er war ein Hauptpfeiler echter, gesunder Romantik gegenüber jener falschen und krankhaften romantischen Richtung, die sich die eigentliche nannte."

Im August 1858 brach *Fontane* mit seinem alten Freund *Bernhard von Lepel* zu einer zehntägigen Rundreise nach Schottland auf. Was *Fontane* vor allem „Jenseit des Tweed" suchte, davon gibt sein Reisebericht, den er später in Deutschland veröffentlichte, Auskunft. Er suchte nicht den Einblick in das Leben der Bevölkerung, sondern nach Geschichte und Geschichten. Die Beschreibung der Reise bildet nur den Rahmen für eine solche Zahl an Sagen, Morden und Gespenstern, dass es erstaunt, wie er sie in nur zehn Tagen hat sammeln können. Der ungewöhnlich romantische Bericht „Jenseit des Tweed" darf daher durchaus als Hommage *Fontanes* an sein altes Vorbild *Scott* gelesen werden.

Auch in Edinburgh, der ersten Station der beiden Freunde, hat *Fontane* eine ganze Perlenkette schöner Geschichten gesammelt. Die Schnur beginnt in Holyrood Palace, wo noch der grausige Blutfleck zu sehen war, den der arme *Rizzio* bei seiner Ermordung hinterlassen hatte. Aber es ist vor allem die Altstadt, die mit ihren zahllosen Legenden lockte. Da ist das Moray House in der Highstreet, in dem 1650 die Hochzeit zwischen dem jungen *Lord Argyle* und einer *Moray* gefeiert wurde. Während der Hochzeit geschah es, dass der lange gejagte *Marquis of Montrose,* der in den Revolutionswirren auf Seiten der Stuarts stand, als Gefangener die Highstreet hinaufgeschleppt wurde. Vom großen Balkon aus spuckte die alte *Lady Argyle* auf den stolzen Hochländer. 35 Jahre später zog wieder ein Zug die Royal Mile hinauf. Diesmal war es der *Graf von Argyle,* der den Royalisten in die Hände gefallen war. *Bonnie Dundee* ließ den damaligen Bräutigam so die erlittene Schmach büßen, bevor er enthauptet wurde.

Hinrichtungen fanden auf dem Mercat Cross statt. Doch vorher saßen die meisten Delinquenten im Old Tolbooth ein. Das besondere dieses Gefängnisses sah der junge *Fontane* nicht in der Leichtigkeit, mit der aus ihm auszubrechen war. Vielmehr war es eines der besten Verstecke für Flüchtige. In dem uralten Bau herrschte das Chaos. So kam es, dass *Robert Ferguson,* der sich an einem Komplott gegen *Charles II.* beteiligt hatte, hier wochenlang in der Zelle eines befreundeten Gefangenen unentdeckt leben konnte. Auch fanden hier 1746 einige Anhänger von *Bonnie Prince Charlie* Unterschlupf und Rettung, während die hannoverschen Soldaten ihre Spuren bis tief ins Hochland verfolgten.

Auf dem Mercat Cross fanden aber nicht nur Hinrichtungen statt. Hier wurden auch Bekanntmachungen verlesen oder von Geistern Prophezeiungen verkündet. 1513, als *König Jacob IV.* in Holyrood sein letztes Nachtlager nahm, bevor er zur tragischen Schlacht von Flodden Field gegen England aufbrach, vernahm man die ganze Nacht über eine Geisterstimme von der Plattform herab. Sie warnte vor dem Feldzug und nannte die Namen all derer, die fallen würden, sollte die Warnung ungehört bleiben. Der erste Name war der des Königs.

Oft ging es aber auch lustig zu in Edinburgh. So als der Magistrat der Stadt ein Festmahl zu Ehren *König Georgs I.* gab. Es sollte der schlechte jacobitische Ruf der Stadt im fernen London zerstreut werden. Unter aller Augen schmausten die Ratsherren auf der Plattform

Theodor Fontane

des Mercat Cross, als sie ein Wolkenbruch in die Flucht trieb. Zurück an der Tafel fanden sie – zur Freude der Jacobiten in der Stadt – statt Wein nur noch Wasser in ihren Gläsern. Sogleich lief ein Spottgedicht durch alle Gassen:

„Einstens zu Cana, als bei Tisch
Sich's um den fehlenden Wein gehandelt,
Hat der König des Himmels frisch
Alles Wasser in Wein verwandelt.

Gestern, als zu Braunschweigs Ehr'
Zechten unsre City-Prasser,
Sprach der Himmel: „nimmermehr!"
Wandelnd ihren Wein in Wasser."

Mehr noch als an den Geschichtslegenden fand Fontane jedoch Gefallen an Gespenstersagen. „Die Gespenster scheinen hier eine Art Landesprodukt zu sein", stellt er nicht ohne angenehmes Erschauern fest. Eine dieser Sagen spielt in Westbow. Hier wohnte *Major Weir*, ein gefeierter Veteran und frommer Puritaner, mit seiner Schwester. Weir war stets schwarz gekleidet und hatte immer einen langen schwarzen Stock bei sich. Er war eine feuriger Prediger in den Versammlungen und übte nicht geringen Einfluss in der Stadt aus. Es fiel aber auf, dass er alt und gebrechlich wurde, sobald er seinen Stab weggelegt hatte. Eines Tages erschien der gestrenge Major vor Gericht und klagte sich selbst an. Man wollte ihn abweisen, doch beharrte er so darauf, dass der Prozess eröffnet wurde. „Unerhörte Dinge kamen an's Licht; Betrug, Mord, Unzucht und jede Form nächtlicher Orgien." Der Major und seine Schwester wurden verbrannt. Auf dem Scheiterhaufen riss sie sich die Kleider vom Leib und murmelte, sie wolle „in aller Schande sterben". Dem Major konnten die Flammen erst etwas anhaben, als sein Stab verbrannt war. Seit dieser Zeit hörte man des Nachts aus dem ersten Stock des Hauses in der Westbow wildes Tanzen, Gläserklingen – und das Spinnrad von Grissel *Weir*.

Ein anderes Spukhaus befand sich in der Canongate. Ein Priester wurde des nachts in das Haus gerufen, um die Sterbesakramente zu verleihen. Er fand eine Wöchnerin, die offenbar in guter Verfassung war. Auf sein Einwenden, dass er hier wohl fehl am Platze sei, wurde er solange bedroht, bis er die letzte Ölung vornahm. Als er die Treppe zur Straße schritt, vernahm er einen Schuss. Mit einem Beutel Gold und der Drohung, nicht sein Leben durch Plaudern aufs Spiel zu setzen, entließ man ihn. Am Morgen sollte er erfahren, dass über Nacht das Haus des Lords Ravendale abgebrannt sei und dessen Tochter im Feuer den Tod gefunden habe. Der Priester wagte nicht zu sprechen. Jahre später, es war längst ein neues Haus an der Stelle errichtet worden, stand auch dieses plötzlich in Flammen. Der allgemeine Lärm und Tumult um den Brand verstummte abrupt, als aus den Flammen eine reich gekleidete junge Frau schritt und laut in die Stadt rief:

„Einmal verbrannt, zweimal verbrannt,
Das dritte Mal brennen Stadt und Land."

„Der Eindruck dieser Worte war so mächtig, dass, wenn in späteren Jahren noch, ein Feuer in der Nähe von Canongate ausbrach, die größten Anstrengungen gemacht wurden, das Umsichgreifen desselben zu verhindern, um nicht vielleicht jene furchtbare Prophezeiung in Erfüllung gehn zu sehen."

Auch wenn *Fontane* nicht unsere Leidenschaft für das Land im Norden teilte, ihm oft seine (damalige) Armut geradezu vorwarf und es mit seinem geliebten London verglich, die schier endlose Sammlung von Geschichten und Legenden machen seinen Reisebericht zu einer spannenden wie schaurigen Reise durch ganz Alba, nicht nur dessen Hauptstadt. Allen, die Gefallen finden an Geschichten und Gruselmären, sei *Fontanes* Werk daher wärmstens empfohlen. *Theodor Fontane:* Jenseit des Tweed, 1860, Neudruck: Insel Taschenbuch, Frankfurt a. M. 1989.

Edinburgh

friars Bobby, dem Hündchen, das 14 Jahre am Grab seines verstorbenen Herrn wachte, gut ernährt von den benachbarten Metzgern, trug sich hier zu.

Von der großen Kreuzung vor Greyfriars zweigt nach rechts die Chambers Street ab. Auf der rechten Seite liegt das **Royal Scottish Museum.** Das Gebäude, das 1861-88 von *Francis Fowke* erbaut wurde, ist das älteste noch stehende und eines der schönsten Beispiele viktorianischer Baukunst in Edinburgh. In seinen Räumen befinden sich Sammlungen zu fast allen Bereichen der Wissenschaft, wie z.B. der Archäologie, der Völkerkunde, der Naturgeschichte, der Technik. Darüber hinaus beherbergt das Museum noch eine hervorragende Sammlung von Kunstgewerbegegenständen. Gleich nebenan hat in einem modernen, imposanten Gebäude der Architekten *Benson* und *Forsyth* das neue **Museum of Scotland** seine Tore geöffnet. Die umfangreiche Sammlung zeigt auf 6 Stockwerken 100 Jahre schottischer Geschichte, ein Muss für jeden Schottlandfan. (Ö: Museum of Scotland und Royal Scottish Museum: Mo-Sa 10-17, Di bis 20, So 12-17 Uhr, E: frei)

Ebenfalls in der Chambers Street erhebt sich ein paar Schritte weiter auf der gleichen Straßenseite das **Old College der Universität,** die auf eine lange Tradition zurückblicken kann. 1583 gegründet, ist sie heute eine der größten im Vereinigten Königreich. Als 1789 ein neues Gebäude errichtet werden sollte, beauftragte man *Robert Adam* mit den Arbeiten. Nach dessen Tod vollende-

Edinburgh – heute oder gestern?

te *William Henry Playfair* den Bau des Old College. Die große Kuppel über dem Torweg fügte *Rowand Anderson* 1883 hinzu. Der Innenhof beeindruckt durch die riesigen Dimensionen der klassizistischen Architektur. Das Old College ist bis heute das Herz der Universität mit ihren 10.000 Studenten und ca. 1500 Angestellten. In dem Gebäude befindet sich zudem das **Talbot Rice Art Centre,** das europäische Malerei und Bildhauerei des 16. und 17. Jh. ausstellt. (Ö: Di-Sa 10-17 Uhr, während des Festivals täglich geöffnet, E: frei).

Am Rande der Old Town befinden sich noch drei weitere interessante Museen. Die Edinburgher Feuerwehr nimmt für sich in Anspruch, die älteste Berufswehr der Welt zu sein. Am Lauriston Place (Ecke Lawson Street) kann man im **Fire Department Museum** unter anderem alte Feuerwehren sehen. (Einlass nur nach Absprache, Tel. 0131/22 82 401)

Das **City Arts Centre** liegt in der Market Street, einer nördlichen Parallelstraße der Royal Mile. In einem umgebauten Gebäude von 1899 sind die Kunstsammlungen der Stadt Edinburgh untergebracht. Sie umfassen hauptsächlich Werke schottischer Künstler seit dem 17. Jh., darüber hinaus finden wechselnde Ausstellungen statt. (Ö: Mo-Sa 10-17 Uhr, E: frei)

Dynamic Earth in der Holyrood Road erzählt mit vielen Showeffekten die geologische Geschichte unserer Erde. (Ö: im Winter Mi-So 10-17 Uhr, im Sommer Mo-So 10-17 Uhr, Juli-Aug. bis 18 Uhr, E: £ 8.95, www.dynamicearth.co.uk)

Blick durch die New Town auf den Firth of Forth

Edinburgh

Sehenswertes in der New Town

Den zweiten Schwerpunkt der Innenstadt bildet die Neustadt, die *New Town*. Diese „Neustadt" ist heute allerdings auch schon über 200 Jahre alt. Mitte des 18. Jh. drohte die Old Town aus allen Nähten zu platzen. Nach langem Ringen setzte der ambitionierte Bürgermeister Lord Provost (schott. für Bürgermeister) *George Drummond* die Ausschreibung eines Neubaugebietes durch. Es sollte am nördlichen Ufer des Nor Loch, das bereits seit 1759 trockengelegt war und heute den Princes Street Garden bildet, entstehen.

Ein Architektenwettbewerb ließ überraschend den erst sechsundzwanzigjährigen *James Craig* als Sieger hervorgehen. *Craigs* Entwurf, *George IV.* gewidmet, sah eine breite Prachtstraße vor (George Street), die zwei Plätze, St Andrews Square und St George Square (heute Charlotte Square), als Allegorie für Schottland und England miteinander verband. George Street flankieren sollten zwei einseitig bebaute Straßen, die auf die Burg blickende Princes Street und die zum Firth of Forth zeigende Queens Street. Zwei weitere Parallelstraßen nahmen das Motiv Schottland-England wieder auf: Thistle (Distel) Street und Rose Street.

1767 wurde mit dem Bau begonnen. Zunächst entstand St Andrews Square, dann zogen sich die Bauarbeiten langsam nach Westen, bis 1811 auch der Charlotte Square (benannt nach der Frau *George III.)* fertig gestellt war. Die *New Town Conservation Area* ist mit 310 ha das größte Denkmalschutzgebiet Großbritanniens und eines der größten klassizistischen Stadtviertel überhaupt.

Ursprünglich sollte jeder der beiden großen Plätze auch eine Kirche erhalten. Dies wurde jedoch von *Sir Laurence Dundas* verhindert, indem er auf dem dafür vorgesehenen Grundstück am **St Andrews Square** eines der schönsten Stadthäuser errichten ließ. Heute ist es Sitz der *Royal Bank of Scotland* und eines der wenigen alten Gebäude am St Andrews Square. Da außer der *Royal Bank* noch unzählige weitere Banken und Versicherungen am St Andrews Square ihren Sitz haben, wird er manchmal auch der „reichste Platz der Welt" genannt.

Sein Pendant, der **Charlotte Square,** hat, anders als jener, sein ursprüngliches Aussehen bewahrt. Die Nordseite ist ein Werk *Robert Adams*. Die Idee *Adams* war es, verschiedene Häuser mit einer einheitlichen palastartigen Fassade zu versehen. Charlotte Square No. 7, eines der Adam-Häuser, beheimatet heute das **Georgian House**. Der *National Trust for Scotland* hat das Haus liebevoll eingerichtet und dokumentiert den Lebensstil einer großbürgerlichen Familie um das Jahr 1800. Das Museum stellt sozusagen den Gegenpart zu Gladstones Land in der Old Town dar. Ein amüsanter Videofilm versucht, das tägliche Leben dieser Zeit anschaulich zu machen. Das Haus ist seiner Zeit getreu aufgeteilt: im Keller die reich ausgestattete Küche sowie die Bedienstetenzimmer, im Erdgeschoss die Bibliothek, Wohn- und Speisezimmer,

254

Farbkarte Seite VI; Stadtplan vordere Umschlagklappe **Edinburgh**

Salon und Schlafzimmer im ersten, und weitere vier Zimmer im zweiten Stockwerk. Im Salon befindet sich das interessante Original einer Zeitung aus dem Juli 1789 mit einem Augenzeugenbericht von der französischen Revolution. (Ö: Nov.-Dez. und März Mo-So 11-15 Uhr, Apr.-Okt. 10-17 Uhr, E: £ 5)

Im Gegensatz zum St Andrews Square erhielt Charlotte Square seine Kirche. *Robert Reid* erbaute sie 1811 als St Georges Church. Heute befindet sich darin einer der Ableger des schottischen Staatsarchivs, das **West Register House.** Es birgt historische Unterlagen und stellt in seiner Eingangshalle interessante alte Urkunden aus. (Ö: Mo-Fr 9-16 Uhr, E: frei)

Nördlich der New Town verläuft die Queen Street, die die Princes Street spiegelt. An ihrem östlichen Ende erhebt sich ein großes Rotsandsteingebäude, das *Sir Rowand Anderson* Ende des 18. Jh. entwarf. In seinem Innern hat die **Scottish National Portrait Gallery** eine Heimat gefunden. Sie bewahrt Gemälde und seltene Fotografien berühmter Schotten und anderer Menschen auf, die seit dem 16. Jh. mit der schottischen Geschichte verbunden sind. (Ö: Mo-So 10-17 Uhr, E: frei)

An der Südseite der New Town liegt die Princes Street. An ihrem Ostende finden Sie das große **Tourist Information Centre.** Westlich davon erhebt sich wie die abgebrochene Spitze einer gotischen Kathedrale das **Scott Monument.** Inmitten seiner Romanfiguren thront der Dichter, *Sir Walter Scott,* unter diesem überdi-

mensionalen Baldachin und betrachtet die Passanten. Das 60 m hohe Denkmal kann bestiegen werden. (Ö: im Sommer Mo-Sa 9-18 Uhr, So 10-16 Uhr, E: £ 3)

Über die **Princes Street Gardens,** mit der ältesten Blumenuhr der Welt, blickt man von der Princes Street genau auf die Schokoladenseite des Castles. Die Princes Street Gardens werden durch **The Mound** (engl. Erdhügel) in einen westlichen und einen östlichen Teil unterteilt. The Mound entstand nach 1767, als man entgegen vielen Protesten hier den Bauschutt der entstehenden New Town aufschüttete. Auf diesem Hügel erbaute *William Henry Playfair* bis 1859 zwei Tempel. In dem der Princes Street am nächsten gelegenen dorischen Tempel, der **Royal Scottish Academy,** finden wechselnde Ausstellungen, die meist schottische Kunst zeigen, statt. Durch große Dachfenster ist die Academy hervorragend beleuchtet. (Ö: Mo-So 10-17 Uhr, E: je nach Ausstellung, www.royalscottishacademy.org)

Neben der Academy erhebt sich ein ähnlicher Tempelbau, der die **National Gallery of Scotland** beherbergt. Zwar hat dieser Tempel die gleichen Oberlichter, doch die rote Tapete, die dem ganzen Museum eine gediegene Atmosphäre verleiht, schluckt viel von dem Licht. Die Möbel aus dem 16.-18. Jh., die in der ganzen Galerie verteilt stehen, unterstreichen zusätzlich die barocke Atmosphäre. Die Sammlung umfasst Werke der europäischen Malerei des 16.-19. Jh. *Tizian, El Greco, Velasquez* und *Rembrandt* sind dabei ebenso

Lothian

Edinburgh

Alte Stadtansicht

Edinburgh

Lothian

Edinburgh

vertreten wie die Briten mit *Reynolds, Landseer* und *Turner*. Im ersten Stock findet sich außerdem eine kleine Impressionistensammlung mit Werken unter anderem von *Sisley, Degas, Monet, Gauguin* und *Van Gogh*. (Ö: Mo-So 10-17 Uhr, E: frei)

Craigs New Town war noch nicht ganz fertig, da begann man bereits mit ihrer Erweiterung. Nach allen Seiten, nur nicht in die Princes Street Gardens hinein, wurde angebaut. Ein weiteres Meisterwerk urbaner Architektur entstand auf den Grundstücken des *Earl of Moray* am westlichen Ende der Queen Street. Dieser ließ 1823 von *Gillispie Graham* die Dreieinigkeit von **Randolph Crescent, Ainslie Place** und **Moray Place** entwerfen. Mit dem Halbkreis, der Ellipse und dem Kreis vereinigte Graham in den Formen der Plätze drei verschiedene geometrische Figuren zu einer harmonischen Gesamtanlage.

An der Rückseite der Häuser des Moray Place fällt das Gelände steil ab zu den Ufern des Leith. Etwas flussaufwärts befindet sich **Dean Village,** ein altes Mühlen- und Bäckerviertel. Der durch Stromgewinnung künstlich gebändigte Leith trieb noch im 19. Jh. an dieser Stelle elf Wassermühlen an. Schon für das 12. Jh. ist die Existenz von Mühlen in dem engen Tal bezeugt. Heute ist Dean Village ein sehr ruhiges Wohnviertel, eine Idylle in direkter Nachbarschaft der stark frequentierten Ausfallstraße nach Norden.

Flussaufwärts lohnt sich ein entspannender **Spaziergang** entlang des Leith durch ein Dickicht aus Holz und Blättern, das die Nähe der Stadt fast vergessen lässt.

Südlich des Leith bei Dean Village liegt das Stadtviertel Westend. Hier im Eglinton Crescent sind eine der Jugendherbergen und gleich nebenan das **Deutsche Konsulat** zu finden. In der Nähe bezeugt unübersehbar ein Bau am Palmerston Place die Einfallslosigkeit viktorianischer Architekten. Auf den ersten Blick sieht **St Marys Episcopal Cathedral** wie ein Bauwerk aus dem 14. Jh. aus. Auch ein weiterer Blick verrät nichts wesentlich Neues. Schlägt man allerdings im Führer nach, erhält man den Beweis: Diese Kirche wurde erst 1870-79 erbaut und ist also ein neohochgotisches Plagiat. (Ö: Mo-Fr 7.30-18, Sa und So 7.30-17 Uhr)

Am anderen Ende der New Town liegt an einer der belebtesten und befahrensten Kreuzungen der Stadt das **Register House.** Es wurde 1774 am Ostende der Princes Street angelegt, um das schottische Staatsarchiv aufzunehmen und ist eine von *Robert Adams* repräsentativsten Bauten. Heute hat das Archiv schon lange das Aufnahmevermögen des Gebäudes gesprengt, so dass es mittlerweile nur noch die Zentrale eines Netzes von Archiven darstellt. Es finden regelmäßig Ausstellungen statt. (Ö: Mo- Fr 10-16 Uhr, E: frei)

Am Register House vorbei den Waterloo Place hinauf gelangt man auf den Tempelberg Edinburghs: **Calton Hill.** In den Jahrzehnten um 1800 hatte die Aufklärung in Schottland ihre Blüte. Die vielen klassizistischen Gebäude und die verschiedenen, in der Stadt geborenen Philosophen wie *David Hume* oder *Dugald Stewart* brachten Edinburgh den Ruf eines „Athens des Nordens" ein.

Diesem Anspruch wollten die Edinburgher die Krone aufsetzen, als sie 1822 mit dem Bau des **Nationaldenkmals** auf dem Calton Hill begannen. Das Denkmal sollte den schottischen Gefallenen in den Napoleonischen Kriegen gewidmet sein. Doch die Begeisterung war größer als die Spendenfreude. Von der geplanten Kopie des Athener Parthenons wurden nur ein paar Säulen fertig. *„Scotland's pride and poverty"*, wie der Architekt *William Henry Playfair* resigniert feststellte.

Das Denkmal für die Schlacht bei Trafalgar, **Nelson Monument,** dagegen wurde fertig gestellt und kann bestiegen werden. (Ö: Apr.-Sept. Mo 13-18, Di-Sa 10-18 Uhr, Okt.-März Mo-Sa 10-15 Uhr)

Auf der Kuppe des Calton Hill erhebt sich das 1818 erbaute **City Observatory,** in dem man sich eine **3D-Filmshow** über Edinburgh anschauen kann. (Ö: Mo-Fr 14-17, Sa-So 10.30-17 Uhr)

Vor dem Observatorium steht ein Denkmal für den Philosophen *Dugald Stewart*. Das schönste an Calton Hill ist aber die Aussicht. Man hat einen guten Blick über die Stadt, auf die Royal Mile bis zum Castle, den Forth, auf Holyrood und Arthur's Seat.

Etwas unterhalb von Calton Hill, zwischen dem burgartigen St Andrew's House, das die schottische Verwaltung beherbergt, und dem Waterloo Place, liegt der **Old Calton Burying Ground,** der ein Monument für *David Hume* beheimatet. Der Friedhof ist wie viele schottische Friedhöfe einen Besuch wert. Er

Dorf mitten in der Stadt: Mühlenviertel Dean Village

strahlt in dem Chaos seiner halbverfallenen Grabsteine und vergessenen Monumente eine angenehme Ruhe aus, wie man sie nur auf schottischen Friedhöfen antrifft. Ähnliches gilt auch für den **New Calton Burial Ground,** etwas weiter unten in der Calton Road, der – obwohl jünger – den gleichen verwahrlosten, ruinenhaften Eindruck macht.

Sehenswertes außerhalb des Zentrums

Nördlich des Leith, an der Inverleith Road, kann man sich im wunderschönen *Royal Botanic Garden* vom Trubel der Stadt erholen. Auf einer Fläche von 27 ha wachsen im Botanischen Garten über 14.500 verschiedene Pflanzen, Blumen und Bäume. Er ist der zweitälteste Botanische Garten Großbritanniens und geht auf einen medizinischen Kräutergarten aus dem Jahre 1670 zurück. Nach zweimaliger Umsiedelung gedeiht er nun seit 1823 an seinem heutigen Ort. Berühmt ist er besonders wegen seines Rhododrongartens, angeblich der größte der Welt.

Auch die riesigen, zum Teil noch viktorianischen Gewächshäuser machen den Besuch des Parks zum Erlebnis. Von einigen Stellen aus bietet sich darüber hinaus ein schöner Blick über die Stadt, mit Castle, Calton Hill und Arthur's Seat im Hintergrund.

Sehenswert ist auch der Steingarten, der, liebevoll angelegt, gleich in der Nähe des Osteingangs liegt. (Ö: im Sommer Mo-So 9.30-19 Uhr, im Winter bis Sonnenuntergang; Gewächshäuser: Mo-Sa 10-17, So 11-17 Uhr oder bis Sonnenuntergang, E: frei)

An der Belford Road westlich von Dean Village steht in einem kleinen Park die *Scottish National Gallery of Modern Art.* Die kleine, aber feine Ausstellung der Kunst des 20. Jh., mit kurzen und guten Erläuterungen zu den Stilrichtungen versehen, ist etwas außerhalb in einem klassizistischen Gebäude untergebracht. Der das Gebäude umgebende Park bildet den idealen Rahmen für die Plastiken von *Henry Moore,* die vor dem Museum aufgestellt sind. Die Sammlung enthält Werke einiger wichtiger Maler des 20. Jahrhunderts, wie *Picasso, Matisse, Miro, Braque, Liechtenstein,* u.a. Im ersten Stock finden wechselnde Ausstellungen statt. (Ö: Mo-Sa 10-17, So 12-17 Uhr, E: Galerie frei; je nach Ausstellung kleiner Eintritt, www.natgal scot.ac.uk)

Auf der anderen Straßenseite der Belford Road wurde 1999 die **Dean Gallery** eröffnet. Zusammen mit der *Scottish National Portrait Gallery* und der *National Gallery of Scotland* bilden die beiden Museen die **National Galleries of Scotland,** wobei die *Dean Gallery* der modernen und zeitgenössischen Kunst gewidmet ist. (Ö: Mo-So 10-17 Uhr, E: frei)

Der schönste Weg zu den beiden Museen ist übrigens ein etwa halbstündiger **Fußmarsch** entlang des Leith, der in Dean Village seinen Anfang nimmt.

Südlich von Holyrood Palace liegt der 3,6 km² große **Holyrood Park.**

Farbkarte Seite VI; Stadtplan vordere Umschlagklappe　　　　　***Edinburgh***

Er bewahrt einen Hauch von Wildnis mitten in Edinburgh und seinen Vorstädten. Auf verschiedenen Wanderwegen kann man die höchste Kuppe ersteigen, ***Arthur's Seat,*** die 251 m über dem nahen Meer liegt. Von hier oben wird der beschwerliche Aufstieg mit einem grandiosen Blick über Edinburgh und sein ganzes Umland belohnt. Wer nicht so hoch hinaus will, kann es mit *George VI.* halten, der gerne die ***Radical Road*** unterhalb der Salisbury Crags, im Westen des Massivs, entlangspazierte. Auch von hier hat man bereits einen schönen Blick über die Stadt mit dem Castle.

Vier Meilen westlich des Zentrums dehnt sich an der Corstorphine Road der 1913 gegründete ***Edinburgh Zoo,*** aus. Weltberühmt ist er für seine Pinguinparade, die im Sommer täglich um 14.30 Uhr stattfindet. Das Areal betritt man von der Corstorphine Road (A 8) aus, ein Stückchen westlich des Zentrums. (Ö: April-Sept. 9-18 Uhr, Okt.-März bis 17 Uhr, Nov.-Feb. bis 16.30 Uhr, E: £ 9, www.edinburghzoo.org.uk)

Zwischen Edinburgh und dem Firth of Forth liegt ***Leith,*** das bis 1920 noch eine unabhängige Stadt *(burgh)* war, obwohl es immer schon Edinburghs Hafen am Forth war.

An der Straße The Shore, entlang des rechten Leithufers, und den umliegenden Gassen finden sich noch einige weitere Häuser des alten Leith. An der Mündung des Flüsschens liegt noch heute der geradezu winzig anmutende alte Hafen aus dem 16. Jh., der kaum an einen ehemaligen Marinehafen denken lässt.

Rundherum stehen die historischen Dockhäuser und die alten Seemannsunterkünfte. Seit 1998 liegt hier auch die ehemalige königliche Yacht ***Britannia,*** die ihre 5 Decks für Besucher geöffnet hat. (Ö: März-Okt. Mo-So 9.30-16.30 Uhr, Nov.-Febr. Mo-So 10-15.30 Uhr, E: £ 9, www.royalyachtbritannia.co.uk)

Die Küste entlang in Richtung Osten gelangt man bald nach ***Portobello,*** dem Edinburgher Brighton. Hier herrscht im Sommer reger Bade- und Strandbetrieb.

Information

● Das ***Tourist Information Centre,*** 3 Princes Street, Edinburgh EH2 2QP, Tel. 0131/ 47 33 800, ist für alle touristischen Angelegenheiten die richtige Adresse. Hier gibt es gegen eine geringe Schutzgebühr einen hervorragenden Stadtplan und man vermittelt Unterkünfte.
● www.edinburgh.org
● Für alle Fragen zum Edinburgh Festival ist ***The Hub, Edinburgh's Festival Centre*** zuständig. Castlehill, Royal Mile, Tel. 0131/ 47 32 000, Fax 47 32 003, www.eif.co.uk, (s.a. „Unterhaltung").

Unterkunft

Für die Zeit des Festivals im August sollten Sie unbedingt vorbuchen, egal welche Unterkunftsart Sie bevorzugen!

Hotels

Edinburgh ist nicht nur die Hauptstadt Schottlands, sondern auch eine wichtige Kongress-, Industrie- und Festivalstadt und nicht zuletzt die Kapitale des Tourismus. Es gibt daher in der ganzen Stadt verteilt unzählige Hotels, von denen wir hier nur eine winzige Auswahl bieten können.
● ***Caledonian Hilton Hotel,*** Princes Street, ist eines der besten Hotels der Stadt, direkt an der schönen Princes Street mit Blick auf

Lothian

261

Edinburgh

die Burg, Tel. 0131/22 28 888, Fax 22 28 889, B&B ab £ 134.

● **The George Intercontinental Hotel,** George Street, im Zentrum der Newtown, gleich in der Nähe des St Andrew Square. Es beherbergt auch verschiedene Restaurants, Tel. 0131/22 51 251, Fax 22 65 644, B&B ab £ 90.

● **Radisson SAS Hotel Edinburgh,** 80 High Street, Hotel an der Royal Mile in einem der alten „lands" (Blöcke), Tel. 0131/55 79 797, Fax 55 79 789, www.radissonsas.com, B&B ab £ 65.

● **Edinburgh Brunswick Hotel,** 7 Brunswick Street, zentral gelegen, Tel. 0131/55 61 238, Fax 55 71 404, www.edinburghbrunswickhotel.co.uk, B&B ab £ 25.

● **Greens Hotel,** 24 Eglinton Crescent, in ruhiger Lage dicht am Zentrum, zu Fuß ca. 10 Min. westlich der Princes Street, Tel. 0131/33 71 565, Fax 34 62 990, B&B ab £ 40.

● **Rosehall Hotel,** 101 Dalkeith Road, an der A 68, südlich von Arthur's Seat, Tel./Fax 0131/66 79 372, B&B ab £ 30.

● **Kingsview Guest House,** 28 Gilmore Place, im Süden des Stadtzentrums, nahe King's Theatre gelegen, Tel./Fax 0131/22 98 004, B&B ab £ 25.

● **Beresford Hotel,** 32 Coates Garden, zentrumsnahes und familienfreundliches Hotel, Tel. 0131/33 70 850, www.beresford-edinburgh.com, B&B ab £ 20.

B&B

● Das Angebot an B&B ist in Edinburgh sehr reichhaltig, jedoch nicht immer leicht zu finden. Generell sind die Ausfallstraßen ein guter Tipp, um eine Unterkunft ausfindig zu machen. Trotzdem möchten wir für Edinburgh raten, ausnahmsweise den **Buchungsservice des Tourist Information Centre** (esic@eltb.org) in der Princes Street in Anspruch zu nehmen. Dieser kostet zwar £ 3, doch vermeidet man so eine nervenaufreibende Suche.

Jugendherbergen

● **Edinburgh Eglinton Hostel,** 18 Eglinton Crescent, zu Fuß ca. 10 Min. westlich der Princes Street, geöffnet bis 2 Uhr nachts, Tel. 0870/00 41 116, £ 13-20.

● Edinburgh Bruntsfield Hostel, 7 Bruntsfield Crescent, in der Nähe des King's Theatre, 3 km vom Bahnhof, geöffnet bis 2 Uhr nachts, Tel. 0870/00 41 114, £ 13-20.

● **Edinburgh Central Hostel,** 11/2 Robertson's Close Cowgate, zentral gelegen, nur Juni bis August geöffnet, Tel. 0870/00 41 115, ab £ 21.

● **High Street Hostel,** 8 Blackfriars Street in der Old Town, Tel. 0131/55 73 984, Fax 55 62 981, privates Hostel ab £ 11.

● **Royal Mile Backpackers,** 105 High Street, etwas komfortableres privates Hotel in der Old Town, Tel. 0131/55 76 120, B&B ab £ 11.

● **Brodies 2,** 93 High Street, The Royal Mile, schöneres privates Hostel in der Old Town, Tel. 0131/55 62 223, reception@brodieshostels.co.uk, ab £ 12.

● **Belford Hostel,** Belford Church 6/8 Douglas Gardens, in einer ehemaligen Kirche, Tel. 0131/22 56 209, www.hoppo.com, nur März-Nov. geöffnet, ab £ 12.

Camping

● **Edinburgh Caravan Club Site,** Marine Drive, vom Stadtzentrum nordöstlich der Queensferry Road folgen, dann ausgeschildert, Tel. 0131/31 26 874, Wohnwagen £ 8-15, Zelt ab £ 5,

● **Mortonhall Caravan Park,** 38 Mortonhall Gate, Frogston Road East, am Südring, Ausfahrt „Station" nehmen, dann Richtung Mortonhall, Tel. 0131/66 41 533, Fax 66 41 53 87, www.meadowhead.co.uk/mortonhall, Wohnwagen und Zelt £ 10-16.

Studentenunterkünfte

Neben den Standardunterkünften bieten auch die verschiedenen Edinburgher Universitäten und Colleges in den Semesterferien diverse Schlafgelegenheiten, meist als B&B, an.

● **Jewel & Esk Valley College,** 24 Milton Road East, im Osten der Stadt zwischen Portobello und Musselburgh, Tel. 0131/65 77 292, Fax 65 77 253, B&B ab £ 20.

Farbkarte Seite VI; Stadtplan vordere Umschlagklappe   **Edinburgh**

●**Heriot-Watt University,** Riccarton, Tel. 0131/45 13 669, Fax 45 13 199, reservations@eccscotland.com, B&B ab £ 23.

Verbindungen und Stadttransport

●**Konkrete Verbindungen:** *Traveline* für alle öffentlichen Verkehrsmittel (außer Flügen) www.travelinescotland.com bzw. Tel. 0870/ 60 82 608 (siehe auch „Unterwegs in Schottland" für günstige Tickets).

Flug

●**Edinburgh Airport** ist mit Flughäfen rund um den Erdball verbunden. Bei einer relativen Nähe von 13 km verkehren tagsüber alle 6 Min. Busse zwischen Airport und City, abends im 20-Minuten-Takt. Der Preis für eine Fahrt mit dem Taxi beträgt rund £ 15. Flugauskunft: Tel. 0870/04 00 007, www. baa.co.uk.

Für Ankommende auf dem Flughafen hat das Scottish Tourist Board einen eigenen **City of Edinburgh Tourist Information Desk** im Flughafen eingerichtet, das vor allem Unterkünfte in Edinburgh vermitteln kann.

Busse

●Ein **Stadtbesichtigungsbus** mit offenem Dach fährt auf einem Rundkurs fast alle wichtigen Sehenswürdigkeiten der Innenstadt ab (Princes Street, Old Town mit Grassmarket und Royal Mile, Holyrood Palace, Calton Hill, St Andrew Square, Charlotte Square und New Town). Der Bus fährt viertelstündlich und hält an allen Sehenswürdigkeiten zum Ein- und Aussteigen. Da ein Fahrschein einen Tag Gültigkeit besitzt, können Sie eine Besichtigungstour mit individuellen Aufenthalten gestalten. Abfahrt ist alle Viertelstunde an der Waverley Bridge (Fahrpreis: £ 8). Die Rundfahrt dauert ca. eine Stunde.

●Der **Busbahnhof,** mit Verbindungen von Orkney bis London, liegt gleich am Nordostende des St Andrew Square etwas versteckt in einem Hof. Man muss von der Straße aus erst durch die überdachte Einfahrt hindurchgehen. Hier erhält man Fahrpläne und Tickets der verschiedenen Gesellschaften und alle weiteren Informationen.

●**Stadtbusverkehr und Lothian:** *Lothian Buses* (Infobüro am Bahnhof an der Waverley Bridge) für Edinburgh und nähere Umgebung, das übrige Lothian wird von verschiedenen Busgesellschaften bedient. Man bezahlt die Fahrt dem Fahrer (möglichst passend) beim Einsteigen.

●Das **All-Day-Ticket** ermöglicht für £ 2.50 einen Tag lang freie Fahrt auf allen Buslinien von *Lothian Buses.* Wer länger bleiben möchte, für den lohnt sich der Erwerb eines **Ridacard Season Tickets,** mit dem man für £ 12 eine Woche bzw. für £ 31 vier Wochen lang diese Busse, die in ganz Lothian verkehren, nutzen kann.

●Es gibt eine Vielzahl an **überregionalen Busverbindungen,** Informationen dazu siehe oben unter Konkrete Verbindungen (*Traveline*).

Zug

●Der **Bahnhof** befindet sich direkt im Zentrum. Haupteingang ist von der Waverley Bridge aus (zwischen Princess Street und Market Street). Vom Edinburgher Hauptbahnhof fahren täglich Züge in alle Richtungen.

●Auch **mit London** ist Edinburgh sehr gut verbunden. Mehrmals täglich fährt ein Expresszug die Strecke in beiden Richtungen.

●Zwischen 6.55 und 23.45 Uhr fahren zwölf Züge, meist über Kirkcaldy in Fife, **nach Perth.** Sechs davon fahren weiter bis **Inverness** und halten unterwegs u.a. in Dunkeld, Pitlochry oder Aviemore.

Taxi

●**Capital Castle Taxis,** Tel. 0131/22 82 555.

Autoverleih

●**Avis,** 5, West Park Place, Haymarket, Tel. 0131 33 76 363.

●**Arnold Clark Hire Drive,** Lochrin Place, Tollcross, Tel. 0131/22 84 747, Fax 22 84 18 61, auch sonntags geöffnet, Auto/Tag ab £ 19.

Lothian

Edinburgh

Farbkarte Seite VI; Stadtplan vordere Umschlagklappe **Edinburgh**

Fahrradverleih

●*Bike Trax Cycle Hire,* 11 Lochrin Place, Tollcross, Tel. 0131/22 86 633, bikehire@ biketrak.co.uk.

Einkaufen

In Schottland gibt es keine Ladenschlussgesetze. Zwar schließen in Edinburgh viele Geschäfte um 18 Uhr, doch haben oft kleinere Läden, vor allem die der Pakistanis, zum Teil bis in die Nacht hinein geöffnet. In der Innenstadt haben viele Geschäfte auch Sonntag vormittags geöffnet.

●Eine der beliebtesten Einkaufsstraßen Edinburghs ist, wie sollte es anders sein, die Princes Street. Hier finden sich etliche Boutiquen, aber auch *Kaufhäuser* und *Supermärkte.*

●*Modeboutiquen* haben sich in der Rose Street angesiedelt, Juweliere und elegante Modesalons in der George Street.

●*Läden für jeden Bedarf* (z.B. Fahrradläden) finden sich in der Nicholson Street, die in ihrer Verlängerung, der South Bridge, im rechten Winkel auf die Royal Mile trifft.

●Auch entlang des North West Circus Place und der Raeburn Street finden sich einige kleinere Geschäfte. Wer nach *Antiquitäten* sucht, sollte hier und vor allem in der abzweigenden St Stephen Street und im ganzen Stockbridge Ausschau halten. Daneben haben sich im *Byzantinic Market* in der Victoria Street an der Royal Mile einige Antiquitätenhändler zusammengetan.

●Ein *Antiquariat* befindet sich in der West Bow zwischen Grassmarket und Royal Mile.

●Es gibt in Edinburgh nur wenige *Flohmärkte.* Während des Festivals findet samstags auf Grassmarket einer statt. Während des übrigen Jahres gibt es sonntags ab 10 Uhr auf dem Bistro Square einen Markt.

●Eine Pflichtadresse für jeden Maltwhiskyfreund befindet sich an der Royal Mile: *Cadenhead's Whisky Shop.* William Cadenhead füllt seine eigenen Malts ab, meist unfiltriert und in Fassstärke. Dem urigen Laden in der Canongate 172 sieht man nicht an, dass *Cadenhead* die Abfüllungen mit dem eigenen Label in alle Welt exportiert. Tel. 0131/55 65 864, Fax 55 62 527.

Essen und Trinken

Restaurants

●In Edinburgh, wie in allen großen Städten, finden sich Restaurants aller Küchen und für jeden Geldbeutel. Die meisten sind entlang der Royal Mile und südlich davon gelegen. Aber auch im Bruntsfield Place und an der Leven Street in der Nähe des King's Theatre finden sich einige. Viele Studenten nehmen ihr Mittagessen in den Kneipen rund um die Universität südlich der Altstadt, v.a. am Grassmarket.

●*Mussel Inn,* 61-65 Rose Street, Tel. 0131/22 55 979, mit Gerichten um £ 16 auf schottische Meeresfrüchte spezialisiert.

●*The Witchery by the Castle,* Castlehill, Royal Mile, Tel. 0131/22 55 613, bietet Theatergängern noch späte Mahlzeiten oder auch komplette Menüs ab £ 27, Kinder erst ab 8 Jahren willkommen.

●*The Elephant House,* 21 George IV Bridge, Tel. 0131/22 05 355, steht für eine riesige Auswahl an Tee und Kaffee und über 600 Elefanten.

●*Howies Restaurants* bieten gutes schottisches Essen auch für den kleineren Geldbeutel. Es gibt *Howies Victoria* in 10-14 Victoria Street, Tel. 0131/22 51 721, sowie *Howies Bruntsfield* in 208 Bruntsfield Place, Tel. 0131/22 11 777.

●Schottisch essen kann man in vielen Restaurants an der Royal Mile, oder im *Famous Peacock Inn,* The Village, Newhaven, Tel. 0131/55 25 522, dem seit 1767 die Einheimischen die Treue halten, oder bei *Stac Polly,* 29-33 Dublin Street, Tel. 0131/55 62 231.

●In 9 Victoria Street findet das *Royal Mile Banquet* statt, ein historisches Essen mit mehreren Gängen, Spielleuten und Vorführungen, Tel. 0131/66 35 155.

●Ein Leckerbissen für Whiskyfreunde ist ein Tasting, das die altehrwürdige *Scotch Malt Whisky Society,* der älteste und größte Whiskyclub der Welt, auf Anfrage organisiert, The Vaults, 87 Giles Street (am unteren Ende des Leith Walk), Tel. 0131/55 43 451, Fax 55 31 003.

●Ein Tasting mit acht Highland Malts bietet die *Bannerman's Bar* in der Cowgate 112.

Lothian

265

Edinburgh

Pubs

●Am einfachsten finden Sie Unterhaltung und Gesellschaft in Schottland immer in den Pubs. Es gibt etwa 500 Pubs, die über ganz Edinburgh verteilt sind, nur in der New Town sind sie seltener.

●In der Rose Street z.B. ist die *Abbotsford Bar* zu empfehlen, die noch ein original georgianisches Interieur besitzt.

●Die meisten und besten Kneipen findet man aber am Grassmarket. Im *Last Drop* gehen Studenten wegen seiner guten barmeals Mittagessen. In *Maggie Dickson's,* benannt nach einer Kindsmörderin, ist bisweilen die Hölle los. Auch das *Beehive* (Bienenkorb) macht seinem Namen alle Ehre. Im *White Heart Inn* verkehrten schon Burns und Wordsworth.

Unterhaltung

●Das *Edinburgh Festival* ist mittlerweile weltberühmt. Da Edinburgh zum Festival regelmäßig über 400.000 Besucher anzieht, ist dringend zu empfehlen, sich Unterkünfte möglichst lange vorher zu reservieren, besonders auch in den Jugendherbergen. In diesen Wochen finden überall, selbst auf allen Straßen und Plätzen, Konzerte, Theater, Aktionen und Veranstaltungen statt. Mit mehr als 2000 Veranstaltungen in drei Wochen ist das Festival das größte Kunstfest der Welt. Jedes Jahr im März kommt das Programm heraus und ab April können Karten im neu entstandenen Festival Centre, genannt *The Hub*, vorbestellt werden: *The Hub, Edinburgh's Festival Centre,* Castlehill, Royal Mile, Tel. 0131/47 32 000, Fax 47 32 003, www.eif.co.uk

●Begleitet wird das Festival vom *Edinburgh Festival Fringe* (engl. Fransen). Dies ist ein Programm mit moderneren Formen der Musik und des Theaters: Jazz, Folk, Kabarett, Experimentaltheater u.a. Besonders legen wir in diesem Zusammenhang den Jazz- und Folkfreunden den *Fringe Club* ans Herz. Hier, am Bistro Square, südwestlich des Old College in der alten Mensa der Uni, finden jeden Tag mehrere Konzerte, oft in verschiedenen Räumen gleichzeitig, statt. Ähnliches gilt auch für die *New Calton Studios* in der Calton Road. Das Programm und Karten gibt es beim *Fringe Office,* 180 High Street, Tel. 0131/22 60 000, Fax 22 60 016, www.edfringe.com, Programm-Hotline Tel. 0906/55 75 577.

●Genannt werden müssen noch das *Edinburgh Hogmanay Festival* (Silvester), das *Ceilidh Culture* (März-April), das die schottische Kultur feiert, und das Ende Juli/Anfang August stattfindende *Edinburgh International Jazz & Blues Festival,* die von weit überregionaler Bedeutung sind. Im Internet kann man sich unter www.eventfuledinburgh.com über sämtliche Festivals informieren.

●*Live Folk Music* erster Klasse findet sich am Hunter Square auf der Royal Mile in *The Tron Ceilidh House,* Tel. 0131/22 60 931.

●Der wichtigste Konzertsaal ist die *Usher Hall* (Tel. 0131/22 88 616), die bedeutende Orchester aus der ganzen Welt empfängt. Das *Schottische Nationalorchester* gibt hier jedes Jahr eine Herbstsaison. Der Saal liegt südwestlich unterhalb des Castles an der Grindlay Street.

●Die größten Theater sind das *King's Theatre* (Tel. 0131/52 96 000) am Beginn der Leven Street und das *Royal Lyceum Theatre,* (Tel. 0131/24 84 848), das neben der Usher Hall steht. Hier werden Theaterstücke, Opern und Ballette aufgeführt.

●Daneben gibt es in Edinburgh aber noch unzählige kleine Theater, wie zum Beispiel das *Church Hill Theatre,* Morningside Road, Tel. 0131/ 44 77 597. Das *Edinburgh Playhouse,* 18-22 Greenside Place, Tel. 0870/60 63 424 ist die Adresse für Musicalfreunde. Das *Ross Open Air Theatre,* Princess Street Garden (nur im Sommer), Tel. 0131/22 88 616, bietet Kultur im Freien. Das *Traverse Theatre,* Cambridge Street, Tel. 0131/22 81 404 ist eine der besten britischen Bühnen für zeitgenössische Stücke.

●*Spielpläne* erhält man im Tourist Information Centre in der Princes Street.

●Eine *Ticket Hotline* für alle Edinburgher Veranstaltungen findet sich unter Tel. 0131/47 33 838.

Stadtführungen

● Kostenlose Führungen im August und September entlang der Royal Mile werden von **Edinburgh Festival Voluntary Guides,** Tel. 0131/34 33 846 organisiert. Treffpunkt ist das Canonball House am Fuße der Castle Esplanade.

● Zunehmender Beliebtheit erfreuen sich die zahlreicher werdenden **Geistertouren** durch das nächtliche Edinburgh. Von Lesern empfohlen wurde uns besonders *Adam Lyals* **The Cadies & Witchery Tours,** die die schauerlichen Geschichten durch „echte" Geistererscheinungen illustriert (84 West Bow, Tel. 0131/22 56 745). Die Tour startet gegen 22 Uhr auf der Royal Mile, www.witcherytours.com, Karten auch im Fremdenverkehrsbüro.

● Noch vor kurzem wurden im unterirdischen Mary King's Close Erscheinungen gesichtet. Diesen gruseligen Ort besucht man für £ 5 mit **Mercat Walking Tours,** Mercat House, Niddry Street South, Tel./Fax 0131/ 55 76 464, Treffpunkt Mercat Cross.

Sport

● **Heart of Midlothian** und **Hibernian** sind die beliebtesten Fussballmannschaften, die auch die größten Stadien besitzen.

● Im **Murrayfield Ice Link** kann man Schlittschuh laufen.

● Das **Powderhall Stadium** in Broughton im Norden des Zentrums ist das Hauptstadion für Hunderennen.

● In **Musselburgh,** östlich von Edinburgh, finden Pferderennen statt.

● Das größte Sportzentrum ist **Meadowbank Sports Centre** an der London Road.

● Seit 1457 wird in Edinburgh Golf gespielt, **The honourable Company of Edinburgh Golfers** behauptet sogar, der älteste Golfclub der Welt zu sein. An den Stadtgrenzen gibt es 28 private und 9 städtische Golfplätze.

● Der **Portobello Golf Club** (Stanley Street, Tel. 0131/66 94 361) ist ein günstiger Golfplatz für Externe. Die Preise anderer Clubs liegen bei ca. £ 20 je Runde.

Östlich und südlich von Edinburgh

Zug, Bus und Auto

● Bahnlinien gibt es in East Lothian zwischen Edinburgh und North Berwick sowie Dunbar und Edinburgh, besser ausgebaut sind die Busverbindungen.

● **Lothian Buses** für Edinburgh und nähere Umgebung, das übrige Lothian wird von **verschiedenen Busgesellschaften** bedient, Infobüro am Bahnhof an der Waverley Bridge.

● **Konkrete Verbindungen:** *Traveline* für alle öffentlichen Verkehrsmittel (außer Flügen) www.travelinescotland.com bzw. Tel. 0870/ 60 82 608 (siehe auch „Unterwegs in Schottland" für günstige Tickets).

● **Autoverleih:** Amber Cars, The Old Joinery Shop, Thorny Bank Industrial Estate, Dalkeith, Tel. 0131/66 32 201, amberdrive@btinternet.com

Fahrrad

Die schönste Art, die Gegend zu erkunden, ist per Fahrrad. Ruhige Straßen, eine sanft gewellte Landschaft und das für Schottland außergewöhnlich gute Wetter versprechen einen angenehmen, nicht zu anstrengenden Ausflug. Zudem führen entlang einiger stillgelegter Bahngleise Fahrradwege abseits der Autostraßen.

● Ein solcher Weg verbindet **Haddington mit Longniddry.** Wenn Sie in Haddington am östlichen Ortsausgang von der West Road in die Alderston Road abbiegen, zweigt kurz danach links der Fahrradweg ab.

● **Zwischen Musselburgh und Cowpits** (bei Whitekirk) entlang des River Esk und hinter Whitekirk von Crossgatehall nach East Saltoun (bei Pencaitland) verlaufen ebenfalls solche stillgelegten Gleise mit Fahrradwegen.

Östlich und südlich von Edinburgh

Die Nordküste

Lothian lässt sich gut in ein bis zwei lohnenden Tagesausflügen von Edinburgh aus erkunden. Östlich von Edinburgh verläuft die A 1 durch **Musselburgh.** In dieser kleinen Hafenstadt befindet sich eine beliebte **Pferderennbahn,** auf der durchgehend während des ganzen Jahres Rennen stattfinden. Hier können Sie die Einheimischen bei einer ihrer Lieblingsbeschäftigungen beobachten. Termine erfahren Sie unter Tel. 0131/66 52 859.

In Musselburgh zweigt die B 1348 von der A 1 ab. Sie führt der Küste entlang. Zwischen Musselburgh und Prestonpans lohnt sich ein Besuch des **Prestongrange Museum,** Prestongrange. In dem alten Kohlebergwerk wird die Entwicklung der 800 Jahre alten schottischen Kohleförderung dargestellt. (Ö: Mo-So 10-16 Uhr)

Weiter nordöstlich, an der Küstenstraße A 198, liegt die sehenswerte Ruine **Dirleton Castle** (Hinweisschild beachten). Die Burg mit den massiven Schutzmauern wurde um 1225 von *John de Vaux* erbaut und fiel 1650 unter dem Ansturm der Truppen *Cromwell's.* Zu sehen sind u.a. die Überreste der Wohnräume des Lords, die eigens mit Mauern eingefriedet sind, eine Halle aus dem 15. Jh. und das Jacobean House, das zur Zeit der Regentschaft *James VI.* entstanden ist.

Innerhalb der Burgmauern steht ein bienenkorbförmiger Taubenschlag, der Platz für 1100 Nester bot. Bei den mittelalterlichen Herren als Geflügelvorrat beliebt, waren die Tauben von den Bauern gefürchtet, da sie das Saatgut pickten. Rings um die Burg befindet sich ein Park, in dem Einheimische gern Bowling spielen. (Ö: im Sommer Mo-So 9.30-18.30 Uhr, im Winter Mo-Sa 9.30-16.30, So ab 14.30 Uhr, E: £ 3)

North Berwick   🖉 XI, D3

Weiter die Küstenstraße entlang (Vorsicht, wenn die Straße über einen Golfplatz führt!) gelangt man in das ca. 12 km entfernte North Berwick. Der hübsche, kleine Ferien- und Fischerort North Berwick, im Osten Lothians, ist stolz auf seinen **Bass Rock.** Der Vulkanfelsen liegt mitten in der Forth-Förde und ist ein Paradies für Vögel und Ornithologen. Dieser Tatsache trägt seit Mai 2000 das **Scottish Seabird Centre** Rechnung, indem man anhand einer Ausstellung und verschiedener Kameras und Fernrohre mehr über das Leben der Kormorane, Eiderenten, Papageientaucher, Möwen und sogar Tölpel erfahren kann (Ö: April-Okt. Mo-So 10-18 Uhr, Nov.-Jan. Mo-Fr nur bis 16, Sa-So bis 17.30 Uhr, Feb.-März Mo-Fr 10-17, Sa-So bis 17.30 Uhr, E: £ 5.95, www.seabird.org). Das Zentrum befindet sich im Hafen North Berwicks, von wo aus im Sommer auch mehrmals täglich Schiffe zum Felsen starten.

Auf dem Felsen, der teilweise über 100 m senkrecht aus dem Meer ragt, befinden sich die Ruinen einer Kapelle aus dem Jahr 1542. Die **St-**

Farbkarte Seite VII, XI   **Östlich und südlich von Edinburgh**

Baldred-Kapelle war einem Heiligen gewidmet, der hier in der Einsamkeit gelebt haben und 606 n.Chr. gestorben sein soll.

Wer leicht seekrank wird und sich auf dem Land wohler fühlt, kann bei schönem Wetter auch **The Law,** den kegelförmigen Vulkanfelsen des Ortes, besteigen. Es gilt, etwa 200 m Höhenunterschied zu bewältigen, doch wird die Mühsal des Aufstiegs schließlich mit einem wunderschönen Blick über die Umgebung belohnt. Das zerfallene Gebäude nahe des Gipfels stammt aus dem Jahr 1803 und diente zur Zeit der Napoleonischen Kriege als Ausguck. Ganz auf der Spitze ist ein riesiger Bogen aus dem Jochbein eines Wales zu bestaunen. Seit 1709 vermutlich Handelsschiffe solch ein Jochbein als Trophäe mit in die Heimat brachten und auf dem Berg aufstellten, ist der Knochen bereits mehrmals ersetzt worden, obwohl niemand den genauen Grund für die Errichtung des „Denkmals" kennt. Der etwa halbstündige Aufstieg (direkte Route) ist zwar nicht sehr schwer, trotzdem sollten Sie unbedingt auf dem Weg bleiben.

Informationen
● **Tourist Information Centre,** 18 Quality Street, der Straße, die geradewegs vom Hafen ins Ortszentrum führt, North Berwick EH39 4HJ, Tel. 01620/89 21 97, übernimmt auch Zimmervermittlung.
● www.north-berwick.co.uk

Verbindungen
● **Bus:** Die Bushaltestelle nach Haddington und Dunbar liegt in der Quality Street,

während die Busse nach Edinburgh in der Church Road, Ecke High Street, abfahren. Edinburgh und North Berwick werden durch die Buslinien 124 und X5 von *First Edinburgh* miteinander verbunden. Abfahrtsort und Endstation in Edinburgh ist St Andrews Square Busstation. In den Sommermonaten fährt zwischen 8 Uhr und 23 Uhr (erster Bus etwa 6 Uhr) jede halbe Stunde ein Bus ab.
● **Konkrete Verbindungen:** *Traveline* für alle öffentlichen Verkehrsmittel (außer Flügen) www.travelinescotland.com bzw. Tel. 0870/60 82 608 (siehe auch „Unterwegs in Schottland" für günstige Tickets).

Unterkunft
Die Hotels sind eher klein und familiär. Sie verteilen sich über die ganze Ortschaft und sind an den größeren Straßen angesiedelt.
● **Belhaven Hotel,** 28 Westgate, Tel. 01620/89 30 09, enquiries@belhavenhotel.co.uk, B&B ab £ 25.
● **The Marine Hotel,** Cromwell Road, Tel. 0870/40 08 129, gm.marine@macdonald-hotels.co.uk, ab £ 40.
● **B&B:** mehrere Anbieter finden sich in der Dirleton Avenue, der Straße nach Dirleton.
● **Tantallon Caravan Park,** Dunbar Road, North Berwick, East Lothian, etwas außerhalb an der A 198 nach Dunbar, Tel. 01620/89 33 48, Fax 89 56 23, www.meadowhead.co.uk/tantallon, Wohnwagen ab £ 10 und Zelte ab £ 5.

Tantallon Castle   ⤢ XI, D3

Ebenfalls an der A 198 gelegen, nur wenige km östlich von North Berwick, thront auf einer steilen Klippe das rote Tantallon Castle. Die aus rotem Sandstein erbaute, seit 300 Jahren zerstörte Burg ist mit ihren über 4 m starken Mauern ein eindrucksvolles Beispiel für die trutzigen Festungen nahe der englischen Grenze. Obwohl zu einer Zeit gebaut, als die

Lothian

Östlich und südlich von Edinburgh

meisten Clan Chiefs schon die weniger kostspielige Tower-House-Architektur bevorzugten, entschied sich *William I., Earl of Douglas,* im Jahr 1358 für den Bau eines baronialen Courtyard-Castle, d.h. für eine Burg, die im Gegensatz zu den Turmhäusern einen Innenhof besitzt. Wahrscheinlich wollte er mit dem gewaltigen Bau seine wichtige Stellung im Land unterstreichen.

Nach seinem Tod teilten sich seine Nachfolger in die „Red" *Douglases* und die „Black" *Douglases,* und die „Roten" waren es, mit denen der Name des Castle weiterhin verbunden blieb. Die Burg wurde zur idealen Festung dieser mächtigen Familie, denn oft lagen sie wegen ihrer Eigenheit, die königliche Autorität vollkommen zu missachten, im Streit mit dem Königshaus. 1651 konnte jedoch auch Tantallon dem massiven Ansturm Cromwellscher Truppen nicht standhalten und liegt seitdem in Trümmern.

Obwohl Ruine, bietet das imposante Bauwerk immer noch einen beeindruckenden Anblick. Einen Besuch werden Sie bestimmt nicht bereuen. (Ö: im Sommer Mo-So 9.30-18.30 Uhr, im Winter bis 16.30 Uhr, Jan.-März Do nachmittags, Fr und So morgens geschlossen, Okt.-Dez. Do und Fr geschlossen)

East Fortune ⤴ VII, C1

Zwischen North Berwick und Haddington, an der B 1377, lohnt für Fluginteressierte ein Abstecher zum *Museum of Flight.* In den Hangars eines Flugplatzes aus dem 2. Weltkrieg sind unzählige Flugzeuge (sogar eine Concorde, Raketen, Modelle usw. zu besichtigen. (Ö: im Sommer Mo-So 10-17 Uhr, im Winter Sa-So 11-16 Uhr, E: £ 5, www.nms.ac.uk/flight)

Dunbar ⤴ VII, D1

Weiter südlich an der A 198 liegt die kleine Hafenstadt Dunbar. Ehemals ein wichtiger Fischerei- und berüchtigter Schmugglerhafen, wirkt das Städtchen heute eher verschlafen. In dem hübschen Ort lohnt es sich, ein bisschen herumzuschlendern. Insbesondere der High Street verleihen die kleinen, alten Häuser ein harmonisches Aussehen.

Das *Rathaus,* ungefähr in Straßenmitte, ist ein Renaissancebau aus dem frühen 17. Jh. und diente früher u.a. als Gefängnis. Heute beherbergt das Gebäude mit dem ungewöhnlichen, eckigen Turm das örtliche *Heimatmuseum.* (Ö: nur im Sommer Mo-So 12.30-16.30 Uhr, E: frei)

Dominiert wird die High Street jedoch vom *Lauderdale House* am nördlichen Ende der Straße. Das herrschaftliche Gebäude stammt aus dem 18. Jh. und wurde Ende des gleichen Jahrhunderts unter der Regie *Robert Adams* renoviert. Neben der Erneuerung der Fassade wurden auch zwei Seitenflügel angebaut, und noch heute verweisen viele Details wie die Sphinx, die Schornstei-

Farbkarte Seite VII, XI

Östlich und südlich von Edinburgh

ne, der Stuck und die Balustraden auf den großen schottischen Architekten.

Von der Zeit, als Dunbar ein bedeutender Fischereihafen war, zeugt heute nur noch die Existenz von gleich zwei Häfen: der *Old* oder *Cromwell Harbour* aus dem 17. Jh. und der *New* oder *Victoria Harbour,* erbaut um 1842. Am Victoria Harbour steht die Ruine des *Dunbar Castle* aus dem 15. Jh. 1566 flohen *Maria Stuart* und ihr Gemahl *Darnley* in die Burg, die heute nur noch nistenden Möwen Zuflucht gewährt.

Information

● Das *Tourist Information Centre* finden Sie im Town House (Rathaus), 143 High Street, Tel. 01368/86 33 53.
● www.dunbar.org.uk

Verbindungen

● *Busse* nach und aus Edinburgh, Haddington und North Berwick halten in der High Street unweit der Tourist Information. Zwischen Dunbar und Edinburgh verkehrt die Linie X6 bzw. 253 (umsteigen!) mit Zwischenstopp in East Linton, Haddington und Musselburgh. Endstation in Edinburgh ist an der St Andrew's Square Bus Station. Die Busse starten etwa im Ein-Stunden-Rhythmus, die Fahrtzeit beträgt 90 Min.
● *Konkrete Verbindungen: Traveline* für alle öffentlichen Verkehrsmittel (außer Flügen) www.travelinescotland.com bzw. Tel. 0870/60 82 608 (siehe auch „Unterwegs in Schottland" für günstige Tickets).

Unterkunft

In Dunbar sind zahlreiche kleine Hotels u.a. in der Umgebung Bayswell Road, Bayswell Park und Marine Road, sowie am nördlichen Strand angesiedelt, dafür ist das Angebot an B&B verhältnismäßig klein.

● *Springfield Guest House,* Belhaven Road, Tel. 01368/86 25 02, B&B ab £ 20.
● *B&B* finden Sie in den etwas größeren Nebenstraßen, wie in der Baywell Road am nördlichen Strand oder in der East Links Road am östlichen Strand.
● *Belhaven Bay Caravan Park,* Belhaven Bay, im Westen Dunbars am Meer, Tel. 01368/86 59 56, www.meadowhead.co.uk/belhaven, Zelt ab £ 5 und Wohnwagen ab £ 14.

East Linton   ♫ VII, C1

Etwa 9 km westlich von Dunbar entlang der A 1 bei East Linton ist die *Preston Mill & Phantassie Doocot* zu sehen. Die malerische Wassermühle ist heute die einzige noch intakte ihrer Art in Schottland. *Doocot* leitet sich ab von *dovecot* (Taubenschlag) und ist ein Verweis auf das Gebäude neben der Mühle, das früher Platz für ungefähr 500 Vögel bot. (Ö: Do-Mo 12-17 Uhr, E: £ 5, www.nts.org.uk)

Haddington   VII, C1

Das noch weiter westlich gelegene Städtchen Haddington gilt als einer der besterhaltenen Orte Schottlands. Der mittelalterliche Stadtaufbau ist noch vollständig und insgesamt 286 der Gebäude sind als architektonisch besonders interessant eingestuft.

Besonders malerisch ist die High Street mit den alten Fassaden und Geschäftsfronten, insbesondere sind auf die etwas versteckten Zunftzeichen an der Ecke High Street, Ross' Close zu achten.

Lothian

Östlich und südlich von Edinburgh

Die mittelalterliche Kirche **St Mary's Parish Church** in der Sidegate, einer Nebenstraße der High Street, ist ebenfalls sehenswert. Als diese Kirche aus dem 14. und 15. Jh. zwischen den Jahren 1971 und 1973 komplett restauriert wurde, erhielt sie u.a. auch eine Fiberglasdecke. (Ö: nur im Sommer Mo-Sa 11-16, So 14-16.30 Uhr). Lohnend ist auch ein Besuch des eindrucksvollen **Lennoxlove House.** Die Geschichte des herrschaftlichen Anwesens datiert zurück bis ins 14. Jh. Zu sehen ist u.a. auch die Totenmaske von *Mary,* Queen of Scots. (Ö: Apr.-Okt. Mi, Do und Sa 11.30-15 Uhr, Gruppen nach vorheriger Absprache auch an anderen Tagen, Tel. 01620/82 37 20, E: £ 4.50, www.lennoxlove.org)

Verbindungen
● Die Bushaltestelle liegt in der High Street, **Busse** nach Edinburgh und Dunbar etwa jede Stunde, Linie X6 und 253, Fahrzeit nach Edinburgh 1 Std., nach Dunbar eine halbe Stunde.
● **Konkrete Verbindungen:** *Traveline* für alle öffentlichen Verkehrsmittel (außer Flügen) www.travelinescotland.com bzw. Tel. 0870/60 82 608 (siehe auch „Unterwegs in Schottland" für günstige Tickets).

Unterkunft
● **Brown's Hotel,** 1 West Road, Tel./Fax 01620/82 22 54, ist ein elegantes Hotel mit einem hervorragenden Restaurant, B&B ab £ 43.
● **Maitlandfield House Hotel,** 24 Sidegate, Tel. 01620/82 65 13, Fax 82 67 13, B&B ab £ 40, geeignet besonders für Wanderer, Angler und Jäger.
● **B&B** finden Sie weniger im unmittelbaren Stadtzentrum als ein wenig außerhalb des Stadtzentrums.

Von der Kirche zum Pferdestall: die Kapelle von Crichton Castle

Farbkarte Seite VI, VII — **Östlich und südlich von Edinburgh**

● **The Monks Muir Caravan Park,** liegt an der A 1 etwa 4 km östlich der Ortschaft, Tel./Fax 01620/86 03 40. Zelte ab £ 5, Wohnwagen ab £ 12.

Crichton Castle VII, C1

Wenn Sie Edinburgh entlang der A 68 verlassen und in Pathhead, einige Kilometer hinter Dalkeith, von der Hauptstraße auf die B 6367 Richtung Crichton abbiegen, gelangen Sie nach wenigen Kilometern zu Crichton Castle. Diese Burg war das Stammhaus der *Bothwell's,* dessen bekanntestes Mitglied, der *4. Earl of Bothwell,* als dritter Ehemann *Maria Stuarts* in die Geschichte einging (vgl. Exkurs „Mary Queen of Scots"). Die malerisch gelegene Ruine beeindruckt durch die kassettenartigen Steinmetzarbeiten an den Innenhofmauern. Aufbau und Ausstattung dieses Innenhofes sind einzigartig für eine schottische Burg aus dem 16. Jh. und wahrscheinlich nach italienischen oder spanischen Vorbildern entstanden. (Ö: nur Apr.-Sept. 9.30-18.30 Uhr, E: ca. £ 2)

Roslin VI, B1

Zwischen der A 703 und der A 6094 liegt der hübsche Ort Roslin. Die „bewaldete" Umgebung, das Castle und die verschlafene Atmosphäre machen den Ort zu einem attraktiven Ausflugsziel. Herausragende Sehenswürdigkeit ist die **Rosslyn Chapel** mit ihren berühmten Steinmetzarbeiten. 1446 legte *William St Clair* den Grundstein für die Kapelle, doch als er 40 Jahre später starb, waren die Arbeiten immer noch nicht beendet und wurden eingestellt. Erst auf Geheiß *Queen Victoria's* wurde 1862 die Taufkapelle errichtet, um dem Bau einen Abschluss zu geben.

Jeder Quadratzentimeter im Innern scheint mit Steinmetzarbeiten verziert zu sein, und gekrönt wird der Anblick von der Prentice Pillar, einem Meisterwerk dieser Kunst. Nachdem ein Lehrling diese Säule in vollendeter Manier geschaffen hatte, soll er vom Meister aus Neid erschlagen worden sein.

Die Kapelle ist mit einer Vielzahl von in Stein gehauenen christlichen, jüdischen, ägyptischen, astrologischen, heidnischen sowie aus den Ursprüngen des Freimaurertums

Virtuose Steinmetzkunst: Prentice Pillar in Rosslyn Chapel

stammenden Zeichen und Symbolen übersät. Seit Jahrhunderten ist die Kapelle Gegenstand von Legenden und von einer geheimnisumwitterten Aura umgeben. In der jüngsten Zeit haben die Rätsel um die Kapelle neue Nahrung erhalten, da Rosslyn Chapel eine wichtige Rolle in dem Bestseller „Sakrileg" von *Dan Brown* spielt. In einer Kammer unter dem Bauwerk soll der Heilige Gral verborgen sein. Der Roman hat dazu geführt, dass die Besucherströme deutlich zugenommen haben. (Ö: Mo-Sa 10-17, So 12-16.45 Uhr, E: £ 5, www.rosslynchapel.org.uk). Im Tea Room bei der Kapelle kann man eine gemütliche Erholungspause einlegen.

Zwischen Edinburgh und Stirling ♪ VI, A1/B1

Verbindungen

● Entlang der A 9 führt eine regelmäßige **Bahnverbindung** von Edinburgh nach Stirling oder Glasgow. Haltestellen sind in Linlithgow und Falkirk.
● Die gleiche Strecke fahren täglich auch mehrere **Buslinien.** Eine weitere Buslinie, die von Edinburgh nach Fife fährt, hält in South Queensferry.
● **Konkrete Verbindungen:** *Traveline* für alle öffentlichen Verkehrsmittel (außer Flügen) www.travelinescotland.com bzw. Tel. 0870/ 60 82 608 (siehe auch „Unterwegs in Schottland" für günstige Tickets).

South Queensferry VI, B1

Wenn Sie einige Kilometer hinter Edinburgh die A 90 verlassen, gelangen Sie bald in das kleine South Queensferry. Seinen Namen erhielt die Ortschaft, als *Queen Margaret* im 11. Jh. hier des Öfteren die Fähre über den Forth nahm, um in die alte Königsstadt Dunfermline zu gelangen. Entsprechend findet sich am anderen Ufer auch ein North Queensferry.

Auch heute beginnt der Reisende seine Forthüberquerung in South Queensferry, doch nicht mehr mittels der Fähre, wie noch im letzten Jh. Nunmehr spannen sich über den Dächern der Stadt zwei Wunderwerke der Technik, die beiden **Forth Bridges.** Die ältere, die Eisenbahnbrücke, wurde 1890 fertig gestellt und fällt wegen der massiven Eisenverstrebungen und -verschränkun-

Forth Bridge (WS)

Farbkarte Seite VI

Zwischen Edinburgh und Stirling

gen schon von weitem ins Auge. Nach dem gleichen Prinzip wie der Eiffelturm in Paris konstruiert, zählt die 1,6 km lange Brücke zu den größten Ingenieurleistungen des 19. Jahrhunderts. Neben dem massiven Gitter der Eisenbahnbrücke nimmt sich die elegante Gerade der Autobahnbrücke schwindelerregend zerbrechlich aus. Nur zwei Pfeiler tragen die über 2 km lange und damit größte Hängebrücke Europas, deren Bau 1964 eine ingenieurtechnische Glanzleistung darstellte.

Vom Hawes Pier in South Queensferry legt im Sommer ein- bis zweimal täglich ein Schiff zum im Forth gelegenen **Inchcolm Island** ab. Mit etwas Glück können Sie während der etwa halbstündigen Überfahrt einige Robben, die auf der Insel leben, beobachten. Auf der hübschen Insel selbst ist die **Inchcolm Abbey** zu besichtigen. Das mittelalterliche Kloster (um 1123) gilt als der besterhaltene Klosterkomplex Schottlands. Bemerkenswert ist das achteckige Kapitelhaus aus dem 13. Jh. (Ö: nur im Sommer Mo-Sa 9.30-18.30, So 14-18.30 Uhr, www.cyberscotia.com/inchcolm)

Der Aufenthalt auf der Insel dauert 75 bis 90 Min. Schiffe fahren in der Zeit von Ostern bis Oktober ein- bis zweimal täglich. Die genauen Abfahrtszeiten erfährt man unter Tel. 0131/33 14 857. Der Preis beträgt £ 13. Freitag und Samstag Abend um 20 Uhr legt die *Maid of the Forth* noch zu einer so genannten „Jazz Cruise" ab, einer zweistündigen Kreuzfahrt mit Live Jazz Band, www. maidoftheforth.co.uk.

Hopetoun House   VI, B1

Einige Kilometer westlich von South Queensferry ist Hopetoun House, die herrschaftliche Residenz der *Hope-Familie,* auf jeden Fall einen Besuch wert. Ursprünglich von *Sir William Bruce* entworfen und 1703 fertig gestellt, ist das heutige Erscheinungsbild ein Werk der Architektenfamilie *Adam. William Adam* nahm 1721 Vergrößerungen vor, und nach dessen Tod zeichneten seine Söhne *John, Robert* und *James* für die Innengestaltung verantwortlich. Das Gebäude ist von einem wunderschönen Park umgeben und zeigt eine interessante, reichhaltige Inneneinrichtung. (Ö: Ostern-Sept. Mo-So 10-17.30 Uhr, letzter Einlass 16.30 Uhr, E: £ 7, www.hopetounhouse.com)

Wem ein Besuch der Residenz zu teuer ist, der kann gegen ein geringeres Entgelt durch den Park schlendern, in dem u.a. ein Naturlehrpfad angelegt ist. Erholung von der Flut der Eindrücke findet man auch im vorzüglichen Restaurant im Tapestry Room mit allerdings gehobenen Preisen.

Bo'ness   VI, B1

Noch weiter westlich, auf halbem Weg nach Bo'ness verkörpert **The House of the Binns** einen völlig anderen Herrenhaustypus. *Binns* ist nicht der Name der Besitzer, sondern leitet sich vom schottischen Wort *ben* (Hügel) ab. Die Residenz ist seit 350 Jahren Heim der *Dalyell-Familie,* deren bekanntestes Mitglied, der be-

Lothian

275

Zwischen Edinburgh und Stirling

rüchtigte *General Tam,* 1681 die *Royal Scots Greys* anführte und nebenbei mit dem Teufel kommunizierte. Anfang des 17. Jh. erbaut, spiegelt der Bau beispielhaft den Übergang von einer befestigten Burg zum Herrenhaus wieder. Die beeindruckenden Stuckdecken in vier Haupträumen stammen aus dem Jahr 1630. (Ö: Juni-Sept. Sa-Do 14-17 Uhr, E: £ 8, www.nts.org.uk)

Unweit des Hauses wurde auf einer kleinen Landzunge **Blackness Castle** angeblich in der Form eines Schiffes erbaut. Inwieweit das zutrifft, möge jeder selbst entscheiden. Fest steht, dass die Burg aus dem 15. Jh. noch sehr gut erhalten ist und von eindrucksvollem Anblick. Blackness war einst eine bedeutende Festung und eine der vier Burgen, die laut des Act of Union befestigt bleiben sollten. Später diente es als Gefängnis, dann als Sprengstoffmagazin und schließlich für kurze Zeit als Jugendherberge. (Ö: im Sommer Mo-So 9.30-18 Uhr, im Winter Do und Fr bis 16 Uhr, E: £ 3)

Linlithgow VI, B1

Richtung Südosten führt die A 9 durch die Kleinstadt Linlithgow, die mit historischen Stätten aufwarten kann. Im **Linlithgow Palace** lebten alle Stuart-Könige bis *James VI.,* und auch *Maria Stuart* wurde 1542 hier

Lichtstrahl auf den Glanz vergangener Tage: Linlithgow Palace

Farbkarte Seite VI   **Zwischen Edinburgh und Stirling**

geboren, während ihr Vater im nahgelegenen Falkland Palace im Sterben lag. Leider ist der Palast im 18. Jh. abgebrannt. Geblieben sind eine immer noch mächtige Ruine sowie größtenteils intakte Gebäude und die phantastische Lage am Seeufer. Die obligatorische Great Hall und die Kapelle datieren aus dem späten 15. Jh. (Ö: im Sommer Mo-So 9.30-18.30 Uhr, im Winter Mo-Sa 9.30-16.30, So erst ab 14.30 Uhr, E: £ 4)

Die mittelalterliche **St Michael's Parish Church** direkt neben dem Palast fällt auf wegen ihrer ungewöhnlichen, aber gelungenen Turmspitzenkonstruktion, die aus vier sich kreuzenden Aluminiumstreben besteht.

Wer noch weiter in die Geschichte zurückblicken möchte, sei auf den **Cairnpapple Hill,** ca. 5 km südlich von Linlithgow, verwiesen. Der Berg ist auf der A 706 in Richtung Süden zu erreichen, wenn man etwa 4 km nach dem Ortsausgang auf die B 792 nach Torphichen abbiegt. Kurz hinter Torphichen zweigt ein Fußweg ab zur Ausgrabungsstätte. Seit etwa 3000 v.Chr. diente er als Begräbnisstätte, später als Freilichttempel, schließlich um 1500 v.Chr. wieder als bronzezeitliches Grab. Die Ausgrabungsstätte gilt als eines der bedeutendsten prähistorischen Denkmäler Schottlands, und der Besucher erhält die Möglichkeit, in ein Bechergrab aus dem frühen Bronzezeitalter hinabzusteigen. (Ö: nur im Sommer Mo-So 9.30-18.30 Uhr, E: £ 2.50)

Westlich von Falkirk liegt an der B 816 **Callendar House.** Die Residenz kann auf eine 600 Jahre alte Geschichte zurückblicken, wurde jedoch im 18. Jh. vom Kupferhändler *William Forbes* völlig neu gestaltet. Höhepunkt der Führung ist die schön eingerichtete und funktionstüchtige georgianische Küche, in der kostümierte Darsteller im Sommer das Leben der Dienstboten im 18. Jh. nachstellen. (Ö: Mo-Sa 10-17 Uhr, im Sommer auch So 14-17 Uhr, E: £ 3.50, www.callendarhouse.org)

Information

●**Tourist Information Centre,** Burgh Halls, The Cross, Linlithgow, Tel. 01506/84 46 00, Fax 67 13 73.

Unterkunft

●**Park Lodge Hotel,** Camelon Road, Falkirk, Tel. 01324/62 83 31, Fax 61 15 93, B&B ab £ 35.
●**Ashbank Guest House,** 105 Main Street, Redding, Falkirk, Tel. 01324/ 71 66 49, Fax 71 24 31, B&B ab £ 23.
●**West Port Hotel,** 18-20 West Port, Linlithgow, Tel. 01505/84 74 56, B&B ab £ 25.
●Das katholische **Laetare International Youth Centre,** Blackness Road, Linlithgow, Tel. 01506/84 22 14, ab £ 7.
●**Beecraigs Caravan Park,** etwa 3 km südlich von Linlithgow im Beecraigs Country Park, Tel. 01506/84 45 16, Fax 84 62 56, mail@beecraigs.com, Zelt ab £ 10, Wohnwagen ab £ 11.

Lothian

Central

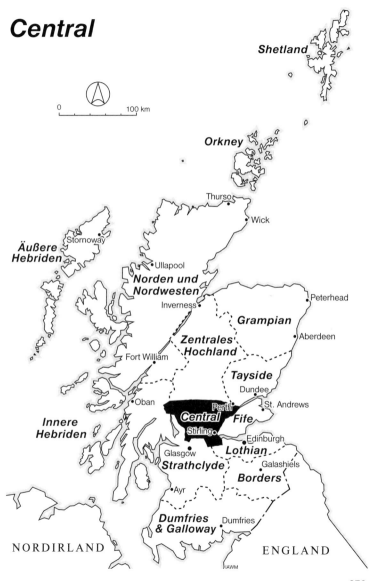

Überblick

Wie der Name bereits sagt, liegt Central im Herzen Schottlands. Die Region erstreckt sich etwa über das Gebiet zwischen Stirling im Osten und Loch Lomond im Westen. Das Gebiet ist relativ stark besiedelt, wobei sich die Industrie in Stirling konzentriert. Dennoch ist die Region landschaftlich reizvoll mit bewaldeten Tälern, romantischen Seen und Hügeln, die einen Vorgeschmack auf das schottische Hochland geben. Wegen der geographischen Nähe zu Edinburgh und zu Glasgow sowie seiner landschaftlichen Schönheit hat sich Central zum Naherholungsgebiet der schottischen Stadtbewohner entwickelt und ist im Sommer nahezu übervölkert.

Stirling ⤢ X, B3

Überblick

Die an den Ufern des Forth gelegene Kleinstadt (32.673 Einw.) hat sich in den letzten zwei Jahrhunderten zu einer Verwaltungs- und Industriestadt entwickelt und lebt heute vor allem von der Produktion landwirtschaftlicher Geräte, Düngemittel und Textilien. Seit 1967 ist in Stirling zudem eine Universität beheimatet. Die Stadt kann auf eine lange kaufmännische Tradition zurückblicken, denn dank ihrer günstigen geographischen Lage erhielt sie schon vor Ende des 13. Jh. die Rechte einer *Royal Burgh*.

Der Name *Stirling* ist vermutlich eine Verballhornung des walisischen Ausdrucks *place of striving,* was so viel bedeutet wie „Ort des Streites". Die Bezeichnung liegt nahe, betrachtet man die Geschichte Stirlings mit den zahllosen Schlachten, die hier stattgefunden haben und von denen heute noch das nahegelegene Schlachtfeld Bannockburn und der trutzige Charakter des Stirling Castle zeugen.

Stirling Castle

Das hoch auf einem Vulkanfelsen scheinbar uneinnehmbar thronende Stirling Castle findet erstmals Anfang des 12. Jh. im Zusammenhang mit *Alexander I.* urkundliche Erwähnung. Zu jener Zeit besaß Stirling Castle allerdings noch keine Ähnlichkeit mit der mächtigen Burg, die wir heute vorfinden. Vielmehr bestand sie zum größten Teil aus Holzbauten und Palisaden, denn Maurerarbeiten, freilich noch in geringem Ausmaß, sind erst aus dem späten 13. Jh. bekannt. Von umfangreicheren Arbeiten wird sogar erst seit dem 14. Jh. berichtet. Aus dieser Zeit stammt auch das **North Gate,** das sich aufgrund seiner Fertigstellung im Jahre 1381 das älteste, heute noch erhaltene Bauwerk der Burg nennen darf.

Wegen seiner strategisch günstigen Lage oberhalb des Forth war Stirling Castle während seiner 700-jährigen Geschichte stets ein beliebtes Objekt von Streitigkeiten: Kein anderes Schloss Schottlands hat so oft den Besitzer gewechselt. Doch auch von anderen Ereignissen weiß

Farbkarte Seite X **Stirling**

Stirling zu berichten: Hier wurde *James III.* geboren, *James IV.* und *James V.* sind in Stirling aufgewachsen, *Maria Stuart* wurde in der örtlichen Kirche im Alter von 9 Monaten gekrönt, und auch *James VI.* feierte auf der Burg rauschende Feste, bevor er König von ganz Britannien wurde.

James IV. und *James V.* waren es auch, die größere Bautätigkeiten an Stirling Castle veranlassten. *James IV.* zeichnet hier vornehmlich für die Errichtung der Außenverteidigungsanlagen (um 1500) und den **Royal Courtyard** (heute Upper Square), um den sich die interessantesten

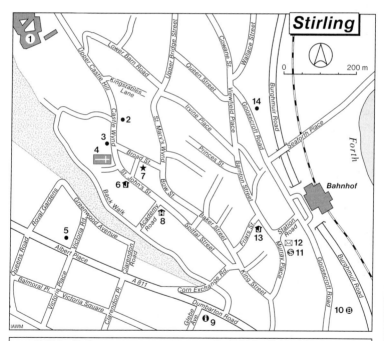

	1	Stirling Castle	🏨 8	Stirling Highland Hotel
●	2	Argyll's Lodging	❶ 9	Information
●	3	Mar's Wark	Ⓑ 10	Busbahnhof
ⅱ	4	Church of the Holy Rude	Ⓢ 11	Bank
	5	Smith Art Gallery & Information	✉ 12	Post
🏨	6	Stirling Hostel	🏨 13	Willy Wallace Hostel
★	7	Tolbooth	● 14	Rainbow Slides Liesure Centre

281

Stirling

Gebäude der Burg gruppieren, verantwortlich.

Die **Kapelle,** neben der Great Hall errichtet, ist so, wie sie sich heute darstellt, erst unter der Regentschaft *James VI.* entstanden, als dieser im Jahr 1594 eine angemessene Räumlichkeit für die Taufe seines ersten Sohnes, *Prince Henry,* benötigte. Doch bezeugt bereits die erste Erwähnung der Burg aus dem 12. Jh. die Existenz einer Kapelle innerhalb der Befestigung. Die Wandmalereien, die das Innere des rechteckigen Gebäudes schmücken, sind erst einige Jahre nach dem Bau der Kapelle, 1628, unter der Hand von *Valentine Jenkins* entstanden.

Die Fassade in ihrer klassischen Form und mit der Vielzahl an Dämonen, Wasserspeiern und anderen grotesken Gestalten macht den **Palast** zu einem der herausragenden Beispiele der schottischen Frührenaissance. Deutlich sichtbar ist der Einfluss französischer Baumeister und Steinmetze, die diesen Stil nachhaltig prägten.

Auch im Innern hat der Palast, der in den 40er Jahren des 16. Jh. unter *James V.* errichtet wurde, eine Besonderheit zu bieten: die so genannten **Stirling Heads.** Die großen Holzmedaillons mit eingeschnitzter Büste waren ehemals an der Decke des königlichen Gemaches befestigt, heute kann man die 28 noch verbliebenen Köpfe in den Räumen der Königin bewundern.

Über eine kleine, neogotische Brücke, unter der der Besucher bei Betreten des Upper Square hindurchgeht, gelangte *James V.* vom Palast in die **Great Hall.** Da dieser separate

Blick auf Stirling Castle

Farbkarte Seite X; Stadtplan Seite 281   **Stirling**

Eingang jedoch den Königen vorbehalten war, gibt es für Normalsterbliche noch einen Eingang am Hof. Das imposante rechteckige Gebäude mit der Holzdecke ist um 1500 entstanden und diente als Versammlungsstätte bei Staatsgeschäften und größeren Zeremonien. Die letzten 200 Jahre beherbergte es eine Kaserne und wurde erst 1964 geräumt.

Im 4. Gebäude am Hof, dem so genannten **King's Old Building,** das zum größten Teil erst aus dem 18. und 19. Jh. stammt, ist eines jener martialischen schottischen Militärmuseen untergebracht, in dem stetig untermalt durch Schlachtenlärm und -musik, die blutig-glorreiche Geschichte des *Argyll and Sutherland Highlander Regiment* dargestellt wird.

In dem Schloss gibt es noch mehr zu entdecken, doch vor allem bietet sich bei schönem Wetter ein herrlicher Blick von den Burgmauern über den Forth und die Umgebung Stirlings. (Ö: Ostern-Sept. Mo-So 9.30-18 Uhr, Okt.-März 9.30-17 Uhr, letzter Einlass 45 Min. vor Schluss, E: £ 8, www.historic-scotland.gov.uk)

Von Juli bis August finden vor dem Castle jeden Dienstag zwischen 19.15 Uhr und 20.15 Uhr **Highland-Dance-** und **Pipe-Band-Aufführungen** statt.

Weitere Sehenswürdigkeiten

Neben seinem Aushängeschild, dem Castle, hat Stirling noch einiges anderes Sehenswertes zu bieten. In der reizvollen **Altstadt** erinnern noch mehrere Gebäude an die ehemalige Existenz als Königssitz. Am besten beginnen Sie den Rundgang in der Spittal Street, laufen über St John's Street und Castle Wynd zur Burg hoch und entdecken so auch die anderen Schönheiten Stirlings.

Die **Church of the Holy Rude** ist mit ihrem gotischen Mittelschiff eine der wenigen erhaltenen mittelalterlichen Kirchen Schottlands. Hier wurden auch *Maria Stuart* und später ihr Sohn, *James VI.,* zur Königin bzw. zum König gekrönt. (Ö: nur im Sommer Mo-So 10-17 Uhr)

Neben der Kirche befindet sich **Mar's Wark,** das Haus des Vormundes *James VI.,* des *John Earl of Mar.* Auffallend ist die außergewöhnliche Renaissancefassade, die erstaunlich reich mit Pilastern, heraldischen Emblemen, Skulpturen und sogar einer in Tuch gehüllten Leiche versehen ist. Heute nur noch eine Ruine, ist Mar's Wark leider nicht von innen zu besichtigen.

Schräg gegenüber wurde **Argyll's Lodging** um 1630 auf Geheiß *Williams Earl of Stirling* errichtet. Später ging es in den Besitz des neunten *Earl of Argyll* über, der es 1670 vergrößern ließ. Einige der Räume sind restauriert und möbliert worden und seit 1996 dem Publikumsverkehr geöffnet. (Ö: Ostern-Sept. Mo-So 9.30-18 Uhr, Okt.-März 9.30-17 Uhr, letzter Einlass 30 Min. vor Schluss, E: £ 3.30, www.historic-scotland.gov.uk)

Wer wissen möchte, wie die weniger reichen Menschen gelebt haben, der kann auf dem Weg vom Castle herunter in die Stadt in der Broad Street auch einige **little houses** aus dem 16.-18. Jh. betrachten.

Stirling

2,5 km außerhalb von Stirling, vom Castle aus jedoch gut sichtbar, liegt auf dem Abbey Craig das **National Wallace Monument.** Der ca. 65 m hohe Turm wurde zu Ehren des Nationalhelden *Sir William Wallace* („Braveheart") errichtet und birgt in seinem Innern eine Ausstellung über den schottischen Freiheitskämpfer und über die Schlacht bei Stirling, die die Schotten unter seiner Führung um 1300 gegen die Engländer gewannen. Der etwas beschwerliche Aufstieg bis zur Turmspitze (246 Stufen) wird zudem mit einem phantastischen Ausblick über die Umgebung belohnt. (Ö: Nov.-Feb. Mo-So 10.30-16 Uhr, März-Mai und Okt. 10-17 Uhr, Juni 10-18 Uhr, Juli-Sept. 9.30-18.30 Uhr)

Smith Art Gallery and Museum am Albert Place beherbergt neben einer interessanten Darstellung der Geschichte Stirlings jeweils wechselnde Ausstellungen. (Ö: Di-Sa 10.30-17, So ab 14 Uhr, E: frei)

Für Unterhaltung sorgen Anfang Juli die **Stirling Highland Games.** Teile des alten Gefängnisses (Tolbooth) im Jail Wynd wurden vor wenigen Jahren zu einem Veranstaltungszentrum mit Schwerpunkt Musik umgebaut. Tagsüber kann das **Tolbooth** ab 9 Uhr besichtigt werden (Tickethotline und Veranstaltungshinweise, Tel. 01786/27 40 00)

Wem weniger an kulturellen Streifzügen als an der reinen Erholung gelegen ist, der sei auf das **Rainbow Slides Leisure Centre** in der

In Stirling

Farbkarte Seite X; Stadtplan Seite 281   **Stirling**

Goosecroft Road verwiesen, das neben Sauna, Schwimmbad und Solarium auch durchsichtige Wasserröhren zu bieten hat, die man in atemberaubenden Spiralen herunterrutschen kann.

Die beste Unterhaltung sowie die einfachste Möglichkeit, Schotten kennen zu lernen, findet man allerdings wie überall in Schottland in einem der zahlreichen Pubs und Bars in der Innenstadt. Hierbei ist uns vor allem in der Barnton Street 3 ½ die **Barnton Bar & Bistro** aufgefallen, die im Jugendstil eingerichtet ist und schon nachmittags als Café geöffnet hat.

Information

● *Tourist Information Centre,* 41 Dumbarton Road, Stirling FK8 2QQ, Tel. 0870/72 00 620, Fax 01786/45 00 39, oder Royal Burgh of Stirling Visitor Centre, Castle Esplanade, Tel. 0870/72 00 622.
● www.stirling.co.uk

Verbindungen

● Der Bahnhof liegt mit seinem Standort Burghmuir Road relativ zentral. Regelmäßige *Zugverbindungen* führen nach Edinburgh, Glasgow und über Perth nach Dundee, Aberdeen und Inverness.
● Der Busbahnhof liegt ähnlich zentral wie der Bahnhof in der Goosecroft Street. *Busverbindungen* mit *Citylink* bestehen mit Edinburgh, Glasgow und über Perth mit Dundee, Aberdeen und Inverness. Zusätzlich erschließen Busse von *First* die weniger besiedelten Gebiete der Central Region und halten auch in kleineren Ortschaften.
● *Konkrete Verbindungen: Traveline* für alle öffentlichen Verkehrsmittel (außer Flügen) www.travelinescotland.com bzw. Tel. 0870/60 82 608 (siehe auch „Unterwegs in Schottland" für günstige Tickets).

Unterkunft

● *Stirling Highland Hotel,* Spittal Street, Tel. 01786/27 28 29, stirling@paramont-hotels.co.uk, B&B ab £ 40.
● *Castlecroft,* Ballengeich Road, Tel. 01786/47 49 33, Fax 46 67 16, B&B ab £ 22.
● *Forth Guest House,* 23 Forth Place, Riverside, Tel. 01786/47 10 20, Fax 47 12 20, B&B ab £ 20.
● *Stirling Hostel,* St John Street, in der Nähe des Castle gelegen, Tel. 0870/00 41 149, ab £ 12.
● *Willy Wallace Hostel*, 77 Murray Place, in der Stadtmitte gelegen, Tel. 01786/44 67 73, www.willywallacehostel.com, ab £ 12.
● *Auchenbowie Caravan Site,* Auchenbowie, liegt einige Kilometer südlich von Stirling, Abfahrt 9 von der M 80 und der M 9, auf der A 872 Richtung Denny nach etwa 1 km nach rechts abbiegen, Tel. 01324/82 39 99, Fax 82 29 50, Wohnwagen und Zelt £ 9-12.

Weitere Informationen

● *Einkaufen* lässt sich in Stirling am besten in der Gegend um Baker Street, King Street, an deren Ende sich auch das *Thistle Shopping Centre* befindet, eines jener modernen Einkaufszentren, mit denen heutzutage fast jede schottische Stadt aufwarten kann.
● Sind Sie indes eher an *Antiquitäten* interessiert, wäre ein Besuch der Spittal Street lohnender, denn hier befinden sich gleich zwei Händler.
● *Fahrradläden* gibt es zum einen an der Ecke Barnton Street, Princess Street, zum anderen an der Kreuzung zwischen Broad Street und Castle Wynd. Der dortige Besitzer betreibt außerdem gleich einen *Fahrradverleih.*
● *Banken* sind vornehmlich in der Barnton Street angesiedelt, wo auch die *Post* zu finden ist.
● *Autoverleih:* Arnold Clark Hire Drive, Kerse Road, Stirling, Tel. 01786/47 86 86.

Central

Bannockburn

Bannockburn ⤴ X, B3

Drei Kilometer südöstlich von Stirling liegt an der A 872 das Schlachtfeld von Bannockburn. Bannockburn hat für die Geschichte und das Selbstverständnis der Schotten eine ganz besondere Bedeutung, denn 1314 errangen hier die Schotten in einer entscheidenden Schlacht die Unabhängigkeit von den Engländern. Die Schotten unter *Robert the Bruce* waren damals zahlenmäßig weit unterlegen, doch *Robert* lockte die Engländer in den Sumpf; die gegnerische Reiterschaft blieb in dem Morast stecken, konnte ihre Überlegenheit nicht ausspielen, und die Schotten gingen als Sieger aus der Schlacht hervor. *Robert the Bruce* wurde schottischer König und das Land für mehrere Jahrhunderte unabhängig. Vor diesem Hintergrund wird klar, warum die Schotten zu diesem Ort pilgern, obwohl das Schlachtfeld selbst nicht von besonderem Interesse ist.

Inzwischen hat der *National Trust for Scotland* die nationale Attraktion besucherwirksam aufbereitet und ein **Bannockburn Heritage Centre** errichtet. Ein Videofilm schildert den genauen Ablauf der Schlacht; außerdem sind Ritterstatuen in Lebensgröße zu bewundern ebenso und es gibt eine Ausstellung über das schottische Königreich von der Unabhängigkeit bis zur Vereinigung der Kronen.

Beeindruckend ist außerhalb des Zentrums die lebensgroße Bronzestatue von *Robert the Bruce* zu Pferd, in Rüstung und mit der typischen Streitaxt in der Hand. (Ö: im Sommer Mo-So 10-17.30 Uhr, Nov.-März 10.30-16 Uhr, Januar geschlossen, E: £ 5, www.nts.org.uk)

Von Stirling zum Loch Lomond

Verbindungen

● Durch das Gebiet führt keine Bahnstrecke, doch wird die Region von Glasgow und Stirling aus durch mehrere **Busverbindungen** erschlossen. Die Busse fahren in regelmäßigen Abständen zu den etwas größeren Ortschaften wie Aberfoyle oder Dunblane.

● **Konkrete Verbindungen:** *Traveline* für alle öffentlichen Verkehrsmittel (außer Flügen) www.travelinescotland.com bzw. Tel. 0870/ 60 82 608 (siehe auch „Unterwegs in Schottland" für günstige Tickets).

Dunblane ⌇ X, B3

10 km nördlich von Stirling führt die A 9 in das Städtchen Dunblane. Das Schmuckstück von Dunblane ist seine hochgotische **Kathedrale,** ein herrliches dreischiffiges Gotteshaus, das größtenteils im 13. und 14. Jh. entstanden ist. Die Kathedrale hatte während der Reformation ihr Dach verloren, ist jedoch zwischen 1892 und 1895 vollständig restauriert worden. Virtuose Holzschnitzereien sind noch an der Kanzel, dem Chorgestühl und der Orgel zu bewundern. Prachtvolle alte Fenster stehen in gelungenem Einklang zu modernen; genauso wie das neue Chorgestühl (19./20. Jh.) mit den verzierten Stühlen aus dem 15. Jh., die sich um den Altar gruppieren, harmoniert. (Ö: im Sommer Mo-Sa 9.30-18, So ab 13.30 Uhr, im Winter bis 16 Uhr, Do nachmittags und Fr geschlossen)

Doune ⌇ X, B3

Doune, 8 km westlich von Dunblane an der A 84, ist ein hübscher Ort mit einer sehr gut erhaltenen Burgruine. Das mittelalterliche **Doune Castle** wurde im 14. Jh. hauptsächlich unter *Robert Stewart,* dem jüngsten Sohn *Robert II.,* errichtet und war später Sitz der *Earls of Moray.* Doch schon früher, zu Zeiten der Römer, hat an dieser strategisch günstigen Stelle ein Fort gestanden, von dem nur noch der Erdhügel, auf dem die Burg steht, zeugt. In den letzten beiden Jahrhunderten wurde Doune Castle restauriert und die Laird's Hall und Great Hall wieder eingerichtet. (Ö: im Sommer Mo-So 9.30-18 Uhr, im Winter bis 16 Uhr, Do und Fr geschlossen, E: £ 3)

Die Brücke innerhalb des Ortes ließ *Robert Spittal,* der Schneider *James IV.'s,* 1535 errichten, um sich an dem Fährmann zu rächen, der ihm die Überfahrt verweigert hatte.

The Trossachs X, A3

Von Doune führt die A 84 weiter Richtung Nordwesten, bis in Kilmahog die A 821 mitten durch die Trossachs zum Loch Katrine abbiegt. Allgemein wird das gesamte Gebiet von Callander und Loch Earnhead im Osten bis zum Loch Lomond im Westen **The Trossachs** genannt, ursprünglich galt die Bezeichnung aber nur für die etwa zwei Kilometer lange Schlucht vom Loch Achray zum Loch Kathrine. Die ruhige, hügelige Gegend bietet einen leichten Vorgeschmack auf das Hochland

Von Stirling zum Loch Lomond

Nicht rostfrei: ehemaliges Wellblechdach

und hat sich aufgrund ihrer geographischen Nähe zur Metropole Glasgow als Naherholungsgebiet der Glaswegians bewährt.

In Callander, einem touristisch aufbereiteten Städtchen an der A 84, hält das **Rob Roy and Trossachs Visitor Centre** seine Tore für Besucher offen, die mehr über *Rob Roy* erfahren wollen, jenes *Outlaws,* über den schon *Walter Scott* schrieb und dessen Geschichte in jüngster Zeit auch von Hollywood entdeckt worden ist. Wir konnten der Ausstellung allerdings keinen großen Reiz abgewinnen. (Ö: Nov.-Febr. Mo-So 11-16 Uhr, März-Mai und Okt. 10-17 Uhr, Juni-Sept. 10-18 Uhr)

Bereits im 19. Jahrhundert pilgerten viele romantische Walter-Scott-Verehrer zum **Loch Katrine,** um auf den Spuren der „Lady of the Lake" zu wandeln, die laut *Scott* auf einem Eiland im See leben sollte. Doch auch wer die Novelle nicht gelesen hat, wird Gefallen an dem lieblichen See finden, besonders im Herbst, wenn der Wald um den See in allen Farben leuchtet. Am Nordufer des Loch Kathrine entlang führt eine einspurige Straße, die für Autos gesperrt ist, auf der Fahrradfahrer aber eine herrliche Fahrt am Seerand unternehmen können. Die andere Möglichkeit, Loch Kathrine kennen zu lernen, ist eine „Kreuzfahrt" mit dem Dampfschiff *SS Sir Walter Scott,* das im Sommer vom Trossachs Pier am Ostende des Sees nach Stronachlachar am Westende ablegt (Abfahrtszeiten: im Sommer Mo-So 11, 13.45 und 15.15 Uhr, Mi nur 13.45 und 15.15 Uhr, Hin- und Rückfahrt

£ 7). Reizvoll ist auch eine Verbindung von Fahrrad- und Schifffahrt, d.h. die Hinfahrt mit dem Schiff zu unternehmen, um dann am Nordufer mit dem Fahrrad zurückzufahren. Einen Fahrradverleih gibt es direkt am Pier.

Südlich des Sees erstreckt sich der **Queen Elizabeth Forest Park.** Durch den Naturpark führen mehrere ausgeschilderte Wanderwege, und wer genügend Energie aufbringt, kann auch den **Ben Lomond** besteigen, der von seiner Spitze in 974 m Höhe bei klarem Wetter großartige Ausblicke gewährt.

Entlang des Queen Elizabeth Forest Park führt die B 829 in südlicher Richtung nach **Aberfoyle.** Aberfoyle ist umrahmt von schönster Natur und eignet sich als Ausgangspunkt für Ausflüge in die Umgebung.

Unterkunft

● **The Forth Inn,** Main Street, Aberfoyle, Tel. 01877/38 23 72, www.forthinn.com, B&B ab £ 25.

● **Inchrie Castle – The Covenanters Inn,** Aberfoyle, Tel. 01877/38 23 47, Fax 38 27 85, www.innscotland.com, B&B ab £ 55.

● Die nächste Jugendherberge liegt am Loch Lomond in Rowardennan und ist über die B 837 von Drymen aus erreichbar: **Rowardennan Hostel,** Tel. 0870/00 41 148, ab £ 11, März-Okt.

● In Callander gibt es ein Independent Hostel: **Trossachs Backpackers,** Invertrossachs Road, Callander, Tel./Fax 01877/33 12 00, B&B ab £ 12.50.

● **Trossachs Holiday Park,** liegt etwa 5 km südlich von Aberfoyle an der A 81, Tel. 01877/ 38 26 14, Fax 01877 38 27 32, Zelt, Wohnwagen ab £ 12.

Central

Von Stirling zum Loch Lomond

Lake of Menteith   X, A3

Sechs Kilometer östlich von Aberfoyle stehen auf einer Insel im **Lake of Menteith,** dem einzigen *Lake* Schottlands, die Ruinen der **Inchmahome Priory.** Die Gebäude gehörten zu einem Augustinerkloster, das 1238 gegründet worden war. Von **Port of Menteith** fährt ein Boot zu der Insel. (Ö: im Sommer Mo-So 9.30-16 Uhr, letzte Fahrt 15.15 Uhr)

Fahrrad

Durch das Gebiet führt ein Radwanderweg, **Glasgow – Loch Lomond – Killin Cycle Way,** der das Lowland mit den Highlands verbindet. Der Weg beginnt in Glasgow am Ufer des Clyde beim Scottish Exhibition Centre, folgt dem Clyde weiter bis Dumbarton, um dann über Balloch am Loch Lomond bis nach Drymen zu führen. Von dort aus geht es über zwei verschiedene Routen durch den Queen Elisabeth Forest Park weiter nach Aberfoyle, von wo ab der Radfahrer sich entweder für den längeren Weg entlang des Loch Kathrine oder für die direkte Route bis nach Callander entscheiden kann. Von Callander schließlich geht es stracks nördlich bis zur Endstation Killin.

Der Weg ist insgesamt nicht immer gut ausgebaut und besteht teilweise aus Schotterstrecken, die, schwer bepackt, nur von robusten Fahrrädern unbeschadet genommen werden. Bei den Tourist Information Centres liegt eine Broschüre mit einer genaueren Beschreibung des Weges aus.

Fahrräder leihen kann man sich u.a. beim **Trossachs Holiday Park** (Adresse s.o.) oder beim **Scottish Cycle Centre** in der Invertrossachs Road in Callander.

Fife

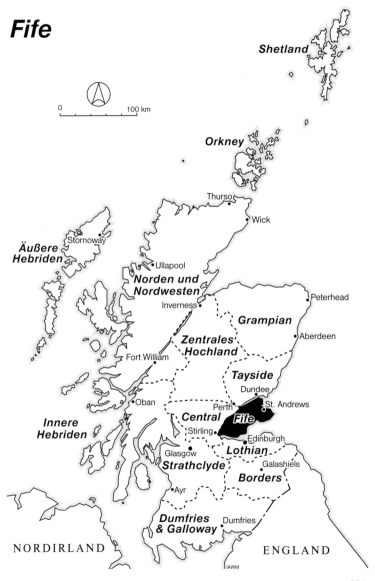

Überblick

Wie der Kopf einer Dogge ragt die Halbinsel Fife im Südosten Schottlands in das Meer hinaus. Gleich von drei Seiten umschließt Wasser – der Firth of Forth im Süden, der Firth of Tay im Norden und die offene See im Osten – das Land. Diesem Umstand verdankt Fife seine überdurchschnittlich lange Küstenlinie.

Geprägt ist die kleine Region von der Fischerei und der Landwirtschaft. Ersteres bezeugen die Fischerdörfer in East Neuk, letzteres ist kaum zu übersehen, durchquert man das Land. Bis zum Horizont, und der ist hier im flachen Fife weit, erstrecken sich die Felder, nur unterbrochen von gelegentlichen Waldstücken. Stolz sind die Einwohner auf die Geschichte ihrer Heimat, denn Fife war im 11. Jh. das schottische Königreich und Dunfermline die Hauptstadt. Noch heute sprechen die Menschen vom „ancient kingdom of Fife", vom alten Königreich Fife.

Culross   ↗ X, B3

Im Süden Fifes, etwa 11 km westlich von Dunfermline, liegt das 500-Seelen-Dorf Culross. Keine Burg, große Kirche oder herrschaftliche Residenz machen die Anziehungskraft dieses Ortes aus, vielmehr die so genannten *little houses,* kleine, bürgerliche Häuser aus dem 16. und 17. Jh. Seit seiner Gründung im Jahr 1931 hat sich der *National Trust for Scotland* nicht nur für die Restaurierung herrschaftlicher Residenzen, sondern auch für den Erhalt kleinerer Wohnhäuser eingesetzt. Hier in Culross hat er vortreffliche Arbeit geleistet, der kleine Ort ist heute das beste schottische Beispiel bürgerlichen Lebens im 16. und 17. Jh.

Aushängestück des Dorfes ist der *Palace,* der allerdings nie königlicher Palast, sondern „nur" das größte Haus des Städtchens war. Der Palace wurde in zwei Etappen erbaut, der ältere Teil 1597. Die Buchstaben *GB* über dem südlichen Mittelfenster verweisen auf den Besitzer, den Kaufmann *George Bruce.* Dieser revolutionierte Anfang des 17. Jh. den Kohlenbergbau und machte Culross zu einem damals bedeutenden Kohle- und Salzhafen.

Der jüngere Teil des Hauses stammt aus dem Jahr 1611, und die Initialen *SGB* über einem der Dachfenster verdeutlichen den Erfolg des Händlers: *Sir George Bruce* war wegen seiner Verdienste für die Wirtschaft zum Ritter geschlagen worden. Von der Einrichtung ist leider nicht viel erhalten, doch reizvoll sind die bemalten Decken in einigen Räumen (Ö: im Sommer Mo-So 12-17 Uhr, Okt.-Dez. Sa-So 12- 16 Uhr, E: £ 8). Die kleine Teestube am Ausgang lädt dann abschließend zu einer Ruhepause ein.

Ein Besuch des *Town House* (Rathaus) vermittelt anhand einer Ausstellung und eines Videofilms die Geschichte von Culross und der *little houses.*

The Study (1613), neben dem obligatorischen Mercat Cross, ist das zweitgrößte Haus in Culross. *Bishop Leighton* hatte in dem Haus im späten 17. Jh. ein Studierzimmer eingerichtet und gab so dem Gebäude seinen Namen. Im ersten Stock ist ein großer Raum mit alten Möbeln und einer wundervollen niederländischen Decke zu besichtigen.

Über den Dächern der Stadt thront **Culross Abbey,** eine alte Zisterzienser-Abtei, 1217 von *Malcom, Earl of Fife,* gegründet. Die Kirche wurde 1633 renoviert und bietet u.a. Raum für ein George-Bruce-Denkmal aus Alabaster. Wenn Sie den Friedhof besuchen, lohnt ein Blick auf die Grabsteine, die oft mit Zunftzeichen geschmückt sind.

Trotz allem ist Culross kein Freilichtmuseum, sondern lebende Stadt. Die kleinen Häuser befinden sich in Privatbesitz und sind bewohnt, was dem Flair dieses Ortes nur zuträglich sein kann.

Golfen in St Andrews

Information

● www.culross.org

Verbindungen

● Culross ist über die **Buslinie 14/14A,** die gemeinsam von *Stagecoach* und *First* betrieben wird, mit Dunfermline und Stirling verbunden.
● **Konkrete Verbindungen:** *Traveline* für alle öffentlichen Verkehrsmittel (außer Flügen) www.travelinescotland.com bzw. Tel. 0870/ 60 82 608 (siehe auch „Unterwegs in Schottland" für günstige Tickets).

Dunfermline   ⌂XI, C3

Geschichte

Vor fast 1000 Jahren war The Auld Grey Toon of Dunfermline für kurze Zeit die Hauptstadt Schottlands. 1060 gab *Malcolm III.,* der Sohn des von *Macbeth* ermordeten *Duncan,* der Stadt an der Südküste Fife's den Vorzug vor der alten Hauptstadt Perth und verlegte seinen Hof nach Dunfermline. 10 Jahre später heiratete der grobschlächtige König die zarte sächsische Prinzessin *Margaret,* die es sich zur Aufgabe machte, sowohl die groben Sitten der Kelten zu verfeinern als auch ihre Kirche zu katholisieren.

Für ihre Anstrengungen und ihr Bemühen um die armem Menschen der Stadt wurde *Margaret* später heiliggesprochen. Aus ihrer Zeit stammen die Überreste des **Palastes** und der **Culdee Church,** die sie vergrößern ließ, beide neben der Abtei.

Sehenswertes

Die **Abtei,** die zusammen mit der Kirche das Stadtbild dominiert, wurde unter *David I.* im frühen 12. Jh. errichtet und diente als Begräbnisstätte der schottischen Könige von *Malcolm III.* bis *Robert the Bruce.* Heute ist nur noch das faszinierende normannische Kirchenschiff aus dieser Zeit erhalten. Die separat stehende eigentliche Kirche stammt aus dem 19. Jh. Nicht zu übersehen ist im neuen Chor das Grab *Robert Bruce's,* des Königs, der 1314 die schottische Unabhängigkeit erkämpfte. (Ö: im Sommer Mo-So 9.30-18 Uhr, im Winter bis 16 Uhr, Do nachmittags, So morgens und Fr geschlossen, E: £ 1-4)

Gleich nebenan liegt der weitläufige **Pittencrieff Park,** der bei schönem Wetter auf jeden Fall einen Blick wert ist. Ein Tierpark mit exotischen Vögeln, Ponys, Ziegen und Pfauen gehört ebenso dazu wie ein hübscher Bach mit romantischer Brücke, ein Musikpavillon mit Café und das **Pittencrieff House** mit wechselnden Foto- und Malereiausstellungen. (Ö: im Sommer Mo-So 11-17 Uhr, im Winter bis 16 Uhr)

Der Park ist wie viele andere öffentliche Gebäude der Stadt eine Spende ihres angeblich „größten Sohnes", **Andrew Carnegie.** Dieser wurde 1835 als Sohn einer Weberfamilie in Dunfermline geboren und stand als Kind oft vor den Türen des Parks, den er nicht betreten durfte. 1848 emigrierte er mit seinen Eltern nach Amerika und verwirklichte dort den amerikanischen Traum „vom Tel-

Farbkarte Seite XI   **Dunfermline**

lerwäscher zum Millionär". In der expandierenden Stahl- und Eisenindustrie machte er sein Glück und starb als einer der reichsten Männer der Welt. 350 Mio. US-Dollar gab er während seines Lebens für wohltätige Zwecke aus und bedachte dabei auch immer wieder seine schottische Heimat.

Als Wohltäter der Menschheit feiert ihn heute Dunfermline und ehrt ihn mit einem **Andrew Carnegie Birthplace Museum** in der Moodie Street. (Ö: April-Okt. Mo-Sa 11-17, So 14-17 Uhr, www.carnegiebirthplace. com). Doch die immense Spendenfreudigkeit war nur eine Charakterseite dieses Mannes. Auf der anderen Seite war sein Umgang mit seinen Arbeitern geprägt von Skrupellosigkeit, und die Arbeitsbedingungen und Löhne in seinen Betrieben waren derart schlecht, dass er sich sogar die Kritik anderer Musterkapitalisten einhandelte.

Das andere markante Gebäude in dem sonst eher grauen Stadtbild ist der **Rathausturm** (City Chambers, Old Highstreet). Seit Dunfermline 1112 freie Marktstadt (Burgh) wurde, findet sich hier auch ein Rathaus. Das jetzige stammt allerdings erst aus dem späten 19. Jh. und trägt neben neo-gotischen eindeutig viktorianische Züge.

Information

● **Tourist Information Centre,** 1 High Street, Dunfermline KY12 7DL, Tel. 01383/72 09 99, Fax 625807, kftb@dunfermlinetic.fsnet.co.uk, ganzjährig geöffnet.
● www.dunfermline.info

Verbindungen

● Dunfermline ist mit einer regelmäßigen **Bahnverbindung** an Edinburgh angeschlossen. Die Fahrt dauert etwa eine halbe Stunde mit Zwischenstopps u.a. in Inverkeithing und North Queensferry.
● **Konkrete Verbindungen:** *Traveline* für alle öffentlichen Verkehrsmittel (außer Flügen) www.travelinescotland.com bzw. Tel. 0870/ 60 82 608 (siehe auch „Unterwegs in Schottland" für günstige Tickets).

Unterkunft

Das Hotelangebot ist erstaunlich groß; kleinere, gediegene Hotels sind überall in der Stadt zu finden. **Buchungshotline** des *Scottish Tourist Board,* Tel. 0845/22 55 121.
● **Pitreavie Guest House,** 3 Aberdour Road, Tel./Fax 01383/72 42 44, www.pitreavie.com, B&B ab £ 22.
● **Clark Cottage Guest House**, 139 Halbeath Road, Tel. 01383/73 59 35, clarke cottage@ukonline.co.uk, B&B ab £ 24.
● **Garvock House Hotel,** St John's Drive, Transy, Tel. 01383/62 10 67, www.garvock. co.uk, B&B ab £ 48.

East Neuk

↗ XI, D3

Überblick

Das alte schottische Wort Neuk bedeutet Ecke. **East Neuk** heißt also „östliche Ecke" und beschreibt die Lage im Südosten Fifes. Sie bildet sozusagen die „Schnauze" des Hundekopfes Fife. Im Mittelalter wurde von hier aus reger Handel mit Frankreich, Skandinavien und den Niederlanden betrieben, wobei die Schotten Produkte wie Wolle, Kohle, Leder und Fisch gegen Holz und Fertigprodukte eintauschten.

Als der Handel zurückging, expandierte der **Fischfang.** Riesige Heringsflotten belebten die Häfen East Neuks, doch auch sie sind schon lange verschwunden, und nur noch wenig erinnert in den malerischen Fischerdörfern an die großen Zeiten des Handels und Fischfangs. Dem aufmerksamen Betrachter wird jedoch ein Relikt aus den mittelalterlichen Handelstagen nicht entgehen können. Die **Treppengiebelhäuser,** typisch für diese Gegend und in ganz Fife verbreitet, erinnern stark an die niederländische Dacharchitektur und sind auch zweifelsohne von dieser geprägt.

Die Häfen in East Neuk

Spricht man vom Charme Fifes, denkt man an die Küstendörfer East Neuks, mit den Fischkuttern, den engen Gassen und den rot geziegelten Dächern. Largo, Elie, St Monans, Pittenweem, Anstruther und Crail heißen die Dörfer, die bei aller Ähnlichkeit doch immer eine Besonderheit zu bieten haben.

Elie

Windsurfer und Bader schätzen besonders den Hafen bzw. den schönen Sandstrand bei Elie, die beide geschützt in einer Bucht liegen.

St Monans

Wenige Meilen weiter liegt **St Monans** mit einer ungewöhnlichen Fischerkirche aus dem 14. Jh. Die **Auld Kirk** kann, neben einem im Querschiff aufgehängten Schiffsmodell, wie so viele Kirchen in Schottland mit einem Superlativ aufwarten: The Auld Kirk ist angeblich die Kirche Schottlands, die sich am nächsten zum Meer befindet.

Pittenweem

In Pittenweem (piktisch für „Ort der Höhle"), noch ein paar Kilometer weiter, findet täglich frühmorgens ein **Fischmarkt** statt. Viele vom *National Trust for Scotland* restaurierte Häuser und **St Fillan's Cave** in Hafennähe, eine Höhle, in welcher der Missionar *St Fillan* gelebt haben soll, machen den Ort sehenswert. (Ö: im Sommer Mo-Sa 9-17.30 Uhr, im Winter nur Di-Sa). Pittenweem ist jährlich Anfang August Austragungsort des **Pittenweem Arts Festivals** mit Straßentheater, Musikveranstaltungen etc.

Anstruther

Anstruther (sprich: Anster), der größte East-Neuk-Hafen, beherbergt das **Scottish Fisheries Museum,** wo Einrichtungen aus Fischerhütten,

Farbkarte Seite XI **East Neuk**

Angelgeräte sowie ein Aquarium mit Tiefseefischen zu besichtigen sind. (Ö: im Sommer Mo-Sa 10-17.30 Uhr, So bis 16.30 Uhr, im Winter Mo-Sa bis 16 Uhr und So. 12-16 Uhr, www.scotfishmuseum.org)

Crail

Crail schließlich, am Ostzipfel Fife's gelegen, ist der Archetypus eines East-Neuk-Fischerdorfes. Der pittoreske **Hafen** mit den alten Hafenmauern, die rotgedeckten Häuser und das flämisch beeinflusste **Rathaus** aus dem 16. Jh. machen die Atmosphäre des Ortes aus. Den großen Stein an der alten **Church of St Mary** (12. Jh.) schleuderte angeblich vor langer Zeit der Teufel in einem Wutanfall von der nahe gelegenen Insel May auf das Gotteshaus, das er glücklicherweise jedoch knapp verfehlte.

Information

● **Tourist Information Centres,** die auch Zimmer vermitteln, gibt es in Anstruther und in Crail. Beide haben jedoch nur im Sommer geöffnet: **Anstruther,** Scottish Fisheries Museum, Tel. 01333/31 10 73; **Crail,** Museum & Heritage Centre, Marketgate, Tel. 01333/45 08 69.
● www.eastneukwide.co.uk

Verbindungen

● Die East-Neuk-Dörfer sind über die **Buslinie 95** etwa stündlich mit St Andrews und Leven verbunden. Von dort aus geht es dann mit der X59/X60 weiter nach Edinburgh. Die X 24 fährt von von St Andrews nach Glasgow. Einige der Dörfer (außer Crail) werden durch die X26 mit Dunfermline und Glasgow verbunden.

● **Konkrete Verbindungen:** *Traveline* für alle öffentlichen Verkehrsmittel (außer Flügen) www.travelinescotland.com bzw. Tel. 0870/60 82 608 (siehe auch „Unterwegs in Schottland" für günstige Tickets).

Unterkunft

● **Beaumont Lodge Guest House,** 43 Pittenweem Road, Anstruther, Tel./Fax 01333/31 03 15, www.beaumontlodge.co.uk, B&B ab £ 25.
● **Hazelton Guest House,** 29 Marketgate, Crail, Tel./Fax 01333/45 02 50, B&B ab £ 26.
● **The Marine,** 54 Nethergate South, Crail, Tel. 01333/45 02 07, B&B ab £ 20.
● **The Elms Guest House,** 14 Park Place, Elie, Tel./Fax 01333/33 04 04, www.elmselie.co.uk, B&B ab £ 20, ist ein viktorianisches Haus mit schönem Garten.
● **B&B** finden Sie in Anstruther u.a. am Hafen, in Crail z.B. in der High Street und in Elie in der High Street und am Park Place. Die Preise beginnen in der Regel zwischen £ 15 und £ 20.
● **Sauchope Links Caravan Park,** 1,5 km östlich von Crail an der A 917, Tel. 01333/45 04 60, www.sauchope.co.uk, Wohnwagen und Zelt ab £ 13.
● **Shell Bay Caravan Site,** an der A 915 kurz vor Elie, Tel. 01333/33 02 83, Fax 33 00 08, www.abbeyfordscotland.com, Zelte ab £ 9, Caravans ab £ 11.
● **Buchungshotline** des *Scottish Tourist Board,* Tel. 0845/22 55 121.

Fife

St Andrews ♪ XI, D2

Überblick

An der Westküste Fife's liegt der Ort, dessen Name allein jedes Golferherz höher schlagen lässt: St Andrews, das Mekka des Golfsports, wo Golfer immer Vorfahrt haben und selbst der *St Andrews Scotch Whisky* in golfballförmige Flaschen abgefüllt wird. Im Jahre 1754 gründete sich die *Society of St Andrews Golfers,* die sich später in den *Royal and Ancient Golf Club of St Andrews* umbenannte. Das am Strand gelegene Clubhaus des *R&A,* das **Royal and Ancient Clubhouse,** ist heute weltweit offizielles Golf-Hauptquartier und letzte Instanz in allen Streitfragen.

Auf dem berühmten *Old Course* beim Clubhouse können Nicht-Clubmitglieder nach Entrichtung eines Entgeltes von £ 90 spielen, das Clubhaus ist allerdings männlichen Mitgliedern vorbehalten. Sonntags bleibt der Platz geschlossen. (Vorbuchungen müssen bis zu 2 Jahre im Voraus gemacht werden. **St Andrews Links Trust,** Pilmour House, St Andrews, Fife, Tel. 01334/46 66 66, www.standrews.org.uk, kümmert sich auch um die anderen fünf Golfplätze der Stadt). Ansonsten wird ein Teil der Plätze am Vortag verlost, bzw. einzelne Spieler können frühmorgens zum Platzwart gehen und vielleicht einen Platz erheischen.) Die anderen fünf Golfplätze

Hauptstadt des Golf: St Andrews zu Füßen des St Rule's Tower

Farbkarte Seite XI **St Andrews**

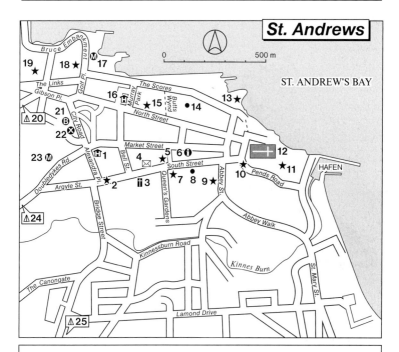

- 🏨 1 St Andrews Tourist Hotel
- ★ 2 West Port
- ⚏ 3 Black Friars Chapel
- ✉ 4 Postamt
- ★ 5 Holy Trinity Church
- ❶ 6 Touristeninformation
- ★ 7 Town Hall
- ● 8 St Mary's College
- ★ 9 Byre Theater
- ★ 10 The Pends
- ★ 11 St Rules's Tower
- ⚏ 12 St Andrews Cathedral
- ★ 13 St Andrews Castle
- ● 14 St Salvator's College
- ★ 15 Crawford Centre for the Arts
- 🏨 16 Bell Craig Guest House
- Ⓜ 17 British Golf Museum
- ★ 18 Royal and Ancient Golf Club
- ★ 19 Old Course
- △ 20 Clayton Caravan Site
- Ⓑ 21 Busbahnhof
- ✖ 22 Taxistand
- Ⓜ 23 St. Andrews Museum
- △ 24 Craigtown Meadows Holiday Park
- △ 25 Cairnsmill Caravan Park

Fife

299

Scotland – Home of Golf

Scotland – Home of Golf

Entgegen den Gewohnheiten anderer Länder ist Golf in Schottland Volkssport. Hier betreibt jede und jeder die vornehme Sportart rund um den kleinen weißen Ball unabhängig von Jahreseinkommen oder Standeszugehörigkeit. Von der allgemeinen Beliebheit des Sports zeugt auch die große Anzahl an Golfplätzen: mehr als 420 Plätze sind über das ganze Land verteilt und verhelfen Schottland zur größten Platzdichte der Welt.

Der Ursprung des Spieles ist unbekannt, doch soll ein schottischer Hirte eines Tages mit einem Stock einen Stein erst vor sich hergetrieben und dann immer weiter weg geschlagen haben. Als der Stein schließlich in einem Kaninchenloch verschwand, war das Golfspiel erfunden. Sei dem wie es ist, die erste schottische Erwähnung des Sportes stammt aus dem Jahr 1457, als *James II.* das Dekret „*Gowf and fitba to be utterly cryit doon and not usit*" erließ. Mit diesem Erlass verbot der König das Golf- und das Fußballspiel, da beide Sportarten die jungen Männer vom kriegerischen Bogenschießen abhielten.

Dies konnte jedoch die Ausbreitung des Golfspiels nicht verhindern, zumal selbst die königliche Nachkommenschaft von *James II.* dem Sport frönte: *Maria Stuart* war Anhängerin dieser Sportart und ihr Sohn, *James VI.*, ließ, sobald er englischer König wurde und nach London übersiedelte, den ersten Golfplatz südlich der schottischen Grenze errichten.

Ziel des Spieles ist bekanntermaßen, einen Ball mit einem Schläger über verschieden lange Bahnen in ein Loch zu treiben und dabei möglichst wenige Schläge zu benötigen. Ein Durchgang führt über insgesamt 18 Bahnen, bei Golfplätzen mit nur 9 Bahnen werden zwei Runden gespielt. Eine Bahn besteht aus dem Abschlag, der Spielbahn, genannt *Fairway,* und dem Grün bzw. *Green,* auf dem sich, gekennzeichnet mit einer roten Fahne, das Loch befindet. Rechts und links des Fairway liegen die sog. *Roughs,* d.h. nicht geschnittene Rasenflächen, Bäume, Teiche usw., in die man seinen Ball möglichst ebenso wenig schlagen sollte wie in die Sandbunker auf der Spielbahn. Auf die Suche nach seinem Ball darf man übrigens höchstens fünf Minuten verwenden, um nachfolgende Spieler nicht zu behindern.

Für jedes Loch ist eine Mindestanzahl an Schlägen vorgeben, das sog. *Par.* Für eine Bahn von einer Länge bis zu 238 m gilt ein Par von drei, bis 434 m vier und über 435 m fünf Schlägen. Locht man nach einer Schlagzahl von einem unter Par ein, ist das ein *Birdy,* zwei unter Par nennt man *Eagle,* drei unter Par heißt *Albatros* und das direkte Einlochen wird als *Ace* bezeichnet.

Ein Spieler darf bis zu 14 Schläger mit in die Runde nehmen, mit denen man je nach Material des Schlägerkopfes - Holz oder Eisen - und Neigungswinkel der Schlagfläche den Ball unterschiedlich weit schlagen kann.

Scotland – Home of Golf

Dass Golf in anderen Ländern als Sportart der Upper Class gilt, ist angeblich einer Werbekampagne der Whiskyfirma *Johnnie Walker* zu verdanken. *Johnnie Walker* wollten ihren Whisky auch nach Übersee exportieren, doch fand das Getränk in den Vereinigten Staaten keinen Absatz, denn der amerikanische Markt war völlig mit irischem Whiskey gesättigt. Werbestrategen erkannten aber den Bedarf der amerikanischen Oberschicht nach einer elitären Sportart, da Polo für die meisten zu gefährlich war. Also führten die Schotten ihren bis dahin unbekannten Volkssport Golf ein und gründeten Clubs mit ganz strengen Aufnahmekriterien und Scotch-Ausschank.

Ein Gastspieler sollte folgende Regeln der Etikette beachten:

- Golf wird in Schottland traditionell in einem recht flotten Tempo durchgespielt, und eine Runde sollte nicht länger als 3,5 Stunden dauern. Will man den Sport etwas gemächlicher angehen, sollte man nachfolgenden Spielern gestatten durchzuspielen.
- Löcher, die man in den Rasen schlägt, sollte man wieder schließen, damit die Bahn nicht beschädigt wird.
- Manche Clubhäuser sind noch recht konservativ eingestellt, und in Bar und Speiserestaurant gilt Jackett- und Krawattenzwang. Auch ist der Gedanke der Gleichberechtigung von Mann und Frau noch nicht bis in alle Clubhäuser vorgedrungen. Mancherorts ist die Spielzeit für Frauen auf bestimmte Tage und Uhrzeiten beschränkt und der Haupteingang des Clubhauses für Frauen tabu. Vor allem aber konnte Mann ab und zu das Heiligtum Clubbar als letzte Bastion männlichen Herrschaftsdünkels gegen das bedrohliche Vordringen des weiblichen Geschlechts behaupten.

Vorfahrt für Golfer: Schild auf dem Old Course in St Andrews

St Andrews

Der Statik zum Trotz: St Andrews Cathedral

Farbkarte Seite XI; Stadtplan Seite 299　　　　　　　　　**St Andrews**

der Stadt sind dagegen sieben Tage, ohne Voranmeldung und bereits gegen eine Gebühr von £ 5 bis £ 20 bespielbar.

Im Bruce Embankment, schräg gegenüber dem Clubhaus des Old Course, befindet sich das **British Golf Museum.** Die Ausstellung erzählt die Geschichte des Golf und zeigt u.a. Golfkleidung verschiedener Jahrhunderte. Eine Multimedia-Show darf natürlich auch nicht fehlen. (Ö: Ostern bis Mitte Okt. Mo-Sa 9.30-17.30, So 10-17 Uhr, im Winter Do-So 11-15 Uhr, E: £ 5, www.british golfmuseum.co.uk)

Trotz ihrer 5 Golfplätze täte man der Stadt jedoch Unrecht, reduzierte man sie allein auf diesen Sport. Groß war der Einfluss auf die schottische Religionsgeschichte und das Bildungswesen. Im 8. Jh. erlitt der *heilige Regulus* Schiffbruch vor der Küste Fifes, konnte sich aber an Land retten. Mit sich führte er die Gebeine des **Apostels Andreas,** und aus Dankbarkeit für sein Überleben errichtete *Regulus* an der Stelle des heutigen St Andrews eine Kapelle. *St Andreas,* der an einem quergestellten Kreuz starb, wurde der Nationalheilige der Schotten und sein Zeichen, das Andreaskreuz, ist heute noch in der schottischen Fahne zu sehen. St Andrews entwickelte sich bald zu einem **Wallfahrtsort** für Tausende von Pilgern aus aller Welt, 1160 wurde die Kathedrale erbaut und um 1200 die Burg, als Festung und Palast des Bischofs. Mit der Reformation im Jahr 1559 erlosch der religiöse Einfluss der Stadt, Kathedrale und Burg verfielen.

Wichtiger Meilenstein im schottischen Erziehungswesen war die Einrichtung der ersten schottischen Universität im Jahr 1412, gefolgt 1450 von der Gründung des **St Salvator's College,** und bis heute besitzt St Andrews eine der besten theologischen Fakultäten Großbritanniens. Die Studenten, die hier die Universität besuchen, sind sehr traditionsbewusst. Sie tragen noch ihren *red gown,* ihren roten Filzumhang, und flanieren sonntags auf der Hafenmauer.

Sehenswertes

Der noch erhaltene mittelalterliche Stadtgrundriss und viele alte Häuser machen einen Stadtrundgang lohnenswert. Den beginnen Sie am einfachsten am **West Port,** der schon im Mittelalter Einlass in die Stadt gewährte. Das Tor stand ursprünglich weiter östlich, wurde aber bereits 1589 an seinem jetzigen Standort wieder aufgebaut. Das Wappen *David I.,* der im 12. Jh. der Stadt die Marktrechte garantierte, das Stadtwappen an der Ostwand und die beiden Nebenbögen sind Zugaben aus dem 19. Jh.

Sie gehen nun weiter entlang der South Street Richtung Innenstadt. Die South Street selbst ist eine der drei Hauptstraßen der Altstadt, die alle an der Kathedrale zusammenlaufen. Etwa 200 m weiter sind auf der rechten Seite die Ruinen der **Blackfriars Chapel** zu sehen. Die Kapelle aus dem frühen 16. Jh. ist alles, was die Zerstörungswut der Reformatoren des Jahres 1559 vom Blackfriars- Kloster stehen ließ. An der ge-

Fife

St Andrews

wölbten Decke sind noch die Überreste einer Kreuzigungsdarstellung zu sehen.

Die **Town Hall,** etwa 200 m entfernt, wurde erst 1858 errichtet. In den Vorraum wurde ein Stein aus dem alten Gefängnis mit eingebaut, dessen Eingravierungen das Datum 1565 und das Wappen eines ehemaligen Bürgermeisters zeigen.

Die **Holy Trinity Church** auf der anderen Straßenseite ist weniger wegen architektonischer Besonderheiten als aufgrund der Vielzahl an ausgestellten Relikten sehenswert. Gegenstände wie die Bishop's Branks, ein grobes Eisengestell, das ahnungslosen Schwätzern während einer Messe plötzlich über den Kopf gezogen wurde, um sie mundtot zu machen, geben der Kirche den Charakter einer Art städtischen Museums.

Nur wenige Meter weiter können Sie auf der rechten Seite das schmiedeeiserne Tor des **St Mary's College** bewundern. In großen Lettern steht über dem Eingang *in principio erat verbum*, „am Anfang war das Wort", und verweist auf die hochgeistigen Studien, die hier betrieben werden. Durch das Tor gelangt man in den herrlichen, parkähnlichen Innenhof der Universität. Gleich zu Anfang wird man von einer 250-jährigen Eiche begrüßt, die zwar wunderbar gewachsen ist, sich jedoch vom Alter her nicht mit dem Dornenbaum am Glockenturm messen kann, den schon *Maria Stuart* gepflanzt haben soll.

St Mary's College wurde 1537 gegründet und 1554 fertig gestellt. Die Nord- und Westgebäude der rechteckigen Anlage stammen noch aus dieser Zeit, während die anderen Teile erst im 17. Jh. erbaut wurden. Die Sonnenuhr neben dem Glockenturm datiert ebenfalls aus dem 17. Jh., der obligatorische efeubewachsene Taubenschlag am anderen Ende des „Hofes" ist etwa 100 Jahre jünger.

Am Ende der South Street steht, ganz St Andrews überragend, die Kathedrale bzw. ihre Ruinen. Rechts der Straße ist der ehemalige Haupteingang des sakralen Geländes **The Pends** völlig erhalten; durch den gotischen Torweg führt nun eine Straße.

Die **Kathedrale** war vor ihrer Zerstörung während der Reformation die größte Kirche Schottlands, und Tausende von Pilgern beteten jährlich an den 31 Altären. Doch auch die Ruinen lassen die riesigen Ausmaße der zwischen 1160 und 1318 errichteten Kathedrale (109 m lang, 19 m breit) noch erahnen. Die westliche Giebelwand, die scheinbar entgegen allen Gesetzen der Statik 19 m in den Himmel ragt, gibt mit ihrem östlichen Pendant einen guten Eindruck von der einstigen Größe.

Auf dem Friedhof um die Kathedrale erhebt sich 30 m hoch **St Rule's Tower.** Der eckige normannische Turm einer noch älteren Kirche kann über eine enge, steile Wendeltreppe bestiegen werden, eine Anstrengung, die der weite Ausblick vom Turm zur Genüge belohnt. Die Turmbesteigung kostet Eintritt, Tickets sind beim **Kirchenmuseum** auf dem Friedhof erhältlich. Das Museum selbst zeigt u.a. einige sehr schöne keltische Kreuzsteine. (Ö: im Sommer Mo-So 9.30-18.30 Uhr, im Winter Mo-So bis 16.30 Uhr, E: £ 3, www.historic-scotland.gov.uk)

Von St Rule's Tower herab können Sie einen schönen Blick auf *St Andrews Castle* werfen. Die Burg, um 1200 nördlich am Meer erbaut, war der Palast der Erzbischofs von St Andrews. In der Ruine sind ein finsteres Verlies und während einer Belagerung gegrabene Tunnel zu besichtigen. (Ö: im Sommer Mo-So 9.30-18.30 Uhr, im Winter Mo-So bis 16.30 Uhr, E: £ 4, www.historic-scotland.gov.uk)

Schlendern Sie nun über The Scores weiter, am *St Salvator's College* entlang, und biegen Sie in den Butt's Wynd ab. An der Ecke zur North Street steht der Turm von St Salvator's Kirche und College. St Salvator's ist das älteste College in St Andrews und wurde 1450 gegründet. Der Turm und die Kirche sind Überreste aus dem Mittelalter und mit dem Namen des Erbauers *Bischof James Kennedy* verbunden, der in der Kirche begraben liegt. In der Kirche wird im April ein Universitätsgottesdienst abgehalten, zu dem die Studenten in ihren roten Umhängen erscheinen.

Weiter östlich in der North Street hat das *Crawford Centre for the Arts* geöffnet und zeigt wechselnde Kunstausstellungen. Im Sommer werden auch Theaterstücke aufgeführt. (Ö: Mo-Sa 10-17, So 14-17 Uhr, E: frei). Unweit davon informiert das *St Andrews Aquarium,* in The Scores, über die verschiedenen Bewohner der schottischen See. (Ö: Mo-So 10-

18 Uhr, E: £ 5.85, www.standrews aquarium.co.uk)

Im Kinburn Park an der Doubledykes Road hat Anfang der 90er das *St Andrews Museum* eröffnet, das die lange und ereignisreiche Geschichte der Stadt illustriert. (Ö: im Sommer Mo-So 10-17 Uhr, im Winter Mo-So 10.30-16 Uhr)

Information

● *Tourist Information Centre,* 70 Market Street, St Andrews, KY16 9NU, Tel. 01334/47 20 21, standrewstic@kftb.ossian.net.
● www.standrews.org.uk

Aktivitäten

● Die Spielzeit des exzellenten *Byre Theater* in Abbey Street geht von Mitte Mai bis Ende Dezember und beinhaltet sehenswerte Aufführungen. Auskunft über Veranstaltungen unter der Tel. 01334/47 50 00.
● *Lammas Fair* ist der älteste mittelalterliche Markt Schottlands und immer ein großes Spektakel. Termin ist jedes Jahr vom ersten Freitag im August bis zum folgenden Dienstag, am Sonntag ist der Markt geschlossen.
● *Stadtführung:* Für £ 5 kann man sich beim Tourist Information Centre eine *Audioführung* durch die Stadt ausleihen. Im Preis sind Ermäßigungen für verschiedene Attraktionen inbegriffen. Eine Führung auf dem **Old Course** ist an den Juliwochenenden und täglich von Juli bis August für £ 2 erhältlich. Treffpunkt ist zwischen 11 und 16 Uhr am Geschäft hinter dem 18. Loch.
● Bei schönem Wetter können Sie sich am Sandstrand, den *West Sands* am Old Course, in der Sonne aalen.

Verbindungen

● In St Andrews gibt es keinen Bahnhof, der nächste liegt in Leuchars. Dort halten die *Züge,* die Aberdeen mit Edinburgh und Glasgow verbinden. Andere Stationen in Fife

St Andrews

Viktorianisches Folly

Farbkarte Seite XI; Stadtplan Seite 299 **St Andrews**

auf dieser Linie sind Inverkeithing, Kirkcaldy, Markinch for Glenrothes, Ladybank und Cupar. Die Züge fahren in etwas unregelmäßigen Abständen, aber ungefähr jede halbe Stunde, sonntags seltener.

● St Andrews wird durch die **Buslinien** X59 und X60 mit Edinburgh verbunden. Nach Glasgow fahren die Linie 24/X24 (via Dunfermline) und X26 (via East Neuk). Die Linie 23 verkehrt zwischen St Andrews und Stirling und mit Dundee verbinden die Linien 96 und 99.

● **Konkrete Verbindungen:** *Traveline* für alle öffentlichen Verkehrsmittel (außer Flügen) www.travelinescotland.com bzw. Tel. 0870/ 60 82 608 (siehe auch „Unterwegs in Schottland" für günstige Tickets).

● **Autowerkstatt und -verleih:** Ian Cowe Couchworks, 78 Argyle Street, Tel. 01334/ 47 25 43.

● Ein **Taxistand** ist bei der Bus Station Ecke City Road, Station Road zu finden oder aber Jay Taxis, Tel. 0870/60 82 608.

Unterkunft

Hotels

Hotels finden Sie überall in der Altstadt, besonders in der Umgebung der North Street.

● **Doune House,** 5 Murray Place, Tel./Fax 01334/47 51 95, www.dounehouse.com, B&B ab £ 25.

● **Bell Craig Guest House**, 8 Murray Park, Tel./Fax 01334/47 29 62, www.bellcraig. co.uk, B&B ab £ 20.

● **Russel Hotel**, 26, The Scores, Tel. 01334/47 34 47, Fax 47 82 79, www.rus sellhotelstandrews.co.uk, B&B ab £ 40.

● **St Andrews Old Course Hotel,** Old Station Road, Tel. 01334/47 43 71, Fax 47 76 68, www.oldcoursehotel.co.uk, B&B ab £ 135, ist „das" Golfhotel am Ort.

B&B

In der ganzen Stadt, z.B. in der Abbey Street (Seitenstraße der South Street) und ihrer Verlängerung Abbey Walk und St Mary's Street.

● **University Residences,** Buchungen bei: Holidays, University of St Andrews, 79 North Street, Tel. 01334/ 46 20 00, Fax 46 55 55, www.EscapeToTranquility.com, B&B ab £ 28, geöffnet von Juni-Sept.

Herbergen

● **St Andrews Tourist Hostel,** Inchcape House, St Mary's Place, Tel. 01334/ 47 99 11, lee@eastgatehostel.com, bieten Basisunterkünfte £ 12-16.

Camping

● **Cairnsmill Caravan Park,** Largo Road, entlang der A 915, 1,5 km südlich des Stadtrandes, Tel. 01334/47 36 04, Zelt ab £ 10, Wohnwagen ab £ 14, betreibt auch ein Bunkhouse, in dem man für £ 8 übernachten kann.

● **Kinkell Braes Caravan Park**, Tel. 01334/47 42 50, www.abbeyfordscotland. com, Wohnwagen ab £ 11, keine Zelte.

● **Craigtonn Meadows Holiday Park,** Mount Melville, liegt zwischen St Andrews und Strathkinness, Tel. 01334/47 59 59, Fax 47 64 24, Zelt und Wohnwagen ab £ 15.

Essen und Trinken

● **Pubs und Restaurants** finden sich in der Altstadt zu Genüge. Besonders entlang der drei Hauptstraßen North Street, Market Street und South Street.

● **West Port** in der South Street hat den ganzen Tag geöffnet und verfügt über einen Biergarten. **The Vine Leaf,** ebenfalls in der South Street, ist bekannt für gute Weinauswahl.

● Ebenfalls in der South Street sowie in der Market Street befinden sich **Eissalons.**

● **Ma Bells Tavern** (tagsüber) und **The Restaurant at the Golf** (ab 19 Uhr geöffnet) bieten Snacks bzw. elegante Abendessen und befinden sich im St Andrews Golf Hotel, 40 The Scores, Tel. 01334/47 26 11.

● Auch in den Nebenstraßen, welche die drei Hauptstraßen miteinander verbinden, finden Sie mehrere Pubs. Exzellent ist das **Grange Inn** in der Grange Road. In dem Restaurant können Sie für ca. £ 40 ein Menü für 2 Personen erhalten, Tel. 01334/ 47 26 70.

Weitere Informationen

- Mehrere **Töpfereien** in Church Square und der South Street sind ebenso einen Besuch wert wie die **Goldschmieden** in der South Street.
- Letzte Instanz in Sachen **Golfausrüstung** ist *Auchterlonies* am Golf Place.
- St Andrews hat zwar keinen Fischmarkt, aber *Keracher* in der Market Street bietet eine hervorragende Auswahl an frischem **Fisch** zu vernünftigen Preisen.
- **Banken** haben ihren Sitz in der Market Street und der South Street.
- Das **Postamt** liegt in der gleichen Straße schräg gegenüber der Information.
- Ein **Supermarkt** befindet sich in der Market Street, wo auch ein **Fahrradhändler** sein Geschäft betreibt.

Falkland ⇗ XI, C3

Sehenswertes

Im Landesinneren Fife's liegt am Fuße der **Lomond Hills** das kleine Städtchen Falkland. Zahlreiche *little houses* aus dem 16. und 17. Jh. wurden liebevoll restauriert und laden zu einem Gang durch die Straßen und Gassen ein.

Beherrschend, jedoch nicht erschlagend wirkt **Falkland Palace,** eines der sieben Schlösser der Stuart-Könige. Im Grunde zu klein für eine königliche Residenz, war der

Das Jagdschloss der Stuartkönige: Falkland Palace

Palast das Jagdschloss der Stuarts und Brautgeschenk für die jeweilige Königin.

Die ursprünglichen Besitzer, die *Earl of Fife*, hatten den Palast im 12. Jh. als Festung erbaut, doch 300 Jahre später machte *James II.* den Palast zur königlichen Residenz und nahm zwischen 1453 und 1463 erhebliche Erweiterungen vor. *James IV.* und *James V.* sind die wichtigsten Bautätigkeiten zuzuschreiben, und unter *James V.* entstand auch der Südflügel, der, vergleichbar dem Palast von Stirling Castle, eines der schönsten Beispiele der schottischen Frührenaissance ist. Im 17. Jh. brannte der Palast ab, wurde aber im 19. Jh. weitestgehend wieder aufgebaut. Die Inneneinrichtung ist daher größtenteils nicht original, doch wurden die Möbel mit Sorgfalt ausgesucht und stammen zumeist aus der entsprechenden Epoche.

In dem wunderhübschen kleinen Park, der sich dem Palast hinten anschließt, ist ein **Royal Tennis Court** aus dem Jahr 1539 zu bewundern, der älteste königliche Tennisplatz Großbritanniens. Im Unterschied zu normalen Tennisplätzen werden hier die Wände ähnlich wie beim Squash ins Spiel mit einbezogen. (Ö: im Sommer Mo-Sa 10-18, So 13-17 Uhr, Nov.-Dez. 10-16 Uhr)

Unterkunft

● **Covenanter Hotel,** High Street, gegenüber des Palastes gelegen, Tel. 01337/85 72 24, Fax 85 71 63, B&B ab £ 26.
● **Hunting Lodge Hotel**, High Street, Tel. 01337/85 72 26, Fax 85 79 78, B&B ab £ 20.
● **Burgh Lodge,** Backwynd, Tel. 01337/85 77 10, www.burghlodge.co.uk, Independent Hostel mit B&B ab £ 10.

Rote Stuart-Löwen in Falkland

Loch Leven ♫ XI, C3

Schon außerhalb des Bezirks Fife, aber noch auf der Halbinsel liegt in der Nähe der M 90 der Loch Leven. Im April und September ist der reizvolle See Rastplatz für Scharen von Wildgänsen und Enten. Auf einer Insel inmitten des schönen Sees steht die Ruine eines Castles. **Loch Leven Castle** wurde um 1300 erbaut, trotzdem wird die Festung vor allem mit *Maria Stuart* assoziiert. Nach ihrer dritten Heirat mit dem *Earl of Bothwell* fiel die Königin in Ungnade bei ihren Fürsten, wurde nach Loch Leven gebracht, im Castle gefangen gehalten und gezwungen, zugunsten ihres Sohnes, *James VI.,* abzudanken.

Nach fast einjähriger Gefangenschaft gelang es *Maria* zu fliehen, doch nach einer verlorenen Schlacht verließ sie bereits 14 Tage nach ihrer Flucht Schottland für immer in Richtung England.

Ein Besuch des Castles ist heute von eher historischem Interesse, denn die Burg ist stark zerstört und allenfalls aufgrund ihrer Insellage als romantische Ruine zu bezeichnen. Boote fahren regelmäßig vom **Kinross Pier** ab, doch bei windigem Wetter ist die Überfahrt nur seefesten Reisenden zu empfehlen. (Ö: nur im Sommer Mo-So 9.30-18.30 Uhr, Okt. nur bis 15.15 Uhr)

Die Kleinstadt **Kinross,** am Westufer des Sees gelegen, ist eine freundliche Stadt ohne große Anziehungskraft. Zu erreichen ist die Stadt über die B 996, der Pier liegt an einer Nebenstraße, die östlich von der Hauptstraße abbiegt. Am Pier liegt ein malerischer, alter **Friedhof,** der einen Blick wert ist. Nördlich des Friedhofes und des daran angrenzenden Parks liegt die andere Attraktion des Städtchens: **Kinross House.** Das herrschaftliche Gebäude wurde im Jahr 1690 von *Sir William Bruce* entworfen und gebaut, ist aber leider nicht für den Publikumsverkehr geöffnet. Der dazugehörige Park kann dagegen zeitweise besichtigt werden.

Unterkunft

●Die einzige Jugendherberge von Fife befindet sich in Glendevon, an der A 823 zwischen Gleneagles und Dunfermline. Wer mit öffentlichen Verkehrsmitteln unterwegs ist, kann bis Yetts O'Muckhart die Buslinie 23 nehmen und muss dann noch 3 km Fußweg bewältigen: **Glendevon Hostel,** Glendevon by Dollar, Tel. 0870/00 41 123, ab £ 11, von Mitte März-Sept. geöffnet.

Tayside

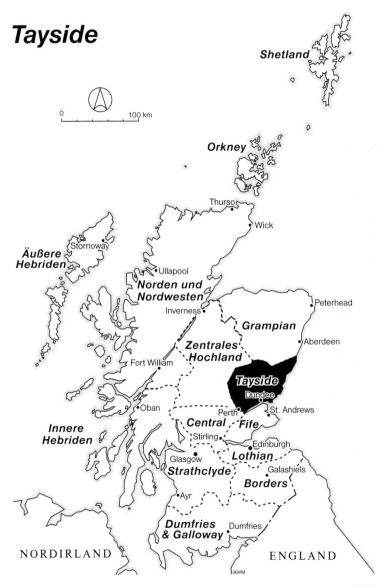

311

Überblick

Die Region Tayside, wie sie hier in diesem Buch behandelt wird, erstreckt sich über das Gebiet nördlich des Firth of Tay. Die Region wird für schottische Verhältnisse von der Sonne verwöhnt, und das **Klima** ist mild. Im Winter liegt Schnee auf den Bergspitzen, die im Sommer mit lila Heidekraut übersät sind.

Einst war Tayside Zentrum des piktischen Königreichs, bis im 9. Jh. die **Pikten** mit den Scoten unter *Kenneth Macalpine* vereint wurden. Das mysteriöse piktische Volk ist heute verschwunden, doch zeugen Hügelfestungen und Erdhäuser von der einstigen Anwesenheit der Pikten in dieser Region.

Das **Landesinnere** des Tayside ist sanft, mit schönen, teilweise bewaldeten Tälern und bewachsenen Hügeln. Der Boden wird landwirtschaftlich genutzt, denn die Landwirtschaft ist neben der Fischerei der Haupterwerbszweig.

Die **Küste** verläuft oft steil mit atemberaubenden Felsformationen, die unterbrochen werden von sandigen Badestränden.

Industrie gibt es in Tayside nur um Dundee, der viertgrößten Stadt Schottlands. Whiskybrennerei spielt für die Wirtschaft eine ebenso große Rolle wie die ständig wachsende Tourismusbranche. In Perth, im Südwesten der Region, werden im Februar und im Oktober die so genannten **Bull Sales,** große Viehmärkte, abgehalten.

Perth   ⬈ XI, C2

Überblick

Wenige Kilometer südlich von Perth führt die Autobahn M 90 über eine Kuppe und eröffnet einen herrlichen Blick auf die Stadt im Tal. Perth liegt in einer fruchtbaren **Ebene am Tay,** dort, wo vom Meer kommend die früheste Möglichkeit bestand, eine Brücke über den Fluss zu schlagen. Jahrhundertelang mussten alle Reisende, die von Fife nach Dundee wollten, den Umweg über Perth nehmen, bis im 19. Jh. die Eisenbahnbrücke und vor wenigen Jahren die Autobahnbrücke über den Tay eröffnet wurden.

Perth ist eine **alte Stadt.** Überreste der Stadtmauer zeugen schon von einem römischen Lager an dieser Stelle, und bereits im Jahr 1210 wurden der Stadt die Marktrechte zugesprochen. Bis ins 15. Jh. hinein bzw. bis zur Ermordung des Dichterkönigs *James I.* war Perth die schottische Hauptstadt, und beim nahe gelegenen Scone Palace wurden die schottischen Könige gekrönt.

Ehemals ein geschäftiger Hafen, ist Perth heute **Zentrum** einer fruchtbaren, landwirtschaftlich genutzten Region und veranstaltet selbst einen Viehmarkt. Zudem sind mehrere Brennereien und einige andere, kleine Industriezweige angesiedelt.

Perth ist zwar eine alte, doch nur **teilweise eine schöne Stadt.** Viele alte Häuser wurden abgerissen und durch neue, allerdings unattraktive,

Farbkarte Seite XI **Überblick**

Dunnotar Castle

Perth

zweckmäßige Bauten ersetzt. Im Stadtzentrum zwischen den beiden Parkanlagen North Inch und South Inch, die seit Jahrhunderten die Stadt eingrenzen, finden sich noch einige sehenswerte georgianische Bauten.

Sehenswertes

In der **St John's Kirk** am St John's Place hielt *John Knox* am 11.5.1559 eine feurige Predigt. Von der folgenden Zerstörungswut der aufgebrachten Bevölkerung blieb auch St John's nicht verschont, sie wurde jedoch nicht so stark zerstört wie andere Kirchen in Schottland.

Im 19. Jahrhundert wurde mit der Renovierung der Kirche begonnen, 1926 waren die Arbeiten beendet. Große Teile des Langschiffes sind zwischen 1100-1126 erbaut worden, Chor und Querschiff stammen aus dem 15. Jh. Die massiven Säulen und die prächtige Decke des Mittelschiffs stehen im Kontrast zu dem schlichten Kreuz und Altar aus dem 20. Jh. (Ö: im Sommer Mo-Sa 10-16, So 12-14 Uhr)

Von St John's Place nördlich in die High Street gehend, dann westlich und schließlich rechts in den Millwynd, stoßen Sie auf die West Mill Street, in der die **Lower City Mills** restauriert wurden. Die viktorianische Wassermühle arbeitet wieder, und der Besucher kann in der Mühle die Mehlproduktion verfolgen. Über der Mühle ist neben einigen Kunsthandwerksstuben auch ein Café angesiedelt. (Ö: im Sommer Mo-Sa 10-17 Uhr)

Nordöstlich, nahe des North Inch, ist in North Port eines der ältesten Gebäude der Stadt zu sehen. In dem **Fair Maid's House** wohnte *Catharine Glover,* die *Walter Scott* als „The Fair Maid" verewigt hat. Als die Mörder *James I.* 1437 ins nahgelegene Blackfriars Monastery eindringen wollten, verriegelte die tapfere *Catharine* die Tür in Ermangelung des eisernen Riegels mit ihrem Arm. Trotzdem konnte sie die Eindringlinge nur für kurze Zeit aufhalten und den Mord an *James* nicht verhindern. Das Haus beheimatet nun Kunsthandwerksläden und eine Galerie, in der wechselnde Ausstellungen gezeigt werden. (E: frei)

Gleich nebenan steht in der George Street ein großes georgianisches Gebäude. Es beherbergt die **Art Gallery and Museum.** Sammlungen zur örtlichen Geschichte, zur Whiskybrennerei der Umgebung, zu Naturkunde und Archäologie werden ebenso gezeigt wie verschiedene wechselnde Kunstausstellungen. (Ö: Mo-Sa 10-17 Uhr, E: frei)

Am anderen Tay Ufer erstreckt sich **Branklyn Garden.** In dem kleinen, blühenden Park sind neben Rhododendren auch viele seltene Pflanzen zu sehen. Am schönsten ist ein Besuch im Frühling oder im Herbst. (Ö: Ostern-Okt. Mo-So 10-17 Uhr, E: £ 5, www.nts.org.uk)

Information

● **Tourist Information Centre,** Lower City Mills, West Mill Street, PH1 5QP, Tel. 01738/ 45 06 00, perthtic@perthshire.co.uk.
● www.perthshire-scotland.co.uk

Farbkarte Seite XI **Perth**

Verbindungen

- **Konkrete Verbindungen:** *Traveline* für alle öffentlichen Verkehrsmittel (außer Flügen) www.travelinescotland.com bzw. Tel. 0870/ 60 82 608 (siehe auch „Unterwegs in Schottland" für günstige Tickets).

Zug

- Mehrmals täglich fährt in Perth ein Zug ab, der über Gleneagles und Stirling die Stadt mit **Glasgow** verbindet. Zudem verkehren mehrere Züge nach **Edinburgh,** die über Kircaldy und Inverkeithing ihren Weg in die schottische Hauptstadt nehmen.
- Ebenso besteht eine Bahnlinie **nach Inverness** über Dunkeld, Pitlochry, Blair Atholl und Dalwhinnie. Der Zug fährt ebenfalls mehrmals täglich, macht jedoch teilweise nur in Pitlochry Zwischenstation.
- Eine regelmäßige Verbindung besteht zwischen **Aberdeen** und Perth. Der Zug fährt entlang der Küste mit Stationen u.a. in **Dundee** und Arbroath.
- Der **Bahnhof** liegt am King's Place unweit des Busbahnhofs.

Bus

- Zwischen den Städten Perth und **Edinburgh** verkehren mehrere Linien der *Scottish Citylink*. Die Route führt über Dunfermline und Kinross nach Perth und fährt etwa jede Stunde. Die Fahrt dauert etwa 80 Min. und kostet £ 7.
- Von Perth fährt der Bus weiter nach **Inverness,** über Birnam Station (Dunkeld), Pitlochry, Kingussie und Aviemore. Die Fahrtdauer dieser Strecke beträgt 155 Min., der Fahrtpreis liegt etwa bei £ 10.
- Von Perth fahren mehrmals täglich die Linien 987, 989 und 963 über Dundee

Zeitloses Opfer der Gegenwart: Skulptur an der St John's Kirk in Perth

nach Aberdeen. Die Linie 983 fährt ab Dundee durch das Landesinnere, die Linie 965 entlang der Küste. Die gesamte Fahrtzeit beträgt 145 Min., die Kosten liegen um £ 14.

● **Nach Glasgow** fahren Linien der *Stagecoach*.

● Der **Busbahnhof** liegt in der St Leonards Street, einer Nebenstraße der Verlängerung der A 9 aus Stirling. Lokal verkehrende Busse halten jedoch vorwiegend in der Mill Street, einer Parallelstraße der High Street.

Autoverleih

● **Arnold Clark**, St Leonard's Bank, Perth, Tel. 01738/44 22 02, www.arnoldclark.co.uk.

● **Thrifty Car Rental,** St Andrews Street, Perth, Tel. 01738/63 36 77, www.thrifty perth.com.

Unterkunft

Hotels in allen Preisklassen sind im Stadtzentrum oder am östlichen Tayufer in der Dundee Road und am Pitcullen Crescent (A 94 nach Scone) angesiedelt:

● **Parklands Hotel,** 2 St Leonards Bank, Tel. 01738/62 24 51, Fax 62 20 46, www.theparklandshotel.

● **Iona Guest House,** 2 Pitcullen Crescent, ungefähr 10 Min. vom Stadtzentrum entfernt, Tel. 01738/62 72 61, B&B ab £ 20, www.ionaperth.co.uk.

● **Beechgrove Guest House,** Dundee Road, Tel./Fax 01738/63 61 47, B&B ab £ 25.

● **B&B** findet sich vor allem an den größeren Straßen und am anderen Tayufer in der Dundee Road (A 85 nach Dundee) und am Pitcullen Crescent (A 94 nach Scone).

● **Wester Caputh Independent Hostel,** Wester Caputh Steading, Manse Road, Caputh, Tel. 01738/71 04 49, Fax 71 06 17, www.westercaputh.co.uk.

● **Camping and Caravanning Club Site Scone Palace Caravan Park,** Old Scone, Tel. 01738/55 23 23, www.campingand caravanningclub.co.uk, Zelt und Wohnwagen ab £ 12.

Scone   ⚓ XI, C2

Etwa 3 km nordöstlich von Perth an der A 94 liegt Scone, der Krönungsort der schottischen Könige. Im 9. Jh. soll *Kenneth MacAlpine*, der Vereiniger der Pikten und Scoten, den **Stone of Destiny** hierhergebracht haben, auf dem bis ins 13. Jh. alle schottischen Könige gekrönt wurden. 1296 wurde der Stein vom englischen König *Edward I.* aus Scone entwendet und in die Westminster Abbey gebracht. Erst 1996 kehrte er in einer feierlichen Zeremonie nach Schottland zurück und befindet sich heute im Edinburgh Castle.

Im 12. Jh. gründete *Alexander I.* in Scone ein Kloster, in dem der heilige Stein aufbewahrt wurde. Im 16. Jh. blieb auch dieses Kloster nicht von den wütenden Reformatoren verschont; es wurde zerstört und noch im selben Jahrhundert an gleicher Stelle **Scone Palace** errichtet.

Im 19. Jh. ließ der *3. Earl of Mansfield* die herrschaftliche Residenz im victorianisch-gotischen Stil umbauen. Sonderlich reizvoll ist die Außenansicht des Palastes nicht, aber der Bau ist groß und die Innenausstattung sehenswert. In mehreren Räumen sind vorwiegend französische Möbel, Porzellan und eine Elfenbeinsammlung ausgestellt.

Gegenüber dem Palast steht eine kleine Kapelle auf einem unscheinbaren **Hügel,** dessen Erde aus allen Teilen Schottlands zusammengetragen wurde. Jedesmal, wenn die *Clan-Chiefs* auf einen neuen König schworen, brachten sie einen Stiefel

Farbkarte Seite XI   ***Dundee***

voll Erde mit, um den Treueeid auf eigenem Boden zu leisten. (Ö: Ostern bis Okt. Mo-So 9.30-17.30 Uhr, E: £ 6.95, www.scone-palace.net)

Dundee   ⚲ XI, C2

Überblick

Nördlich von Fife, am anderen Ufer des Firth of Tay, liegt die Industriestadt Dundee, die ehemals für *Jute, Jam and Journalism* bekannt war. Heute ist von den drei großen „J" nur das Jam geblieben, denn **Marmelade,** wenn auch in etwas bescheideneren Mengen, wird in der 155.000-Einwohner-Stadt noch immer hergestellt. Manche behaupten, auch die berühmte English Marmelade, die Orangenmarmelade mit Schalen, sei in Dundee von einer *Mrs. Keiller* erfunden worden, eine Ansicht, die jedoch nicht überall geteilt wird.

Die **Juteindustrie** florierte in Dundee ein Jahrhundert lang. Die Planwagen der Siedler Amerikas waren bespannt mit Jute aus Dundee, und bis in die 50er Jahre des 20. Jahrhunderts bot die Juteproduktion Beschäftigung für etwa 7000 Menschen. Doch seit die Inder begannen, ihre Rohjute selbst zu verarbeiten, wurde das Material knapp, und die Aufträge blieben aus. Heute wird nur noch wenig Jute hergestellt, von einer Industrie kann nicht mehr die Rede sein.

Das dritte „J", der **Journalismus,** bezog sich auf das Zeitungsimperium *Thompson & Legs,* das immer noch existiert und mehrere Blätter verlegt, aber stark an Bedeutung verloren hat. In einem anderen journalistischen Bereich sind die Dundonians jedoch noch immer führend: Die Helden der schottischen Kindheit, die Comicfiguren *Desperate Dan* und *Lord Snooky* und allen voran *Oor Wullie* und die *Broons* stammen aus den hiesigen Zeichnerstuben.

Dundee ist eine Industriestadt. In den 60er Jahren mussten viele alte Häuser neueren, zweckmäßigeren Gebäuden weichen und wurden abgerissen. Die Lebensqualität in Dundee wird von den Bewohnern selbst als recht hoch eingeschätzt, trotzdem ist die Stadt unserer Ansicht nach **keine Touristenstadt.** Einkaufen und wohnen lässt es sich gut in Dundee, ebenso bestehen regelmäßige Verbindungen zu allen größeren britischen Städten. Es gibt einen Flugplatz, einen Bahnhof, eine Autobahn und ein dichtes Busnetz, doch besitzt die Stadt weder viele Attraktionen, noch besticht sie durch ein besonders ansprechendes Stadtbild.

Sehenswertes

Im Hafen von Dundee liegt am Victoria Dock die königliche **Frigate Unicorn** (ausgeschildert). Das Kriegsschiff mit dem Einhorn als Gallionsfigur wurde 1824 erbaut und bietet Platz für 46 Kanonen. Ein Rundgang im Innern des Rumpfes vermittelt einen Eindruck vom Leben in der *Royal Navy* des 19. Jh. Da dem Schiff die Masten fehlen, kann es äußerlich jedoch nicht mit dem majestätischen Anblick der Discovery konkurrieren.

317

Dundee

(Ö: im Sommer Mo-So 10-17 Uhr, im Winter Mi-So 10-16 Uhr, E: £ 3.30, www.frigateunicorn.org)

An der A 85 nach Perth, nahe der Taybrücken liegt die Dreimastbark **RRS Discovery** im Discovery Point. Die Discovery lief unweit ihres jetzigen Standorts 1901 vom Stapel. Gebaut wurde sie für *Captain Scott,* der mit dem Schiff seine erste Antarktisexpedition unternahm, ein zu jener Zeit schier ungeheuerliches Abenteuer. Heute liegt der Dreimaster nach einer Restaurierung wieder in seinem Heimathafen und ist zur Besichtigung freigegeben. Seemannsmodelle, Originalgeräusche und Originalgerüche sowie ein Film sollen dem Besucher ein möglichst authentisches Erlebnis vermitteln. (Ö: April-Okt. Mo-Sa 10-18, So 11-18 Uhr, Nov.-März Mo-Sa 10-17, So 11-17 Uhr, E: £ 6.25 oder mit Verdant Works £ 10.95, www.rrsdiscovery.com)

Im Stadtzentrum (ausgeschildert) ist mitten zwischen hohen Häusern der alte Friedhof **The Howff** angelegt. Einstmals Garten des Greyfriars-Klosters, schenkte *Maria Stuart* das Grundstück im 16. Jh. der Stadt als Friedhof. Grabsteine aus drei Jahrhunderten bezeugen, dass bis vor hundert Jahren so mancher Dundonian hier seine letzte Ruhestätte fand. Zusätzlich diente der Friedhof als Treffpunkt *(howff)* der Handwerksgilden, und auch heute noch nimmt hier so mancher Dundonian sein Mittagessen ein. Biertrinken ist auf dem Grundstück verboten, wie gleich mehrere Schilder verkünden.

Im Osten begrenzt die Barrack Street die Anlage. Wenn Sie sich am nördlichen Ende der Straße nach rechts wenden, vorbei an The Howff, erreichen Sie den Albert Square und die **McManus Galleries.** Die Ausstellungen innerhalb der Galerie thematisieren die örtliche Geschichte und wirtschaftliche Entwicklung der Stadt. Die Kunstgalerie zeigt Werke flämischer, holländischer, französischer und britischer Meister, darunter einige sehenswerte Arbeiten des schottischen Jugendstilkünstlers *George Dutch Davidson.* (Ö: Mo-Sa 10.30-17, Do 10-19, So 12.30-16 Uhr, E: frei)

Einen Einblick in die Geschichte der Juteindustrie Dundees vermittelt das Museum **Verdant Works** im West Henderson's Wynd, westlich des Zentrums gelegen. (Ö: April-Okt. Mo-Sa 10-18, So 11-18 Uhr, Nov.-März Mo-Sa 10.30-16.30, So 11-16.30 Uhr, E: £ 5.25 oder mit RRS Discovery £ 10.95, www.rrsdiscovery.com)

Erst seit März 1999 hat **Dundee Contemporary Arts** in der Nethergate geöffnet. In dem Kunstzentrum gibt es zwei Galerien, in denen zeitgenössische Kunst ausgestellt wird, Werkstätten für Künstler und zwei Kinos. (Ö: Galerien haben montags geschlossen, E: frei)

Wer am Ufer des Firth of Tay steht, dem fallen die beiden großen **Tay Bridges** über den Fjord ins Auge. Links die Autobahn-, rechts die Eisenbahnbrücke, ragen in der Mitte noch die traurigen Überreste einer dritten Brücke aus dem Wasser. Die erste Eisenbahnbrücke über den Tay

Farbkarte Seite XI

Dundee

wurde nach sechs Jahren Bauarbeiten 1877 eingeweiht. Drei Kilometer lang war die Brücke, ein Wunderwerk der Technik, der Stolz Dundees. Doch bereits zwei Jahre später stürzte die Brücke während eines Unwetters ein und zog einen Zug und 75 Passagiere mit sich in den Abgrund. Der Sturm, der an diesem 28.12.1879 tobte, zerstörte nicht nur die Brücke, sondern auch die Träume allzu Fortschrittsgläubiger, denn als Unfallursache stellte sich vor allem technisches Versagen heraus.

In **Broughty Ferry,** etwa 5 km östlich des Stadtzentrums, steht am Ufer eines der besterhaltenen *Tower Houses* Schottlands. **Claypotts Castle** hat einen „Z"-förmigen Grundriss mit zwei Rundtürmen, die sich diagonal gegenüberstehen. Auf den Türmen sitzen wie Hauben hervorspringende Räumlichkeiten. Die Burg wurde im späten 16. Jh. für die *Strachan Familie* erbaut und war später u.a. im Besitz von *John Graham of Claverstone*, bekannter unter dem Namen *Bonnie Dundee* (vgl. auch Kiliecranky im Kapitel „ZentralesHochland"); leider nur von außen zu besichtigen.

Geöffnet hat das nahe gelegene **Broughty Ferry Castle** aus dem späten 15. Jahrhundert. Es beherbergt das Heimatmuseum von Broughty Ferry und zeigt u.a. eine Ausstellung zum Walfang. Außerdem hat man von hier einen schönen Blick auf das Meer. (Ö: Mo 11-17, Di-Do und Sa 10-17 Uhr, 13-14 Uhr geschlossen, Juli-Sept. auch So 14-17 Uhr, E: frei)

Information

- **Tourist Information Centre,** 21 Castle Street, Dundee DD1 3AA, Tel. 01382/52 75 27, Fax 52 75 51, enquiries@angusanddundee.co.uk.
- www.angusanddundee.co.uk

Verbindungen

- **Konkrete Verbindungen:** *Traveline* für alle öffentlichen Verkehrsmittel (außer Flügen) www.travelinescotland.com bzw. Tel. 0870/60 82 608 (siehe auch „Unterwegs in Schottland" für günstige Tickets).

Zug

- Züge fahren regelmäßig mehrmals am Tag entlang der Küste nach **Aberdeen,** durch Fife **nach Edinburgh** und über Perth **nach Glasgow.** Der **Bahnhof** liegt in der Nähe der Taybrücken am Tayufer.
- **Auskunft** über den Fahrplan erhalten Sie bei *First ScotRail,* Taybridge Station, South Union Street, Dundee.

Bus

- Durch Dundee fährt eine Linie der *Scottish Citylink* von Aberdeen **nach Edinburgh** und zurück. Der Bus fährt etwa jede Stunde, die Fahrtdauer **von Aberdeen** nach Dundee beträgt zwei Stunden.

Zwischenstationen auf dem Weg nach Aberdeen sind Muidrum, Arbroath, Montrose, Inverbervie und Stonehaven, zwischen Dundee und Edinburgh Perth, Kinross und Dunfermline. In Perth teilt sich diese Linie und fährt abwechselnd von Dundee nach Aberdeen nicht entlang der Küste, sondern über Forfar, Stracathro (für Brechin) und Laurencekirk. Fahrpreis für die gesamte Strecke etwa £ 18, zwischen Dundee und Aberdeen £ 10 und von Dundee nach Edinburgh £ 10. Station in Dundee ist die **Seagate Bus Station,** nördlich des Hafens gelegen.

- Genauere **Informationen** erhalten Sie bei der Seagate Bus Station.

Tayside

319

Dundee

● *Strathtay Scottish Bus & Coach* bietet auch ein sog. **Rover Ticket** an, das pro Tag ca. £ 5.50 kostet und unbeschränkte Nutzung der Strathtaybusse ermöglicht, die in ganz Tayside verkehren.

Flug

Der **Dundee Airport** liegt nur 3 km außerhalb des Stadtzentrums am Riverside Drive. Das Taxi in die City kostet rund £ 2-3. Von hier verkehren täglich Flugzeuge nach Manchester, Edinburgh und Aberdeen. Flugauskunft: Tel. 01382/66 22 00, www.dundee city.gov.uk/airport/main.htm.

Taxi

● **Dundee Taxi Cab Company Ltd.,** Tel. 01382/20 30 20.

Autoverleih

● **Arnold Clark Car Rental,** East Dock Street, Dundee, Tel. 01382/22 55 382.
● **Enterprise Rent-A-Car,** 131 Seagate, Dundee, Tel. 01382/66 64 00, www.enter prise.com.

Unterkunft

Hotels finden sich in der ganzen Stadt, u.a. im Stadtzentrum, am Tay-Ufer und in Broughty Ferry am südöstlichen Stadtrand.
● **Hilton Dundee Hotel,** Earl Grey Place, Tel. 01382/22 92 71, Fax 20 00 72, B&B ab £ 60.
● **The Queens Hotel,** 160 Nethergate, Tayside, mitten im Stadtzentrum, Tel. 01382/ 32 25 15, Fax 20 26 68, www.queenshotel-dundee.com, B&B ab £ 45.
● **Cullaig Guest House,** 1 Rosemount Terrace, Upper Constitution Street, Tel. 01382/ 32 21 54, B&B ab £ 20.
● **Dunlaw House Hotel,** 10 Union Terrace, Tel. 01382/22 17 03, B&B ab £ 30.
● Von Juli-Sept. wird ab £ 20 B&B auch in leerstehenden **Studentenwohnungen** angeboten. Nähere Informationen erteilt: *University of Dundee,* Residence Office, Tel. 01382/34 40 39, Fax 20 26 05, www.dun

dee.ac.uk/residences. Zudem bietet die Universität Gruppen die Möglichkeit, Wohnungen mit 4-8 Schlafmöglichkeiten wöchentlich ab £ 340 anzumieten.
● **Riverview Caravan Park** in Monifieth ist der nächste Campingplatz und liegt im Osten von Dundee, noch hinter Broughty Ferry, an der A 930. Marine Drive, Monifieth, Tel. 01382/53 54 71, www.ukparks. co.uk/riverview, Wohnwagen, Zelt ab £ 10.

Zwischen Dundee und Aberdeen

Überblick

Zwischen Dundee und Aberdeen liegt die **Grafschaft Angus.** Angus wird im Osten durch das Meer begrenzt und endet dort an einer herrlichen Küste mit steilen Klippen aus rotem Sandstein, die von sanften Buchten mit Sandstränden unterbrochen werden. Im Westen liegen die Grampian Mountains, wo schöne Täler, allen voran das Glen Esk, zum Wandern einladen. Zwischen dem Meer und den Bergen schließlich erstreckt sich ein schmaler Streifen mit hübschen Ortschaften, fruchtbaren Feldern und kleinen Waldflächen.

Verbindungen

● **Zug:** Aberdeen verlässt ca. jede halbe Stunde ein Zug in Richtung Dundee. Zwischenstationen sind in Stonehaven, Montrose und Arbroath. Die Fahrt dauert etwa 70 Min.

● **Bus:** Zwischen Aberdeen und Dundee verkehren die Buslinien der *Scottish Citylink.* Etwa jede Stunde fährt ein Bus mit Stopps in Arbroath, Montrose, Inverbervie und Stonehaven. Die Fahrtzeit beträgt ca. 110 Min., der Fahrpreis für die gesamte Strecke liegt bei £ 7. Haltestellen sind in Dundee, Seagate Busstation; Arbroath, Busstation; Montrose, High Station, Clydesdale Bank; Inverbervie, Co-op; Stonehaven, Cameron Street und Aberdeen, Guild Street Bus Station. Die Busse aus Aberdeen nach Dundee halten in Stonehaven in der Barclay Street.

● **Konkrete Verbindungen:** *Traveline* für alle öffentlichen Verkehrsmittel (außer Flügen) www.travelinescotland.com bzw. Tel. 0870/ 60 82 608 (siehe auch „Unterwegs in Schottland" für günstige Tickets).

● **Auto:** An der A92 zwischen Dundee und Aberdeen ist die *Angus Coastal Tourist Road* ausgeschildert, die als Alternative zur Hauptstrecke die Küste entlang führt.

Arbroath   ⟋ XI, D2

Etwa 25 km nördlich von Dundee liegt das Städtchen Arbroath an der A 92. Schotten wird bei Nennung des Namens Arbroath die Unterzeichnung der schottischen **Unabhängigkeitserklärung** im Jahr 1320 einfallen. Nach dem Sieg von Bannockburn unter *Robert the Bruce* wurde die schottische Unabhängigkeit von England in Arbroath schriftlich besiegelt. Den nichtschottischen Besucher werden eher die Ruine von Arbroath Abbey und der *Arbroath smokie* interessieren.

Arbroath Abbey wurde 1178 von *William „the lion"* gegründet und von Tironensier-Mönchen bewohnt. Von der aus rotem Sandstein erbauten Abtei sind heute noch sehenswerte Teile der Kirche und der Wohngebäude erhalten. Auch das Haus des Abtes überdauerte und beherbergt heute eine Ausstellung über das Leben in der kirchlichen Gemeinschaft sowie einige Stücke mittelalterlicher Kunst. (Ö: im Sommer Mo-Sa 9.30-18.30, So ab 14 Uhr, im Winter Mo-Sa bis 16.30 Uhr, So geschlossen, E: £ 3.30)

Weiterhin ist die Stadt für ihren **Arbroath smokie**, den über Eichen- und Birkenspänen geräucherten Schellfisch, bekannt. Zwischen Abtei und Hafen wird fast überall frisch geräucherter Schellfisch verkauft, der besonders gut kalt, mit dunklem

Brot, Butter, Pfeffer und viel Zitronensaft schmeckt.

Von der Hauptstraße geht innerhalb der Ortschaft eine Straße ab zur Bucht und Klippe **Whiting Ness.** Hier beginnt ein enger Fußweg, der entlang der Küste in das etwa 5 km nördlich gelegene **Auchmithie** führt (bzw. kurz vor der Ortschaft an der Landstraße endet). Die faszinierende Steilküste aus rotem Sandstein, das Meer, das an die Felsen brandet, und die einsamen Schreie der Vögel versprechen vor allem bei schönem Wetter einen herrlichen Ausflug. Auchmithie ist ein malerisches Fischerdorf mit Häusern oberhalb der Klippen und einem kleinen Hafen unten am Meer.

Zwischen Arbroath und Stonehaven

St Vingeans ⌁ XI, D2

Nur wenige Meter hinter dem nördlichen Ortsausgang von Arbroath biegt links eine kleine Straße von der A 92 in Richtung St Vingeans ab. Von der Abzweigung ist es nur noch wenig mehr als ein Kilometer, bis Sie in den Ort gelangen, dessen kleine rote Kirche auf einem Hügel errichtet wurde.

Um den Hügel gruppieren sich mehrere Häuser aus rotem Sandstein, von denen eines das äußerst interessante **St Vingeans Museum** beherbergt. 32 piktische Grabsteine werden in diesem Museum ausgestellt und gut verständlich erklärt. (Ö: im Sommer Mo-So 9.30-18.30 Uhr, E: frei)

Wenn Sie weiter entlang der A 92 fahren, lohnt es sich auf jeden Fall, einmal auf eine der östlichen Nebenstraßen Richtung Küste abzubiegen, um einen Blick über die roten Sandsteinklippen auf das Meer zu werfen. Auf halbem Weg zwischen Arbroath und Montrose führt eine Seitenstraße zur **Lunan Bay.** Die Bucht mit dem schönen Sandstrand wird überragt von der Ruine des **Red Castle.** Die Burg stammt vermutlich aus dem 15. Jh., und das zerstörte Turmhaus thront noch immer aufrecht auf einem Felsen über dem Meer.

Montrose ⌁ XI, D1

Etwa 10 km weiter nördlich führt die Straße nach Montrose. Wie auf einer Halbinsel wird der Ort gleich von drei Seiten durch Wasser begrenzt: die See im Osten, ein Flusslauf im Süden und das Montrose Basin im Westen. Die freundliche Hafenstadt bietet gute Einkaufsmöglichkeiten, besitzt jedoch keine besonderen Attraktionen, abgesehen von den Heerscharen an Wildgänsen, die jeden Winter den See bevölkern. Die Vögel beobachten und mehr über sie erfahren kann man im **Montrose Basin Wildlife Centre** in Rossie Braes, Montrose. (Ö: im Sommer Mo-So 10.30-17 Uhr, im Winter bis 16 Uhr, E: £ 2.50, www.montrose basin.org.uk)

Wenn Sie die Stadt auf der A 935 in westlicher Richtung verlassen, erreichen Sie nach 5 km ein weiteres Meisterwerk des schottischen Architekten *William Adam. Adam* wurde 1730 von *David Erskine, Lord Dun,* beauftragt, als Ersatz für das alte

Farbkarte Seite XI, XVII **Zwischen Dundee und Aberdeen**

Castle ein Landhaus mittlerer Größe zu entwerfen. Entstanden ist dabei das **House of Dun,** das wie viele Adam-Bauten insbesondere durch die ausgewogene Innenarchitektur besticht. Typisch für seinen Stil ist die Kombination von Halle und Salon im Erdgeschoss und der Bibliothek oberhalb des Salons. Den Salon schmücken aufwändige Stuckarbeiten von martialischer Thematik. Der Raum ist etwas höher als die übrigen Zimmer des Erdgeschosses und bedingt dadurch zwei Ebenen im ersten Stock, wo die Bibliothek dann über eine zusätzliche Treppe betreten werden kann.

Von außen bewirkt diese Einheit aus Salon und Bibliothek eine Auflösung der ansonsten eher strengen Linien des quadratischen Gebäudes. Die übrigen Räume sind liebevoll mit Möbelstücken, Gemälden, Vasen und anderem eingerichtet, und mehrere hilfsbereite, ehrenamtliche Mitarbeiterinnen des *National Trust for Scotland* stehen bei Fragen zur Verfügung. Um das Haus erstreckt sich außerdem ein Park mit schönen Spazierwegen. (Ö: nur im Sommer Fr-Di 12-17 Uhr, Juli-Aug. 12-17 Uhr, E: £ 5)

Dunnottar Castle   *⌖* **XVII, D3**
Wieder zurück auf der A 92 ist ca. 3 km südlich von Stonehaven eine der faszinierendsten Ruinen Schottlands zu sehen. Dunnotar Castle besitzt keine Festungsmauern und war trotzdem so sicher, dass während der Cromwell'schen Kriege die schottischen Reichsinsignien hier aufbewahrt wurden.

Wie dies möglich war? Das Rätsel löst sich, hat man die Burg vor Augen. Dunnotar Castle steht auf einem über 50 m hohen Felsen im Meer, mit nur einer schmalen Verbindung zum Festland. Ein enger, steil gewundener Pfad war der einzige Zugang zur Burg und konnte mit nur wenigen Soldaten selbst gegen ein großes Heer verteidigt werden. Auch der heutige Besucher erklimmt den Felsen über den schmalen Pfad, und auf halbem Wege erwartet ihn wie einst der Wachposten ein Kassierer, der aufpasst, dass niemand ohne Ticket die Burg betritt.

Ursprünglich stand auf dem Felsen eine Kapelle, doch im 14. Jh. wurde die Kirche an ihren heutigen Standort am River Carron, ca. 3 km landeinwärts, verlegt. Unmittelbar darauf errichtete *Sir William Keith, Marischal of Scotland*, eine Festung auf dem Felsen und wurde dafür vom Erzbischof von St Andrews wegen „Entweihung geheiligten Bodens" exkommuniziert, eine Anordnung, die vom Papst jedoch wieder aufgehoben wurde. Zu sehen sind heute noch die Ruinen des Turmhauses, einiger Wohngebäude und der Kapelle. (Ö: im Sommer Mo-Sa 9-18 Uhr, So 14-17 Uhr, im Winter So-Fr 9.30 Uhr bis Sonnenuntergang, E: £ 3.50)

Unterkunft

●Verlässt man Montrose entlang der A 92 nach Norden, erreicht man nach wenigen Kilometern **St Cyrus.** Das kleine Dorf mit einem schönen Sandstrand und wundervollem Blick über die ganze Bucht verfügt auch über einen sehr empfehlenswerten Cam-

Zwischen Dundee und Aberdeen

pingplatz am Meer: **East Bowstrips Caravan Park,** St Cyrus, Tel./Fax 01674/85 03 28, Zelt ab £ 7, Wohnwagen ab £ 10.
● **Wairds Park Caravan Site,** Beach Road, Johnshaven, Tel. 01561/36 23 95. Buchungen bei: *Mrs. E. Adam,* 2 Herds Crescent, Johnshaven, Tel. 01561/36 26 16, liegt auf halbem Weg zwischen Montrose und Stonehaven an der Küste. Zelte ab £ 7, Wohnwagen ab £ 9.

Stonehaven ⇗ XVII, D3

Stonehaven, ca. 15 km südlich von Aberdeen an der A 92 gelegen, ist eine kleine Stadt mit einem reizvollen Hafen am Fuße einer imposanten Sandsteinklippe. Der Felsen ist auf einem Fußweg zu erklimmen und verspricht bei schönem Wetter einen herrlichen Blick über das Meer und die Stadt. Von der Spitze nimmt auch ein Pfad zum 3 km entfernten Dunnotar Castle seinen Anfang, der entlang der dramatischen Küstenlinie verläuft.

Das Hafenbecken Stonehavens gewährt heute hauptsächlich Sportbooten Schutz, Fischerboote benutzen den Hafen kaum noch. Am Hafen steht das alte Gefängnis, das Tolbooth, das heute keine Gefangenen mehr, sondern das örtliche **Heimatmuseum** beherbergt. (Ö: nur im Sommer, Mi-Mo 13.30-16.30 Uhr, E: frei)

Die Stadt bietet ein relativ breites Angebot an **Freizeitaktivitäten,** insbesondere im sportlichen Bereich.

Sinfonie der Schornsteine: Dächer von Stonehaven

Farbkarte Seite XI, XVII **Das Landesinnere von Angus**

Die Auswahl reicht von Golf über Bowling, Tennis, Reiten, Angeln usw. bis zum Quoiting, einer alten, fast ausgestorbenen schottischen Sportart, die mit schweren Eisenringen gespielt wird. Angelscheine für die umliegenden Gewässer verkauft *Davids Sports & Leasure,* 31 Market Square, Tennis- und Bowlingplätze sind neben dem Schwimmbad am Strand zu finden.

An der Strandpromenade wurde ein beheiztes Meerwasserfreibad angelegt, in der Nähe befindet sich auch das **Leisure Centre** mit Schwimmbad, Café u.a.

Gut essen kann man im **Tolbooth Restaurant** am Hafen, schöne Pubs sind überall in der Innenstadt oder am Hafen, wo auch das **Ship Inn** liegt, zu finden.

Information
● **Tourist Information Centre,** 66 Allardice Street, Verlängerung der A 92 aus Aberdeen, Stonehaven, Tel. 01569/76 28 06, Ostern bis Okt. geöffnet.

Unterkunft
In Stonehaven sind mehrere Hotels vor allem in den etwas größeren Straßen, wie Allardice Street und Arduthie Road, anzutreffen.
● **Arduthie House,** Ann Street, im Stadtzentrum gelegen, Tel. 01569/76 23 81, B&B ab £ 26, www.arduthieguesthouse.com.
● **Heugh Hotel,** Westfield Road, etwas außerhalb des Stadtzentrums, Tel. 01569/ 76 23 79, www.heughhotel.com, ist in einem alten Herrenhaus beheimatet, B&B ab £ 40.
● **Queen Elisabeth Caravan Park,** im Norden Stonehavens, neben dem Schwimmbad, der Campingplatz ist an der A 90 ausgeschildert, Tel. 01569/76 40 41.

Das Landesinnere von Angus

Tayside

Verbindungen

● Wer von Dundee **nach Stonehaven** nicht entlang der Küste, sondern durch das Landesinnere fahren möchte, verlässt Dundee auf der A 929 in nördlicher Richtung und stößt in Forfar auf die A 94, die ebenso wie die A 92 nach Stonehaven führt.
● **Bus:** An dieser Strecke führt die Buslinie 987 von *Scottish Citylink* entlang, mit Zwischenstopps in Forfar, Stracathro Services (Brechin), Laurencekirk und Stonehaven.
Der Fahrpreis beträgt für die gesamte Strecke ca. £ 10. Haltestellen sind in Dundee, Seagate Bus Station; Forfar, Lentlands Road; Brechin, Clerk Street; Laurencekirk, High Street; Stonehaven, Barclay Street und Aberdeen, Guild Street Bus Station. Der Bus aus Aberdeen in Richtung Süden hält in Stonehaven in der Barclay Street.
● **Konkrete Verbindungen:** *Traveline* für alle öffentlichen Verkehrsmittel (außer Flügen) www.travelinescotland.com bzw. Tel. 0870/ 60 82 608 (siehe auch „Unterwegs in Schottland" für günstige Tickets).

Glamis und die Angus Glens ⬀ XI, C 1/2

Auch abseits der Küstenlinie von angus finden sich mehrere Sehenswürdigkeiten, unter denen **Glamis Castle** die herausragendste ist. Etwa auf halbem Wege zwischen Dundee und Forfar zweigt westlich die A 928 von der A 929 nach Glamis (sprich: Glarms) ab. Auf einer langen Allee nähert sich der Besucher schließlich dem Castle und sieht schon von weitem zwischen den Bäumen die großen rosa-grauen Mauern der Burg.

Das Landesinnere von Angus

Das große L-förmige Turmhaus mit niedrigeren Anbauten auf beiden Seiten ist in seiner heutigen Form erst im 17. Jh. entstanden, trotzdem sind Teile des Towers wesentlich älter und wurden bereits im 14. Jh. errichtet. Glamis ist eine jener drei Burgen, die Schauplatz der Ermordung *Duncan's* durch *Macbeth* gewesen sein sollen. Doch ebenso wie bei den anderen Burgen spricht schon das Alter gegen diese Theorie, da *Duncan* bereits im 11. Jh. getötet wurde.

Glamis ist zudem berühmt für seine Gespenster. In einer Krypta spielt der riesige rotbärtige *Beardie Crawford* am Sabbath Karten mit dem Teufel, und niemand kann im Inneren des Castle das Zimmer zu einem Fenster finden, das von außen deutlich in einem der oberen Stockwerke zu sehen ist.

Durch die üppig ausgestatteten Innenräume leiten regelmäßig Führungen. Da *Queen Elisabeth,* the Queen Mother, in Glamis Castle aufgewachsen ist, beinhaltete in unserem Fall die Führung leider mehr Klatsch über die Königinmutter als Informationen zu Geschichte und Art der Gemächer. Nichtsdestotrotz sind die Räumlichkeiten sehenswert. (Ö: März-Okt. Mo-So 10-18 Uhr, letzter Einlass 16.30 Uhr, Nov.-Dez. 12-16 Uhr, E: £ 7, www.glamiscastle.co.uk)

Als lohnend empfanden wir einen Besuch des kleinen **Angus Folk Museum** im Ort Glamis. In einem langgestreckten Gebäude, beste-

Geburtsort der Königinmutter: Glamis Castle in Tayside

Farbkarte Seite XI, XVII **Das Landesinnere von Angus**

hend aus sechs alten Hütten, wird das Leben der schottischen Landbevölkerung und seine Veränderungen in den letzten 200 Jahren dargestellt. Ein Wohnraum und eine Spinnstube wurden ebenso eingerichtet wie ein Schulzimmer und auch eine Scheune mit verschiedenen landwirtschaftlichen Gerätschaften. (Ö: nur im Sommer Fr-Di 12-17 Uhr, davon Juni-Aug. Mo-So 12-17 Uhr, E: £ 5, www.nts.org.uk)

Nördlich von Glamis liegt an der A 926 das kleine Städtchen **Kirriemuir.** Von hier aus lassen sich Wanderungen durch die herrlichen **Angus Glens,** die Täler der Region, wie Glen Isla, Glen Prosen oder Glen Clova, unternehmen. Genauere Informationen über Wanderwege erhalten Sie beim örtlichen Tourist Information Centre im Cumberland Close, Tel. 01575/57 40 97 (nur von April-Sept. geöffnet).

Einige Kilometer südwestlich von Glamis liegt an der A 94 das **Meigle Museum.** Das Museum stellt 25 Steine aus der keltisch-christlichen Zeit (6.-10. Jh.) aus, in die Bilder und Ornamente eingeritzt sind. Damit ist Meigle eine der wichtigsten europäischen Sammlungen von Bildhauerei aus dem frühen Mittelalter (Ö: nur im Sommer Mo-So 9.30-18.30 Uhr).

Von Forfar nach Stonehaven

Nordöstlich von Glamis liegt an der A 94 **Forfar** mit einem hübschen Stadtzentrum aus roten Sandsteinhäusern. Von dem geschäftigen Forfar führen zwei Straßen ins nordöstli-

Schutzpatronin schottischer Gartenkultur: die Geometria in Edzell Castle

che Brechin, die gut ausgebaute A 90 und die schmale B 9134.

Wer sich für die kleinere Straße entscheidet, kann auf halbem Wege die **Aberlemno Sculptured Stones** bewundern, 4 keltische Steine, von denen drei direkt an der Straße stehen. Der vierte und schönste steht an einer Nebenstraße im Kirchhof (Hinweisschild), ein Kreuzstein aus dem 8. Jh. mit verschlungenen Ornamenten auf der einen und piktischen Symbolen und Figuren auf der anderen Seite.

Etwa 10 km weiter nordöstlich hat **Brechin** eine wirkliche Besonderheit zu bieten. Der **Brechin Round Tower** ist ein Rundturm irischen Typs, wie es ihn in Schottland nur noch einmal im 100 km weiter südlich gelegenen Abernethy gibt. Der

327

Das Landesinnere von Angus

schlanke Turm wurde im späten 11. Jh. erbaut und diente den Pikten als Zuflucht vor plündernden Wikingern. Das spitze Dach ist nicht piktisch, sondern wurde erst im 14. Jh. hinzugefügt.

Hinter Brechin stößt die A 935 dann auf die gut ausgebaute A 90 nach Stonehaven. Folgt man dieser Straße nach Stonehaven, zweigt bei Keithock die B 966 nach **Edzell** ab. Das attraktive Städtchen kann man durch den **Dalhousie Arch,** einen etwas absurd wirkenden Torbogen, der 1887 allein am Ortseingang aufgestellt wurde, betreten.

Schon etwas außerhalb der Ortschaft biegt links die Straße nach **Edzell Castle** ab. Die ursprüngliche Burg aus dem 12. Jh. befand sich ehemals etwa 300 m südwestlich des heutigen Standortes, und um diese Burg gruppierten sich die Häuser des ersten Ortes Edzell. Von Burg und Stadt blieb nur der Kirchhof erhalten, alles andere ist verschwunden. Das jetzige Castle, nun auch nur noch eine Ruine, wurde um 1500 in der damals üblichen Art des *Tower House* errichtet, d.Uhr. eines Turms mit mehreren Stockwerken. Um den Turm reihten sich in einem verteidigungsfähigen Hof die Wohngebäude.

Bekannt ist Edzell Castle allerdings nicht für seine Gebäude, sondern seinen Garten, der schon seit 1552 zur Burg gehört. Der jetzige wurde 1604 von *David Lindsay* angelegt. Trotz oder gerade wegen der geringen Ausmaße besticht die Anlage durch ihre Komposition: Ornamente aus Blumen werden von kunstvoll zu

den Wörtern „dum spiro spero" („solange ich atme, hoffe ich") geschnittenen Hecken umrahmt, und selbst an den Gartenmauern blühen Blumenarrangements, die sich mit dekorativ eingemeißelten Bildern abwechseln. (Ö: im Sommer Mo-So 9.30-18.30 Uhr, im Winter bis 16.30 Uhr, So ab 14 Uhr, Do nachmittags und Fr geschlossen, E: £ 3.30)

Wenn Sie auf die B 966 Richtung Fettercairn zurückkehren, werden Sie kurz hinter Edzell über eine alte Brücke den Fluss North Esk überqueren. Gleich hinter der Brücke ist eine kleine blaue Tür mit der Aufschrift „The Burn" zu sehen. Hinter dieser Tür erstreckt sich entlang des North Esk ein Privatgrundstück mit Durchgangserlaubnis für Spaziergänger. Der Pfad führt ein Stück entlang des North Esk durch das herrliche Tal **Glen Esk,** wo Sie bei den **Rocks of Solitude** in den Sommermonaten (ca. Mai-Juli) die Lachse auf dem Weg zu ihren Laichplätzen springen sehen können.

Durch das Tal führt ab Dalbog auch ein normaler Wanderweg, ebenso wie einige der zahlreichen umliegenden und durchweg sehenswerten Täler durch Wanderwege erschlossen sind. Von hier aus können Sie zu Fuß die Grampian Mountains überqueren und so ins Deetal gelangen. Genaue Informationen über Routen erhalten Sie beim Fremdenverkehrsbüro in Brechin oder in Kirriemuir. Für Autofahrer führt durch das Glen Esk auch eine schmale Straße.

Grampian

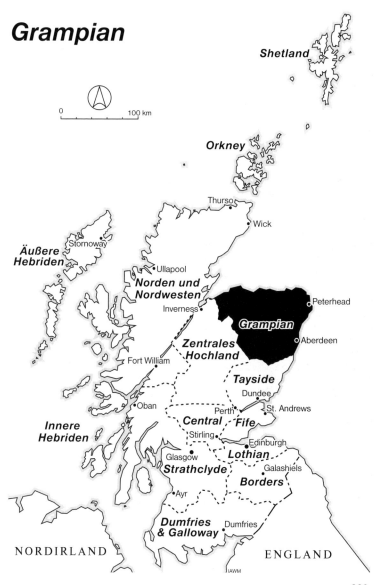

Überblick

Geographie und Wirtschaft

Grampian heißt die Region im Nordosten Schottlands nach den Grampian Mountains, die im Südwesten aufragen. Im Norden und Osten setzen der Firth of Moray und die Nordsee dem Gebiet eine natürliche Grenze. Zwischen Gebirge und Meer erstreckt sich eine fruchtbare Ebene aus weiten Feldern und bewaldeten Tälern, an der Küste wechseln sich atemberaubende Steilklippen und Felsformationen mit lieblichen Buchten und weißen Badestränden ab.

Die Menschen, die hier leben, ernähren sich traditionell vom *Fischfang* und neuerdings auch von der *Ölindustrie,* denn 1969 wurde hier vor der Küste das erste britische Ölfeld erschlossen.

Im Innern des Landes ist die Landwirtschaft der Haupterwerbszweig. Überall wird Ackerbau betrieben, und einige der vielen kleinen Dörfer veranstalten ihren eigenen Viehmarkt.

Die Erde der *Grampian Mountains* im Westen bietet nicht mehr ausreichend Nährstoffe für Feldfrüchte, nur die genügsame Erika kann hier überleben. Die Landschaft ist karg und großartig, und als einziges Zeichen der „Zivilisation" trifft man in dem dünnbesiedelten Gebiet über weite Strecken nur Schafe.

Grampian kann neben seiner vielfältigen Landschaft mit einer Vielzahl und Vielfalt an *Burgen und Schlössern* aufwarten wie kaum ein ande-

In den Grampian Mountains

rer Teil Schottlands. Zerfallene Ruinen stehen unweit von majestätischen Tower Houses oder herrschaftlichen Residenzen.

Für das leibliche Wohl sorgt zudem ein besonders dichtes Netz von **Whiskybrennereien.** Zentrum und administrative Hauptstadt der Region ist Aberdeen, die drittgrößte Stadt Schottlands, die sich seit Entdeckung der Ölquellen zur Ölhauptstadt Europas entwickelt hat.

Die Beschreibung der Region erfolgt strahlenförmig ausgehend von Aberdeen. Die erste Streckenbeschreibung ist die nördlichste, und danach gehen wir immer weiter nach Süden, bis im letzten Kapitel das Deetal beschrieben wird.

Geschichte

Obwohl Grampian schon früh besiedelt war, wie Bronzezeitgräber und Forts aus der Eisenzeit bezeugen, ist das erste bekannte Ereignis in der Geschichte Grampians die Vereinigung der Pikten und Dalriada Scots durch *Kenneth Macalpine* im 9. Jh. Später erlangten die *Comyns, Earls of Buchan,* die Herrschaft über die Region und wurden so mächtig, dass sie mit *Robert Bruce* um die Königswürde konkurrierten. Nach einer Niederlage gegen *Bruce* im Jahr 1307 verloren sie ihren Einfluss und mussten ihre beherrschende Position an die *Gordons* abtreten. Diese regierten das Land 250 Jahre lang wie Despoten, bis sie 1561 *Maria Stuart* den Anspruch auf die Krone streitig machten und ebenso wie die *Comyns* zuvor vernichtend geschlagen wurden. Von da an zeigten sich die Bewohner der Region zumeist königstreu und unterstützten auch die Jakobitenaufstände im 17. Jh.

Aberdeen ♪ XVII, D2/3

„Die graue Stadt am Meer". Hätte *Theodor Storm* Aberdeen gekannt, hätte er vielleicht nicht seine Heimatstadt Husum, sondern die schottische Handelsstadt so beschrieben. Grau, kalt und abweisend erscheint die granitene Stadt bei bewölktem Himmel, und nur wenig können die unzähligen berühmten Rosenanlagen den düsteren Eindruck aufhellen. Bahnen sich dann aber nach ei-

Rathausturm von Aberdeen

Geschichte und Wirtschaft Aberdeens

Geschichte und Wirtschaft Aberdeens

Das Datum der **Stadtgründung** ist unbekannt, doch schon im 11. Jh. erklärte *Alexander I.* Aberdeen zu einer seiner Hauptstädte. 1179 garantiert *William „the lion"* der Stadt die Rechte einer freien Hanse. Als Anfang des 14. Jh. die **Unabhängigkeitskriege** stattfanden, unterstützte Aberdeen *Robert the Bruce* und erhielt als Dank sein eigenes Jagdrevier (die heutigen Freedom Lands), sein Wappen und das Motto „Bon Accord" (Gute Übereinstimmung).

Von da an zeigten sich die Aberdonians jedoch recht unpolitisch, sieht man von einem kurzen Intermezzo zu Zeiten *Maria Stuarts* ab. Damals überkam den **Earl of Huntly**, den Chief des Gordon Clans, der unwiderstehliche Wunsch nach der Königswürde. Kräftig unterstützt wurde er hierin von seiner Frau, der eine örtlich ansässige Hexe prophezeit hatte, ihr Gemahl würde nach einem Gefecht zwar ins Gefängnis gebracht, aber keine Wunde davontragen. Als der Earl jedoch den Kampf verlor und gefangen genommen wurde, erlitt er durch den Schock der Niederlage einen tödlichen Herzinfarkt. Sein unverwundeter Leichnam wurde kurzzeitig im Gefängnis aufbewahrt.

Abgesehen von diesem Zwischenspiel überließen die Aberdonians das gegenseitige Köpfeinschlagen den anderen und widmeten sich lieber dem Handel, so dass die Geschicke der Stadt schon seit jeher weniger von politischen Ereignissen als von wirtschaftlichen Entwicklungen bestimmt wurden.

Die **Industrielle Revolution** im 18./19. Jh. hinterließ hier deutlich ihre Spuren: Papier- und Textilfabriken wurden gegründet und in der Seefahrt die berühmten Aberdeen Clippers entwickelt, die schnellsten Segler ihrer Zeit. Als schließlich 1882 mit dem Bau von Dampfbooten für die Trawlfischerei begonnen wurde, zogen Heerscharen von Fischerfamilien nach Aberdeen.

Das wirtschaftliche Wachstum brachte Wohlstand und das Bedürfnis nach neuem Wohnraum, Verwaltungsgebäuden etc. mit sich. *Archibald Simpson* und *John Smith* stellten sich der Herausforderung und entwarfen eine Stadt ganz aus dem heimischen Granit. Damit prägten sie das bis heute kaum veränderte Stadtbild und den Beinamen Aberdeens: „Granite City". Die **Granit-Architektur** begann mit der Union Street, angelegt im Jahr 1801, und erreichte ihren Höhepunkt mit dem Bau der Fassade von Marischal College 1905. Die imposante Anlage in der Broadstreet gilt denn auch als das zweitgrößte Granitgebäude der Welt.

Die spektakulärste Veränderung fand dagegen erst im 20. Jahrhundert statt: Seit 1969 östlich von Aberdeen das erste britische Ölfeld erschlossen wurde, erlebte die Stadt einen ununterbrochenen wirtschaftlichen Boom, dessen Ende bis jetzt noch nicht abzusehen ist. In dieser Zeit entwickelte sich Aberdeen von einem überdimensionalen Fischerdorf, wie es von nichtaberdonischen Spöttern bisweilen genannt wurde, zur **Ölhauptstadt Europas,** ohne jedoch das charakteristische Erscheinungsbild durch unsensible Bauvorhaben zu zerstören. Die niedrigste Arbeitslosenquote der Britischen Inseln verdankt Aberdeen mit Sicherheit in erster Linie dem Öl und seiner Funktion als Verwaltungs- und Versorgungszentrum der britischen Offshore-Bohrinseln.

Dennoch ist Öl zwar das wichtigste, aber nicht das einzige Standbein der aberdonischen Wirtschaft: Im Handelszentrum des Nordosten Schottlands sind neben Fisch- und Viehmarkt, einer Werft und der traditionellen Papier- und Textilindustrie beispielsweise auch Maschinen- und Elektromaschinenbau angesiedelt.

nem Regenschauer ein paar Sonnenstrahlen den Weg durch die Wolkendecke, zeigt sich Aberdeen in einem anderen Licht. Überall beginnt der Granit silbrig zu glitzern, und auch die Behauptung, das Stadtbild spiegele den Charakter seiner Bewohner wieder, erhält eine neue Bedeutung.

Ob man sie nun mag oder nicht, einen eigenwilligen Charme kann man dieser drittgrößten Stadt Schottlands (185.000 Einwohner), die nördlicher liegt als Moskau, auf keinen Fall absprechen.

Sehenswertes

Wie schon im Mittelalter teilt sich auch heute noch Aberdeen in zwei Teile: die Handelsmetropole Central Aberdeen mit seinen georgianischen und viktorianischen Granitbauten einerseits und das Zentrum des studentischen Lebens, Old Aberdeen, eine unter Denkmalschutz stehende, mittelalterliche Stadt, andererseits.

Central Aberdeen

Central Aberdeen zeichnet sich durch die geographische Nähe seiner Sehenswürdigkeiten aus, was große Fußmärsche zwischen den einzelnen Attraktionen erspart.

Am besten beginnen Sie Ihren Rundgang in der Castle Street am **Mercat Cross.** Da Aberdeen schon seit dem Mittelalter Marktrecht besitzt, befindet sich hier das für die freien Marktstädte (Burgh) übliche Marktkreuz. In diesem Fall stammt es aus dem Jahr 1686 und wird von ei-

Kampf gegen Apartheid: vor dem Marktkreuz von Aberdeen

Aberdeen

Kneipenschild in Aberdeen (WS)

nem Einhorn aus weißem Marmor gekrönt. Die Reliefs entlang der Arkade zeigen neben den Wappen der Krone und der Stadt auch die Portraits sämtlicher Stuart-Monarchen von *James I.* bis *James VII.*

Gleich nebenan, in der Union Street, steht das viktorianische **Rathaus** mit dem weithin sichtbaren Westturm. Der Granitturm stammt aus dem 19. Jh. und ist somit ca. 250 Jahre jünger als sein Pendant im Osten des Rathauses, der Gefängnisturm. Hier ist das **Tolbooth Museum** untergebracht mit einer interessanten Sammlung zur Sozialgeschichte der Stadt. (Ö: nur im Sommer Mi-Mo 13.30-16.30 Uhr, E: frei, www.scottishmuseums.org.uk)

Marischal College in der Broad Street wurde 1593 von *Georg Keith,* *5th Earl of Marischal,* gegründet, um ein protestantisches Gegengewicht zum katholischen King's College in Old Aberdeen zu schaffen. Als im 19. Jh. das ursprüngliche Gebäude zu klein und baufällig wurde, entwarf 1837 *Archibald Simpson* eine neue Anlage aus vier Flügeln, die hinter dem alten College errichtet wurde. Ende des 19. Jh., Anfang des 20. Jh. schließlich verschwanden diese ursprünglichen Gebäude völlig und wurden nach einem Entwurf *A. Marshall Mackenzie's* durch eine neue Front für die Anlage *Simpsons* ersetzt. Aufwändige Verzierungen schmücken trotz des harten, schwer bearbeitbaren Granits diese Fassade.

Provost Skene's House in Guest Row (zu erreichen von der Broad Street) beherbergt das lohnende

Farbkarte Seite XVII; Stadtplan Seite 339 **Aberdeen**

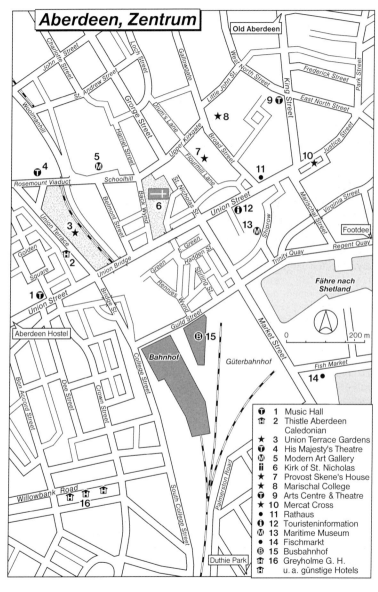

335

Aberdeen

Städtische Museum. In mehreren Etagen werden Einrichtungen aus den verschiedenen Epochen sowie historische und prähistorische Fundstücke ausgestellt. Provost (Bürgermeister) Skene's House selbst ist das älteste Haus im Stadtzentrum (erbaut 1545) und berühmt für die bemalte Holzdecke seiner Kapelle aus dem frühen 17. Jh. (Ö: Mo-Sa 10-17, So 13-16 Uhr, E: frei)

Nur wenige hundert Meter entfernt, sieht man die **Kirk of St Nicholas** am Back Wynd. Gegründet im 12. Jh., wurde die einst größte Pfarrkirche Schottlands während der Reformation in zwei Teile geteilt und bietet heute gleich drei verschiedenen Gemeinden Unterkunft. Der westliche Teil der Kirche ist zwischen 1741 und 1755 unter *James Gribbs* entstanden, einem der bedeutendsten Kirchenbauer Großbritanniens.

Im Osten befindet sich eine kleine steinerne Krypta, St Mary's (14. Jh.), in der im 17. Jh. mutmaßliche Hexen gefangen gehalten wurden, während sie später als Klempnerwerkstatt und schließlich als viktorianische Suppenküche wesentlich profaneren Zwecken diente. (Ö: im Sommer Mo-Fr 12-16, Sa 13-15 Uhr)

Schön ist der Friedhof, der die Kirche umschließt und zur Union Street von dem freistehenden Säulenbau *Facade,* einer gewaltigen klassizistischen Absurdität aus dem Jahre 1829, begrenzt wird.

Eine der interessantesten Sehenswürdigkeiten in Aberdeen ist mit Sicherheit die **Aberdeen Art Gallery** am Schoolhill. Die Galerie zeigt zum einen eine sehr gute Sammlung von Kunstwerken aus den letzten drei Jahrhunderten, mit Schwerpunkt auf den zeitgenössischen Arbeiten, und besticht zum anderen durch die Innenarchitektur ihrer Eingangshalle: Das durch das hohe Glasdach scheinende Tageslicht, die aus verschiedenfarbigem Granit beschaffenen Säulen, der Springbrunnen und nicht zuletzt die großen modernen Skulpturen verbreiten eine Atmosphäre der Ruhe, die die Hast und Hektik der Straße vergessen und unwirklich erscheinen lassen. (Ö: Mo-Sa 10-17, So 14-17 Uhr, E: frei)

In einer Stadt, die seit Jahrhunderten von den Schätzen lebt, die das Meer ihr zugesteht, darf auch ein Seefahrtsmuseum nicht fehlen. Das sehenswerte **Aberdeen Maritime Museum** ist im **Provost Ross's House,** dem drittältesten Haus des Zentrums (1593), in der Shiprow untergebracht. Anhand von Modellen und Computeranimationen in Bild und Ton wird hier die heimische Geschichte der Fischerei, des Schiffbaus und der Nordsee-Ölgewinnung beschrieben. (Ö: Mo-Sa 10-17, So 12-15 Uhr, E: frei)

Eine kleine Besonderheit befindet sich zudem an der Mündung des Dee. Hier ist das heute noch bewohnte Fischerdorf **Footdee** (aberdonisch *Fittie)* zu besichtigen, das im frühen 19. Jh. von den Fischern selbst entworfen wurde. Allgemein als Sehenswürdigkeit angepriesen, wurde es von uns allerdings als nicht besonders interessant empfunden.

Aberdeen ist berühmt für seine Gärten und Rosenanlagen, denn die Stadt wurde bereits zehnmal zur Ge-

336

winnerin des Wettbewerbs *Beautiful Britain in Bloom* gekürt.

Besonders reizvoll ist der **Duthie Park** im Süden, der außer einem Hügel nur aus Rosen auch den größten Wintergarten der Welt zu bieten hat. Oder im Westen die weitläufigste Anlage Aberdeens, **Hazlehead Park,** in dem sich ein Irrgarten und gleich drei Golfplätze befinden. Oder der bereits erwähnte **Seaton Park,** der mit dem *Playground of the Year* von 1976 aufwarten kann. Oder **Union Terrace Garden** in der Stadtmitte, ein natürliches Amphitheater, das für Freilichtkonzerte, Tanz und Straßentheater genutzt wird. Oder ...

Old Aberdeen

Atmosphärisch schöner, weil intimer als Central Aberdeen ist Old Aberdeen. Die mittelalterliche Stadt, die rund um die Kathedrale gewachsen ist, besaß bis ins 19. Jh. hinein ein eigenständiges Marktrecht und ein Gericht. Heute steht Old Aberdeen, dessen älteste Häuser um 1500 erbaut wurden, unter Denkmalschutz.

Als Ausgangspunkt für einen Rundgang eignet sich am besten **King's College** in der High Street. Die katholische Universität wurde 1495 von *Bishop William Elphinstone* gegründet und erst 1860 mit Marischal College im Zentrum vereinigt. Der größte Teil der Gebäude entstand wie Marischal erst nach 1820, doch die Kapelle ist noch ein Überbleibsel der ursprünglichen Anlage. Schon aus der Ferne beherrscht der Kirchturm das Stadtbild mit seiner markanten „gekrönten" Spitze, die an St Giles in Edinburgh erinnert. Innerhalb der Kapelle

Nicht nur für Kunstfreunde: die Aberdeen Art Gallery

Aberdeen

ist ein Eichengestühl aus dem 16. Jh. zu bewundern, das einzig verbliebene seiner Art in Schottland. Ein Besucherzentrum illustriert außerdem die Geschichte der Universität Aberdeens. (Ö: Mo-Fr 10-17, Sa 11-16, So ab 12 Uhr)

Anschließend führt die Route die High Street entlang bis **St Machar's** in der Straße Chanonry. Die Kirche besteht seit dem Jahr 1157 und wurde nach dem Heiligen benannt, der hier im 6. Jh. ein Kloster gegründet haben soll. Von der ursprünglichen Kirche blieben zwar nur die trutzigen Torbögen aus rotem Sandstein (14. Jh.) erhalten, doch ist St Machar's das älteste Granitgebäude Aberdeens und vor allem weltweit die einzige Kathedrale aus Granit. Innen eher karg ausgestattet, beeindruckt vor allem die berühmte Eichendecke aus dem Jahr 1520 mit 48 heraldischen Emblemen.

Gegenüber St Machar's lädt ein botanischer Garten, **Cruishank Botanic Garden,** zu einem schönen Spaziergang ein.

Wenn Sie weiter die Chanonry hinauf und durch den **Seaton Park** laufen, gelangen Sie nach einer Weile zum River Don und der mittelalterlichen Brücke **Brig o'Balgownie.** Die Brücke mit dem gotischen Bogen wurde um 1318 fertig gestellt und war bis ins 19. Jh. der einzige nördliche Zugang in die Stadt. Der romantische Schwung des Flusses und die alten Häuser auf beiden Seiten der Brücke mit den blühenden Vorgärten verbreiten eine erholsame Atmosphäre, die zum Rasten verführt.

Auf keinen Fall verpassen sollte man den berühmten aberdonischen

Morbide Kunst: Grabstein in St Machar's

Farbkarte Seite XVII; Stadtplan Seite 335 **Aberdeen**

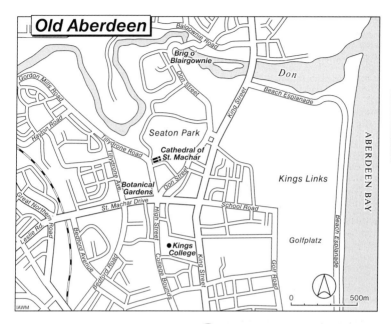

Fischmarkt. Diese Attraktion ist allerdings nichts für Langschläfer, denn, um den Fischmarkt besuchen zu können, muss man beizeiten aufstehen. Beginn ist an jedem Wochentag früh um 4 Uhr und bereits um 7.30 Uhr startet der Ausverkauf. In der kalten Morgendämmerung kann man hier die Fischer beobachten, wie sie in einem uns unverständlichen Sprachgemisch aus gellenden Schreien und Gesten ihre Ware verkaufen. Mit mehreren Hundert Tonnen Fischumsatz täglich ist der Aberdeener Fischmarkt einer der größten Großbritanniens.

Information

- **Visitor Information Centre,** 23 Union Street, Aberdeen, Tel. 01224/28 88 28.
- www.aberdeen-grampian.com

Aktivitäten

- Aberdeen besitzt ca. 3 km schönsten **Sandstrandes.** Hier in der Nordsee zu baden ist aufgrund der Wassertemperatur jedoch nicht jedermanns Sache.
- Angenehmer und ungefährlicher ist ein Bad im Wellenbad des **Beach Leisure Centre** (Ö: Mo-So 8.30-22.30 Uhr) oder ein Match auf einem der Golfplätze. Wem dies immer noch zu anstrengend ist, der sei auf den Vergnügungspark oder den Ballsaal,

Aberdeen

beide ebenfalls an der Strandpromenade, verwiesen.

● *His Majesty's Theater* im Rosemount Viaduct wurde 1906 erbaut, fasst 1500 Zuschauer und bietet ein gutes Programm an Ballett, Oper und Theater. Karten sind von £ 4 bis £ 12 erhältlich, Tel. 01224/64 11 22.

● In der *Music Hall,* Union Street, tritt regelmäßig das *Scottish Chamber Orchestra* und das *Scottish National Orchestra* auf.

● Im Juli findet im *Arts Centre & Theatre,* King Street, ein *Arts Carnival* und im September die Theatersaison statt.

● *The Lemon Tree,* 5 West North Street, ist ein kleines Kunstzentrum mit zwei Studiobühnen und einem Pub, Tel. 01224/64 22 30.

● Über das ganze Jahr verteilt sind zudem noch einige *Festivals:* Im Juni finden die traditionellen *Aberdeen Highland Games* statt und das *International Youth Festival* im August bietet nonstop musikalische Unterhaltung. Daneben gibt es diverse Rosen- und Fischfestivals sowie ein Fußballfestival im Juli.

● Die besten *Pubs* finden Sie ohne Schwierigkeiten in der Innenstadt, insbesondere entlang der Union Street und ihrer Nebenstraßen. Je weiter man sich der Castle Street nähert, desto mehr Pubs gibt es. In der *Belmont Street* findet sich nahezu alles, was das Herz begehrt: Clubs, Discos, Bars mit Live Band und Pubs. Wer Indie- oder Livemusik mag, kann allerdings auch dem Keller des *Hotel Metro* in der Market Street einen Besuch abstatten. Gemütlicher sind allerdings die Pubs in Old Aberdeen oder z.B. das *Under the Hammer* in der North Silver Street, wo viele einheimische Gäste bei einem guten Bier zu finden sind.

● *Restaurants* finden sich in Aberdeen praktisch in allen der zahlreichen *Hotels.* Gutes, wenn auch nicht ganz billiges indisches Essen kann man im *The Jewel in the Crown* in der Crown Street oder im *Blue Moon,* 11 Holburn Street, genießen. Oder das *Ashvale Restaurant,* 46 Great Western Road, bereitet angeblich eines der besten Fish an Chips Schottlands zu. *Silvers Darlings,* Pocra Quay, North Pier, ist bekannt für seine ausgezeichneten Fisch-

gerichte. Das *Courtyard Restaurant,* 1 Alford Lane, hat sich auf schottische Gerichte spezialisiert.

Verbindungen

● *Konkrete Verbindungen: Traveline* für alle öffentlichen Verkehrsmittel (außer Flügen) www.travelinescotland.com bzw. Tel. 0870/ 60 82 608 (siehe auch „Unterwegs in Schottland" für günstige Tickets).

Flug

● *Aberdeen Airport* ist einer der modernsten Flughäfen Großbritanniens, und die Flugzeit von London beträgt nur etwas über eine Stunde. Regelmäßige Flugverbindungen gibt es mit fast allen britischen Zentren.

Die Stadt ist vom Flughafen rund 10 km enfernt. Mit dem Taxi fährt man entweder für rund £ 5 zum Bahnhof *Dyce,* von wo regelmäßig Schnellzüge nach Aberdeen verkehren oder direkt für etwa £ 10 in die Stadt. Flugauskunft: Tel. 0870/04 00 006, www. baa.co.uk.

Zug

● Gute und regelmäßige Bahnverbindungen existieren ebenfalls mit den anderen britischen Zentren. *Von London* aus verkehrt sogar ein Hochgeschwindigkeitszug zum zentral gelegenen Bahnhof in der Guildstreet.

● Etwa jede halbe Stunde verlässt ein Zug Aberdeen, der über Stonehaven und Montrose *nach Dundee* fährt, von wo jede Stunde ein Zug über Perth und Stirling nach *Glasgow* anschließt. Die Fahrt von Aberdeen nach Dundee dauert ca. eine halbe Stunde.

● Seltener, jedoch ebenfalls mehrmals am Tag verkehrt ein Zug zwischen Aberdeen und *Inverness,* mit Zwischenstationen u.a. in Inverurie, Keith, Elgin und Forres; die Fahrtzeit beträgt etwas über zwei Stunden.

● Eine weitere Verbindung besteht zwischen Aberdeen über Dundee durch Fife nach *Edinburgh,* die im Ein-Stunden-Rhythmus die Stadt verlässt, Fahrtzeit etwa 1,45 Std.

Idyllischer Friedhof in Old Aberdeen

Aberdeen

Bus

● Für Ziele in der näheren Umgebung oder kleinere Ortschaften empfiehlt es sich, mit einem Bus zu fahren, da das Busnetz besser ausgebaut ist. Der **Busbahnhof** befindet sich wie der Bahnhof in der Guildstreet.

● Aberdeen bedient die ganze **Grampian Region** mit regelmäßigen Busverbindungen. Die Routen ziehen sich strahlenförmig durch das Gebiet und verkehren zumeist mehrmals täglich. Genauere Informationen finden Sie bei den jeweiligen Ortsbeschreibungen.

● Etwa alle zwei Stunden fährt eine Linie über Dundee nach **Edinburgh,** Zwischenstationen sind u.a. Stonehaven, Montrose und Kircaldy. Etwas öfter verkehrt der Bus aus Edinburgh, der die Route über Perth nimmt. Die Fahrtzeit beträgt jeweils 3 bis 3,5 Stunden.

Autoverleih

● **Arnold Clark,** AB11 Girdleness Road, Tel. 01224/24 91 59.

● **Belmont Vauxhall Self Drive Car Rental,** Broadfold Road, Tel. 01224/66 37 23.

Taxi

● **Mairs Taxis,** Tel. 01224/72 40 40.

● **Bridge Cabs,** Tel. 01224/48 87 77.

Fahrradhändler und -verleih

● **Andersons Cycles,** 50 Rosemount Viaduct, Tel. 01224/64 15 20

● **Cycling World,** 460 George Street, Tel. 01224/63 29 94.

Unterkunft

Während die neueren Hotels eher am Stadtrand angesiedelt sind, finden sich in der Innenstadt die alten, traditionsreichen Hotels. Buchungsservice (für ganz Grampian) Tel. 01224/28 88 28.

● **Thistle Aberdeen Caledonian,** 10-14 Union Terrace, Tel. 0870/33 39 151, Fax 33 39 251, AberdeenCaledonian@Thistle. co.uk, www.thistlehotels.com, ab £ 50, ist ein altes, traditionsreiches Hotel im Stadtzentrum.

● **Greyholme Guest House,** 35 Springbank Terrace, westlich des Bahnhofs, Tel. 01224/58 70 81, greyholme@talk21.com, B&B ab £ 20. In der Springbank Terrace finden sich mehrere günstige Hotels.

● **Roselynd House,** 27 Kings Gate, im West End, Tel. 01224/64 09 42, Fax 63 64 35, www.roselyndguesthouse.co.uk, B&B ab £ 22.

● **Arkaig Guest House,** 43 Powis Terrace, Tel. 01224/63 88 72, Fax 62 21 89, www.arkaig.co.uk, B&B ab £ 27.

● Die Universitäten der Stadt Aberdeen vermieten während der Semesterferien (Juli bis September) wöchentlich Studentenapartments.

University of Aberdeen, King's College, Regent Walk, Tel. 01224/27 34 44, Fax 27 62 46, Apartment ab £ 220 pro Woche, B&B ab £ 25, www.abdn.ac.uk/catering.

● **Aberdeen Hostel,** 8 Queen's Road, Tel. 0870/00 41 100, ab £ 12. Vom westlichen Ende der Union Street biegt man schräg nach rechts ab in den Alford Place, Albyn Place, der wiederum übergeht in die Queen's Road. Kommt man aus Richtung Süden, ist die Queen's Road eine rechte Seitenstraße des Anderson Drive, der Verbindungsstraße zwischen A 92 und A 96 am westlichen Stadtrand. Vom Bahnhof fährt die Buslinie 27 zur Queen's Road, von der Union Street die Linien 14 und 15.

● **Lower Deaside Holiday Park,** Maryculter, etwa 12 km von Aberdeen entfernt an der B 9077, Tel. 01224/73 38 60, Wohnwagen ab £ 9, Zelte ab £ 7.50.

Weitere Informationen

● Jeden letzten Sonntag im Monat (außer Dez.) findet im Aberdeen Stakis Hotel, Springfield Road, der **Aberdeen Antique and Collector's Market** statt, Informationen unter Tel. 01224/31 33 77.

● Das am nördlichen Stadtrand gelegene **Crombie Visitor Centre,** Grandholm Mills, Woodside, verkauft schottische Kleidung und zeigt eine Ausstellung über Stoffherstellung.

Farbkarte Seite XVI, XVII

Die Küste Grampians

- Einen Besuch wert ist der Aberdeener **Trödelmarkt,** Do, Fr und Sa 9-16 Uhr auf der Castlegate.
- Jeden letzten Samstag des Monats findet in der Belmont Street der **Aberdeen Country Fair** statt, auf dem Produkte (Lebensmittel und Kunsthandwerk) der Region verkauft werden.
- Die **Post** befindet sich in der Crown Street.
- **Banken** sind überall in der Innenstadt, vor allem entlang der Union Street, angesiedelt.

Die Küste Grampians

Überblick

Zwischen Aberdeen und Inverness erstreckt sich eine herrliche Küste. Steilklippen, unterbrochen von Badebuchten, Fischerdörfer und geschäftige Kleinstädte kennzeichnen die Region, die fast gänzlich vom Fischfang lebt.

Von Cruden Bay nach Peterhead

Etwa 40 km nördlich von Aberdeen liegt an der A 975 die **Bay of Cruden,** eine Bucht mit etwa 3 km schönstem Sandstrand. Die Bucht leitet ihren Namen von dem gälischen *croju-dane* (Gemetzel der Dänen) ab, eine Bezeichnung, die an eine Begebenheit aus dem Jahre 1012 erinnert. Damals versuchten die Dänen unter Führung des späteren englischen Königs *Knut*, an dieser Stelle in Schottland einzudringen, doch wurden sie in einer blutigen Schlacht von den Schotten unter *Malcolm II.* zurückgeschlagen.

Vom Ort Cruden Bay führt ein **Fußweg** nach Port Erroll, der dann entlang der Küste mit ihren atemberaubenden Steilklippen, vorbei an Slains Castle bis zu den 4 km entfernten Bullers of Buchan verläuft. Der Weg ist ausgeschildert, verlangt aber Vorsicht (vor allem mit Kindern), festes Schuhwerk und lange Hosen, da gerade um die Bullers of Buchan herum im Sommer Brennnesseln gedeihen.

Slains Castle liegt im Norden der Bucht an einer steilen Klippe. Die Burg wurde um 1597 vom *9. Earl of Erroll* erbaut und im 19. Jh. erneuert und erweitert. Anfang des 20. Jahrhunderts geriet der *20. Earl of Erroll* in Geldnöte und musste Slains Castle verkaufen, das seitdem verfiel. Die heutige Ruine lässt kaum glauben, dass dieses Castle *Bram Stoker* zu seiner Erzählung *Dracula* inspiriert haben soll, ähnelt sie doch mehr einer baufälligen Fabrikhalle als einem schaurigen Gespensterort.

Vielleicht waren es mehr die Legenden, die sich um das umliegende Land ranken, die die Phantasie *Stoker's* beflügelt haben. Denn alle 12 Monate, so heißt es, kehren die Seemänner, die im vorausgegangenen Jahr vor der Küste ertrunken sind, aus dem Meer zurück. Dann entscheidet es sich, ob ihre Seelen fortan im Himmel oder in der Hölle weiterleben.

3 km weiter nördlich ist eines der bekanntesten Felsengebilde Schottlands zu sehen. Die **Bullers of Buchan** ist eine 70 m tiefe Schlucht, in die durch einen Felsenbogen das Meerwasser hineinbraust. Entlang des Abgrundes führt ein schmaler Weg, der bei Feuchtigkeit glitschig

Grampian

Die Küste Grampians

Slains Castle an der Cruden Bay

sein kann. Dies konnte jedoch vor vielen Jahren einen Einheimischen nicht davon abhalten, im trunkenen Zustand zu wetten, er werde mit seinem Pferd einmal um die Schlucht herumreiten. Er umrundete den Abgrund tatsächlich, als er aber am nächsten Morgen von seinem Treiben hörte, starb er angeblich vor Schreck an einem Infarkt. Von der Straße ist die Bullers of Buchan 10 km südlich von Peterhead an der A 975 ausgeschildert.

Peterhead XVII, D1

Peterhead, einige Meilen weiter nördlich, ist mit 18.000 Einwohnern nach Inverness die größte Stadt nördlich von Aberdeen. Die Geschichte dieser Kleinstadt wurde seit jeher durch das Meer bestimmt. Bis Ende des 16. Jh. war Peterhead nur ein Fischerdorf, 1593 erhielt es dann Marktrechte. 1788 lief der erste Walfänger aus, und schon bald hatte die Stadt die größte Walfangflotte des Vereinigten Königreichs. Doch bereits 20 Jahre später wurde der Walfang von der florierenden **Heringsfischerei** verdrängt, und um 1850 galt Peterhead mit einer Flotte von über 400 Schiffen als der größte Heringshafen Schottlands nach Aberdeen. Unterstützt wurde diese Entwicklung durch die Vergrößerungsarbeiten an den Hafenanlagen, die größtenteils von Strafgefangenen durchgeführt wurden.

Farbkarte Seite XVII   **Die Küste Grampians**

Obwohl Walfang und Heringsfischerei schon lange der Vergangenheit angehören, ist Peterhead noch immer einer der bedeutendsten Fischereihäfen der EU. Der örtliche **Fischmarkt** ist sogar größer als der Aberdeens. Der Markt findet täglich außer sonntags ab 7.30 Uhr, samstags ab 8 Uhr am Hafen statt und ist auf jeden Fall einen Besuch wert. Jeden Tag werden hier bis zu 14.000 Kisten Fisch verkauft und in Lastwagen verladen.

Peterhead ist von großer Geschäftigkeit geprägt, trotzdem erinnern noch manche Stellen an das alte Fischerdorf, so **Buchanhaven** im Norden und **Roanheads** nördlich des Hafens, wo noch einige der alten Fischerhäuser zu sehen sind.

Das älteste Haus der Stadt, das **Ugie Salmon Fishings,** steht ebenfalls im Norden an der Mündung des River Ugie. Das Baudatum 1585 ist in einen der Giebel eingeritzt. Im Innern werden immer noch Lachs und Forellen über einem Feuer aus Eichenholz geräuchert. (Ö: Mo-Fr 9-17, Sa nur bis 12 Uhr)

Arbuthnot Museum in der St Peter Street im Stadtzentrum erzählt die Geschichte des Fisch- und Walfangs aus örtlicher Sicht und zeigt zudem eine Münzsammlung. (Ö: Mo-Sa 11-13 und 14-16.30, Mi nur 11-13 Uhr)

Ebenfalls dem maritimen Erbe Peterheads, allerdings mit Hilfe modernster Technik, widmet sich **Peterhead Maritime Heritage Centre,** The Lido, South Road, im Süden der Stadt. (Ö: im Sommer Mo-Sa 10-17, So erst ab 11.30 Uhr, im Winter Sa 10-16, So erst ab 12 Uhr)

Verbindungen

●Zwischen Peterhead und **Aberdeen** verkehren Buslinien der *Bluebird*-Gesellschaft. Die Linien 260 und 263 verbinden Peterhead abwechselnd etwa alle halbe Stunde (sonntags seltener) mit Aberdeen, die 263 fährt über Cruden Bay, die 260 über Ellon. Station ist in Aberdeen Guild Street Bus Station, in Peterhead in der Black Street. Die Fahrtzeit beträgt etwa eine Stunde.

●Von Peterhead fährt jede Stunde die Linie 269 nach **Fraserburgh.** Die Fahrtzeit beträgt 35 Min, sonntags fährt nur nachmittags alle 2 Stunden ein Bus.

●**Konkrete Verbindungen:** *Traveline* für alle öffentlichen Verkehrsmittel (außer Flügen) www.travelinescotland.com bzw. Tel. 0870/60 82 608 (siehe auch „Unterwegs in Schottland" für günstige Tickets).

●**Taxi:** Astra Cabs, 12 York Street, Tel. 01779/49 94 99.

●**Autoverleih:** Arnold Clark Car and Van Hire, Dales Industrial Estate, Ring Road, Tel. 01779/49 00 00.

●**Fahrradverleih:** Robertson Sports, 1-3 Kirk Street, Peterhead, Tel. 01779/47 25 84.

Unterkunft

●**The Palace Hotel,** Prince Street, Tel. 01779/47 48 21, Fax 47 61 19, B&B ab £ 60.

●**Carrick Guest House,** 16 Merchant Street, Tel./Fax 01779/47 06 10, www.carrickguesthouse.co.uk, B&B ab £ 22.

●**Invernettie Guest House,** South Road, Tel. 01779/47 35 30, www.invernettie.co.uk, B&B ab £ 22.

●**B&B** finden Sie ab £ 18 pro Übernachtung überall in der Stadt, beispielsweise in der King Street, Oueen Street und South Road. King Street ist die Verlängerung der South Road (A 952) und stößt nördlich auf die Queen Street.

●**Peterhead Caravan Park,** South Road, im Süden der Stadt, östlich der A 952, Tel. 01779/47 33 58, Zelt ab £ 5, Wohnwagen ab £ 14, nur von Apr.-Sept. geöffnet.

Die Küste Grampians

Fraserburgh ♫ XVII, D 1

Die A 90 führt von Peterhead nach Fraserburgh, der Stadt am nordöstlichsten Zipfel Schottlands. Zwischen den beiden Ortschaften verläuft entlang der Küste ein nahezu ununterbrochener Sandstrand. Bei **Rattray Head** kann man sogar Sanddünen bestaunen, die teilweise über 20 m hoch sind und das Loch of Strathbeg vom Meer trennen. Kurz nach der winzigen Ortschaft Oakhill verläuft die A 952 in Richtung Old Rattray. Um die Dünen zu sehen, muss man sich von Old Rattray per pedes weiterbewegen.

Das Zentrum der Stadt Fraserburgh (12.000 Einw.) wirkt kaum wie das einer gewachsenen Ortschaft, denn schnurgerade Straßen treffen rechtwinklig auf schnurgerade Straßen, wie man es aus Trabantenstädten kennt. Nichtsdestotrotz geht die Geschichte Fraserburghs zurück bis ins 14. Jh., als die Stadt noch Faithlie hieß.

1570 ließ *Alexander Fraser, 8. Laird of Philorth,* im Nordosten der Stadt eine Burg errichten, die 200 Jahre später zum ersten **Leuchtturm** Schottlands umgebaut wurde. Auf dem Gelände befindet sich heute das lohnenswerte **Museum of Scottish Lighthouses.** Im Rahmen einer stündlich stattfindenden Führung, die im Eintrittspreis inbegriffen ist, kann man auch den Leuchtturm besteigen. (Ö: im Sommer Mo-Sa 10-18 Uhr, So ab 12 Uhr, im Frühjahr und Herbst 11-17 Uhr, im Winter 11-16 Uhr, E: £ 4.75, www.lighthousemuseum.co.uk)

Das älteste Gebäude ist allerdings nicht das ehemalige Castle, sondern der **Wine Tower,** ein rechteckiger Bruchsteinturm aus dem 16. Jh. Zu welchem Zweck der Turm errichtet wurde, ist ungewiss, der Volksmund weiß aber zu berichten, dass es im Innern spukt. Der Wine Tower, gleich neben dem Leuchtturm, kann auf Anfrage besichtigt werden, Details erfahren Sie beim **Tourist Information Centre** am Saltoun Square.

Ebenfalls am Saltoun Square findet sich das **Mercat Cross** als Zeichen der Marktrechte Fraserburghs. Das Kreuz wird auf das Jahr 1763 datiert und zeigt als einziges Marktkreuz Schottlands sowohl das Wappen des Königreiches Schottland als auch das des Vereinigten Königreiches.

Information

● **Tourist Information Centre,** 3 Saltoun Square, Fraserburgh, Tel. 01346/51 83 15.
● www.fraserburgh.org.uk

Verbindungen

● Die Buslinien 267 und 268 der *Bluebird Northern Scottish* verbinden Fraserburgh mit **Aberdeen.** Die Route führt über Ellon und Mintlaw. Die Busse fahren im Stundenrhythmus, sonntags alle 2 Std., die Fahrt dauert 70 Min.
● Die Linie 274 fährt alle halbe Stunde von Fraserburgh über Sandhaven nach **Rosehearty,** die Fahrtzeit beträgt 12 Min.
● Die Linie 269 nach **Peterhead** verkehrt jede Stunde.
● **Konkrete Verbindungen:** *Traveline* für alle öffentlichen Verkehrsmittel (außer Flügen) www.travelinescotland.com bzw. Tel. 0870/ 60 82 608 (siehe auch „Unterwegs in Schottland" für günstige Tickets).
● **Fahrradhändler:** Cycling World, 45-55 Cross Street, Fraserburgh, Tel. 01346/51 33 55. Die Cross Street ist die Verlängerung des Saltoun Place.

Farbkarte Seite XVII   **Die Küste Grampians**

Unterkunft

●Hotels befinden sich u.a. am Saltoun Square bei der Tourist Information Centre. Hier bietet das **Saltoun Arms Hotel,** Saltoun Square, Tel. 01346/ 51 82 82, Fax 51 58 82, B&B ab £ 38.

●**B&B** ab £ 20 finden Sie in der Charlotte Street oder in der Viktoria Street, beide in der Stadtmitte.

●**Esplanade Caravan Park,** Harbour Road, Tel. 01346/51 00 41, Zelte ab £ 5, Caravans um £ 12.50 (nur von Apr.-Sept. geöffnet). Wenn Sie von Süden auf der A 92 in die Stadt kommen, biegen Sie rechts von der Maconochie Road in die Kessock Road, nach 250 m wieder links auf die Harbour Road.

Die Nordküste von Grampian

Ca. 8 km westlich von Fraserburgh verläuft die Küstenstraße B 9031 durch das freundliche Fischerdorf **Rosehearty.** Wenn Sie hier die erste Abzweigung nach links nehmen, erreichen Sie nach einem Kilometer **Pitsligo Castle.** Die beeindruckende Ruine mit bis zu 3 m dicken Mauern stammt aus dem 15. Jahrhundert und war Wohnsitz der *Frasers, Lairds of Pitsligo*. Letzter Burgherr war *Alexander Forbes, 4. Laird of Pitsligo*, ein begeisterter Jacobite und bekannt als Wohltäter der Armen. Nach Niederschlagung der 45. Jacobite Rebellion im Jahre 1746 bei Culloden versteckte er sich 46 Jahre lang bis zu seinem Tod, um der Gefangennahme durch die Engländer zu entgehen.

Wieder zurück auf die B 9031 Richtung Westen, biegt etwa 5 km hinter New Aberdour eine schmale Straße nach **Pennan** ab. Pennan ist eines der schönsten Fischerdörfer

Schottlands und Drehort des Kultfilms aller Schottlandfans „Local Hero". Steil führt die Straße hinab in das Dorf, und Wohnwagen sowie Fahrzeuge mit schlechten Bremsen parken lieber oben. Im Rücken eine imposante Sandsteinklippe und vor den Augen das Meer, bietet die kleine Bucht gerade Platz genug für eine schmale Häuserzeile und eine Straße. Vielleicht 20 kleine weiße Häuser, ein Pub, ein Hafenbecken und eine rote Telefonzelle – das ist der Ort Pennan!

Crovie, 5 km westlich, ist nicht weniger malerisch. Hier war der Raum zwischen Felsen und Meer sogar derart begrenzt, dass nicht einmal mehr eine Straße Platz gefunden hat und das letzte Stück zu Fuß zurückgelegt werden muss.

Nochmals einige Kilometer westlich liegt am Fuße des Hill of Doune der geschäftige Fischerhafen **Macduff.** Hier können Sie allerlei Fischerei- und fischereiverwandtes Handwerk kennen lernen. Wochentags ab 8 Uhr bietet sich ein Besuch des **Fischmarkts** an, und die **Seaway Net Company** im alten Bahnhof, Station Brae, gewährt Besuchern Einblick in ihr Gewerbe, die Fischernetzknüpferei. (Ö: Mo-Fr 8-17 Uhr, Sa 9-12 Uhr). Am Westende des Hafens werden noch hölzerne Fischerboote gebaut, und durch das große Tor der Werkstätte können Sie den Handwerkern bei ihrer Arbeit zuschauen.

In der High Shore, ebenfalls in Hafennähe, hat Mo-So 10-17 Uhr das **Macduff Marine Aquarium** geöffnet (www.marine-aquarium.com).

Die Küste Grampians

Local Heroes in Pennan

Farbkarte Seite XVII   **Die Küste Grampians**

Verbindungen

●In Macduff hält die Linie 305, die Aberdeen mit Elgin verbindet. Jede Stunde, sonntags nur alle 2-3 Std., fährt ein **Bus,** die Fahrtdauer beträgt 1,5-2 Std. Die Linie 305 kommt aus Elgin über Fochaber, Cullen und Banff und fährt nach Aberdeen weiter über Turriff und Oldmeldrum. Zwischen Macduff und dem Nachbarort Banff verkehrt noch öfter eine eigene Linie (330).

●**Konkrete Verbindungen:** _Traveline_ für alle öffentlichen Verkehrsmittel (außer Flügen) www.travelinescotland.com bzw. Tel. 0870/ 60 82 608 (siehe auch „Unterwegs in Schottland" für günstige Tickets).

Unterkunft

●**Knowes Hotel,** Market Street, Macduff, Tel./Fax 01261/83 22 29, www.knowesho tel.co.uk, B&B ab £ 25.
●**Western Bonnyton Farm Caravan & Camping Site,** Gamrie, Banff, etwa 3 km östlich von Macduff an der B 9031, Tel./Fax 01261/83 24 70, Zelt ab £ 5, Wohnwagen ab £ 5.

Banff   ♪ XVII, C1

Die Stadt am anderen Ende der Banff Bay, 3 km westlich, blickt auf eine lange Handelstradition zurück. Im 12. Jh. war Banff Mitglied der „Nördlichen Hanse", eines Zusammenschlusses freier Handelsstädte (Burghs) mit Handelserlaubnis. Das Städtchen unterhielt damals Verbindungen mit ganz Europa, obwohl es erst ab dem 18. Jahrhundert einen eigenen Hafen besaß. Einige Bauten erinnern noch heute an die lange Geschichte der Stadt, unter ihnen die Schutzmauern der Burg, die die Stadt seit dem 12. Jahrhundert vor räuberischen Wikingern schützen sollte.

Das **Mercat Cross** in der Low Street, einer Parallelstraße der High Street kann ein achteckiges, mit Blattverzierungen geschmücktes Kapitell aufweisen, das ins frühe 16. Jh. datiert, sein Schaft dagegen ist 100 Jahre jünger.

Im 17. und 18. Jh. entdeckte die schottische Oberschicht Banff als idealen Ort, um hier den Winter zu verbringen. Der Strand, das Meer, das schöne Tal des Deveron und nicht zuletzt das für schottische Verhältnisse recht beständige Klima bewirkten und bewirken die Anziehungskraft des Ortes. Dieser Zeit hat Banff eine Vielzahl von eleganten **georgianischen Landhäusern** zu verdanken, die, wie nahezu die ganze Innenstadt, unter Denkmalschutz stehen. Auf den Mauern des mittelalterlichen Castles wurde ebenfalls im 18. Jh. ein neues Herrenhaus gebaut, nach einem Entwurf _John Adam's,_ eines Mitgliedes des Architektenclans _Adam._

In der High Street können Sie bei schlechtem Wetter dem **Banff Museum** einen Besuch abstatten. Dort werden Silberarbeiten, Waffen und Rüstungen ausgestellt, die örtliche Geschichte erzählt und Handwerkszeug des einheimischen Astronomen _James Ferguson_ gezeigt. (Ö: nur im Sommer Mo-Sa 14-16.30 Uhr, E: frei)

Am südlichen Stadtrand findet sich **Duff House,** eine großartig angelegte architektonische Kuriosität inmitten des Royal Golf Course. Anfang des 18. Jh. erbte der junge _William Duff, Lord Braco_ und späterer Earl of Fife, das größte Vermögen Schott-

Grampian

Die Küste Grampians

lands. Seiner neuen Stellung entsprechend, entschloss er sich, eine neue, herrschaftliche Residenz zu bauen und beauftragte *William Adam* mit der Planung. Dem großen Architekten schwebte ein dreigliedriger Palast vor Augen, der junge Auftraggeber schenkte nur den immensen Baukosten Beachtung. Schließlich kam es zu einem Prozess und zur Einstellung der Arbeiten. *William Duff* soll der Bau ein solches Ärgernis gewesen sein, dass er den fertigen Mittelteil nie bewohnte. Erst seine Nachfahren verhalfen Duff House zu einer Blüte, als sie es für Feste benutzten.

Obwohl unvollendet, gehört Duff House zu den schönsten Exemplaren georgianischer Barockarchitektur Großbritanniens und gilt als Meisterwerk des Architekten *William Adams*. Der dreistöckige Prunkbau wird an den Ecken von quadratischen Türmen abgeschlossen, korinthische Pilaster (flach aus der Wand heraustretende Säulen) und die obligatorische Balustrade schmücken die Fassade. Eine große Freitreppe bildet den Eingang zu Duff House, das, originalgetreu eingerichtet, heute einen Ableger der *National Galleries of Scotland* beherbergt. (Ö: im Sommer Mo-So 11-17 Uhr, im Winter nur Do-So, E: £ 5.50, www.duffhouse.org.uk)

Von Duff House bringt Sie ein Spaziergang in südlicher Richtung ent-

Duff House

350

Farbkarte Seite XVII   **Die Küste Grampians**

lang des River Deveron zur 3 km entfernten **Bridge of Alvah,** die sich in
einem Bogen über die Schlucht des
Deveron spannt.

Information
● **Tourist Information Centre,** Collie Lodge, Banff, Tel. 01261/81 24 19, Ostern bis
Oktober geöffnet.
● www.thelandofmacbeth.com/banf

Unterkunft
● Hotels sind in der High Street und in den
Straßen östlich davon zu finden. In der
Stadtmitte liegt das **Carmelite House Private Hotel,** Low Street, Tel./Fax 01261/81
21 52, B&B ab £ 20.
● **Banff Links Caravan Park,** Tel. 01261/
81 22 28, Fax 83 36 46, Zelt ab £ 5, Wohnwagen ab £ 12.50. Verlassen Sie 1,5 km
westlich von Banff die A 98 und biegen Sie
nördlich auf die B 9139 ein, dann liegt der
Platz nach 150 m auf der rechten Seite.

Cullen   ⌂ XVII, C1

20 km westlich von Banff liegt das
Fischerdorf Cullen. Das hübsche
Dorf wird von einem **Eisenbahn-
viadukt,** der sich quer über die
Dächer der vielen kleinen Häuser
spannt, geradezu erschlagen. Als im
Jahr 1886 hier eine Eisenbahnlinie
erbaut wurde, weigerte sich die
Countess of Seafield, die Linie über ihr
großes Grundstück bei Cullen House
verlaufen zu lassen. Daraufhin wurde
über den Köpfen der Fischer, die
sich nicht wehren konnten, das Ei-
senbahnviadukt errichtet. Die Eisenbahnlinie wurde im Jahr 1967 stillgelegt, und Teile der Schienenstrecke
funktionierte man danach zu einem
Fußweg um.

Durch die Bögen des Viadukts
kann man auf den wunderschönen
Strand der Bucht blicken. Mitten im
Sand stehen hier drei große Felsen,
die von den Einheimischen **The
Three Kings,** die drei Könige, genannt werden.

Unterkunft
● **Hotels** sind am Seafield Place oder in der
Seafield Street in der Stadtmitte angesie-
delt.
● **The Seafield Hotel,** 19 Seafield Street,
Tel. 01542/84 07 91, Fax 84 07 36, www.
theseafieldhotel.com, B&B ab £ 45.
● **B&B-Unterkünfte** häufen sich im Seafield
Place, östlich an der Küste.

Autowerkstatt
● **Wakes Garage,** Blantyre Street, Tel.
01542/ 84 10 60.

Portknockie   ⌂ XVII, C1

Von Cullen führt ein Fußweg etwa
vier Kilometer entlang der z.T. überwältigenden Klippenformationen nach
Portknockie. Der Weg beginnt am
Golfplatz in Cullen und ist gut ausgeschildert. Eine andere Möglichkeit,
zu Fuß nach Portknockie zu gelangen, ist entlang der stillgelegten Ei-
senbahnschienen (Ausgangspunkt
Cullen Bay Hotel). Wer nicht nach
Portknockie laufen will, für den führt
auch eine Straße, und zwar die
A 942, in die Stadt. Etwa 3 km nach
Ortsausgang biegt die A 942 von der
A 98 ab.

Erwähnenswert ist der Fischerort
insbesondere aufgrund seiner fantastischen Steilküste. Im Osten des
Ortes können Sie ein wahres Ero-
sionskunstwerk bewundern. Der

Die Küste Grampians

Bow Fiddle Rock ist ein spitz zulaufender Torbogen, der etwa 20 m vom Strand entfernt aus dem Meer aufragt. Zu erreichen ist der Felsen über einen kurzen Fußweg, der am Küstenweg in Portknockie beginnt.

Information
● www.portknockie.com

Elgin ⌕ XVI, B1

Wenn Sie von Osten auf der A 96 nach Elgin kommen, führt links eine Seitenstraße zur berühmten **Elgin Cathedral** (Hinweisschild). Die Kathedrale wurde 1224 gegründet und galt als die schönste Schottlands. „Die Laterne des Nordens" war ihr Beiname, und bereits 1390 leuchtete sie lichterloh, als der *„Wolf of Badenoch"*, ein Bruder *Robert III.*, die Kathedrale aus Rache für seine Exkommunikation abbrannte. Doch die Kirche wurde wieder aufgebaut und blieb bis zur Reformation unversehrt. Dann jedoch zerstörten aufgebrachte Reformatoren die Kathedrale erneut und endgültig. 1567 wurden die Spitzen der beiden Türme heruntergerissen, und der unwiderrufliche Verfall begann. Bis ins 19. Jh. hinein diente die Kirche sogar als Steinbruch für örtliche Bauvorhaben, bis

Blick auf die Dächer von Cullen

Farbkarte Seite XVI **Die Küste Grampians**

sie schließlich unter Denkmalschutz gestellt wurde.

Inzwischen werden zaghafte Restaurierungsversuche unternommen, wie man an einzelnen Fensterbögen bemerken kann. Relativ gut erhalten sind sowohl die Ost- als auch die Westfassade mit den zwei großen Türmen, die aufgrund ihrer abgebrochenen Spitzen an eine französische Kathedrale erinnern. Auch das achteckige Kapitelhaus gilt immer noch als das schönste Schottlands. (Ö: im Sommer Mo-So 9.30-18.30 Uhr, So ab 14 Uhr, im Winter Mo-Sa bis 16.30 Uhr, Do nachmittags und Fr geschlossen, E: £ 3.30)

Elgin selbst ist eine alte Stadt mit einer sehenswerten Hauptstraße. Mehrere alte Häuser, ein Marktkreuz und eine Kirche auf einer Verkehrsinsel sind in der High Street zu finden. Das Haus Nummer 7, **Braco's Banking House,** wurde 1694 erbaut und ist eines der wenigen Gebäude, das noch die ehemals typische Fassade aus Blendarkaden aufweist.

St Giles Kirk auf der Verkehrsinsel wurde 1827-28 erbaut und von *Archibald Simpson* entworfen. Ihren ungewöhnlichen Standort verdankt die Kirche der Tatsache, dass genau an dieser Stelle bereits im Mittelalter ein Gotteshaus errichtet war.

Launenspiel des Meeres: Bow Fiddle Rock bei Portknockie

Die Küste Grampians

Das **Elgin Museum,** am östlichen Eingang der High Street gelegen, beherbergt eine interessante Sammlung aus Fossilien und archäologischen Fundstücken. (Ö: nur im Sommer Mo-Fr 10-17, Sa 11-16, So 14-17 Uhr, E: £ 2, www.elginmuseum.org.uk)

Zahlreiche Cafés, Pubs und Restaurants finden sich ebenfalls in der High Street.

In Elgin befindet sich auch einer der zwei wichtigsten unabhängigen Whiskyabfüller. Bei **Gordon & MacPhail Ltd** kann man die wichtigsten schottischen Malts erhalten, allerdings ist das Angebot wechselnd. Zu beachten ist außerdem, dass Gordon & MacPhail auf dem Etikett nur das Jahr des Brennens und nicht das Alter bei der Abfüllung angeben. **Gordon & MacPhail,** 58-60 South Street, Elgin, Tel. 01343/ 54 51 10, www.gordonandmacphail.com.

Verbindungen
● **Zug:** In Elgin hält der Zug zwischen Aberdeen und Inverness, der etwa zwischen 5 Uhr und 22 Uhr im Zwei-Stunden-Rhythmus die Städte miteinander verbindet. Die Fahrzeit von Elgin nach Inverness beträgt etwa 30 Min., nach Aberdeen etwa zwei Stunden. Der Zug nach Inverness macht Zwischenstation in Forres und Nairn, der nach Aberdeen u.a. in Keith Huntly und Inverurie.
● **Bus:** Jede Stunde fährt die *Bluebird-Linie* 10 Aberdeen über Inverurie, Huntly, Keith, Elgin, Forres und Nairn nach Inverness. Die Fahrt von Aberdeen nach Elgin dauert zwei Stunden und kostet um £ 10; die Fahrtdauer von Elgin nach Inverness beträgt eine Stunde, der Kostenpunkt liegt bei £ 8.

Die Linie 305 fährt jede Stunde, abends seltener, von Aberdeen u.a. über Turriff, Macduff, Banff und Buckie nach Elgin.
● **Konkrete Verbindungen:** *Traveline* für alle öffentlichen Verkehrsmittel (außer Flügen) www.travelinescotland.com bzw. Tel. 0870/ 60 82 608 (siehe auch „Unterwegs in Schottland" für günstige Tickets).
● **Autowerkstatt:** Alexander D Ross, 4 Diagonal Street, Tel. 01343/54 38 14.
● **Fahrradverleih:** *Bikes & Bowls,* 7 High Street, Elgin, Tel. 01343/54 96 56.

Information
● **Tourist Information Centre,** 17 High Street, Elgin, Tel. 01343/54 26 66.
● www.undiscoveredscotland.co.uk/elgin/elgin

Steinerne Aufbahrung: Kathedrale von Elgin

Farbkarte Seite XVI　　　　　　　　　　　　　　**Die Küste Grampians**

Unterkunft

●*Hotels* in den unterschiedlichsten Preisklassen finden Sie in der High Street und den Nebenstraßen.

●*Mansion House Hotel & Country Club,* The Haugh, Tel. 01343/54 88 11, Fax 54 79 16 am River Lossie, mit B&B ab £ 40 befindet sich in einem alten Herrenhaus aus dem 19. Jh.

●*The Lodge Guest House,* 20 Duff Avenue, Tel. 01343/54 99 81, Fax 54 05 27, B&B ab £ 20.

●*Station Caravan Park,* West Beach, Hopeman, liegt ein Stück außerhalb Elgins, Tel./Fax 01343/83 08 80, Zelt ab £ 6, Wohnwagen ab £ 10.

Forres und Umgebung　　*⌀* XVI, A1

19 km weiter führt die A 96 durch das Städtchen Forres. Hier sollen laut *Shakespeare Macbeth* und *Banquo* mit den drei Hexen zusammengekommen sein. Heute jedoch wirkt das Städtchen alles andere als mystisch. Vielmehr verleihen die vielen gepflegten Parkanlagen, unter ihnen der **Grant Park** mit Blumengebilden u.a. in Form von Teddybären und eines Pfaus, der Stadt eine freundliche Atmosphäre.

Kommt man von Osten in die Stadt und biegt nach dem Ortseingang in die erste Seitenstraße auf der rechten Seite ein, dann gelangt man zu **Sueno's Stone.** Der etwa 6 Meter hohe Stein gehört zu den außergewöhnlichsten piktischen Bildersteinen Schottlands. Auf der einen Seite des schmalen Sandsteins ist eine Schlachtszene abgebildet. Köpfe, Körper und Waffen drängen sich um einen piktischen Rundturm, während die andere Seite ein Kreuz mit dem typischen Ring zeigt. Der Stein

stammt wahrscheinlich aus dem 9. oder 10. Jh. und wurde vermutlich anlässlich eines Sieges über einfallende Wikinger aufgestellt.

Wenn Sie die Stadt südlich auf der A 940 in Richtung Grantown on Spey verlassen, biegt ungefähr am Ortsausgang eine Straße links zur **Dallas Dhu Distillery** ab. Von hier sind es dann noch gut 2 km bis zur Brennerei. Die *Dallas Dhu Distillery* wurde vor einigen Jahren stillgelegt, von *Historic Buildings and Monuments* übernommen und in ein Museum umgewandelt. Nun kann der Besucher in aller Ruhe mit einer Broschüre in der Hand die einzelnen Stadien der Whiskybrennerei verfolgen und dann abschließend bei dem traditionellen Probeschluck einen Videofilm über die Geschichte der Whiskyherstellung betrachten.

Zweifellos hat sich *Historic Buildings and Monuments* bei der Einrichtung des Museums große Mühe gegeben, doch die Kessel und Tonnen bleiben leer, niemand arbeitet hier, es fehlt der Lärm und vor allem der typische Geruch. Zu empfehlen ist der Besuch allerdings für Familien mit Kindern, da dies die einzige Distillerie ist, die auch Kinder besuchen dürfen. (Ö: im Sommer Mo-So 9.30-18.30 Uhr, im Winter Sa-Mi bis 16.30 Uhr, E: £ 4)

7,5 km westlich von Forres an der A 96 ist **Brodie Castle** zu besichtigen. Die Brodies leben schon seit dem 12. Jh. auf diesem Grund, doch das ursprüngliche Castle wurde 1645 zerstört. Die jetzige Burg basiert auf einem Tower House in Z-Form und wurde im 17. und 19. Jh.

Die Küste Grampians

Unser Dorf soll schöner werden: Musterdorf in Grampian

erweitert. Im Innern werden Möbel und Porzellan sowie eine Gemäldesammlung mit Werken aus dem 17. bis 19. Jh. ausgestellt. Durch den Grund um das Castle sind mehrere Spazierwege angelegt. (Ö: April, Juli und Aug. Mo-So 12-16 Uhr, Mai, Juni, Sept. nur So-Do, der Park ist ganzjährig von 9.30 Uhr bis Sonnenuntergang geöffnet, E: £ 8, www.nts.org.uk)

Im Sommer veranstaltet der *National Trust for Scotland* regelmäßig Konzertabende in den Räumlichkeiten des Castles. Veranstaltungshinweise und Eintrittskarten für die Konzerte erhalten Sie bei den Tourist Information Centres in Elgin und Forres.

Information
- ***Tourist Information Centre,*** Forres, Tel. 01309/67 29 38.
- www.forresweb.net
- www.forres-net.co.uk

Von Aberdeen nach Banff

Überblick

Von Aberdeen nach Banff führt die A 947 durch das Landesinnere, eine Strecke, die sich insbesondere durch eine Vielzahl an Castles auszeichnet. Die Auswahl reicht von verfallenen Ruinen wie Tolquhon Castle über noch vollständig erhaltene Burgen wie Fyvie Castle bis zu herrschaftlichen Residenzen wie Haddo House.

Verbindungen

● Entlang der Strecke verläuft die **Buslinie** 305, die ungefähr im Ein-Stunden-Rhythmus (sonntags alle zwei Stunden) in Aberdeen, Busstation, abfährt und zwei Stunden später über Stationen in Newmachar, Oldmeldrum, Fyvie, Turriff und Macduff in Banff ankommt.
● **Konkrete Verbindungen:** *Traveline* für alle öffentlichen Verkehrsmittel (außer Flügen) www.travelinescotland.com bzw. Tel. 0870/60 82 608 (siehe auch „Unterwegs in Schottland" für günstige Tickets).

Von Aberdeen nach Fyvie

Kurz vor Oldmeldrum biegt die A 920 ostwärts nach Ellon ab. Wenn Sie dieser Richtung folgen, lohnt nach etwa 5 km in Pitmedden ein Besuch des **Pitmedden Garden.** Im Mittelpunkt des 40 ha großen Grundstücks steht der so genannte Great Garden. 1675 von *Alexander Seton* angelegt, zeigt der Garten vier große Blumenornamente. Drei der Muster wurden bei der Wiederherstellung der Anlage in Ermangelung der Originalpläne dem Garten von Holyroodhouse in Edinburgh entlehnt; das vierte zeigt als Tribut an den ursprünglichen Gartenarchitekten das Wappen Setons. Auf dem übrigen Gelände sind Spazierwege angelegt. Auch ein **Museum of Farming Life** kann besichtigt werden. (Ö: nur im Sommer, täglich 10-17.30 Uhr, E: £ 5, www.nts.org.uk)

Falls Sie von Pitmedden entlang der B 999 zum nördlich gelegenen Haddo House fahren, können Sie nach ca. 2 km **Tolquhon Castle** besuchen, das links neben der Straße liegt (Hinweisschild). Die große Ruine gehörte einst der *Familie Forbes,* und *William Forbes* war es, der zwischen 1584 und 1589 das alte Tower House wesentlich erweiterte und in eine große rechteckige Anlage um einen Innenhof verwandelte. Stolz scheint *William Forbes* auf sein Werk gewesen zu sein, ließ er sich doch mittels einer Inschrift rechts des Torwegs als Bauherr verewigen: „Al this warke excep the auld tour was begun be William Forbes 15 Aprile 1584 und endet be him 20 October 1589".

Zu sehen sind heute noch Küche, Keller, die Halle und das Zimmer des Laird. Besonders schön sind die beiden Wappen über dem Tor, wobei das untere, verwaschene Wappen das Wappen von *William Forbes* und das obere Wappen das von *James VI.* darstellt. (Ö: im Sommer Mo-So 9.30-18.30 Uhr, im Winter nur So-So 9.30-16.30 Uhr)

Von Aberdeen nach Banff

Von Tolquhon führt die B 999 ins nahgelegene Tarves, von wo noch 6 km bis **Haddo House** zurückgelegt werden müssen (Hinweisschild). Die dreigliedrige herrschaftliche Residenz wurde 1731 von *William Adam* für *William, 2. Earl of Aberdeen,* entworfen. Das Zusammenspiel von einem größeren Hauptbau und zwei niedrigeren Seitenflügeln lässt denn auch leicht die Handschrift des großen schottischen Architekten erkennen. Die Freitreppe, die an der hinteren Fassade in einem eleganten Schwung direkt in den Salon führt, war dem *2. Earl of Aberdeen* indes häufig ein Ärgernis. Allzu oft führte das unbeständige Wetter dazu, dass man am ganzen Leibe vor Nässe triefend im Salon stand. Das Mobiliar im Innern des Hauses entstammt größtenteils nicht mehr dem 18. Jh., sondern ist original Adam-Revival aus dem Jahre 1880. (Ö: im Juni Fr-Mo 11-16.30 Uhr, Juli-Aug. Mo-So 11-16.30 Uhr, der Garten ist ganzjährig 9.30-18 Uhr geöffnet, E: £ 8, www.nts.org.uk)

Wieder zurück auf der A 947, liegt etwas nördlich des kleinen Ortes Fyvie eine der schönsten Burgen Schottlands (ausgeschildert). Die

Craigston-Castle

Farbkarte Seite XVII   **Von Aberdeen nach Banff**

5 Türme von **Fyvie Castle** stehen für je eine der 5 Familien, die einmal die Burg besaßen. Dementsprechend heißen die Türme *Preston, Meldrum, Seton, Gordon* und *Leith*. Der älteste Teil des Castles stammt bereits aus dem 13. Jh. und gilt heute als das großartigste Exemplar schottischer Baronialarchitektur.

Dies verdankt Fyvie nicht zuletzt seinen letzten Besitzern. Der Industrielle *Alexander Forbes-Leith* erstand das Gut 1889, restaurierte es gründlich und entfernte dabei so mancherlei unschönes Beiwerk, mit dem das Castle im Laufe der Zeit verziert worden war. Die Inneneinrichtung zeugt größtenteils vom Reichtum des *First Lord Leith of Fyvie*. Die Gemäldesammlung ist eine besonders schöne und kostbare Zusammenstellung verschiedener Portraits, unter ihnen Werke von *Gainsborough, Raeburn, Batoni, Romney, Opie* und *Hoppner*. Zudem werden Waffen und Rüstungen des 16. Jh. sowie mehrere Wandteppiche ausgestellt. (Ö: nur im Sommer Fr-Di 12-17 Uhr, Juli-Aug. Mo-So 11-17 Uhr, E: £ 8, www.nts.org.uk)

Turriff   ⌁ XVII, C1

Turriff, etwa 15 km weiter nördlich an der A 947, ist das Einkaufszentrum der Umgebung und eine Stadt mit sehr langer Vergangenheit. Denn schon im 6. Jh. wird Turriff als die Hauptstadt des piktischen Prinzen *Lathmon* erwähnt. Im 12. Jh. hatte der kriegerische Templerorden hier eine Niederlassung und rekrutierte Männer für die Kreuzzüge; im 17. Jh. war Turriff eine der Hauptstädte der Covenanter Rebellion.

Inzwischen ist es ruhiger geworden um den kleinen Ort mit den roten Sandsteinhäusern. Doch einmal jährlich, an zwei Tagen Anfang August, fallen wahre Besucherhorden in das Städtchen ein. 50.000 Menschen besuchen jährlich die **Turriff Show,** eine der größten landwirtschaftlichen Veranstaltungen Europas, u.a. kann man dort auch eine Viehauktion miterleben.

Eine Kuh war es auch, die 1913 die Stadt noch einmal in die Schlagzeilen brachte und die Souvenirindustrie florieren ließ. Damals weigerte sich der **Farmer Robert Paterson,** der neuen National Health Insurance beizutreten. Um die fehlende Beitragszahlung auszugleichen, pfändete die Polizei kurzerhand eine seiner Kühe und gab sie dem Verkauf preis. Versuche, das Tier in Turriff zu versteigern, endeten mit einem Tumult und der Flucht der Polizisten. Die Auktion in Aberdeen schlug ebenfalls fehl, bis Nachbarn von Paterson sich erbarmten, die Kuh ersteigerten und sie dem Bauern wieder zurückgaben. Wundern Sie sich also nicht, sollten Sie auch heute noch Ansichtskarten von der „Turra Coo" in den Souvenirläden entdecken, schließlich verhalf diese Geschichte Turriff zu neuem nationalem Ruhm.

Information
● **Turriff and District Coordinator,** Tifty Farmhouse, Fyvie, Tel. 01651/89 17 90.
● www.turriffanddistrict.com

Grampian

Unterkunft
●*Fife Arms Hotel,* The Square, Tel. 01888/
56 34 68, B&B ab £ 40.

Weitere Informationen
●In Green, etwa 11 km östlich von Turriff,
wird jeden Sonntag von 11-17 Uhr der *Green Sunday Market* abgehalten, wo u.a.
auch Handwerksarbeiten verkauft werden.
Standort: Union Motors, Parkhill Stores.
●*Autowerkstatt:* Central Engineers, Crown
Street, Turriff, Tel. 01888/56 34 59.

Von Aberdeen nach Keith

Zwischen Aberdeen und Keith bahnt
sich am Fuße der Grampian Mountains die A 96 ihren Weg durch eine
sanft gewellte Landschaft mit zum
größten Teil landwirtschaftlich genutzten Flächen.

Verbindungen

●Der *Zug* von Aberdeen nach Inverness
fährt mehrmals täglich in Abständen von ein
bis zwei Stunden diese Strecke. Stationen
sind in Inverurie, Huntly, Keith und Elgin. Die
gesamte Fahrzeit beträgt etwa 130 Min.
●Zwischen Aberdeen und Keith verkehrt die
Buslinie 10. Morgens um 6 Uhr startet der
erste *Bus* in Aberdeen, Guild Street Bus
Station, danach verlassen die Busse bis
21 Uhr im Stunden-Rhythmus die Stadt in
Richtung Keith. Die Fahrt dauert etwa 1,5
Stunden, Zwischenstopps sind in Inverurie
(Market Place), Colpy und Huntly (Square).
Von Keith (Square) fährt der Bus weiter bis
Fochabers (Square), Elgin (Bus Station),
Forres (Tolbooth), Nairn (Bus Station und
Tradespark), bis er nach insgesamt 3,5 Std.
Fahrt in Inverness, Bus Station, ankommt.
Der erste Bus in umgekehrter Richtung fährt
in Inverness um 7 Uhr los, danach jede
Stunde bis 20.30 Uhr.

●*Konkrete Verbindungen: Traveline* für alle
öffentlichen Verkehrsmittel (außer Flügen)
www.travelinescotland.com bzw. Tel. 0870/
60 82 608 (siehe auch in „Unterwegs in
Schottland" Informationen über günstige
Tickets).

Inverurie   ⌅ XVII, C2

Größter Ort nach Aberdeen ist mit
11.000 Einwohnern das 25 km nordwestlich von Aberdeen gelegene Inverurie. Obwohl der Ort keine größeren Sehenswürdigkeiten aufweisen
kann, bietet er zumindest ein gutes
Angebot an Einkaufs- und Unterkunftsmöglichkeiten und eignet sich
zudem als Ausgangspunkt für Ausflüge in die reizvolle Umgebung von Inverurie.

Information
●*Tourist Information Centre,* 18 High
Street, Inverurie, Tel. 01467/62 58 00.
●http://visitinverurie.inveruriebusiness.com

Unterkunft
●*Hotels* finden Sie am Market Place oder
am nordwestlichen Stadtrand.
●*Ashdon Guest House,* Old Kemnay
Road, Port Elphinstone, Tel. 01467/62 09
80, B&B ab £ 20.
●*Hillhead Caravan Park,* Kintore, Tel.
01467/63 28 09, Fax 63 31 73, www.hill
headcaravan.co.uk, Zelte und Wohnwagen
ab £ 7.50. Biegen Sie in Kintore, 10 km südlich von Inverurie, von der Hauptstraße
(A 96) ab nach Ratch Hill und nach etwa
1 km nochmals links nach Blairs, dann liegt
der Park nach etwa einem Kilometer auf der
linken Seite.

Autowerkstatt
●*A Michie,* The Hill, Inverurie, Tel. 01467/
63 29 17.

Farbkarte Seite XVI, XVII — **Von Aberdeen nach Keith**

Sehenswertes um Inverurie

Die **Bennachie-Bergkette** im Westen ist zu Recht sehr beliebt bei Ausflüglern und Wanderern, obwohl selbst die höchste der 5 Spitzen, **Oxen Craig**, lediglich 528 m Höhe aufweisen kann. Am Fuß der Berge wurden massive Aufforstungsarbeiten unternommen, doch die meisten der Spitzen sind kahl und zeigen nur den nackten Fels. Über Natur und Geschichte des Gebietes informiert das **Bennachie Centre** (auf der A 96 Inverurie Richtung Norden verlassen, dann links Richtung Chapel of Garioch, schließlich nochmals links Richtung Bennachie Centre).

Im Zentrum beginnen mehrere Wanderwege unterschiedlicher Länge und Schwierigkeit. Wenn Sie zur **Mither Tap** hochwandern, achten Sie auf die Erdmauern, die in einem Umfang von etwa 500 m die Spitze umfassen. Die über 6 m dicken Wälle gehörten zu einem Fort aus der Eisenzeit, das den Einheimischen wahrscheinlich als Zufluchtsort vor römischen Angriffen diente.

Ein „Guide to Bennachie" mit einer Fülle von Informationen zu Geschichte, Geologie, Fauna und Flora des Gebietes sowie Angaben zu Wanderwegen inklusive einer kleinen Karte gibt es beim Tourist Information Centre in Inverurie.

Das Eisenzeitfort auf der Mither Tap ist jedoch nicht der einzige Überrest aus vorschottischen Tagen. Einige Steinkreise und Gräber aus der Bronzezeit (2000-1000 v.Chr.), weitere Forts aus der Eisenzeit (ca. 500 v.Chr. bis 500 n.Chr.) und piktische Symbolsteine sind häufig in dieser Gegend anzutreffen und verweisen auf die früheren Bewohner.

Einen besonders schönen piktischen Symbolstein können Sie etwas südlich von Chapel of Gairloch (Seitenstraße der A 96) erblicken: den **Maiden Stone.** Ca. 300 m vor dem Stein lässt ein Kuriosum den Blick zum linken Waldrand abschweifen. Was sich von Weitem wie ein Buddha ausnimmt, entpuppt sich aus der Nähe als eine kolossale, barbrüstige Frauenstatue im Stil der

Fürstliche Hinterhofromantik: Leith Hall

Von Aberdeen nach Keith

30er Jahre, die, eher originell als schön, im Wald versteckt wurde.

Der 3 m hohe Maiden Stone aus dem 7. oder 8. Jh. weist auf einer Seite ein viergeteiltes Relief auf, in dem u.a. Spiegel, Kamm und ein Elefant abgebildet sind. Die andere Seite zeigt schöne Ornamente und ein piktisches Kreuz, das aber leider stark verwittert ist. Eine Legende weiß von der lieblichen Jungfrau von Drumdurno zu berichten, die der Teufel an dieser Stelle zu Stein verwandelte.

Wenn Sie Inverurie nicht auf der A 96, sondern der B 9001 verlassen, kommen Sie nach etwa 8 km zu der Abzweigung nach Daviot. Bei Daviot steht einer der besterhaltenen Steinkreise des schottischen Ostens. Der **Loanhead of Daviot** umfasst einen liegenden und 10 stehende Steine. In der Mitte ist ein Grab angelegt.

Eine weitere Alternative zur A 96 ist die B 9002, die ca. 10 km hinter Inverurie von der A 96 abzweigt. Sollten Sie sich für diese Strecke entscheiden, lohnt nach etwa 20 km ein Abstecher zu **Leith Hall**. Das kleine, aber feine Herrenhaus steht inmitten eines 114 ha großen Grundstücks und ist seit 1650 Heimat der *Leith-Familie*. Im Inneren des weißverputzten Gebäudes sind neben Möbeln persönliche Gegenstände der verschiedenen Lairds, die zumeist beim Militär dienten, ausgestellt. Dementsprechend ist auch die Sammlung „For Crown and Country: the Military Lairds of Leith Hall" angelegt.

Durch das Grundstück führen mehrere Spazierwege, und neben Vögeln und Schafen sind auch einige Highland Cattles zu sehen. (Ö: nur in den Sommermonaten, Fr-Di 12-17 Uhr, das Grundstück ist täglich, auch im Winter, von 9.30 Uhr bis Sonnenuntergang geöffnet, E: £ 8, www.nts.org.uk)

Huntly ♪ XVII, C2

In Huntly treffen 36 km hinter Inverurie die A 97 und die A 96 wieder zusammen. Am nördlichen Ende der freundlichen Kleinstadt steht die prächtige **Ruine Huntly Castle,** die mit herrlichen heraldischen Emblemen über dem Tor des Hauses und an den Burgmauern verziert ist.

Von Lords zu Lämmern: sozialer Abstieg einer Burg

Farbkarte Seite XVI, XVII

Von Aberdeen nach Keith

Schön kann man hier die architektonische Geschichte der Burg durch fünf Jahrhunderte beobachten: Die erste Burg aus dem 12. Jh. war eine Festung aus Erde und Holz, die zweite ein mittelalterliches L-förmiges Tower House, und die dritte wurde nach der Zerstörung des Turmhauses im 16. Jh. als eine fast palastartige Residenz gestaltet. 500 Jahre lang bewohnten die streng katholischen Gordons das Castle, bis es in den Bürgerkriegen Mitte des 17. Jh. endgültig zerstört wurde.

Recht gut erhalten ist auch das Brauhaus, eine Einrichtung, die bis ins 19. Jh. essentiell für alle größeren Haushalte war. So tranken die Mannen von Huntly in Ermangelung von Tee etwa eine Gallone (das sind etwa 4,5 Liter) Ale pro Tag und Mann, eine Menge, die zu damaliger Zeit keineswegs unüblich war. Leider ist auch in Huntly wie bei allen anderen Ruinen nicht mehr allzu viel zu sehen, doch das Vorhandene ist gut erklärt und mit Hintergrundinformationen zum damaligen Leben angereichert. (Ö: im Sommer Mo-So 9.30-18 Uhr, im Winter Sa-Mi bis 16 Uhr)

Information
● *Tourist Information Centre,* 9a The Square, Huntly, Tel. 01466/79 22 55.
● www.undiscoveredscotland.co.uk/huntly/huntly

Unterkunft
● *Greenmount Guest House,* 43 Gordon Street, Tel. 01466/ 79 24 82, B&B ab £ 17.
● *Castle Hotel,* Tel. 01466/79 26 96, Fax 79 26 41, www.castlehotel.uk.com, herrschaftliche Residenz mit Übernachtung ab £ 50.

● *B&B* findet sich im Stadtzentrum u.a. an der King Street, Castle Street und ihren Nebenstraßen.
● *Huntly Castle Caravan Park,* The Meadow, Tel. 01466/79 49 99, www.huntlycastle.co.uk, Wohnwagen ab £ 12.50, Zelte ab £ 8.

Fahrradverleih
● *Huntly Cycle Centre,* 7 Granary Street, Tel. 01466/79 35 08.

Keith ⤢ XVI, B1

18 km westlich von Huntly führt die A 96 durch die Kleinstadt Keith. Die 4491-Einwohner-Ortschaft liegt mitten in fruchtbarstem Ackerland und ist administratives und Einkaufszentrum der Umgebung. Das Stadtbild wurde vornehmlich im 18. und 19. Jh. geprägt, doch reicht die Geschichte der Stadt wesentlich weiter zurück. Schon im Jahr 700 missionierte der *heilige Maelrubha* die Einwohner der Stadt zum Christentum, und der erste nachreformatorische Heilige Schottlands, *St John Ogilvie,* erblickte 1580 in der Umgebung das Licht der Welt.

In der Church Road, der Fortsetzung der A 96, überrascht das Aussehen der **St Thomas Church** den Betrachter. 1830 gebaut, ist sie zumindest in Teilen der romanisch-dorischen Kirche „Santa Maria degli Angeli" in Rom nachempfunden. Im Innern der katholischen Kirche ist das Gemälde „Incredulity of St Thomas" von *Francois Dubois* eine Betrachtung wert. Das Gemälde wurde 1828 von *Charles X.* von Frankreich gestiftet.

Unweit der Kirche führt die **Auld Brig** wie schon im 17. Jh. über den

Grampian

River Isla. Die Brücke wurde 1609 erbaut und ist die älteste noch intakte Brücke der Region.

Ebenfalls einen Altersrekord hält die **Strathisla Distillery** in der Seafield Avenue, einer Nebenstraße der Church Street. Die 200 Jahre alte Brennerei ist eine der ältesten Schottlands. Führungen finden im Sommer Mo-Sa zwischen 10 Uhr und 16 Uhr statt, So erst ab 12.30 Uhr. (E: £ 5, Kinder unter 8 Jahren dürfen die Produktionsstätten nicht betreten)

Anfang/Mitte Juni feiert Keith zwei Tage lang ein **Festival of Traditional Music and Songs.**

Sollten Sie in der Stadt vorwiegend einkaufen wollen, wundern Sie sich nicht, wenn Sie entlang der Hauptstraße kaum Geschäfte sehen. Diese sind nämlich ebenso wie die Restaurants und Pubs überwiegend in der Mid Street, einer Parallelstraße, angesiedelt.

5 km südlich von Keith, an der B 9014, liegt am Fuße des **Hill of Towie** die **Mill of Towie.** Die imposante Hafermühle aus dem 19. Jh. wurde von ihrem jetzigen Besitzer unter großen Mühen instand gesetzt und arbeitet nun wieder wie in alten Zeiten. Der Müller höchstpersönlich führt die Besucher durch die Mühle, und in der ehemaligen Getreidekammer ist außerdem ein Café und Restaurant eingerichtet. (Ö: nur im Sommer, Mo und Mi-Sa 10.30-17 Uhr, So bis 18.30 Uhr, Info-Tel. 01542/ 81 03 97)

Information
● www.keithcommunity.co.uk

Unterkunft
● **The Houghs Farm Guest House,** The Houghs, ca. 1 km westlich von Keith an der A 96, Tel./Fax 01542/88 22 38, B&B ab £ 20.
● **B&B** finden Sie u.a. leicht in der Fife Street, einer Nebenstraße der A 96 am nordwestlichen Stadtrand.

Autowerkstatt
● **A. F. Jeffiman,** Unit 2, Newmill Road, Keith, Tel. 01542/88 69 10

Von Aberdeen nach Dufftown

Zwischen Aberdeen und Elgin verlaufen die Straßen A 944, A 97, und schließlich die A 941, die zusammen die Grenzlinie zwischen dem dicht besiedelten, verkehrstechnisch gut erschlossenen Nordosten der Region und der teilweise kargen, fast einsamen Berglandschaft im Südwesten bilden. Außerdem führen die Straßen mitten durch das Herz der Whiskyproduktion Schottlands, dessen unbestrittenes Zentrum Dufftown mit gleich sieben Brennereien darstellt.

Durch die Region führt auch der **Scottish Malt Whisky Trail,** der die 8 wichtigsten Speyside-Brennereien in einer Art Rundweg verbindet. Eine Broschüre zu dieser Touristenstraße liegt in jedem Tourist Information Centre aus.

Castle Fraser   ♫ XVII, C2

Falls Sie Aberdeen gen Westen auf der A 944 verlassen und 22 km weiter bei Dunecht auf die B 977 nach Norden abbiegen, führt kurz hinter dieser Kreuzung eine Nebenstraße in westlicher Richtung nach Achath. Von Achath aus ist es nicht mehr weit bis Castle Fraser.

Durch einen Park mit herrlichen alten Bäumen führt der Fußweg vom Parkplatz direkt auf die Burg zu, die teilweise zusammengewürfelt wirkt und doch ein harmonisches Ganzes bildet. Begonnen wurde der Bau der Burg von *Michael Fraser* im Jahre 1575 unter Nutzung des rechteckigen Tower Houses, das bereits früher hier gestanden hatte. Zunächst ließ *Fraser* den Rundturm und den viereckigen Turm einander diagonal gegenüber errichten, doch schon sein Sohn erweiterte das nun Z-förmige Tower House um die beiden niedrigen Seitenflügel.

Im Innern des prächtigen Castles erwarten den Besucher neben geschmackvoll eingerichteten Räumen auch ein paar reizvolle Kleinigkeiten. Eine ehrenamtliche Mitarbeiterin des *National Trust for Scotland* verwies uns, während sie den Weinkühler im Dining Room vorführte, auf das Holzbein des *Charles Mackenzie Fraser*. Dieser hatte im Jahre 1812 unter dem *Duke of Wellington* in Spanien gekämpft und dabei ein Bein verlo-

Eines der schönsten Castles: Castle Fraser

Von Aberdeen nach Dufftown

ren. Die Beinprothese sowie die beiden Kugeln, die ihn verletzten, werden nun als ganz besonderes Relikt in der Bibliothek ausgestellt.

Ein anderer aufmerksamer Helfer ließ uns durch das „Laird's Lug" schauen, ein unauffälliges Guckloch im Bailiff's Room, durch das der Gutsverwalter einst das Treiben in der Great Hall unter ihm beobachten konnte. (Ö: nur im Sommer Fr-Di 12-17.30 Uhr, Juli-Aug. Mo-So 11-17.30 Uhr, E: £ 8, www.nts.org.uk)

Alford ⌕ XVII, C2

Wieder zurück auf der A 944, erstreckt sich die Straße nochmals 22 km bis nach Alford. In dem verschlafenen Städtchen hat das **Grampian Transport Museum** eine Heimat gefunden. Pferdekutschen, Fahrräder, Motorräder, Dampffahrzeuge und jede Menge anderer Oldtimer demonstrieren, wie sich schon unsere Großeltern fortbewegten. (Ö: nur im Sommer, Mo-So 10-17 Uhr, E: £ 5, www.gtm.org.uk)

Information
- **Tourist Information Centre,** Railway Museum, Station Yard, Alford, Tel. 01975/56 20 52, Ostern bis Oktober geöffnet.
- www.undiscoveredscotland.co.uk/alford/alford

Unterkunft
- **B&B** gibt es z.B. bei *Mrs. J. Jack,* Bydand B&B, 18 Balfour Road, Tel. 01975/56 36 13, B&B ab £ 22.
- **Haughton Caravan Park,** Montgarrie Road (Seitenstraße der Hauptstraße), Tel./Fax 01975/56 21 07, Wohnwagen ab £ 12 und Zelte um £ 5.

Autowerkstatt und -verleih
- **K.&A. Anderson,** Lonenwell Garage, Tel. 01975/56 22 15.
- **W. & R. Murray,** 93 Main Street, Tel. 01975/ 56 24 91.

Weitere Informationen
- Samstags findet in der Public Hall, Kingsford Road, ab 19 Uhr ein **Bingoabend** statt, an dem fast der ganze Ort teilnimmt.

Craigievar Castle ⌕ XVII, C3

Südlich von Alford ist nach 10 km an der A 980 das Märchenschloss Craigievar Castle zu besichtigen. 1610 von *William Forbes* als ein L-förmiges Tower House erbaut, blieb Craigievar im 19. Jh. von viktorianischen Schnör-

Medienstar Craigievar: das Märchenschloss in Grampian

Farbkarte Seite XVII **Von Aberdeen nach Dufftown**

keln verschont und stellt sich heute noch ebenso reizvoll dar wie zu Lebzeiten seines Bauherrn.

William Forbes war ein reicher Kaufmann, der aufgrund seiner guten Handelsverbindungen zum osteuropäischen Festland auch *„Willie the Merchant"* oder *„Danzig Willie"* genannt wurde. Starkes Nationalbewusstsein und die Notwendigkeit, aufgrund akuten Holzmangels möglichst viele Räume unter einem möglichst kleinen Dach unterzubringen, veranlassten ihn, ein typisch schottisches, fünfstöckiges Tower House zu errichten. 13 Jahre dauerten die Bauarbeiten, und erst 1623 konnte *Forbes* in sein neues Heim einziehen. Die Stuckdecken im Innern der Burg wurden sogar erst 1625, ein Jahr vor *Forbes* Tod, fertig gestellt.

Außen bildet der schlichte Turm einen schönen Kontrast zu der aufwändig gestalteten Dachkonstruktion. Wie Äste aus einem Baumstamm sprießen Türmchen, Schornsteine und Kuppeln aus den unteren Turmmauern. Durch die teilweise etwas dunklen Räume mit Originaleinrichtung findet etwa alle Viertelstunde eine Führung statt. (Ö: nur im Sommer, Fr-Di 12-17.30 Uhr, E: £ 10, www.nts.org.uk)

Upper Donside ⤢ XVII, C2

Wieder zurück in Alford stößt die A 944 10 km westlich des Städtchens bei Mossat auf die A 97. Hier haben Sie die Möglichkeit, südlich in das Upper Donside, das obere Dontal, einzubiegen. Ein fruchtbares Tal, weniger wild als das Deetal, aber

ebenso reizvoll, erwartet Sie hier, und besonders Glückliche sichten vielleicht sogar einen Adler oder einen Otter.

Normalerweise ist es still in dem Tal, doch einmal jährlich, am vierten Samstag im August, hält Unruhe Einzug in das friedliche Gebiet. An diesem Tag eröffnet traditionell der **March of the Clansmen** die örtlichen Highland Games. In voller Clans- tracht, die Lanzen und Äxte in der Hand, versammeln sich die *Men of Lonach* am frühen Morgen, um lautstark durch das Tal des Don zu marschieren. Auf dem Weg wird bei den Schutzherren der Spiele Station gemacht und sich bei einem guten Schluck gestärkt, bevor die Mannen nachmittags ihre Kräfte im Ort Bellabeg messen.

Weiter flussaufwärts, 6 km von der Kreuzung in Mossat entfernt, stehen die Ruinen einer der ältesten Steinburgen in Schottland. **Kildrummy Castle** war Stammsitz der mächtigen *Earls of Mar* und wurde nach englischem Vorbild bereits im 13. Jh. errichtet, einer Zeit, als Steinfestungen in Schottland noch eine Seltenheit waren. Ursprünglich war der englische König *Edward I.* am Bau der Festung beteiligt, doch schon wenige Jahre später dienten die Gebäude als Unterschlupf für die Familie seines schottischen Widersachers *Robert Bruce*. Der darauf folgenden Belagerung durch die Engländer hielt die Burg zwar ohne Mühen stand, doch ein verräterischer Schmied setzte Kildrummy Castle von innen in Brand und zwang so die Burgbesatzung zur Aufgabe.

Von Aberdeen nach Dufftown

In den folgenden Jahrhunderten war die Festung immer wieder Schauplatz von Belagerungen, Zerstörungen und Wiederaufbau, bis im Jahr 1716 die Burg nach der Niederlage des zweiten Jakobitenaufstands unter *James Stuart*, dem *„Old Pretender"*, von den Bewohnern endgültig verlassen und somit dem Zerfall preisgegeben wurde.

Allzu viel ist nicht mehr erhalten von den vier Rundtürmen, der rechteckigen Great Hall, dem jüngeren Torweg (16. Jh.) und den Wohngebäuden innerhalb der massiven Mauern, doch ein Gang um die Anlage entlang des Erdwalls vermittelt noch immer einen guten Eindruck von der einstigen Wehrhaftigkeit der Festung. (Ö: nur im Sommer Mo-So 9.30-18 Uhr, E: £ 2.50)

In der Nähe der Burg sind die **Kildrummy Castle Gardens** angelegt worden. Verschiedene Büsche und Hochgebirgspflanzen sind für Botaniker und Pflanzenliebhaber ebenso von Interesse wie ein Wassergarten und ein kleines Museum. (Ö: nur im Sommer, Mo-So 10-17 Uhr, E: £ 2.50, www.kildrummy-castle-gardens.co.uk)

Die A 97 streift 5 km nördlich von Kildrummy die schöne Ruine der mittelalterlichen **St Mary's Kirk.** Der Kirche fehlt heute zwar das Dach, doch ist sie ansonsten noch recht gut erhalten. Ein prächtiges romanisches Portal ist ebenso zu bewundern wie ein Gebeinhaus aus dem frühen 16. Jahrhundert.

Information
● www.upperdonside.org.uk

Dufftown ⟋ XVI, B2

Weiter führt die Straße A 97 bis Rhynie, wo die A 941 ins 30 km entfernte Dufftown abbiegt. *Rome was built on seven hills, Dufftown stands on seven stills.* Gleich sieben Quellen speisen sieben Brennereien und machen so den kleinen, freundlichen Ort zur Hauptzentrale der schottischen Whiskyherstellung. Auch eine der bekanntesten Whiskysorten, der Glenfiddich, wird in Dufftown gebrannt, und durch die **Glenfiddich Distillery** am Nordrand der Stadt drängen sich im Sommer täglich Touristenströme, um das Geheimnis der Whiskybrennerei zu erfahren. (Führungen durch die Produktionsanlagen finden im Sommer Mo-Sa 9.30-16.30 und So 12-16.30 Uhr, im Winter nur Mo-Fr statt, E: frei)

Unweit der Distillery liegt die Ruine von **Balvenie Castle,** die m 13. Jh. als Festung des *Earl of Buchan* erbaut wurde. Die Burg entwickelte sich von der Festung eines feudalen Barons zu einem stattlichen Wohnsitz, wie er für einen Renaissance-Adligen angemessen erschien. Besonders deutlich wird dies an der Ostfront, wo *John Stewart, 4. Earl of Atholl,* um 1550 die alten Verteidigungsanlagen abreißen ließ. (Ö: nur im Sommer Mo-So 9.30-18 Uhr, E: £ 2.50)

Der auffallend regelmäßige Grundriss der Ortschaft Dufftown (1454 Einw.) entstand erst im frühen 19. Jh., als *James Duff, 4. Earl of Fife,* die Stadt anlegen ließ, um die Arbeitslosigkeit nach den Napoleonischen Kriegen zu bekämpfen.

Farbkarte Seite XVI, XVII   **Von Aberdeen nach Dufftown**

Die vier Hauptstraßen der Stadt treffen an einem Platz, The Square, in der Mitte des Ortes zusammen. Auf dem Platz steht weithin sichtbar der **Clock Tower.** Die Uhr am Turm stammt ursprünglich aus Banff und wird auch *The Clock that hanged MacPherson* genannt. *MacPherson* war ein Räuber in Robin-Hood-Manier, der 1700 zum Tode verurteilt wurde und erhängt werden sollte. Doch die Bevölkerung erreichte beim König *MacPherson's* Begnadigung. Am Tage der Exekution war das Begnadigungsschreiben auf dem Weg, aber der schlitzohrige Sheriff von Banff stellte die Turmuhr eine Stunde vor, um das rechtzeitige Eintreffen des Schreibens zu verhindern.

Der Turm beheimatet außer dem Tourist Information Centre auch das **Dufftown Museum,** eine kleine Ausstellung mit interessanten Stücken zur örtlichen Geschichte, wie alte Bügeleisen u. Ä. (Ö: nur im Sommer, Mo- Sa 10-17.30 Uhr, Juli-Aug. 9.30- 18.30 Uhr, So 14-18 Uhr, E: frei)

Information
- **Tourist Information Centre,** Clock Tower, The Square, Dufftown, Tel.01340/82 05 01, nur im Sommer geöffnet.
- www.dufftown.co.uk

Unterkunft
- Hotels finden sich an den Hauptstraßen; das **Tannoch Brae Guest House,** 22 Fife

Ein Leben für das Lebenswasser: Destille in der Glen Grant Distillery

Whisky, das braune Wasser des Lebens

Whisky, das braune Wasser des Lebens

Ein Gerstenkorn kann es in Schottland weit bringen. Brot? Nun, das schottische Brot kann man bei aller Liebe nicht als ehrgeiziges Ziel bezeichnen. Bier? Nein, dafür muss die zweitbeste Gerste herhalten. In Schottland hat sich eine Form der Veredelung von Gerste (engl. *barley*) entwickelt, deren **Ursprung** manche bis in die Zeit der Pikten um die Zeitwende zurückverlegen. *Uisge beatha*, das „*Wasser des Lebens*", nennen es die Gälen, *Whisky* heißt es im Schottischen, das viele gälische Wörter einfach in eine Kurzform brachte.

Whisky gibt es nicht nur in Schottland – auch die Iren brennen passablen Malzbranntwein (Whiskey geschrieben), in Übersee wird eine degenerierte Form der irischen Spezies hergestellt, in Thailand findet sich welcher, neuerdings soll sogar in Japan ein eigener entdeckt worden sein – aber nur schottischer Whisky darf sich Scotch nennen, und nur er verdient diese Bezeichnung.

Die **Herstellung** von reinem Hochland-Malzwhisky ist eigentlich ganz einfach, doch benötigt man vier Dinge dazu, die es den Konkurrenten verwehren, das Flavour des schottischen Stoffs zu erreichen: schottischer Torf, schottisches Hochlandwasser, schottische Destillateure und die Highlands. Japaner hatten einmal die ersteren drei Dinge auf Schiffen nach Japan verfrachtet und versucht, eigenen Malt zu brennen; heute kaufen sie ihren Malt wieder in Schottland.

Malzwhisky (auf schottisch kurz *Malt*) wird aus Gerste gewonnen, die zunächst keimen muss, um das Malz (Zuckerkristalle) auszubilden. Danach wird sie über Torffeuern getrocknet und erhält dabei mit dem Torfrauch den typischen rauchigen Geschmack, der den schottischen Whisky von anderen unterscheidet. Viele der älteren Brennereien haben ihren alten, heute nicht mehr benutzten Räucherofen stehen lassen, den man an der typischen, an Pagoden erinnernden Form erkennt. Nach dem Trocknen wird die Gerste gemahlen und das Malz mit Wasser herausgewaschen. Die nun entstandene Flüssigkeit wird mit Hefe vergoren. Das Ergebnis, ein dem Bier sehr ähnliches Gebräu, wird nun destilliert. Der dadurch gewonnene Rohwhisky wird in Eichenfässer gefüllt und muss mindestens sieben Jahre lagern, bis ein Schotte ihn Whisky nennt.

Viele der **Brennereien** in Schottland lassen Besucher hinter die Kulissen schauen. Wir empfehlen besonders die kleineren, da die Gruppen kleiner sind, man dadurch Zwischenfragen stellen kann und vor allem, weil Sie am Schluss einen Probeschluck echten Maltwhiskys erhalten, die meisten großen Distilleries jedoch nur Blend anbieten.

Da die Herstellung von reinem Malzwhisky sehr langwierig ist – die meisten guten Whiskies lagern mindestens 12 Jahre –, wird häu-

Whisky, das braune Wasser des Lebens

fig der leichter herstellbare **Grainwhisky** *(grain* kann alle möglichen Getreidesorten bedeuten) mit dem Malt zum billigeren *Blend* verschnitten (engl. *blended).*

Die meisten in Deutschland bekannteren Scotch Whiskies sind **Blends,** also nur zweitklassiger Whisky. Je höher aber der Maltanteil ist, desto weicher wird auch der Blend. Um den Unterschied, vor allem in der Schärfe, zu schmecken, sollten Sie es sich nicht nehmen lassen, einmal in einem Pub einen Malt nach einem Blend zu genießen.

Aber auch Malzwhisky ist nicht gleich Malzwhisky. Zum einen ist das **Lageralter** entscheidend. Je länger ein Whisky im Eichenfass gelegen hat, desto weicher wird er in der Regel, wobei Kenner allerdings der Meinung sind, das ein Alter über 12 Jahre keine spürbaren Veränderungen mehr bringt. Beim Alter zählt nur die Lagerzeit, da der Whisky aufhört sich zu verändern, sobald er in luftdichten Flaschen abgefüllt ist.

Weiterhin unterscheidet man zwischen *Pure und Single Malt.* Der Pure Malt ist ein Verschnitt aus verschiedenen reinen Malzwhiskies, während der Single Malt aus einer einzigen Brennerei stammt, somit die Krone der Schöpfung darstellt. Die Whiskykenner unterscheiden darüber hinaus noch die **Western und die Eastern Malts.** Mit Eastern Malts sind vor allem die Whiskys aus der Whiskyregion Speyside gemeint, die durch ihr weiches, rundes Malzaroma bestechen. Die Western Malts, vor allem von den Inseln Islay und Skye und von Kintyre, besitzen ein erheblich raueres, torfigeres Aroma. Man sollte die Western Malts nach der schottischen Devise trinken:

„Drink no whisky without water and drink no water without whisky!"

Das Tal des River Dee

Street, Tel. 01340/82 05 41, www.tannochbrae.co.uk, bietet B&B ab £ 25 an.
- **B&B** finden Sie z.B. in der Church Street.

Autowerkstatt
- **Johnstone & Stuart,** 29 Fife Street, Tel. 01340/82 02 34.

Rothes ♪ XVI, B1

Einige Kilometer nördlich von Dufftown ist bei Rothes die **Glen Grant Distillery** angesiedelt. Diese Brennerei ist kleiner und persönlicher als z.B. die große Glenfiddich Distillery. Der Besucher wird nicht durch die Anlagen gedrängt, sondern in einer informativen Führung geleitet. Anschließend wird als Probeschluck ein echter Maltwhisky gereicht. (Führungen nur im Sommer Mo-Sa 10-16 Uhr, So ab 12.30 Uhr, E: frei, Kinder erst ab 8 Jahren)

Das Tal des River Dee

Überblick

Durch das Deetal führt die A 93 von Aberdeen nach Ballater. Das Tal ist hier breit und sanft, die Umgebung ist landwirtschaftlich genutzt und unterscheidet sich stark von der wilden Natur am Ursprung des Tales.

Im Burgenparadies Grampian: Drum Castle

Farbkarte Seite XVI, XVII   **Das Tal des River Dee**

Verbindungen

●Durch das Deetal führt die Buslinie 201 der Bluebird Northern Scottish Ltd. Von Aberdeen startet alle halbe Stunde ein **Bus nach Banchory,** doch nur jede Stunde fährt der Bus weiter über Kincardine O'Neil, Aboyne, Ballater, Crathie bis **nach Braemar.** Genauere Auskunft über die Abfahrtszeiten erhalten Sie in Aberdeen beim Busbahnhof in der Guild Street.
●Frühaufsteher nimmt frühmorgens in Ballater auch der **Postbus** in begrenzter Anzahl mit. Seine Route führt über Braemar, Clunie Bridge und Linn of Dee wieder zurück nach Ballater. Auskunft über die genaue Abfahrtszeit dieses Busses erteilt das Tourist Information Centre in Ballater.
●**Konkrete Verbindungen:** *Traveline* für alle öffentlichen Verkehrsmittel (außer Flügen) www.travelinescotland.com bzw. Tel. 0870/ 60 82 608 (siehe auch „Unterwegs in Schottland" für günstige Tickets).

Drum Castle
und Crathes Castle   ⌖ XVII, C3

Der große, alte Turm von **Drum Castle,** 12 km weiter östlich vor Banchory, wurde bereits 1286 erbaut und gehört damit zu den drei ältesten Towerhäusern in Schottland. 1323 verschenkte *Robert Bruce* das Castle mit dem umliegenden Land an seinen treuen Gefolgsmann *William Irvine*. 1619 wurde der Turm um ein Herrenhaus erweitert, im 19. Jh. folgte ein weiterer viktorianischer Anbau. Von außen durchaus sehenswert, kann Drum Castle innen jedoch nicht mit dem nahe gelegenen Crathes Castle konkurrieren. Die Möbel sind größtenteils georgianisch und viktorianisch, im alten Turm ist unten eine Bibliothek eingerichtet, doch der obere Teil gleicht eher einer Ruine.

(Ö: April-Mai und Sept Mo-So 12.30-17.30 Uhr, Juni-Aug. 10-17.30 Uhr, E: £ 7, www.drum-castle.org.uk)

8 km weiter westlich findet sich an der A 93 ein Schmuckstück der schottischen Tower-House-Architektur. **Crathes Castle** wurde zwischen 1556 und 1596 auf Geheiß *Alexander Burnett's* errichtet, dessen Familie schon seit über 300 Jahren auf diesem Grund lebte. Auch die nächsten 350 Jahre verbrachte die **Burnett-Familie** in der Burg, die Ende des 17. Jh. unter *Sir Thomas* und *Margaret Burnett* noch um einen Seitenflügel erweitert wurde, da die 21 Kinder des Paares nicht mehr genügend Platz im alten Turmhaus fanden.

Die geschmackvolle **Inneneinrichtung** der gelbverputzten Granitburg zeigt, bedingt durch die kontinuierliche Anwesenheit einer Familie über mehrere Jahrhunderte, eine sehenswerte Zusammenstellung von Möbeln seit dem 16. Jh. mit Schwerpunkt auf dem 17. Jh. Beeindruckend sind insbesondere die herrlich bemalten Decken in einigen Räumen, die im frühen 17. Jh. von einheimischen Künstlern geschaffen wurden. Ebenfalls eine Seltenheit ist die Eichendecke in der Long Gallery, wo von Zeit zu Zeit der *Laird's Court,* ein örtlicher Gerichtshof, abgehalten wurde.

In einer Burg mit solch langer Tradition darf auch das **Burggespenst** nicht fehlen. Erstmals gesichtet wurde die *Green Lady* im 18. Jh., 100 Jahre bevor das Gerippe eines Babys in der Wand des Green Lady's Room gefunden wurde. Augenzeugen wissen denn auch zu berichten,

Grampian

Das Tal des River Dee

Technische Ruine: Schottland und der Schrott

Farbkarte Seite XVII   **Das Tal des River Dee**

dass die *Green Lady* immer mit einem Kind im Arm erscheine. (Ö: im Sommer Mo-So 10-17.30 Uhr, im Okt. bis 16.30 Uhr, im Winter Do-So 10-16.30 Uhr, E: £ 10, www.nts.org.uk)

Außerhalb von Crathes Castle erstreckt sich ein weitläufiger **Park** mit wunderschönen Linden und ein sehenswerter Garten mit einer unüberschaubaren Vielzahl an Blumen, die in allen nur erdenklichen Farben und Formen leuchten, sowie herrlichen Eibenhecken.

Banchory   ♫ XVII, C3

Banchory, die größte Ortschaft des Deetals, zeichnet sich wie Aboyne oder Ballater vor allem durch seine schöne Lage und die guten Unterkunftsmöglichkeiten aus.

Information
●*Tourist Information Centre,* Bridge Street, Tel. 01330/82 20 00, Ostern bis Oktober geöffnet.
●www.royal-deeside.org.uk/RDvillages/banchory.htm

Unterkunft
●*Burnett Arms Hotel,* 25 High Street, Tel. 01330/82 49 44, Fax 82 55 53, B&B ab £ 33.
●*Village Guest House,* 83 High Street, Tel./Fax 01330/82 33 07, B&B ab £ 27, bietet hohe Qualität zu vernünftigen Preisen.
●*Douglas Arms Hotel,* 22 High Street, Tel. 01330/82 25 47, www.douglasarms.co.uk, B&B ab £ 25.
●*Feughside Caravan Park,* etwa 8 km südlich von Banchory, wenn Sie die B 974 nach Strachan nehmen, von dort geradeaus weiter auf der B 976, nach 3 km hinter dem Feughside Inn, Tel. 01330/85 06 69, Zelt £ 8, Wohnwagen £ 12.

Sonstiges
●*Autowerkstatt: P & E Burnett,* North Deeside Road, Tel. 01330/82 42 69.
●*Fahrradverleih: Monster Bikes,* Station Road, Tel. 01330/82 53 13.
●*Taxi: L.A. Taxis,* North Deeside Road, Tel. 01330/82 24 42.

Aboyne   ♫ XVII, C3

Etwa 15 km weiter westlich streift die Straße **Kincardine O'Neil,** eine der ältesten Ortschaften des Deeside. Im Ortskern des hübschen Städtchens findet sich eine frühgotische Kirchenruine aus dem Jahr 1233.

Nur wenige Kilometer weiter westlich führt die Straße durch das Städtchen **Aboyne.** Diese freundliche Stadt eignet sich ähnlich wie Ballater gut als Ausgangspunkt für Exkursionen in das Umland. Fünf Kilometer westlich der Stadt veranstaltet der Deeside Gliding Club im Sommer ein- bis zweiwöchige Intensivkurse im **Segelflug.** Für bereits erfahrene Flieger ist auch eine einmonatige Mitgliedschaft möglich, die für diesen Zeitraum die Benutzung der Segelflugzeuge gestattet. Genauere Informationen erhalten Sie am Flugplatz oder unter der Rufnummer: 013398/85 339.

Information
●www.royal-deeside.org.uk/RDvillages/aboyne.htm

Unterkunft
●*Hotels* finden sich u.a. in der Charlestown Road und in der Bridgeview Road, beide Nebenstraßen der Ballater Road aus Ballater.

Grampian

Das Tal des River Dee

●*Loch Kinord Hotel,* Ballater Road, Tel. 013398/85 229, Fax 87 007, www.kinord. com, B&B ab £ 20.
●*Struan Hall,* Ballater Road, Tel./Fax 013398/87 241, www.struanhall.co.uk, B&B ab £ 32.

Ballater   ♫ XVI, B3

Von Aboyne führen zwei parallelverlaufende Straßen nach Ballater. Die größere A 93 entlang des nördlichen Deeufers und die B 976 am südlichen Ufer. Entscheiden Sie sich für die A 93, führt Ihr Weg nach wenigen Kilometern vorbei an der romantisch zwischen alten Bäumen gelegen *Tullich Church* mit einigen völlig verwitterten, piktischen Symbolsteinen.

Ballater ist eine kleine Stadt ohne große Attraktionen, die sich gut als Einkaufs- und Übernachtungsstätte sowie als Ausgangspunkt für Ausflüge in die nähere Umgebung eignet. Die *McEwan Gallery* an der A 939, ca. 2 km westlich von Ballater, ist in einem ungewöhnlichen Haus untergebracht, das 1902 nach einem Entwurf des Schweizer Künstlers *Rudolph Christen* errichtet wurde. Ausgestellt werden Ölgemälde, Aquarelle und Drucke aus dem 18.-20. Jh., vornehmlich Arbeiten der schottischen Schule. (Ö: Mo-So 10-18 Uhr, E: frei)

Information
●*Tourist Information Centre,* The Old Royal Station, Station Square, Ballater, Tel. 01339/76 20 52.
●www.ballaterscotland.com

Unterkunft
Ballater bietet eine sehr große Auswahl an Hotels von kleineren, preisgünstigen Herbergen bis zu luxuriösen Vier-Sterne-Hotels.
●*The Glen Lui Hotel,* Invercauld Road, Tel. 013397/55 402, Fax 55 545, www.glen-lui-hotel.co.uk, bietet hohen Komfort zu einem vernünftigen Preis, B&B ab £ 27.
●*Moorside House,* 26 Braemar Road, Tel./Fax 013397/55 492, www.moorside-house.co.uk, B&B ab £ 20, klein, aber fein.
●*Celicall Guest House,* 3 Braemar Road, Tel./Fax 013397/55 699, B&B ab £ 19.
●*Deeside Hotel,* Braemar Road, Tel. 013397/55 420, Fax 55 357, www.deeside hotel.co.uk, B&B ab £ 24.
●*B&B* findet sich ebenfalls gehäuft an der Braemar Road, der A 93 aus Braemar.
●Der *Ballater Caravan Park,* Anderson Road, etwa 300 m vom Town Square entfernt, Tel. 013397/55 727, Zelt ab £ 5 und Wohnwagen ab £ 15.

Auto- und Fahrradverleih
●*Riverside Garage,* Tullich Road, Tel. 01339/75 53 23.

Von Perth nach Inverness

Die wichtigste und zwischen Perth und Inverness auch einzige Verbindung mit dem Norden ist die A 9. Der *highway to the highlands* windet sich über die unwegsamen Grampians nach Inverness. Da er der einzige direkte Weg nach Norden ist, wird er sehr stark befahren und ist deshalb eine der schlimmsten Unfallstrecken Schottlands. Lassen Sie sich von keiner Raserei anstecken: Der unvermittelte Übergang von zwei- auf einspurige Teilstücke und riskantes Überholen sind die häufigsten Quellen von Unfällen, besonders, wenn man noch nicht völlig an den Linksverkehr gewöhnt ist. Nehmen Sie sich lieber Zeit und genießen Sie die immer wilder und unbewohnter werdende Landschaft auf den Pässen durch die Grampians.

Verbindungen

●*Konkrete Verbindungen: Traveline* für alle öffentlichen Verkehrsmittel (außer Flügen) www.travelinescotland.com bzw. Tel. 0870/ 60 82 608 (siehe auch „Unterwegs in Schottland" für günstige Tickets).
●*Zug:* Da die Route, die die A 9 beschreibt, der einzige Übergang über die Grampians auf dem Weg nach Inverness ist, folgt auch die Bahn dieser Strecke. Rund um die Uhr fahren die Züge aus Richtung oder nach Edinburgh oder Glasgow. Täglich gibt es vier Verbindungen mit London. Die Fahrt von Perth bis Inverness dauert 3,5 Std., mit dem Express, der, aus London kommend, in Perth einläuft, sogar nur 2 Std. Info: Tel. 08457/48 49 50.
●*Scottish Citylink Coaches* (Fahrplan- Info Tel. 08705/50 50 50) unterhalten zwischen Glasgow und Inverness täglich acht Buslinien, von denen zwei aus London kommen. Von Edinburgh nach Inverness über Perth und Aviemore verkehren täglich zwischen 7.15 und 20.45 Uhr 13 verschiedene Busse. Die Fahrtzeit beträgt ca. 3,45 Std. und kostet einfach ca. £ 20.
●Kürzere lokale Verbindungen werden z.T. von *Postbussen* abgedeckt. Insgesamt ist es also ein Leichtes, auf der A 9 zwischen Perth und Inverness voranzukommen. Information Inverness Bus Station, Tel. 01463/ 23 33 71.
●Alle Fragen die *Postbusse* betreffend, werden vom Service Centre der *Royal Mail* unter Tel. 08457/74 07 40 oder Tel. 01752/ 38 71 12 beantwortet.

Einstimmen aufs Hochland: Der Weg bis Dunkeld

Etwa 15 km nördlich von Perth erhebt sich links der A 9 auf den Bergen *Birnam Wood:* „*Macbeth shall never vanquished be until, /Great Birnam Wood to high Dunsinane Hill /Shall come against him,*" das versprachen die drei Hexen dem Königsmörder. *Shakespeare* aber ließ *Malcolm Canmores* Heer, das *Macbeth* vernichten sollte, in Birnam das Lager aufschlagen. Um die Zahl seiner Soldaten zu verhüllen, ließ der Sohn des erschlagenen *Duncan* seine Mannen den Wald abholzen. Jeder hatte einen Baum vor sich her zu tragen, um sich zu tarnen. So kam es, dass Birnam Wood zu Dunsinane Hill zog, wo *Macbeth* in seiner Burg wartete, und der Spruch der drei Hexen sich erfüllte.

Farbkarte Seite X, XI, XV **Von Perth nach Inverness**

Typische Landschaft im schottischen Hochland

Dunkeld ⌕ X, B2

Dunkeld, ein ruhiges, hübsches Städtchen, zwei Kilometer von der A 9 entfernt, ist unbedingt einen Abstecher wert. Die romantische Lage am Fluss zwischen den steilen, bewaldeten Bergen und der malerische Ortskern machen Dunkeld zu einem der schönsten Hochlandstädtchen. Im Frühmittelalter war der Ort eine Hauptstadt der Pikten. Seit dem 16. Jh. hatte er Bedeutung als Knotenpunkt zweier großer Viehzüge aus den Highlands in Richtung Süden. Einmal im Jahr wurde damals das zottelige *highland cattle* auf festen Routen zusammengetrieben, um in die städtischen Zentren verkauft zu werden. Zwei der wichtigsten Viehzüge trafen sich in Dunkeld, von wo aus es auf dem Weg der heutigen A 9 der Schlachtbank in Edinburgh entgegenging. Seit 1809 überspannt eine Brücke den Tay, die den Viehzügen das Durchschwimmen des schnell fließenden Flusses ersparte, wobei stets viele Tiere ertranken.

Das Zentrum von Dunkeld wurde im Rahmen des *Little Houses Programm* des *National Trust for Scotland* wunderschön restauriert. Der *National Trust for Scotland* unterstützte die privaten Hausbesitzer finanziell bei der Restaurierung ihrer Häuser und erreichte dadurch, dass ein typisches Stadtbild des 17. Jh. erhalten blieb. Gleich in der ersten Straße nach der Brücke links befindet sich ein hübscher dreieckiger Platz, die High Street. In der hinteren rechten Ecke des Platzes steht das **Tourist Information Centre,** das einen kurzen Film über Dunkeld und seine Geschichte zeigt.

Vom Platz geradeaus weiter zwischen den *Little Houses* hindurch, vorbei am Geburtshaus von *Alexander MacKenzie,* dem berühmten Kanadadurchquerer, gelangt man zur **Dunkeld Cathedral.** Schon *Kenneth MacAlpine*, der Gründer Schottlands (843-860), hatte hier eine Kirche errichten lassen. Die heutige gotische Kathedrale wurde während des 14. Jh. gebaut.

Information
● **The Cross,** Dunkeld, PH8 0AN, Tel./Fax 01350/72 76 88.
● www.visitdunkeld.com

Unterkunft
Dunkeld selbst besitzt nur wenige Hotels, doch in Birnam, etwas südlich, befinden sich noch ein paar weitere.
● **Royal Dunkeld Hotel,** Atholl Street, Dunkeld, Tel. 01350/72 73 22, Fax 72 89 89, www.royaldunkeld.co.uk, B&B ab £ 35.
● **Birnam Wood House,** Perth Road, Birnam, Tel. 01350/72 77 82, www.birnam woodhouse.co.uk, B&B ab £ 25.
● **Waterbury Guest House,** Murthly Terrace, Birnam, Tel. 01350/72 73 24, B&B ab £ 15, kleines Hotel in historischem Haus in Birnam.
● **Wester Caputh Independent Hostel,** Manse Road, Wester Caputh, etwa 8 km östlich von Dunkeld an der A 984, Tel./Fax 01738/71 06 17, www.westercaputh.co.uk. Übernachtung ab £ 12.
● **Inver Mill Caravan Park**, Inver, Dunkeld, nach Abbiegen auf die A 822 sofort rechts, Tel./Fax 01350/72 74 77, Wohnwagen und Zelte £ 10-12.

Pitlochry ⌕ X, B1

Weiter auf der A 9 Richtung Norden, gelangen Sie nach gut 20 km in die

Farbkarte Seite X **_Von Perth nach Inverness_**

Touristenmetropole am River Tummel. Die Berge der Grampians beginnen hier, langsam immer näher an die A 9 zu rücken, und umrahmen Pitlochry mit einer grandiosen Kulisse. Die Stadt selber hat nicht viel Sehenswertes zu bieten, doch verfügt sie über eine Reihe guter Hotels und Unterkünfte. Im Sommer ist das **_Festival Theatre_** auf der gegenüberliegenden Seite des Tummel ein Anziehungspunkt. Karten für die Schauspiele, Konzerte und anderen Veranstaltungen erhält man am Theater oder im Tourist Information Centre (www.pitlochry.org.uk).

Im Tal sind die Wasser des Tummel zum **Loch Faskally** aufgestaut worden, einer Idylle für Spaziergänger und Angler. Vor der Staumauer haben die Schotten eine künstliche Lachstreppe angelegt, auf die sie sehr stolz sind.

Das Wasserkraftwerk, **_Scottish Hydro Electric Centre,_** an gleicher Stelle kann Mo-Fr von 10-17.30 Uhr (Juli-Aug. auch Sa und So) gegen eine Gebühr besichtigt werden und bietet kostenlos auch noch einmal einen besseren Blick auf die Lachse. Seien Sie aber nicht zu enttäuscht, sollten Sie keine Fischschwärme fröhlich die Treppe hinaufspringen sehen, schließlich wird auch das Monster von Loch Ness nur selten gesichtet.

Hochland

Ohne Worte

381

Von Perth nach Inverness

Information

- Das **Tourist Information Centre** liegt an der Hauptstraße gleich nach dem Ortseingang auf der rechten Seite an einem großen Parkplatz: 22 Atholl Road, Pitlochry PH16 5BX, Tel. 01796/47 22 15, Fax 47 40 46, pitlochrytic@perthshire.co.uk.
- www.scottish-towns.co.uk/perthshire/pitlochry

Unterkunft

- **Knockendarroch House Hotel,** Higher Oakfield, Tel. 01796/47 34 73, Fax 47 40 68, www.knockendarroch.co.uk, B&B ab £ 42.
- **The Pinetrees Hotel,** Strathview Terrace, Tel. 01796/47 21 21, Fax 47 24 60, www.pinetreeshotel.co.uk, feines kleines Hotel in hübschem victorianischen Landhaus über der Stadt, B&B ab £ 40.
- **Birchwood Hotel,** 2 East Moulin Road, Tel. 01796/47 24 77, Fax 47 39 51, www.birchwoodhotel.co.uk, nettes Hotel in viktorianischem Bau, B&B ab £ 33.
- **Easter Dunfallandy Country House B&B,** Tel. 01796/47 41 28, Fax 47 44 46, www.dunfallandy.co.uk, B&B £ 30.
- **Carra Beag Guest House,** 16 Toberargan Road, in der Stadtmitte nahe dem Tourist Information Centre, Tel./Fax 01796/47 28 35, www.carrabeag.co.uk, B&B ab £ 16.
- **Derrybeg Guest House,** 18 Lower Oakfield, Tel. 01769/47 20 70, www.derrybeg.co.uk, B&B ab £ 21.
- **Pitlochry Hostel,** Knockard Road, in der Ortsmitte rechts, dann erste Straße wieder rechts und dann links (ziemlich steil den Berg hinauf), Tel. 0870/00 41 145, ab £ 11,50, ganzjährig.
- **Pitlochry Backpackers,** 134 Atholl Road, Tel. 01796/57 00 44, Fax 47 00 55, www.scotlands-top-hostels.com, ab £ 10.
- **Faskally Caravan Park,** liegt an der B 8019 nach Killiecrankie, Tel. 01796/47 20 07, Fax 47 38 96, Wohnwagen ab £ 12, Zelte ab £ 10.

Verbindungen

- Um 8 Uhr fährt in Pitlochry der **Postbus** in Richtung Rannoch Station los. Das ist eine gute Möglichkeit, eine gemütliche Tour durch das Tummeltal und entlang des Loch Rannoch zu einer der entlegensten Bahnhöfe Europas zu machen. Nach kurzem Aufenthalt an der Rannoch Station kehrt der Bus bis ca. 13.30 Uhr wieder nach Pitlochry zurück.
- Bis Kinloch Rannoch geht zwei- bis dreimal am Tag auch ein normaler **Bus,** der et-

Landschaftsromantik im Hochland

Farbkarte Seite X

Von Perth nach Inverness

was schneller ist als das Postauto, das ja auch die Post einsammeln und austeilen muss. Nach Blair Castle und weiter bis Calvine fahren mehrmals täglich Busse.

●**Businformation,** Tel. 0870/60 82 608

●**Konkrete Verbindungen:** *Traveline* für alle öffentlichen Verkehrsmittel (außer Flügen) www.travelinescotland.com bzw. Tel. 0870/60 82 608 (siehe auch „Unterwegs in Schottland" für günstige Tickets).

Umgebung

●Pitlochry eignet sich bestens als Ausgangspunkt für Wanderungen in die nahen Berge. Die Umgebung der Stadt besitzt schon die Großartigkeit des Hochlandes, doch ist sie aufgrund ausgedehnter Forste lieblicher als die nordwestlichen Highlands. Aber auch wer gerade die wilde Einsamkeit, atemberaubende Kargheit der Moor-, Fels- und Heideflächen des zentralen Hochlandes liebt, hat mit Pitlochry ein Sprungbrett.

●Nördlich der Stadt geht links nach Westen die B 8019 ab. Sie führt entlang dem Ufer des romantischen **Loch Tummel** weiter aufwärts zum **Loch Rannoch.** Wenige Kilometer hinter Pitlochry eröffnet sich dem Reisenden ein erster phantastischer Blick auf Loch Tummel, ein Anblick, den schon *Queen Victoria* besonders zu schätzen wusste und der seitdem **Queen's View** heißt. Westlich dieses Loch Rannoch endet die Straße an einer der entlegensten Bahnhöfe Großbritanniens: **Rannoch Station.** Hier beginnt Rannoch Moor, in dessen unwegsame Einsamkeit sich früher Verbrecher geflüchtet haben sollen.

●Ein anderer Ausflug von Pitlochry führt an das **Loch Tay,** im Südwesten. Verbinden Sie die Tour mit dem Besuch von **Aberfeldy** und dem westlich davon, in der Nähe der B 846 in Weem gelegenen **Castle Menzies.** (Ö: im Sommer Mo-Sa 10.30-17, So 14-17 Uhr, E: £ 3.50)

●Nördlich von Pitlochry verläuft die A 9 durch ein enges Tal, dessen Wände links der Straße steil in die **Schlucht von Killiecrankie** abfallen. Hier besiegte im ersten Jacobitenaufstand *Bonnie Dundee,* der *Marquis von Montrose,* am 28. Juli 1689 ein überlegenes englisches Heer. Er selbst fiel durch eine verirrte Kugel, die ihn nach Ende der Schlacht noch traf. Volkserzählungen wissen, dass es eine magische Freikugel war, da Dundee mit dem Teufel im Zweckbündnis stand und daher unverwundbar war. Als Beweis wird angeführt, dass das Wasser zu kochen begann, sobald der Feldherr ein Fußbad nehmen wollte. Durch seinen Tod war die Rebellion trotz des Sieges zum Scheitern verurteilt. Links der A 9 hat der *National Trust for Scotland* ein Besucherzentrum mit Informationen über diese nationale Prestigeschlacht eingerichtet. Eher lohnt sich jedoch eine Wanderung durch die wildromantische Schlucht.

●Ein Stückchen weiter biegt nach rechts eine Straße nach **Blair Atholl** ab. Von der Hauptstraße zweigt abermals rechts eine wunderbare lange Lindenallee ab, die zum **Castle Blair,** dem Sitz des *Duke of Atholl,* führt. Das strahlend weiße Castle gehört

Hochland

Von Perth nach Inverness

zu den sehenswertesten Schlössern in ganz Schottland. Die über dreißig begehbaren Räume und Säle sind voller unschätzbar wertvoller Antiquitäten: Waffen, Möbel aus dem 16.-19. Jh., eine Porzellansammlung, eine Kleidersammlung, wertvolle Bilder, u.a. von *de Witt, Lawrence* und *Landseer,* eines der drei authentischen Portraits von *Maria Stuart* und vieles andere machen das Castle zu einer Schatzkammer unter den schottischen Schlössern. Der *Duke of Atholl* besitzt als letzter Brite das Privileg, eine Privatarmee, die **Atholl Highlanders,** aufstellen zu dürfen (jährliche Parade Ende Mai, Anfang Juni). Jeden Tag um elf Uhr spielt ein Piper vor dem Eingang. (Ö: nur im Sommer Mo-So 10-16.30 Uhr, E: £ 6.90, www.blair-castle.co.uk)

Wer mit dem Zug nach Blair Atholl fahren will, kann sich vom Bahnhof von einem Minibus des Schlosses abholen lassen. Tel. 01796/48 12 07. Vorbei an Blair Castle lockt nach wenigen Kilometern am *Bruar Visitor Centre* ein Spaziergang entlang der **Bruar Falls.**

Pass of Drumochter   ⌒ X, A1

Hinter Blair Atholl beginnt endgültig der Aufstieg in die Grampians. Zum Pass of Drumochter (462 m) klettert nur noch die A 9 empor. Vorbei die Möglichkeit, auf idyllischen kleinen Nebenstraßen den *highway to the highlands* zu meiden. Dennoch ist die Landschaft fantastisch. Links und rechts der Straße stürzen unzählige Bäche zu Tal, türmen sich immer

Sitz des letzten Duke of Atholl: Castle Blair

Farbkarte Seite X, XVI

Von Perth nach Inverness

kahler werdende Bergmassive auf. Oben auf dem Pass wachsen nur noch Moose und Erika, die im Hochsommer alles in Purpur tauchen. *„If you had seen these roads before they were made, you would rise your hands and bless general Wade!"*, sagte man in den Highlands, als der General zur Befriedung der unruhigen Hochlande im frühen 18. Jh. hier erstmals Straßen baute. Auf dem Pass von Drumochter versteht man sicherlich am besten, was mit dem Spruch gemeint ist.

Kingussie   ↗ XVI, A3

Auf der nördlichen Seite der Wasserscheide wird das Land allmählich wieder offener, wenn auch nicht sanfter. Kingussie (sprich *Kinjussie*, 1410 Einw.) ist der erste größere Ort im Spey-Tal. Auch er ist ein Touristenort, doch nicht so überlaufen wie Pitlochry.

Das *Highland Folk Museum* (vierte Straße nach Ortseingang rechts) bietet einen breiten Einblick in das Leben der Highlands vergangener Jahre. Im Freiluftteil stehen einige alte Gebäude, im Inneren des Museums werden landwirtschaftliche Gerätschaften, sowie Kunsthandwerk und Musikinstrumente ausgestellt. Im nahe gelegenen Newtonmore befindet sich eine neue und noch größere Außenstelle des Museums. (Ö: im Sommer Mo-Sa 9.30-17.30 Uhr, www.highlandfolk.com).

An der B 970, einen Kilometer südlich der Stadt, liegen die *Ruthven Barracks,* Überreste einer Kaserne aus dem 18. Jh. 1746 sammelten sich hier die Geschlagenen von Culloden ein letztes Mal und sprengten das Fort, als sie einsehen mussten, dass der Krieg verloren war, in die Luft.

An Wandermöglichkeiten in den Bergen fehlt es nicht, auch nicht an Wanderbeschreibungen im *Tourist Information Centre* im *Highland Folk Museum.* Im *Grainish Moor* nördlich von Kingussie stehen einige Steine, bei denen piktische Könige proklamiert wurden und *Macbeth* die drei Hexen getroffen haben soll (siehe auch Birnam weiter oben).

Auf der *Leault Farm,* ca. 5 km nördlich an der B 9152 bei Kincraig, demonstrieren im Sommer alle zwei Stunden 8 schottische Schäferhunde ihr Können. Beim Scheren der Schafe dürfen die Besucher selbst mit Hand anlegen. (Ö: So-Fr, Mai, Juni und Sept. 12 und 16 Uhr, Juli-Aug. 10, 12, 14 und 18 Uhr, Tel. 01540/65 13 10, www.leaultfarm.co.uk)

Unterkunft

● *Arden House,* Newtonmore Road, Tel. 01540/66 13 69, www.arden-house.info, B&B ab £ 22, empfehlenswertes Hotel im Ortskern.

● *Columba House Hotel,* Manse Road, Tel. 01540/66 14 02, Fax 66 16 52, www.columbahousehotel.com, B&B ab £ 26.

● *The Lairds Bothy,* 68 High Street, Tel. 01540/66 13 34, Fax 66 20 63, www.tipsylaird.co.uk, Hostel ab £ 9.

Aviemore   ↗ XVI, A2

Weiter auf der A 9 erreichen Sie bald die Ortschaft Aviemore. Auch diese Stadt lebt vom Tourismus, doch fehlt

Hochland

Crofting

Das schottische Wort *croft* steht für eine Form der **Landverpachtung,** die sich so nur in Schottland und Irland entwickelt hat. Die Ursprünge gehen zurück bis in die hohe Zeit der Clans. Alles Gemeindeland gehörte damals dem Chief des Clans. Die einzelnen Pächter hatten nur wenig Rechte und mussten für diesen das Land bewirtschaften. Doch galt der Clanchief, als das Clansystem noch intakt war, als der Vater des Clans und erfüllte meist auch diese Funktion. In der Folge des Debakels von Culloden und der Unterdrückung der Hochlandkultur verkauften aber viele Chiefs ihr Land oder wurden gar enteignet. Die neuen Herren, oft reiche junge Engländer, versuchten nun Geld aus dem Land zu ziehen. Sie begannen, das Land in bestimmte Einheiten zu teilen, deren Pächter auch das Recht zur Nutzung der Gemeindeflächen besaßen. Aus diesen Einheiten wurden die heutigen Crofts.

Anfangs waren diese *landlords* froh über das im 19. Jh. einsetzende Bevölkerungswachstum im schottischen Hochland, konnten sie doch alle Arbeitskräfte für die blühende Seetangindustrie gebrauchen. Doch als diese Branche zusammenbrach, begannen sie, die Menschen aus dem Hochland zu vertreiben, um Platz für die profitablere Schafzucht zu gewinnen.

Lange Zeit hatten die Crofter keine Möglichkeit, sich zu wehren und mussten auswandern, doch 1886 erbarmte sich das Parlament und erließ endlich die **Crofters Act,** ein Gesetz zum Schutz der schottischen Pächter. Seitdem haben die Crofter ihre Rechte immer weiter auszubauen verstanden. Heute hat der Landlord, der in einigen Gemeinden sogar gewählt wird, fast keine Eigentumsrechte mehr. Die Crofter dürfen nicht von ihrem Land vertrieben werden und können es an Familienmitglieder vererben.

Zum **Croft** gehört meist ein Haus, je nach Bodenbeschaffenheit zwischen 4 und 20 Hektar Land und das Recht, den Gemeindeboden zu Weidezwecken zu gebrauchen. Wenngleich das Crofting heute die verbreitetste Form der Landwirtschaft im Hochland ist, so ist sie bei weitem nicht die einzige. Die Crofter sind vielmehr eine **privilegierte Schicht** unter den Pächtern.

1981 lief ein von der EG unterstütztes Regierungsprogramm an, das es den Croftern mit **finanziellen Hilfen** ermöglichen soll, ihre Erträge und damit ihre Einkommen zu erhöhen.

Das Programm entstand nicht zuletzt aufgrund der Erkenntnis, dass die traditionelle Wirtschaftsweise der kleinen Höfe **umweltschonend** ist und das Entstehen von Agrarfabriken verhindert. Die Crofts der Highlands sind berühmt für die Vielfalt von Arten, die auf ihren Ländereien Lebensraum finden.

Crofting kann auch heute noch **kein volles Einkommen** gewährleisten. Die meisten der 17.684 Crofter sind daher „nebenbei" noch als Arbeiter oder Fischer, auf Harris oftmals als Weber oder in anderen Berufen tätig. Crofting sichert also nicht die Lebensgrundlage, doch ergänzt es das Einkommen und kann vielleicht dazu beitragen, das Leben im Hochland und auf den Inseln so attraktiv zu machen, dass die immer noch anhaltende Landflucht irgendwann aufhört.

Farbkarte Seite XVI   ***Von Perth nach Inverness***

ihr das Gemütliche von Kingussie sowie das Panorama von Pitlochry. Dafür mangelt es nicht an verschiedenen Freizeitmöglichkeiten, wie z.B. einer Disko direkt an der Hauptstraße. Im Winter ist Aviemore ein gut besuchtes Skizentrum: von der B 970 bei Coylumbridge zweigt eine winzige Straße ab, die zum **Cairngorm Lift** für Freunde des Skisports führt; je nach Schneelage sind im Winter die Loipen bis ins Tal gespurt.

Unweit des Skilifts erklimmt seit Mai 2002 eine hypermoderne **Zahnradbahn** der *CairnGorm Mountain Ltd.* einen Großteil des 1245 m hohen CairnGorm. Im Winter als Skilift genutzt, bietet sie im Sommer wunderschöne Ausblicke auf die Cairngorm Mountains. Außerdem gibt es hier eine Bergausstellung und das höchstgelegene Restaurant Großbritanniens. (Ö: im Sommer Mo-So 10-16.30 Uhr, im Winter 10-16 Uhr, £ 8.50; eine regelmäßige Busanbindung besteht zum Bahnhof in Aviemore, Tel. 01479/86 12 61)

Information
● **Tourist Information Centre,** Grampian Road, Aviemore PH22 1PP, Tel. 01479/81 03 63, Fax 81 10 63, aviemore@host.co.uk.
● www.visitaviemore.com

Unterkunft
● **Hilton Coylumbridge,** Tel. 01479/81 06 61, Fax 81 13 09, reservations_coylumbridge@hilton.com, www.hilton.co.uk/coylumbridge, ab £ 110.
● **Cairngorm Hotel,** Grampian Road, Tel. 01479/81 02 33, Fax 81 07 91, www.cairngorm.com, B&B ab £ 32.
● **Aviemore Hostel,** 25 Grampian Road, vor dem Ortseingang links, Tel. 0870/00 41 104, ab £ 12.

● **Kinapol Guest House,** Dalfaber Road, Tel./Fax 01479/81 05 13, B&B ab £ 17.
● **Aviemore Bunkhouse,** by the Old Bridge Inn, Dalfaber Road, Tel. 01479/81 11 81, Fax 81 02 70, www.aviemore-bunkhouse.com, ab £ 12.
● **Rothiemurchus Camping & Caravan Park,** Coylumbridge, 2 km östlich von Aviemore an der Straße zu den Liften (B 970), Tel./Fax 01479/81 28 00, Wohnwagen ab £ 12, Zelt ab £ 8.

Braemar   ⚓ XVI, B3

In Pitlochry zweigt nach rechts die A 924 ab. Nach 20 km biegen Sie links auf die B 950 und bald darauf wieder links auf die A 93 ein, die an den **Glenshee-Skiliften** vorbei durch eine grandiose Landschaft nach Braemar führt. **Braemar** ist ein kleiner Ort am Oberlauf des Dee, das in einem Talkessel zwischen einsamen, zum Teil bewaldeten Bergen vor sich hin schlummert. Der Ort besitzt mehrere überraschend große Hotels, deren Pubs Abendunterhaltung auch in der Wildnis bieten.

Durch den Ort zwängt sich in einer Schlucht der **River Clunie.** Die Brücke über die Schlucht ist einst vom **Kindrochit Castle** bewacht worden, von dem heute nur noch die Grundmauern zeugen. Das **Braemar Castle,** einen Kilometer nördlich vor der Stadt, stammt aus dem 18. Jh. und ist mit victorianischen Erkern geschmückt. Im Inneren finden sich einige Möbel des 17. Jh. (Ö: nur im Sommer Sa-Do, Juli-Aug. auch Fr 10-18 Uhr, www.braemarcastle.co.uk)

Bekannt ist Braemar aber vor allem wegen des **Braemar Gatherings.**

Hochland

Der olympische Geist im Kilt

Auch im archaischen Zeitalter der Clans konnte es passieren, dass ein Frieden zwischen zwei Sippen länger hielt, als es dem Tatendrang der Clansmänner lieb war. Der Ernstfall trat ein. Die Häuptlinge scharten ihre geschicktesten und stärksten Mannen um sich und stellten sich dem sportlichen Wettkampf mit den Nachbarn. Als später die Zeiten ruhiger wurden, die Klingen sich nur noch selten oder gar nicht mehr kreuzten, machte man allerorten im Hochland die friedlichen Wettkämpfe zu obligatorischen Einrichtungen im Leben der Clans. Die noch heute bestehenden *Highland Games* und *Highland Gatherings* waren geboren und entwickelten sich dann mit der Zeit zu Volksfesten.

An den Spielen teilnehmen kann jeder, der sich vorher als Athlet gemeldet hat, die *Disziplinen*, in denen man sich misst, sind dagegen festgelegt. Nicht auf allen Spielen werden sämtliche traditionellen Disziplinen gleichzeitig durchgeführt – das geschieht nur auf den großen Spielen, wie etwa die von Braemar oder Oban – die Wettkampfarten selbst bleiben jedoch gleich.

Am berühmtesten und exotischsten schillern unter ihnen die schwerathletischen Wettkämpfe hervor. Beim *tossing the caber* muss ein riesiger Kiefernholzstamm so durch die Luft geschleudert werden, dass er sich über das obere Ende überschlägt und möglichst exakt in der Zwölf liegenbleibt.

Putting the weight heißt die Disziplin, bei der ein Eisengewicht von bis zu einem halben Zentner über eine mehrere Meter hochliegende Hochsprunglatte geworfen werden muss. Daneben wird auch das Hammerwerfen durchgeführt *(throwing the hammer),* wobei der benutzte Hammer aus einem Holzstab mit einer runden Steinkugel am Ende besteht.

Tug-of-war nennt sich eine der spannendsten und beliebtesten Disziplinen, die im Deutschen einfach Tauziehen heißt. Auf vielen Spielen werden daneben auch *klassische Laufwettkämpfe* abgehalten, die vom Sprint (100 yards) über Hürdenlauf bis zu Dauerläufen auf nahe gelegene Berggipfel reichen.

Farbkarte Seite XVI **Von Perth nach Inverness**

Eines der bestgehüteten Geheimnisse Schottlands: Was trägt der Schotte unterm Rock?

Das **highland dancing**, bei dem vom **sword dance** über zwei gekreuzten Säbeln bis zum **reel** alle Tänze vertreten sind, wurde früher nur von Männern betrieben, heute sind es meist junge Mädchen, die geradezu akrobatisch durch die Luft springen.

Zu guter Letzt messen sich auf den größeren Spielen natürlich auch die **Piperbands.** Dabei kommt es nicht nur auf virtuoses Dudelsackspiel an, die Kapellen müssen auch vorgeschriebene Marschformationen exakt abschreiten. Viele der Hochlandspiele haben fröhlichen Volksfestcharakter. Wenn die eigentlichen Wettkämpfe vorüber sind, wird in Festzelten und Kneipen gefeiert. Wollte man nach einem Vergleich suchen, könnte man die Highland Games als eine Kreuzung aus Trachtenfest, sportlichem Wettkampf und Kirmes oder Kirchweih bezeichnen. Es lohnt sich daher auch, auf die kleineren, familiäreren Spiele zu gehen, bei denen das Angebot sicher kleiner, die Stimmung aber ursprünglicher geblieben ist.

Das größte und berühmteste aller Highland Games findet alljährlich am ersten Samstag im September statt und wird traditionell von der dann in Balmoral weilenden Königsfamilie besucht. Stämmige Schotten, virtuose Piper und akrobatische Hochlandtänzerinnen zeigen vor solch hohem Publikum ihr ganzes Können. Eintrittskarten verkauft oder reserviert: **The Bookings Secretary, Braemar Royal Highland Society,** Coilacriech, Ballater, Aberdeenshire AB35 5UH, Tel./Fax 013397/55 377, www.braemargathering.org. Am Abend findet eine stadtweite Party in allen Bars und Pubs statt, die man sich auf keinen Fall entgehen lassen sollte. Wenn auch nicht der vornehmste Pub, so doch der mit der meisten Stimmung ist dann die Bar des Invercauld Hotel. Für die Highland Games sollten Sie unbedingt frühzeitig Unterkünfte vorbuchen. Das gilt besonders für die Jugendherberge.

Information
- **Tourist Information Centre,** The Mews, Mar Road, Tel. 013397/41 600.
- www.braemarscotland.co.uk

Verbindungen
- Von Pitlochry nach Braemar gibt es leider keine direkte **Busverbindung,** sondern nur via Inverness und Aberdeen. Von Aberdeen aus fährt die Linie 201 mehrmals täglich das Deetal entlang über Banchory, Aboyne und Ballater nach Braemar. Infos: *Stagecoach Bluebird,* Tel. 01224/21 22 66.
- **Konkrete Verbindungen:** *Traveline* für alle öffentlichen Verkehrsmittel (außer Flügen) www.travelinescotland.com bzw. Tel. 0870/60 82 608 (siehe auch „Unterwegs in Schottland" für günstige Tickets).

Von Perth nach Inverness

Unterkunft

- *The Invercauld Arms Hotel,* Main Street, letztes Haus links am nördlichen Ortsausgang, Tel. 013397/41 605, Fax 41 428, www.shearingsholidays.com, B&B ab £ 30.
- *Cranford Guest House,* 15 Glenshee Road, Tel. 013397/41 675, www.cranford braemar.com, B&B ab £ 23.
- *Braemar Hostel,* Corrie Feragie, 21 Glenshee Road, Tel. 0870/00 41 105, ab £ 11. Die Jugendherberge liegt am südlichen Ortsbeginn rechts eine Auffahrt hinauf und wird von einem der nettesten Elternpaare Schottlands geführt.
- *Inverey Hostel* ist eine Wanderherberge 8 km von Braemar den Dee aufwärts (Südufer), in der Nähe des Linn of Dee, Tel. 0870/00 41 126, geöffnet Mai-Sept., £ 10.
- *Rucksacks Braemar,* 15 Mar Road, Tel./ Fax 01339/74 15 17, ab £ 7.
- *Invercauld Caravan Club Site,* Glenshee Road, links der Straße am südlichen Ortseingang, noch vor der Jugendherberge, Tel. 01339/74 13 73.

Umgebung

- Von Braemar aus lassen sich schöne Wanderungen in die umliegenden Berge machen (Wegbeschreibungen gibt es im Tourist Information Centre), beispielsweise zum **Linn of Dee,** einer engen Schlucht, durch die sich der Dee etwa 10 km oberhalb von Braemar zwängt.
- Die A 93 von Braemar **nach Ballater** führt durch eines der schönsten Täler Schottlands. Das obere Deetal

Landschaft in den Grampians

Farbkarte Seite XVI **Von Perth nach Inverness**

ist fast unbewohnt, der Fluss strömt durch die Wälder im Talgrund und über ihm ragen die purpurnen Kuppen der Grampians.

●9 km östlich von Braemar auf der A 93 liegt rechts der Straße im Wald versteckt **Balmoral Castle,** der Sommersitz des britischen Königshauses. Königin *Victoria,* die königliche Schottlandliebhaberin, und ihr Gemahl *Prinz Albert,* der Gentleman aus Oberfranken, hatten sich hier ein Schlösschen ganz im Stile victorianischer Romantik gebaut. Hat sich ein Mitglied der *Royal Family* vor den Londoner Boulevardfotografen in die Einsamkeit von Deeside geflüchtet, kann das Schloss ganz oder teilweise geschlossen sein. (Ö: April-Aug. Mo-So 10-17 Uhr, letzter Einlass ist 16 Uhr, E: £ 6, www.balmoralcastle.com)

Grampians pur:
Über Tomintoul nach Grantown

Kurz vor Ballater, 12 km weiter am Dee abwärts, zweigt nach links die A 939 ab. Sie führt auf einer landschaftlich herrlichen Strecke über Tomintoul bis Grantown on Spey. Autofahrer seien gewarnt, ca. 8 km von

Hochland

Castle-Romantik im Dontal: Corgarff Castle bei Braemar

Von Perth nach Inverness

der A 93 läuft die Straße über eine der typischen alten Hochlandbrücken mit einer besonders spitzen Kuppe. Sollte Ihr Wagen also sehr niedrig liegen, nehmen Sie besser den Umweg über die A 97 und A 944 ins Dontal. Radfahrern machen mehrfache 20-prozentige Steigungen die Fahrt zur Tortur. Wer die Klettertour dennoch auf sich nimmt, wird mit malerischen Aussichten verschwenderisch für die Strapazen belohnt.

Nach dem ersten Pass durchquert man das Dontal. Der Don unterscheidet sich hier in seinem Quellgebiet kaum vom Dee. Bevor es wieder steil aufwärts geht, steht links der Straße an einem Hang **Corgarff Castle.** Das Towerhouse aus dem 16. Jh. zeichnet sich durch seine idyllische Lage aus. Das Innere ist fast leer, seit es 1748 nach dem letzten Jacobitenaufstand in eine Garnison umgewandelt worden war. (Ö: im Sommer Mo-So 9.30-18 Uhr, im Winter Sa-So bis 16.30 Uhr, E: £ 3)

Nun geht es wieder steil aufwärts. Auf der Höhe liegt das **Lecht-Tows-Skigebiet,** mit 9 Liften eines der größten Schottlands.

In **Tomintoul,** dem kleinen Straßendorf im nächsten Tal, geht nach rechts die B 9008 ab, die ins **Glenlivet,** Schottlands Whiskyzentrum, führt. Tomintoul selbst ist ein verschlafenes kleines Hochlanddörfchen mit zwei Lebensmittelläden und ein paar Hotels. Im **Tourist Information Centre** in der Ortsmitte ist ein winziges Museum mit Gegenständen aus dem Leben der Highlands vor hundert Jahren eingerichtet (Tel. 01807/580 285).

Nach einem weiteren Pass mit einigen herrlichen Aussichtspunkten läuft die A 839 hinab ins Speytal. **Grantown on Spey** ist ein hübsches georgianisches Städtchen. Im Winter dient es wie Aviemore als Unterkunftsort für Skitouristen. Im Sommer bietet es dem Urlauber alle Annehmlichkeiten des modernen Lebens, ohne weit vom Wanderparadies in den Bergen entfernt zu liegen.

Von Grantown gelangt man über die A 95 und nach 5 km die A 938 zurück zur A 9 nach Inverness. In der anderen Richtung stößt die A 95 genau ins Zentrum des Whiskyparadieses Speyside.

Information
● **Tourist Information Centre,** 54 High Street, Grantown-on-Spey, PH26 3EH, Tel./Fax 01479/87 27 73, grantown@host.co.uk.
● www.grantown.co.uk

Verbindungen
● **Konkrete Verbindungen:** *Traveline* für alle öffentlichen Verkehrsmittel (außer Flügen) www.travelinescotland.com bzw. Tel. 0870/60 82 608 (siehe auch „Unterwegs in Schottland" für günstige Tickets).
● Die Buslinie 15 von *Rapson Coaches* fährt etwa alle drei Stunden von Aviemore über Grantown-on-Spey nach Inverness. Samstags fahren nur **2** Busse, sonntags keiner. Tel. 01463/71 05 55.

Unterkunft
● **Culdearn House,** Woodlands Terrace, Grantown-on-Spey, Tel. 01479/87 21 06, Fax 87 36 41, www.culdearn.com, hervorragendes Hotel, B&B mit Dinner ab £ 85.
● **Brooklynn,** Grant Road, Grantown-on-Spey, Tel. 01479/87 31 13, www.woodier.com, B&B ab £ 18.
● **The Pines**, Woodside Avenue, Grantown-on-Spey, Tel./Fax 01479/87 20 92, www.

Farbkarte Seite XV, XVI; Stadtplan Seite 395   ***Inverness***

thepinesgrantown.co.uk, B&B £ 45, kleines, aber feines Hotel mit gutem Restaurant.
● ***Tomintoul Hostel,*** Main Street, Tomintoul, Ballindalloch, liegt links der Hauptstraße, kurz vor dem Ortsausgang, Tel. 0870/00 41 152, £12, nur im Sommer geöffnet, kleine Wanderherberge
● ***Ardenbeg Bunkhouse,*** Rebecca Bird, Grant Road, Grantown-on-Spey, Tel. 01479/87 28 24, www.ardenbeg.co.uk, ab £ 11,50.
● ***Grantown-on-Spey Caravan Park,*** Seafield Avenue, Grantown-on-Spey, Tel. 01479/87 24 74, Fax 87 36 96, Wohnwagen ab £ 11, Zelte ab £ 6. Fahren Sie von The Square nach Westen, dann an der Bank of Scotland rechts.

Inverness   ⬙ XV, D2

Überblick

Die Stadt an der „Mündung des Ness" (gälisch = *Inver Ness)* ist die Hauptstadt der Highlands. Obgleich ihre Wurzeln bis in die Vorgeschichte zurückreichen, hat Inverness nur wenig von einer hübschen alten Stadt. Selbst das Castle über dem Ness sieht aus wie ein frisch gebasteltes Baukastenschloss. Inverness mit seinen 40.949 Einwohnern ist ein modernes geschäftiges Industriezentrum, besitzt aber dennoch auch Stellen mit eigenem Charme. Seine Bedeutung als Seehafen sowie als Einkaufs- und Handelszentrum verleihen der Stadt eine Lebendigkeit, die in anderen Städten gleicher Größe nicht vorhanden ist. Als Verkehrsknotenpunkt für alle Himmelsrichtungen eignet sich Inverness als guter Ausgangspunkt für Ausflüge in die gesamten Highlands.

Schon *St. Columba* besuchte Inverness, um sich von seinem Kampf mit Nessie auszuruhen. Später soll *Macbeth* in seiner Burg, die etwas östlich der heutigen stand, den *Duncan* ermordet haben – unromantische Historiker behaupten aber, *Duncan* sei in einer ehrlichen Feldschlacht gegen *Macbeth* gefallen. Jedenfalls zerstörte *Malcolm Canmore, Duncans* Sohn, aus Rache die Burg. In den Jacobitenkriegen war Inverness ein heiß umkämpfter Platz und ist seitdem Garnisonsstadt. Die schönen alten Häuser der Altstadt unter dem Castle zeugen von den unabhängigen Hochlandlairds, die sich in Edinburgh direkt unter den Augen des Königs unwohl gefühlt hätten.

Ausgezeichnet sind aber vor allem die **Einkaufsmöglichkeiten** von Inverness. Die Fußgängerzone in der gemütlichen kleinen Altstadt oder auch das große Eastgate Centre gleich am westlichen Eingang zum Zentrum laden zum Shopping ein. In den Läden der Altstadt findet man vom Kilt über Dudelsack und Musik, Whisky und Shortbread, Wolle und Tweed alles, was irgendwie schottisch ist. Beachten Sie bitte, dass viele Geschäfte mittwochs nachmittags geschlossen haben.

Stadtrundgang

Das ***Castle*** ist ein viktorianischer Bau aus dem 19. Jh., in dem sich heute die Stadtverwaltung befindet. Vom Castlevorplatz bietet sich ein schöner Blick über den Ness und den westlichen Teil der Stadt mit der Kathedrale.

Hochland

393

Inverness

Am Castle Wynd abwärts erhebt sich links noch vor der Hauptstraße der Bau des *Inverness Museums.* Es zeigt Exponate zu Archäologie und Hochlandkultur, Reliquien der Jacobitenkämpfe sowie eine Kunstausstellung. (Ö: Mo-Sa 9-17 Uhr, E: frei). Gegenüber liegt das *Rathaus* aus dem 19. Jh. An der Ecke Church Street/Bridge Street steht müde *The Steeple,* das alte Gerichtsgebäude aus dem Jahre 1791, neben dem früher gleich das Gefängnis lag.

Folgt man der Bridge Street nach Westen, so befindet sich am anderen Ufer des Ness flussaufwärts die *Kathedrale,* ein neugotischer Bau, der dem Heiligen Schottlands, *St Andrew,* geweiht ist.

Wenn Sie noch vor der Brücke rechts gehen, wandeln Sie die Uferpromenade des Ness hinab. Im Haus Nummer 10 befindet sich ein Antiquariat. Biegen Sie in der Friars Lane, der 4. Straße, nach rechts in den ältesten Teil von Inverness ein. In der Church Street, der ersten rechts, versteckt sich hinter der *Old Gaelic Church* die *Old High Church.* Sie stammt aus dem Jahr 1770, allerdings ist der Glockenturm noch ein Relikt der Vorgängerkirche aus dem 14. Jh.

Schräg gegenüber in der School Lane ist *Dunbars Hospital,* das alte Armenhaus, ein schönes Beispiel für die Architektur des 17. Jh. Auf der anderen Seite der School Lane hat der *National Trust* den *Bow Court,* eine typische Wohnanlage aus dem 18. Jh., restauriert.

Das *Abertarff House,* etwas weiter die Church Street aufwärts rechts, veranschaulicht sehr schön das Stadthaus eines Hochlandlairds aus dem 16. Jh. Im Haus Nummer 28 findet man einen Antiquitätenhändler.

Gemütliche Kneipen findet man vor allem in den engen Seitengässchen der Altstadt.

Information

● Unter dem Museum, an der Ecke Bridge Street und Castle Wynd bietet das großzügig eingerichtete *Tourist Information Centre* alle nötigen Informationen über Freizeit, Wandern, Ausflüge usw.: Castle Wynd, Inverness IV2 3BJ, Tel. 01463/23 43 53, Fax 71 06 09, inverness@host.co.uk.
● www.inverness-scotland.com

Verbindungen

● *Konkrete Verbindungen: Traveline* für alle öffentlichen Verkehrsmittel (außer Flügen) www.travelinescotland.com bzw. Tel. 0870/ 60 82 608 (siehe auch „Unterwegs in Schottland" für günstige Tickets).
● Der *Busbahnhof* liegt im Farraline Park, einer Seitenstraße der Academy Street, die die Altstadt nach Osten hin begrenzt. Von hier fahren die Busse in sternförmiger Route in alle Richtungen der Umgebung (mehrmals täglich korrespondierend mit den Flügen auch zum Flughafen in Dalcross und zum Fort George oder nach Nairn, aber auch weiter bis Fort William, nach Edinburgh oder nach Thurso im Norden. Einige der lokalen Busse fahren auch in der Queensgate ab, der Verbindung zwischen Church Street und Academy Street.
● *Fahrplanauskunft:* Tel. 01463/22 22 44, *Bluebird* Tel. 01463/23 92 92 oder direkt beim Tourist Information Centre.
● Der *Bahnhof* liegt wunderbar zentral an der Academy Street, nur wenige Minuten vom Stadtzentrum entfernt (Tel. 01463/23 90 26 bzw. *Scotrail:* 08457/48 49 50). Von hier fahren die Züge in alle Richtungen. Verbindungen mit Edinburgh siehe am Beginn des Kapitels und unter Edinburgh.

Farbkarte Seite XV **Inverness**

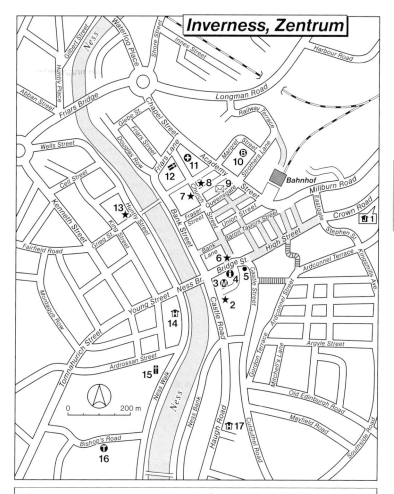

ṵ	1	Inverness Hostel	
★	2	Castle	
Ⓜ	3	Inverness Museum	
❶	4	Touristeninformation	
•	5	Rathaus	
★	6	The Steeple	
★	7	Abertaff House	
★	8	Bow Court	
⊠	9	Post	
Ⓑ	10	Busbahnhof	
✚	11	Dunbar's Hospital	
ⅱ	12	Old Gaelic Church	
★	13	Balnain House	
🏨	14	Palace Milton Hotel	
ⅱ	15	Cathedral	
🎭	16	Eden Court Theatre	
🏨	17	Culduthel Lodge	
═══		Fußgängerzone	

395

Inverness

- Dreimal täglich fährt ein Zug bis Wick und Thurso. Die andere Route von *First ScotRail,* die Verbindung nach Kyle of Lochalsh, wird von Mitte Mai bis Sept. dreimal täglich befahren. Mo-Sa elfmal, So nur fünfmal verkehrt ein Zug nach Aberdeen.
- Mit London über Glasgow oder Edinburgh ist Inverness unter der Woche achtmal, sonntags nur einmal verbunden. Die Fahrt dauert ca. acht Stunden.
- Der **Flughafen** von Inverness liegt ca. 12 km östlich vor der Stadt bei Dalcross. Von hier gibt es Verbindungen nach London und die meisten schottischen Ziele. Für ein Taxi in die City bezahlt man rund £ 10. Ein Bus von der Innenstadt zum Flughafen fährt (außer So) alle 90 Min. vor der Post in Queensgate ab. Flugauskunft Tel. 01667/ 46 40 00, www.hial.co.uk/inverness-airport.
- **Bustouren** kann man im Tourist Information Centre buchen.
- **Bootsfahrten** durch den Kaledonischen Kanal und auf den Spuren der Legende von Loch Ness: auf **Jacobite Cruises,** an der A 82 Richtung Fort William am Kaledonischen Kanal (Tel. 01463/23 39 99). Mit etwas Glück kann man während einer Bootstour mit **Moray Firth Dolphin Cruises** im Moray Firth eine der nördlichsten **Delfinfamilien** Europas beobachten (Shore Street Quay, Shore Street, Tel. 01463/71 79 00, im Sommer Abfahrten ab 9 Uhr alle 1,5 Std.
- **Autoverleih:** *4x4 Rental,* Highland Rail House, Station Square, Tel. 01463/71 00 48.
- **Fahrradhändler:** *Bikes of Inverness,* 39 Grant Street, Tel. 01463/22 59 65.
- **Taxi:** *Rank Radio Taxis,* Tel. 01463/22 02 22.

Unterkunft

- **Palace Milton Hotel & Spa (Best Western),** 8 Ness Walk, am Flussufer direkt gegenüber dem Castle, Tel. 01463/22 32 43, Fax 23 68 65, www.miltonhotels.com, B&B ab £ 40.
- **Culduthel Lodge,** 14 Culduthel Road, Tel./Fax 01463/24 00 89, enquiry@culduthel.com, www.culduthel.com, gutes Hotel in viktorianischem Adelsstadtsitz, B&B ab £ 40.

- **Moyness House,** 6 Bruces Gardens, in der Nähe des Zentrums, Tel./Fax 01463/ 23 38 36, ein kleines, aber feines Hotel, B&B ab £ 33.
- **The Old Rectory Guest House,** 9 Sourhside Road, Tel./Fax 01463/22 09 69, gemütliches „no-smoking!"-Hotel, B&B ab £ 21.
- **Ivybank Guest House,** 28 Old Edinburgh Road, Tel./Fax 01463/23 27 96, ivybank@talk21.com, www.ivybankguesthouse.com, preiswert und empfehlenswert (nur für Nichtraucher), B&B ab £ 25.
- **B&B** können Sie überall in der Stadt finden, besonders in der Fairfield Rd.: vor dem Castle über die Brücke, dritte rechts, zweite links.
- **Inverness Hostel,** Victoria Drive, 0870/ 00 41 127, ab £ 12,50. Die Jugendherberge findet sich der Highstreet folgend vom Zentrum weg in ihre Verlängerung, die Crown Road, hinein, um die Kurve nach rechts und dann die nächste Straße links.
- **Inverness Student Hotel,** 8 Culduthel Road, Tel. 01463/23 65 56, Fax 55 62 981, ab £ 10.
- **Bazbackers' Backpackers Hotel,** 4 Culduthel Road, Tel./Fax 01463/71 76 63, www.btinternet.com/~bazmail/bazpackers hostel.htm, ab £ 9.
- **Eastgate Backpackers Hotel,** 38 Eastgate, Tel./Fax 01463/718 756 ab £ 10, www.eastgatebackpackers.com.
- **Bught Caravan & Campsite,** am Rand der Stadt, an der A 82 (Fort William) nur kurz vor dem Kanal rechts, Tel. 01463/23 69 20, Wohnwagen ab £ 8, Zelte ab £ 5, in der Anlage finden Sie auch einen Fahrradverleih.

Weitere Informationen

- **Eden Court Theatre,** Bishops Road, Tel. 01463/23 42 34. Ballett, Schauspiel, Konzerte und Kino.
- **Schwimmbad,** im Bugh Park, im Süden der Altstadt, am linken Nessufer, Tel. 01463/ 66 75 00.
- Für Bibliophile: **Leakey's Second Hand Bookshop,** „the closest bookshop to heaven". Das Antiquariat mit interessantem Am-

396

biente in der Church Street nutzt eine ausgediente Kirche als Verkaufsraum.

● Jenseits des Firth in North Kessock in der Main Street lässt sich etwas abseits der unzähligen *celtic craft shops* in der Stadt ein ganz besonderes Souvenir erstehen. **J. F. Lindsay** ist **Targemaker:** Nach historischen Vorbildern fertigt er Rundschilde an, wie sie noch von den Jacobitenrebellen genutzt wurden (£ 30-230). Nach Voranmeldung hat er auch nichts dagegen, sich auf die Finger schauen zu lassen (Tel. 01463/ 73 15 77).

● **Veranstaltungen:** Inverness Music Festival (im Frühjahr), Highland Games (im Juli), berühmter Piperwettkampf (im September).

● In der **Eastgate Precinct** (in der Nähe der Burg) findet jeden ersten Samstag im Monat ein *Farmers' Market* statt. Ebendort wird in den Sommermonaten jeden Donnerstag zwischen 16 und 20 Uhr sowie samstags und sonntags von 12-16 Uhr *Traditional Music & Dance* zum Besten gegeben.

Mahnmal der nationalen Katastrophe: das Denkmal von Culloden Moor

Ausflug nach Osten

Den Eingang des Moray Firth bewacht die größte britische Barockfestung: **Fort George.** Man erreicht sie auf der A 96 Richtung Nairn, dann links B 9006. Zwischen 1748 und 1769 bauten die *Adams,* Schottlands berühmteste Architektenfamilie, diese Bastion, um die Highlands nach dem letzten Jacobitenaufstand endgültig zu „befrieden". Die Festung ist begehbar, doch erhält man nicht mehr als einen Eindruck, da sie auch heute noch als Kaserne dient (Ö: im Sommer Mo-So 9.30-18.30 Uhr, im Winter Mo-Sa nur bis 16.30, So ab 14 Uhr, E: £ 6)

Folgen Sie der B 9006 zurück zur A 96. Überqueren Sie diese und folgen Sie der B 9090 hinter dem River Nairn links zum **Cawdor Castle.** Das Castle ist eines der drei, in denen *Macbeth Duncan* ermordet haben soll. Das Castle stammt aus dem späten 14. Jh., und so kann der Mord im Jahre 1040 kaum dort geschehen sein. Da die Burg auf wundersame Weise von victorianischen Schnörkeln verschont geblieben ist, vermittelt sie noch einen unverfälscht mittelalterlichen Eindruck. Die Räumlichkeiten sind recht gut mit Möbeln des 17. und 18. Jh. und Bildern u.a. von *Reynolds* und *Lawrence* ausgestattet. Sehenswert ist die riesige alte Küche im Keller der Burg. Im Park blüht bis in den Herbst der englische Garten, ein Schmuckstück. (Ö: im Sommer Mo-So 10-17.30 Uhr, E: £ 6.80, www.cawdorcastle.com)

Wenn Sie die B 9090 wieder zurück und nach dem River Nairn an

Bonnie Prince Charlie – Held oder Abenteurer?

1688 hatte die *„Glorious Revolution"* die Dynastie der *Stuarts* weggefegt. An ihre Stelle hatten die Parlamente von Schottland und England *Wilhelm von Oranien* als *William III.* zum König von Großbritannien gemacht. In ihrem französischen Exil sannen die *Stuarts* aber noch lange darauf, die Krone zurückzuerobern. Bereits 1689 hatte *Lord Claverhouse, Viscount Dundee,* im ersten Jacobitenaufstand versucht, die Engländer zu schlagen. Doch er fiel bei *Killicrankie* und mit ihm die Revolte. Auch zwei weitere Versuche 1708 und 1715 scheiterten. Es kehrte Ruhe ein in Schottland, auch weil die Franzosen nicht mehr gewillt waren, die Abenteuer der *Stuarts* zu finanzieren.

In den folgenden dreißig Jahren versuchte die britische Regierung alles, um die Highlands zu befrieden. *General Wade* legte erstmals Straßen durch das Hochland und baute Brücken. Die Clans waren, wenigstens offiziell, entwaffnet und einige ihrer Hochlandregimenter der britischen Armee eingegliedert worden. Die Bedingungen für einen neuen Aufstand waren also denkbar schlecht. Da erklärte Frankreich sich noch einmal bereit, einen Versuch zu wagen. *Charles Edward Stuart,* der Enkel des verjagten *James VII./II.,* war ein intelligenter junger Mann, gebildet, mit Charme und Charisma ausgestattet und voll jugendlicher Energie. Als er vom Angebot Frankreichs erfuhr, eilte er sofort nach Nantes, um sich im Auftrag seines Vaters einschiffen zu können. Die Franzosen aber entzogen ihm ihre Unterstützung wieder. Voller Zorn verkaufte er alle seine Juwelen, charterte ein Schiff und segelte mit nur sieben Freunden nach Schottland, wo er auf den Hebriden landete.

Dort fand er keine Unterstützung. *Laird MacDonald of Clanranald,* der dem Prinzen Unterkunft gewährte, riet ihm, wieder heimzusegeln. Kein Chief des Hochlandes war bereit, für einen Unbekannten sein Leben und das seiner Clansmen zu riskieren.

Doch dem jungen Stuart gelang es, den Sohn *MacDonalds* von seinem Plan zu überzeugen. Als auch noch die *Camerons* gewonnen wurden, war der Bann gebrochen.

Am 19. August 1745 zog *Charles* in Glenfinnan auf dem schottischen Festland sein Banner auf, und viele der großen Lairds, wie die Lords des Hochlandes heißen, die mehr aus Neugierde erschienen waren, ließen sich von seiner flammenden Rede gefangen nehmen und folgten dem Abenteurer. Der Aufstand gewann schnell an Größe. Im September erklärte *Charles* in Perth seinen Vater zum König und nahm das zögernde Edinburgh ein.

Die nächsten Monate verbrachte er in Holyrood, um seine Armee zu organisieren und um Bälle zu geben. Während seine Feste schon königliches Format aufwiesen, stand es um seine Armee nicht so gut. Die meisten seiner Männer waren undisziplinierte Highlander, und nur wenige Lowlandregimenter waren zu ihm übergelaufen. Dies bedeutete, dass die Armee fast keine Artillerie und nur wenig Reiterei besaß. Ein Zeichen dafür war, dass zwar Edinburgh eingenommen, die Burg aber nicht angegriffen werden konnte.

Um der Rückkehr der britischen Armee von ihrem Feldzug in Flandern zuvorzukommen, setzte *Charles* seine Truppe im Oktober nach Süden in Marsch. Doch sobald die Grenze zu England überschritten war, fielen viele Gebiete wieder ab von ihm. Außerdem kehrten viele der Hochländer zu ihren Feldern und Familien zurück. Dennoch schlug *Bonnie Prince Charlie* die schwachen englischen Verbände, die ihm die Route nach London verstellen wollten.

Erst in Derby in Mittelengland kam der Wendepunkt. Bis hierhin war der ungeschlagene Prinz voller Optimismus gewesen und machte sich bereits Gedanken, was er in London tragen sollte. In Derby jedoch zeigte sich seine wahre Lage. Die Truppen *Wades* bedrohten seine Flanke. Der *Duke of Cumberland* kam mit frischen Truppen aus Flandern. In Schottland organisierte sich der Widerstand, und die meisten großen Städte waren wieder in der Hand der Regierung.

Farbkarte Seite XV **Inverness**

Von einem Aufstand der katholischen oder jacobitischen Engländer konnte keine Rede sein. *Charles'* Offiziere waren desillusioniert, zumal englische Verbände vor der Küste patrouillierten, um Hilfe aus Frankreich zu unterbinden. Der *„Young Pretender"*, wie ihn die Engländer nannten, musste umkehren. Auf dem Rückweg schlugen die *45er* noch einmal ein englisches Heer, das Stirling entsetzen wollte, doch das Glück hatte die Schotten verlassen. Das Munitionsmagazin explodierte und die zusammengeschmolzene Armee, schlecht ausgerüstet und hungrig, stellte sich bei Inverness am 16. April 1746 der frischen, disziplinierten Truppe des *Duke of Cumberland*. Seine Offiziere rieten dem Prinzen von der offenen Schlacht ab und verwiesen auf das nahe Hochland, in dem die Regierungstruppen ihnen nicht gewachsen waren. Doch *Charles* suchte den Ruhm. Eine törichte Fehlentscheidung, die seine Getreuen teuer bezahlen mussten. In einer halben Stunde waren die Jacobiten geschlagen und ein Gemetzel setzte an. *„Butch Cumberland"*, der „Schlächter", wie der Sohn des Königs *George II.* noch heute genannt wird, ließ noch drei Tage nach der Schlacht Jagd auf Überlebende machen.

Charles Edward, der geschlagene Herausforderer, flüchtete ein halbes Jahr durch das Hochland. Obwohl ein Kopfgeld von 30.000 Pfund auf ihn ausgesetzt war, so viel wie manche Clanchiefs nicht besaßen, schaffte er es, bis auf die Äußeren Hebriden zu entkommen. Nur mit der Hilfe von *Flora MacDonald,* die ihn als ihre Zofe verkleidete und zwischen den englischen Schiffen nach Skye ruderte, gelang es dem Prinzen, nach vielen Entbehrungen auf eine französische Fregatte zu entkommen.

Zurück in Paris war er der Mann der Stunde. Doch schon bald wendete sich die Diplomatie erneut und er musste Frankreich verlassen. Er starb schließlich als einsamer Alkoholiker 1788 in Rom. Da er keine Nachkommen hatte, erlosch mit dem Tod seines Bruders *Henry,* des Cardinals von York, der Stamm der Weißen Rose.

der ersten Kreuzung links (B 9091) fahren, kommen Sie am **Kilravock Castle** vorbei. Die Burg ist heute ein Hotel, und nur mittwochs von 11 bis 16 Uhr sind die Tore für Besucher geöffnet. Nachmittags wird dann ein sehr guter schottischer Tee serviert. Der schöne Park kann für 50 p die ganze Woche besichtigt werden.

Folgen Sie der B 9091 und fahren Sie dann auf der B 9006 zurück Richtung Inverness. Nach den Bahngleisen geht nach links ein kleines Sträßchen in das Tal des Nairn hinab. Im Tal befinden sich die **Clava Cairns,** drei steinzeitliche Kammergräber, die von Steinkreisen umgeben werden.

Auf der B 9006 weiter überquert man genau das **Schlachtfeld von Culloden Moor.** Hier wurde *Bonnie Prince Charlie,* der letzte Thronanwärter der *Stuarts,* mit seinen aus den Hochlandclans zusammengewürfelten Truppen am 16. April 1746 von einer überlegenen englischen Armee unter dem *Duke of Cumberland* geschlagen. Der Duke erwarb sich bei den Schotten den Beinamen *the butcher (Butch Cumberland* = der Schlächter Cumberland). Die Schlacht war bereits nach dreißig Minuten entschieden, dennoch ließ der Engländer alle Schotten abschlachten und noch drei Tage nach Überlebenden suchen, die sofort getötet wurden. Culloden bedeutete das endgültige Scheitern aller Restaurierungsträume der Jacobiten und den Anfang der brutalen Unterdrückung der Hochlandbewohner und ihrer Kultur durch die Engländer (siehe auch „Land und Leute/Geschichte").

Hochland

Unbekanntes Tauchobjekt oder Sommerlochplombe?

Unbekanntes Tauchobjekt oder Sommerlochplombe?

Im Jahre des Herrn 565 war der irische Mönch und Klosterbauer *St Columba* im schottischen Hochland unterwegs. Er hatte vor, mittels des Christentums die Clans aus der grauen Vorzeit ins Mittelalter zu befördern. Dabei wanderte er auch an den Ufern des größten Binnengewässers der Britischen Inseln, Loch Ness, entlang. Plötzlich gewahrte er eine Gruppe Einheimischer, die einen der Ihren zu Grabe trugen. Dieser war einer „aquatili bestiae", einem Seeungeheuer, zum Opfer gefallen. Sogleich erkannte *St Columba* seine Chance. Er ließ einen seiner Getreuen an einer schmalen Stelle des Sees zum anderen Ufer schwimmen, angeblich um ein dort vertäutes Boot zu holen. Kaum war der Mann im Wasser, da tauchte auch schon „Niseag", heute nur noch „Nessie" genannt, auf, nicht gewillt, sich solch einen Brocken entgehen zu lassen. Das war *St Columbas* Stunde: *„Go thou no further, nor touch the man. Quick, go back!"* befahl der Heilige. Erschrocken floh das Untier, nicht aber die Heiden. Sie liefen in Scharen dem Heiligen zu. Seitdem sind die Schotten Christen, und Loch Ness hat ein Monster.

Beides hat sich bis heute nicht verändert. Doch verschreckt von jener Begegnung mit Menschen, ließ Nessie sich erst im 19. Jh. wieder sehen. 1827 vermerkt *Sir Walter Scott* in seinem Tagebuch, dass ihm berichtet wurde, wie man ohne Erfolg versucht hatte, die legendäre „Wasserkuh" zu fangen. 1880 berichtete *Duncan McDonald*, ein Taucher, der versucht hatte, ein in Loch Ness gesunkenes Boot zu bergen, wie ein großes Ungeheuer auf ihn zugeschwommen sei, ihm aber keine Beachtung geschenkt habe. Er war nicht unglücklich darüber, befand sich doch gerade kein Heiliger in der Nähe.

Wirklich berühmt wurde Nessie aber erst, als 1933 die großzügige A 82 durch das Great Glen gebaut wurde. Im Juli 1933 fuhren *Mr.* und *Mrs. Spicer* gemütlich am Ufer des Sees entlang, als sie plötzlich aus dem Farn am Fahrbahnrand ein seltsames Tier auftauchen sahen. Es hatte einen kleinen Kopf, einen langen dünnen Hals, einen dicken, schwerfälligen Körper und vier Flossen oder Füße. Im Maul trug es irgendein anderes Tier, wahrscheinlich das Frühstück, und nach kurzer Zeit verschwand es mit einem lauten Platscher im See. Trotz des Hohns, mit welchem Wissenschaftler und Zoologen das Ehepaar überschütteten, griffen Zeitungen auf der ganzen Welt die Geschichte von dem 8-9 m langen Ungeheuer auf. Nessie wurde über Nacht berühmt.

Nach den *Spicers* erblickten noch Hunderte von Menschen (zwischen 1933 und 1974 ca. 300) das Monster im See. Meist begann zunächst das Wasser zu brodeln und zu spritzen, dann tauchte ein langer Hals mit einem kleinen Kopf auf. Oder man konnte nur einige aus dem Wasser ragende felsartige Buckel entdecken, die mit für Felsen erstaunlicher Geschwindigkeit durch das Wasser schwammen.

Doch die Skeptiker gaben nicht auf, Nessie zu verleugnen. „Monstermania", „ein schlagendes Beispiel von Massenhalluzination" nannte *E. G. Boulenger*, der Direktor des Londoner Aquariums, das Phänomen. Andere sprachen von Seemannsgarn, durchdachten Public-Relation-Gags ambitionierter Hoteliers oder führten die vielen Sichtungen einfach auf die Belohnungen zurück, die für die Ergreifung des flüchtigen Monsters ausgesetzt wurden. Der New Yorker Zoo bot 500 Dollar, 20.000 Pfund der Zirkus *Bertram Mills* und die *Black and White Distillery* sogar 1 Million Pfund. Noch heute sind die 500.000 Pfund der Guinness-Brauerei ausgeschrieben. Sollten Sie aber mit dem Ge-

Farbkarte Seite XV **Unbekanntes Tauchobjekt oder Sommerlochplombe?**

danken an diese Prämie spielen, dann müssen Sie Nessie nach dem Fang ganz schnell außer Landes schaffen. Schon 1934 haben die geschäftstüchtigen Highländer ihr Ungeheuer unter Naturschutz gestellt.

Am 12. November 1933 lehnte die britische Regierung den Antrag eines Unterhausabgeordneten ab, eine offizielle Untersuchung über die „Ungeheuersache" anzustrengen. Dies sei doch eher die Aufgabe von Privatleuten und Wissenschaftlern, ließ der Regierungssprecher verlauten. Diese Stellungnahme verstanden viele „Amateurcryptozoologen" als Aufforderung.

Alles, was man bis dahin von Nessie wusste, war, dass sie offenbar weiblichen Geschlechtes war, schlecht gelaunt wirkte, wenn sie etwa durch Straßenbausprengungen aufgestört wurde, ansonsten aber eher friedlich lebte und keine Schwierigkeiten machte. Man begann nun, allerlei Spekulationen anzustellen, welcher Spezies Nessie zuzuordnen sei. Auf der Basis von Fotos und Filmen, die mit der Zeit von ihr aufgenommen und alle von Sachverständigen auf ihre Echtheit untersucht wurden, entstanden verschiedene Hypothesen. Die am meisten vertretene besagt, dass Nessie zu einer Art der Plesiosaurier gehört. Diese räuberischen Reptilien lebten in küstennahen Meeresregionen, und man dachte, sie seien seit der Kreidezeit ausgestorben. Bis vor 12.000 Jahren war Loch Ness noch ein solcher Meeresarm, der

Hochland

Und sie lebt doch: Nessie im Loch Ness

401

Unbekanntes Tauchobjekt oder Sommerlochplombe?

aber, als sich nach der Eiszeit das Land hob, zum See wurde. Nessie saß in der Falle. Aber sie saß in einer sehr fischreichen und häuslichen Falle, boten doch die vielen unterseeischen Höhlen in Loch Ness guten Unterschlupf. Dass zwischen Kreidezeit und Eiszeit mehrere Millionen Jahre lagen und Nessie sich von Salz- auf Süßwasser umstellen musste, sind nur Nebenaspekte, die sicher auch noch geklärt werden. Schwieriger zu erklären ist freilich, wie ein Reptil, also ein Kaltblüter, in dem auch im Sommer nie über 6-7 Grad Celsius warmen Gewässer überleben kann.

Welcher Spezies Nessie auch immer angehört, man hat errechnet, dass zumindest 40-50 Exemplare zur Arterhaltung nötig sind. Und tatsächlich, ein Team des Departments of Electronic Engineering der Universität Birmingham erbrachte den Beweis. Es installierte ein Sonarsystem an der Südostecke des Sees. Am 28. August 1968 um 16.30 Uhr erschien ein großes Objekt auf dem Schirm, dass ob der enormen Geschwindigkeit, mit der es sich bewegte, kein Fischschwarm sein konnte. Kurze Zeit darauf zeigte sich an einer anderen Stelle des Schirms ein ähnliches Objekt. Es mussten also mindestens zwei Nessies existieren. Auch eine Flotte von Sonarbooten, die den ganzen See durchkämmte, ortete „große, sich bewegende Objekte", die tiefer als alle Fischschwärme tauchten.

Zum Unglück der Monsterforscher ist der See mit dem Ungeheuer verbündet. 50 Bäche aus Mooren und Heiden ergießen sich in den See und mit ihnen Abermilliarden kleinster Moorpartikel. Wie fast alle schottischen Seen ist deshalb auch Loch Ness undurchsichtig wie braune Tinte. Schon nach nur 2 m Tiefe können Taucher kaum die Hand vor Augen sehen. So ist es nicht verwunderlich, wenn Mini-U-Boote nicht mehr als eine neblig verschwommene Plesiosaurierflosse aufnehmen konnten.

Auch ist Loch Ness unglaublich tief – und keiner weiß bis heute genau, wie tief es ist. 325 Meter ist die größte bisher gemessene Tiefe, doch das moorige Wasser schluckt auch Sonarstrahlen, wer weiß also, ob der See nicht noch tiefer ist. Nie hat man aus diesem See die Leiche eines Ertrunkenen retten können, alles versinkt in unwägbare Tiefen. Wird man also jemals in der Lage sein, zu erfahren, ob das Geheimnis von Loch Ness nur spielende Fischotter, bizarre Baumstämme oder vielleicht doch ein scheues Relikt jener Spezies ist, die in anderen Ländern nur noch in Form von versteinerten Knochen unter Glas auftritt?

Farbkarte Seite XIV, XV　　　　　　　　　　　　*Inverness*

Der *National Trust for Scotland,* dem das Feld gehört, hat direkt an der Straße ein Besucherzentrum eingerichtet. Ein Videofilm schildert ausführlich und anschaulich die Geschichte des 1745er Aufstandes. Über die B 9006 kommen Sie direkt zurück ins Zentrum von Inverness.

Ausflug nach Westen:
Loch Ness und Cannich

Südwestlich von Inverness führt die A 82 am Kaledonischen Kanal entlang bis Fort William an der Westküste. Nach knapp 10 km erreicht man die Heimatgewässer des neben dem Yeti wohl berühmtesten Ungeheuers der Welt: *Loch Ness.* Wir empfehlen allerdings nicht, mehr als einen Tagesausflug an Loch Ness zu verschwenden, das außer seinem Ungeheuer nicht viel zu bieten hat. Die Landschaft dort ist für Schottland selten eintönig.

In **Drumnadrochit** ist im ersten großen Haus auf der rechten Seite **The Original Loch Ness Monster Visitor Centre** untergebracht. Eine Multimedia-Show versucht, die Existenz Nessies unwiderlegbar zu beweisen. Eine Dreiviertelstunde lang wird in mehreren Räumen eine vergnügliche Reise durch die Nessiegeschichte geboten. (Ö: Juni-Aug. 9-22 Uhr, im Frühjahr und Herbst bis 20 Uhr, im Winter 9-17 Uhr, www. lochness-centre.com)

Unweit davon hat neuerdings das **Official Loch Ness 2000 Exhibition Centre,** das mit noch modernerer Technik und mindestens ebenso spektakulär das gleiche Thema behandelt, geöffnet (Juli-Aug. 9-20 Uhr, Juni/Sept. bis 18 Uhr, Apr., Mai, Okt. 9.30-17 Uhr, im Winter 10-15.30 Uhr, E: £ 5.95, www.loch-ness-scotland.com)

Durch Drumnadrochit hindurch und dann um die Urquhart Bay herum gelangt man zum **Urquhart Castle** (sprich: Örket). Es wurde im 13. Jh. als königliche Festung erbaut und spielte eine wichtige Rolle in den Unabhängigkeitskriegen unter *Robert the Bruce.* Im 16. Jh. wurde es stark erweitert, unter anderem um den heute noch teilweise erhaltenen Tower. 1691/92 lagen im Castle englische Truppen, die beim Verlassen des Castles den Eingang sprengten, um es verteidigungsunfähig zu machen. Seitdem ist die Burg verlassen. Heute stehen fast nur noch Grundmauern von einer der einst größten Burgen Schottlands. (Ö: im Sommer Mo-So 9.30-18.30 Uhr, im Winter nur bis 16.30 Uhr, E: £ 6)

Während einer Fahrt auf der A 831 durch das **Glen Urquhart** fasziniert die Landschaft. Von **Cannich** aus lohnen sich zwei Abstecher (am besten Wanderungen) in die Sackgassen von **Glen Cannich** zum Loch Mullardoch oder ins **Glen Affric** bis zum Loch Affric. Die schmalen Straßen bahnen sich einen Weg durch zunächst üppig bewachsene idyllische Täler. Bald wird die Vegetation immer spärlicher und geht in den typischen Moos und Heidebewuchs der Berge über. Vom Loch Affric schlängelt sich ein Fußweg weiter zur **Glen Affric Hostel** (ca. 3-4 Std.), einer kleinen Hütte auf der

Hochland

Wasserscheide zwischen Atlantik und Nordsee. Auf der westlichen Seite Schottlands endet der Wanderweg am **Loch Duich,** unterhalb der **Five Sisters of Kintail** (siehe im Kapitel Westküste).

Von Cannich fährt man die A 831 nach Nordosten und trifft in Beauly auf die A 862. 16 km hinter Cannich steht links der Straße ein hübsches victorianisches Landschlösschen: **Aigas House,** ein Hotel.

Beauly ist ein hübsches kleines Städtchen am River Beauly. *Maria Stuart* soll der Stadt den Namen gegeben haben, als sie hier ausrief: *„Quel beau lieu!"* (Was für ein hübscher Ort!)

Am anderen Ende des Marktes steht zwischen ehrwürdigen alten Bäumen die Ruine der **Beauly Priory.** Die Abtei wurde 1230 gegründet. 1560 zerstörte man während der Reformation das Kloster, und das Übrige besorgten die Bauarbeiten an der Zitadelle von Inverness. Die A 862 bringt Sie an der Küste entlang zurück nach Inverness. (Ö: nur im Sommer Mo-So 9.30-18.30 Uhr)

Unterkunft

●**Loch Ness Backpackers Lodge,** Coiltie Farmhouse, Drumnadrochit, Tel. 01456/45 08 07, www.lochness-backpackers.com, Independent Hostel ab £ 10.

●**Glen Affric Hostel,** Alt Beithe, Tel. 0870/15 53 255, ab £ 11, Mitte März bis Oktober.

Der Norden und Nordwesten

Die Ostküste

Überblick

Die Ostküste gehört zu den **beschaulicheren Gegenden** von Schottland. Das liegt an der Landschaft, aber auch am Wetter an der britischen Nordseeküste, das beständiger und trockener als an der Atlantikküste ist. Auch landschaftlich zeigt sich die Region milder als der Westen. Besonders die beiden Halbinseln zwischen Moray, Cromarty und Dornoch Firth werden von einer typischen Agrarlandschaft bedeckt, die nur ab und an von hübschen Landstädtchen, wie Strathpeffer, Tain oder Dornoch, unterbrochen wird. Etwas weiter landeinwärts, in der Gegend von Bonar Bridge und Lairg, lässt sich schon etwas von der rauen Hochlandszenerie Nord- und Westsutherlands erahnen.

Je weiter man an der Küste entlang nach Norden vordringt, desto dünner wird die Besiedelung, die sich bald nur noch an der Küste entlangdrängt. Im Hinterland, vor allem des nördlichen Caithness, erstrecken sich bald nur noch öde **Moorflächen** über einem weichgewellten **Hügelland.** Das scheint nicht immer so gewesen zu sein, denn im östlichen Sutherland („Südland", da es südlich der von den Wikingern besiedelten Orkney- und Shetland-Inseln liegt) und in Caithness („Grafschaft der Katze", benannt nach einem Wappentier der Pikten) liegen mehr **prähistorische Fundstellen** als in den meisten anderen Regionen. Die meisten dieser Stätten sind jedoch „naturbelassen", da Ausgrabungen sich nicht lohnen, und müssen daher von Interessierten in Eigenregie erwandert werden.

Der landschaftlich beeindruckendste Teil der Region ist die **Küste,** die sich nach Norden zu immer steiler über das Meer erhebt. Steil aufragende Felsen, wie zum Beispiel der Aussichtspunkt Ord of Caithness, faszinieren genauso wie bizarre Erosionsgebilde, z.B. die Stacks of Duncansby an der Nordostspitze des Festlandes.

Verbindungen

● **Konkrete Verbindungen:** *Traveline* für alle öffentlichen Verkehrsmittel (außer Flügen) www.travelinescotland.com bzw. Tel. 0870/ 60 82 608 (siehe auch „Unterwegs in Schottland" für günstige Tickets).

Zug

● Auf einer ähnlichen Route wie die A 9 verkehrt auch ein Zug von Inverness nach Thurso und Wick. Er fährt Mo-Sa dreimal täglich zwischen 7.15 Uhr und 18 Uhr, sonntags leider nicht. Die Fahrt dauert ca. vier Stunden. In Dingwall zweigt von dieser Strecke der eine Arm von *FirstScotRail* in Richtung Kyle of Lochalsh ab, der ebenfalls dreimal täglich von Inverness befahren wird. Tel. 08457/ 48 49 50.

Bus

● **Scottish Citylink Coaches** (Tel. 08705/ 50 50 50) unterhalten eine Busverbindung von Inverness nach Wick, Thurso und Scrabster, die zweimal täglich von Glasgow und einmal von Edinburgh kommend, in Inverness am Busbahnhof abfährt und bis Wick gut drei Stunden unterwegs ist.
● **Rapsons** fährt mit seinen Busen in der ganzen Region. Die Fahrpläne sind in Thurso unter Tel. 01847/89 31 23 oder in Inverness unter Tel. 01463/71 14 88 zu erfra-

Farbkarte Seite XV, XX, XXI **Die Ostküste**

gen. Im Internet ist die Busgesellschaft unter www.rapsons.co.uk zu finden.
- Daneben verkehren auf der Strecke aber auch lokale Unternehmen oder **Postbusse** (Tel. 08457/74 07 40), welche die einzelnen Ortschaften untereinander verbinden. Bitte versichern Sie sich vorher der Zeiten, die sich schnell ändern können. Auskunft erteilen die Tourist Information Centres oder die Busbahnhöfe.

Von Inverness nach Strathpeffer

Über die neue **Firth Bridge,** die sich von Inverness über den Moray Firth (engl. für „Fjord") spannt, erreichen Sie die **Black Isle,** die Halbinsel zwischen dem Moray und dem Cromarty Firth. Die Schwarze Insel ist rasch durchquert, und die A 9 führt weiter in Richtung Norden.

Wenn Sie es nicht eilig haben, sollten Sie in Tore auf der Black Isle rechts auf der A 832 fahren. Nach ein paar Kilometern können sie einen Stofflappen in die dortige Quelle halten und ihn, wie es offensichtlich schon sehr viele andere vor Ihnen getan haben, in einen Baum binden. Die Zeremonie bringt, realistisch ge-

Eine der prähistorischen Fundstätten an der Ostküste: Strath of Kildonan

Die Ostküste

Piktischer Symbolstein: der Eagle Stone in Strathpeffer

Farbkarte Seite XV   **Die Ostküste**

sehen, zumindest kein Unglück – während die optimistischeren Einheimischen darauf schwören, sie bringe Glück.

Strathpeffer   ⊅ XV, C1

Oder fahren Sie in Tore in die andere Richtung über Dingwall in den kleinen Kurort Strathpeffer (918 Einw.). 3-4 km westlich von Dingwall können Sie sich zuvor in einer romantischen alten Mühle einen Kaffee gönnen (auch B&B möglich). Strathpeffer selbst ist ein ruhiger Kurort, dessen schwefelhaltiges Heilwasser man am Square in der Ortsmitte probieren kann. Daneben steht das Tourist Information Centre, die wie der Brunnen in einem Pavillon untergebracht ist.

Am Ortseingang finden Sie links der Straße in einem alten viktorianischen Bahnhof einige Kunsthandwerksläden und das **Highland Museum of Childhood.** Neben dem ersten Haus auf der rechten Seite führt ein kleiner Fußweg den Berg hinauf zum **Eagle Stone.** Der piktische Bildstein, der bereits zweimal umgesetzt wurde, zeigt einen sitzenden Adler. Sollte der Stein noch ein drittes Mal seinen Standort wechseln müssen – so erzählen die Einheimischen –, wird ein großes Unglück über die Stadt kommen.

Strathpeffer hat außer seiner gepflegten und ruhigen Atmosphäre wenig zu bieten, dient aber als hervorragender Ausgangspunkt für **Wanderungen** in den Bergen von Cromarty, wie etwa zum 1046 m hohen **Ben Wyvis.**

Unterkunft

● **Brunstane Lodge Hotel,** Golf Course Road, Tel. 01997/42 12 61, Fax 42 12 72, www.brunstanelodge.com, B&B ab £ 33.

● **Garden House Guest House,** Garden House Brae, Tel./Fax 01997/42 12 42, B&B ab £ 20.

● **Craigvar,** The Square, Tel. 01997/42 16 22, Fax 42 17 96, www.craigvar.com, B&B ab £ 25.

● **Riverside Chalets Caravan Park,** Contin, an der A 835 zwischen Inverness und Ullapool auf Höhe der Abzweigung nach Strathpeffer, Tel. 01997/42 13 51, Zelt und Wohnwagen ab £ 3.

Im Südosten Sutherlands

Die A 9 verläuft weiter am Nordufer des Cromarty Firth, um bald Richtung Tain am Dornoch Firth abzubiegen. Acht Kilometer hinter Dingwall ragt linkerhand auf einem Berg eines der absurdesten *follies* Schottlands auf (als *folly* belächeln die Schotten die monumentalen Absurditäten ihrer viktorianischen Vorväter). Das **Fyrish Monument** ist ein Nachbau des Stadttores von Seringapatam in Indien, das ein Graf als Erinnerung an seine Statthaltertätigkeit in Indien errichten ließ.

Tain besitzt schon seit 1066 Marktrechte, als deren Symbol in der Ortsmitte das **Mercat Cross** steht. In der Tower Street widmet sich **Tain through Time** der örtlichen Geschichte, unter anderem der Bedeutung Tains als Wallfahrtsort. Dementsprechend gehören auch **St Duthus Chapel and Collegiate Church** aus dem 14./15.Jh. zum Museumskomplex. (Ö: im Sommer Mo-So 10-18 Uhr, E: £ 3.50, www.tainmuseum.org.uk).

Norden

Highland Clearances im 19. Jh.

Die Erschaffung der Einsamkeit – Highland Clearances im 19. Jh.

Wer im schottischen Hochland auf Wanderschaft geht, der kommt nicht umhin, irgendwann erstaunt festzustellen, wie viele Ruinen kleiner Steinhütten und Scheunen in den menschenleeren Glens vor sich hinwittern. Ein Blick auf die Karte beschert eine weitere Seltsamkeit. Jedes Küppchen, jedes Bächlein und jede Pfütze hat einen Namen. Ein Umstand, der in ähnlich einsamen Gegenden, wie z.B. Lappland, nicht denkbar wäre. Nur eine Erklärung ist hier hinreichend: das Land muss einmal bewohnt gewesen sein.

Noch in der Mitte des 19. Jahrhunderts war das Hochland ein für jene Zeit normal besiedeltes Gebiet. Doch das allgemeine Bevölkerungswachstum der Epoche machte sich auch hier bemerkbar. Bald wurde die Bevölkerung zahlreicher, als mit den veralteten Anbaumethoden auf dem nicht gerade übermäßig fruchtbaren Boden zu ernähren war. In den Lowlands, im südlichen Schottland, war man diesen Problemen mit moder-

Hochlanderbe: noch nicht lange verlassenes Black House auf Skye

Highland Clearances im 19. Jh.

nen landwirtschaftlichen Methoden begegnet und in recht kurzer Zeit sogar zum Lebensmittelexporteur geworden. Man hatte das Land „gereinigt" (im Englischen *to clear*), d.h. durch Drainagen entwässert, begradigt, gedüngt und die Nutzung den Bodenverhältnissen angepasst. Nun versuchten einige der nordschottischen Landlords, der Landverpächter, gleiche Methoden auch im Hochland durchzuführen. Doch viele der kleinen Pächter sträubten sich gegen neue Methoden. Hinzu kam, dass die kleinen *Crofts* (Pachthöfe) meist zu klein waren, um wirtschaftlich produzieren zu können. Es mussten also, um größere Einheiten schaffen zu können, viele Familien ihr Land verlassen. **Erste Landvertreibungen** begannen. Mit diesen Vertreibungen begann das Wort *Clearances* (Bodenverbesserungen) einen ganz neuen Sinn zu erhalten: Säubern des Landes von Menschen.

Die **flächendeckenden Entvölkerungen** setzten jedoch erst ein, als die Landbesitzer eine ganz neue Profitquelle für das raue unfruchtbare Land entdeckten. Infolge gestiegener Nachfrage in Europa war der Wollpreis in die Höhe geschnellt. Die Landlords begriffen sofort: Wenn man das Land von den Menschen befreite, die letzten Wälder abholzte, dann war Raum geschaffen für Millionen von Schafen, die man über die Höhen weiden lassen konnte und nur einmal im Jahr zusammentreiben brauchte, um ihnen die gewinnträchtige Wolle zu nehmen.

Zu Tausenden mussten in der Folge die Crofter ihre angestammten Täler und Höfe verlassen und den Schafen Platz machen. Die Landbesitzer schreckten dabei vor **brutalsten Methoden** nicht zurück. Die *Duchess of Sutherland* ließ widerspenstigen Pächtern *(tennants)* das Dach über dem Kopf anzünden, auf den Hebriden ließ ein Landlord seine Pächter auf ein Schiff treiben, um sie direkt in den kanadischen Wald zu verschiffen, wo die meisten wegen der fehlenden Ausrüstung verhungerten.

Die meisten der Hochländer wanderten aus, nach Neuschottland in Kanada, nach Australien und Neuseeland. Nur wenige hatten das „Glück", von ihren Verpächtern minderwertiges Land, meist an der Küste, gestellt zu erhalten, auf dem sie kaum den Lebensunterhalt erwirtschaften konnten.

Doch in den 80er Jahren des 19. Jh. begann sich **Widerstand** zu regen. In Irland, wo die Zustände ähnlich verheerend waren, kam es zu Aufständen, die die Regierung in London zwangen, den kleinen Pächtern **Zugeständnisse** zu machen. Aus Angst, ein zweites Irland könne vor der englischen Haustür entstehen, wurde die *Napier Commission* berufen. Diese Kommission beschäftigte sich intensiv mit der Lage im Hochland, und 1886 erließ das Unterhaus die *Crofters Act*, die erstmals den Pächtern die Sicherheit der Pacht zubilligte. Doch für die meisten der ehemaligen Hochländer kam das Gesetz zu spät. Das Hochland war entvölkert und in eine öde, menschenleere Wüste, die *man-made-desert*, verwandelt.

Ironie des Schicksals: Infolge des Überangebots an Wolle und der billigen Konkurrenz vor allem aus Australien und Neuseeland fielen die Wollpreise. Die Landbesitzer fanden schnell eine neue Einnahmequelle. Die Schafe mussten nunmehr selbst – und mit ihnen die letzten verbliebenen Schafhirten – dem **Rotwild** Platz machen. Freizeitjäger der aufstrebenden oberen Mittelschicht aus England und auch vom Kontinent waren bereit, Unsummen für Jagdaufenthalte im Hochland zu bezahlen.

Die Ostküste

Beachtenswert ist auch der große **Tolbooth Turm** an der Hauptstraße, in dem seit 1630 die Stadt ihre Verbrecher unterbrachte.

Südöstlich von Tain erreichen Sie auf der B 9165 am Meer **Shandwick.** In einem Feld südwestlich der Ortschaft haben die Pikten einen ihrer schönsten Symbolsteine mit einer Höhe von 2,7 m errichtet.

In einem weiten Bogen kann man, die A 9 verlassend, auf der A 836 und der A 949 den Dornoch Firth umfahren. Kurz vor Bonar Bridge zweigt in **Ardgay** eine kleine Nebenstraße ab. Durch ein zunächst breites und flaches Tal, vorbei an Stromschnellen und Wasserfällen des Crannon, bringt Sie eine *Single Track Road* bis zur **Croick Church.** Diese Kirche bewahrt noch heute eine bittere Erinnerung an die Vertreibung der Menschen aus ihren Heimattälern während der Clearances. 1845 trieb man die Bewohner des Glen Calvie hier zusammen und setzte sie zwei Tage dem Wetter aus, bevor sie nach Übersee verschifft wurden. Die Familienoberhäupter ritzten vor der endgültigen Abreise zur Erinnerung an die Grausamkeit der Mächtigen ihre Namen in ein Fenster der Kirche.

Bonar Bridge 🖉 XX, B3

In Bonar Bridge, dem winzigen Örtchen an der Spitze des Dornoch Firth, zweigt die A 836 nach Ullapool und Loch Laxford im Westen oder an den Kyle of Tongue im Norden ab. Alle drei Strecken führen über kleine einspurige *Single Track Roads* durch eine überwältigende Landschaft mit z.T. schneebedeckten Bergen, Wasserfällen, einsamen Seen oder versteckten *Crofts* an die Nordwestküste, eine der schönsten, atemberaubendsten Landschaften Schottlands.

Hoch über dem Kyle of Sutherland, etwas nordwestlich von der Ortschaft Bonar Bridge, steht auf einem Felsen **Carbisdale Castle,** eine der malerischsten schottischen **Jugendherbergen.** Sie ist am einfachsten mit dem Zug, der direkt unterhalb der Herberge hält, zu erreichen. Mit dem Auto hinzugelangen ist etwas schwieriger, aber auf einer kleinen Straße südlich des Shin möglich (Carbisdale Castle Hostel, Culrain, Tel. 0870/00 41 109, ab £ 13.50, geöffnet März-Okt). Sie können in der Herberge übrigens auch Räder leihen.

Carbisdale Castle wurde in seiner romantischen Lage, die von den Burgen des Rheins abgeschaut sein soll, erst 1910 von der Witwe des *Herzogs von Sutherland* errichtet. Sie war nach dem Tod ihres Mannes von ihrem Stiefsohn aus Dunrobin Castle, dem Stammsitz der *Sutherlands,* vertrieben worden. Als ihre Schwiegerverwandten sie auch noch verklagten, sie habe zu viel Mobiliar mitgehen lassen und sie nach verlorenem Prozess zu einem halben Jahr Gefängnis verurteilt wurde, sann sie auf Rache. Sie erbaute das prunkvolle Carbisdale Castle genau auf der Grenze zum Besitz ihrer Peiniger, von wo es herrisch auf den *Gateway to Sutherland* herabblicken konnte, den Weg, den ihr Stiefsohn nehmen musste, wenn er nach Dunrobin ritt.

Farbkarte Seite XV, XX, XXI

Die Ostküste

Von der Jugendherberge lohnt sich ein Spaziergang zu den **Falls of Shin** an der B 864, die alternativ zur A 836 nach Lairg führt. Besonders im Juni springen diese Wasserfälle im wildromantischen Shintal, das sich neben der Straße zur Schlucht verengt, so viele Lachse hinauf, dass es selbst ungeübten Fotografen ein leichtes ist, das Phänomen auf Zelluloid zu bannen.

Dornoch   ♫ XXI, C3

Nach Bonar Bridge ist Dornoch (1206 Einw.) am Eingang des gleichnamigen Firth die nächste Stadt. Dornoch ist die „Hauptstadt" der riesigen Grafschaft Sutherland. Das historische Stadtbild prägen besonders das **Castle,** auch *Bishop's Palace* genannt, das heute ein Hotel (siehe „Unterkunft") beherbergt, und die **Cathedral,** die in einem kleinen Park mitten in der Stadt steht. Die schlichte frühgotische Kirche (Kathedrale ist denn doch etwas schmeichelhaft) wurde ab 1224 von einem Bischof auf eigene Kosten errichtet.

Am Ufer des Firth besitzt Dornoch herrliche Sandstrände. In den Dünen liegen ein Golfplatz und ein schöner Campingplatz.

Information
● Das **Tourist Information Centre,** am Square auf der linken Seite, ist für ganz Sutherland zuständig: The Square, Dornoch IV25 3SD, Tel. 01862/81 05 55.
● www.visitdornoch.com

Unterkunft
● **Dornoch Castle Hotel,** Castle Street, in altem Castle (15. Jh.) im Stadtzentrum, Tel.

01862/81 02 16, Fax 81 09 81, www.dornochcastlehotel.com, B&B ab £ 25.
● **Dornoch Caravan Park,** The Links, River Street, am Castle vorbei und auf dem Platz letzte Straße nach rechts, Tel./Fax 01862/81 04 23, Wohnwagen und Zelt ab £ 8.
● **Sleeperzzz.com,** Rogart Station, von der A 839 zweigt in der Nähe von Pittentrail (Bahnhof) eine kleine Straße Richtung Norden nach Rogart ab, Tel. 01408/64 13 43, www.sleeperzzz.com, ist wunderschön gelegen und bietet für £ 10 eine Übernachtung in umgebauten Eisenbahnwagons an.

Weitere Informationen
● Die **Dornoch Highland Games** finden Anfang August statt.
● Im Sommer spielt die **Dornoch Pipe Band** samstagabends auf dem Square in der Stadtmitte.

Dunrobin Castle   ♫ XXI, C3

Etwa 17 km hinter Dornoch passiert man auf der A 9 den kleinen Ort Golspie. Die erste mögliche Einfahrt hinter Golspie nach rechts führt zur Zentrale und Produkt der kompromisslosesten *Clearances* von ganz Schottland: Dunrobin Castle. Wenn Sie diese Residenz besichtigen, behalten Sie im Hinterkopf, dass all die Pracht und all der Glanz auf dem Elend von vertriebenen Hochlandbewohnern errichtet wurden. Im 19. Jahrhundert beschloss die **Herzogin von Sutherland,** ihre Pächter von ihrem Land zu vertreiben, um Schafe weiden zu lassen, da diese erheblich mehr Gewinn abwarfen. Dabei ging sie soweit, jenen Untertanen, die sich sträubten, ihr Land zu verlassen, das Dach über dem Kopf anzuzünden.

Der *Duke* und die *Duchesse von Sutherland* waren im 19. Jahrhundert

Norden

Die Ostküste

die zweitgrößten Grundbesitzer Europas und so reich, dass es *Queen Victoria,* als sie das Haus der Sutherlands in London besuchte, entfuhr: „Ich komme aus meiner Hütte in Ihren Palast!"

Den Rundgang durch das **Schloss** müssen Sie ohne Führer bestreiten, obwohl die Tafeln und Beschreibungen leider nur unzureichend sind. Im Inneren des Schlosses sind nur wenig interessante Möbel des 18. und 19. Jh. anzusehen. Sehenswert dagegen ist der prachtvolle **englische Garten,** der zwischen Burgfelsen und Meer liegt. In einem Gartenhaus befindet sich darüber hinaus die Sammlung unzähliger Trophäen sowie einiger naturgeschichtlicher Fundstücke aus der Grafschaft und ein paar piktischer Symbolsteine. (Ö: nur im Sommer, Apr.-Mai Mo-Sa 10.30-16.30, So ab 12 Uhr, Juni-Aug. Mo-Sa 10.30-17.30, So ab 12 Uhr)

Helmsdale ⌕ XXI, C2

Bis John O'Groats folgt die Straße nun der Küstenlinie. Mal schmiegt

Zentrale der Clearences: Dunrobin Castle, Residenz der Herzöge von Sutherland

414

Farbkarte Seite XXI   **Die Ostküste**

sie sich an die Strände, mal schraubt sie sich hoch auf die Felsen und bietet einen herrlichen Blick über die See bis nach Speyside und Grampian. 18 km hinter Brora erreichen Sie Helmsdale, ein nettes Fischerdörfchen am Eingang des Strath of Kildonan, hübsch zwischen Bergen und Meer gelegen.

Helmsdale ist ein sympathisches kleines Fischerörtchen, das während der *Clearances* entstand und während des Heringsbooms Anfang des 20. Jahrhunderts wuchs. Das **Timespan Museum,** von der A 9 abbiegend links im Ort, kontrastiert gut mit dem Besuch von Dunrobin Castle. Anhand von liebevoll aufgebauten Szenen kombiniert mit Tonbändern versucht es, die Geschichte der Region und das Elend der *Clearances* anschaulich zu machen (Ö: März-Okt. Mo-Sa 10-17, So 12-17 Uhr, www. timespan.org.uk)

Der **Bahnhof** von Helmsdale befindet sich am Südufer des Flusses.

Information
● Das nur im Sommer geöffnete **Tourist Information Centre** befindet sich im Timespan Museum, Tel. 01431/82 16 40.
● www.helmsdale.org

Unterkunft
● **Navidale House Hotel,** Navidale, by Helmsdale, Tel. 01431/82 12 58, www.navidalehouse.com, B&B ab £ 35.
● **Mrs. Sylvia Blance,** Broomhill House, Helmsdale, Sutherland KW8 6JS, T/Fax 01431/821 259, B&B ab £ 18.
● **Helmsdale Hostel,** Helmsdale, links der A 9, den Hügel hoch am Ortsausgang, Tel. 0870/ 00 41 124, ab £ 10, geöffnet Mai-Sept.

Strath of Kildonan   ♪ XXI, C2

Wenn Sie sich für die vielen **prähistorischen Fundstätten** des schottischen Nordens begeistern können, dann bietet das Tal Strath of Kildonan eine wunderbare Gelegenheit, auf Entdeckungssuche zu gehen. Kaufen Sie in der Information die hervorragende topografische Karte des Tales (Landranger 17 „Helmsdale and Strath of Kildonan"). Auf ihr sind alle bekannten Brochs, Steinkreise, Kammergräber, Ring- und Erdhäuser eingetragen, die, sämtlich „naturbelassen", versteckt neben der Straße in den Bergen, Seitentälern und Wäldern liegen.

Verwenden Sie ruhig einen Tag darauf, das Tal hinaufzufahren und die Überreste gleich mehrerer vergangener Kulturen aufzusuchen. Das Tal ist auch für sich einen Abstecher wert. Die Vegetation wird immer karger, je höher man kommt, doch die landschaftliche Schönheit nimmt noch zu. Biegen Sie in Kinbrae (Tankmöglichkeit) nach links über die Bahnschienen ab und fahren Sie weiter bis zur Badanloch Lodge. Besonders im weichen Abendlicht ist der Blick über das Seensystem des **Loch Badanloch** vor dem Rahmen der Berge unvergesslich. Mit ein wenig Glück kann man in dieser abgelegenen Gegend auch Steinadler oder Rotwildherden beobachten.

Die Region Caithness bietet aber auch **archäologische Lehrpfade** mit Beschreibungen, die weniger abenteuerlich sind als unser Vorschlag, z.B. Dunbeath Strath, Loch Yarrow. Infos im **Dunbeath Herita-**

Norden

415

Die Ostküste

ge Centre, Old School, Dunbeath KW6 6ED, Tel. 01593/73 12 23, www.caithness.org/history/archaeology/prehistoric.htm, Ö: im Sommer 11-17 Uhr, im Winter Mo-Fr bis 15 Uhr.

Die Küste bis Wick

Hinter Helmsdale steigt der Weg zum **Ord of Caithness,** einem Aussichtspunkt an der Grenze zur Grafschaft Caithness, an. Bei gutem Wetter sind von hier oben sogar einige der britischen Bohrinseln in der Nordsee zu erkennen. Nachdem die Straße einen weiten Bogen zur Landseite gemacht und dabei einen Bach überquert hat, passiert man rechts einen Rastplatz. Interessiert Sie noch eine weitere Erinnerung an die Zeit der „Hochlandreinigung", sollten Sie hier anhalten. Ein schmaler Pfad führt etwa 500 m weiter an den Steilhang zum Meer. Hier liegen die Reste von **Badbea,** einer Siedlung, die die Sutherlands ein paar Croftern als Alternative zur Auswanderung gelassen hatten. Erzählungen berichten davon, dass die Menschen damals ihre Kinder und das Vieh anbinden mussten, damit sie der Wind nicht über die Klippen trieb.

Die **Grafschaft Caithness** unterscheidet sich fast schlagartig ab der Grenze stark von dem bergigen, grandiosen Sutherland. Caithness ist weich gewellt, eine viel sanftere Landschaft. Abgesehen von einigen Weiden an der Küste bedeckt nahezu das ganze Landesinnere Heide und vor allem trostloses Moor- und Sumpfland. Das Meeresufer besteht

Mystik im Moor: Standing Stone im Strath of Kildonan

aus einer langen zerklüfteten, bizarren Steilküste, einer Augenweide für jeden Romantiker.

Im Gegensatz zur Grafschaft Sutherland, dem „Südland" für die auf Orkney und Shetland beheimateten Wikinger, erhielt Caithness seinen Namen von den Pikten. Die Grafschaft war früher eine piktische Provinz mit der Katze als Wappentier, die denn auch den Namen abgab *(Caithness* = Grafschaft der Katze). Noch heute führen die Sutherlands, deren Grafschaft auch einst zu Caithness gehörte, die Katze in ihrem Wappen.

Gut 25 km nach Helmsdale passieren Sie **Dunbeath.** 1,5 Kilometer hinter dem Dorf steht rechts der Straße das **Laidhay Croft Museum.** Das Freilichtmuseum besteht aus Gebäuden eines alten *Crofts,* eines typischen schottischen Kleinbauernhofes, aus dem frühen 18. Jh., die reich mit Möbeln und Gebrauchsgegenständen jener Zeit ausgestattet sind. Das Gehöft wurde so noch bis vor 40 Jahren bewohnt. (Ö: nur im Sommer, Mo-So 10-18 Uhr)

Dann in Occumster biegt nach links eine Nebenstraße ab. Die **Grey Cains of Camster,** die nach 8 km gleich links der Straße in der trostlosen Moorlandschaft ruhen, sind unbedingt einen Abstecher wert. Drei der berühmten Gräber, die ca. 2000-2500 v.Chr. errichtet wurden, sind wieder begehbar gemacht worden.

Die zweite Straße links, wenn Sie zurück auf der A 9 sind, führt vorbei an den **Hill O'Many Stanes,** einer steinzeitlichen Steinsetzung aus 250 etwa 30-40 cm hohen Steinen.

Fertige Bohrinsel vor der Schlepptaureise in die Nordsee

Die Ostküste

Wick ⌕ XXI, D1

Wick (7333 Einw.) ist ein kleines Fischerstädtchen. Sehenswert ist besonders die Ruine des **Doppelcastles Sinclair und Girnigoe.** Folgen Sie aus Wick anfangs den Schildern Richtung Flughafen, dann den spärlichen Wegweisern nach Noss Head. Auf halbem Weg zum Leuchtturm auf **Noss Head** findet sich ein kleiner Parkplatz. Über eine Kuhweide erreichen Sie diese pittoreske Ruine, die sich steil über der zerklüfteten Küste erhebt. Der ältere Teil der Burg, **Castle Girnigoe,** stammt aus dem 15. Jh. Im frühen 17. Jh. wurde dem älteren Tower mit **Castle Sinclair** ein weiterer Teil angefügt. Doch bereits im Jahre 1679 wurde die Burg verlassen.

Ähnlich malerisch wie Sinclair und Girnigoe steht hoch über der Nordsee im Süden der Stadt die kleine Ruine des **Old Man of Wick,** der alten Burg von Wick, deren Ursprünge bis zu den Wikingern zurückreichen.

Das **Wick Heritage Centre** in der Bank Street (am Kreisverkehr vor der Brücke rechts in die Union Street, dann bald auf der rechten Seite) zeigt Szenen aus dem Leben der Region mit dem Schwerpunkt Fischerei, das Innere eines Leuchtturms und eine Fotosammlung mit über 1000 alten Aufnahmen aus der Geschichte der Stadt. (Ö: Ostern-Okt., Mo-So 10-17 Uhr, E: £ 2)

Schlüsselfertig: Immobilien bei Wick

Farbkarte Seite XXI   **Die Ostküste**

Wenn Sie kurz nach dem Ortseingang vor einer BP-Tankstelle rechts fahren und an der nächsten T-Kreuzung abermals rechts, kommen Sie zur **Caithness Glas Fabrik.** Man kann hier die Produktionsstätten besichtigen und auch das bekannte nordschottische Kristallglas erstehen.

Auf halber Strecke nach John O'Groats illustriert in Auckengill im Sommer das **Northland Viking Centre** die Geschichte der Wikinger in dieser Region und zeigt u.a. ein Langboot.

Unterkunft

● **Norseman Hotel,** Riverside, Tel. 01955/60 33 44, www.british-trust-hotels.com, B&B ab £ 28.

● **Nethercliffe Hotel,** Louisburgh Street, Tel. 01955/60 20 44, Fax 60 56 91, B&B ab £ 28.

● **Wellington Guest House,** 41-43 High Street, in der Nähe des Tourist Information Centre, Tel. 01955/60 32 87, B&B ab £ 25.

● **Riverside Caravan Club Site,** Janetstown, Tel. 01955/60 54 20, Zelt und Wohnwagen £ 4-12.

Weitere Informationen

● **Autoverleih:** *Practical Car Hire,* am Flughafen, Tel. 01955/60 41 25.

● **Bahnhof** und **Busbahnhof** befinden sich am Südufer des River Wick, dahin gelangt man, von der A 9 am Kreisverkehr kommend, vor der Brücke links.

● **Flughafen** (Tel. 01955/60 22 15) nördlich der Stadt. *Loganair* (Tel. 01955/60 22 94) bzw. *British Airways* (Tel. 0845/77 33 377) fliegen von hier wochentags einmal

Doppelcastle Sinclair und Girnigoe bei Wick

Die Nordküste

Edinburgh (Hin- und Rückfahrkarte ab £ 50) und mindestens dreimal Kirkwall (Single ab £ 28) an.

Hier endet Schottland:
John O'Groats   XXI, D1

Nördlich von Wick endet die A 99 in **John O'Groats,** dem winzigen Fährhafen nach Orkney (Überfahrten siehe Orkney). An der Küste steht ein hübsches weißes Hotel mit „Seeblick" (s.u.), das auch einen Pub und ein nettes Café besitzt. Von den Kunsthandwerksläden um das Tourist Information Centre bot nur der **Pottery Shop** ein paar Souvenirs, die auch uns gefielen. Nach Osten führt eine schmale Straße zum Leuchtturm auf **Duncansby Head,** der Nordostspitze des schottischen Festlandes. Sie sollten auf keinen Fall versäumen, einen Blick auf die **Duncansby Stacks** zu werfen, mehrere einzigartige, kegelförmige Felssäulen in der Brandung südlich der Landspitze.

Noch schöner ist es sicherlich, die beiden Sehenswürdigkeiten auf einem **Fußweg** entlang der Küste zu erkunden, der am Hafen (zwischen *Last House* und *Last and First Shop)* beginnt (eine Strecke ca. 3 km).

Unterkunft
● **Seaview Hotel,** Tel. 01955/61 12 20, www.johnogroats-seaviewhotel.co.uk, B&B ab £ 20.
● **Caber-Feidh Guest House Hotel,** Tel. 01955/61 12 19, B&B ab £ 17.
● **John O'Groats Hostel,** in Richtung Thurso von John O'Groats, dann die zweite Straße links Richtung Canisbay, Tel. 0870/00 41 129, £ 11, nur im Sommer geöffnet.

● **John O'Groats Camping Site,** am Ende der A 99, neben dem „letzten Haus" Schottlands, Tel. 01955/61 13 29, Wohnwagen und Zelte ab £ 7.50.

Die Nordküste

Überblick

Die Nordküste des schottischen Festlandes gehört zu den schönsten Küstenstreifen des Landes. Enorm zerklüftet und zersprengt, besitzt sie **unzählige kleine Buchten,** in denen die Brandung des Atlantiks und der Nordsee ausrollt. Die verträumten Buchten mit idyllischen einsamen Stränden sind die Noten der Natur in der Sinfonie der Felsen, Klippen und Dünen, der Heide, der Bäche und Gestade, die zum Baden einlüden, wenn nur das Wasser nicht so kalt wäre. Die A 836 schlängelt sich durch dieses Gewirr von Fels und Wasser und oft genug fragt man sich als Fahrer vor einer Kurve, ob es dahinter überhaupt weitergeht. Im Westen der Küstenlinie schneiden Fjorde tief in das Bergland ein. Das Wetter wie das Land werden nach Westen im gleichen Maße rauer, wie die Bevölkerung schwindet.

Verbindungen

Mit der Bevölkerungsdichte nimmt im Norden Schottlands auch die Verkehrsdichte ab. Züge fahren im Nordwesten gar keine mehr. Auch das Trampen gestaltet sich sehr schwierig bis unmöglich, da fast kein Auto mehr die einsamen Straßen entlangfährt. Die einzige Möglichkeit zur Fortbewegung neben einem eigenen Auto besteht in der

Farbkarte Seite XX, XXI

Die Nordküste

Busfahrt. Aber auch das Busfahren wird komplizierter, da nur noch wenige Fernverbindungsbusse fahren und man oft auf das Umsteigen zwischen den lokalen Bussen angewiesen ist.

● **Konkrete Verbindungen:** _Traveline_ für alle öffentlichen Verkehrsmittel (außer Flügen) www.travelinescotland.com bzw. Tel. 0870/60 82 608 (siehe auch „Unterwegs in Schottland" für günstige Tickets).

● Zwischen Wick, Thurso und John O'Groats sind die Verbindungen noch gut; unter anderem verkehren auf dieser Strecke **Postbusse** (Tel. 08457/74 07 40).

● Im dem Gebiet fahren die Busse von **Rapsons** bzw. die **Highland Country Buses**, die ebenfalls zu _Rapsons_ gehören. Von John O'Groats kommen zweimal täglich (vormittags und nachmittags) ein Bus über Thurso, Bettyhill und Tongue bis nach Durness. Für diese Strecke (und auch bis nach Wick) gibt es das **Groats Circular Rover Ticket** (£ 6 für einen Tag, £ 15 für 3 Tage), das beim Busfahrer erworben werden kann und dann auch diverser Zwischenstopps erlaubt. Informationen bei _Rapsons_ in Thurso: Tel. 01847/89 31 23, oder in Inverness, Tel. 01463/71 05 55, www.rapsons.co.uk.

● Dreimal täglich (am Wochenende nur einmal) fährt auch ein Zug von _Scotrail_ von Inverness über Lairg und Wick nach Thurso. Tel. 08457/48 49 50.

Thurso   ↗ **XXI, D1**

In John O'Groats knickt die A 99, nun als A 836 bezeichnet, nach Westen ab. Nach ein paar Meilen zweigt rechts die B 855 ab, die auf **Dunnet Head** vor einer Klippe endet. Hier, vom Leuchtturm auf dem nördlichsten Punkt des schottischen Festlandes, blickt man bis auf die der Küste vorgelagerten Orkneyinseln.

Thurso (7700 Einw.), ein paar Kilometer weiter, ist die letzte Siedlung mit Stadtcharakter bis Ullapool an der Westküste. Der Ort macht einen

freundlicheren Eindruck als das benachbarte Wick, doch unterscheidet ihn sonst nicht viel von schottischen Ortschaften gleicher Größe. Im Rathaus, das in der Fußgängerzone steht, ist das **Thurso Heritage Museum** untergebracht. Es enthält eine Ausstellung zur Geschichte, Tradition und Bräuchen der Grafschaft Caithness. (Ö: Juni-Sept. Mo-So 10-13 und 14-17 Uhr)

Gleich westlich der Stadt zweigt rechts die Straße nach **Scrabster** ab, dem kleinen Fährhafen für die Fähren von _P&O Scotland_ nach Orkney und Shetland. Die Fähren sind mehrmals täglich von der Stadt aus mit Bussen zu erreichen.

Information

● Die **Tourist Information Centre,** wo man auch brauchbare Stadtpläne verschenkt, befindet sich in Riverside, Thurso KW14 8BU (von der A 836 Richtung Zentrum und nach der Brücke über den Thurso River gleich rechts), Tel. 01847/89 23 71, Fax 89 31 55, thurso@host.co.uk, nur im Sommer geöffnet.

● www.undiscoveredscotland.co.uk/thurso/thurso/

Unterkunft

● **Royal Hotel,** Traill Street, nach der Brücke zweite rechts (Hauptstr.), Tel. 01847/89 31 91, Fax 89 53 38, www.british-trust-hotels.com, B&B ab £ 25.

● **The Park Hotel**, Tel. 01847/89 32 51, Fax 80 40 44, www.parkhotelthurso.co.uk, B&B ab £ 25.

● **Thurso Caravan Park,** Scrabster Road, rechts der A 882 in Richtung Scrabster (Olrig Street, dann Smith Terrace), am Strand von Thurso Bay, Tel. 01847/80 55 14, Fax 80 55 08, Wohnwagen und Zelte ab £ 8.

● **Thurso Youth Club Hostel,** Old Mill, Millbank Road, Tel. 01847/89 29 64, B&B £ 8, schön gelegen in einer 200 Jahre alten

Die Nordküste

Mühle, am Stadtpark, allerdings für Individualreisende nur im Juli und August geöffnet.
- *Sandras Hostel,* 26 Princess Street, vom Bahnhof Richtung Stadtmitte, Tel. 01847/89 45 75, B&B £ 9.

Verbindungen

- Etwas weiter in der gleichen Straße wie das Tourist Information Centre ist rechts auch der *Busbahnhof.* Busse nach Süden fahren in der St Georges Street, der Verlängerung der Brücke ab. Busse in den Westen fahren von der Olrig Street, von der Brücke rechts, am Beginn der Fußgängerzone.
- Der *Bahnhof* liegt südwestlich des Zentrums; von hier führt die Princes Street genau in die Stadtmitte.
- *Konkrete Verbindungen: Traveline* für alle öffentlichen Verkehrsmittel (außer Flügen) www.travelinescotland.com bzw. Tel. 0870/60 82 608 (siehe auch „Unterwegs in Schottland" für günstige Tickets).
- *Fahrradverleih: Wheels Cycle Shop,* 35 High Street (Verlängerung derußgängerzone nach der Townhall), Tel. 01847/89 61 24.
- *Waschsalon:* Riverside Place, Ö: Mo-Sa, Tel. 01847/89 32 66, 9-18.30 Uhr.

Die Küste bis Durness

Bei Dounreay, ca. 16 Kilometer westlich von Thurso, erhebt sich zwischen der Straße und dem Meer der Komplex der **Dounreay Prototype Reactor Power Station.** Dieser „Schnelle Brüter" ist eine reine Forschungsanlage, die 1994, zwanzig Jahre nach ihrer Errichtung, geschlossen worden ist, da man irgend- wann feststellte, dass in Großbritannien bis zum Jahr 2020 gar kein Bedarf für den Strom der Anlage besteht. Der Reaktor war im strukturschwachen Caithness mit Abstand der größte Arbeitgeber, was wohl der Grund dafür war, dass sich praktisch kein Widerstand gegen die Anlage formierte. Lediglich die wirtschaftlich gesünderen Orkney- und Shetlandinseln baten Dänemark symbolisch darum, den Status ihrer Inseln zu

Blick über die Cruden Bay

Farbkarte Seite XX, XXI   *Die Nordküste*

überprüfen (siehe Kap. „Orkney"). (Ö: nur im Sommer, Mo-So 10-16 Uhr, E: frei)

Folgt man weiter der A 836, passiert man bald die Abzweigung in die A 897, die durch das Strath Halladale und das Strath of Kildonan nach Helmsdale zurückführt. Hinter der Abzweigung dauert es nicht mehr lange, bis sich die Straße auf nur noch eine Spur beschränkt.

Vorbei an wunderschönen einsamen Buchten und Stränden, in die man oft nur hinunterklettern kann, fährt man kurz vor **Bettyhill** an einer alten ausgedienten Kirche vorbei. Sie gibt die Räumlichkeiten für das **Strathnaver Museum** her, eines jener kleinen Museen in schottischen Dörfern, die weniger durch den Umfang der Sammlungen, als vielmehr durch die liebenswerte Fülle der verschiedenartigsten auf-, über- und nebeneinander geschichteten Gegenstände begeistern. Das Strathnaver Museum enthält alte und historische Gegenstände, vom Fischerboot über Strandgut bis hin zu Grabsteinen.

Im ersten Stock ist ein Museum des **Clan Mackay** untergebracht, der einmal fast ganz Sutherland beherrschte. Der Museumswärter, natürlich ein *Mackay*, erzählt, dass die *Mackays* der Clan mit den meisten waffenfähigen Männern Schottlands waren. Sie kämpften als Söldner in ganz Europa und waren stets große Draufgänger. Sie ließen denn auch keinen Freund im Stich und kaum große Clanschlachten aus. Die *Sutherlands* dagegen hielten sich immer zurück, konnten aber mit Geld umgehen. Was das Ende vom Lied gewe-

sen sei, meint der alte Museumsführer, könne man heute am Namen der Grafschaft erkennen. (Ö: Apr.-Okt. Mo-Sa 10-13 Uhr und 14-17 Uhr)

Von Bettyhill steigt die Straße etwas ins Landesinnere auf, um am **Kyle of Tongue,** einem der langen Fjorde, wieder ans Meer zurückzukehren. Die Straße überquert den Meeresarm heute auf einem Damm. Vor dem Damm steht links eine Jugendherberge (Tongue Hostel, by Lairg, Sutherland IV27 4XH, Tel. 0870/00 41 153, zurzeit wegen Renovierung geschlossen, unter Tel. 0870/15 53 255 kann man erfahren, wann es wieder öffnen wird).

Sie durchqueren nun die Halbinsel **A Mhoine.** Vor dem Flüsschen Hope biegt nach links eine Straße ab, die am schönen **Loch Hope** unter dem 927 m hohen **Ben Hope** vorbei zum **Dun Dornaigil Broch** führt (Was Sie übrigens nicht als Druckfehler verdammen dürfen, wenn Sie anders geschriebene Schilder entdecken. Wir haben mittlerweile vier Schreibweisen gefunden). Der 16 km lange Abstecher lohnt sich eher der fantastischen Szenerie als der Burg aus der Eisenzeit wegen. Sie wurde um die Zeitenwende errichtet und steht heute noch auf einer Seite über 5 m hoch (siehe auch Exkurs "Brochs und Duns").

Durness   ⤳ **XX, B1**

Wenn man auf die A 838 zurückkehrt, gelangt man bald darauf nach Durness. Direkt vor dem Ortsanfang hat in einer langen, engen Bucht ein Flüsschen ein Naturwunder von über-

Norden

Die Nordküste

wältigenden Ausmaßen geschaffen. Links der Straße stürzt sich der Fluss tosend 21 m tief in ein Loch und ist verschwunden. Klettert man rechts der Straße in die Bucht, sieht man einen idyllischen Bach aus einer überdimensionalen Erdöffnung, der *Smoo Cave,* herausplätschern. Diese riesige Höhle – der Ausgang ist 30 m breit und 15 m hoch – wurde schon von den Pikten besiedelt, die Wikinger gaben ihr den Namen *(Smiga =* Loch), und später versteckten sich hier Schmuggler. Bei gutem Wetter (d.h. vor allem wenig Wasser im Bach) ist es möglich, mit einem Schlauchboot noch in zwei weitere, hinter dem Wasserfall verborgene Kammern zu fahren. Fragen Sie beim Tourist Information Centre gleich oberhalb der Smoo Cave.

Bei gutem Wetter lohnt besonders für geologisch Interessierte und Liebhaber einer schönen Aussicht die Besteigung des **Beinn Ceannabeinne.** Der Rundweg (ca. 9 km und 300 Höhenmeter) nimmt am Parkplatz seinen Anfang und führt zunächst entlang des Allt Smoo.

Ebenfalls lohnend ist der **Coastal Walk,** ein Rundweg durch Dünen und entlang atemberaubender Steilklippen (Dauer ca. 3 Std.). Genaueres erfahren Sie im Tourist Information Centre.

Durness ist nur ein kleiner Ort, der aber einen Supermarkt und eine Tankstelle besitzt.

Nach der Ortschaft zweigt nach rechts ein Weg zur **Balnakeil Craft Village** ab. Möglicherweise ist diese Künstlerkolonie zu weit vom Mas-

An Schottlands Küste

Farbkarte Seite XX

Die Nordküste

sentourismus entfernt, um Kitsch zu produzieren. Jedenfalls haben Sie hier Gelegenheit, etwas anspruchsvollere – wenn auch teurere – Souvenirs als anderswo zu erstehen. Uns gefielen ganz besonders die Werke einer jungen Töpferin, die schon eher freie Kunst als Kunsthandwerk darstellen.

Cape Wrath, die Felsnase im äußersten Nordwesten, erreicht man auf einer kombinierten Boots- und Kleinbustour. Erkundigen Sie sich aber vorher, ob das Boot über den Kyle of Durness setzt (beim Tourist Information Centre oder dem Laden mit Tankstelle gleich daneben, der die Touren organisiert, Tel. 01971/51 12 87), das Wetter macht in dieser Gegend häufig einen Strich durch die Rechnung.

Im Juli finden hier die **Highland Games** statt, welche die Bevölkerung der ganzen Umgebung anziehen.

Information
- **Tourist Information Centre,** Durine, Durness IV27 4PN, am Ortseingang rechts, Tel. 01971/51 12 59, Fax 51 13 68, durness@host.co.uk.
- www.durness.org

Unterkunft
- **Mackay's Rooms and Restaurant,** Tel. 01971/51 12 02, Fax 51 13 21, www.visitmackays.com, B&B ab £ 30, sehr nett.
- **Smoo Cave Hotel,** Tel./Fax 01971/51 12 27, www.smoohotel.co.uk, B&B ab £ 20.
- **Durness Hostel,** gleich oberhalb der Smoo Cave, Tel. 0870/00 41 113, £ 10.50, geöffnet Apr.-Sept.

Kein seltener Zeitgenosse in Schottland: der Rabe

Die nordwestliche Atlantikküste

Überblick

Die nördliche Atlantikküste ist die **verlassenste,** gleichzeitig **wildeste** und **herausforderndste Gegend** Schottlands. Wer es hier aushalten will, der muss es mit Regen und Sturm, Einsamkeit und Abgeschiedenheit aufnehmen können. Wer so weit nach Norden kommt, der wird aber auch von der ungezügelten Schönheit der Erde belohnt, wenn die Sonne nach einem Schauer durch die Wolken bricht und kantige Berge, steile Fjorde, Seen inmitten von Fels und Flechten, glitzernde Wasserfälle und unwegsame Täler plötzlich in ein unwirkliches Licht taucht. Der Westen von Sutherland und Ross gehört nicht zu den Touristenzentren, und das ist gut so.

Entspannung bietet diese Gegend nicht. Aber Jäger und Angler, die sich der Natur unterzuordnen wissen, Wanderer und Kletterer, die auch mit dem Kompass umzugehen vermögen, oder Menschen, die auch Mühen auf sich nehmen, um die unzähligen verschiedenartigsten Seevögel, Robben und manchmal sogar Delfine zu beobachten, werden hier ein Paradies vorfinden. Entlang der ganzen Küste finden sich in unzähligen kleinen Buchten herrliche einsame Sandstrände. Uns wurde berichtet, dass das Wetter manchmal sogar warm genug zum Baden sein soll. Der Fels, aus dem die Westküste besteht, Lewis-Gneis, Basalt und Sandstein, gehört zu den ältesten Gesteinsarten der Erde.

Verbindungen

● Einziges öffentliches Verkehrsmittel in dieser entlegenen Gegend sind **Busse.** Vor allen Dingen Postbusse, manchmal aber auch der Schulbus, ermöglichen die Weiterfahrt (Info Postbus: Tel. 08457/74 07 40). Einmal täglich (früh morgens hin, nachmittags zurück) fährt ein Bus von *Higland Country –* in diesem Fall *Tim Dearman Coaches –* von Inverness über Ullapool, Lochinver und Scourie nach Durness. Tel. 01463/71 05 55.

● Im Sommer fahren **Scottish Citylink Coaches** (Tel. 08705/50 50 50) zweimal täglich Ullapool von Inverness aus an. Dieselbe Gesellschaft fährt von Glasgow aus über Fort William dreimal am Tag Kyle of Lochalsh an. Von Lairg aus fährt einmal täglich ein Bus nach Lochinver. Sonntags fährt gar kein Bus.

● **Konkrete Verbindungen:** *Traveline* für alle öffentlichen Verkehrsmittel (außer Flügen) www.travelinescotland.com bzw. Tel. 0870/60 82 608 (siehe auch „Unterwegs in Schottland" für günstige Tickets).

Durch die Einsamkeit bis Lochinver

Von Durness verläuft die A 838 weiter nach Süden. Zwischen dem Loch Laxford und Scourie zweigt nach rechts eine Stichstraße Richtung Tarbet ab. Im Sommer kann man von hier in einem kleinen Boot zum **Handa Island Nature Reserve** übersetzen. Die kleine Insel ist ein Paradies für Vögel und ihre Liebhaber. Unzählige Möwen, Silbermöwen, Raubmöwen, Sturmvögel, Alke, Tölpel und viele mehr sind von Unterständen des *RSPB (Royal Society for the Protec-*

Farbkarte Seite XIII, XIX, XX **Die nordwestliche Atlantikküste**

Ehemaliger Viehpass bei Applecross

tion of Birds), des schottischen Ornithologenvereins, aus zu beobachten (Fahrten im Sommer Mo-Sa 9.30-14 Uhr, Kontakt: *Scottish Wildlife Trust,* Tel. 0131/31 27 765, www.swt.org.uk. Von Scourie fährt ein Postbus nach Lairg, dessen Fahrer auf Verlangen an der Kreuzung nach Tarbert hält. Von dort gilt es dann noch einen Fußweg von ca. 3 km zurückzulegen.

Scourie ist eher eine unschöne Ansammlung von Häusern als eine richtige Ortschaft. Dennoch gibt es ein Hotel, das **Scourie Hotel,** Scourie, Sutherland, IV27 4SX, Tel. 01971/50 23 96, Fax 50 24 23, www.scourie-hotel.co.uk, B&B ab £ 35, rechts der Straße, das auch einen gemütlichen Pub besitzt. Auch ein paar B&B-Unterkünfte finden sich an der Hauptstraße.

Von **Kylestrome,** ungefähr 16 km südlich von Scourie, schippert ein malerisches kleines Boot im Sommer mehrmals täglich (je nach Andrang 11 und 14 Uhr; *Statesman Cruises,* Tel. 01571/84 44 46) an Vogel-

Die nordwestliche Atlantikküste

felsen und Seehundbänken vorbei bis tief in den **Loch Glencoul.** Der höchste Wasserfall des Königreiches, der **Eas Coul Aulin,** stürzt sich hier 200 m tief in den Fjord. Parkt man am **Loch na Gainmhinch** und wandert auf einem recht gut ausgebauten Weg westwärts um den See herum, erreicht man den Wasserfall nach 10 km.

Kurz hinter Kylescu zweigt die B 869 rechts ab und klettert entlang der fantastisch zerklüfteten Küste auf einem lohnenden Umweg nach Lochinver. Auf der Strecke bieten sich immer wieder herrliche Aussichten auf die vorgelagerten Inseln. Die Etappe ist leider für Wohnwagen nicht passierbar, da es streckenweise Gefälle bis zu 25 % gibt. Kurz bevor Sie Lochinver erreichen, bietet sich geradeaus ein herrliches Bild: Der **Canisp** (847 m) und der unverkennbare **Suilven** (731 m), was auf gälisch so viel heißt wie Zuckerhut, ragen aus dem Hochland auf.

Lochinver ⌕ XX, A2

Lochinver ist ein geschäftiges kleines Fischerdörfchen, in dem alle Zivilisationsgüter erhältlich sind, die man nach der einsamen Fahrt vielleicht braucht. Sogar ein Friseur besucht den Ort einmal pro Woche. Gleich am Ortseingang rechts befindet sich das preiswerte Café Caberfeidh, links ein kleiner Supermarkt,

Landschaft an der Westküste

Farbkarte Seite XX   **Die nordwestliche Atlantikküste**

weiter vorn links das **Tourist Information Centre** (Tel. 01571/84 43 30), am Ortsende links die Bank.

Noch ein Stück weiter folgt eine Kreuzung, deren rechte Abzweigung im Hafen endet. Links am Hafen, in der **Fischermen's Mission,** gibt es Gelegenheiten zum Duschen und Wäschewaschen sowie ein billiges warmes Essen. Gegenüber hat man die Wahl zwischen zwei **Pubs:** *Scottie's Public Bar* und die *Wayfarer's Bar.* Auch die Restaurants entlang der Uferpromenade bieten Speisen an.

In der Nähe von Lochinver finden sich wunderbare weiße Sandstrände, von denen einer der schönsten in Clachtol an der B 869 liegt.

Unterkunft

●**Mrs. Jean MacLeod,** Polcraig, Cruamer, Tel./Fax 01571/84 44 29, B&B ab £ 20.
●**Ardglas Guest House,** Inver, Tel. 01571/ 84 42 57, Fax 84 46 32, www.ardglas.co. uk, B&B ab £ 19.
●**Almelvich Beach Hostel,** Recharn, B 869 von Lochinver aus, erste Straße dann links zum Meer, Tel. 0870/00 41 102, £ 11, geöffnet Apr.-Sept.
●**Shore Caravan Site,** 106 Achmelvich, B 869 von Lochinver aus, erste Straße dann links zum Meer, Tel./Fax 01571/84 43 93, www.shorecaravansite.co.uk, Zelte ab £ 4, Wohnwagen ab £ 6.

Durch die Berge nach Ullapool

Auf der A 837 gelangt man zurück zur Straße Richtung Süden. Wer die wilde Schönheit des schottischen Nordens liebt und diese Strecke am **Loch Assynt** vorbei gefahren ist, der wird nur wissend lächeln, wenn jemand Loch Lomond als den schönsten See Schottlands bezeichnet. Als

I-Tüpfelchen steht die Ruine des kleinen **Ardvreck Castle** aus dem 15. Jh. auf einer Halbinsel im See.

Nach dem Loch Assynt steigt die Straße in das höher gelegene Hinterland auf. Die A 837, die bald nach links abbiegt, läuft über eine karge Hochebene nach Osten zum Carbisdale Castle und der A 9. Gut 3 km nach der Abzweigung passiert man einige Häuser, die sich insgesamt **Elphin** nennen. Gleich nach dem Ort geht links eine Auffahrt ab. Hier wurde ein Bauernhof zu einem Reservat für selten werdende Haustierrassen gemacht. Die **Highland and Rare Breeds Farm** ist im Sommer täglich von 10-17 Uhr geöffnet. Interessant für Kinder ist das Füttern von kleinen Ziegen und Schafen mit der Flasche. Eine Rarität für Strickfans gibt es hier ebenfalls: Sie können zusehen, wie die naturfarbene Wolle in wunderbaren Brauntönen verschiedener Schafarten von Hand gesponnen wird. Die Wolle, die man hier auch kaufen kann, ist zwar nicht ganz billig, doch sollte man bedenken, dass die junge Farmerin an der Wolle für einen Pullover etwa drei Wochen spinnt (Tel. 01854/66 62 04).

Weiter auf der A 838 passiert man bald den **Inverpolly Nationalpark**. Informationen über Wanderwege und die Fauna des Parks erhält man auf einem Rastplatz, der links der Straße etwas den Berg hinauf liegt.

Hinter Drumrunie zweigt nach einigen Meilen rechts eine kleine Straße ab. Nachdem Sie den alleinstehenden und eindrucksvollen **Stac Polly** (612 m) rechter Hand passiert haben, öffnet sich das Land zum Meer

Norden

Die nordwestliche Atlantikküste

hin. Bald gabelt sich der Weg und führt links weiter nach **Achiltibuie.**

Etwa einen Kilometer hinter Achiltibuie liegt das **Hydroponicum.** Ein verzweifelter Hotelier, der kein frisches Gemüse in dieser Gegend erhalten konnte, hat hier eine vorbildliche Gewächshausanlage errichtet: Ohne Fremdenergiezufuhr züchtet er hier heute sogar Südfrüchte. Eine Führung durch die Anlage ist interessant, aber viel zu teuer (März-Sept. Mo-So 10-18 Uhr, Führungen zu jeder vollen Stunde, Okt. Mo-Fr 11.30-15.30 Uhr, Führungen um 12 und 14 Uhr, E: £ 4.95, Tel. 01854/62 22 02, www.thehydroponicum.com).

Die gesamte Gegend, v.a. um das Loch Assynt, eignet sich hervorragend zum **Wandern.** Mehr Informationen dazu bieten die Broschüren des *Sutherland Tourist Board* „Walk Sutherland" und „A Hillwalker's Guide to Sutherland", die bei jedem Tourist Information Centre erhältlich sind.

Die malerischen **Summer Isles,** die hier vor der Küste liegen, werden Mo-Sa in einer vierstündigen Rundfahrt vom Hafen in Ullapool aus angesteuert. Abfahrt ist 10 Uhr, und wer Glück hat, sieht außer den unzähligen Seemöwen während der Fahrt auch Robben und Delfine (*Summer Queen Cruises,* Tel. 01845/ 61 24 72, www.summerqueen.co.uk).

Unterkunft
● Das **Summer Isles Hotel,** Achiltibuie, Tel. 01854/62 22 82, bietet B&B ab £ 70 und führt ein ausgezeichnetes Restaurant.
● Vier Kilometer weiter liegt dem Horse Island gegenüber auch noch eine **Jugendherberge** (Achininver Hostel, Achiltibuie, Tel. 0870/00 41 101, £ 10,75, geöffnet Mai-Sept.).

Rudimente der Vergangenheit: Ardvreck Castle bei Lochinver

Farbkarte Seite XIX, XX   **Die nordwestliche Atlantikküste**

Ullapool   ♫ XX, A3

Fährt man auf der A 835 weiter, erreicht man Ullapool, den Fischerei- und Fährhafen am Loch Broom. Ullapool ist ein kleines, sehr touristisches Städtchen mit einer hübschen Hafenpromenade.

Der Ort eignet sich gut als Ausgangspunkt, um die Westküste und die westlichen Highlands zu erforschen. Sehr lohnend ist z.B. der *Ullapool Hill Walk* (ca. 13 km), der in Broom Court beginnt (Hinweisschild) und durch die einsame Moorlandschaft führt. Näheres zum Weg erfährt man im Tourist Information Centre in Ullapool.

Darüber hinaus besitzt das Städtchen genügend Geschäfte, um sich mit allem Notwendigen auszustatten. Vom Hafen laufen die Fähre nach Stornoway auf Lewis und verschiedene Ausflugsdampfer zu den Summer Isles aus. Infos dazu erhalten Sie in den Buden der unterschiedlichen Boote am Kai.

Unterkunft

● *Eilean Donan Guest House,* 14 Market Street, Tel. 01854/61 25 24, B&B ab £ 18.
● *Brae Guest House*, Shore Street, Tel. 01854/61 24 21, B&B ab £ 20.
● *Ullapool Hostel,* Shore Street, vom Pier aus rechts an der Uferpromenade, Tel. 0870/00 41 156, £ 12, ganzjährig geöffnet.
● *Ullapool Tourist Hostel,* West Argyle Street, Tel./Fax 01854/61 31 26, ab £ 10.
● *Ardmair Point Caravan Site & Boat Centre,* 5,5 km nördlich von Ullapool an der A 835 in Ardmair, Tel. 01854/61 20 54, www.ardmair.com, Wohnwagen und Zelte ab £ 7.50.

Informationen

● *Tourist Information Centre,* Argyle Street, Ullapool IV26 2UB, Tel. 01854/61 21 35, Fax 61 30 31, ullapool@host.co.uk.
● www.ullapool.co.uk
● www.ullapool.com

Nach Gairloch

19 km hinter Ullapool schneidet rechts der A 835 die **Corrieshalloch Gorge** tief in den Fels. Die 61 m tiefe und anderthalb Kilometer lange Schlucht wurde vom Schmelzwasser der letzten Eiszeit geschaffen. Von einem Aussichtspunkt und einer Hängebrücke blickt man auf den *Fall of Measach,* der sich 45 m tief in die Spalte stürzt.

Gleich hinter der Schlucht führt die A 835 geradeaus weiter nach Dingwall und Inverness. Rechts entlang geht es auf der A 832 über die weiche Hochebene entlang des River Dundonnel. In der *Gruinard Bay,* einer weiten Bucht, die man auf der A 832 umfährt, ist unweit des Strandes eine Insel gleichen Namens zu sehen. Auf ihr testeten die Briten im 2. Weltkrieg Bomben, die mit dem Milzbranderreger bestückt waren. Mit Erfolg: alles Leben war im Nu ausgelöscht. Deutschland blieb die tödliche B-Waffe nur erspart, weil der Krieg schneller beendet war, als die Briten annahmen. Auf der Insel werden erst heute wieder Versuche mit Schafen unternommen, die zeigen sollen, ob das Bakterium, das widerstandsfähige Sporen bildet, die Insel noch immer verseucht.

Am nächsten Fjord, dem Loch Ewe, kann der berühmte *Inverewe Garden* des National Trust for Scot-

Norden

Die nordwestliche Atlantikküste

Die Fassade trügt: unidyllischer Touristenort Ullapool

Farbkarte Seite XIII, XIX

Die nordwestliche Atlantikküste

land bewundert werden. Unzählige Pflanzen, darunter auch exotische aus Afrika und Asien und herrliche Rhododendron- und Hibiscusbestände, bieten eine nahezu ganzjährige, vom Golfstrom ermöglichte Blütenpracht. Schön ist der riesige Park im Sommer, wenn die Rhododendren blühen. (Ö: täglich 9-21 Uhr, im Winter 9.30-17 Uhr, E: £ 8, www.nts.org.uk)

Gairloch ☌ XIX, C3

Weitere 12 km auf der A 832 bringen Sie nach **Gairloch,** einem kleinen Fischerort am Loch Gair. Rechts der Hauptstraße befindet sich das **Gairloch Heritage Museum.** Das sehenswerte Museum besitzt Ausstellungsstücke zu allen Bereichen des Lebens in der Region von der Vorgeschichte an. Ein Croft House, ein Leuchtturm, eine Schulklasse, eine alte Küche und eine Kanzel aus der Zeit, als mangels Kirche der Gottesdienst in Gairloch im Freien abgehalten werden musste, machen den Besuch abwechslungsreich. (Ö: April-Sept. Mo-Sa 10-17, Okt. Mo-Fr 10-13.30 Uhr, E: £ 3, www.gairloch heritagemuseum.org.uk)

Unterkunft

● **Charleston Guest House,** Tel. 01445/71 24 97, B&B ab £ 17, das Hotel befindet sich in einem historischen Bau am Fjordufer.
● **Rua Reidh Lighthouse,** in Melvaig, ca. 15 km von Gairloch auf der B 8021 in Richtung Ende der Welt, Tel./Fax 01445/77 12 63, www.ruareidh.co.uk, Bett für £ 19.50, aber auch Doppelzimmer für £ 36, vorbuchen!

● **Carn Dearg Hostel,** von Gairloch 3-4 km westlich an der B 8021, Tel. 0870/00 41 110, ab £ 11, geöffnet Mai-Sept.
● **Gairloch Holiday Park,** 0,5 km auf der B 8021 rechts, Tel. 01445/71 23 73, www.gairlochcaravanpark.com, Wohnwagen und Zelte ab £ 7.50.

Torridon ☌ XIII, D1

Von Gairloch führt die A 832 an dem wunderschönen, bewaldeten **Loch Maree** vorbei bis nach Kinlochewe und von dort weiter nach Dingwall an der Ostküste.

Wenn Sie aber rechts auf die A 896 abbiegen, fahren Sie durch ein wildes Hochtal entlang des River Torridon nach **Torridon,** einem kleinen Ort am Fuße des großartigen **Liathach-Massivs.** Noch vor Torridon geht es rechts nach **Fasag.** Der Ort besitzt einen kleinen Laden und am anderen Ende einen Pub. Die Umgebung des Dorfes ist eines der wildesten und unwegsamsten Gebiete Schottlands. An der Abzweigung in den Ort hat der *National Trust for Scotland*, dem die ganze über 1000 m hohe Wand des Liathach gehört, ein **Besucherzentrum** (Tel. 01445/79 12 21) eingerichtet. Sie können sich hier nach Wanderwegen und/oder Führungen sowie über Fauna und Flora des Gebietes erkundigen. Wir empfehlen u.a. eine Wanderung zur Jugendherberge am **River Craig,** an der Küste entlang 21 km von Torridon aus nach Nordwesten.

Verbindungen

● **Duncan MacLennan,** Tel. 01520/75 52 39, fährt **Busse** vom/zum 30 km entfernten Bahnhof von Strathcarron.

Norden

Das westliche Hochland

●*Postbusse,* Tel. 08457/74 07 40, verkehren Mo-Sa vom Bahnhof in Achnasheen (30 km).
●*Konkrete Verbindungen: Traveline* für alle öffentlichen Verkehrsmittel (außer Flügen) www.travelinescotland.com bzw. Tel. 0870/60 82 608 (siehe auch „Unterwegs in Schottland" für günstige Tickets).

Unterkunft
●*Torridon Hostel,* by Achnasheen zwischen der A 896 und Fasag, Tel. 0870/00 41 154, ab £ 11, Ö: März-Okt.
●*Craig Hostel,* Diabaig, nur zu Fuß von Torridon zu erreichen, Tel. 0870/15 53 255 (derzeit geschlossen für Renovierungsarbeiten, vorher anrufen, ob wieder geöffnet).

Kyle of Lochalsh ⌇XIII, D2

Von Torridon gelangen Sie via A 896, A 890 und A 87 nach Kyle of Lochalsh, wo eine Brücke nach Skye, der schönsten Insel Schottlands, führt (siehe auch Kapitel „Innere Hebriden/Skye").

Kyle of Lochalsh ist ein kleiner Ort mit zwei winzigen Supermärkten, die aber alles Notwendige verkaufen. Auch ein *Tourist Information Centre* befindet sich hier. Ein Ausflug zum idyllischen *Plockton,* einem kleinen Fischerdörfchen in einer malerischen Bucht am Südeingang des Loch Carron, lohnt sich. Die Uferpromenade säumen verblüffenderweise einige Palmen, die nur der Golfstrom am Leben hält.

Unterkunft
●*Kyle Hotel,* Main Street, Tel. 01599/53 42 04, Fax 53 49 32, www.kylehotel.co.uk, B&B ab £ 38.
●*Cuchulainn's,* Station Road, Tel. 01599/53 44 92, Bett £ 10.

Das westliche Hochland

Überblick

Als westliches Hochland wird die Landschaft der Westküste und ihres Hinterlandes zwischen Kyle of Lochalsh und Oban bezeichnet. Da es nicht ganz so einsam und abgeschieden und daher auch nicht ganz so schwierig zu bereisen ist wie der Nordwesten, jenem aber an *landschaftlicher Schönheit* und an Rauheit der Natur nicht nachsteht, suchen viele Schottlandreisende sich diese Region aus, um sich einen Eindruck von der Ursprünglichkeit des schottischen Hochlandes zu verschaffen.

Mit dem *Glen Shiel* und dem *Glen Coe* befinden sich unzweifelhaft zwei der schönsten schottischen Täler im westlichen Hochland. Die Einsamkeit der Berg- und Moorlandschaften, die sich zwischen den wenigen Straßen erstrecken, lädt zum Wandern ein, obgleich die unbefestigten Wege und mangelnden Markierungen in dieser Region eine angemessene Ausrüstung erfordern.

Mit *Fort William* findet sich im westlichen Hochland eines der touristischen Zentren Schottlands. Das Städtchen eignet sich hervorragend als Stützpunkt, von dem aus sich die bekanntesten und typischsten Orte des Hochlandes erkunden lassen. Nicht zuletzt zählt hierzu auch der *Ben Nevis,* der höchste Berg von Großbritannien und gleichzeitig „Hausberg" von Fort William.

Aber nicht nur Landschaft und Tourismus finden sich im westlichen Hochland, die Region ist auch reich an **Geschichte und Tradition** des oft romantisierten Hochlandes. In Glenfinnan fand eines der ruhmreichsten Kapitel schottischen Unabhängigkeitsstrebens statt, als *Bonnie Prince Charlie* 1745 hier die Clans versammelte und seinen Aufstand begann. Das Massaker von Glen Coe hingegen bildet eine der dunkelsten Episoden der schottischen Geschichte.

Verbindungen

● In dieser dünn besiedelten Gegend verkehren nur wenige **Busse,** die auch nur die Hauptstraßen befahren. Die Strecke von Kyle of Lochalsh bis Fort William befahren täglich drei Busse der *Scottish Citylink Coaches* (Tel. 0870/55 05 050), die über Glencoe weiter nach Glasgow fahren. Fort William verbinden neun Busse dreier Unternehmen mit Oban. Wie überall in Schottland, können die Busse auf der freien Strecke per Handzeichen gestoppt werden, ein Umstand, der schon manchen eingeschworenen Tramper in Gewissenskonflikte gestürzt hat.

● Die Züge von **ScotRail** fahren dreimal täglich (sonntags zweimal) von Glasgow über Crianlarich nach Fort William und Mallaig. Von Glasgow nach Oban via Crianlarich verkehrt wochentags viermal und sonntags zweimal ein Zug. Leider ist die Verbindung zwischen Oban und Fort William komplizierter, da man immer über Crianlarich fahren und dort eventuell lange Wartezeiten in Kauf nehmen muss. Von Fort William nach Mallaig fährt im Sommer auch eine alte Dampflok (Näheres siehe Mallaig).

● **Konkrete Verbindungen:** *Traveline* für alle öffentlichen Verkehrsmittel (außer Flügen) www.travelinescotland.com bzw. Tel. 0870/60 82 608 (siehe auch „Unterwegs in Schottland" für günstige Tickets).

Wie aus dem Bilderbuch: Eilean Donan Castle

Das westliche Hochland

Eilean Donan Castle   ♫ XIV, B2

Von Kyle of Lochalsh braucht man nur immer der A 87 zu folgen, die die Highlands bis ins Great Glen überquert. Auf einer Insel im **Loch Duich,** dem die Strecke zunächst folgt, erhebt sich malerisch das Eilean Donan Castle, der trutzige Sitz der *MacRaes.* Das schnörkellose, aus Naturstein gemauerte Towerhaus und seine umgebenden Gebäude scheinen wie durch ein Wunder das verunstaltende viktorianische Mittelalter unbeschadet überstanden zu haben.

Auf der Insel des *St Donan,* die wahrscheinlich bereits von den Pikten befestigt war, ließ *Alexander II.* im frühen 13. Jh. eine Königsburg bauen. Sein Sohn überließ sie zur Wahrung königlicher Interessen in der entlegenen Region den treuen *Mac Kenzies. Robert Bruce* nahm hier Zuflucht, als seine Sache verloren schien, später, als König, unterwarf er von hier aus die westlichen Highlands. Die *MacKenzies* überließen 1509 die Burg den *MacRaes,* die ihnen als Leibgarde dienten. Das vorläufige Ende der Burg kam in den Jacobitenkriegen. Eine Abteilung spanischer Söldner, die die Sache der Stuarts unterstützen sollten, wurde 1719 in der Burg von drei englischen Fregatten aufgespürt. Die mit Kanonen schwer bestückten Schiffe bombten die alten Gemäuer in Schutt und Asche.

Die fromme Legende für Besucher der Burg lautet neuerdings, *Farquhar MacRae,* ein treuer Clansman, habe geträumt, wie die Burg ausgesehen habe, und sein Clanchief stellte 1912-32 die Mittel zur Restauration. Hinterher stellte man fest, der gute *Farquhar* hatte in seiner Vision die Burg exakt so gesehen, wie sie auf alten Zeichnungen abgebildet ist.

Vor ein paar Jahren, der Touristenstrom zum Castle war noch dünner, hatte man uns erzählt, *Farquhar* habe vom Castle geträumt. Der Traum wurde zur fixen Idee, die alte Clansburg wieder zu errichten. Nach langem Überreden stimmte der Chief zu und *Farquhar* begann das Erneuerungswerk. Da er Maurer war, noch vertraut mit den alten Techniken, gelang es ihm anhand der Zeichnungen, die noch erhalten waren, die Burg originalgetreu wieder aufzubauen.

Wie dem auch sei, das echte Plagiat ist heute eines der Vorzeigecastles der Welt und darf in keinem wichtigen Ritterfilm fehlen („Prinz Eisenherz", „Highlander", „Die Ritter der Kokosnuss", ...).

Das Innere der Burg ist aufwändig restauriert worden und zeigt in mehreren eingerichteten Räumen Familienbilder und -reliquien. Besonders sehenswert sind die Burgküche und die Great Hall. (Ö: April-Okt. Mo-So 10-17.30 Uhr, www.eileandonancastle.com)

Nach Fort William

Folgt man der A 87 weiter entlang dem Loch Duich, dann zweigt bald, bevor man das Ende des Fjordes erreicht, nach links eine Nebenstraße ab. An der Seitenbucht, die dieser Weg umrundet, findet sich in Mor-

Farbkarte Seite XIV **Das westliche Hochland**

vich eine kleine Informationsstelle, die Beschreibungen für **Wanderungen** in dieser fantastischen Bergkulisse bietet.

Besonders empfehlen wir den Weg durch das wilde Tal des Croe, der hier in die Bucht strömt, hinauf zur Glen-Affric-Jugendherberge. Eine andere Tour geht 13 km nach Nordosten zu den 112 m hohen **Falls of Glomach.** Feste, wenn möglich wasserdichte Schuhe sind in dieser Gegend lebenswichtig!

Am Ende des Loch Duich, nur ein Stück weiter, ergießt sich der River Shiel in den Fjord. Über 1000 m darüber liegen sich die **Five Sisters of Kintail** in den Armen. Das mächtige Massiv, das dem *National Trust for Scotland* gehört, ragt beeindruckend über dem Tal auf.

In Shiel Bridge zweigt nach rechts eine Straße ab. Nach 2 km liegt rechts an der Bucht die **Jugendherberge** (Ratagan Hostel, Glenshiel, Tel. 0870/00 01 147, ab £ 11, März-Okt.).

Auf halbem Weg zur Herberge gabelt sich die Straße. Der linke Teil windet sich steil die Südseite des Loch Duich hinauf. Rückwärts gewandt, bietet sich ein grandioser Blick auf die Five Sisters und die Bucht, und auf dem Pass erblickt man ein ebenso fantastisches Panorama: Skye und die Black Cuillins.

In **Glenelg,** am Fuß der Straße, biegt man links ab und nach einem

Norden

Massive Frauen: Die Five Sisters of Kintail

Das westliche Hochland

Stück noch einmal links. Gleich rechts und links des Weges erheben sich ein wenig weiter oben im Tal **Dun Telve** und **Dun Troddam,** zwei der besterhaltenen frühen Burgen Schottlands, so genannte Brochs.

Von Shiel Bridge steigt die A 87 stetig in das immer rauer und wilder werdende Glen Shiel hinauf. Bald gabelt sich die Straße jenseits der Wasserscheide und steigt geradeaus als A 887 am River Moriston nach Invermoriston am Loch Ness hinab.

Rechts macht die A 87 noch einen Bogen zum Loch Loyne und kommt hoch über dem bewaldeten **Loch Garry** heraus. Von dem schönen Aussichtspunkt geht es hinunter ins Great Glen nach Invergarry.

Den tiefen Einschnitt, der die Highlands wie am Lineal vom Nordosten nach Südwesten zerteilt, machte sich der Ingenieur *Thomas Telford* nutzbar, als er 1803 mit dem Bau des **Caledonian Canal** begann. Mit Hilfe von 29 Schleusen sollte dieser Kanal den Atlantik, der in Fort William ans Ufer spült, mit der Nordsee bei Inverness verbinden. Nach seiner Eröffnung im Jahre 1822 sollte der Wasserweg, ein bestauntes technisches Wunderwerk in der damaligen Zeit, Heringsfischern und Frachtschiffen die stürmische Nordumrundung Schottlands ersparen und dadurch auch die Wirtschaft des rückständigen Hochlandes fördern. Wirtschaftlich erfüllte der Kanal die in ihn gesetzten Erwartungen jedoch nicht. Heute nutzen ihn nur noch Sportboote und wenige Fischkutter, aber immerhin hatte er ganze 20 Jahre

Zwei der besterhaltenen Brochs: Dun Telve und ...

lang 3000 Hochländern Arbeit und Brot garantiert (mehr zum Kanal siehe auch unter „Neptune's Staircase" bei Fort William).

Fährt man in **Invergarry** links ab, gelangt man nach **Fort Augustus** (508 Einw.) am Südende des Loch Ness. Das Städtchen entstand, wie Fort William, um eine der Festungen herum, die der Diktator *Oliver Cromwell* im ausgehenden 17. Jh. anlegen ließ, um das Hochland zu „befrieden". Pate für den Namen stand *William August, Duke of Cumberland*, der Schlächter von Culloden. Im späten 19. Jh. konvertierte die Bastion in ein Kloster. Noch heute unterhalten die Benediktiner eine Schule in der Abtei, die malerisch zwischen dem Kanal, dem River Oich und dem See liegt.

Wenn man der A 82 in der entgegengesetzten Richtung folgt, gelangt man bald an die bewaldeten Ufer des **Loch Lochy.**

Kurz vorher steht zwischen der Straße und dem Kanal die gleichnamige **Jugendherberge** (Loch Lochy Hostel, South Laggan, Spean Bridge, Tel. 0870/00 41 135, ab £ 11, geöffnet März-Okt., mit Fahrradverleih).

Spean Bridge, das man nach einem Pass unten im Tal erreicht, ist ein hübsches kleines Örtchen, das sich gut als Ausgangspunkt für Wanderungen in die Umgebung eignet. An der Tankstelle kann man auch Fahrräder leihen.

Information
● www.glenspean.com

... Dun Troddam im Tal von Glenelg

Brochs und Duns

Brochs und Duns – die Burgen der Vorzeit

Besonders auf den Archipelen Orkney und Shetland, in Caithness, vereinzelt entlang der Westküste und auf Skye, selten auch im südlichen Schottland finden sich die Reste von vorgeschichtlichen Befestigungsanlagen, den *Brochs*. Das Wort **Broch** leitet sich von dem norwegischen Begriff *borg* her, ist also verwandt mit unserer Burg. Im Gälischen wird oft der Begriff *dun* verwendet, der ebenfalls Festung, manchmal aber auch Hügel oder Kuppe bedeutet, wenn diese sich für den Bau einer Festung geeignet hätten. Das Wörtchen *dun* findet sich heute noch in vielen Ortsbezeichnungen (z.B. Dunrobin, Dunfermline, Dunottar u.a.).

An einigen der besser erhaltenen Bauresten lassen sich die **charakteristischen Bauelemente** von Brochs noch gut erkennen. Sie bestanden aus einem kreisrunden, aus Steinen ohne Mörtel aufgeschichteten Turm, der auch noch von einigen kleineren Hütten umgeben sein konnte. Am niedrigen Eingang findet sich häufig, in die dicke Fundamentmauer eingelassen, eine so genannte Wächterzelle. Das Innere des Brochs war meist in ca. zwei Meter Höhe überdacht, oft noch an einem kleinen Vorsprung zu erkennen, auf den die Dachbalken aufgelegt wurden. Die Mauern, die eine Höhe von bis zu 13 m erreichen konnten, waren innen hohl und boten so Platz für Vorratskammern und eine Treppe, die sich in den Wänden bis zu einem Rundgang auf den Mauerkuppen hochschraubte.

Durch Radiokarbonuntersuchungen verschiedener Fundstücke konnte man die **Entstehung der Brochs** auf eine Zeit zwischen ca. 200 v.Chr. und 200 n.Chr. datieren. Einige waren auch noch in der Zeit des frühen Mittelalters bewohnt. Europaerfahrenen Lesern wird vielleicht die Ähnlichkeit der schottischen Brochs mit den sardinischen Nuragenburgen auffallen. Durch die Datierung lassen sich jedoch jegliche Verwandtschaftsbeziehungen ausschließen, da die Nuragen bereits seit 1500 v.Chr. errichtet worden waren.

Leider tappen die Wissenschaftler bis heute im Dunkeln, was die **Bewohner** der Brochs angeht und auch, warum die Anlagen errichtet wurden. Da man nur zwei Brochs ausgegraben hat, bei denen eindeutig eine Zerstörung festgestellt werden konnte, wäre es wohl verfehlt, von einer reinen militärischen Bedeutung der Brochs auszugehen. Da die Einwanderung der Belgen in Südengland (ab 100 v.Chr.) und erst recht die Eroberungen der Römer (ab 55 v.Chr.) erst in die Zeit

Burian Broch auf den Orkney Islands

440

Farbkarte Seite IX

Das westliche Hochland

nach dem Beginn des Brochbaus fallen, können diese Vorgänge, deren Auswirkungen in Form von Stammeswanderungen auch im Norden bemerkbar gewesen sein mögen, den Brochbau lediglich verstärkt, nicht aber initiiert haben. Aufgrund der architektonischen Struktur der Anlagen hätten sie längeren Belagerungen nicht standgehalten. Da man für die damalige Zeit in Schottland von einer stammesmäßig organisierten Gesellschaft ausgeht, liegt es nahe, Brochs als Fluchtburgen der Stämme bei kürzeren Attacken räuberischer Banden zu betrachten – eine Annahme, die nicht zuletzt an die *Towerhouses* spätmittelalterlicher Hochlandclans denken lässt.

Fundstücke und Lage vieler Brochs lassen vermuten, dass ihre Bewohner Bauern waren, die sich z.T. auch von Fischerei und Jagd ernährten. Viele Brochs finden sich in geschützten Buchten, was die Vermutung nahe legt, dass ihre Bewohner Boote besaßen, mit denen ein Austausch entlang der Küste und mit Bewohnern der Inseln stattgefunden hat.

Noch heute sind einige schöne Exemplare von Brochs erhalten, die einen Eindruck vom einstigen Aussehen der Anlagen vermitteln können. Das bekannteste und am besten erhaltene ist auch das am weitesten entfernte: das **Mousa Broch** auf Shetland. Es steht noch ca. 11 m hoch und ist rundum so vollständig erhalten, dass sogar der Wehrgang auf den Zinnen bestiegen werden kann. Andere sehenswerte Ausgrabungsstätten sind der **Jarlshof** auf Shetland, **Midhowe** und **Gurness Broch** auf Orkney, **Dun Dornaigil** in Sutherland, das herrlich gelegene **Dun Carloway** auf Lewis sowie **Dun Telve** und **Dun Troddan** am Loch Alsh.

Wer mehr über die rätselhaften Burgen erfahren will, dem sei das Heftchen „Brochs of Scotland" von *J. N. G. Ritchie* empfohlen, das die wichtigsten Bauwerke einzeln bespricht (in schottischen Buchhandlungen erhältlich).

Unterkunft

●**Smiddy House**, Spean Bridge, Tel. 01397/71 23 35, Fax 71 20 43, www.smiddyhouse.com, B&B ab £ 25.

●**Old Pines Restaurant with Rooms**, Spean Bridge, Tel. 01397/71 23 24, Fax 71 24 33, www.oldpines.co.uk, führt in erster Linie ein hervorragendes Restaurant, vermietet aber auch Zimmer. Abendessen mit B&B ab £ 70.

Fort William   ⬧ IX, D1

Fort William (9900 Einw.), das Industriestädtchen am Loch Linnhe, ist der nächste Ort, den die A 82 passiert. Der Parlamentskönig *Wilhelm von Oranien* gab dem Cromwellfort und der späteren Stadt den Namen. Die inoffizielle „Hauptstadt des Hochland-Tourismus" ist selbst leider nicht sehr schön, doch sind von hier alle Glanzpunkte der westlichen Highlands leicht zu erreichen. In der High Street, der Hauptgeschäftsstraße, in die man gelangt, wenn man geradeaus in die Stadt hineinfährt, wird von Kitsch bis Kunsthandwerk (beides heißt im Englischen *craft*) alles angeboten, was die Souvenirindustrie zu bieten hat.

In der Mitte der High Street steht das **West Highland Museum.** In schlechter Präsentation wird hier ein interessantes Sammelsurium aller möglichen Gegenstände aus dem Hochland ausgestellt. (Ö: Juni-Sept. Mo-Sa 10-17 Uhr, Okt.-Mai nur bis 16 Uhr, Aug.-Juli auch So 14-17 Uhr, E: £ 3, www.westhighlandmuseum. org.uk)

Seine Bekanntheit verdankt Fort William aber nicht sich selbst, sondern einem Berg, dessen stumpfe

Norden

441

Das westliche Hochland

Kuppe 1344 m hoch über die Stadt hinausragt. Der **Ben Nevis** ist der höchste Berg Großbritanniens. Auf einer „Fußgängerautobahn" ist es auch für Ungeübte möglich, vom **Glen Nevis**, dem Gletschertal, das den Berg von Westen und Süden umfasst, den Gipfel zu erreichen. Unterschätzen Sie jedoch nicht den Aufstieg. Gute Schuhe sind genauso wichtig wie Vorsicht bei schlechtem Wetter (ständige Nebelgefahr!). Jedes Jahr fordert der eigentlich niedrige und leicht zu besteigende alte Ben Menschenopfer aufgrund des Leichtsinns seiner „Bezwinger".

Im Norden des Massivs liegt das **Nevis-Range-Skigebiet,** mit acht Liften eines der größten Schottlands. Die Kabinenbahn in das Gebiet verkehrt auch im Sommer. (Ö: im Sommer 10-17 Uhr, Juli-Aug. 9.30-19 Uhr, im Winter 9-16 Uhr, Mountainbikeverleih, Tel. 01397/70 58 25)

Information

● Am Ende eines Platzes in der Mitte der High Street liegt das große **Tourist Information Centre** (Cameron Centre, Cameron Square, Fort William PH33 6AJ, Tel. 01397/70 37 81, fortwilliam@host.co.uk). Sie können hier alles Wissenswerte über die Region erfragen und unter viel Literatur über ganz Schottland auswählen. Wanderern sind besonders die ausführlichen Routenbeschreibungen zu empfehlen, die nur wenig oder nichts kosten.
● www.visit-fortwilliam.co.uk

Verbindungen

● Der **Bahn- und Busbahnhof** liegen rechts der Belford Road, der Straße ins Zentrum, bevor man in die High Street biegt.
● Von Fort William lassen sich **per Bus** fast alle Orte der mittleren Westküste erreichen. Die Glasgow-Uig-Verbindung von *Scottish Citylink* fährt viermal täglich in jeder Richtung

Fort Williams Hausberg: Ben Nevis, der höchste Berg Großbritanniens

Farbkarte Seite IX　　　　　　　　　**Das westliche Hochland**

durch Fort William und durchquert dabei auch das Glencoe. Ebenfalls durch Fort William fahren *Scottish Citylink* Busse nach Oban und nach Inverness. Ins Glen Etive (via Glencoe) fährt einmal am Tag ein Postbus (Tel. 01463/25 62 28). Nach Kinlochleven fahren die Busse von *Rapsons*. Mo–Fr einmal täglich verbinden *Shiel Busses* Fort William mit Mallaig. Neu eingerichtet ist der *Mallaig and Oban Highland Flyer*, der die Inseln bustechnisch besser anbinden soll. Mo–Sa startet ein Bus um 9.45 Uhr am Station Square in Oban, um 2,5 Stunden später in Mallaig anzukommen. Abfahrt in Mallaig ist abends um 18 Uhr.

●*Konkrete Verbindungen: Traveline* für alle öffentlichen Verkehrsmittel (außer Flügen) www.travelinescotland.com bzw. Tel. 0870/ 60 82 608 (siehe auch „Unterwegs in Schottland" für günstige Tickets).
●*Fahrradverleih: Off Beat Bikes,* 117 High Street, Tel. 01397/70 40 08.

Unterkunft

●*The Moorings Hotel,* Banavie, etwas außerhalb auf dem Weg zum Ben Nevis, Tel. 01397/77 27 97, www.moorings-fortwilliam. co.uk, sehr gutes Hotel, B&B ab £ 48.
●*Grand Hotel,* Gordon Square, Tel./Fax 01397/70 29 28, www.grandhotel-scot land.co.uk, B&B ab £ 28.
●*Ben View Guest House,* Belford Road, Tel. 01397/70 29 66, www.benviewguest house.co.uk, B&B ab £ 17.
●*Lochview Guest House,* Heathercroft, Argyll Road, Tel./Fax 01397/70 31 49, www.lochview.co.uk, freundliches Nichtraucher-B&B ab £ 20.
●*Distillery House,* Glenlochy Distillery, North Road, Tel. 01397/70 01 03, Fax 70 29 80, B&B ab £ 20, die Unterkunft ist originell in der alten Brennerei am Eingang des Glen Nevis gelegen.
●*Rhu Mhor Guest House,* Alma Road, Tel. 01397/70 22 13, www.rhumhor.co.uk, B&B ab £ 18.
●*Guisachan Guest House,* Alma Road, Tel./Fax 01397/70 37 97, B&B ab £ 18.
●*B&B* finden Sie überall in der Stadt, besonders in der Alma Road, am nördlichen Kreisel am Stadteingang Richtung Zentrum,

dann vierte Straße links, und ihrer Verlängerung, der Argyll Road.
●*Glen Nevis Hostel,* am Kreisel im Norden vor der Stadt links ins Glen Nevis hinein, dann nach gut 2 km auf der rechten Seite, Tel. 0870/00 41 120, ab £ 11.50, ganzjährig geöffnet,
●*Farr Cottage Lodge,* Corpach, Tel. 01397/ 77 23 15, www.farrcottage.com, Independent Hostel ab £ 11.
●*Fort William Backpackers,* Alma Road, Tel. 01397/70 07 11, ab £ 11.
●*Bank St Lodge Bunkhouse,* Bank Street, Tel. 01397/70 00 70, ab £ 11.
●*Achintee Farm Hostel,* Achintee Farm, außerhalb von Fort William im Glen Nevis, Tel. 01397/70 22 40, ab £ 10.
●*Glen Nevis Caravan & Camping Park,* liegt gut 3 km von der Hauptstraße im Glen Nevis, Tel. 01397/70 21 91, Fax 70 39 04, www.glen-nevis.co.uk, Wohnwagen ab £ 8, Zelte ab £ 7.

Weitere Informationen

●*Belford Hospital,* Tel. 01397/702481.
●*Schwimmbad* und *Tennishalle* vom nördlichen Kreisel aus Richtung Stadt in der zweiten Straße links.
●Die beste Kneipe von Fort William ist das *Ben Nevis* an der Hauptstraße. Während die Bar eher für die jüngeren Einheimischen taugt, ist vor allem am Wochenende in der Lounge immer eine Bombenstimmung.

Nach Mallaig

Von Fort William aus lohnt sich ein Abstecher auf der A 830 nach Mallaig, dem Fährhafen zur Insel Skye. Gleich hinter der Stadt überquert man den Kaledonischen Kanal. Biegen Sie hinter dem Kanal rechts ab und werfen Sie unbedingt einen Blick auf **Neptune's Staircase.** Acht direkt aufeinanderfolgende Stufen umfasst die Schleusenleiter des Meeresgottes, die dem Kaledonischen Kanal von der Meereshöhe

Norden

443

Das westliche Hochland

des Loch Linnhe 19,5 m höher auf das Niveau des Loch Lochy verhilft.

Am bewaldeten Ufer des Loch Eil, des tiefsten Einschnittes der See in die Berge von Lochaber, führt die Straße weiter bis **Glenfinnan,** einem winzigen Ort am Nordzipfel des Loch Shiel.

Am 19. August 1745 pflanzte **Charles Edward Stuart** seine Standarte in den wunderschönen Talkessel und gewann mit Hilfe seines Charismas in einer flammenden Rede die Clans des Hochlandes für den Kampf gegen die Engländer (vgl. Kapitel „Zentrales Hochland, Inverness, Umgebung"). Eine hässliche Säule, die die Statue eines Clansman trägt, erinnert heute unübersehbar an das Ereignis. Der *National Trust for Scotland* hat darüber hinaus ein Besucherzentrum eingerichtet, an dem Sie am besten vorbeigehen sollten, um den Hang dahinter zu erklimmen. Ein herrlicher Blick über das Tal und den See wird den Aufstieg belohnen.

Im Schlafwagen durchs Hochland träumen und nichts von der herrlichen Landschaft verpassen: Unmöglich? Im **Glenfinnan Sleeping Car** im Bahnhofsmuseum von Glenfinnan kein Problem – und das für £ 8-10 die Nacht! (Ö: 9.30-14.30 Uhr, Tel. 01397/72 22 95, Fax 70 12 92).

Neben der A 830 verläuft die berühmte **West Highland Line** von Fort William bis Mallaig zur Fähre nach Skye. Im Sommer schnauft für Touristen heute noch eine historische Dampflok die Berge hoch und runter: Der **Jacobite Steam Train** hat in letzter Zeit vor allem als *Hogwart's Express* aus den *Harry-Potter-Filmen* von sich Reden gemacht, aber auch davon abgesehen, ist die Strecke einfach malerisch. Die

Wasserburg auf Schottisch: Castle Stalker

Farbkarte Seite IX   **Das westliche Hochland**

Schottlands Tal der Tränen
– Glen Coe

1692 war das grandiose Naturwunder des Glen Coe Kulisse für das tragischste der vielen **Massaker** in der Geschichte Schottlands. Nachdem der Aufstand der Jacobiten 1689 durch den Tod ihres Führers, des *Viscount Dundee*, gescheitert war, stellte *William III. von Oranien* den widerspenstigen Clans ein Ultimatum. Bis zum 31. Dezember 1691 sollten die Chieftains, die Oberhäupter, ihren Eid auf den neuen König abgelegt haben. Diese Forderung war unerhört, verstieß sie doch sogar gegen das Abkommen, das *William* mit dem schottischen Parlament abgeschlossen hatte, als er die Krone übernahm. Doch die Clans beugten sich der Gewalt. Nur der Chief der *MacDonalds of Glen Coe* wollte seine Treue zu den Stuarts wenigstens dadurch zeigen, dass er den Eid bis zum letzten Tag hinauszögerte. Ein Sturm machte es dann aber unmöglich, pünktlich zu erscheinen. So legte er seinen Eid zwar ordnungsgemäß, aber ein paar Tage zu spät ab.

Williams Schottlandminister sah endlich den geeigneten Anlass gekommen, ein Exempel zu statuieren. „*Put all to the sword under seventy!*" (Überantworte alle unter siebzig dem Schwert!) lautete sein Befehl an *Captain Robert Campbell of Glenlyon*. Der marschierte mit 120 seiner Clansmen nach Glen Coe und gab vor, Quartier zu suchen.

Beinahe zwei Wochen ließen sich die *Campbells* von den *MacDonalds* aushalten. Schließlich, am 13. Februar 1692 um fünf Uhr morgens, bis in die Nacht hatten sie noch gemeinsam gezecht, zogen die *Campbells* die *MacDonalds*, Männer, Frauen, Kinder, aus den Betten und ermordeten sie. Wer entkam, starb in dem Schneesturm, der an diesem Tag durch das Tal wütete.

Das ruchloseste an diesem Verbrechen ist für Schotten nicht die Tat an sich, sondern der Bruch der Gastfreundschaft. Zwei Wochen Gastrecht in Anspruch zu nehmen und es dann so ehrlos zu schänden, im ganzen Land fand man keine Worte für diese bodenlose Ehrlosigkeit. Der Name *Campbell* ist bis heute unbeliebt in Schottland.

Norden

Dampflok fährt nur von Juni bis Mitte Oktober Mo-Fr einmal täglich (vormittags von Fort William nach Mallaig, nachmittags zurück), im August auch sonntags. Genaue Abfahrtszeiten sind beim Bahnhof in Fort William (Tel. 01524/73 21 00) zu erfragen. Telefonisch Tickets bestellen kann man bei *West Coast Railway Co.,* Tel. 01463/23 90 26 (Hin- und Rückfahrt ca. £ 25).

Von **Mallaig,** einem Ort, der ansonsten keinen Aufenthalt lohnt, verkehren eine Autofähre nach Armadale auf Skye sowie Personenfähren zu den Inseln Eigg, Rhum und Canna. Daneben werden im Sommer vom

Anleger in der Nähe des Bahnhofs auch Ausflugsfahrten nach Skye oder zum Loch Nevis angeboten, die z.T. mit den Zugabfahrten koordiniert sind.

Glen Coe   ✐ IX, D2

Von Fort William folgt man der A 82 an der Küste entlang nach Süden weiter. Nach 20 km Weg kommt man an die Abzweigung der A 828 Richtung Oban. Auch wenn Oban das Ziel ist, lohnt es sich, links abzubiegen und einen Abstecher in das berühmteste und landschaftlich über-

445

Das westliche Hochland

wältigendste Tal des schottischen Hochlandes zu machen.

Bis zu tausend Meter hoch ragen die Wände des Glen Coe. Unzählige Wasserfälle stürzen sich die schroffen Felsen hinab in den tosenden, wild zu Tal brechenden River Coe. Selbst bei Wolkenbrüchen verliert dieses Tal nichts von seiner Faszination, wenn aus den hunderten Bächen tausende werden und der Coe gewaltig durch die engen Schluchten rauscht.

Am Beginn des Tales hat der *National Trust* ein **Besucherzentrum** eingerichtet. Das ganze Tal ist in seinem Besitz und im Sommer veranstaltet er geführte Wanderungen durch die wuchtigen und überwältigenden Berge. (Ö: im Sommer Mo-So 9.30-17.30 Uhr, im Winter Do-So 10-16 Uhr)

Besonders Radfahrern und Wanderern empfehlen wir, nach Überquerung der Wasserscheide nach Süden in das **Glen Etive** abzubiegen. Die Straße durch das malerische Tal mit seinen fantastischen Wasserfällen geht gemächlich bergab. Die Straße endet am **Loch Etive.** Wer dieses wunderschöne Loch per Schiff befahren möchte, muss nach Taynuilt (an der A 85, östlich von Oban) fahren. Von hier aus beginnen im Sommer Rundfahrten, die auch eine Seehundkolonie miteinschließen. So-Fr startet um 12 Uhr eine 90-minütige Fahrt zur Seehundkolonie und um 14 Uhr eine dreistündige Rundfahrt bis zum Ende des Lochs (Tel. 01866/82 24 30, kleine Fahrt £ 6, große £ 11).

Die A 82 durchquert nach dem Glen Coe das Rannoch-Moor, das düsterste und einsamste der schottischen Moore, um dann, am hübschen Loch Lomond entlang, Glasgow zuzustreben.

Wenn Sie im Glen Coe wieder umkehren und auf die A 828 fahren, kommen Sie entlang dem Loch Linnhe bis nach Oban. Vorher passieren Sie eine der schönsten mittelalterlichen Burgen. Der Tower des **Stalker Castle** liegt auf einer kleinen Insel im Fjord. Es kann mit einem Boot besichtigt werden.

Kneipe

● Im **Clachaig Inn** in der Nähe des *National Trust for Scotland Visitor Centres* treffen sich Outdoorer aller Länder und Jahreszeiten und solche, die es werden wollen. Sollte mal keine Liveband spielen, zupft mit Sicherheit ein Gästebarde die Stimmung vorwärts. Außerdem B&B ab £ 22 (Tel. 01855/81 12 52, Fax 81 16 79, www.clachaig.com).

Unterkunft

● **Dunire Guest House,** Tel. 01855/81 13 05, B&B ab £ 17.

● **B&B** in Glencoe und Ballachulish.

● **Glencoe Hostel,** Tel. 0870/00 41 122, £ 12, ganzjährig geöffnet, ab £ 11.50.

● **Glencoe Hostel & Bunkhouse,** Tel. 01855/81 19 06, www.glencoehostel.co. uk, ab £ 8, Zelt ab £ 4.50.

● **Invercoe Caravans,** liegt an der B 863, 1 km entfernt von der A 82, Tel./Fax 01855/81 12 10, www.invercoe.co.uk, Zelt und Wohnwagen ab £ 10.

Skisport

● Im oberen Glen Coe liegt auf der Südseite des Tales der **Glen Coe Chairlift,** der in ein Skigebiet hinaufführt.

Arran und die Inneren Hebriden

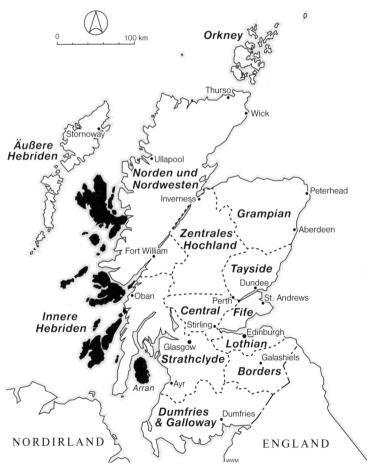

Überblick

An die schottische Westküste schmiegen sich die Inneren Hebriden, wozu die Inseln Gigha, Islay und Jura, Colonsay und Oronsay, Skye sowie Mull gehören. Mitaufgenommen haben wir hier die Insel Arran im Firth of Clyde.

Landschaftlich reizvoll sind die Inseln allesamt. Als Diamanten unter den Inneren Hebriden handelt man im Allgemeinen die Insel Skye, die von hohen Kliffs gesäumt wird. Auf Skye erheben sich die Cuillin Hills mit 7 Gipfeln über 900 m, die allerdings oft von Wolken umhüllt werden.

Ein offenes Geheimnis sind die häufigen Niederschläge auf den Inneren Hebriden. Die Wolken werden vom Westwind ungebremst zu den Inseln transportiert. Auf den Cuillins auf Skye fällt jährlich über 3000 mm Regen, so dass pralle Bäche an ihren Hängen herabstürzen.

Arran   ↗ V, C2/3

Zwischen der Halbinsel Kintyre und der Küste von Ayr liegt Arran. Die Insel lebt von den Touristen, die sich das vom Fremdenverkehrsbüro verheißene „Kleinschottland" ansehen möchten. Im Sommer ist die Fähre nach Brodick immer gut gefüllt mit Urlaubern, die sich aber auf Arran verteilen.

Wer Entspannung und Ruhe genießen will, sollte Arran dennoch eher in der Nebensaison besuchen. Man wird feststellen, dass die Insel und ihre Einwohner trotz der vielen Besucher nichts an Freundlichkeit eingebüßt haben. Das gilt insbesondere für die Herbergseltern der beiden Jugendherbergen auf Arran.

Angler, Surfer und andere Wassersportler kommen auf ihre Kosten in den Orten Brodick, Lochranza oder Lamlash. Ebenso Bergsteiger und Spaziergänger, die die reiche Tierwelt Arrans bewundern möchten, denn Adler und Hirsch sind auf Arran zu Hause.

Verbindungen

● Arran besitzt zwei **Fährhäfen**. Die Hauptanlegestelle ist **Brodick** im Osten Arrans. Die Autofähre von Ardrossan nach Brodick benötigt 55 Min. und verkehrt sechsmal täglich zwischen 7 Uhr und 18 Uhr. Sonntags fahren nur 4 Fähren. Umgekehrt startet die erste Fähre von Brodick nach Ardrossan um 8.20 Uhr, die letzte um 19.20 Uhr (freitags fährt eine späte Fähre von A. nach B. um 20.30 Uhr, von B. nach A. um 21.40 Uhr). Von der Anlegestelle in Ardrossan gibt es gute Verbindungen mit dem Bahnhof *Glasgow Central*. Die Züge von Glasgow benötigen nur 30 Min. und fahren fast bis auf die Fähre. Einfache Fahrt pro Person £ 4.90, Auto £ 36, Fahrrad £ 1.

● Vom **Fährhafen Lochranza** im Norden Arrans gibt es Fährverbindungen nach Claonaig auf der Halbinsel Kintyre. Diese Strecke bewältigt die Fähre im 70-Minuten-Takt zwischen 7.15 und 17.15 Uhr, umgekehrt von Claonaig nach Lochranza zwischen 8.50 und 17.50 Uhr (einfache Fahrt pro Person £ 4.45, Auto £ 19.95).

● **Konkrete Verbindungen:** *Traveline* für alle öffentlichen Verkehrsmittel (außer Flügen) www.travelinescotland.com bzw. Tel. 0870/ 60 82 608 (siehe auch „Unterwegs in Schottland" für günstige Tickets).

● **Busse** halten auf Handzeichen und an jeder Haltestelle. Der Busfahrer kennt seine Insel wie aus der Westentasche. Wer ihn

Farbkarte Seite V **Arran**

höflich über das gewünschte Ziel informiert, wird an der günstigsten Stelle abgesetzt.
● *Tramper* erzielen auf Arran erfahrungsgemäß eine hohe Erfolgsquote. Die Einheimischen sind außergewöhnlich tramperfreundlich; die oft vollbepackten Touristenautos der Sommermonate dagegen halten nur selten.

Brodick ⌒ V, C2

Die Fähre von Ardrossan benötigt ca. 50 Minuten bis Arran. Sie landet im Hafen von Brodick, einer kleinen Stadt, deren Häuser sich entlang der Küste hinziehen.

Sehenswertes

Nördlich von Brodick, an der A 841 in Richtung Lochranza, 3 km zu Fuß von der Anlegestelle, befinden sich die gut erhaltenen Gemäuer von **Brodick Castle Garden & Country Park.** Schon zu Wikingerzeiten gab es an der Stelle des heutigen Castles eine Befestigungsanlage der Inselbewohner. Die heutige Form der Burg entstand im 13. Jh., weitere Teile wurden in den Jahren 1652 und 1844 hinzugefügt. Das Innere zeigt die Sammlung des *Duke of Hamilton*, der hier früher seinen Wohnsitz hatte. Liebhaber können sich an dem ausgestellten Silber- und Porzellangeschirr oder an den Porträts der Hamilton-Familie begeistern. Das Gelände ist von einem viktorianischen Garten umgeben. (**Ö: April–Okt. Mo-So 11.30-16.30 Uhr,**

Blick auf die Inneren Hebriden: Regen über Jura

Arran

Garden & Country Park ist ganzjährig geöffnet, E: £ 7)

Nördlich der Burg Brodick thront die Spitze des höchsten Berges auf Arran: **Goatfell.** Der Berg ist 2868 ft (874 m) hoch; für trainierte Leute mit guter Ausrüstung kein Problem zu besteigen. Nur Besitzer von kleinen Hunden sollten aufpassen und ihren Bello gut festhalten, denn es weht ein strammes Lüftchen auf dem Kamm des Goatfell. Der Weg auf die Höhe startet vom Parkplatz nahe der Cladach Sawmill (vor dem Brodick Castle); 5-6 Stunden für einen Marsch von 12 km zum Teil steil bergauf sind einzuplanen.

Weiter der Hauptstraße in Richtung Norden folgend, gelangt man nach Corrie, einem kleinen Ort am Meer mit einem Küstenstreifen, der teils Stein-, teils Sandstrand ist.

Fallen Rocks sind riesige Steine hinter Sannox (Auto auf dem Parkplatz hinter North Sannox abstellen, dann ca. eine Dreiviertelstunde zu Fuß), die sich vermutlich nach der letzten Eiszeit aus dem Berghang gelöst haben.

Information

• Das **Tourist Information Centre,** The Pier, Brodick, The Isle of Arran KA27 8BB, direkt an der Fähranlegestelle, Tel. 01292/

Schafe: harrend ihrer Versteigerung

Farbkarte Seite V **Arran**

67 81 00. Das Büro für touristische Angelegenheiten hilft Besuchern auch, eine Bleibe zu finden.
● www.visitarran.net

Unterkunft
● *Carrick Lodge,* Tel./Fax 01770/30 25 50, bietet viele Qualitäten, eine Lage mit schöner Aussicht und einen guten Service. Doppelzimmer ab £ 28 pro Person.
● *Strathwillan House,* Tel. 01770/30 23 31, £ 18-28.
● Nördlich von Brodick existiert ein Bunkhouse nahe Corrie: der **North High Corrie Croft,** Tel. 01770/30 22 03, Preis auf Anfrage.
● *Glenfloral Guest House,* Shave Road, Tel. 01770/30 27 07, ab £ 18.
● Die *Glen Rosa Farm Site* liegt außerhalb von Brodick in Richtung Blackwaterfoot. Vor dem Friedhof biegt man nach rechts ab und folgt dem *Glen Rosa Track.* Der Zeltplatz kostet ab £ 6, Tel. 01770/30 23 80.

Aktivitäten
● Das **Tourist Information Centre** vergibt Erlaubnisscheine zum Angeln der Arran Angling Association.
● *Ranger Service, Brodick Country Park,* Brodick Castle, Tel. 01770/30 24 62, organisiert Bergtouren.
● *Brodick Boat and Cycle Hire,* The Beach, hilft Boots- und Fahrradfahrern sowie Anglern weiter. Tel. 01770/30 28 68.

Lochranza   ♫ V, C2

Weiter nördlich erreicht die A 841 das in einer Bucht gelegene Lochranza. Das **Cock of Arran,** der nördlichste Punkt von „Kleinschottland", ist von hier 2-3 km entfernt. Dorthin führt von Lochranza über die Küstenberge ein Pfad, der weite Blicke über die Meeresenge *Sound of Bute* und auf das schottische Festland ermöglicht.

Bei Springflut wird das *Lochranza Castle* nass, so nahe steht es am Wasser. Die Burgruine aus dem 13. Jh., täglich geöffnet, ist eine typische Wohnburg, die früher von schottischen Königen als Jagdsitz benutzt wurde. *Robert Bruce,* König von Schottland, soll im Jahre 1307 nach seiner Jagd auf die sagenumwobene *Spinne von Rathlin Island* im Lochranza Castle eine Verschnaufpause eingelegt haben.

Aktivitäten
● Um in den Seen auf Arran zu fischen, benötigt man die Erlaubnis der zuständigen Stelle. *Machrie River Fishing,* Water Bailiff, Tel. 01770/84 02 41, erteilt Erlaubnisscheine zum Angeln.

Unterkunft
● *Lochranza Hotel,* Tel. 01770/83 02 23, ab £ 23-38.
● Das noble *Apple Lodge Guest House* nimmt für die Übernachtung ab £ 32, Tel. 01770/83 02 99.
● *The Old Anchorage,* altes „Crofters Cottage", ab £ 150/Woche, Tel. 0141/94 10 118.
● Das *Lochranza Youth Hostel* befindet sich gleich hinter der weißen Kirche am Anfang der Lochranza Bay, Tel. 0870/00 41 140, ab £ 8.25. Die sprachgewandte Herbergsmutter betreut tagsüber, wenn die Unterkunft geschlossen ist, die Touristeninformation und hat gute Tipps parat.
● Der *Campingplatz* befindet sich im Zentrum von Lochranza, Tel. 01770/83 02 73, ist komfortabel, dafür relativ teuer, ab £ 10.

Zwischen Lochranza und Blackwaterfoot

Von Lochranza führt die Straße weiter an der Atlantikküste entlang, flankiert von Bergen, die eine Höhe von

Inn. Hebriden

Arran

über 700 Metern erreichen; die Landschaft ist nur dünn besiedelt. Nach ca. 15 km öffnet sich linker Hand ein Tal, das **Glen Iorsa.** Ein Pfad führt südlich von Dougarie in das Tal hinein. Die Talsohle ist morastig und versumpft von vielen kleinen Seen. Die Höhenlage wird von zerklüfteten Berghängen geprägt.

Weiter südlich auf der A 841 in Richtung Blackwaterfoot, in der Umgebung der Machrie Bay, stehen einige Steinkreise aus der Bronzezeit, die immer noch das Rätsel ihres Zweckes verbergen. Die **Machrie Moor Standing Stones** liegen bzw. stehen in der Nähe der Machrie Farm und sind über einen beschilderten Fußweg zu erreichen. Nach ca. 3-4 km hinter der Machrie Farm taucht auf der rechten Straßenseite die Steingruppe aus dem Bronzezeitalter auf. Die 15 Steinblöcke des *Auchgallon Stone Circle* gruppieren sich um ein Grab. Die Steine des *Farm Road Stone Circle* dagegen stehen meist vereinzelt, sie sind in grauer Vorzeit errichtet worden, geschätztes Alter: ca. 6000 Jahre. Am letzten Steinkreis hat ein Mensch unserer Tage seinen eigenen kleinen Zirkel errichtet – zu Ehren seines verstorbenen 17-jährigen Hundes, den er hier auf diese Weise bestattet hat.

Auf der anderen Straßenseite gegenüber der Machrie Farm beginnt der Fußweg zur **King's Cave.** Der Weg steigt allmählich an, die Küste wird steiler. Die „Höhle des Königs" ist wahrscheinlich ein Produkt der Steinzeit, als der Meeresspiegel noch wesentlich höher lag. Das Meer hat nach und nach das untere Gestein ausgespült. Der Fußweg zur Höhle dauert ungefähr eine Stunde. Die Wanderschuhe sollten Profil tragen, denn das letzte Stück des Weges muss über glatten Fels geklettert werden.

Blackwaterfoot ✐V, C3

In Blackwaterfoot selbst gibt es keine prähistorischen Fundstellen, dafür ein ausgezeichnetes Angebot an **Sport,** den Shiskine Golf Course, direkt am Meer, einen Tennis Court und das Angelgebiet an der Drumadoon Bay. Eine Farm in der Nähe bietet **Pony Trekking** an: das *Cairnhouse Trekking Centre* in Blackwaterfoot, *Dawn McAlister,* Tel. 01770/86 04 66.

Hinter Blackwaterfoot zweigt von der Küstenstraße die B 880 (The String Road) ab und steuert quer durch die ganze Insel auf Brodick zu. Auf der Küstenstraße erreicht man den südlichen Teil Arrans. Im Gegensatz zur kargen Hochlandszenerie des nördlichen Arrans prägen den Süden sanfte, fruchtbare Hügel und größere Forstgebiete. Einen guten Eindruck von diesem Gegensatz vermittelt eine Wanderung entlang des Tales Scorrodale. Einen Kilometer hinter Sliddery beginnt der befestigte Fußweg durch das Tal, bis Lamlash sind es ca. 15 km. Vor dem Start kann man sich die **Kilmory Cairns** anschauen, prähistorische Gräber, die nur eine Viertelstunde Fußmarsch in Richtung des Ortes Lagg entfernt sind.

Unterkunft

- **Blackwaterfoot Hotel,** Tel./Fax 01770/86 02 02, ab £ 25.
- **Hope Cottage,** Tel. 01770/86 03 77, für Selbstversorger, ab £ 150 für 4 Personen pro Woche.
- Das noble **Kinloch Hotel** in der gehobenen Preisklasse in Blackwaterfoot verlangt ab £ 35 für B&B, Tel. 01770/86 04 44, Fax 86 04 47.

Kildonan ⌕ V, C3

Nur wenige Häuser bilden die Siedlung Kildonan, die direkt am Meer liegt. Die Küstenstraße umgeht diesen kleinen Ort, der für Wassersportfreunde, insbesondere für Taucher und für Angler, eine Fundgrube ist. Taucher wenden sich an das Kildonan Hotel.

Das **Kildonan Castle** an der Küste außerhalb des Ortes ist nur noch eine Ruine.

Entlang der Küste westlich von Kildonan lassen sich **Seehunde** beobachten.

Unterkunft

- **Breadalbane Hotel,** Tel. 01770/82 02 84, B&B ab £ 20-30.
- **Seal Shore Campsite,** Tel. 01770/82 03 20, ab £ 5, Apr.-Okt. geöffnet.

Whiting Bay ⌕ V, C3

Nach Kildonan macht die A 841 einen Knick nach Norden. Nach 8 km beginnt die größte Ortschaft auf Arran, Whiting Bay, das sich wie ein Schlauch an der Küste entlangzieht. Whiting Bay zieht viele Touristen an, darunter auch viele Besucher aus Glasgow, die sich auf einem Wochenendausflug befinden und hier Station machen.

Giants Craves sind Überbleibsel aus der Jungsteinzeit: ein Grabhügel umgeben von einer halbrunden Gruppe von *standing stones*. Ein ausgeschilderter Pfad zu den Relikten aus der Vorzeit beginnt vor der Ashdale-Brücke. 250 Treppenstufen sind zu überwinden, bis man die Anhöhe mit der Steingruppe erreicht hat.

Der Rundweg zu den Wasserfällen **Glenashdale Falls** beginnt ebenfalls vor der Ashdale-Brücke, geht aber dort geradeaus weiter, wo der Weg zu den Giants Craves nach links abzweigt. In zwei Stunden kann man die lohnende Tour bewältigen.

Aktivitäten

- **Flying Fever,** für die Herren und Damen der Lüfte, Paraglider, Tel. 01770/82 02 92.

Unterkunft

- **Viewbank House,** Tel. 01770/70 03 26, ein einladendes Gästehaus, B&B ab £ 22.
- **Royal Hotel,** Tel./Fax 01770/ 70 02 86, B&B ab £ 28. Kocht und bäckt einheimische Gerichte. Vom Hotel überblickt man die Whiting Bay.
- **Burlington Hotel,** Tel. 01770/70 02 55, Fax 70 02 32, ab £ 30.
- **Kelvinlaugh Farm,** Tel. 01770/70 02 84, Cottage ab £ 280/ Woche.
- **Whiting Bay Youth Hostel** liegt hinter der Glenashdale Brücke, Ortsausgang, in Richtung Kildonan, Tel. 01770/700 339, ab £ 10.50. Die schöne Villa mit Meeresblick ist sehr gut geführt und ein wenig moderner als die Jugendherberge in Lochranza.

Lamlash

♤ V, C2

Lamlash liegt in der gleichnamigen Bucht, 5 km vor Brodick. Das Inselchen **Holy Island** ist Lamlash wie ein Schutzschild gegen das heranstürzende Meer vorgelagert. Ein paar Schafe sieht man auf der Insel weiden. Die unbewohnte Insel, die in den 90er Jahren den Besitzer wechselte, schützt als natürlicher Wall den Jachthafen von Lamlash vor stürmischem Wetter. Als *Mary Queen of Scots* im Jahre 1548 im Alter von 5 Jahren vor dem machthungrigen englischen König *Henry VIII.* im befreundeten Frankreich Zuflucht suchte, musste ihr Schiff auf der Überfahrt von Schottland nach Frankreich in Lamlash ankern, um einem Sturm zu entkommen.

Aktivitäten

Wie die meisten Dörfer auf Arran hat auch Lamlash ein reiches Sportangebot:
- **Taucher** und **Segler** wenden sich bitte an *Sub-Aqua-Club*, Old Pier, Tel. 01770/60 05 23.
- Auf dem mit 4861 yds (4 km²) größten **Golfplatz** Arrans ziehen die Golfspieler ihre weiten Bahnen. *Lamlash Golf Club*, Tel. 01770/60 02 96, PAR 69.

Unterkunft
- **Lilybank Hotel,** Tel. 01770/60 02 30, ab £ 25.
- **Glenisle Hotel,** Tel. 01770/60 02 58, Fax 60 09 66, ab £ 31-36.
- **Marine House Hotel,** Tel. 01770/60 02 98, ab £ 26.
- **Aldersyde Bunkhouse,** hinter dem gleichnamigen Hotel, Tel. 01770/60 09 59, £ 10.
- Zum **Middleton Caravan and Camping Park** fährt man Richtung Whiting Bay und biegt hinter der Schule in Lamlash links ab. Hinter der Brücke ist der Campingplatz, Tel. 01770/60 02 55. 12 Stellplätze für Wohnwagen ab £ 8 und 30 für Zelte.

Gigha

♤ IV, B2

Gigha (ausgesprochen: *Gi'ir*) heißt auf Nordisch „Gott". Das kleine Eiland, 6 km vor der Westküste Kintyres, besticht durch die Ruhe auf der Insel und durch seine Blumenpracht auf der 10 km² großen Insel. Die warme Golfströmung und Gighas geschützte Lage durch Islay und Jura im Westen lassen Rhododendren und Azaleen blühen. Für Leute mit einer Vorliebe für eine sanfte, weniger dramatische Natur ist Gigha einen Ausflug wert.

Achamore House Gardens sind die Attraktion Gighas. Von einem früheren Besitzer der Insel, *Sir James Horlick,* vor beinahe 40 Jahren angelegt, freut es heute wahrscheinlich jeden Hobbygärtner. Das ganze Jahr grünt und blüht es in den Gärten. Eine 3 km lange Tour führt durch die Achamore House Gardens, in denen Kamelien, Magnolien, Rhododendren und tropische Gewächse gedeihen. Der Garten liegt von der Anlegestelle in Ardminish ca. 10 Min. entfernt.

Der **Jachthafen von Ardminish,** in der Mitte Gighas gewährt Seglern eine sichere Landung und ist der beste Ausgangspunkt auf der Insel, um Wassersport zu treiben. Die Kirchen-

Farbkarte Seite IV **Gigha**

ruine in **Kilchattan** stammt aus dem 13. Jh.

Verbindungen

- **Von Tayinloan** im Westen der Halbinsel Kintyre verkehren sechs **Autofähren** am Tag nach Gigha. Die Fähre von Tayinloan nach Gigha fährt stündlich ab 8 Uhr, die letzte um 18 Uhr, So 11-17 Uhr.
- Umgekehrt **von Gigha** nach Tayinloan fährt die frühe Fähre um 7.40 Uhr, die späteste um 17.30 Uhr, So 10.30-14.30 Uhr. Die Rückfahrt kostet £ 5.30. Wer die 10 km lange Straße auf Gigha mit dem PKW befahren möchte, zahlt £ 19.85 für die Fahrkarte. Die Überfahrt dauert etwa 20 Min.
- **Konkrete Verbindungen:** *Traveline* für alle öffentlichen Verkehrsmittel (außer Flügen) www.travelinescotland.com bzw. Tel. 0870/60 82 608 (siehe auch „Unterwegs in Schottland" für Informationen übergünstige Tickets).

Unterkunft

Die Auswahl an Unterkünften ist nicht sonderlich groß auf der kleinen Insel Gigha.
- Im **Post Office House,** Tel. 01583/50 52 51, in Achamore kostet die Übernachtung ab £ 20 aufwärts. Das Post-Haus liegt zentral auf Gigha (auch Ferienwohnungen).
- **Gigha Hotel,** in der Nähe der *Achamore Gardens*, Tel. 01583/50 52 54, Fax 50 52 44, Übernachtung mit Frühstück ab £ 50.
- Selbstverpflegende Gruppen bis 15 Mitglieder können in der **Post Office** ein Cottage im Voraus buchen, Tel. 01583/50 52 51, ab £ 220.

Die Bucht von Oban

Gigha

Keltisches Grabmal – Jagdszene

Islay

↗ IV, A1/2

Westlich der Halbinsel Kintyre befindet sich die Insel Islay (gesprochen: *Eiler),* die zu den größten Inseln der Inneren Hebriden zählt. Whisky, Wildgänse und auch die sagenumwobene Geschichte von Islay locken die Besucher an.

Sieben **Brennereien** verteilen sich über das 40 km lange und 35 km breite Eiland. Jede von ihnen brennt ihre eigene Geschmacksrichtung, und jeder Whisky lohnt einen Probeschluck.

Die bis zu **30.000 Wildgänse,** die zwischen Oktober und April auf Islay überwintern, sind nur einige wenige von den 111 Vogelarten, die es auf Islay zu entdecken gibt. Dem wechselnden Landschaftsbild entspricht eine Artenvielfalt vom Wiesenläufer bis zum Goldenen Adler. Die Steilküste, die Süß- oder Salzwasserseen, die Moorlandschaften, aber auch das Ackerland bieten den vielen Vogelarten ihren artgemäßen Lebensraum.

Geschichte

Auf Islay tagten im 14. und 15. Jh. die Clanchiefs des westschottischen Inselkönigreiches. Unter Führung der *MacDonalds* trafen sich im Finlaggan Castle die gewählten Führer der Clans zu einer Art Ältestenrat.

„The Lordship of the Isles" – das Inselkönigreich – umfasste im 15. Jh. die gesamten Hebriden, Antrim in Nordirland sowie große Teile der Highlands. Im Jahre 1493 verlor der vierte und letzte *MacDonald* der Inseln seinen Königstitel, denn die

Highlander bekämpften das Inselkönigreich. Sie wollten ein gesamtschottisches Königstum. So verschwand „The Lordship of the Isles" aus der Realität. In den Köpfen allerdings rumorte die Idee weiter, und so war es nicht erstaunlich, dass die eigenständigen *MacDonalds* zu den Hauptgegnern der Union von Schottland und England im Jahre 1707 gehörten. Das Gedankengut des „Lordship" lebt heute noch in alten gälischen Volksliedern fort.

Sehenswertes

Port Ellen

↗ IV, C2

Port Ellen ist der Standort der Fischerflotte Islays und gehört mit 819 Einwohnern zu den größten Orten der Insel. Wer will, kann hier seine Whisky-Tour beginnen: Außer der **Port Ellen Destillery** liegen an der A 846 Richtung Ardbeg drei weitere Brennereien: **Laphroig, Lagavulin** und zuletzt **Ardbeg E.**

Dunyvaig Castle oder das, was davon übrig blieb, findet sich rechts hinter der Lagavulin Destillery an der A 846. Das Castle stammt aus dem 14. Jh. Die Glanzzeiten der Burg waren zu Ende, nachdem die *MacDonalds* ihr Inselkönigreich aufgeben mussten.

Kildalton Chapel steht fünf Kilometer hinter Ardbeg. Die Kirchenruine stammt aus dem frühen 13. Jh. Das Besondere an der Kapelle ist das **Kildalton Cross** aus dem 9. Jh. Das aus einem einzigen Stein gehauene keltische Kreuz steht auf dem Friedhof, der die Kirche umgibt. Die

Islay

biblische Geschichte von Kain und Abel ist auf dem linken Arm des Kreuzes szenisch festgehalten. Die Bilder auf dem rechten Arm beschreiben die Geschichte, in welcher Gott den ihm ergebenen Abraham auffordert, seinen Sohn Isaak zu opfern.

Weiter in Richtung Norden kommt man nach **Ardtalla,** einem kleinen Ort, der fast verschwindet im Schatten des Beinn Bheigeir, des mit 491 m höchsten Berges auf Islay. Von Ardtalla führt ein Weg nordwärts bis **MacArthur's Head,** wo ein Leuchtturm die Einfahrt in die Meeresenge zwischen Islay und Jura, den _Sound of Islay,_ markiert.

The Oa wird der Südwestzipfel Islays genannt. Der Weg dorthin zweigt hinter Port Ellen nach links ab. Das zerklüftete Gebiet fällt zum Meer hin steil ab. Die vielen Kliffs und Höhlen von The Oa gewährten in früheren Zeiten den Schmugglern Schutz. Von der geschützten Lage profitieren heutzutage nur noch die **Vögel,** die in dem unwegsamen Küstengebiet brüten.

Die Straße endet an der Steilküste bei Lower Killeyan. Von dort führt ein Fußweg zum **Mull of Oa,** wo das Amerikanische Rote Kreuz ein Monument für die Seekriegsopfer des Ersten Weltkriegs aufgestellt hat. An klaren Tagen zeichnet sich am Horizont die Küstenlinie Irlands ab, die 40 km entfernt ist.

Bowmore   ⌐ **IV, A2**
Der Ort Bowmore, ca. 20 km nördlich von Port Ellen in der Mitte Islays, liegt zentral für Ausflüge, um die Insel

in allen Richtungen zu erkunden. Zwischen 1718 und 1843 existierte in Bowmore eine Art Volksvertretung, das **Islay Parlament.** Die Parlamentarier waren allerdings keine demokratisch gewählten Volksvertreter, sondern der Besitz an Grund und Boden verlieh ihnen das Recht, ins Parlament einzuziehen.

Von einer Anhöhe im Zentrum Bowmores überblickt **The Church Of Kilarrow** das Städtchen Bowmore. Die Kirche datiert aus dem Jahre 1767. Der Architekt entwarf die Kirche rund, mit der Absicht, dem Teufel keine Ecke zu bieten, in welcher er sich verstecken kann.

Bowmore Destillery, gegründet 1779, ist die älteste legale Brennerei auf Islay und liegt im Ortskern von Bowmore. Morgens und mittags werden Rundgänge angeboten.

Fort Dun Norsebridge ist eine freigelegte Befestigungsanlage der Wikinger. Von der A 846 von Port Ellen oder Bowmore kommend, biegen Sie direkt vor Bridgend die Glen Road nach rechts ab und fahren 3 km bis zum Neriby Farmhouse. Dort in der Nähe liegt das Fort.

Von Bowmore führt die A 846 bis Bridgend. In Bridgend zweigt nach Westen die Küstenstraße A 847 ab und gleitet an der Küstenlinie des _Loch Indaal_ bis nach Portnahaven.

Die A 846 dagegen setzt ihren Weg durch eine landwirtschaftliche Gegend bis **Port Askaig** fort, dem Fährhafen im Osten Islays, 2 km von der Insel Jura entfernt. In Port Askaig wird ein 12 Jahre alter Single Malt Whisky mit Namen _caol ila_ gebrannt. Nördlich von Port Askaig existiert ei-

Farbkarte Seite IV   ***Islay***

ne weitere Brennerei, die ***Bunna-habhainn Destillery.***

Finlaggan Castle   ⚲ IV, A2

Finlaggan Castle liegt auf einer kleinen Insel in einem malerischen Süßwassersee zwischen Bridgend und Port Askaig. Eine Meile hinter Ballygrant (Richtung Port Askaig) biegt ein Schotterweg nach links ab. Ein Gatter muss noch geöffnet (und wieder geschlossen) werden, bevor man nach dem 2 km langen Schotterweg eine Holzhütte erreicht, die eine Ausstellung über *The Lordship Of The Isles* und jüngste Ausgrabungen der Universität von Edinburgh zeigt.

Über die Glanzzeiten des einstigen Treffpunkts der Clanchiefs, die hier aus allen Teilen der Hebriden zusammenkamen, ist im wahren Sinne des Wortes längst hohes Gras gewachsen. Das Castle ist zerfallen, und von der Kapelle, in welcher die Inselherrscher im 14. und 15. Jarhundert Gottes Segen empfingen, stehen nur noch die Grundmauern. Trotzdem: Die Reste des Finlaggan Castles vermitteln immer noch ein eindrucksvolles Bild von längst vergangenen Tagen, und ein Besuch lohnt sich schon allein wegen der herrlichen Lage der Burgruine.

Bei Hochwasser verleiht die Frau vor Ort den Besuchern Gummistiefel, damit sie den überfluteten Weg bis zum Finlaggan Castle meistern können. Ein kurzes Stück des Weges muss man per Boot zurücklegen. (Ö: im Apr. So, Di, Do 14.30-17 Uhr, Mai-Sept., So-Fr 14.30-17, Mo-Di 10-13 Uhr, im Okt. So, Di, Do 14-16 Uhr)

The Rhinns of Islay   ⚲ IV, A1/2

Die Halbinsel The Rhinns of Islay bildet in Form eines Hammers den Westen Islays. Die Gegend ist charakterisiert durch ihre flache Moorlandschaft, welche sich um und zwischen Loch Gorm und Gruinart erstreckt. Nur an der Westküste der Rhinns entdeckt man eine steil abfallende Küste, die ab und zu durch einen Sandstrand unterbrochen wird. Auf den Rhinns of Islay, das zum ***Naturschutzgebiet*** erklärt ist, überwintern von Ende Oktober bis April Tausende von Wildgänsen.

Kilchoman Church and Cross liegt an der Westküste. Um zu der kleinen Kirche mit dem keltischen Kreuz zu kommen, biegt man die B 8018, von Bridgend kommend, vor dem Ort Bruichladdich nach rechts ab und fährt ca. 10 km immer geradeaus bis nach Kilchoman. Wer den Namen Bruichladdich kennt, spürt den gleichnamigen Whisky mit seinem sanften Geschmack förmlich auf der Zunge zergehen.

Der Ort ***Bruichladdich*** eignet sich zum Auskundschaften der Rhinns of Islay und zur Beobachtung der Tierwelt von der Steinkrähe bis zum Hirsch.

Nach Bruichladdich erreicht man auf der A 847 den schmucken ***Fischerort Port Charlotte.*** Am Ortseingang von Port Charlotte (von Bridgend kommend) ist ein interessantes Heimatmuseum an der rechten Straßenseite zu finden. Das ***Museum of Islay Life*** beherbergt eine Sammlung alter landwirtschaftlicher Geräte und Gebrauchsgegenstände, eingerichtet in einer umgebauten Kirche.

(Ö: Apr.-Okt. 10-17, So 14-16 Uhr, E: £ 2.60)

Information

● **Tourist Information Centre,** The Square, Bowmore, Isle of Islay PA43 7JP, Tel. 08707/20 06 17, Fax 01496/81 03 63, info@islay.visitscotland.com.
● www.islay.co.uk

Verbindungen

● Islay besitzt den **Glenegedale Islay Airport,** in der Nähe von Port Ellen. Von hier aus bestehen Verbindungen mit London Heathrow, Glasgow und der Stadt Campeltown auf Kintyre, wo die Flugzeuge von und nach Islay zwischenlanden. Fliegen ist nicht gerade billig: Das Rückflugticket London-Islay kostet ab £ 150, das Rückflugticket Glasgow-Islay ab £ 75. Studenten bekommen Ermäßigung.
● Die **Fähre von Kennacraig** auf Kintyre steuert einen der beiden Fährhafen, Port Askaig oder Port Ellen, an und benötigt eine Fahrtzeit von ca. 2,5 Stunden. Sie startet in der Regel täglich nach Islay: jeweils um 7, 13 und 18 Uhr (nur in der Hauptsaison). Mittwochs läuft die Fähre nur 7.45 und 18.45 Uhr aus, So 12.50 und 18 Uhr.
● In der umgekehrten Richtung entweder **von Port Askaig** oder **von Port Ellen** laufen die Fähren nach Kennacraig wie folgt aus: Von Port Ellen in der Regel um 9.45, So 15.30 Uhr. Von Port Askaig wochentags um 15.30, Mi um 19.45 Uhr. Der Preis für die einfache Überfahrt liegt bei £ 7.95. Wer innerhalb von 5 Tagen wieder zurückfährt *(excursion),* zahlt £ 13.50 Für den PKW kostet die Überfahrt ab £ 57 aufwärts.
● Die **Busse** der *Scottish Citylink* verbinden Kennacraig mit der Glasgow Buchanan Bus Station. Der Bus verkehrt in Abstimmung mit der Ankunfts- und Abfahrtszeit der Fähre.
● **Konkrete Verbindungen:** *Traveline* für alle öffentlichen Verkehrsmittel (außer Flügen) www.travelinescotland.com bzw. Tel. 0870/ 60 82 608 (siehe auch „Unterwegs in Schottland" für günstige Tickets).

Unterkunft

Hotels

● **Harbour Inn,** Bowmore, in der Nähe des Hafens, Tel. 01496/81 03 30, ab £ 42.50.
● **Lochside Hotel,** Shore Street, Bowmore, Tel. 01496/81 02 44, ab £ 40.
● **Lambeth House,** Jamieson Street, Bowmore, Tel. 01496/81 05 97, ab £ 20, gute Ausgangsbasis.
● **Port Askaig Hotel,** Port Askaig, dem Fährhafen im Osten Islays, Tel. 01496/84 02 45, bietet B&B ab £ 30 an.
● **Ballygrant Inn,** Ballygrant, 5 km von Port Askaig Fährstation, Tel./Fax 01496/84 02 77, ab £ 250/Woche (Zimmer mit Selbstversorgung).

B&B & Camping

Unterkunft vermittelt das **Tourist Information Centre** im Zentrum von Bowmore. Zentral in der Mitte Islays liegen:
● **Islay Youth Hostel,** Port Charlotte, Tel. 01496/85 03 85, ab £ 10.50, April-Okt.
● **Mara Leitch,** Greenside Cranach, 1 km von Bowmore, Tel. 01496/81 06 15, ab £ 22.50.
● **Mrs. A. MacDonald,** Anchorange, Bruichladdich, Tel. 01496/85 05 40, vermietet das Zimmer mit Frühstück ab £ 17.
● **The Abbotsford,** nahe Bruichladdich Destillery, Tel. 01796/85 05 87, B&B ab £ 22.50.

Den größten Trubel und die meisten Touristen erlebt man in **Port Ellen,** dem Fährhafen in Islays Süden. Vier Meilen entfernt ist der Machrie Golfplatz.
● **H. Scott,** 53 Frederick Crescent, Port Ellen, Tel. 01496/30 26 94, ab £ 22.50.
● **Mrs. MacTaggart,** Kintra Farmhouse, Port Ellen, Tel. 01496/30 20 51, ab £ 20.
● **Kintra Farm,** Kintra Beach, Port Ellen, Tel. 01496/30 20 51. Hält vieles bereit, vom **Bunkhouse** (ab £ 6 die Nacht) über B&B bis **Camping** ab £ 8, außerdem gibt's Fisch und Vegetarisches.
● **Burn Stewart Distillers Ltd.,** Port Askaig, Tel. 01496/84 06 46, „Cottage" ab £ 180/Woche.

Jura

⤢ IV, A/B1

Jura trennt von der südwestlichen Nachbarinsel Islay die Meeresenge *Sound of Islay,* die sich an der engsten Stelle bis auf einen Kilometer zusammenzieht. Die meisten Einwohner Juras wohnen in Craighouse, das an der einzigen Straße auf Jura liegt. Diese *single-track-road* folgt dem Verlauf der Ostküste, bis sie hinter Ardlussa im Norden Juras in einen ungeteerten Weg übergeht. Die Westküste der Insel hat weder eine Straße noch Bewohner. Bei einer Ausdehnung von max. 44 km Länge und 13 km Breite verlaufen sich die Einheimischen und die wenigen Touristen der Sommermonate auf Jura. Wanderer und Leute, die auf der Suche nach Ruhe sind, finden auf Jura eine Idylle vor.

Geographisch gehört Jura zu den Inneren Hebriden. Das **Klima** ist mild, denn die Insel wird von allen Seiten geschützt: nördlich von Mull, südlich von Islay und westlich von Colonsay. Zeichen des milden Klimas sind die Palmen, die man ab und an auf der Insel sieht. Die **Landschaft** Juras variiert von Schlick- und Moorland über ausgedehnte Sandstrände bis zu den felsigen Hügeln Juras, den Paps of Jura. Der höchste der Paps, der Beinn an Oir, misst 741 m.

Gälisch ist die ursprüngliche Sprache der Inselvolkes. Die meisten Insulaner sprechen zwei Sprachen: Schottisch und Gälisch. **Zeugnisse aus prähistorischer Zeit** finden sich einige auf Jura wie Wikingerforts oder Standing Stones. In der Geschichtsschreibung kommt Jura nicht vor. Die Glanzzeit der Hebriden, *The Lordship of the Isles* des 14. und 15. Jh., blieb hier anscheinend unbemerkt.

Auf Jura, in der Einsamkeit von Barnhill, 10 km nördlich von Ardlussa, schrieb *Georg Orwell* seinen weltberühmten Roman „1984".

Sehenswertes

Feolin heißt die Stelle, an der die Fähre von der Nachbarinsel Islay ankommt. Dort beginnt die 40 km lange *single-track-road,* die Jura von Süden nach Norden durchzieht. Die einspurige Straße verläuft entlang der Ostküste. Zwischen Feolin und dem 15 km entfernten Craighouse finden sich entlang der Straße einige Steinkreise.

Clag Castle liegt auf einem Eiland in der Einfahrt des Sound of Islay, gegenüber dem MacArthur's-Head-Leuchtturm auf Islay. Hierher verbannten die *MacDonalds,* die auf Islay einst ihren Herrschaftssitz hatten, ihre Gefangenen.

Mit ein paar verstreuten Häusern ist **Craighouse** die größte Ansiedlung auf der Insel. Craighouse besitzt das einzige Hotel auf der Insel, ferner die Post, einige Läden und die **Craighouse Distillery.** Gute Sportmöglichkeiten bestehen in der kleinen Hauptstadt Juras für Segler, Surfer oder Schwimmer, aber auch für Wanderlustige, um die *Paps of Jura,* die drei Berge westlich von Craighouse, zu entdecken.

Zu den **Burial Grounds,** einem seltsamen Friedhof, biegt man 2 bis

Inn. Hebriden

461

Jura

Ein treuer Freund – kennen gelernt während einer Radtour in Kintyre

Farbkarte Seite IV

Jura

3 km hinter Craighouse nach links ab und folgt diesem Weg weitere 3 km. Der Friedhof, so scheint es, ist der Beweis, dass Whiskytrinken das Leben verlängert. Eine Frau, *Mary Mc-Grain,* verstarb auf Jura im Alter von 128 Jahren und ein Mann, *Gillour McGrain,* ist hier begraben, der 180 Weihnachtsfeste erlebt haben soll.

Zehn Kilometer nördlich von Craighouse liegt die **Lowlandman's Bay,** eine Sandstrandbucht, die zum Ausspannen, Spazierengehen oder zum Vögelbeobachten einlädt. Weitere 12 km in Richtung Norden bei **Tarbert** befindet sich eine Landenge. Dort fressen sich die Wellen von Loch Tarbert immer weiter in das Land der Insel hinein.

Ein anderes Wasserschauspiel ist der **Corryvreckan,** ein Strudel zwischen Jura und Scarba, der nördlichen Nachbarinsel. Das Jura Hotel in Craighouse bietet Ausflüge dorthin mit dem Landrover oder mit dem Boot an. Ab Ardlussa ist die Straße in Richtung Norden mit einem normalen PKW kaum noch zu meistern. Den Strudel sollte man bei Flut erreichen, denn bei Ebbe ist von den wirbelnden Wassermassen nicht viel zu sehen.

Eine Legende rankt sich um den Strudel: Ein norwegischer Prinz namens *Breackan* liebte eine Königstochter von den Inneren Hebriden. Deren Vater akzeptierte eine Hochzeit der beiden nur unter der Bedingung, dass *Breackan* den Mut aufbrächte, mit seinem Boot drei Tage und Nächte in dem gefürchteten Strudel Corryvreckan vor Anker zu gehen.

Breackan kannte keine Angst und stimmte zu. In Norwegen ließ er sich drei Ankertaue flechten, eines aus Hanf, eines aus Wolle und eines aus dem Haarschopf von Jungfrauen. Die Norweger glaubten, die Reinheit und Unschuld der Jungfrauen würde dem Seil göttliche Stärke verleihen.

Breackan fuhr vor Jura in den Strudel und ankerte dort. Am ersten Tag löste sich der Hanf, am zweiten das Wollseil. Das jungfräuliche Seil aber hielt bis zum dritten Tag, bis zum dritten Tag abends. Dann wurde es schwach, denn eine Jungfrau hatte anscheinend ihre Unschuld doch nicht mehr besessen. Das Tau riss. Der Prinz starb im Sog des Corryvreckan. Den toten Körper zog sein treuer Hund aus den Fluten.

Prinz Breackan wurde in einer Höhle begraben, **Breackan's Cave.** Vor einigen Jahren wurden Ausgrabungen in Breackan's Cave, die in einer Bucht an der Nordküste Juras liegt, gestartet, und tatsächlich fand man in der Höhle einen steinernen Sarg.

Information

● www.isleofjura.com

Verbindungen

● Die **Feolin-Autofähre** startet mehrmals am Tag von Port Askaig auf Islay zum Pier auf Jura. Fahrzeit: ca. 10 Min.

● **Konkrete Verbindungen:** *Traveline* für alle öffentlichen Verkehrsmittel (außer Flügen) www.travelinescotland.com bzw. Tel. 0870/ 60 82 608 (siehe auch „Unterwegs in Schottland" für Informationen über günstige Tickets).

Inn. Hebriden

Unterkunft

- Unterkünfte auf Jura sind rar. Das einzige Hotel der Insel ist das **Jura Hotel,** Tel. 01496/82 02 43, Fax 820 249, ab £ 33. Ist sehr gut ausgestattet und ein idealer Standort zum Wandern und für Wassersport.
- **Isabell Miller,** Tel. 01496/82 03 11, ab £ 12.50. Schöne Bleibe zum Erwandern der Paps of Jura.
- **Crackaig Cottages,** Tel. 01496/82 03 96, kleine Hütte ab £ 265/Woche.
- Eine Anlaufstelle für Selbstverpfleger im **Ferienhaus** gibt es in Ardlussa im Norden Juras, wo die A 846 offiziell aufhört. Ein Cottage sollte im Voraus gebucht werden bei *Mr.* oder *Mrs. Fletcher,* Tel. 01786/ 85 02 74. Der Preis pro Woche für das Haus, in dem *George Orwell* seinen berühmten Roman „1984" schrieb, liegt bei £ 450, weiterhin gibt es Cottages ab £ 200.

Colonsay und Oronsay IV, A1

Vierzig Kilometer südlich von Mull liegen Colonsay und ihre kleine Schwesterinsel Oronsay. Vor der Fähranlegestelle in Scalasaig auf Colonsay tummeln sich in aller erdenklichen Ruhe ein paar Seehunde und der Eindruck bestätigt sich: Die beiden Inseln, nur bei Ebbe miteinander verbunden, sind ein Ort der Entspannung. Die Natur lädt ein zum Spazierengehen an Sandstränden, an felsiger Küste oder zum Erklimmen der Hügel, deren höchster auf Colonsay 193 m erreicht. Während eines Spa-

Kampf der Elemente an der Westküste

Farbkarte Seite IV **Colonsay und Oronsay**

zierganges können Naturfreunde auf den beiden Inseln viele Blumen und über 150 Vogelarten entdecken.

Der *Heilige Columba,* der auf Oronsay einen Zwischenstopp einlegte, als er von Irland ausgezogen war, um die heidnischen Schotten zu missionieren, soll die Insel Colonsay nach sich benannt haben. Für seinen weniger populären Begleiter, den *Heiligen Oran*, blieb für die Namensgebung das kleine, unbesiedelte Eiland Oronsay.

Sehenswertes

An der Ostküste Colonsays brechen Klippen und Steilküste die Wellen des Atlantiks. In der sandigen Bucht von **Balnahard,** im Norden Colonsays, zeigen sich des Öfteren Otter und Seehunde. Im Sand sind unzählige Schnecken und Muscheln zu finden.

Im Süden Colonsays eröffnet sich bei Ebbe für drei Stunden von dem über einen Kilometer langen Sandstrand **The Strand** ein Fußweg nach Oronsay. Schafe bewohnen den Boden Oronsays, den Himmel teilen sich Möwen, Lerchen und diverse andere Vögel. **St Oran' Chapel** auf Oronsay ist eine Ruine mit einem Friedhof anbei. Die Kapelle stammt aus dem 14. Jh. Ein keltisches Kreuz mit Schnitzereien markiert den Eingang der Kirche.

In den **Kiloran Gardens** auf Colonsay kann man eine große Blütenpracht und tropische Gewächse bewundern (E: frei). Kiloran liegt 4 km nördlich vom Fährhafen Scalasaig.

Information

- www.colonsay.org.uk

Verbindungen

- Die **Autofähre nach Colonsay** legt von Oban ab, der geschä... ...stadt am Firth of Lorn. Sie... ...ch ca. 2 Stunden und ... ...e der Insel, wo die K... ...ft abflacht. Sommer: ... ...So 16.30, Mi 15.15, Fr 18... ...ähren von Oban Mo 14, Mi und Fr ...
- Die **Fähre von** ... ...artet sonntags um ... (Sommer) ...wochs um 12 un... ...Uhr sowie freitags um 20.30 Uhr. Die ...zeit ...trägt ca. 2,5 Stunden. Die Rückfahrka..e kostet ab £ 16.25, mit PKW ab £ 77 a...wärts.
- **Konkrete Verbindungen:** ...raveline für alle öffentlichen Verkehrsmittel ...außer Flügen) www.travelinescotland.com b..w. Tel. 0870/ 60 82 608 (siehe auch ...Unterwegs in Schottland" für günstige Tick..ts).

Unterkunft

- **Isle of Colonsay Hotel,** ...el. 01951/20 03 16, Fax 20 03 53, B&B ...nd Dinner von £ 40-80, ganzjährig geöffnet.
- Das Hotel vertreibt weiterhin 3 **Ferienwohnungen** für Selbstversorger je..eils mit Platz für 6 Personen, Preis pro Woche: £ 150-340, ganzjährig geöffnet.
- **Colonsay Backpackers Lodge,** Tel./Fax 01951/20 03 12, £ 10-14.
- **Mrs. A. Clark** in Baleromindobh, einer Farm auf der linken Fahrbahnseite ca. 3 bis 4 km südlich von Scalasaig, Tel. 01951/20 03 05.
- **Mr. & Mrs. Lawson,** Seaview, Tel. 01951/ 20 03 15, ab £ 25.

Inn. Hebriden

Mull ♪ VIII, B2/3; IX, C2/3

Mull, die drittgrößte Insel der Hebriden, liegt nur ein paar Meilen vom Firth of Lorn getrennt, der Stadt Oban gegenüber. Obwohl dem Festland so nahe, gehört auch diese Insel in eine andere Welt, in die Welt der Hebriden. Die Menschen sprechen zum großen Teil noch Gälisch, spontane *Ceilidhs* (schottische Folklorefeste) sind in den Pubs von Tobermory noch echt und keine aufgesetzte Touristenattraktion.

Im April findet das Mull Music Festival statt. Im Juli messen die starken Männer der Insel in Tobermory auf den Highland Games ihre Kräfte.

Die Insel ist sehr bergig und wird vom Ben More (966 m), einem alten Vulkankegel, beherrscht. Besonders die stark zerklüftete Westküste beeindruckt durch grandiose Klippen und Felsformationen. Oftmals ist hier der Säulenbasalt zu sehen, der Staffa zu einem Naturwunder macht. Darüber hinaus ist die Westküste ein Paradies für Seevögel, Robben oder die gemächlich stelzenden Reiher.

Sehenswertes

Vom Hafen in **Craignure** fährt im Sommer mehrmals täglich eine winzige **Eisenbahn,** die einzige der Hebriden, die etwa 2 km bis zum Castle Torosay (der „Bahnhof" liegt am alten Pier, vom Fähranleger aus zweimal links).

Torosay Castle wurde erst im 19. Jh. von *William Bryce* im Scottish

Schlechtwetterfront: Küste von Mull

Baronial Stil erbaut. In den Räumlichkeiten sind vor allem die Bilder von *Landseer* und *Thorburn* sehenswert. Ein wunderbarer, 5 ha großer Park, von *Robert Lorimer* in italienischem Stil entworfen, umgibt das Schlösschen. (Ö: im Sommer, Mo-So 10.30-17.30 Uhr, E: £ 5; im Sommer verkehrt ein Ausflugsboot von Oban aus direkt zum Schloss.)

Über die Duart Bucht blickt Torosay Castle auf das trutzige alte **Duart Castle.** Von Land aus führt eine kleine Nebenstraße der A 849 zur Burg. Im Mittelalter war diese Festung, die im frühen 13. Jh. als eine der ersten Steinfestungen Schottlands errichtet wurde, bedeutend für die Beherrschung der südlichen Westküste. 1745, nach dem gescheiterten Jacobitenaufstand, wurde der Stammsitz der *MacLeans* von der Regierung konfisziert und verwaiste. Doch 1912 kaufte der damalige Clanchief den Familiensitz zurück und restaurierte ihn. Heute ist die Burg eine der wenigen schottischen Festungen, die ihr mittelalterliches Aussehen bewahrt haben, aber nicht in Ruinen stehen (Ö: nur im Sommer, Mo-So 10.30-17.30 Uhr, E: £ 4.50). Im Sommer läuft ein kleines Ausflugsboot die Burg an und erlaubt so den eindrucksvollen Blick vom Meer aus zu der auf einem Felsen aufragenden Anlage.

Tobermory (980 Einw.), im Nordosten der Insel, ist die Hauptstadt von Mull. Das Städtchen ist idyllisch in eine steile Bucht gebettet, die den Hafen nicht nur zu einem der sichersten, sondern auch zu einem der schönsten in Schottland macht.

In den Pubs der Hafenfront herrscht fast immer Stimmung.

Das **Mull and Iona Museum** in einer verwandelten Kirche an der Hauptstraße ist das kleine Heimatmuseum der Insel. (Ö: nur im Sommer Mo-Fr 10.30-16.30 Uhr, Sa nur bis 13.30 Uhr)

Von Tobermory aus lohnt sich die Fahrt entlang der B 8073 und später der B 8035, die sich der wildromantischen Westküste anschmiegt. Bevor die B 8035 die A 849 nach Fionnphort erreicht, erstreckt sich westlich der Straße der **Naturpark The Burg.** Das unberührte Gebiet gehört dem *National Trust for Scotland* und ist ausschließlich zu Fuß zu besuchen. An der Westküste des Gebietes gibt das Meer bei Ebbe eine Rarität der Naturgeschichte frei. Die Versteinerung eines 50 Mio. Jahre alten Baumes hat sich hier im Ufergestein erhalten.

Wenn man der A 849, auf die man bald trifft, nach rechts folgt, erreicht man **Fionnphort,** dem Fährort für die Boote nach Staffa und Iona.

Information

● www.holidaymull.org

Verbindungen

● Die **Fähren** von *Caledonian MacBrayne* bieten verschiedene Möglichkeiten, auf die Insel zu gelangen. Die Fahrzeiten sind verknüpft mit den Fahrplänen der Busse auf dem Festland und auf Mull sowie der Eisenbahn in Oban. Mit dem Auto erreicht man Mull von drei Stellen aus: Von Oban verkehren Fähren nach Craignure oder stoppen auf ihrer Fahrt zu den Inseln Coll und Tiree in To-

Mull

bermory. Vom Ende der A 884 in Lochaline überquert eine Fähre den Sound of Mull nach Fishnish. Außerdem verbindet eine Fähre Tobermory mit Kilchoan auf der Halbinsel Ardnamurchan. (Oban – Craignure: täglich 6x zwischen 7.45 Uhr und 18 Uhr, So 5x zwischen 10 Uhr und 18 Uhr, ab £ 3.95/Person, ab £ 28/Auto; Lochaline –Fishnish: mehrmals täglich, ab £ 2.45/Person, ab £ 10.70/Auto; Tobermory – Kilchoan: Mai bis Mitte Okt. mehrmals täglich, hin- und zurück £ 6.45/Person, ab £ 34/Auto).

● Von Tobermory verkehren Fähren der *Caledonian MacBrayne* nach Castlebay auf Barra, Lochboisdale auf South Uist, nach Coll und Tiree.

● *Konkrete Verbindungen: Traveline* für alle öffentlichen Verkehrsmittel www.traveline scotland.com bzw. Tel. 0870/60 82 608 (siehe auch „Unterwegs in Schottland" für günstige Tickets).

● *Fahrrad- und Autoverleih, Mull Travel & Crafts,* The Pierhead, Craignure, Tel. 01680/30 04 02.

● *Sightseeing Touren* nach Iona macht u.a. *Bowman's Coaches,* Craignure, Tel. 01680/81 23 13, Buchungen auch im Office in Oban, Station Road, Tel. 01631/56 31 22.

Unterkunft

Mull ist noch keine ausgesprochene Urlauberinsel, so dass das Hotelangebot zwar ausreichend, aber nicht überwältigend groß ist. In Tobermory existieren ca. zehn Hotels. Daneben gibt es Unterkünfte aber auch noch in den anderen Ortschaften, vor allem Craignure oder Fionnphort.

● *The Tobermory Hotel,* 53 Main Street, direkt an der Hafenfront, Tobermory, Tel. 01688/30 20 91, B&B ab £ 32.

● *Baliscate Guest House,* Tobermory, Tel.01688/30 20 48, Fax 30 26 66, B&B ab £ 25.

● *Mrs. Williams,* Arle, Aros, Tel. 01680/30 03 43, ab £ 12 für Selbstverpfleger.

● *Tobermory Hostel,* Main Street, die Jugendherberge liegt direkt an der nördlichen Hafenfront, Tobermory, Tel. 0870/00 41 151, ab £ 11, geöffnet März-Okt., Fahrradverleih.

● *Tobermory Campsite,* Dervaig Road, Tobermory, Tel. 01688/30 26 24, ab £ 3.50.

Möwe

Iona

⚲ VIII, B3

Iona ist das schottische Jerusalem, die Urstätte des Christentums für ganz Nordeuropa. Der schottische Apostel *St. Columba,* ein vertriebener irischer Prinz, ging im Jahre 563 auf der fruchtbaren Insel an Land und gründete die **Iona Abbey.** Die klösterliche Gemeinschaft wuchs und begann, erst die Westküste, dann ganz Schottland und später sogar Skandinavien zu bekehren. *St. Columbas* Christentum war dem *Hl. Johannes* verschrieben und unterschied sich vom „Katholizismus" des *Hl. Petrus* durch seine dezentrale und unhierarchische Organisation, aber auch durch mehr Lebensfreude und tätige Nächstenliebe. Während der Raubzüge der Wikinger wurde das alte Kloster des *Columba* zerstört. Nur zwei alte keltische Kreuze (8. und 12. Jh.) zeugen heute von dieser Keimzelle des Christentums.

Die heutige frühgotische Abteikirche datiert aus dem Jahr 1203, in dem der *Lord of the Isles* hier ein Benediktinerkloster stiftete. Die Insel war den mittelalterlichen Menschen so heilig, dass auf ihr 48 schottische, 4 irische und 8 norwegische Könige sowie unzählige Clanchiefs der westlichen Inseln begraben liegen. Der letzte schottische König, der hier die ewige Ruhe neben seinem Opfer *Duncan* fand, war der Usurpator *MacBeth.*

Aber noch heute hat Iona seinen Platz im Bewusstsein des schottischen Volkes. 1979 wollte der *Duke of Argyll,* Chief des Clan *Campbell,* dessen Clan die Insel erst als Blutlohn für das Massaker im Glen Coe (siehe „Norden/Westliches Hochland/Glen Coe") erhalten hatte, die Insel verkaufen. Die nationale Katastrophe drohte. Erst mit einer Spendenaktion und einem Millionenzuschuss von *Sir Hugh Fraser* gelang es dem *National Trust for Scotland,* die Insel vor ausländischem Zugriff zu bewahren und die nationale Ehre zu retten.

Information

● www.isle-of-iona.com

Verbindungen

● Iona erreicht man von Fionnphort aus mit der Fähre, die ca. 5 Min. für die Überfahrt benötigt (Mo-Sa 8.45-18.15 Uhr, So 9-18 Uhr (im Sommer) fast stündlich). Im Sommer werden auch Ausflugsfahrten von Oban aus nach Staffa und Iona angeboten. Ab Fionnphort £ 3.70, hin und zurück.
● **Konkrete Verbindungen:** *Traveline* für alle öffentlichen Verkehrsmittel www.traveline scotland.com bzw. Tel. 0870/60 82 608 (siehe auch „Unterwegs in Schottland" für günstige Tickets).

Staffa

⚲ VIII, B2

Dieser kleine Basaltfelsen, der Mull im Westen vorgelagert ist, soll *Felix Mendelssohn Bartholdy* zu seiner „Hebriden-Ouvertüre" inspiriert haben. Mancher bezweifelt das allerdings, wenn er weiß, dass der Komponist bei der Überfahrt hochgradig seekrank wurde, ein Umstand, der auch heute noch manchem Besucher zum Verhängnis wird.

Die Bootsfahrt nach Staffa ist oft ein kleines Abenteuer und eine Landung nie garantiert. Wenn die See allerdings ein Anlegen an den steilen Felsen zulässt, werden Sie ein unvergessliches Erlebnis haben.

Vulkanische Aktivität hat diese faszinierende Insel aus unzähligen senkrecht nebeneinander stehenden Basaltsäulen errichtet. Danach hat das Meer in pausenloser Arbeit rund um die Insel Höhlen in den Stein gegraben. Die größte dieser Höhlen, *Fingals Cave,* misst 20 m in der Höhe, 15 m in der Breite, ist 37 m tief und vermittelt das Gefühl, in einem Dom zu stehen.

Verbindungen

● Im Sommer fährt täglich ein Boot, wenn das Wetter in dieser stürmischen Gegend es zulässt, *von Fionnphort* auf der Insel Mull über Iona zu der Insel. Fahrkarte: £ 12.50.
● In der Hochsaison werden auch *von Oban* aus Ausflüge nach Staffa und Iona angeboten.
● *Konkrete Verbindungen: Traveline* für alle öffentlichen Verkehrsmittel www.travelinescotland.com bzw. Tel. 0870/60 82 608 (siehe auch „Unterwegs in Schottland" für günstige Tickets).

Skye

Überblick

Skye, die größte und bestbesuchte Insel der Inneren Hebriden, besitzt den Ruf der schönsten Insel Schottlands und – verdient ihn. Nicht nur bei Sonnenschein, der auf der Insel eher selten ist, sondern gerade wenn Nebelfetzen und Regenschauer die Mondlandschaft der bizarren Bergwelt durchziehen, zeigt Skye eine romantische Schönheit, die selbst das nordwestliche Hochland nicht besitzt. Vielleicht haben Sie sogar das Glück, einer der vielen Feen und Gespenster, die bis heute auf der Insel ein Reservat finden, zu begegnen. Nebel und Regen werden Sie dagegen in jedem Falle antreffen. Ein alter Mann erzählte uns voll Stolz, dass Skye nicht nur der schönste, sondern auch der nasseste Fleck Europas sei: „Five seasons a day", auf Skye ist dieses Versprechen Wirklichkeit.

Moor und Felsen, das sind die prägenden Formen der Landschaft. Felsen nehmen auf Skye jedoch unvergleichliche Formen an. Das schwarze Massiv der Black Cuillins oder auch der bizarre Basalt der Quiraings sind ein wahres Kletterparadies, auch wenn sie, an der Höhe gemessen, nur „Hupf" darstellen, wie uns ein Allgäuer versicherte.

Information

● www.skye.co.uk

Verbindungen

● Früher gab es zwischen *Kyle of Lochalsh* und Kyleakin nur eine Fähre, heute ist Skye fast an der gleichen Stelle durch eine *Brücke* mit dem Festland verbunden. Der einstige Brückenzoll wurde im Dezember 2004 abgeschafft.
● *Von Mallaig* nach Armadale im Südosten verkehrt eine Autofähre werktags zwischen 8.30 und 17.45 Uhr täglich 7 Mal, die aber nur im Sommer Autos mitnimmt. Die Fahrt kostet ab £ 3.50/Person, ab £ 18/Auto. Autofahrer sollten unbedingt bei *Caledonian MacBrayne* vorbuchen.

Farbkarte Seite XII, XIII **Skye**

- Im Sommer verkehrt außerdem eine kleine private Ro-Ro-Fähre zwischen dem Ort **Glenelg** und Kylerhea im Süden der Insel, Auto ab £ 7.
- Vom Flughafen in Broadford unterhält *Loganair* **Linienflüge** nach Glasgow.
- Mit dem Festland ist Skye durch die **Busse** von *Scottish Citylink* verbunden. Mehrmals täglich wird vom Fähranleger in Uig Glasgow über Fort William und Tarbert angefahren. Etwas seltener fährt ein Bus nach Edinburgh über Stirling und Oban (mit Umsteigen in Fort William).
- **Konkrete Verbindungen:** *Traveline* für alle öffentlichen Verkehrsmittel (außer Flügen) www.travelinescotland.com bzw. Tel. 0870/ 60 82 608 (siehe auch „Unterwegs in Schottland" für günstige Tickets).
- **Lokale Busse** fahren meist zweimal täglich (morgens hin, nachmittags zurück) alle wichtigen Orte an.
- Während der Schulzeit ist die Fortbewegung einfacher, da dann die **Schulbusse** morgens und nachmittags nahezu alle Orte durchfahren. Die Busse können überall per Handzeichen angehalten werden.
- Eine weitere Möglichkeit ist die Fahrt mit dem Postboten. Im **Postauto** ist zwar wenig Platz, und es dauert, doch hat man Zeit, die Landschaft zu genießen, und meist ist der *postman* zu einem Schwätzchen aufgelegt.
- Auf Skye ist **Trampen** auf den Hauptrouten gut möglich, auf den Nebenstraßen sehr schwierig.

Kyleakin ↗ XIII, D2

Über dem hübschen kleinen Hafenbecken von Kyleakin ragen drei Mauersäulen auf. Sie gehören zu **Castle**

Wunder der Natur auf Skye: die Quiraings

Skye

Moil *(moil* = dachlos), einer alten MacKinnon-Festung gegen Wikingerüberfälle. Kyleakin ist ein kleines Fischerörtchen, das heute vor allem vom Tourismus lebt.

Unterkunft
● *Kyleakin Hostel,* liegt auf der A 850 geradeaus, in der zweiten Straße links, Tel. 0870/00 41 134, ab £ 11.50, ganzjährig geöffnet.
● *Skye Backpackers,* Tel./Fax 01599/53 45 10, Bett ab £ 11.

Broadford ⚓ XIII, C2

Von Kyleakin fährt man auf der A 850 an der Küste entlang und kommt nach 13 km durch Broadford. Der Ort ist nicht besonders schön, doch bietet er Einkaufsmöglichkeiten und einige Hotels sowie eine Tankstelle. Broadford eignet sich als Ausgangspunkt für Wanderungen oder Klettertouren in die nahen *Cuillin Hills.* Wegbeschreibungen erhält man im *Tourist Information Centre* (nur im Sommer) rechts der Straße im Zentrum Tel. 01471/82 23 61.

Fahrradverleih und -reparatur
● *Fairwinds Bicycle Hire,* 30 Elgol Road, Tel. 01471/82 22 70, auch So 9-19 Uhr geöffnet.

Unterkunft
● *Dunollie Hotel,* Tel. 01471/82 22 53, Fax 82 20 60, B&B ab £ 20.
● In Broadford gibt es im ganzen Ort verteilt eine ganze Reihe *B&B,* die auch von der Information vermittelt werden.
● *Broadford Hostel,* Jugendherberge, am Ende von Broadford an der Straße nach dem Bach rechts, Tel. 0870/00 41 106, ab £ 11.75, März-Okt. geöffnet, es gibt einen Fahrradverleih.

Die Cuillin Hills ⚓ XIII, C2

Ein besonders lohnender Ausflug von Broadford führt auf der B 8083 nach *Elgol,* das ist eine Route, auf der man sich vom Postauto mitnehmen lassen kann. Von Elgol aus bietet sich eine empfehlenswerte Wandertour in die Berge an, die man allerdings nur bei gutem Wetter und mit Wanderausrüstung unternehmen sollte. Eine Passagierfähre verkehrt nach Loch Coruisk. Es empfiehlt sich, in der Hochsaison vorzubuchen (*Bella Jane,* Tel. 0800/73 13 089 bzw. 01471/86 62 44). Die schwarzen, zerklüfteten Felsen der Cuillins –einer der höchsten Gebirgszüge von Großbritannien – begeistern mit ihrer wilden Schönheit sowohl Wanderer als auch Kletterer aus aller Welt, für die sie eine Herausforderung darstellen.

Von der Anlegestelle auf der anderen Seite des Loch Scavaig verläuft der Weg am wunderschönen *Loch Coruisk,* den schon die Romantiker des 19. Jahrhunderts verehrten, aufwärts. Durch die Cuillins hindurch erreicht man *Glenbrittle,* wo es eine Jugendherberge gibt. Von Glenbrittle aus hat man bei klarem Wetter einen herrlichen Blick auf die 24 schwarzen Spitzen des mächtigen, fast 1000 m hohen Massivs der Cuillins.

Unterkunft
● *Glenbrittle Hostel,* Jugendherberge an der Straße von Sligachan, 2 km vor der Bucht, Tel. 0870/00 41 121, £ ab 11, geöffnet Mitte März-Sept.

Halbinsel Sleat ♪ XIII, C2/3

Ein Stück östlich von Broadford zweigt die A 851 von der A 850 auf die Halbinsel Sleat ab. Am Loch Na Dal geht links ein Pfad zur einsamen **Kinloch Lodge,** wo der Chief of *Clan Donald* ein Hotel mit einem der besten Restaurants der Insel unterhält: **Kinloch Lodge,** Isleornsay, Tel. 01471/83 32 14, Fax 83 32 77, www.kinlochlodge.co.uk (Voranmeldung erforderlich und Abendgarderobe erwünscht), B&B und Abendessen ab £ 95.

In **Armadale** hat der Chief für seinen Clan neben der Ruine des alten Stammschlosses ein Besucherzentrum eingerichtet, das die Geschichte des Stammes von der Vorgeschichte an berichtet. Zum gleichen Komplex gehört auch das im Frühjahr 2003 eröffnete **Museum of the Isle,** das die Geschichte der Highlands seit der Zeit der Pikten veranschaulicht, ebenso wie die **West Highland Heavy Horses.** Hier kann man mit großen Kaltblütern (Clydesdale und Shire) Touren reiten oder Kutschfahrten unternehmen. (Tel. 01471/84 47 59, www.westhighland heavyhorses.com)

Unterkunft
● **Armadale Hostel,** Jugendherberge, vom Fähranleger rechts, nach ca. 500 m auf der rechten Seite, Tel. 0870/00 41 103, ab £ 11.25, Mitte März-Sept. geöffnet.
● **Flora Macdonald Hostel,** The Glebe, Kilmore, Tel. 01471/84 44 40, Fax 84 42 72, www.flora.plus.com, Bett £ 9.

Luib Croft Museum

Der Westen der Insel

Von Broadford folgt die A 850 der Küstenlinie nach Nordwesten. Am Ende des Loch Ainort zweigt nach rechts eine alte Straße ab, die an einer wunderschönen Küste entlang mit Blick auf die Inseln *Scalpay* und *Raasay* sowie auf das Festland eine malerische Alternative zur A 850 bildet. Sie sollten diese Route jedoch nur nehmen, wenn Ihr Wagen gut gefedert ist, da die alte Straße langsam verfällt.

Von *Sconser,* kurz nachdem man auf der A 850 zurück ist, geht eine Autofähre nach Raasay, der lang gezogenen Berginsel zwischen Skye und dem Festland.

In *Sligachan* zweigt kurz danach nach links die A 863 Richtung Dunvegan ab, nach rechts geht die A 850 weiter bis Portree, der „Hauptstadt" der Insel. Durch ein Tal stürzt der *River Sligachan* aus den Cuillin Hills herab, fließt unter einer Steinbrücke hindurch, dazu ein paar Croftruinen und Schafe im Hintergrund: Der Talkessel im Zentrum von Skye ist einer der romantischsten Orte von Schottland.

Wenn Sie der A 863 folgen, biegt nach knapp 10 km links die B 8009 ab. Lohnende Abstecher von hier sind die Fahrt entlang des *Loch Harport* mit einer Besichtigung der *Talisker Brennerei* (Ö: im Sommer Mo-Fr 9.30-16.30 Uhr, Juni-Sep. auch Sa, im Winter Mo-Fr ab 14 Uhr, Tel. 01478/61 43 08) oder abermals links ins oben erwähnte Glenbrittle als Ausgangspunkt für Wanderungen in die Cuillins.

Die A 863 führt weiter bis an den Loch Dunvegan. Kurz bevor Sie den Fjord erreichen, zweigt links die B 884 ab. Nach ein paar weiteren Kilometern rechts gelangen Sie auf einer sehr schlechten Straße nach *Borreraig* mit seinem *Borreraig Park.* Hier lehrten die *MacCrimmons* auf einem Felsen im Loch Dunvegan über Jahrhunderte das Spiel auf dem Dudelsack. Sie waren die berühmtesten Bläser Schottlands und dienten den *MacLeods* vom 15.-18. Jh. als Piper bei allen Gelegenheiten. In dem kleinen Museum wird die Geschichte der *Bagpipe* (wörtlich: Sackpfeife) sowie der *Crimmons* erzählt. (Ö: Mo-So 9-17 Uhr)

Um jeden Berg auf Skye rankt sich mindestens eine Geschichte. Zwischen der Abzweigung von der A 863 und dem Piping Centre können Sie im Süden den 488 m hohen *Healabhal Bheag* ersteigen, der Schauplatz einer der schönsten dieser Geschichten ist:

Als im 16. Jh. *Alasdair MacLeod,* der Chief der *MacLeods,* in Holyrood weilte, fragte ein Lowland Earl auf einem Empfang den „wilden" Hochländer provozierend, ob es auf Skye wohl einen so großen Saal mit einer so hohen Decke und so prachtvollen Leuchtern gäbe. Wenig später war der Earl Gast der *MacLeods* auf Skye. *Alasdair* führte den Spötter auf den Tafelberg *Healaval Bag,* wo unter dem klaren Nachthimmel auf das Üppigste gedeckt war, erhellt vom Licht hunderter Fackeln, die Clansmen rund um das Plateau in die Höhe hielten. Nach dem Essen wies der MacLeod auf den Himmel und triumphierte:

Farbkarte Seite XII, XIII **Skye**

„Sie werden nicht umhinkommen, mir Recht zu geben, Sir, dass mein Dach höher, meine Tafel reicher und meine Leuchter prächtiger sind als irgendwo in der Stadt." Weil der Laird in der sternklaren Nacht solches Glück mit dem Wetter hatte, heißt der Berg seitdem auch *MacLeods Table*.

Im Nordwesten des Berges (am Ende der B 884) thront auf dem westlichsten Zipfel von Skye das **Neist Point Lighthouse.** Am kleinen Parkplatz, vor der imposanten Steilküste beginnt ein steiler, aber gut ausgebauter Fußweg zum Leuchtturm. Eine raue See, mächtige Brecher über zerklüfteten Felsen und Sturmböen machen die Aussicht von der Klippe nahezu abenteuerlich. Nichts allerdings für leichtgewichtige Personen oder Kinder, da man sich z.T. nur mit Mühe aufrecht halten kann. Bei schönem Wetter kann man dagegen problemlos die Äußeren Hebriden sehen. Der Friedhof neben dem Leuchtturm diente übrigens 1995 als Kulisse für *Lars von Triers* „Breaking the Waves". Auf halbem Weg zurück hat in Colbost das **Colbost Croft Museum** geöffnet. Das Museum ist in einem alten Black House untergebracht und zeigt das Leben auf Skye im 19. Jh. Außerdem ist eine kleine Whiskydestille nachgebaut. (Ö: nur im Sommer, Mo-So 9.30-17.30 Uhr)

Zurück auf der A 863 gelangt man bald darauf zum **Dunvegan Castle,** das beherrschend über dem Loch Dunvegan steht. Der Felsen, auf dem die Burg steht, ist seit 1280 be-

Müßiggang und Fischfang: ein Robbenleben in Schottland

Der Dudelsack

Der Dudelsack

Der Dudelsack, das urtypische schottische Instrument, stammt wahrscheinlich gar nicht aus Schottland. Allerdings ist er schon so alt, dass man seine **Herkunft** nicht genau bestimmen kann. Er wird z.B. bereits im Alten Testament in der Genesis und im Zusammenhang mit *Nebukadnezar* erwähnt. Ebenso gibt es Hinweise auf Dudelsäcke in Ninive und Assyrien, es wurden Instrumente in Ägypten gefunden, die bis ins Jahr 1500 v.Chr. zurückdatieren, und auch im alten Indien und in China (hier lässt sich die Tradition sogar bis 2585 v.Chr. zurückverfolgen) war der Dudelsack nicht unbekannt.

In etwas jüngerer Zeit gab es Pfeifer im alten Griechenland und auch in Rom, wo bei *Sueton* sogar eine Episode mit *Nero* verbrieft ist. Der römische Imperator soll in einer misslichen Situation, sozusagen als Opfer für die Errettung vor den Feinden, versprochen haben, öffentlich Dudelsack zu spielen. Eine Strafe, die nicht gerade vom hohen gesellschaftlichen Status des Pfeifers zeugt.

Die Römer waren es jedenfalls, die das Instrument nach Nordengland brachten, und zwar als Instrument der Infanterie, als das es selbst im 19. Jahrhundert noch benutzt wurde. Später war der Dudelsack über ganz Europa verteilt. In deutschsprachigen Gebieten kannte man ihn unter dem Namen Sackpfeife.

Angesichts der Tatsache, dass sich der Dudelsack in so vielen Ländern unabhängig voneinander entwickelt hat, fordern auch die Schotten für sich das Recht auf ein nationaleigenes Patent, auch wenn vieles dafür spricht, dass er von außerhalb nach Schottland importiert wurde. Es gibt dafür allerdings keine Beweise.

Das Instrument fand forthin Verwendung als *Militärinstrument*, das einerseits die eigenen Mannen anfeuern, auf der anderen Seite mit seinem durchdringenden Klang den Gegner zermürben sollte. So sollen bereits schon bei der berühmten Schlacht von Bannockburn, als die Schotten 1314 ihre Unabhängigkeit von England erkämpften, den Soldaten Dudelsackpfeifer zur Seite gestanden haben.

Auf den kontinentaleuropäischen Besucher mag die erste Bekanntschaft mit einer *Piper Band*, d.h. etwa 20 Dudelsäcken auf einen Schlag, durchaus die gleiche demoralisierende Wirkung haben wie für den Gegner auf dem Schlachtfeld. Der produzierte **Klang** entspricht eben so gar nicht den hiesigen Hörgewohnheiten. Außer der durchdringenden Klangfarbe der Instrumente wirkt zusätzlich befremdlich die Tatsache, dass die Intervalle zwischen den einzelnen Tönen nicht den Intervallen der temperierten Tonleiter entsprechen, nach der im Normalfall gestimmt wird.

Der ursprüngliche Dudelsack bestand aus dem Blasebalg aus Tierhaut, einem kurzen Mundstück, durch das der Balg aufgeblasen wurde, einer Spielpfeife und einer Bordunpfeife, die auf einen einzigen Ton gestimmt war und die Melodie ununterbrochen begleitete. Im Laufe der Jahrhunderte kamen noch zwei weitere Bordunpfeifen hinzu, die, auf Grundton und Quinte gestimmt, heute den typischen Klang der Sackpfeife ausmachen.

Auch beim Dudelsackpfeifen darf man sich nicht ohne die entsprechende Ausbil-

Der Dudelsack

dung **Meisterpfeifer** nennen. Bevor sich ein Musiker mit diesem Titel schmücken kann, muss er ein regelrechtes Studium absolvieren, in dessen Verlauf er dazu befähigt wird, mindestens 300 Melodien der *pibrochs,* der Kriegsmärsche der *Clans,* der *laments,* in denen die gefallenen Helden beklagt werden, und der *reels,* der Tanzmusik der Highlands, auswendig spielen zu können. Die berühmteste Pfeiferschule befand sich auf Skye in dem Dorf Borreraig, das *Piping College* der *MacCrimmons,* das diese Familie, allem Anschein nach ausnahmslos leidenschaftliche Dudelsackspieler, um 1500 gründete. Nachdem die *MacLeods of MacLeod* die *MacCrimmons* zu ihren offiziellen Dudelsackspielern berufen hatten, verbreitete sich der musikalische Ruhm dieser Familie bald im ganzen Land, und selbst entlegene *Highland-Clans* schickten ihren musikalischen Nachwuchs zu den *MacCrimmons,* damit sie dort das siebenjährige Piperstudium absolvierten.

Die jüngste Forschung bestreitet allerdings die Rolle der *MacCrimmons* und sogar die Existenz der Schule, da deren Name im *Campbell Canntaireachd* von 1797, dem ältesten schriftlichen Zeugnis über Dudelsackmusik, nicht erwähnt wird. Diese Tatsache legt die Vermutung nahe, dass der *MacCrimmon*-Mythos erst von *Angus Mackay,* dem Pfeifer *Queen Viktorias,* erfunden wurde.

Nach 1746 und der Niederschlagung des letzten Jacobitenaufstandes durch die Engländer wurde der **Dudelsack** ebenso wie die anderen schottischen Wahrzeichen, der Tartan und die gälische Sprache, **verboten,** und auch das *Piping College* auf Skye musste schließen. Doch das Instrument erwies sich als echtes Stehaufmännchen, denn als die ersten Highland-Regimenter in den englischen Kolonien aufmarschierten, fanden sich in ihren Reihen auch wieder einige Dudelsackspieler.

Seit dem 19. Jh. und der Auswanderungswelle aus Schottland erlebt der Dudelsack wieder eine **Renaissance,** da der klagende Ton des Instrumentes das Heimweh der im Ausland lebenden Schotten versinnbildlichte.

1945 wurde in Glasgow sogar ein neues *Piping College* gegründet, das sich in der Tradition der Pfeiferschule von Borreraig sieht.

Dem Schottlandreisenden von heute präsentieren sich die Dudelsackpfeifer in der Regel in Form von so genannten **Piper Bands,** die in Begleitung von Schlagzeugen, auf denen die kompliziertesten Rhythmen gespielt werden, im Sommer vor Schlössern, bei *Highlandgames* oder einzeln in den Straßen der Großstädte auftreten. Zudem unterhalten auch die meisten britischen Regimenter immer noch ihr eigenes *Regiment of Pipes and Drums.*

Inn. Hebriden

Skye

festigt und besaß nur einen Zugang. Die heutige Mauer stammt noch aus dieser Zeit. Der Keep, der ursprüngliche Turm im Nordteil, datiert aus dem 13., der Feenturm im Süden aus dem 14. Jh. Die meisten übrigen Bauten stammen aus dem 17. Jh., bis auf die vielen unschönen Zinnen und Erkerchen, die das romantische 19. Jh. verschuldete.

Schöner als das Castle selbst ist der herrliche alte Park, der es umgibt. Uralte Bäume, riesige Rhododendronbüsche und die gänzlich unenglische Anlage sind eher fähig, den Betrachter in eine andere Zeit zu versetzen als der unförmige Klotz der Burg.

Das Innere der Festung ist nur spärlich mit Sehenswertem ausgerüstet. Am interessantesten sind noch die Reliquien von *Bonnie Prince Charlie,* der, von *Flora MacDonald* über den Minch gerudert, von hier nach Frankreich entkam. Die Fairy Flag, der Talisman der *MacLeods,* ist das wichtigste Stück der Ausstellung. Im Drawing Room hängen ihre Reste unter Glas, eingerahmt von unzähligen Geschichten. Die schönste erzählt, wie ein *MacLeod* vor langer Zeit eine Fee heiratete, die aber nur 20 Jahre bei ihm im Menschenreich bleiben durfte. Als sie sich auf der Fairy Bridge (gut 6 km nördlich des Castles) verabschiedeten, reichte die Elbin ihm die Fahne, die, wenn er sie entrollte, dreimal Hilfe in der Schlacht bringen sollte. Zweimal tat sie dies bereits in zunächst aussichtslosen Schlachten gegen die Intimfeinde

Meisterstück der Schöpfung: Kletterparadies Quiraings auf Skye

der *MacLeods*, die *MacDonalds*. Die MacLeods sollen so von der Zauberkraft ihrer Fahne überzeugt sein, dass einige Clansmänner noch im Zweiten Weltkrieg angeblich Fotografien von ihr als Glücksbringer mit sich geführt haben. (Ö: Mitte März bis Ende Okt. 10-17 Uhr, Nov. bis Mitte März 11-16 Uhr, www.dunvegancastle.com)

Aus der Bucht vor dem Castle macht ein Boot, wenn sich genügend Fahrgäste finden, Ausflüge zu den **Seehundbänken** im Loch Dunvegan.

Von Dunvegan aus führt die A 850 nach Norden bis zur Fairy Bridge, dann westlich zurück zur Ostküste nach Portree. Wenn man vor Portree auf die A 856 abbiegt, fährt man auf die nördliche Halbinsel Trotternish.

Die Halbinsel Trotternish

Uig ⌒ XIII, C1

Uig, ein hübscher Fischer- und Fährhafen, liegt in einer weiten Bucht des Loch Snizort an der Westküste der Halbinsel. Die Häuser schmiegen sich an die steilen Wände der verschlafenen Bucht, in die nur ab und an die Fähren von *Caledonian MacBrayne* einlaufen.

Ein gemütlicher Pub bringt abends Stimmung in eines der ersten Häuser auf der rechten Seite.

Die Fähren laufen von Uig aus die Häfen Tarbert auf Harris und Lochmaddy auf North Uist an (Abfahrtszeiten und Preise siehe im Kapitel „Äußere Hebriden" der Abschnitt „Verbindungen").

Tief hängen die Wolken: die Westküste

Skye

Unterkunft

- Uig besitzt drei Hotels, deren teuerstes auch den erwähnten Pub betreibt: **Uig Hotel,** Tel. 01470/54 22 05, Fax 54 23 08, www.uig-hotel.com, B&B ab £ 30.
- **Laurel Bank,** Portree, Tel. 01470/54 23 04, B&B ab £ 18.
- **Dun Flodigarry Hostel,** in Staffin an der A 855 an der Ostküste von Trotternish, Tel./Fax 01470/55 22 12, Bett ab £ 9.
- **Uig Hostel,** Jugendherberge südlich vor Uig an der Straße, die hinab in den Ort geht, dann rechts eine steile Auffahrt hoch, Tel. 0870/00 41 155, £ ab 11, geöffnet Mitte März-Okt.
- Fahrradverleih im Dorf.

Auf der A 855 nach Portree

Nördlich von Uig klettert die Straße hoch über das Meer. Bei schönem Wetter, zugegebenermaßen selten auf Skye, hat man von hier einen wunderschönen Blick bis auf die Äußeren Hebriden. Rechts liegt nicht weit entfernt das **Skye Museum of Island Life,** ein sehenswert renoviertes Crofterdorf mit sieben Hütten, die reich mit landwirtschaftlichen Gerätschaften und Einrichtungsgegenständen aus vergangenen Tagen ausgestattet sind. (Ö: im Sommer Mo-Sa 9.30-17.30 Uhr, E: £ 1.75, www.skyemuseum.co.uk)

Der größere Teil der Insel Skye wurde von den *MacDonalds* bewohnt, deren Clan heute mit weltweit 5 Millionen Angehörigen so viel Mitglieder wie Schottland Einwohner hat. Neben dem Hauptsitz Armadale Castle war **Duntulm Castle,** dessen Reste noch auf der dem Meer zugewandten Seite

Herrscher der Feenwelt: Old Man of Storr auf Skye

der nördlichsten Stelle der A 855 zu erkennen sind, eine ihrer wichtigsten Festungen. Die *MacDonalds* lieferten sich mit den *MacLeods* von Dunvegan durch die Geschichte hindurch unzählige blutige Schlachten um die Vorherrschaft auf der Insel.

Sie erreichen nun die Nordostküste von Skye, eine der überwältigendsten Landschaften der Insel und ganz Schottlands überhaupt. Die **Quiraings** sind bizarre Basaltberge, die durch Erosion die überraschendsten Formen angenommen haben. Biegen Sie in Staffin rechts auf die Straße nach Uig ab und parken Sie auf der Höhe an einem kleinen Rastplatz links des Weges. Von hier geht ein schmaler Wanderweg entlang des Steilhangs zu **The Needle,** einem 36 m hohen natürlichen Obelisken, und weiter in die Schluchten und Hallen der Berge hinein zum **Table,** einem grasbewachsenen Felsplateau. Die fantastischen Formen der Felsen und der Blick über die Insel und auf das Festland sind ein Erlebnis.

Etwas weiter auf der A 855 sollten Sie links auf einem großen Rastplatz halten. Von hier, an einem schwindelerregend hohen Wasserfall, der vor den Füßen senkrecht ins Meer stürzt, blicken Sie auf den **Kilt Rock.** Die senkrechten Basaltsäulen dieser Steilküste ähneln mit etwas Phantasie den Falten eines Schottenrocks.

Vorbei an dem zerklüfteten **Storr,** von dessen 719 m hoher Spitze sich ein herrlicher Rundblick bietet, und der fast 50 m hohen Felssäule **Old**

Hauptstadt der Nebelinsel: Hafen von Portree

Skye

Man of Storr, einer Herausforderung für Kletterer, erreicht man Portree.

Portree ⟋ XIII, C1

Der malerische Hafen von **Portree,** der tief unter der Straße in einer steilen Bucht liegt, ist durch seine geschützte Lage besonders bei Sportseglern beliebt. Portree besitzt alle wichtigen Vorteile der Zivilisation: Läden, einen Supermarkt an der Straße von Dunvegan, eine Post, eine Bank, Hotels und Restaurants. Die Cocktail Bar des **Portree Hotels** bietet noch bis 22 Uhr eine ganz passable warme Küche. Besser noch ist das Essen im **Isles Inn,** das am gleichen Platz liegt. Da das Städtchen darüber hinaus auch geografisch relativ zentral auf der Insel liegt, eignet sich Portree ideal als Ausgangspunkt, um Skye zu erkunden.

In der Viewfield Road lohnt ein Besuch des **Aros Centre,** das neben einem Theater und einem Restaurant auch ein Museum zur Geschichte Skyes seit 1700 beheimatet (www. scotlandcreates.com/aros). Hier beginnen auch schöne Wanderwege durch den Portree Forest.

Die **Skye Highland Games** finden Anfang August in Portree statt. Ende Juli/Anfang August wird das einwöchige **Skye Folk Festival** durchgeführt.

Information

● Das **Tourist Information Centre,** Bayfield House, Bayfield Road, Portree, Isle of Skye IV51 9EL, Tel. 01478/61 21 37, Fax 61 21 41, portree@host.co.uk, finden Sie vom Marktplatz aus Richtung Kai, dann rechts.

Unterkunft

● Das **Cuillin Hills Hotel,** in der Scorrybreac Road vom Square aus an der Bucht entlang nach Norden gehen, nach dem Bach links, dann erste Straße rechts, Tel. 01478/61 20 03, Fax 61 30 92, www.cuillinhills. demon.co.uk, B&B ab £ 50, mit schönem eigenem Park und gutem Restaurant.

● **Givendale Guest House,** Heron Place, Tel. 01478/61 21 83, B&B ab £ 23, günstiger als Cuillin Hills Hotel, aber dennoch gut.

● **B&B**-Angebote gibt es in Portree aufgrund seiner attraktiven Lage eine ganze Reihe. Besonders entlang der Viewfield Road (A 850), der südlichen Ausfallstraße, gibt es einige Möglichkeiten. Die Preise beginnen bei £ 20.

● **Portree Independent Hostel,** The Old Post Office, The Green, Tel. 01478/ 61 37 37, Fax 61 37 58, Bett ab £ 11.

● **Torvaig Caravan & Campsite,** vom Square an der Bucht nach Nordwesten weiterfahren, dann an der Staffin Road links (A 855) und noch ca. 1,5 km, Tel. 01478/61 22 09, Wohnwagen und Zelte ab £ 4.

Autoverleih

● **Ewan MacRae,** Dunvegan Road, Tel. 01478/61 25 54, Fax 61 32 69, betreibt auch einen 24-Std.-Pannendienst.

● **Portree Coachworks,** Portree Industrial Estate, Tel. 01478/61 26 88, Fax 61 32 81, www.portreecoachworks.co.uk.

Fahrradverleih

● **Island Cycles,** The Green, Tel. 01478/61 31 21.

Sonstiges

● Unweit von Portree bietet sich eine der letzten Gelegenheiten, ein **handgeschmiedetes Schwert** zu erstehen: Castle Keep, Strathaird Steading, Strathaird, Tel. 01471/86 63 76, www.castlekeep.co.uk.

Die Äußeren Hebriden

483

Überblick

Allgemeines

Im Atlantik behaupten sich vor der schottischen Westküste die Hebriden als eine der ursprünglichsten Gegenden Schottlands. Die „Lange Insel" erstreckt sich auf einer Länge von ca. 210 km in einer Entfernung zwischen 50 und 100 km westlich vom schottischen Festland. Durch ihre Abgeschiedenheit haben sich die Hebriden als eine Welt erhalten, in der das Leben einfach blieb, eng verbunden mit der Natur als einem ungebändigten, rauen, aber lebensnotwendigen Partner.

Die 26.000 **Einwohner** der Inselkette verteilen sich auf nur zehn der unzähligen kleinen Eilande. Die unbewohnten Inseln und Gebiete des Archipels sind für Millionen von Vögeln, Robben und anderen Grenzbewohnern des Meeres wegen ihrer Unberührtheit und landschaftlichen Einzigartigkeit zu einem Asyl für ihre überall auf der Welt bedrohte Existenz geworden. Durch das Zusammenspiel von Meer und Land, Watt und Marsch, Salzwasserfjorden und Süßwasserseen, das in dieser Form vielleicht einmalig ist, bieten die Hebriden einen breiten Lebensraum für die andernorts bedrohte maritime Tierwelt. Einige besonders schützenswerte Regionen sind daher zu **Nationalparks** *(National Nature Reserves)* erklärt worden.

Die Menschen auf den Hebriden leben zum größten Teil in den typischen kleinen, entlang der Küste verstreuten **Crofter-Dörfern.** Diese Ortschaften ziehen sich manchmal kilometerweit an einer Straße entlang. Besonders auf den südlichen Uists sind auch noch ein paar der alten **Black Houses** bewohnt. Nur wenige dieser dunklen, komfortlosen, torfgedeckten Steinhäuser haben überlebt. Viele wurden abgerissen, um das rare Baumaterial weiterzuverwenden, andere dienen als Ställe oder verwittern langsam.

Viel Energie verwenden die Hebridians auf ihren Glauben. Fast alle Insulaner sind tief religiös. Allerdings ist der **Katholizismus,** der sich auf den Inseln südlich von North Uist erhalten hat, nicht so kompromisslos sittenstreng wie der Calvinismus des Nordens. Dennoch wird die Sonntagsruhe von vielen Insulanern mit einer Grabesruhe verwechselt. Nichts geht mehr am Sonntag. Die Geschäfte, Tankstellen, Restaurants und Kneipen sind geschlossen, kein Bus und keine Fähre fährt mehr; auch die Menschen bleiben zu Hause, außer, um in die Kirche zu gehen. Von denen gibt es aufgrund der Zersplitterung der Konfessionen in den meisten Dörfern gleich mehrere.

Der *beste Reisemonat* für die Hebriden ist der Mai. Zwar ist die Temperatur in diesem Monat noch nicht so hoch, der Durchschnitt liegt bei 9° C, im Gegensatz zu 13° C im Juli/August, doch ist er mit 60 mm durchschnittlichem Niederschlag an den „nur" 17 Regentagen der regenärmste Monat und – die Mücken sind noch nicht geschlüpft. Regenarm darf man aber auf diesen Inseln auf keinen Fall mit trocken verwechseln. Wasser- und windfeste Klei-

Farbkarte Seite XII, XVIII **Überblick**

dung, besonders wasserdichte Schuhe, erweisen sich selbst im Sommer als unerlässlich.

Für Geologen sind die Hebriden eine Besonderheit. Die Gesteine der Äußeren Hebriden zählen zu den ältesten **Gesteinsarten** der Erde. Der so genannte **Lewis Gneis,** der den größten Teil der Inseln bildet, entstand während des Abkühlungsprozesses der Erde vor ca. 2,9 Mrd. Jahren. An einigen Stellen existieren sogar noch ältere Gesteinsarten, die, da ihre Entstehung nicht genau rekonstruiert werden kann, einfach Grauer Gneis genannt werden. In Harris geben einige Granitschichten (Laxford Granit) darüber hinaus Zeugnis von vulkanischer Aktivität, die sich vor etwa 18 Mio. Jahren hier austobte.

Wer einen längeren Aufenthalt auf den Hebriden plant, der sollte sich unbedingt das „Outer Hebrides Handbook" zulegen. Das Heftchen beschäftigt sich auf 100 Seiten weniger mit Sehenswertem als mit den Lebensbedingungen, den Menschen

Dun Carloway Broch auf Lewis

Überblick

und ihrer Umwelt auf den Inseln und öffnet dadurch dem Besucher einen authentischen Blick auf sein Reiseziel. Man erhält das Büchlein in Buchhandlungen, aber auch in den Tourist Information Centres für £ 7.95.

Tier- und Pflanzenwelt

Die Tierwelt auf den Hebriden trägt einen ausgesprochen maritimen Charakter. Nur wenige Tiere sind nicht abhängig vom Meer oder Wasser. Die **Seehundkolonie** auf den Monach Isles südwestlich von North Uist soll die zweitgrößte der Welt sein. Mit ein wenig Glück ist es sogar möglich, **Walrosse, Delfine** und **Wale** zu sehen. Häufig sind in den Küstengegenden auch **Fischotter** beim Spielen und Fischen zu beobachten.

Noch beeindruckender erscheint die Vogelwelt der Inseln. Die ca. 310 verschiedenen Vogelarten machen die Inseln zu einem ornithologischen Paradies. Vor allem sind es natürlich Wasservögel, die die Inseln bevölkern. **Sturmvögel,** alle möglichen Arten von **Möwen, Seeschwalben, Tölpel, Regenpfeifer, Austernfischer** und andere Seevögel fühlen sich an den Küsten heimisch. Auf den Binnenseen leben Vögel wie **isländische Schwäne,** verschiedene Arten **Enten, Taucher** und weitere Spezies. Auf dem Land jagen **Bussarde, Fisch-** und auch **Steinadler.** Beim Beobachten der Vogelkolonien gilt immer: Die Vögel bitte nie bei ihrer Brut stören oder ihre Umwelt durch Herumtrampeln zerstören!

Die Flora gedeiht dagegen auf den äußeren Hebriden eher spärlich. Außer in den Castle Grounds in Stornoway genießen **Bäume** auf den Inseln eher Seltenheitswert. Weite Flächen der Inseln sind von Moor und Sumpf bedeckt, wo die meisten Arten von **Moosen** und **Heidekräutern** gedeihen. Reich sind die Inseln nur an **Wildblumen.** Über 1000 verschiedene Arten erfreuen das Auge in einer sonst so kargen Landschaft.

Geschichte

Die Geschichte der Hebriden unterscheidet sich nicht sehr von der der übrigen Highlands. Die Jungsteinzeit tritt mit dem Steinkreis von Callanish überwältigender als anderswo in

Farbkarte Seite XII, XVIII

Überblick

Schottland in Erscheinung. Nachdem die Wikinger sich im 12. Jh. aus Schottland zurückgezogen hatten, errichteten die *MacDonalds of Islay* die berühmte *Lordship of the Isles* über alle westlichen Inseln. Clearances und Emigration entvölkerten im 19. und frühen 20. Jh. die Inseln wie die übrigen Highlands.

Heute ist das Leben auf den Inseln zwar verschlafen, aber gemütlich, und im Gegensatz zum 19. Jh. haben die meisten Menschen ein bescheidenes Auskommen. Einen wichtigen Einschnitt im Leben der Insulaner in der jüngsten Geschichte der Hebriden stellte die verwaltungstechnische Zusammenlegung der äußeren Hebriden 1974 dar. Vorher waren die Inseln verschiedenen Bezirken des Festlandes zugeteilt gewesen.

Seit dieser Maßnahme beginnt auch das **Gälische** wieder Eingang in die Amtssprache zu finden, und heute sind alle öffentlichen Schilder mindestens zweisprachig, wenn nicht ausschließlich in Gälisch. Wir haben daher bei allen Ortsangaben in Klammern die gälische Bezeichnung hinzugesetzt.

Wirtschaft

Die Abgelegenheit der westlichen Inseln macht es schwierig, hier eine Industrie aufzubauen. Zwar nützt dies der Natur, doch liegt die **Arbeitslosigkeit** auf den Inseln immer noch weit über dem Durchschnitt in Großbritannien. Die Lebenshaltungskosten dagegen liegen nur wenig über denen des Festlandes.

Der **Lebensstandard** wurde in den 90er Jahren wenigstens etwas erhöht, indem es mit staatlicher finanzieller Unterstützung vielen Familien ermöglicht wurde, sich ein neues Haus zu bauen und die alten Crofter-Häuser zu verlassen.

Geblieben aber ist der Torfstapel *(cruach)* vor den Häusern. Der **Torf** wird im Frühjahr gestochen. Die Arbeit macht meist die ganze Familie, manchmal ganze Dörfer gemeinsam. Eine gute Woche dauert die knochenharte Schinderei, doch spart sie ein volles Jahr die Kosten für Heizen und Kochen.

Da Arbeitsplätze rar sind, bewirtschaften viele Familien nebenher noch ein kleines Croft (*Crofting* siehe auch Exkurs), um den Lohn aufzubessern. Besonders auf Harris sind es die Crofter, die in Heimarbeit den Tweed weben, der als Kleidungsstück auf der ganzen Welt getragen wird.

Der wichtigste Arbeitgeber ist nach wie vor die **Fischerei.** Ihr Anteil am Arbeitsmarkt sank zwar, ist aber immer noch unersetzlich. Neben der Hochseefischerei wird auch verstärkt Fischzucht in den unzähligen Buchten und Seen betrieben. Von der Bedeutung als Arbeitgeber an zweiter Stelle steht das *Western Isles Island Council,* das über den Dienstleistungssektor (zum Beispiel 500 Lehrer) und den Aufbau sowie den Erhalt der Infrastruktur gebietet. Die **Tourismusbranche** ist auf den Äußeren Hebriden noch nicht entwickelt, auch wenn im Sommer viele Hausfrauen versuchen, ein paar Pfund mit Bed & Breakfast zu verdienen. Eini-

Äuß. Hebriden

Harris Tweed

Wohl kaum ein Besucher Schottlands hat noch nie vom Tweed gehört. Der Tweed ist ein grober, sehr robuster Wollstoff, der meist auch in Karomustern gesponnen ist und ausgesprochen wetterfeste Eigenschaften aufweist. Der beste Tweed kommt nicht vom schottischen Festland, sondern von der Hebrideninsel Harris. Wann man auf Harris begann, Tweed zu weben, liegt im Dunkel der Geschichte. Sicher ist, dass der Tweed ursprünglich als Nebenprodukt der Heimarbeit entstand. Die Frauen der Fischer stellten ihn zum eigenen Gebrauch her.

Der Tweed ist aufgrund der dicht gewebten Fäden wasserabweisend und hält, wie alle Wollprodukte, sehr gut die Wärme. Diese *Eigenschaften* machten ihn zu einer idealen Arbeits- und Alltagskleidung. Nach dem Waschen der Wolle färbte man die Vliese ein. Die Insularer verwandten dabei **Farben,** die sie in der Natur fanden, vor allem von einheimischen Pflanzen und Büschen. So benutzte man etwa Ginster für Gelb, Schwarz und Grau gewann man aus der Iris oder aus Erlen- oder Eichenrinde, Grün gab das Heidekraut, und das meistgebrauchte Rostbraun stellte man aus Flechten her, die man von den Felsen schabte. Auch wenn die Farben heute synthetisch hergestellt werden, so sind doch die traditionellen Töne immer noch vorherrschend.

In den 40er Jahren des 19. Jahrhunderts wurde der *clo Mor,* wie der Tweed im Gälischen heißt, für den Markt entdeckt. Die *Countess of Dunmore,* der weite Teile der Insel gehörten, entdeckte die guten Eigenschaften des Alltagsstoffes ihrer Untertanen. Sie hatte natürlich auch ein Interesse daran, dass ihre karge Insel etwas Geld abwarf und führte den Stoff in der besseren Gesellschaft Großbritanniens ein. Bald wurde der Stoff bekannt, und der Überschuss der hebridischen Heimproduktion kleidete bald die feinen Sportsmänner und Jäger auf den ganzen Britischen Inseln.

Bald begann man, die Herstellung über die Heimproduktion hinaus auszudehnen. Die Besonderheit liegt beim Harris Tweed dabei in der Beibehaltung der **unabhängigen Handweberei.** Zwar entstanden Manufakturen für Spinnerei und Färberei, doch blieb die Weberei Angelegenheit der selbstständig arbeitenden Crofter-Weber. Bis heute stehen die Webstühle meist in einem Schuppen beim Haus der Weber. Die Weber arbeiten, je nach der individuellen Situation, hauptberuflich oder als Nebenerwerb zur Landwirtschaft und Fischerei an den Stoffen.

1909 wurde dann die *Harris Tweed Association Ltd. (H.T.A.)* gegründet, die den Harris Tweed vor Konkurrenz schützen sollte. Der Harris Tweed wurde zum **geschützten Warenzeichen,** zu dessen Erwerb strenge Auflagen erfüllt sein müssen. Die verwendete Wolle muss von schottischen Schafen stammen, auf den Hebriden gefärbt und gesponnen sein und auf Harris von einem Weber von Hand gewebt sein. Nur Stoff, der diese Kriterien erfüllt, erhält von der Gesellschaft den Echtheitsstempel. Das **Zeichen des Harris Tweed** stellt einen Reichsapfel dar, der aus dem Wappen der *Countess of Dunmore* entlehnt ist. Seit *Lord Leverhulm,* der sich um die Infrastruktur der ganzen Hebriden verdient gemacht hat, 1920 den *Hattersly Webstuhl* eingeführt hat, ist es auch möglich, der Nachfrage angepasst, verschiedene Stärken von Stoffen herzustellen.

Heute arbeiten etwa 750 unabhängige Weber auf Harris, die jährlich, abhängig von der **Weltnachfrage,** ca. 4,5 Mio. Meter Tweedbahnen produzieren. Die wetterfesten Eigenschaften des Harris Tweed sind heute so bekannt, dass bis zum Anbruch des *Goretex*-Zeitalters selbst Expeditionen auf das bewährte Material zurückgriffen. So war der karierte Stoff von den Hebriden schon auf dem Mount Everest im Himalaja und auf dem Südpol, macht aber auch vor den Saaltüren der exklusivsten Gesellschaften nicht halt.

Farbkarte Seite XII, XVIII

Überblick

ge Arbeitsplätze sichern auch die Army auf Benbecula und die Werft südlich von Stornoway.

Information

● www.visithebrides.com

Verbindungen

● Alle wichtigen Fahrpläne für Bus-, Flug- und Fährverkehr sind im **Skye and Western Isles Travel Guide** zusammengefasst, der erhältlich ist bei allen Tourist Information Centres oder vorab per Post beim *Western Isles Tourist Board*, 26 Cromwell Street, Isle of Lewis, HS1 2DD, Tel. 01851/70 30 88, Fax 70 52 44, www.visithebrides.com.

● **Konkrete Verbindungen:** *Traveline* für alle öffentlichen Verkehrsmittel (außer Flügen) www.travelinescotland.com bzw. Tel. 0870/60 82 608 (siehe auch „Unterwegs in Schottland" für günstige Tickets).

Flug

● Auf Barra, Benbecula und in Stornoway sind **Flugplätze,** die die Äußeren Hebriden mit der Welt verbinden. Der Flugplatz auf Barra ist eine Kuriosität. Da das Rollfeld auf einem Strand liegt - feuchter Sand ist bekanntlich steinhart - müssen die Flugpläne mit den Gezeiten koordiniert werden.

● **British Airways** bzw. **Loganair** landen von Glasgow kommend werktags einmal in Barra und zweimal in Benbecula und Stornoway. Benbecula und Stornoway werden auch von Edinburgh aus angeflogen, von Inverness landen Mo-Sa täglich zwei Flugzeuge in Stornoway.

● **Highland Airways** bietet Mo-Fr zweimal täglich einen „Island Hopper" Service zwischen Benbecula, Stornoway und Inverness an.

Fähren

● **Caledonian MacBrayne** unterhält eine Flotte komfortabler Autofähren zwischen den Hebriden und dem Festland sowie zwischen den Inseln. Die Abfahrtszeiten der Schiffe korrespondieren mit den Fahrplänen der Züge und Überlandbusse.

● Ullapool - Stornoway, Mo-Sa zwei- bis dreimal täglich, £ 15/Pers., £ 70/Auto.

● Tarbert–Uig, Mo-Sa ein- bis zweimal täglich, £ 9/Pers., £ 45/Auto.

● Tarbert - Lochmaddy, nur im Sommer Mo-Sa wenige Fähren direkt, sonst mit Umweg über Uig, £ 9/Pers., £ 45/Auto.

● Lochmaddy - Uig, Mo, Di, Do und Sa zweimal täglich; Uig–Lochmaddy Mo, Mi, Fr und Sa zweimal täglich, an allen anderen Tagen die jeweilige Richtung nur einmal, £ 9/Pers., £ 45/Auto.

● Lochboisdale - Oban, Mo, Di, Do, Sa, und So einmal täglich nach Lochboisdale, Mo, Mi, Fr und Sa einmal täglich nach Oban, £ 21/Pers., £ 76/Auto.

● Lochboisdale - Castlebay/Barra, Mi und So nach Lochboisdale, Mo und Di nach Castlebay, £ 6/Pers., £ 34/Auto. Diese Fähre verbindet auch Castlebay und Oban.

Bus

● Die Weiterreise auf den Inseln gestaltet sich schwieriger. Busse verschiedener Privatunternehmen wurden zusammengefasst als *Western Isles Bus Services* und die Postbusse befahren im Sommer täglich die wichtigsten Routen, also nahezu alle hier beschriebenen Straßen (kein Sonntagsverkehr!). Sie nehmen Fahrgäste, wie überall in den Highlands, auf ein Zeichen von allen Stellen an den Straßen mit.

Trampen

● Trampen ist nur als Ergänzung zum Wandern und Busfahren möglich, da die Verkehrsdichte trotz hoher Mitnahmequote einfach zu gering ist. Wer dennoch plant, viel zu trampen, der hat wasserdichte Kleidung, Unmengen von Zeit und Geduld und einen „goldenen Daumen" bitter nötig.

Unterkunft

● Auch auf den Hebriden ist das Netz der **B&B-Unterkünfte** gut. Halten Sie Ausschau nach Hinweisschildern vor den Häusern ent-

lang der Hauptstraßen. Für den Sonntag sollten Sie allerdings vorsorgen, da außerhalb von Stornoway nur wenige „Unfromme" Unterkunft gewähren, die Übrigen aber oft sogar die Schilder wegnehmen. Sind Sie aber bereits am Samstag angereist, so wird Sie niemand für den Sonntag hinauswerfen.
● *Hotels* gibt es auf den Hebriden nur wenige in den Zentren der größeren Ortschaften.
● Eine Besonderheit der Hebriden sind die *Hostels* des *Gatliff Trusts,* der alte Black Houses renoviert und als Herberge nutzt. Der *warden* (Herbergsvater) kommt einmal am Tag vorbei, um zu kassieren und Torf für den Ofen zu bringen. Es gibt daher keine festen Bettruhezeiten, so dass Feten keine Grenzen gesetzt sind. Der Preis liegt bei £ 8 für eine Nacht. Ein Flugblatt des Trusts enthält alles Wichtige über die Herbergen inklusive ausführlicher Wegbeschreibungen und sollte an allen Infostellen ausliegen. Oft ist es aber vergriffen, so dass Sie am besten das Wichtigste einfach bei Herbergsmitbewohnern abschreiben, die mehr Glück hatten (www.gatliff.org.uk, keine Vorausbuchungen möglich).

Lewis
(Eilean Leodhais)

Lewis ist nicht nur die größte der Hebrideninseln, sondern auch die bevölkerungsreichste. Von Harris trennt sie keine Meerenge, sondern die hohen Berge, die bis zum Bau der A 859 so unwegsam waren, dass sich die Bewohner „beider" Inseln nur mit dem Boot erreichen konnten. Beide Inseln wurden vor allem vom Clan *Leod* (sprich „Laud") bewohnt.

Stornoway
(Steornabhagh) ♪ XVIII, B2

Mit ihren 5602 Einwohnern ist Stornoway die einzige Stadt der ganzen Hebriden. Deshalb ist sie mit ihren bunten Häusern, den vielen Geschäften und dem geschäftigen Treiben in den Straßen wesentlich lebhafter als vergleichbar große Städte des Festlandes. Der geschützte Naturhafen bot einst einer ansehnlichen Fischfangflotte Schutz, und auch heute noch ist er das lebendige Zentrum der Stadt. Dienstag- und Donnerstagabend finden hier ab 19 Uhr *Fischmärkte* statt.

Unter dem Fähranleger sind noch die Überreste des alten **Stornoway Castles,** der MacLeod-Festung zu sehen, die *Oliver Cromwell* zerstören ließ.

In der alten **Town Hall,** die zwischen der Point Street und der South Beach Street (der Hafenpromenade) liegt und um die Wende vom 19. zum 20. Jahrhundert entstand, befindet sich heute das **An**

Lanntair Arts Centre. In der Galerie finden monatlich wechselnde Kunstausstellungen statt, die sich vor allem mit der gälischen Kultur und einheimischen Künstlern beschäftigen. Außerdem gibt es das ganze Jahr über diverse Veranstaltungen. Im Herbst 2005 sollen neuen Räumlichkeiten für die Galerie an der Ecke South Beach/Kenneth Street fertig gestellt werden (Ö: Mo-Sa 10-17.30 Uhr, E: frei).

Das *Museum Nan Eilean,* in der Francis Street, zeigt eine kleine Ausstellung zu Leben und Kultur der Inseln (Ö: im Sommer Mo-Sa 10-17.30 Uhr, im Winter nur Di-Fr 10-17, E: frei).

Das viktorianische *Lewis Castle* beherbergt heute ein College. Das unschöne Schlösschen liegt auf der anderen Seite des Flüsschens inmitten eines prachtvollen alten Parks, der der Öffentlichkeit zugänglich ist.

Information

● Das *Tourist Information Centre* befindet sich in der 26 Cromwell Street, Stornoway, Isle of Lewis HS1 2DD, Tel. 01851/70 30 88, Fax 70 52 44, info@visithebrides.com.

Verbindungen

● Vom *Busbahnhof* an der westlichen Seite der Hafenfront fahren Busse in alle Winkel der Insel.

● Zwischen Stornoway und Tarbert fährt Mo-Sa 4-5 Mal täglich ein Bus, der die sehenswerte Strecke durch die Berge von North Harris nimmt. Die Fahrt dauert ca. 1.15 Std., um £ 5. Der Bus fährt von Tarbert weiter nach Leverburgh, wo die Fähre nach North Uist ablegt.

● *Konkrete Verbindungen: Traveline* für alle öffentlichen Verkehrsmittel (außer Flügen) www.travelinescotland.com bzw. Tel. 0870/60 82 608 (siehe auch „Unterwegs in Schottland" für günstige Tickets).

● *Autoverleih: Mackinnon Self Drive,* 18 Inaclete Road, Tel. 01851/70 29 84, Fax 70 55 96, www.mackinnonhire.co.uk.

● *Fahrradverleih: Alex Dan's Cycle Centre,* 67 Kenneth Street, 01851/70 40 25.

Unterkunft

● *Royal Hotel,* Cromwell Street, am Hafen, Tel. 01851/70 21 09, Fax 70 21 42, www.calahotels.com, B&B ab £ 35.

● *Park Guest House,* 30 James Street, Tel. 01851/70 24 85, Fax 70 34 82, B&B ab £ 21, mit gutem Restaurant.

● *Stornoway Backpackers Hostel,* 47 Keith Street, Tel. 01851/70 36 28, www.stornoway-hostel.co.uk, ca. £ 9.

● *Laxdale Caravan and Camping Site,* 6 Laxdale Lane, Laxdale, gleich nördlich von Stornoway, Tel. 01851/70 32 34, Apr.-Okt., Wohnwagen ab £ 7, Zelte ab £ 6.50.

Die übrige Insel

Verbindungen

● Fast jeder Punkt auf Lewis lässt sich mit dem *Bus* erreichen. Inzwischen verkehren auf den meisten Strecken 4-5 Busse täglich (z.B. Stornoway nach Callanish über Barvas und Carloway 4-6 Mal täglich im Sommer). Trotzdem muss man eventuell ein paar Stunden Wartezeit in Kauf nehmen. Sonntags und nach 18 Uhr fahren keine Busse mehr.

● Fast alle *Linien* führen während ihrer Runde einmal über Stornoway, so dass man von dieser Stadt aus nahezu die ganze Insel erreichen kann.

Unterkunft

● *Doune Braes Hotel,* Carloway, Tel. 01851/64 32 52, www.dounebraes.co.uk, B&B ab £ 35.

● *Eshcol Guest House,* 21 Breascleit, Callanish, in der Nähe der Callanish Stones, Tel./Fax 01851/62 13 57, www.eshcol.com, B&B ab £ 29.

Lewis

- Das **Garenin Hostel** ist eines der vom Gattliff Trust restaurierten torfgedeckten Black Houses, gelegen an einem idyllischen Strand westlich von Carloway. Die Übernachtung kostet ca. £ 8, der Schlafsack muss allerdings mitgebracht werden. Für £ 4 kann auch gezeltet werden.
- **Galson Farm Bunkhouse,** South Galson (Gabhsann), Ness, Tel./Fax 01851/85 04 92, Bett £ 10.

Ardroil
(Eadar Dha Fhadhail) ♪ XVIII, A2

Von Stornoway aus führt die A 858 an die Westküste der Insel. Biegt man bei Garynahine (Gearraidh Na H-Aibhne) auf die B 8011, gelangt man kurz hinter Miavaig nach Ardroil. Im Süden der Bucht liegt eine prähistorische Fundstätte. Hier wurden 1831 die berühmten **Lewis Chessmen** (Schachfiguren) aus Walrossbein entdeckt, die Mönche vermutlich aus Angst vor Wikingern vergraben hatten. Die Originale werden in Edinburgh und London aufbewahrt, Kopien sind aber überall auf den Inseln zu haben.

Callanish (Calanais) ♪ XVIII, B2

Folgt man in Garynahine der A 858, gelangt man kurz darauf nach Callanish. Auf einer Landzunge, die sich 33 m über das Meer erhebt, ragt ein Steinkreis auf, dessen archäologische Bedeutung nur von der Stonehenges übertroffen wird. Die **Tursachan Calanais** (stehenden Steine von Callanish) wurden um 3000 v.Chr. vermutlich zu kultischen Zwecken errichtet. Etwa zweihundert Jahre später fügte man der Anlage eine kleine Grabkammer zu, die

Keine Angst vor der Ölkrise: Torfstich auf Lewis

Farbkarte Seite XVIII **Lewis**

inmitten des Kreises am Fuße des 5 m hohen Zentralsteines liegt. Hier wurden die Urnen der Verstorbenen der umliegenden Dörfer und zugehörige Opfergaben beigesetzt.

Die Größe und Vollständigkeit der jungsteinzeitlichen Kultanlage strahlen noch heute auf den Betrachter eine Faszination aus wie kein anderer Steinkreis Schottlands. Alle dreizehn Steine des zentralen Kreises sind erhalten geblieben, und auch die meisten der in die 4 Himmelsrichtungen vom Kreis abgehenden kleineren Reihen sind noch vollständig. Von Norden her führt eine Doppelreihe auf den Zentralkreis zu, von der man vermutet, dass sie Prozessionen als Rahmen dienen sollte. Um 1200 v.Chr. wurde die Anlage geplündert und später profanisiert, indem wieder Getreide angebaut und Gebäude an sie angebaut wurden. Seit 800 v.Chr. bildete sich dann Torf über der Kultstätte, der sie 1857, im Jahre der Ausgrabung, 1,5 m hoch bedeckte.

Der Hügel bietet einen herrlichen Rundblick über die nähere Umgebung, die Bucht und die Berge von North Harris. Informationen über den Steinkreis und ein kleines Café gibt es im nahe gelegenen **Visitor Centre** von *Historic Scotland*. (Ö: im Sommer Mo-Sa 10-19 Uhr, im Winter bis 16 Uhr, E: frei)

**Carloway
(Carlabhagh)** ⌕ XVIII, B1

Gut 6 km auf der A 858 weiter kommt man nach Carloway. Kurz vor der Ortschaft liegt das **Doune Braes Hotel,** dessen geselliger Pub so-

Konkurrenz für Stonehenge: Standing Stones of Callanish

Lewis

gar am Sonntagabend bis zehn Uhr geöffnet hat.

In Carloway selbst findet sich einen knappen Kilometer links der Hauptstraße (ausgeschildert) eine der besterhaltenen vorgeschichtlichen Burgen, der so genannten Brochs, Schottlands: **Dun Carloway.** Es erhebt sich beherrschend über einer malerischen Bucht. Zur Straße hin steht die um die Zeitwende erbaute Befestigungsanlage noch ca. 9 m hoch. Steigt man den Hügel hinter dem Broch noch etwas höher, wird man mit einem herrlichen Blick über Lewis belohnt. (Über Brochs siehe auch Exkurs „Brochs und Duns")

Garenin (Gearrannan) ♪ XVIII, B1

Folgt man der Straße unterhalb des Brochs bis zur Küste, gelangt man nach Garenin, einer verlassenen **Black-Houses-Siedlung,** die unter Denkmalschutz steht. (Ö: im Sommer Mo-Sa 11-17.30 Uhr). In einer der Hütten hat der *Gatliff Trust* eine Herberge eingerichtet (E: £ 1, Übernachtung £ 8, www.gatliff.org.uk).

Bragar (Bhragair) ♪ XVIII, B1

In Bragar etwas weiter nördlich steht direkt links der Straße in einem Garten ein großer Bogen aus einer **Blauwalrippe,** unter dem die Harpune hängt, die den Wal erlegte.

Arnol ♪ XVIII, B1

Ein paar Kilometer weiter, in Arnol, lohnt es sich, das **Black House Museum** zu besichtigen. Von der Hauptstraße folgt man dem Schild nach links und der Straße ca. 1 km bis ans

Campanile aus der Eisenzeit: Dun Carloway

Meer. Hier ist ein altes Black House als Museum eingerichtet. Der Name der *black houses* rührt von der Abwesenheit jeglicher Schornsteine. Das Feuer in der Mitte des Hauses sollte die Wärme im ganzen Haus verteilen und gleichzeitig das Dach trocken halten. Daneben erhöhte der sich im Torf festsetzende Ruß die Wasserdichte des Daches. Um die authentische Atmosphäre, das Haus wurde erst 1964 verlassen, noch zu unterstreichen, wird im **Lewis Black House** von Arnol stets ein Torffeuer am Glimmen gehalten. (Ö: Mo-Sa im Sommer 9.30-18.30 Uhr, im Winter 9.30-16.30 Uhr, E: £ 4)

Barvas (Barabhas) ⌕ XVIII, B 1

Kurz vor Barvas trifft die A 858 auf die A 857, die von Stornoway zum Butt of Lewis führt. Dieser Straße folgend führt nördlich von Barvas die erste Abzweigung links zum **Trushel Stone** (Clach an Truisail), dem mit über 5,7 m höchsten *standing stone* Schottlands.

Shader (Siadar) ⌕ XVIII, B 1

Weiter nördlich führt bei **Shader** von der Straße ein schmaler Pfad zu den Stehenden Steinen von **Clach Stein,** die ein prähistorisches Grab umgrenzen. Leider sind die meisten dieser prähistorischen Stätten auf den Inseln nicht ausgeschildert, so dass es manchmal etwas schwierig ist, sie zu finden.

Port of Ness
(Port Nis) ⌕ XVIII, B 1

Die A 857 endet im kleinen Hafen Port of Ness. Hier kann man beobachten, wie sich Tölpel aus großen Höhen von den Felsen ins Meer stürzen, um Fische zu fangen. In der alten Schule hat eine historische Gesellschaft ein kleines Heimatmuseum eingerichtet.

Auf dem hohen Felsen des **Butt of Lewis** (Rubha Robhanais) markiert ein Leuchtturm die nördlichste Spitze der Hebriden. Man kann hier unzählige Vögel, wie Kormorane, Seeschwalben, Möwen, Austernfänger, Regenpfeifer und andere, beobachten.

Europie (Eoropaidh) ⌕ XVIII, B 1

In Europie südlich des Butt of Lewis steht die im 12. Jh. erbaute **St Moluag's Church** (Teampull Mholuaidh). Bis heute finden dort Gottesdienste statt.

Fahrt nach Tarbert

Wer die Zeit hat, sollte sich auf keinen Fall die Fahrt mit dem Bus von Stornoway nach Tarbert entgehen lassen. Der Bus fährt die A 859 nach Süden durch die öde Moorlandschaft von Lewis. Vor den bunten Häusern liegen die Torfstapel, in der Luft hängt der Geruch von verbranntem Torf. Langsam steigt das Land an, bis der Bus sich durch die Grenzberge nach Harris quält. Aber keine Angst, er schafft die Steigungen, auch wenn es manchmal nicht so aussieht (Zeiten und Preise siehe „Verbindungen" unter Stornoway).

Harris
(Eilean Na Hearadh)

Harris unterscheidet sich vollständig von Lewis. Von der weichgewellten Moorlandschaft ist nichts geblieben, nur noch Felsen, Berge, Fjorde und Buchten bestimmen das Bild. An manchen Stellen wird die Steinwüste kaum noch vom Grün unterbrochen und wirkt wie eine Mondlandschaft.

Tarbert (An Tairbeart) ⌕ XVIII, A3

Der Bus aus Stornoway hält in Tarbert vor dem **Tourist Information Centre** im Ortskern. Tarbert ist ein verschlafenes, kleines Küstenörtchen, dessen Bedeutung vom Fähranleger bestimmt wird. Man findet hier aber auch ein paar Geschäfte, eine Post, ein Hotel, eine Bank, ein Restaurant und ein paar Pubs.

Inselrundfahrt

Die Tour um Südharris ist ca. 70 km lang. Auf der Rundfahrt wird der große Unterschied zwischen der West- und der Ostküste auffallen. Zum Festland hin fallen die Felsen steil ins Wasser ab, während der Westküste eine Marschlandschaft mit herrlichen Sandstränden vorgelagert ist. Bevor man hier allerdings schwimmen geht, sollte man sich vor Ort erkundigen, da manche Strände plötzlich tief werden und gefährliche Grundseen haben.

Die A 859 verläuft direkt entlang der romantischen Westküste über

Steinwüste: der typische Blick über Harris

Northton nach **Leverburgh** (An-T-Oib). Es gibt dort ein Lebensmittelgeschäft, ein Teehaus, eine Post und ein Andenkengeschäft. Vom Pier legt die kleine Personenfähre in Richtung Berneray ab.

In **Rodel** (Roghadal) endet die A 859 und ein winziges Sträßchen, das einen fast seekrank macht, führt zurück nach Tarbert. In Rodel steht die **St Clements Church.** Sie wurde im 12. Jh. in Kreuzform erbaut, später von den *MacLeods* erneuert und zu ihrer Grabkirche ausgebaut. Im Inneren sind einige alte Grabsteine aufgestellt, deren schönster der in die Südseite des Chors eingelassene des *Alexander MacLeod of Dunvegan* ist (1547).

Nordharris ist der bergigste Teil der Äußeren Hebriden. Mit dem **Clisham** (Cliseam) steigt das Land hier auf 792 m an. Die Berge sind ein Paradies für Kletterer und Wanderer.

Information

● **Tourist Information Centre,** Pier Road, Tarbert, Tel./Fax 01859/50 20 11, info@visithebrides.com.
● www.southharris.com

Verbindungen

● Auf Harris verkehrt ein **Bus,** der entlang der Straße um die Insel fährt. Die Abfahrtszeit liegt jeden Tag anders und hängt davon ab, ob gerade Schulzeit ist (der Bus fungiert auch als Schulbus und fährt manchmal auf Schotterwegen noch Gehöfte an, bei denen das Wenden auch nach getaner Arbeit ein Geheimnis des Fahrers bleibt).
● Von Leverburgh im Süden von Harris verkehrt eine **Fähre** nach Berneray auf North

St Clement's Church in Rodel

Harris

Uist, im Sommer Mo-Sa bis zu viermal, im Winter nur zweimal, ca. £ 5.50/Pers. und £ 25/Auto.
- **Konkrete Verbindungen:** *Traveline* für alle öffentlichen Verkehrsmittel (außer Flügen) www.travelinescotland.com bzw. Tel. 0870/ 60 82 608 (siehe auch „Unterwegs in Schottland" für günstige Tickets).
- Im Sommer geht täglich mittags von der Bushaltestelle in der Ortsmitte, gegenüber der Information eine **Inselrundtour** ab.

Essen und Trinken

- **Scarista House,** Tel. 01859/55 02 38, Fax 55 02 77, www.scaristahouse.com, betreiben ein ausgezeichnetes Restaurant, vermieten aber auch Zimmer, B&B ab £ 65, Abendessen ab £ 35.

Unterkunft

- **Ardhasaig House,** Aird Asaig (Ardhasaig), Tel. 01859/50 20 66, Fax 50 20 77, www.ardhasaig.co.uk, B&B ab £ 45, führt auch ein nettes Restaurant.
- **Mrs. A. Morrison,** Hillcrest, Tarbert, das Haus liegt ungefähr 2 km vom Fährhafen entfernt, Tel. 01859/50 21 19, B&B ab £ 21.
- **Rhenigidale Hostel,** eine abgelegene Herberge des Gattliff Trust. Sie steht in North Harris am Südufer des Loch Seaforth und ist zu Fuß von Süden über die Berge (ca. 10 km), von Norden auf einer winzigen Nebenstraße der A 859 zu erreichen, £ 8.
- **Rock View Bunkhouse,** Main Street, Tarbert, in der Nähe des Fährhafens, Tel. 01859/50 26 26, Bett ab £ 10.

Gehöft auf Harris

North Uist
(Uibhist A Dheas)

Überblick

North und South Uist sowie Benbecula sind keine drei einzelnen Inseln, sondern vielmehr ein Gewirr von Inselchen. Die einzelnen Inseln verlieren sich in einem Labyrinth aus Buchten, Fjorden, Seen, Bächen, Watt, Meerengen usw. Auf den Uists ist es manchmal nicht sicher, ob sie mehrheitlich aus Land oder aus Wasser bestehen. Flaches Moor- und Marschland, aus dem sich auf der Ostseite nur ein paar Hügel erheben, umgibt die vielen Gewässer.

Lochmaddy (Loch Nam Madadh) ist der größte Ort auf North Uist. Hier befinden sich der Fähranleger nach Uig auf Skye sowie einige Geschäfte, eine Bank, die Post, eine Jugendherberge und ein Pub.

Sehenswertes

An der A 865 nördlich von Lochmaddy erhebt sich eine Gruppe von Standing Stones, die man *Na Fir Breige,* die falschen Männer, nennt. Angeblich waren das einmal drei Männer von Skye, die eine Hexe zur Strafe dafür, dass sie ihre Frauen verlassen hatten, in Steine verwandelte.

Östlich der A 867, die von Lochmaddy nach Süden verläuft, steht nach einigen Kilometern am Hang eines flachen Hügels das *Bharpa-Langais-Kammergrab.* Es ist noch relativ gut erhalten und die innere Kammer noch nicht eingestürzt. Da es von niemandem instand gehalten wird, sollte man vorsichtig sein, wenn man durch den engen Eingang in die Grabkammer kriecht.

Gleich hinter dem Grab zweigt nach links ein Weg von der Straße ab, der Richtung *Langass Lodge Hotel* ausgeschildert ist (s.u.). Dahinter führt ein Fußweg nach zehn Minuten zu einem ovalen Steinkreis, *Pobull Fhinn,* was so viel wie Finns Leute bedeutet.

Bei *Cladach* stößt die A 867 auf die A 865, die nach links in Richtung Benbecula führt. Ein wenig rechts dieser Straße liegt bei Carinish der *Trinity Temple* (Teampull na Trionaid), die Ruine eines alten Klosters. Es wurde um 1200 auf vielleicht noch älteren Fundamenten erbaut und im 16. Jh. erweitert, bevor es nach der Reformation zerfiel.

Folgt man in Cladach der A 865 nach rechts, fährt man am *Balranald-Naturpark* vorbei. In *Tigharry* (Tigh A Ghearraidh), das am westlichsten Punkt der A 865 liegt, wölbt sich an der Felsküste ein natürlicher Felsbogen ins Meer. Daneben hat das Meer eine Höhle geformt, durch die die Weststürme mächtige Wasserfontänen bis in 60 m Höhe jagen können.

In *Hosta,* weiter nördlich an der Westküste, werden im Juli die *Highlandgames* und anschließend im August die *Rinderschau* von North Uist abgehalten.

Information

●*Tourist Information Centre,* Pier Road, Lochmaddy, Tel. 01876/ 50 03 21, April bis Mitte Okt. geöffnet.

Benbecula

Verbindungen

- Fünfmal täglich fährt ein **Bus** die Route von Lochmaddy über Clachan zum Flugplatz von Balivanich und weiter über South Uist bis Lochboisdale. Nur dreimal am Tag wird die Westroute über Tigharry, Balranald nach Clachan befahren. Zum Fährhafen nach Berneray verkehren bis zu 6 Busse täglich.
- Von Lochmaddy fährt ein- bis zweimal täglich eine **Autofähre** nach Uig (Skye). Mit Harris ist North Uist über die Fährverbindung zwischen Berneray und Leverburgh verbunden (3-4 Mal täglich). Im Sommer verkehrt die Fähre nach Skye sogar einmal sonntags, die zwischen Otternish und Leverburgh natürlich nicht.
- **Konkrete Verbindungen:** *Traveline* für alle öffentlichen Verkehrsmittel (außer Flügen) www.travelinescotland.com bzw. Tel. 0870/60 82 608 (siehe auch „Unterwegs in Schottland" für günstige Tickets).

Unterkunft

- **Langass Lodge Hotel,** Locheport, Tel. 01876/58 02 85, Fax 58 03 85, www.langasslodge.co.uk, B&B ab £ 50.
- **Orisaigh,** *Mrs. A. Maclean,* 2 Ahmore, Lochmaddy, Tel./Fax 01876/56 03 00, B&B ab £ 20.
- **Temple View Hotel,** Carinish, Tel. 01876/58 06 76, www.templeviewhotel.com, B&B ab £ 35.
- **Taigh Mo Sheanair,** *Mrs. G. Macdonald,* Carnach, Claddach Baleshare, Tel. 01876/58 02 46, ab £ 10, ist ein besonders schönes Hostel.
- **Berneray Hostel** vom *Gatliff Trust* in einem Black House steht an der Ostküste der kleinen Insel Berneray (Bhearnaraigh) zwischen North Uist und Harris; ganzjährig geöffnet, ab £ 8. Wer nach Berneray möchte, ist nicht auf die Fähre angewiesen, sondern kann den zwischen Otternish und Berneray errichteten Damm nutzen.
- **Uist Outdoor Centre,** Cearn Dusgaidh, Lochmaddy, Tel. 01876/50 04 80, www.uistoutdoorcentre.co.uk, Übernachtung ab £ 9, organisiert diverse Outdoor-Touren von Tauchen bis Klettern.

Benbecula (Beinn Na Faoghla)

Der Hauptort der Insel ist **Balivanich,** wo es einen der drei Flughäfen der Hebriden gibt. Um den Ort herum liegen Gebäude und Kasernen der britischen Armee. Im Ort selbst sind Geschäfte, eine Autowerkstatt, die *MacLennan Bros Ltd.,* die auch Autos verleiht (Tel. 01870/60 21 91, 24-Std.-Reparaturservice), und ein Postamt.

Die B 892 führt weiter nach Nunton, wo schon von der Straße aus die Ruinen von **Borve Castle** zu sehen sind. Es stammt wahrscheinlich aus dem 14. Jh. und war der Sitz des *Clanrald of Benbecula.*

Unterkunft

- **Isle of Benbenila House Hotel,** Creagorry, im Süden der Insel an der A 865, Tel. 01870/60 20 24, Fax 60 31 08, B&B ab £ 40.
- **Mrs. M. MacLellan,** Hestimul, Liniclate (Lionacleit), Tel. 01870/60 20 33, B&B ab £ 19.
- **Shell Bay Caravan Site,** in Liniclate an der B 892, Südwestküste Benbecula, auf einer Wiese neben der Schule, Tel. 01870/60 24 47, Zelt ab £ 5.

South Uist (Uibhist A Tuath)

Die Westküste der zweitgrößten Hebrideninsel ist nahezu ein einziger langer Sandstrand mit einem breiten Dünenstreifen dahinter. Die Hügel im Osten der Insel steigen bis zu einer Höhe von 620 m *(Ben Mhor)* an.

Lochboisdale (Loch Baghasdail) ♫ XII, A2

Hauptort der Insel ist Lochboisdale, das erst im 19. Jh. während der *Clearances* entstand. Im Ort befinden sich die Polizei, eine Post, ein paar Geschäfte, eine kleine Klinik und das Tourist Information Centre (Tel. 01878/70 02 86) sowie der Fähranleger nach Barra und Oban.

Lochboisdale war Schauplatz eines der dunkelsten Kapitel der **Clearances,** der „Landreinigungen" im 19. Jh. Colonel *Gordon of Cluny,* Besitzer der Insel, versammelte einige seiner Pächter in Lochboisdale und zwang sie, ein Schiff zu besteigen. Das Schiff brachte sie nach Kanada, um sie dem Hungertod auszuliefern.

Daliburgh (Dalabrog) ♫ XII, A2

Der A 865 nach Nordwesten folgend, gelangt man nach Daliburgh, das ein Hotel und ein paar Geschäfte besitzt. Biegt man hier auf die B 888 direkt nach Süden ab, erreicht man **Pollachar** (Pol A Charra) mit seinem hübschen Gasthaus **Pollachar Inn** aus dem 19. Jh. An der Küste entlang führt die Straße weiter in Richtung Osten nach **Ludag,** wo sich der Fähranleger nach Eriskay und Barra befindet.

Der Golfplatz von **Askernish** (Aisgernis), westlich der A 865 gut 10 km nördlich von Lochboisdale, ist alljährlich im Juli der Veranstaltungsort der **South Uist Games,** zu denen das Volk von der ganzen Insel zusammenströmt.

Mingary (Minngearraidh) ♫ XII, A2

Nördlich von Mingary geht eine Abzweigung von der Hauptstraße Richtung Westen nach **Milton** (Gearraidh Bhailteas), wo an einem Grab (nicht ihrem) und einer Tafel die Stelle zu erkennen ist, an der **Flora MacDonald** geboren wurde. Sie war es, die den Prinzen *Charles Edward Stuart,* als ihre Zofe verkleidet, nach seiner Niederlage bei Culloden von Uist nach Skye ruderte, von wo er auf einem Schiff nach Frankreich entkam. Die Geschichte gehört zu den schönsten Romanzen Schottlands (siehe auch Exkurs „Bonnie Prince Charlie").

Howmore (Tobha Mor) ♫ XII, A2

In Howmore sind einige der alten torfgedeckten **Black Houses** (tigh dubh) bewohnt. Sie stehen unter Denkmalschutz. Eines der Häuser unterhält der *Gatliff Trust* als Jugendherberge, genau gegenüber der verfallenen Ruine eines alten Klosters.

Nördlich von Howmore liegt das **Loch Druidibeg National Nature Reserve,** das größte Graugansbrut-

South Uist

gebiet der britischen Inseln. Eine Erlaubnis zur Begehung kann man bei einem Ranger von *Scottish National Heritage* (Stilligarry, South Uist, HS8 5RS, Tel. 01870/62 02 38) erhalten. Die nordwestliche Küste ist allerdings nicht zugänglich, sie wird von der Armee zur Übung mit Raketen zerschossen.

Insel Eriskay
(Eiriosgaigh)　　　　⤢ XII, A3

Zwischen South Uist und Barra liegt die kleine Insel Eriskay. Die Menschen dort leben von Fischerei und Crofting.

Im Schlick zwischen Eriskay und South Uist ruht das vielleicht **berühmteste Wrack** Schottlands. Der 12.000-Tonnen-Frachter *SS Politician* lief hier während eines schlimmen Sturmes im Jahre 1941 auf Grund. Zu der Ladung gehörten neben aller möglichen Fracht auch 20.000 Kisten Whisky. Dieser Schatz, den die Insulaner natürlich schnell vor den Zollbehörden in Sicherheit brachten, reichte bei einigen mehrere Jahre, den meisten anderen bescherte er ein wochenlanges Delirium. Noch heute sollen manchmal Flaschen angespült werden. In „Whisky Galore" wurde das Spektakel verfilmt und brachte Kinobesucher rund um die Erde zum Lachen.

Information

● **Tourist Information Centre,** Pier Road, Lochboisdale, Tel. 01878/70 02 86, April bis Mitte Okt. geöffnet.

Verbindungen

● Eine kostenpflichtige Brücke verbindet South Uist mit Eriskay. Dorthin fährt von Lochboisdale etwa 6-7 Mal täglich ein Bus, 5-6 Mal täglich verkehrt ein Bus nach Lochmaddy. Von dort fährt ebenfalls etwa 5 Mal am Tag ein Bus nach Berneray, wo die Fähren nach Harris anlegen.

● Die **Fähre** zwischen Eriskay und Barra fährt Mo-So 4-5 Mal täglich, £ 6/Person, £ 17/Auto, die Fähre zwischen Lochboisdale und Castlebay fährt zweimal pro Woche.

● **Konkrete Verbindungen:** *Traveline* für alle öffentlichen Verkehrsmittel (außer Flügen) www.travelinescotland.com bzw. Tel. 0870/60 82 608 (siehe auch „Unterwegs in Schottland" für günstige Tickets).

● Die **Autowerkstatt Laing Motors** in Lochboisdale (Tel. 01878/70 02 67) verleiht auch Autos.

Unterkunft

● **Orasay Inn,** Loch A Charnain (Lochcarnan), Tel. 01870/61 02 98, Fax 61 02 67, B&B ab £ 30, besitzt auch ein gutes Restaurant.

● **Brae Lea House,** *Mrs. P. Murray,* Lochboisdale, Tel./Fax 01878/70 04 97, braelea @supanet.com, B&B ab £ 25.

● **Borrodale Hotel,** Daliburgh, Tel. 01878/70 04 44, Fax 70 04 46, B&B ab £ 40.

● **Howmore Hostel,** Hostel von *Gatliff Trust* in einem Black House, Howmore, 1 km westlich der A 865, nehmen keine Reservierung an, unter Tel. 0870/15 53 255 kann man erfahren, ob es geöffnet ist.

Barra
(Eilean Bharraigh)

Barra gehört zu den schönsten Inseln der Äußeren Hebriden. Ihr Reichtum liegt in der Farbenpracht der über 1000 verschiedenen wilden Blumenarten. Der wichtigste Ort der Insel ist **Castlebay** (Bagh A Chaisteil) wegen seines natürlichen Hafens, in welchem die Fähren von Lochboisdale und Oban anlegen. Ein paar Geschäfte, ein Post Office, eine Bank und ein Arzt geben Gelegenheit für Erledigungen.

Beherrscht wird der Hafen von **Kisimul Castle**, dem Stammschloss der *MacNeils of Barra,* das auf einer kleinen vorgelagerten Insel im Hafenbecken liegt. Die heutige Burg geht auf das 15. Jh. zurück. Seit 1795 ist die Burg verlassen, da die *MacNeils* in Eoligarry House eine neue Bleibe fanden. Der 45. Chief, ein amerikanischer Architekt, ließ die Burg restaurieren.

Die **MacNeils of Barra** gehörten zu den stolzesten und verwegensten schottischen Clans. Von den Mauern Kisimul Castles herab ließen sie allabendlich verkünden: „Hört her, Ihr Leut' und Ihr Nationen! Der große MacNeil von Barra hat sein Mahl beendet, die Prinzen der Erde mögen speisen!" Außerdem, so erzählten sie es allen, die es hören wollten, war nur deswegen kein *MacNeil* an Bord der *Arche Noah* gegangen, weil

Zeugen der Vergangenheit: Klosterruine in Howmore auf South Uist

Barra

er ein eigenes Schiff besaß, was insofern glaubwürdig ist, als die *MacNeils* lange Zeit hindurch gefürchtete Piraten waren. (Ö: im Sommer Mo-So 9.30-18.30 Uhr, E: £ 3.30 inkl. Bootsfahrt)

Von Castlebay aus führt die A 888 rund um die Insel. Folgt man der Straße nach Westen, fährt man unterhalb des höchsten Berges der Insel entlang, des 384 m hohen **Heaval.**

Am Ende der Straße nach **Craigston** (Baile na Créige) kann man zu Fuß weitergehen bis zu **Dun Bharpa,** einem eingestürzten neolithischen Kammergrab, das von einem Steinkreis umgeben ist.

Bei **Eoligarry** im Norden von Barra befindet sich **Cille Barra,** die Ruine einer Klosteranlage aus dem 12. Jh. Eine der Kapellen der Kirche wurde kürzlich wieder gedeckt und beherbergt jetzt einige alte Grabplatten vom Friedhof des Klosters. In der Nähe liegt **Eoligarry House,** das Schloss der *MacNeils,* heute ebenfalls eine Ruine.

Information

- **Tourist Information Centre,** Main Street, Castlebay, Isle of Barra, Western Isles, Tel. 01871/81 03 36, April-Okt. geöffnet.
- www.isleofbarra.com

Verbindungen

- Sechsmal am Tag fährt ein **Bus** von Castlebay zur Fähre nach Eoligarry. Nur dreimal fährt ein Bus von Castlebay zur kleinen südlichen Nachbarinsel Vatersay.
- **Konkrete Verbindungen:** *Traveline* für alle öffentlichen Verkehrsmittel (außer Flügen) www.travelinescotland.com bzw. Tel. 0870/60 82 608 (siehe auch „Unterwegs in Schottland" für günstige Tickets).

Fahrradverleih

- **Barra Cycle Hire,** 29 St. Brendan's Road, Tel. 01871/81 02 84.

Unterkunft

- **Castlebay Hotel,** Castlebay, Tel. 01871/81 02 23, Fax 81 04 55, www.castlebayhotel.co.uk, B&B ab £ 18.
- **Mrs. Linda Maclean** (Tigh-Na-Mara Guest House), Castlebay, Tel./Fax 01871/81 03 04, B&B ab £ 23.
- **Isle of Barra Hotel**, Tangasdale Beach, Tel. 01871/81 03 83, Fax 81 03 85, B&B ab £ 34.
- **Mrs. Anne Maclean,** Gearadhmor, 123 Craigston, 5 km westlich von Castlebay, Tel. 01871/81 06 88, B&B ab £ 16.
- **Dunard Hostel,** Castlebay, Tel. 01871/81 04 43, http://isleofbarrahostel.com, £ 11.

Orkney und Shetland

Orkney

Überblick

Wie ein Grenzpfosten zwischen Atlantik und Nordsee liegt Orkney (fälschlich oft als „die Orkneys" bezeichnet), nur neuneinhalb Kilometer nördlich des schottischen Festlandes. 17 der knapp 70 Inseln des Archipels werden von den 19.245 Menschen bewohnt.

Auf den Inseln herrscht eine weiche, wellige Hügellandschaft vor, die zum Meer hin oft als grandiose Steilküste abbricht. Das fast völlige Fehlen von Bäumen gibt dem *Landschaftsbild* auf den ersten Blick etwas Karges. Auf dem Land wachsen nur hier und da ein paar verwilderte Sträucher, vom stetigen Wind in Schräglage gebracht. Ansonsten bedeckt die Hauptinsel Mainland Acker-, vor allem aber Weideland, die kleineren Inseln meist Moor und Heide.

Die senkrechten Felsenküsten, besonders auf der Atlantikseite von Orkney, sind ideale Nist- und Brutplätze für Tausende von *Seevögeln.* Hier leben vor allem die Dreizehenmöwe, aber auch der niedliche Papageientaucher *(puffins),* Tölpel, Lummen, Kormorane, Alken, Seeschwalben, Raubmöwen u.a. Im Sommer sind die Steilküsten so mit Vögeln bevölkert, dass sie von weitem weiß aussehen und den beißenden Gestank von Vogelmist ausströmen. Aber auch die vielen Seen und Feuchtgebiete bieten Lebensraum sogar für seltenste Vögel. Die meisten dieser Gebiete sind leicht zugänglich, da sie oft nahe an Straßen

liegen und es auf Orkney keine Nationalparks gibt, die man nur mit Erlaubnis betreten darf. Es ist dennoch ratsam, sich vor Ort zu erkundigen. In einigen Schutzgebieten des *Royal Society for the Protection of Birds (RSPB)* werden z.B. Führungen angeboten. In jedem Fall gilt es, rücksichtsvoll zu sein, keine brütenden Vögel aufzuscheuchen oder durch überflüssiges Herumtrampeln Nester oder Pflanzen zu zerstören.

Größere Wildtiere gibt es auf Orkney nicht, doch kann man an den Küsten unzählige *Seehunde* und manchmal sogar Otter sehen. Für Angler ist Orkney ein idealer Ort, sowohl zum Süß- als auch Seewasserangeln. Genaue Auskünfte über Angelplätze oder -touren erhält man in den Tourist Information Centres.

„Der Orkadier ist ein Crofter (schottischer Kleinpächter) mit einem Fischerboot, der Shetlander ist ein Fischer mit einem Croft". Diese Weisheit sagt bereits fast alles über die Wirtschaft von Orkney. Bei Fahrten über die Inseln erkennt man sehr bald, dass die Lebensmittelproduktion der wichtigste Sektor der *Wirtschaft* ist. Über 100.000 Rinder bevölkern die unzähligen Weiden. Die Farmen produzieren vor allem Fleisch und Milcherzeugnisse. Neben der Landwirtschaft tragen noch zwei große Destillerien, die Ölverladestation auf Flotta und nicht zuletzt der Tourismus zur ökonomischen Gesundheit der Inseln bei.

Bemerkenswert sind auf Orkney aber auch die vielen *Kunsthandwerkstätten.* Die Erzeugnisse, in erster Linie Silberschmuck mit nordischen Motiven und Strickwaren, sind in den Craftshops überall auf den Inseln zu erhalten.

Als **beste Reisezeit** eignen sich die Monate April bis Juni, da in dieser Zeit der geringste Niederschlag fällt. Außerdem bleibt die Sonne im Mittsommer bis zu 18,5 Stunden über dem Horizont, ganz dunkel wird es in dieser Jahreszeit nie.

Geschichte

Um 3000-4000 v.Chr. wurde Orkney von einem **rätselhaften mediterranen Volk** besiedelt. In den Steinkreisen, Kammergräbern und sogar Siedlungen auf Orkney sind die Hinterlassenschaften dieses Volkes der Jungsteinzeit besser erhalten als irgendwo anders in Schottland. Diese Kultur endete, als sich um 1000 v.Chr. das Klima auf den Inseln verschlechterte. Das nun kühlere und feuchtere Wetter führte zur Bildung der Torfschichten und zu schlechteren Erträgen. Mangel an Nahrung mag, wie Wissenschaftler mutmaßen, zu sozialen Unruhen geführt haben, die den Bau der vielen Brochs (200 v.Chr. bis 200 n.Chr.) als Wehranlagen gegen die eigene Bevölkerung veranlassten.

Die Eroberung der Inseln durch die **Wikinger** im 9. Jh. ist in der „Orkneyinga Saga" ausführlich festgehalten. Orkney blieb norwegisch, bis 1468 der schottische König *Jacob III. Margeret,* die Tochter *Christians I.* von Dänemark und Norwegen, heiratete. Der Däne konnte die Mitgift nicht zahlen und verpfändete daher Orkney und Shetland an Schottland,

um sie später wieder auszulösen. Da die dänische Finanznot allerdings sehr dauerhaft war, blieben die Inseln bei Schottland und wurden schon bald einverleibt.

1564 bedachte *Maria Stuart* ihren Halbbruder *Robert Stewart* mit den beiden Archipelen. **Earl Stewart** beutete die Inseln wirtschaftlich aus, bis er gestürzt wurde.

Nach dem Ersten Weltkrieg lag die riesige, **kaiserliche deutsche Kriegsmarine** als Pfand der Alliierten in der Bucht von Scapa Flow. Als sich die Unterzeichnung des Versailler Friedensvertrages um einen Tag verzögerte, die Nachricht davon das entlegene Orkney aber erst verspätet erreichte, glaubte der deutsche Admiral, es herrsche wieder Kriegszustand. Um die Flotte nicht dem Feind zu überlassen, versenkte er seine Armada selbst. Die meisten der Schiffe wurden zwar geborgen und an Sammler verkauft, die verbliebenen aber sind bis heute ein Magnet für Taucher aus aller Welt.

Sehr gute Infos über Vorgeschichte und Geschichte Orkneys liefert das Bändchen „The ancient monuments of Orkney" von *Anna* und *Graham Ritchie,* das *Historic Scotland* herausgibt; erhältlich bei allen Sehenswürdigkeiten im Besitz des *Historic Scotland* (ca. £ 5).

Verbindungen

● **Konkrete Verbindungen** kann man bei der *Traveline* für alle öffentlichen Verkehrsmittel (außer Flügen), erfragen: Tel. 0870/60 82 608 bzw. www.travelinescotland.com (siehe auch „Unterwegs in Schottland" für günstige Tickets).

Orkney

Seevögel an Schottlands Küsten

Der **Tordalk** (Alca torda) ist leicht an seinem schwarz-weißen Gefieder erkennbar. Kopf, Hals und Oberseite sind bräunlichschwarz mit einer weißen Flügelbinde. Die Unterseite ist weiß. Charakteristisch gezeichnet ist auch der Schnabel. Im vorderen Drittel ist er schwarz-weiß quergestreift.

Außerhalb der Brutzeit halten sich die Tordalken auf dem Meer auf, wo sie nach kleinen Fischen, Krebsen, Meereswürmern und -schnecken tauchen. Sie brüten an felsigen Steilwänden mit Gesimsen und Nischen in kleineren Gruppen. Die Eier werden ohne Unterlage auf dem Fels abgelegt und von beiden Partnern bebrütet. Die kreiselförmige Gestalt der Eier bewahrt sie einigermaßen vor dem Absturz. Brutzeit ist von Anfang Mai bis Juni. Die Jungen verlassen rund 25 Tage nach dem Schlüpfen den Brutfelsen und schwimmen im Meer.

Die **Dreizehenmöwe** (Rissa tridactyla), so genannt nach den drei Zehen an jedem Bein, ist überwiegend weiß. Rücken und Schwingen sind grau gefärbt. Davon setzen sich die schwarzen Spitzen der Schwingen deutlich ab. Der Ruf klingt „gägägä" oder „kitti-weck". Besonders in der Brutzeit ist dieser Vogel sehr ruffreudig. Daher rührt auch die englische Bezeichnung *Kittiwake* für die Dreizehenmöwe.

Dieser Hochseevogel hält sich fast ausschließlich am oder auf dem Meer auf, da er sich fast ausschließlich von Seetieren wie Fischen, Krebsen, Meeresschnecken und Plankton ernährt. Die Brut erfolgt immer in großen, teilweise riesigen Kolonien an felsigen Küsten und auch an Gebäuden. Spezielle Verhaltensnormen erlauben das Brüten selbst an kleinsten Vorsprüngen. Die Brutzeit dauert von Ende Mai bis Juni. Die Dreizehenmöwe überwintert auf dem Atlantik, am Mittelmeer und recht vereinzelt im Inland.

Die **Krähenscharben** (Phalacrocorax aristotelis) gehören zu den Kormoranen. Sie haben ein schwarzes Kleid mit starkem grünlichen Metallglanz. Die Vögel sind meist stumm, am Brutplatz sind sie mit „arrck, arrck" oder „kroack, kraick, kroack" zu hören.

Diese Vögel halten sich das ganze Jahr an felsigen Meeresküsten mit steilen Klippen und Wänden auf und brüten dort von Anfang April bis in den Juni in Nischen und Bändern. Die Brutpaare finden sich jeweils für eine Saison. Nestbau und Brüten obliegt vorwiegend den Weibchen. Die Jungen verlassen nach ca. 50 Tagen das Nest und werden noch rund 30 Tage geführt. Krähenscharben fischen zwar wie die Kormorane, d.h. schwimmend oder tauchend, jedoch ausschließlich im Meer.

Die **Papageitaucher** (Fratercula arctica) erkennt man vor allem an dem sehr hohen, rotgelb-schwarz gestreiften Schnabel sowie an den rot leuchtenden Beinen (in der Brutzeit gelb). Die Oberseite ist schwarz, die Unterseite weiß. Die Vögel geben raue, knarrende Laute wie „arr" oder „orr" von sich.

Während der Fortpflanzungszeit trifft man den Papageitaucher an steilen, höhlenreichen Felsklippen und grasbewachsenen

Farbkarte Seite XXII **Orkney**

Hängen, wo er sich mit Schnabel und Krallen meterlange Röhren gräbt. Am erweiterten Röhrenende wird Anfang bis Mitte Mai das einzige Ei abgelegt. Nachdem die Jungen flügge sind, ziehen sich die Vögel auf die offene See zurück. Papageitaucher erlangen Fische und andere kleine Meerestiere tauchend. Selbst mit einer Anzahl Fische im Schnabel können sie noch weiterjagen.

Leider könnte es sein, dass auch in Schottland die vielen Vogelfelsen mit ihren Hunderttausenden von Bewohnern bald der Vergangenheit angehören. Dabei spielt nicht etwa die fortschreitende Verschmutzung der Nordsee die entscheidende Rolle, das Gift bedeutet unmerkliches Sterben. Viel schlimmer noch macht sich die maßlose Überfischung der Gewässer um Schottland bemerkbar. Zehntausende von verendeten Seevögeln sind schon an die Küsten angeschwemmt worden: verhungert. Die Fischer der Anrainerstaaten lassen ihren Vögeln kein Auskommen mehr. Das könnte leicht wieder rückgängig gemacht werden, wie Vertreter des Königlichen Vogelschutzbundes erklären, doch, so fügen sie an, scheint dazu in keinem der beteiligten Fischereiministerien der Wille zu bestehen. Zu viele Arbeitsplätze in ohnehin strukturschwachen Regionen konkurrieren mit den Vögeln um den Fisch.

Flug

● An der A 960 ein paar Kilometer südöstlich von Kirkwall liegt der Flughafen Orkneys. **British Airways** fliegt das Archipel von London, Aberdeen, Glasgow, Inverness und einigen anderen Städten an.

● Außerdem fliegt *Loganair* im **Orkney Inter Island Services** fast alle bewohnten Inseln an.

Fähren

● *NorthLink Ferries* unterhält eine Fährverbindung zwischen **Scrabster und Stromness.** Die Fähre legt in Scrabster Mo-Fr um 8.45 Uhr, 13.15 Uhr und 19 Uhr, Sa und So um 12 Uhr und 19 Uhr ab. Im Juli und August fahren die Fähren samstags zu den gleichen Zeiten wie werktags. Die Abfahrtszeiten in Stromness sind Mo-Fr 6.30 Uhr, 11 Uhr und 16.45 Uhr, Sa und So 9 Uhr und 16.45 Uhr, auch hier gilt samstags im Juli und August der Werktags-Fahrplan. Ab £ 14.50/Pers., ab £ 44/Auto.

● Zwischen **Aberdeen und Kirkwall** verkehren ebenfalls die Fähren von *NorthLink*. Di, Do, Sa und So legt um 17 Uhr in Aberdeen eine Fähre Richtung Orkney ab (im Winter nur Do, Sa und So). Rückfahrt ist Mo, Mi und Fr jeweils um 17.30 Uhr (im Winter nur Mi und Fr). Ab £ 23/Pers., ab £ 82/Auto. Diese Fähre fährt von Kirkwall aus weiter nach Lerwick (Shetland).

● Günstiger und kürzer ist die Verbindung zwischen **Gills Bay** (westlich von John O'Groats) **und St Margaret's Hope,** die von *Pentland Ferries* unterhalten wird. Die Abfahrtszeiten von Gills Bay sind: 9.45, 13.45 und 18.45 Uhr, Juni-Aug. fährt ein zusätzliches Schiff um 6 Uhr. In St Margaret's Hope legen die Schiffe um 8, 12 und 17 Uhr ab, im Sommer zusätzlich um 20.15 Uhr. Ab £ 11/Pers., ab £ 27.50/Auto, £ 2.50/Fahrrad. Die Verbindung ist im Sommer schnell ausgebucht, deshalb möglichst vorab reservieren.

● Die Passagierfähren von *John O'Groats Ferries* verkehren zwischen **John O' Groats und Burwick.** Abfahrtszeiten: Mai-Sept. 9 und 18 Uhr, Juni-Aug. auch 10.30 und 16 Uhr, im Winter 16.30 Uhr, ab £ 16/Pers., £ 2/Fahrrad.

Orkney

- Außerdem bietet *John O'Groats Ferries* so genannte *Orkney Busses* an, die **Inverness** via John O'Groats und Burwick mit **Kirkwall** verbinden. Abfahrt in Inverness 14.20 Uhr, im Sommer auch 7.30 Uhr, in Kirkwall 9 Uhr, im Sommer zusätzlich 16.15 Uhr. Ab £ 30 (mit Fähre), Reservierung empfehlenswert.
- *John O'Groats Ferries* hat auch diverse **Rundreisen** auf Orkney im Angebot.
- Die verschiedenen **Inseln** von Orkney werden von *Orkney Ferries* zumeist täglich miteinander verbunden.

Bus

- Auf **Mainland** fährt meist nur einmal täglich vormittags ein Bus alle Ortschaften an den A-Straßen an. Am besten verbunden sind über verschiedene Routen Kirkwall und Stromness. Einige Busse von *Rapsons Coaches* fahren extra von den beiden Städten zu den Fähranlegern zu den kleineren Inseln.
- Auf den kleineren Inseln fahren nur auf **Rousay und Sanday** Postbusse, die anderen muss man zu Fuß erkunden.

Sonstiges

- **Autoverleih:** *Orkney Car Hire*, Junction Road, Kirkwall, Tel. 01856/87 28 66, Fax 87 53 00, www.orkneycarhire.co.uk; oder bei *W.R. Tullock*, Kirkwall Airport, Tel. 01856/ 87 55 00, www.orkneycarrental.co.uk.
- **Fahrradverleih:** *Stromness Cycle Hire*, Pierhead Office, Ferry Road, Stromness, Tel. 01856/85 07 50; oder bei *Bobby's Cycle Centre*, Tankerness Lane, Kirkwall, Tel. 01856/87 57 77.
- **Bustouren und Wanderungen:** *Discover Orkney Tours*, 44 Clay Loan, Kirkwall, Tel. 01856/87 28 65, bietet Busführungen und Wanderungen. Zeiten und Ziele nach Vereinbarung.

Mainland ⌕ XII, A2

Die größte der Orkney-Inseln besitzt mit Stromness und Kirkwall die beiden „städtischen" Zentren, und von hier bestehen auch die Fährverbindungen mit dem Festland. Eine sanft gewellte Landschaft, deren Flächen überwiegend landwirtschaftlich genutzt werden, würde die Insel zu einem Fahrradparadies machen, wenn nicht ein stetiger Wind oft genau von vorn entgegenblasen würde.

Kirkwall ⌕ XXII, A2

Das wirtschaftliche und kulturelle Zentrum Orkneys ist Kirkwall (6206 Einw.). Die Stadt war eine wikingische Gründung. Schon 1137 legte der Wikingerherzog *Rognvald* zu Ehren seines Onkels, des Märtyrers *St Magnus,* den Grundstein zur **St Magnus Kathedrale**. 1486 erhielt Kirkwall, nun schottisch, die Rechte einer *royal burgh* (Stadt).

Die St Magnus Cathedral erhebt sich beherrschend im Zentrum Kirkwalls. Der hübsche, überwiegend rote Sandstein der dreischiffigen hochromanischen Kathedrale verleiht ihr etwas Lebendiges, das vielen anderen Sakralbauten fehlt. Im Inneren sind vor allem die vielen alten Grabplatten an den Wänden beachtenswert. (Ö: im Sommer Mo-Sa 9-18, So ab 14 Uhr, im Winter Mo-Sa 9-13, 14-17 Uhr)

Der Südseite der Kathedrale gegenüber stehen die Ruinen des **Bishop's** und des **Earl's Palace**. Der ältere Bishop's Palace, der rechte, von der Kirche aus gesehen, wurde angelegt, als mit dem Bau der Kathedrale Bischof *William the Old* seinen Sitz von Birsay nach Kirkwall verlegte. Er bestand ursprünglich nur aus einer großen Halle im norwegischen Stil, wurde aber von Bischof *Robert Reid* ab 1541 stark erweitert und befestigt, um sich des rücksichtslosen *Earl Stewart* zu erwehren. 1568 gelangte der Palast dennoch in den Besitz des Grafen. Sein Sohn *Patrick Stewart* errichtete 1600 den Earl's Palace und gliederte ihm später den Bischofssitz an. Der Earl's Palace ist in ausgeprägtem Renaissancestil gebaut, ersichtlich besonders an den Reliefs über dem Eingang. (Ö: nur im Sommer Mo-So 9.30-18.30 Uhr)

Gegenüber dem Hauptportal der Kathedrale steht an der Broadstreet das Rathaus von 1884. Zwei Häuser links davon liegt das **Orkney Museum.** Es beherbergt eine Ausstellung über die Siedlungsformen auf dem Orkney in der Vorgeschichte. (Ö: Mo- Sa 10.30-12.30 und 13.30-17 Uhr, Mai-Sept. Mo-Sa 10.30-17, So 14-17 Uhr, E: frei)

Am Südende der Stadt steht an der A 961 die **Highland Park Distillery,** die einen der bekanntesten und unserer Meinung nach auch besten Maltwhiskies brennt. Dort führt man auch Besichtigungstouren durch. (Ö: im Sommer Mo-Fr 10-17 Uhr, Juli und Aug. auch Sa-So 12-17 Uhr, im Winter Mo-Fr nur eine Führung um 14 Uhr, www.highlandpark.co.uk)

Information

●*Tourist Information Centre,* 6 Broad Street, Kirkwall, Orkney KW15 1NX, Tel. 01856/87 28 56, Fax 87 50 56, info@visitorkney.com.
●www.visitorkney.com

Unterkunft

●*Orkney Hotel,* Victoria Street, im Zentrum von Kirkwall, Tel. 01856/ 87 34 77, Fax 87 27 67, www.orkneyhotel.co.uk, B&B ab £ 35, bietet auch vegetarische Küche.
●*Sanderlay Guest House,* 2 Viewfield Drive, Tel. 01856/87 55 87, Fax 87 63 50, B&B ab £ 14.
●*B&B* finden sich überall verteilt. Kirkwall bleibt dabei mit ca. £ 16 relativ günstig.
●*Kirkwall Hostel,* Old Scapa Road, Jugendherberge in einer Funkbaracke aus dem 2. Weltkrieg, an der A 964 Richtung Orphir im Südwesten der Stadt, Tel. 0870/ 00 41 133, ab £ 11, Mitt März- Aug.
●*Pickaquoy Caravan and Camping Site,* Pickaquoy Road, der Campingplatz liegt in den westlichen Außenbezirken von Kirkwall, an der A 965, Tel. 01856/87 99 00, www.pickaquoy.com, Zelt ab £ 4, Caravan ab £ 7, nur in den Sommermonaten geöffnet.

Der „einzige Baum" auf Orkney: Fußgängerzone von Kirkwall

Orkney

Weitere Informationen

● Das *Department of Education & Recreation Services* bietet im Sommer sowohl **Naturfreizeiten** in der Wanderhütte von Hoy in Rackwick bzw. auch auf Birsay, als auch Kurse in Weben, Spinnen, Malen, Fotografieren usw. an. Infos beim *Department of Education & Recreation Services*, School Place, Tel. 01856/87 35 35.

● **Busbahnhof:** Von der St Magnus Cathedral weg geradeaus runter liegt er in der zweiten Straße links, der Great Western Road, auf der rechten Seite.

● Pubs hört man in der Innenstadt und v.a. am Hafen oft schon von weitem. Besonders gute Stimmung herrscht allabendlich im **Torvhaug Pub,** am nördlichen Hafenende rechts, im zweiten Haus auf der linken Seite.

● **Judith Glue,** 25 Broad Street, designed und strickt die berühmte Orkney Knitware, www.judithglue.com.

● **Ola Gorie,** The Longship, 9 Broad Street, stellt Gold- und Silberschmuck in der verspielten nordischen Ornamentik her.

Rundfahrt auf Mainland

Mainland ist für den archäologisch Interessierten ein wahres Paradies. Wir können hier leider nur die allerwichtigsten Ausgrabungsstätten herausgreifen, die alle auf der Strecke einer Inselrundfahrt von Kirkwall nach Stromness liegen.

Von Kirkwall auf der A 965 und ab Finstown auf der A 966 gelangen Sie im Nordosten der Insel nach Aikerness. Hier fahren Sie rechts und parken in Evie Pier, von wo Sie nach ca. 1 km ausgeschildertem Fußweg das

Die einzige Kathedrale Schottlands, die die Reformation heil überstanden hat:
St Magnus Cathedral in Kirkwall

Farbkarte Seite XXII **Orkney**

Gurness Broch erreichen. Die eisenzeitliche Burg (siehe auch Exkurs „Brochs und Duns"), die um die Zeitwende errichtet wurde, steht zwar nur noch 3 m hoch, doch ist die Gesamtanlage bis heute gut zu erkennen. (Ö: nur im Sommer Mo-So 9.30-18.30 Uhr)

Wenn man weiter der A 966 folgt, gelangt man nach **Birsay.** Hier ist der Küste eine Gezeiteninsel vorgelagert, **Brough of Birsay,** auf der die Reste einer norwegischen Kirche des 12. Jh. und eines Wikingerdorfes erhalten sind. Auch der Abguss eines piktischen Bildsteines, der hier gefunden wurde, steht vor der Kirche. Achten Sie darauf, ob ab- oder auflaufendes Wasser ist, sonst müssen Sie, so wie es uns ergangen ist, eventuell in hüfthohem Wasser zurückwaten. (Ö: im Sommer täglich gezeitenabhängig 9.30-18 Uhr, E: £ 2)

Südlich von Birsay biegt die Tour nach rechts auf die B 9056 ab. Nach einigen Kilometern liegt rechts der Straße an der Bay of Skaill das Steinzeitdorf **Skara Brae.** Auch dorthin muss ein kurzer Fußweg zurückgelegt werden, der zu einer der faszinierendsten Fundstätten der Inseln führt. Vor ca. 5000 Jahren bauten Menschen der Steinzeit dieses Dorf, um es nach etwa 500 Jahren aus uns unbekannten Gründen wieder zu verlassen. Heute ist es das besterhaltene Steinzeitdorf der Welt. Dabei war seine Entdeckung ein reiner Zufall: 1850 riss ein Sturm einen Teil des Strandes ins Meer und legte die Mauern frei. Skara Brae besteht aus 10 Hütten, deren Wände noch 3 m

hoch sind und die voll ausgestattet sind. Anrichten, Herde, Regale, Betten und Stühle, alle aus Stein, geben einen erstaunlichen Einblick in das Leben einer Steinzeitfamilie. (Ö: tgl. 9.30-18.30 Uhr, im Winter Mo-Sa bis 16.30 Uhr, So ab 14 Uhr, E: £ 6)

Fährt man von Skara Brae auf der B 9056 und an der nächsten Abzweigung auf der B 9055 weiter, überquert dabei die A 967, kann man sich dem Zauber zweier vorzeitlicher Kultstätten überlassen. Auf einer Landzunge zwischen zwei Seen liegen bald rechts der Straße der **Ring of Brodgar** und etwas weiter auf der linken Seite die **Stenness Standing Stones.** Der Ring of Brodgar entstand etwa zur Zeit von Skara Brae und ist mit ehemals 60 Steinen, es stehen noch 34, einer der größten Steinkreise Europas.

Fährt man weiter zur A 965 und auf ihr ein paar Meter nach links, so liegt bald auf der rechten Seite die **Tormiston Mill.** Die alte Wassermühle enthält eine Ausstellung über das Müllerhandwerk und seine Entwicklung im Laufe der Jahrhunderte.

Von der Mühle aus können Sie an Führungen in eines der besterhaltenen neolithischen Kammergräber Nordeuropas teilnehmen. **Maes Howe,** auf der anderen Seite der Straße in einer Weide, wurde vor ca. 5000 Jahren aufgeschichtet, um als Grab und Kultstätte einer Gemeinde zu dienen. Um 1150 suchten Wikinger, die über Land marschierten, um Kirkwall zu überfallen, in dem Grab vor einem Schneesturm Schutz. Sie saßen eine Woche fest und die Graffitis, die sie in den Stein ritzten, ma-

Orkney & Shetl.

513

Orkney

chen das Steinzeitgrab Maes Howe kurioserweise zur größten Runensammlung der Welt. (täglich 9.30-18.30 Uhr, im Winter Mo-Sa bis 16.30, So ab 14 Uhr, E: £ 4)

Fährt man die A 965 wieder zurück, so erreicht man nach 8 km **Stromness** (1609 Einwohner), die zweite Stadt von Orkney. Der hervorragende natürliche Hafen verband Stromness schon von jeher mit dem Meer und mit dem Festland. Es gewann enorm an Bedeutung, als im Zuge der Erschließung Kanadas und der wachsenden Walfangflotten immer mehr Schiffe hier ihre Vorräte ergänzten. Während des Heringbooms im letzten Jh. war Stromness sogar kurze Zeit größer als Kirkwall. Heute lebt Stromness vor allem vom Tourismus und von der Fischerei.

Information

● **Tourist Information Centre,** Ferry Terminal, Pier Head, Stromness, Orkney, KW16 1BH, Tel. 01856/85 07 16, Fax 85 07 77, stromness@visitorkney.com.

Unterkunft

● **Stromness Hotel,** The Pier Head, Tel. 01856/85 02 98, www.stromnesshotel.com, B&B ab £ 40.

● **Ferry Inn,** John Street, in der Nähe des Fähranlegers, Tel. 01856/85 02 80, Fax 85 13 32, www.ferryinn.com, B&B ab £ 18, Hotel, Bar und Restaurant.

● **Stromness Hostel,** Hellihole Road, schöne Jugendherberge, vom Fähranleger auf der Hauptstraße durch den Ort und die zweite Straße rechts den Berg hoch, Tel. 0870/00 41 150, £ 10, in der Regel Mai-Sept., zurzeit jedoch wegen Renovierungsarbeiten geschlossen.

● Auf der Landseite der Hauptstraße gibt es außerdem noch ein privates Jugendhotel, das den Vorteil hat, die ganze Nacht geöffnet zu sein: **Brown's Independent Hostel,**

Nicht immer trockenen Fußes erreichbar: Gezeiteninsel Brough of Birsay

Farbkarte Seite XXII　　　　　　　　　　　　**Orkney**

45/47 Victoria Street, Tel. 01856/85 06
61, Bett £ 9.50, Fahrradverleih ca. £ 7.
●*Point of Ness Caravan & Camping Si-*
te, Tel. 01856/87 35 35, Zelte ab £ 4,
Wohnwagen ab £ 7.

Hoy　　　　　　　　　　　　　♪ XXII, A2/3

Obwohl es die zweitgrößte Insel Orkneys ist, leben hier, entlang der Ostküste, nur sehr wenige Menschen.
Fischerei und Fischzucht sind hier
der Haupterwerb, während Landwirtschaft nur selten betrieben wird, so
dass das Innere der Insel fast un-
berührt ist.

Von Houton bei Orphir aus fährt eine Autofähre die Insel mehrmals täglich an, von Stromness verkehrt eine
Personenfähre und auch *Loganair*
fliegt die Insel an.

Lohnend ist die Fahrt quer durch
die Insel von Moaness nach Rackwick an der Westküste. Auf halbem
Weg liegt ungefähr 500 m links der
Straße im Moor der **Dwarfie Stane.**
Steinzeitmenschen und nicht der
Zwerg der Sage (engl. *dwarf)* haben
in diesen monumentalen Findling eine Grabkammer hineingemeißelt.

In Rackwick befindet sich gleich
am Ortsbeginn rechts einen Hang
hinauf eine Wanderhütte, von der aus
man zu einer sehr lohnenden Wanderung zum **Old Man of Hoy** auf-
brechen kann. Hinter der Hütte geht
es zunächst steil den Berg hoch,
dann wandert man an den Klippen
entlang um die Kuppe herum und
muss bis zum alten Mann noch einen
Sumpf durchqueren. Der Old Man ist
eine faszinierende 137 m hohe Fel-
sensäule, die verblüffend dicht vor

der Klippe im Meer steht. Im Norden
der Insel ragt **St John's Head,** der
mit 347 m höchste senkrechte Felsen Großbritanniens, aus dem Wasser auf.

Unterkunft

●Auf Hoy gibt es auch eine **Hoy Hostel,**
vom Pier in Moaness aus liegt die Jugendherberge in der zweiten Straße links auf der
rechten Seite, Tel. 01856/87 35 35, £ 8,
man muss telefonisch anfragen, ob sie
geöffnet ist.

Sanday　　　　　　　　　　　　　♪ XII, B1

38 km nordöstlich von Kirkwall liegt
die Insel Sanday. Sie wird Montag,
Mittwoch und Freitag von Kirkwall
aus angefahren. Sanday ist besonders bekannt für seine herrlichen
Sandstrände, die es den Wikingern
im 9. Jahrhundert leicht machten,
hier zu landen.

Wer unberührte Natur liebt, kommt
besonders im Nordosten bei **North-**
waa auf seine Kosten. In dem
Feuchtgebiet wachsen seltene Pflanzen, wie Farne, stellenweise sogar
Orchideen, und im Juni können Seehunde bei der Aufzucht ihrer Jungen
beobachtet werden.

Auf der Gezeiteninsel **Sty Wick** auf
der Südseite von Sanday liegt das
4000 Jahre alte Kammergrab von
Quoyness, eines der größten seiner
Art. Von der Hauptkammer zweigen
noch sechs Nebenkammern ab, die
einem ganzen Dorf für Bestattungen
dienten.

Unterkunft

●**Kettletoft Hotel,** Tel. 01857/60 02 17,
www.kettletofthotel.co.uk, B&B ab £ 20.

Orkney & Shetl.

Orkney

Europas höchste Steilküste: St John's Head

Rousay ♪ XXII, A1/2

Von Tingwall im Nordosten der Insel Mainland geht mehrmals täglich eine Fähre zu der Insel, die für eine Orkney-Insel ungewöhnlich bergig ist. Die Menschen hier leben zum größten Teil von der Landwirtschaft. Auch hier ist Natur pur zu erleben.

Die über 200 registrierten prähistorischen Stätten haben Rousay den Titel „Ägypten des Nordens" eingebracht. **Midhowe** im Westen der Insel gehört zu den wichtigsten dieser Grabungsorte. Das 1930 ausgegrabene **Midhowe Cairn** ist 23 m lang und hat zwölf Nebenkammern. Gleich in der Nähe des Grabes finden sich auch die Grundmauern eines Brochs mit den gut erkennbaren Resten der umgebenden Gebäude. Der Weg von hier bis zu dem weiter südlich gelegenen **Westness House,** der Residenz der *Lairds of Rousay* aus dem 18. Jh., ist in einen archäologischen Pfad mit Tafeln verwandelt worden.

Unterkunft
● **Rousay Organise Hostel,** Trumland Farm, Tel. 01856/82 12 52, Bett ab £ 8.

Papa Westray ♪ XXII, A/B1

Die kleine Insel Papa Westray wurde von den Wikingern nach den damals auf ihr lebenden Mönchen benannt *(Papay* = Priesterinsel).

Diese Insel ist wegen ihrer unberührten Natur eine Reise wert. Im Norden liegt das **RSPB-Vogelschutzgebiet North Hill,** das größte Seeschwalbenbrutgebiet Europas. Aber auch Raubmöwen, Sturmvögel und Watvögel wie Austernfänger brüten hier.

Unter den vielen prähistorischen Ausgrabungen ist das **Knap of Howar,** die älteste noch erhaltene menschliche Steinsiedlung in Nordwesteuropa.

Die unzähligen **Seehunde** an den Stränden soll man durch leises Singen anlocken können (da von uns keiner singen konnte, enthalten wir uns hier der Bewertung).

Verbindungen
●Man erreicht diese etwas abgelegene Insel dienstags und freitags von Kirkwall über Westray mit einem kleinen Boot. An den anderen Tagen fährt auch ein Boot, das allerdings nur Fußgänger mitnimmt (Rückfahrkarte ca. £ 20).

Silbermöwen in den Felsen von Hoy

Shetland

● **Loganair** fliegt die Insel bei Bedarf auch täglich an.

● **Konkrete Verbindungen:** *Traveline* für alle öffentlichen Verkehrsmittel (außer Flügen) www.travelinescotland.com bzw. Tel. 0870/ 60 82 608.

Unterkunft

● Im **Papa Westray Hostel,** Beltane House, ist eine Voranmeldung sehr ratsam: Tel. 01857/64 42 67, Fahrradverleih, ganzjährig geöffnet.

Westray   ♫ XXII, A1

Am **Noup Head,** einer Felsenküste im Nordwesten der Insel, besitzt Westray nach St Kilda in den Äußeren Hebriden die größte **Seevogelkolonie** Großbritanniens. Sie können hier nahezu alle in Nordeuropa vorkommenden Arten beobachten. Falls eine große Raubmöwe sich verhält, als habe sie schon in *Hitchcocks* „Vögel" mitgewirkt, sollten Sie allerdings den Platz verlassen, an dem Sie gerade stehen, er könnte zu nahe an ihrem Nest liegen.

Auf der Insel sind noch ein paar Überbleibsel mittelalterlicher Klöster sichtbar, ebenso die Ruine von **Noltland Castle** (16. Jh.) in Pierrowall.

Verbindungen

● Die Insel wird von den *Orkney Ferries* täglich ein- bis dreimal angefahren.

● **Konkrete Verbindungen:** *Traveline* für alle öffentlichen Verkehrsmittel (außer Flügen) www.travelinescotland.com bzw. Tel. 0870/ 60 82 608 (siehe auch „Unterwegs in Schottland" für günstige Tickets).

Unterkunft

● **Cleaton House Hotel,** Tel. 01857/67 75 08, Fax 67 74 42, www.cleatonhouse.com, B&B ab £ 36.

● **Bis Geos,** Tel. 01857/67 74 20, www.bis-geos.co.uk, ab £ 9, Hostel in einem renovierten Bauernhof in wunderschöner Lage, zudem stehen hier noch zwei komfortable Cottages für Selbstversorger zur Verfügung.

Shetland

Überblick

Ähnlich wie Orkney hat auch Shetland bis heute seine eigene Identität bewahrt. Die nie ganz verschwundenen wikingischen Einflüsse unterscheiden die Inselgruppe immer noch von der angelsächsischen Mutterinsel. Diese **wikingische Tradition** wird in Shetland auch heute noch gepflegt. Das kommt vielleicht daher, dass die Sprache der Einheimischen eine Abwandlung des Altnorwegischen ist und mit dem Englischen wenig zu tun hat, zum anderen mag es auch an der Ähnlichkeit der **Landschaften** von Shetland und Norwegen liegen.

Die Eiszeit hat das vulkanische Gestein der Inseln tief eingeschnitten, und viele der *Voes* (Fjorde) erinnern an die berühmten norwegischen **Meeresarme.** Die tiefen Einschnitte der See machen es auch unmöglich, irgendwo auf den Inseln weiter als 5 km vom Meer entfernt zu sein. Das bergige Land, in Nordmainland erhebt es sich in dem Ronas Hill bis auf 450 m, ist überwiegend mit Moor und Heide bedeckt. Da nur wenig Landwirtschaft betrieben wird (eine alte Weisheit besagt, der Orkadier sei ein Bauer mit Boot, der Shetlander aber ein Fischer mit Feld), haben

Farbkarte Seite XXIII **Shetland**

Schafe und Shetland-Ponies genügend Raum, frei durch die Hügel zu streunen.

Die grandiosen Klippen und Felsen an den Küsten sind ideale Brutgebiete für tausende *Seevögel.* 21 Arten brüten auf Shetland, darunter Silber- und Raubmöwen, Seeschwalben, Tölpel, Alke und Papageientaucher. Neben den vielen *Robben* können Sie mit etwas Glück an den Küsten sogar den scheuen *Fischotter* beobachten.

Wenn Sie ein passionierter *Angler* sind, wird es Ihnen nicht schwerfallen, diesen beiden Fischern Konkurrenz zu machen, da die unzähligen kleinen Seen des Binnenlandes voller Forellen sind. Die 21.988 Einwohner des nördlichsten Teils der Britischen Inseln leben überwiegend von der traditionsreichen Fischereiindustrie sowie von der Wollerzeugung und -verarbeitung, seit den 1970er Jahren natürlich auch von der Ölförderung.

Als *beste Reisezeit* empfehlen sich die Monate Juni bis August, wenn die Temperaturen am höchsten und die Regenfälle am geringsten sind. Außerdem bleibt die Sonne im Mittsommer auf den Shetlands mehr als 19 Stunden über dem Horizont.

Anfang Januar 1992 lief der norwegische Öltanker *Braer* vor der Südspitze Shetlands auf Grund und zerbrach in einem Orkan. Eine der schlimmsten Ölkatastrophen Europas hatte Shetland nun doch noch getroffen. Aber wie durch ein Wunder zeigten sich die Auswirkungen als nicht so schlimm wie befürchtet. Ohne etwas beschönigen zu wollen,

lässt sich glücklicherweise sagen, Shetland ist noch einmal mit einem blauen Auge davongekommen, an den Küsten ist von der Katastrophe nichts mehr zu erkennen. Viele der shetländischen Lachszüchter konnten sich sogar mit den aus Image-Gründen oft auch für einwandfreien Fisch gezahlten Entschädigungen sogar noch einmal über den Ruin retten, vor dem sie ohne die Ölpest standen.

Heute ist die Überfischung der Gewässer eine größere ökologische Katastrophe, als es die Ölpest gewesen ist (siehe auch Exkurs „Seevögel an Schottlands Küsten").

Geschichte

Die Geschichte Shetlands unterscheidet sich nur wenig von der Orkneys. Die Inseln waren bereits zur Steinzeit besiedelt, wurden um die Zeitenwende von den Pikten entdeckt und ab dem frühen 9. Jh. von den *Wikingern* erobert, die Shetland von Kirkwall auf Orkney aus regierten. 1468 kam Shetland an Schottland (s.a. „Orkney/Geschichte").

Unter den *Stewart-Herzögen,* die aus Orkney und Shetland so viel Geld herauspressten wie nur irgend möglich, hatten die Inseln im 16. und 17. Jh. schwer zu leiden. Um den Forderungen ihrer Landlords genügen zu können, mussten die Shetlander neben der Landwirtschaft auch noch Fischfang betreiben. Heute ist der Fischfang die Haupterwerbsquelle, und die Shetlander sind seit Jahrhunderten als hervorragende Seefahrer bekannt.

Orkney & Shetl.

Shetland

Im 19. Jh. bluteten die **Clearances** auch Shetland aus, doch brachte der **Heringsboom** im frühen 20. Jh. wieder etwas Wohlstand auf die Inseln.

Seit 1970 werden die **Ölfelder** in den shetlandischen Gewässern ausgebeutet. Doch die Shetlander ließen sich von dem schwarzen Gold nicht ihre Heimat abkaufen. Sie erlaubten die Ausbeutung erst, als ihnen weitgehende Gelder für einen Umweltschutzfonds zur Sanierung von zu erwartenden Ölschäden und einen Fonds zum Aufbau der heimischen Industrie für die Zeit nach dem Öl von den Konzernen gezahlt wurden. „Wenn nicht", so sagten die Shetlander, „bleibt das Öl da unten und kommt eben erst unseren Kindern zugute." Heute ist der Ölterminal am Sullom Voe der größte Europas.

Verbindungen

●**Konkrete Verbindungen:** *Traveline* für alle öffentlichen Verkehrsmittel (außer Flügen) www.travelinescotland.com bzw. Tel. 0870/ 60 82 608 (siehe auch „Unterwegs in Schottland" für günstige Tickets).

Fähren

●Lerwick wird von *NorthLink Ferries* von **Aberdeen** aus angefahren. Ein Fähre fährt Mo, Mi, Fr um 19 Uhr, Di, Do, Sa, So um 17 Uhr los, um am nächsten Morgen in Lerwick anzulegen. Rückfahrt ist Mo, Mi und Fr um 17.30 Uhr, Di, Do, Sa und So um 19 Uhr. Ab £ 30/Pers. und £ 108/Auto.

●Von **Kirkwall** auf Orkney dauert die Fahrt 8 Stunden. *NorthLink Ferries* halten hier Do, Sa und So, im Sommer auch Di auf der Fahrt von Aberdeen nach Lerwick. Abfahrt in Kirkwall ist um 23.45 Uhr. Von Lerwick nach Kirkwall verkehrt die Fähre Mi und Fr, im Sommer auch Mo, Abfahrt in Lerwick jeweils 17.30 Uhr. Ab £ 18/Pers., £ 76/Auto.

Flug

●**British Airways** fliegen den Flughafen Sumburgh, den Hauptflughafen von Shetland, an der Südspitze von Mainland mehrmals täglich von Aberdeen und von London aus an. Weniger häufig gibt es Flüge von **Inverness, Glasgow, Edinburgh** und anderen britischen Großstädten.

●Die Shetland-Inseln untereinander werden von **Loganair** angeflogen.

Bus

●Shetland besitzt ein gut ausgebautes **Busnetz,** das in Kombination mit den Fähren oder Kleinflugzeugen das Zentrum Lerwick mit fast allen äußeren Punkten der Inselgruppe verbindet. Die Busse fahren in der Regel morgens zur Endstation und nachmittags zurück.

●Der **Busbahnhof** liegt in Lerwick vom Victoria Pier die Esplanade nordwärts nach einem Stück auf der linken Seite am Anfang der Commercial Road. Die Busse nach Burra Isle, Sumburgh und Toft fahren auf der Esplanade zwischen Fähranleger und Victoria Pier ab.

Autoverleih

●**Bolts Car Hire Lerwick,** 26 North Road und Sumburgh am Flughafen, Tel. 01950/ 46 07 77.

Lerwick   ♫ XXII, B3

Das administrative und überraschend lebendige Zentrum der Inseln ist die Stadt Lerwick (6830 Einwohner). Das hübsche Städtchen entstand erst im 17. Jh., als holländische Fischer den geschützten Naturhafen als idealen Anlaufpunkt entdeckten. Es wuchs zunächst nur langsam am Ufer entlang. Typisch für diese Zeit sind die **Lodberries,** Wohn- und Warenhäuser, die alle einen eigenen Anleger zum Entladen ihrer Waren besaßen. Am Südende der Stadt sind

Farbkarte Seite XXIII   **Shetland**

noch einige wenige dieser Gebäude erhalten.

Während des Heringsbooms im 19. Jahrhunderts wuchs die Stadt enorm, und die viktorianischen Gebäude zwischen Hillhead bis Burgh Road westlich des alten Hafens entstanden. An der Ecke Hillhead und Union Street steht die Bücherei und das **Shetland Museum.** Das Museum zeigt eine Ausstellung zur Geschichte der Inseln und Fundstücke der Ausgrabungen auf Shetland. (Ö: Mo, Mi, Fr 10-19 Uhr, Di, Do, Sa bis 17 Uhr, E: frei)

Gegenüber steht das **Rathaus,** ein mächtiges Gebäude in victorianischer Gotik. Die romantischen engen Gassen rund um die Commercial Street haben früher Schmugglern das Entkommen erleichtert.

Fort Charlotte, gegenüber dem Fähranleger nach Bressay und Out Skerrie am Nordende des alten Hafens, wurde 1665 unter *Cromwell* erbaut und im 18. Jh. komplett umgestaltet. 1,5 km westlich des Zentrums liegt in einem See rechts der A 970 das **Clickimin Broch.** Die vorzeitliche Burg wurde vom 6. Jh. v.Chr. bis ins 6. Jh. n.Chr. bewohnt. Dabei wechselte die Bebauung von einem bronzezeitlichen Bauernhof über ein eisenzeitliches Ringfort, später einen Broch, also einen eisenzeitlichen Festungsturm, bis zu einer Rundhaussiedlung im Frühmittelalter (siehe auch Exkurs „Brochs und Duns").

Up Helly Aa ist das bekannteste Fest Shetlands. Das wikingische Lichterfest findet am letzten Dienstag des Januar in Lerwick statt und soll den Winter verabschieden. Am Abend des Festes findet eine Lichterprozession statt, bei der 900 als Wikinger verkleidete Fackelträger durch Lerwick ziehen, um am Ende ein nachgebautes Wikingerschiff zu verbrennen. Zum Festival gibt es nun außerdem eine *Up Helly Aa Exhibition,* in der neben Kostümen, Fotos, einem Video etc. auch ein nachgebautes Wikingerschiff zu sehen ist.

Das **Shetland Folk Festival** wird an vier Abenden Ende April/Anfang Mai abgehalten. Zu diesem Festival, an dem traditionelle shetlandische Musik und Folklore präsentiert wird, reisen auch Künstler aus anderen Teilen der Welt an. Hauptinstrument ist die shetlandische *Fiddle,* die Fidel, die bis heute das beliebteste und bekannteste Instrument auf den Inseln ist.

Information

● **Tourist Information Centre,** Market Cross, vom Fähranleger links, auf der Esplanade fünfte Straße rechts, an der Ecke Mountholy, Commercial Street, Lerwick, Shetland LE1 OLU, Tel. 08701/99 94 40 oder Tel. 01595/69 34 34, Fax 69 58 07, info@visitshetland.com.
● www.visitshetland.com

Unterkunft

● **Grand Hotel,** Commercial Street, Tel. 01595/69 28 26, Fax 69 40 48, www.kgq. hotels.co.uk, B&B ab £ 46, ist das älteste Hotel von Shetland.
● **Fort Charlotte Guest House,** 1 Charlotte Street, Tel. 01595/69 21 40, www.fortchar lotte.co.uk, B&B ab £ 25.
● **Mrs. W. Gifford,** Whinrig, 12 Burgh Road, Tel. 01595/69 35 54, B&B ab £ 22.
● **B&B** gibt es vor allem in der St Olaf Street und der King Harald Street. Für die Übernachtung muss man mit ca. £ 20 rechnen.

Shetland

- **Lerwick Hostel,** Islesburgh House, Jugendherberge findet man von Hillhead die Union Street aufwärts, dann zweite Straße rechts, in der King Harald Street in einem der ersten Häuser links, einem hübschen viktorianischen Gebäude, Tel. 01595/69 21 14, £ 11, Voranmeldung sinnvoll.
- **Clickimin Caravan and Camping Site**, Lochside, gleich westlich des Zentrums nördlich des Clickimin Loch, Tel. 01595/74 10 00, Fax 74 10 01, Wohnwagen und Zelte ab £ 6.50.

Sehenswertes auf dem übrigen Shetland

Von Lerwick auf der A 970 in Richtung Südwesten, dann nach ein paar Kilometern rechts auf die B 9073 und nach einer kurzen Strecke wieder links gelangt man nach **Scalloway** (812 Einwohner), der alten Hauptstadt Shetlands. 1600 baute *Earl Patrick Stewart* das **Castle,** das noch heute den natürlichen Hafen des kleinen Fischerstädtchens dominiert. (Ö: „all reasonable times", E: frei)

Neben dem Castle steht ein Geschäft der **Shetland Woollen Company,** das Strickwaren mit den bekannten Shetland-Mustern verkauft. In der Mitte der Stadt liegt das interessante **Scalloway Museum,** das über den norwegischen Widerstand im 2. Weltkrieg, der von Scalloway aus geleitet wurde, berichtet. (Ö: im Sommer Mo 9.30-11.30 und 14-16.30 Uhr, Di-Fr 10-12 und 14-16.30 Uhr, Sa 10-12.30 und 14-16.30 Uhr, als Eintritt wird um eine kleine Spende gebeten)

Auf der A 970 von Lerwick nach Süden sollten Sie nach ca. 17 km

links nach Leebitton, Sandwick abbiegen. Von hier geht eine kleine Personenfähre zur unbewohnten Insel **Mousa** (nur im Sommer, wetterbedingt, Abfahrt Mo-So 14 Uhr, Juni-Aug. Mo, Mi, Fr und So außerdem um 12.30 Uhr, £ 9, nach Voranmeldung unter Tel. 01950/43 13 67, www.mousaboattrips.co.uk). Schon vom Festland aus kann man das berühmte **Mousa Broch,** das besterhaltene Broch Schottlands, erkennen. Die eisenzeitliche Befestigungsanlage steht noch 13 m hoch und kann als einzige ihrer Art in Schottland noch bestiegen werden (siehe auch Exkurs „Brochs und Duns"). Die Insel ist aber auch für ihre großen Vogelkolonien bekannt. Im West Voe, einer schönen Sandbucht im Südosten der Insel, kann man das Getümmel einer Robbenkolonie beobachten.

In **Dunrossness,** etwas weiter südlich, lohnt das **Shetland Croft Museum** einen Besuch. (Ö: im Sommer Mo-So 10-13 und 14-17 Uhr, E: frei)

Wenn Sie die A 970 weiter nach Süden fahren, gelangen Sie nach **Grutness,** dem Anleger für die Fähre zum Naturjuwel **Fair Isle.** Diese kleine Insel, die abgelegenste aller bewohnten britischen Inseln, liegt auf halbem Weg nach Orkney. Sie gehört heute dem *National Trust,* der auch eine Herberge und ein Vogelbeobachtungszentrum unterhält. Bekannt sind vor allem die bemerkenswerten, typischen Fair-Isle-Strickmuster.

Im Sommer verkehrt von Grutness aus zweimal wöchentlich ein Postschiff (muss reserviert werden: *Shet-*

Farbkarte Seite XXIII **Shetland**

land Island Council, Town Hall, Lerwick, Tel. 01595/69 35 35 oder 76 02 22 für die Fair Isle). *Loganair* unterhält fünfmal in der Woche von Lerwick einen Flug.

Unterkunft findet man auf der kleinen Insel in der **Lodge & Bird Observatory.** Da hier nur 34 Plätze zur Verfügung stehen, sollte man sich vorher anmelden *(Fair Isle Lodge & Bird Observatory,* Fair Isle, Shetland ZE2 9JU, Tel. 01595/76 02 58, www.fairislebirdobs.co.uk, nur März-Okt. geöffnet, ca. £ 30). **B&B** gibt es außerdem bei *Mrs. K Coull,* Upper Leogh, Shetland ZE2 9JU, Tel. 01595/76 02 48, kathleen.coull@lineone.net, ab £ 22.

Südlich von Grutness an der Ostküste liegt eine der wichtigsten archäologischen Fundstätten Europas: Der *Jarlshof* wurde von der Steinzeit über eine Periode von 3000 Jahren bis in das frühe Mittelalter hinein besiedelt. Ovale Bronzezeithütten, ein Broch aus der Eisenzeit, wikingische Langhäuser und mittelalterliche Bauernhofreste, schließlich noch ein Haus aus dem 16. Jh. sind hier zu finden. Den Namen erhielt die Stätte von *Sir Walter Scott,* der in seiner Novelle „The Pirate" die Örtlichkeit so bezeichnet hatte. Der *Jarl* ist eigentlich ein Wikingerhäuptling oder Graf. Die Bezeichnung lebt heute noch in dem englischen Wort *Earl* (= Graf) weiter. (Ö: Ostern-Sept. Mo-So 9.30-18.30 Uhr, letzter Einlass um 18 Uhr, E: £ 3.30, www.historic-scotland.gov.uk)

Vom **Sumburgh Head,** der Südspitze Shetlands, kann man an klaren Tagen sogar bis zur Fair Isle blicken. Eine große Seevogelkolonie, die im Sommer in dem Felsen nistet, bietet die Möglichkeit, die niedlichen Papageientaucher zu beobachten. Der *RSPB Shetland Office* (Sumburgh Head Lighthouse, Virkie, Tel. 01950/46 06 00) veranstaltet hier auch kostenlose Führungen, Informationen gibt es auch beim Tourist Information Centre in Lerwick.

Von Mai bis August können Sie den **Nationalpark** auf der Insel **Noss,** genau westlich von Lerwick, besuchen. Die Insel ist die Heimat Tausender von Seevögeln, u.a. von Bastölpeln, die sich aus großen Höhen ins Meer stürzen. Von Lerwick legt täglich um 14 Uhr, im Sommer zusätzlich auch um 9.30 Uhr, eine Bootstour nach Ness und seiner Nachbarinsel Bressay ab. Die Fahrten sind zwar ein echtes Erlebnis, aber recht teuer (E: £ 30). Vorausbuchungen sind auf jeden Fall erforderlich entweder beim Tourist Information Centre in Lerwick (s.o.) oder unter www.seabirds-and-seals.com.

Wer die Shetlands nicht mit dem Auto oder öffentlichen Verkehrsmitteln bereisen möchte, sei auf die vielen sehr schönen **Wander- und Fahrradrouten** verwiesen. Infobroschüren dazu erhält man im Tourist Information Centre.

Unterkunft

● **Cunningsburgh Village Club,** *Mrs. Isbister,* Meadows, Cunningsburgh, Independent Hostel, auf halbem Weg von Lerwick nach Sumburgh, Tel. 01950/47 72 41, ab £ 4.50, nur im Juni-Aug.

● **Gardiesfauld Hostel,** Uyeasound, Island of Unst, Tel./Fax 01957/75 52 40, www.gardiesfauld.shetland.co.uk, ab £ 10.

Orkney & Shetl.

523

Shetland

Anhang

Schottland im Winter

Weißes Schottland

Grünes Schottland.
Braunes Schottland.
Graues Schottland.

Jede dieser Farben steht schon fast für ein Lebensgefühl des Landes. Grün für die fette, fruchtbare Zeit im Frühjahr und Sommer, braun für die sinnliche, abgestorbene Spanne im späten Herbst und grau für die müden Tage mit Nebel und Regen.

Und weißes Schottland.
Was soll das sein?

Eine dicke Schneedecke, die sich übers Land zieht, Langläufer ziehen ihre Spur durch das Hochland, alpine Skifahrer stürzen sich die Berghänge hinab, einen heißen Whisky an der Piste zum Aufwärmen …

Nein, nein, ein weißes Schottland, ein kleines (unberührtes) Österreich auf der britischen Insel gibt es nicht!

Da spielen in Schottland des Öfteren die Umstände nicht mit. Denn das Wetter wechselt zu oft, um einen durchgehend kalten Winter zu haben, und der böse Wind bläst den Schnee weg von der Skipiste. Auf dem flachen Land ist es dank des Golfstromes oft zu warm für Grade unterhalb des Gefrierpunktes. Also nicht nach Schottland im Winter? Urlaub in den Alpen, Norwegen Schweden …?

Wir (die drei Autoren) hatten uns in der so genannten Zeit zwischen den Jahren, zwischen Weihnachten und Neujahr aufgemacht, um die schottischen Skipisten zu erkunden. Mit einem überladenen Kleinwagen, auf dem Dach dreieinhalb Skiausrüstungen, tuckerten wir drei Tage nach Heiligabend in Richtung Norden zur Fähre nach Calais. Mittags fuhren wir los, abends erreichten wir Calais, nachts setzten wir über nach Dover, und morgens mussten wir nur noch Großbritannien von Süden nach Norden durchfahren, um unsere Skigelüste auf Schottlands Pisten zu befriedigen.

„Haben Sie sich verfahren? Das ist England!" verriet uns ein englischer Tankwart, als er das deutsche Autokennzeichen und die Skiausrüstung auf dem Dach entdeckte.

„Nein, wir sind auf der Durchreise, nach Schottland, zum Skifahren!", erwiderten wir.

Er wünschte: „Frohe Weihnachten!" und zog kopfschüttelnd von dannen.

Nach zehn Stunden erreichten wir Edinburgh. Ein Freund, der uns von Edinburgh aus zum Skifahren begleiten wollte, erklärte, letzte Woche noch sei ein weißer Schneeteppich über dem ganzen Hochland gelegen. Jetzt war eher ein Wetter wie im Frühling in Schottland. Wir verzagten nicht und starteten plus zugestiegenem Freund nach Westen, aber nicht um Gold, sondern um Schnee zu finden. Unser Freund hatte eine Nummer angerufen, die einem mitteilt, ob und wo Schnee liegt in den fünf schottischen Skigebieten.

„Es soll noch Schnee dasein", sagte die Nummer; doch im Tal entdeckten wir keinen, als wir das Nevis

Range-Skigebiet erreichten. Ein fürchterlicher Wind blies. Die Gondel, die uns zur Bergstation und den Schleppliften beförderte, tanzte im Wind wie ein Eisenkäfig an einem Spinnfaden. Als wir die Bergstation erreicht hatten, pfiff ein solcher Sturm, dass wir mit dem Wind im Rücken fast ohne Schlepplift den Berg hätten hinauflaufen können.

Doch wir hatten den Wind nicht im Rücken, sondern im Gesicht. Wie mit tausend feinen Stecknadeln piekste er uns ins Gesicht, wenn uns die Schlepplifte den Berg hinaufzogen. Bei der Fahrt ins Tal beschleunigte er uns mit einer unsichtbaren Riesenhand.

Durchwachsen waren die Schneeverhältnisse: Den Berg oben bedeckte das reine Eis, besser zum Eislaufen denn zum Skifahren, den Hang bzw. den Mittelabschnitt bekleidete ein gut befahrbarer Pulverschnee und unten war es zu warm, der Schnee war dort wässrig wie Zitroneneis.

Doch die Zeit und die Schotten, welchen die widrigen Verhältnisse ziemlich egal zu sein schienen, lehrten uns, das Wetter und den Wind so zu nehmen wie sie sind. Und letztlich machte das Skifahren einfach Spaß. Die Schotten übrigens sind sehr sympathische Skiläufer; keine Pistenheinis, die alles über den Haufen rasen, keine ausstaffierten Skimode-Puppen, die die Abfahrtsstrecke mit dem Laufsteg verwechseln. Oft mit einem schlichten Parka bekleidet, veralteten Skibindungen an den Füßen, gleiten sie elegant im Telemark-Stil ihre Berge hinab.

Fünf größere Skigebiete zählt das schottische Hochland. Zwei finden sich bei Fort William im Westen des schottischen Hochlandes, das von Glencoe und die Nevis Range, eines, das Cairngorm-Skigebiet, ist bei Aviemore und zwei weitere liegen im Osten der Highlands, The Lecht and Glenshee. In den Skigebieten The Lecht, Cairngorm, Nevis Range und Glenshee (südöstlich: Glenisla) ist neben Abfahrt auch Langlauf möglich.

Nevis Range

Der Berg Aonach Mor (1219 m) beherbergt die 9 Lifte der Nevis Range, zusammen mit dem Skigebiet von Glencoe das landschaftlich reizvollste in Schottland. Als großartige Kulisse genießt der Skifahrer – natürlich nur, falls der schottische Nebel nicht dazwischenfunkt – den höchsten Berg des Vereinigten Königreiches von Großbritannien: den Ben Nevis.

Eine Stahlgondel fährt mit vier Personen beladen bergauf bis zur Mittelstation, wo sich das eigentliche Skigebiet erstreckt (denn Schneefall bis ins Tal ist die Ausnahme). Zu erreichen sind die Hänge des Aonach Mor südöstlich von Fort William entlang der Straße von Glen Nevis.

Information

● *Fort William and Lochaber Tourist Board* vermitteln Zimmer und geben Auskunft über die Verhältnisse auf der Piste, Fort William, Inverness-shire PH33 6AJ, Tel. 01397/70 37 81, Fax 01397/70 51 84.
● *Nevis Range Ski-Hotline,* Tel. 01397/70 58 25.
● http://ski.visitscotland.com

Schottland im Winter

Aktivitäten

● In das Skigebiet führt die **Aonach Mor-Seilbahn,** an deren Fuße sich auch das **Nevis Range Ski Centre** (und Ski-Schule) befindet (Torlundy, Fort William, Tel. 01397/70 58 25, www.nevisrange.co.uk). Eine Tageskarte kostet etwa £ 23, für 5 Tage zahlt man £ 85, Skier werden verliehen für £ 16 pro Tag.

Unterkunft

Wer sich im Winter auf den Weg nach Schottland begibt, sollte sich im Voraus um eine Unterkunft bemühen, weil speziell in der Zeit um Neujahr fast alles ausgebucht ist.

● In Torlundy, 2 km von Nevis Range, gibt es günstig B&B bei **Leasona,** Tel. 01397/70 46 61.

● **The Grey Corrie Lodge,** Roybridge, Tel. 01397/71 22 36, Bunkhouse, Bett ab £ 10.

Glencoe

In Glencoe, im Westen des schottischen Hochlandes, liegt der Anfang des schottischen Skifahrens. Bereits 1956 schleppten die ersten Lifte Skifahrhungrige Menschen den Meall a'Bhuirdh (1061 m) hinauf. Die Pisten von Glencoe sind ebenso geeignet für Anfänger wie für Fortgeschrittene. Fünf Lifte, davon zwei Sessellifte, rotieren auf dem Berg, fünfzehn Abfahrten sind ausgewiesen, davon eine schwere (schwarze) Abfahrt, 5 mittelschwere (rote), 6 leichte (blaue) und 3 Anfängerstrecken (grün).

Das Hilltop Café auf halber Höhe des Meall a'Bhuirdh serviert Mahlzeiten und Getränke.

Wer keine eigenen Skier mitgebracht hat, kann sich welche borgen. Und wer keine Kenntnisse im Skifahren hat, der kann sie in der hiesigen Skischule erwerben.

Im Vergleich mit den anderen Skigebieten des schottischen Hochlands verfügt Glencoe über den größten Höhenunterschied und zusammen mit der Nevis Range über die sichersten Schneeverhältnisse. Ein Nachteil: Das Skigebiet von Glencoe liegt relativ abgelegen, rund 40 km von Fort William, 18 km von der Ortschaft Glencoe und 20 km von Ballachulish entfernt.

Information

● **Fort William and Lochaber Tourist Board** vermitteln Zimmer und geben Auskunft über die Verhältnisse auf der Piste; Cameron Square, Fort William, Inverness-shire PH33 6AJ, Tel. 01397/70 37 81, Fax 70 51 84.

● **Glencoe Ski-Hotline,** Tel. 001855/85 12 26.

Aktivitäten

● **Glencoe Ski School,** Kingshouse, Tel. 01855/85 12 26, bietet Kurse für Anfänger, für eine 5-tägige Schulung zahlt man inkl. Ausrüstung £ 179. Ferner besteht die Möglichkeit, sich ein Snowboard zu leihen, ab £ 17.

● **Glencoe Mountain Resort**, Kingshouse, Tel. 01855/85 12 26, www.glencoemountain.com, betreiben die Lifte. Das das Ticket für den Lift kostet ab £ 24 für einen Tag, unter 16 Jahren £ 15.

Unterkunft

● **Clachaig Inn Glencoe,** unweit des Glencoe Visitor Centres des *National Trust for Scotland,* Tel. 01855/81 12 52, Fax 81 16 79, B&B ab £ 22, betreibt auch eine Kneipe, in der abends der Teufel los ist.

● **Strathlachlan The Glencoe Guest House,** Upper Carnoch, Tel. 01855/81 12 44, B&B ab £ 17.

● Weitere Unterkünfte finden sich im Reiseteil bei Glencoe oder Fort William.

Karten Seiten 379, 435   ## Schottland im Winter

Cairngorm

Der professionellste und größte Wintersportort Schottlands liegt ca. 50 km südlich von Inverness bei Aviemore in den Bergen der Cairngorms. Siebzehn Sessel- oder Ankerlifte ziehen die Skifahrer die Hänge des Ptarmigan (978 m) hinauf. Für Skilangläufer sind bei gutem Schnee die Loipen gespurt. Ein Skibus verkehrt zwischen Aviemore und dem Wintersportgebiet

Information
- *Tourist Information Centre,* Grampian Road, Aviemore, Inverness-shire, PH22 1PP, Tel. 01479/81 03 63, Fax 81 10 63
- *Cairngorm Ski-Hotline,* Tel. 01479/86 12 61.

Aktivitäten
- *Scottish Norwegian Ski School,* Speyside Sports, 64 Grampian Road, Tel. 01479/81 06 56, ein 5-Tage-Kurs mit erforderlicher 5-er-Ausrüstung für 5 Tage £ 215.

Unterkunft
- *Kinapol Guest House,* Dalfaber Road, in der Nähe des Zentrums von Aviemore, Tel. 01479/81 05 13, B&B ab £ 16.
- *Cairngorm Guest House,* Main Road, Tel. 01479/81 06 30, ab £ 20.

Glenshee und The Lecht

Im windärmeren Osten Schottlands finden sich zwei weitere Skigebiete, nördlich von Perth (ca. 60 km) Glenshee und westlich von Aberdeen (40 km) The Lecht.

Abseits vom Touristenstrom: Winter auf Arran (WS)

Schottland im Winter

The Lecht bei Tomintoul ist ein relativ kleines Skigebiet mit 11 Liften, gut geeignet für Anfänger, aber wenig schneesicher. Lohnend für Abfahrer wie für Langläufer ist die Gegend um Glenshee. An den Hängen des Glas Maol (956 m) kann man sich an 26 Liften austoben. Ein Vorzug von Glenshee: Spielt der Wettergott im Winter nicht mit, schneit es von unten künstlich aus „Schneebomben". Wer beide Skigebiete testen möchte, richtet sich seinen Stützpunkt am besten im zentral gelegenen Braemar ein. Sechzig Kilometer gespurte Loipen finden sich – vorausgesetzt es liegt genügend Schnee – in Glenisla, südöstlich von Glenshee.

Information

● Vor Ort ist für Glenshee das *Braemar Tourist Information Centre,* The Mews, Mar Road, Braemar, Tel. 013397/41 600, zuständig.
● The Lechts wird vom *Blairgowrie Tourist Information Centre,* 26 Wellmeadow, Blairgowrie PH10 6AS, Tel. 01250/87 28 00, betreut.
● *The Lechts Ski-Hotline:* Tel. 019756/51 440.
● *Glenshee Ski-Hotline,* Tel. 013397/41 320.
● www.lecht.co.uk
● www.ski-glenshee.co.uk

Aktivitäten

Mehrere Skischulen unterrichten blutige Anfänger in der Kunst des Wedelns und der Kratzkurve:
● *Glenshee Ski School,* Cairdsport, Spittal of Glenshee, by Blairgowrie, Tel. 01250/85 52 16, 5-Tages-Kurse kosten etwa £ 70, die Ausrüstung über diesen Zeitraum kostet ca. £ 35.
● *Cairnwell Ski School,* Gulabin Lodge, Tel./Fax 0870/44 30 253, für 5 Tage £ 47

(Schule) und £ 46 für Verleih; auch Langlauf (cross country).
● *Ski Centres: Glenshee,* Cairnwell, Braemar, Tel. 013397/41 320, 26 Lifte, 40 km Pisten, Tageskarte: £ 25, Fünf-Tages-Karte £ 78, Skiverleih ab £ 15; *The Lecht,* Corgarff, Strathdon, Tel. 019756/51 440, 12 Lifte, Tageskarte £ 20, Skiverleih ab £ 14.
● Langlaufinteressierte wenden sich an *Adventure Scotland,* Tel. 0870/24 02 676, www.adventure-scotland.com.

Unterkunft

● *Glenshieling House Hotel,* Hatton Road, Rattray, Blairgowrie, Tel. 01250/87 46 05, www.glenshielinghouse.co.uk, B&B ab £ 25.
● *Duncraggan Guest House,* Perth Road, Blairgowrie, Tel. 01250/87 20 82, duncraggan@hotmail.com, B&B ab £ 20.
● Eine gute Bleibe für junge (und ältere) Skifahrer, 13 km von Glenshee, 38 km von The Lecht: *Braemar Youth Hostel,* Corrie Feragie, Glenshee Road, Braemar, Tel. 0870/00 41 105.

Literatur

Ein praktischer Reiseführer kann die meisten ein Land betreffenden Aspekte, Themen und Probleme nur anschneiden oder skizzieren, das liegt in der Natur der Sache. Für alle, die sich mehr für Schottland interessieren, haben wir an dieser Stelle eine kleine Auswahl an Literatur zusammengestellt.

● *Christiane Agricola* (Hg. und Übersetzung): *„Schottische Märchen".* *Christiane Agricola* hat in diesem empfehlenswerten Buch 89 Märchen und Sagen ausgewählt und liebevoll übersetzt. Die Geschichten reichen von Bauernmärchen bis zu Rittersagen. Besonders wertvoll machen das Buch darüberhinaus die ausführlichen Kommentare im Anhang, die viel zum Verständnis beitragen.

● Von *Muriel Spark* sind einige Werke in deutscher Übersetzung erschienen, u.a. auch der im Literaturteil erwähnte Roman *„Die Blütezeit der Miss Jean Brodie".*

● *Theodor Fontane: „Jenseit des Tweed",* obwohl eigentlich mehr Englandliebhaber, versuchte mit diesem Buch seine Zeitgenossen für Schottland zu begeistern. Im Stil romantischer Begeisterung für Sagen, Erzählungen und Anekdoten gehalten, ist dieses Buch ein Muss für alle, die in Schottland Geschichte und Geschichten suchen. Allein für die „Royal Mile" in Edinburgh listet Fontane fast zu jedem Haus eine romantische oder unheimliche Geschichte auf.

● *James Boswell: „A Journal of a tour to the Hebrides with Samuel Johnson".* *Boswell* beschreibt in diesem Klassiker die Reise in sein Heimatland, die er zusammen mit dem berühmten englischen Aufklärer *Samuel Johnson* unternahm. Neben Details aus dessen Leben und einer Erzählung der Flucht *Bonnie Prince Charlies* durch das Hochland vermittelt das Buch einen beredten Eindruck vom Schottland des 18. Jh.

● *Margit Wagner: „Schottland und seine Inseln"* ist eine Mischung aus Reiseerzählung und Reiseführer. Das Buch ist wie eine Art Kalender aufgebaut, wobei die einzelnen Monate einer bestimmten Region zugeordnet werden. Auf diese Weise erhält der Leser einen schönen Einblick in das Land und die Geschichte und Mentalität seiner Bewohner.

● *Kenneth Elliott* und *Frederick Rimmer: „History of Scottish Music"* gibt auf kleinem Raum eine kurze, aber umfassende Einführung in die Geschichte der schottischen Musik. Allerdings haben die Autoren auf eine Darstellung der traditionellen, d.h. fokloristischen, Musik verzichtet.

● *James Hunter: „The making of the crofting communities".* *Hunter* versucht in diesem Buch, hinter die Besonderheiten des schottischen *crofting* zu kommen. Ein Buch für alle, die mehr von schottischer Landwirtschaft und Landleben erfahren wollen.

● *J. D. Mackie: „A History of Scotland".* *Mackie,* bis zu seinem Tod 1978 Professor für Geschichte in Glasgow und königlicher Historiograph in Schottland, hat mit diesem Buch ein auch Laien leicht zugängliches Werk zur Geschichte Schottlands geschrieben. Wer sich einen kurzen Überblick über schottische Geschichte schaffen will, dem sei dieses überall in Schottland erhältliche Bändchen empfohlen.

● *John McEwan: „Who owns Scotland? - a study in landownership".* Das Buch gibt eine Einführung in die bis heute problematischen Landbesitzverhältnisse - nur wenige, meist adelige Grundbesitzer besitzen eine Großteil der Fläche, was nicht zuletzt auch zu sozialen Spannungen auf dem Land führt.

● *Anna und Graham Ritchie: „Ancient Monuments of Orkney".* Das Ehepaar *Ritchie* hat mit diesem Bändchen, das man an allen eintrittspflichtigen Denkmälern des *Historic Scotland* erhält, einen lesenswerten, verständlichen und umfassenden Überblick über alle historischen Denkmäler Orkneys von der Steinzeit bis zur Neuzeit geschaffen.

● *J. N. G. Ritchie: „Brochs of Scotland".* Das Büchlein gibt einen guten Einblick in den Stand der Brochforschung, ist aber wegen seiner hohen Spezialisierung nur Lesern zu empfehlen, die mehr über die Welt der Eisenzeit und speziell die schottische Eigentümlichkeit des Brochbaues wissen wollen.

● *David Perrott* (Hg.): *„The Outer Hebrides Handbook and Guide".* Allen Hebridenbesuchern, die sich in die Welt der Inseln einfühlen wollen, sei der Erwerb dieses Buches angeraten. Verfasst von zahlreichen einheimischen Kennern wird in diesem Buch auf 98 Seiten von Fauna und Flora über Wirtschaft, Kultur, Sehenswürdigkeiten bis zu Rezepten nichts vernachlässigt, was auf den Inseln interessant ist. Vieles kann sogar für das Hochland verallgemeinert werden.

Anzeige

Kauderwelsch? Kauderwelsch!

Die **Sprachführer der Reihe Kauderwelsch** helfen dem Reisenden, wirklich zu sprechen und die Leute zu verstehen. Wie wird das gemacht?

- Die **Grammatik** wird in einfacher Sprache so weit erklärt, dass es möglich wird, ohne viel Paukerei mit dem Sprechen zu beginnen, wenn auch nicht gerade druckreif.
- Alle Beispielsätze werden doppelt ins Deutsche übertragen: zum einen **Wort-für-Wort,** zum anderen in „ordentliches" Hochdeutsch. So wird das fremde Sprachsystem sehr gut durchschaubar. Ohne eine Wort-für-Wort-Übersetzung ist es so gut wie unmöglich, einzelne Wörter in einem Satz auszutauschen.
- Die **Autorinnen und Autoren** der Reihe sind Globetrotter, die die Sprache im Lande gelernt haben. Sie wissen daher genau, wie und was die Leute auf der Straße sprechen. Deren Ausdrucksweise ist häufig viel einfacher und direkter als z.B. die Sprache der Literatur. Außer der Sprache vermitteln die Autoren Verhaltenstipps und erklären Besonderheiten des Landes.
- **Jeder Band** hat 96 bis 180 Seiten. Zu jedem Titel ist ein begleitender **Tonträger** (ca. 60 Min) erhältlich.
- **Kauderwelsch-Sprachführer** gibt es für über 100 Sprachen in **mehr als 160 Bänden,** z.B.:

Englisch – Wort für Wort
Band 64, 160 Seiten, ISBN 3-89416-484-0

Scots – die Sprache der Schotten
Band 86, 128 Seiten, ISBN 3-89416-277-5

British Slang – das andere Englisch
Band 47, 80 Seiten, ISBN 3-89416-037-3

REISE KNOW-HOW Verlag, Bielefeld

532

Hilfe

HILFE!

Dieses Reisehandbuch ist gespickt mit unzähligen Adressen, Preisen, Tipps und Infos. Nur vor Ort kann überprüft werden, was noch stimmt, was sich verändert hat, ob Preise gestiegen oder gefallen sind, ob ein Hotel, ein Restaurant immer noch empfehlenswert ist oder nicht mehr, ob ein Ziel noch oder jetzt erreichbar ist, ob es eine lohnende Alternative gibt usw.

Unsere Autoren sind zwar stetig unterwegs und versuchen, alle zwei Jahre eine komplette Aktualisierung zu erstellen, aber auf die Mithilfe von Reisenden können sie nicht verzichten.

Darum: Schreiben Sie uns, was sich geändert hat, was besser sein könnte, was gestrichen bzw. ergänzt werden soll. Nur so bleibt dieses Buch immer aktuell und zuverlässig. Wenn sich die Infos direkt auf das Buch beziehen, würde die Seitenangabe uns die Arbeit sehr erleichtern. Gut verwertbare Informationen belohnt der Verlag mit einem Sprechführer Ihrer Wahl aus der über 170 Bände umfassenden Reihe „Kauderwelsch" (siehe unten).

Bitte schreiben Sie an:

REISE KNOW-HOW Verlag Peter Rump GmbH, Postfach 140666, D-33626 Bielefeld, oder per e-mail an: info@reise-know-how.de

Danke!

Kauderwelsch-Sprechführer –
sprechen und verstehen rund um den Globus

Afrikaans ● Albanisch ● Amerikanisch - *American Slang, More American Slang,* Amerikanisch oder Britisch? ● Amharisch ● Arabisch - Hocharabisch, für Ägypten, Algerien, Golfstaaten, Irak, Jemen, Marokko, ● Palästina & Syrien, Sudan, Tunesien ● Armenisch ● *Bairisch* ● Balinesisch ● Baskisch ● Bengali ● *Berlinerisch* ● Brasilianisch ● Bulgarisch ● Burmesisch ● Cebuano ● Chinesisch – Hochchinesisch, kulinarisch ● Dänisch ● Deutsch - *Allemand, Almanca, Duits, German, Nemjetzkii, Tedesco* ● *Elsässisch* ● Englisch - *British Slang, Australian Slang, Canadian Slang, Neuseeland Slang,* für Australien, für Indien ● Färöisch ● Esperanto ● Estnisch ● Finnisch ● Französisch – kulinarisch, für den Senegal, für Tunesien, *Französisch Slang, Franko-Kanadisch* ● Galicisch ● Georgisch ● Griechisch ● Guarani ● Gujarati ● Hausa ● Hebräisch ● Hieroglyphisch ● Hindi ● Indonesisch ● Irisch-Gälisch ● Isländisch ● Italienisch – *Italienisch Slang,* für Opernfans, kulinarisch ● Japanisch ● Javanisch ● Jiddisch ● Kantonesisch ● Kasachisch ● Katalanisch ● Khmer ● Kirgisisch ● Kisuaheli ● Kinyarwanda ● *Kölsch* ● Koreanisch ● Kreol für Trinidad & Tobago ● Kroatisch ● Kurdisch ● Laotisch ● Lettisch ● Lëtzebuergesch ● Lingala ● Litauisch ● Madagassisch ● Mazedonisch ● Malaiisch ● Mallorquinisch ● Maltesisch ● Mandinka ● Marathi ● Modernes Latein ● Mongolisch ● Nepali ● Niederländisch - *Niederländisch Slang,* Flämisch ● Norwegisch ● Paschto ● Patois ● Persisch ● Pidgin-English ● *Plattdüütsch* ● Polnisch ● Portugiesisch ● Punjabi ● Quechua ● *Ruhrdeutsch* ● Rumänisch ● Russisch ● *Sächsisch* ● *Schwäbisch* ● Schwedisch ● *Schwiizertüütsch* ● *Scots* ● Serbisch ● Singhalesisch ● Sizilianisch ● Slowakisch ● Slowenisch ● Spanisch – *Spanisch Slang,* für Lateinamerika, für Argentinien, Chile, Costa Rica, Cuba, Dominikanische Republik, Ecuador, Guatemala, Honduras, Mexiko, Nicaragua, Panama, Peru, Venezuela, kulinarisch ● Tadschikisch ● Tagalog ● Tamil ● Tatarisch ● Thai ● Tibetisch ● Tschechisch ● Türkisch ● Twi ● Ukrainisch ● Ungarisch ● Urdu ● Usbekisch ● Vietnamesisch ● Walisisch ● Weißrussisch ● *Wienerisch* ● Wolof ● Xhosa

Alle Reiseführer von Reise

Reisehandbücher
Urlaubshandbücher
Reisesachbücher
Rad & Bike

Afrika, Bike-Abenteuer
Afrika, Durch, 2 Bde.
Agadir, Marrak./Südmarok.
Ägypten individuell
Ägypten Niltal
Alaska ↝ Kanada
Algarve
Algerische Sahara
Amrum
Amsterdam
Andalusien
Apulien
Äqua-Tour
Argentinien, Uru., Para.
Athen
Äthiopien
Auf nach Asien!
Australien, Osten/Zentr.
Auvergne, Cevennen

Bahrain
Bali und Lombok
Bali, die Trauminsel
Bangkok
Barcelona
Berlin
Borkum
Botswana
Brasilien
Brasilien kompakt
Bretagne
Budapest
Bulgarien
Burgund

Cabo Verde
Canada ↝ Kanada
Chile, Osterinseln
China Manual
Chinas Norden
Chinas Osten
Cornwall
Costa Blanca
Costa Brava
Costa de la Luz
Costa del Sol

Costa Dorada
Costa Rica
Cuba

Dalmatien
Dänemarks Nordseek.
Disneyland Resort Paris
Dominik. Republik
Dubai, Emirat

Ecuador, Galapagos
El Hierro
Elsass, Vogesen
England – Süden
Erste Hilfe unterwegs
Europa BikeBuch

Fahrrad-Weltführer
Fehmarn
Florida
Föhr
Friaul, Venetien
Fuerteventura

Gardasee
Golf v. Neapel, Kampan.
Gomera
Gotland
Gran Canaria
Großbritannien
Guatemala

Hamburg
Hawaii
Hollands Nordseeins.
Holsteinische Schweiz
Honduras
Hongkong, Macau, Kant.

Ibiza, Formentera
Indien Norden, Süden
Iran
Irland
Island
Israel, palästinens.
    Gebiete, Ostsinai

Istrien, Velebit

Jemen
Jordanien
Juist

Kairo, Luxor, Assuan
Kalabrien, Basilikata
Kalifornien, USA SW
Kambodscha
Kamerun
Kanada Alaska, USA
    Ost, NO, West
Kap-Provinz (Südafr.)
Kapverdische Inseln
Kenia
Kerala
Korfu, Ionische Inseln
Korsika
Krakau
Kreta
Kreuzfahrtführer

Ladakh, Zanskar
Langeoog
Lanzarote
La Palma
Laos
Lateinamerika BikeB.
Libyen
Ligurien
Litauen
Loire, Das Tal der
London

Madagaskar
Madeira
Madrid
Malaysia, Singapur,
    Brunei
Mallorca
Mallorca, Leben/Arbeiten
Mallorca, Wandern auf
Malta
Marokko
Mauritius/La Réunion
Mecklenb./Brandenb.:
    Wasserwandern
Mecklenburg-
    Vorp. Binnenland
Mexiko
Mexiko kompakt
Mongolei
Motorradreisen

München
Myanmar

Namibia
Nepal
Neuseeland BikeBuch
New York City
Norderney
Nordfriesische Inseln
Nordseeküste NDS
Nordseeküste SLH
Nordseeinseln, Dt.
Nordspanien
Normandie

Oman
Ostfriesische Inseln
Ostseeküste MVP
Ostseeküste SLH
Outdoor-Praxis

Panama
Panamericana,
    Rad-Abenteuer
Paris
Peru, Bolivien
Peru kompakt
Phuket
Polens Norden
Prag
Provence
Pyrenäen

Qatar

Rajasthan
Rhodos
Rom
Rügen, Hiddensee

Sächsische Schweiz
Salzburg
San Francisco
Sansibar
Sardinien
Schottland
Schwarzwald – Nord
Schwarzwald – Süd
Schweiz, Liechtenstein
Senegal, Gambia
Singapur
Sizilien
Skandinavien – Norden
Slowenien, Triest

Know-How auf einen Blick

Spaniens Mittelmeerk.
Spiekeroog
Sri Lanka
St. Lucia, St. Vin., Gren.
Südafrika
Südnorwegen, Lofoten
Südwestfrankreich
Sydney
Sylt
Syrien

Taiwan
Tansania, Sansibar
Teneriffa
Thailand
Thailand – Tauch- und Strandführer
Thailands Süden
Thüringer Wald
Tokyo
Toscana
Transsib
Trinidad und Tobago
Tschechien
Tunesien
Tunesiens Küste
Türkei, Hotelführer

Uganda, Ruanda
Umbrien
USA/Canada
USA, Gastschüler
USA, NO, S, SW, W
USA – Südwestern, Natur u. Wandern
USA SW, Kalifornien, Baja California
Usedom

Venedig
Venezuela
Ver. Arab. Emirate
Vietnam

Wales
Warschau

Westafrika – Sahel
Westafrika – Küste
Wien
Wo es keinen Arzt gibt

Yukatan

Zypern

Edition RKH

Abenteuer Anden
Burma – Land der Pagoden
Durchgedreht
Finca auf Mallorca
Geschichten/Mallorca
Goldene Insel
Mallorca, Leib u. Seele
Mallorquinische Reise
Please wait to be seated!
Salzkarawane, Die
Südwärts Lateinamerika
Taiga Tour
Traumstr. Panamerikana
Unlimited Mileage

Praxis

(Auswahl, vollständiges Programm siehe Homepage.)

Aktiv Algarve
Aktiv Andalusien
Aktiv Dalmatien
Aktiv frz. Atlantikküste
Aktiv Gardasee
Aktiv Gran Canaria
Aktiv Istrien
Aktiv Katalonien
Aktiv Marokko
Aktiv Polen
Aktiv Slowenien
Als Frau allein unterwegs
Australien: Reisen/Jobben
Australien: Outback/Bush
Auto durch Südamerika

Ayurveda erleben
Bordbuch Südeuropa
Clever buchen/fliegen
Clever kuren
Drogen in Reiseländern
Fernreisen, Fahrzeug
Fliegen ohne Angst
Fun u. Sport im Schnee
Geolog. Erscheinungen
Gesund. Dtl. Heilthermen
GPS f. Auto, Motorrad
GPS Outdoor
Inline-Skaten Bodensee
Inline Skating
Islam erleben
Kanu-Handbuch
Konfuzianismus erleben
Kreuzfahrt-Handbuch
Küstensegeln
Maya-Kultur erleben
Mountain Biking
Mushing/Hundeschlitten
Orientierung mit Kompass und GPS
Paragliding-Handbuch
Reisefotografie
Reisefotografie digital
Respektvoll reisen
Richtig Kartenlesen
Safari-Handbuch Afrika
Selbstdiagnose unterwegs
Shoppingguide USA
Sicherheit/Bärengeb.
Spaniens Fiestas
Sprachen lernen
Tango in Buenos Aires
Transsib – Moskau-Peking
Trekking-Handbuch
Trekking/Amerika
Trekking/Asien Afrika
Tropenreisen
Unterkunft/Mietwagen
Verreisen mit Hund
Wandern im Watt
Was kriecht u. krabbelt in den Tropen

Wein-Reiseführer Italien
Wein-Reiseführer Toskana
Wildnis-Ausrüst., Küche
Wohnmobil-Ausrüstung
Wohnmobil-Reisen
Wüstenfahren

KulturSchock

Ägypten
Argentinien
Australien
Brasilien
China, VR/Taiwan
Cuba
Familenmanagement
Finnland
Golf-Emirate, Oman
Indien
Iran
Islam
Japan
Jemen
Kambodscha
Kaukasus
Laos
Leben in fremd. Kulturen
Marokko
Mexiko
Pakistan
Polen
Russland
Spanien
Thailand
Türkei
USA
Vietnam

Wo man unsere Reiseliteratur bekommt:
Jede Buchhandlung Deutschlands, der Schweiz, Österreichs und der Benelux-Staaten kann unsere Bücher beziehen. Wer sie dort nicht findet, kann alle Bücher über unsere **Internet-Shops** bestellen.
Auf den Homepages gibt es **Informationen** zu allen Titeln:

www.reise-know-how.de oder **www.reisebuch.de**

Anzeige

Frankreich & Co.

Die schönsten Ferienziele richtig erleben!
Die Reiseführer der Reihe REISE KNOW-HOW
bieten Insider-Informationen und
Hintergrundwissen von Spezialisten,
genaue Karten, aktuelle Preise,
Adressen von guten Restaurants,
empfehlenswerten Unterkünften,
interessanten Einkaufsmöglichkeiten.

Auvergne
384 Seiten, 18 Karten und Pläne,
durchgehend illustriert, farbiger Kartenatlas

Paris und Umgebung
384 Seiten, 28 Karten und Pläne,
durchgehend illustriert, farbiger Kartenatlas

Provence
624 Seiten, 35 Karten und Pläne,
durchgehend illustriert, farbiger Kartenatlas

Pyrenäen
**Die schönsten Bergregionen in
Frankreich, Spanien und Andorra**
624 Seiten, 45 Karten und Pläne,
durchgehend illustriert, großer Farbteil

Normandie
624 Seiten, 23 Karten und Pläne,
durchgehend illustriert, Farbkartenatlas

Korsika
504 Seiten, 12 Stadtpläne, durchgehend
illustriert, Farbkartenatlas

REISE KNOW-HOW Verlag, Bielefeld

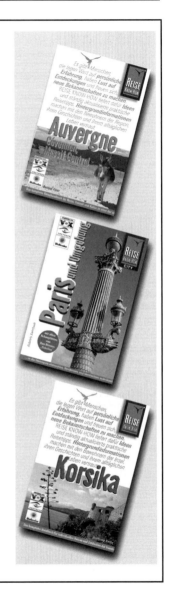

Anzeige

Großbritannien & Co.

Die schönsten Ferienziele richtig erleben!
Die Reiseführer der Reihe REISE KNOW-HOW
bieten Insider-Informationen und Hintergrundwissen von Spezialisten.

England - Der Süden
**Handbuch für individuelles Reisen
und Entdecken mit 10 Wanderungen**
480 Seiten, farbiger Kartenatlas, durchgehend
illustriert, 48-seitiger *City-Guide London* zum
Herausnehmen.

Irland
**Komplettes Reisehandbuch für
das Land des Regenbogens**
480 Seiten, 25 Karten und Pläne, mit
großem Farbteil, 24 Seiten
Farbkartenatlas

Großbritannien
England, Wales, Schottland
552 Seiten, 30 Karten und Pläne, über 100
Fotos, 48-seitiger **City-Guide London** zum
Herausnehmen

Cornwall/Kernow
360 Seiten, 12 Karten und Pläne,
rund 100 Fotos

London und Umgebung
360 Seiten, 20 Stadtpläne und Karten,
90 Fotos und Abbildungen, 24 Seiten
Farbkartenatlas

REISE KNOW-HOW Verlag, Bielefeld

Anzeige

Praxis – die handlichen Ratgeber für unterwegs

Wer seine Freizeit aktiv verbringt, in die Ferne schweift, moderne Abenteuer sucht, braucht spezielle Informationen und Wissen, das in keiner Schule gelehrt wird. REISE KNOW-HOW beantwortet mit bald 40 Titeln die vielen Fragen rund um Freizeit, Urlaub und Reisen in einer neuen, praktischen Ratgeberreihe: „Praxis".

So vielfältig die Themen auch sind, gemeinsam sind allen Büchern die anschaulichen und allgemeinverständlichen Texte. Praxiserfahrene Autoren schöpfen ihr Wissen aus eigenem Erleben und würzen ihre Bücher mit unterhaltsamen und teilweise kuriosen Anekdoten.

Rainer Höh: **Kanu-Handbuch**

Rainer Höh: **Wildnis-Ausrüstung**

Rainer Höh: **Wildnis-Küche**

Frank Littek: **Fliegen ohne Angst**

Rainer Höh: **Orientierung mit Kompass und GPS**

Wolfram Schwieder: **Richtig Kartenlesen**

Reto Kuster: **Dschungelwandern**

Klaus Becker: **Tauchen in warmen Gewässern**

M. Faermann: **Sicherheit im und auf dem Meer**

M. Faermann: **Survival Naturkatastrophen**

M. Faermann: **Gewalt und Kriminalität unterwegs**

J. Edelmann: **Vulkane besteigen und erkunden**

Rainer Höh: **Winterwandern**

Hans-Jürgen Fründt: **Reisen und Schreiben**

Rainer Höh: **Outdoor-Navigation**

Anzeige

Jeder Titel: 144-160 Seiten, handliches Taschenformat 10,5 x 17 cm, robuste Fadenheftung, Glossar, Register und Griffmarken zur schnellen Orientierung

weitere Titel siehe Programmübersicht

Reise Know-How Verlag, Bielefeld

Anzeige

KulturSchock

Diese Reihe vermittelt dem Besucher einer fremden Kultur wichtiges Hintergrundwissen. **Themen** wie Alltagsleben, Tradition, richtiges Verhalten, Religion, Tabus, das Verhältnis von Frau und Mann, Stadt und Land werden nicht in Form eines völkerkundlichen Vortrages, sondern praxisnah auf die Situation des Reisenden ausgerichtet behandelt. Der **Zweck** der Bücher ist, den Kulturschock weitgehend abzumildern oder ihm gänzlich vorzubeugen.

- D. Jödicke, K. Werner, **KulturSchock Ägypten**
- Carl D. Goerdeler, **KulturSchock Argentinien**
- Elfi H. M. Gilissen, **KulturSchock Australien**
- Carl D. Goerdeler, **KulturSchock Brasilien**
- Jens Sobisch, **KulturSchock Cuba**
- Hanne Chen, **KulturSchock VR China/Taiwan**
- H. Schröder-Kühn, M. Richter, **KulturSchock Familienmanagement im Ausland**
- I. Hámos, I. Sohlo, **KulturSchock Finnland**
- Kirstin Kabasci, **KulturSchock Golfemirate/Oman**
- Rainer Krack, **KulturSchock Indien**
- Kirsten Winkler, **KulturSchock Iran**
- Martin Lutterjohann, **KulturSchock Japan**
- Kirstin Kabasci, **KulturSchock Jemen**
- M. Würmli, U. Friesen, **KulturSchock Kaukasus**
- Sam Samnang, **KulturSchock Kambodscha**
- Michael Schultze, **KulturSchock Laos**
- Klaus Boll, **KulturSchock Mexiko**
- Muriel Brunswig, **KulturSchock Marokko**
- Hanne Chen, Henrik Jäger (Hrsg.) **KulturSchock Mit anderen Augen sehen**
- Susanne Thiel, **KulturSchock Pakistan**
- Barbara Löwe, **KulturSchock Russland**
- Andreas Drouve, **KulturSchock Spanien**
- Rainer Krack, **KulturSchock Thailand**
- Manfred Ferner, **KulturSchock Türkei**
- Ingrid Henke, **KulturSchock USA**
- Monika Heyder, **KulturSchock Vietnam**

REISE KNOW-HOW Verlag, Bielefeld

Anzeige

Mit REISE KNOW-HOW ans Ziel

Die Landkarten des **world mapping project** bieten gute Orientierung – weltweit.

- Moderne Kartengrafik mit Höhenlinien, Höhenangaben und farbigen Höhenschichten
- GPS-Tauglichkeit durch eingezeichnete Längen- und Breitengrade und ab Maßstab 1:300.000 zusätzlich durch UTM-Markierungen
- Einheitlich klassifiziertes Straßennetz mit Entfernungsangaben
- Wichtige Sehenswürdigkeiten, herausragende Orientierungspunkte und Badestrände werden durch einprägsame Symbole dargestellt
- Der ausführliche Ortsindex ermöglicht das schnelle Finden des Zieles
- Wasserabstoßende Imprägnierung
- Kein störender Pappumschlag, der den behindern würde, der die Karte unterwegs individuell falzen möchte oder sie einfach nur griffbereit in die Jackentasche stecken will

Derzeit rund 110 Titel lieferbar (siehe unter www.reise-know-how.de), z.B.:

Irland	**1:350.000**
Ägypten	**1:1,25 Mio.**
Thailand	**1:1,20 Mio.**

world mapping project
REISE KNOW-HOW Verlag, Bielefeld

Register

A

A Mhoine 423
Abbotsford House 150
Aberdeen 331
Aberfeldy 383
Aberfoyle 289
Aberlemno Sculptured Stones 327
Aboyne 375
Achamore House Gardens 454
Achiltibuie 430
Adam, Robert 118
Adam, William 118
Agrarwirtschaft 127
Alford 366
Alloway Kirk 187
An Tairbeart 496
An- und Rückreise 23
Angeln 61
Angelsachsen 84
Angus 321
Angus Glens 327
An-T-Oib 497
Arbeiten in Schottland 71
Arbroath 321
Architektur 115
Ardencraig Gardens 219
Ardgay 412
Ardminish 454
Ardroil 492
Ardtalla 458
Ardvreck Castle 429
Argyll Forest Park 215
Argyll Wildlife Park 222
Armadale 473
Ärmelkanal 26
Arnol 494
Arran 448
Ärztliche Versorgung 65
Askernish 501
Atomenergie 138
Auchindrain Township Open Air Museum 222
Auchmithie 322
Auslandskrankenversicherung 65
Ausrüstung 17
Ausschilderung von Straßen 51

B

Auto, Anreise 26
Auto, in Schottland 33
Autoren 554
Autoverleih 38
Aviemore 385
Ayr 183
Ayton Castle 159

B&B 54
Backpacker-Bus 41
Badbea 416
Bagh A Chaisteil 503
Bahn, Anreise 29
Bahn, in Schottland 41
Baile na Créige 504
Balivanich 500
Ballater 376, 390
Balmoral Castle 391
Balnahard 465
Balnakeil Craft Village 424
Balranald-Naturpark 499
Balvenie Castle 368
Banchory 375
Banff 349
Banken 68
Bannockburn 286
Barabhas 495
Barra 503
Barvas 495
Bass Rock 268
Bay of Cruden 343
Beauly 404
Bed and Breakfast 54
Beinn Ceannabeinne 424
Beinn Na Faoghla 500
Bekleidung 20
Ben Hope 423
Ben Lomond 289
Ben Mhor 501
Ben Nevis 442
Ben Wyvis 409
Benbecula 500
Bennachie-Bergkette 361
Bettyhill 423
Bevölkerung 93
Bharpa-Langais-Kammergrab 499
Bhragair 494
Bhragair 494
Billigfluglinien 24
Birnam Wood 378
Birsay 513
Black Houses 501

Black Isle 407
Blackness Castle 276
Blackwaterfoot 452
Bladnoch Distillery Visitor Centre 169
Blair Atholl 383
Blantyre 209
Bo'ness 275
Bonar Bridge 412
Bonawe Iron Furnace 223
Bonnie Prince Charlie 90, 398
Borders 142
Borders Fairs 103
Borreraig 474
Borve Castle 500
Bothwell Castle 209
Botschaften 16, 67
Bowmore 458
Braemar 387
Bragar 494
Brass Rubbing 243
Breackan's Cave 463
Brechin 327
Bridge of Alvah 351
Britain Direct 14
Briten 84
Broadford 472
Brochs 440
Brodick 449
Brodie Castle 355
Brough of Birsay 513
Bruar Fall 384
Brückenzoll 35
Bruichladdich 459
Bullers of Buchan 343
Bunnahabhainn Distillery 459
Burgen 116
Burial Grounds 461
Burns Heritage Trail 182, 185
Burns House Museum 188
Burns Monument 187
Burns' Cottage and Museum 187
Burns' National Heritage Park 187
Burns' Night 103
Burns, Robert 111
Bus, nach Schottland 30
Bus, in Schottland 39
Bute 219
Butt of Lewis 495

Register

C

Caerlaverock Castle 177
Cairngorm Lift 387
CairnGorm Mountain 387
Cairngorm, Skifahren 529
Cairnpapple Hill 277
Caithness 416
Calanais 492
Caledonian Canal 438
Callanish 492
Callendar House 277
Campbeltown 230
Camping 55
Campingbus 28, 38
Canisp 428
Cape Wrath 425
Carbisdale Castle 412
Cardonnes Castle 170
Carlabhagh 493
Carloway 493
Carsluith Castle 170
Castle Blair 383
Castle Carrick 216
Castle Dunstaffnage 224
Castle Fraser 364
Castle Jail 154
Castle Kennedy 167
Castle Lachlan 216
Castle Menzies 383
Castle of St John 165
Castlebay 503
Cawdor Castle 397
Cille Barra 504
Clach an Truisail 495
Clach Stein 495
Cladach 499
Clag Castle 461
Clan Mackay 423
Clans 94
Clatteringhaws Visitor Centre 168
Clava Cairns 399
Clickimin Broch 521
Cliseam 497
Clisham 497
Coastal Walk 424
Cock of Arran 451
Colbost Croft Museum 475
Colonsay 464
Corgarff Castle 392
Corrieshalloch Gorge 431
Corryvreckan 463
Council areas 124

Cowal 215
Cowal Highland Gathering 217
Craighouse 461
Craigievar Castle 366
Craignure 466
Craigston 504
Crail 297
Crathes Castle 373
Crichton Castle 273
Crofting 386
Croick Church 412
Crossragual Abbey 190
Crovie 347
Cruachan Pumped Storage Power Station 223
Cruden Bay 343
Cuillin Hills 472
Cullen 351
Culloden Moor 399
Culross 292
Culzean Castle 189

D

Dalabrog 501
Daliburgh 501
David Livingston Centre 209
Daypack 17
Deetal 372
Devil's Beef Tub 180
Diplomatische Vertretungen 16, 66
Dirleton Castle 268
Dornoch 413
Doune 287
Dounreay Prototype Reactor Power Station 422
Drum Castle 373
Drumnadrochit 403
Duart Castle 467
Dudelsack 103, 476
Dudelsackpfeifer 119
Duff House 349
Dufftown 368
Dumbarton 211
Dumbarton Castle 211
Dumfries 173
Dun Bharpa 504
Dun Carloway 494
Dun Dornaigil Broch 423
Dun Telve 438
Dun Troddam 438
Dunadd Fort 228

Dunaverty Rock 231
Dunbar 270
Dunbeath 417
Dunblane 287
Dundee 317
Dundrennan Abbey 171
Dunfermline 294
Dunkeld 380
Dunnet Head 421
Dunnottar Castle 323
Dunoon 217
Dunrobin Castle 413
Dunrossness 522
Duns 156, 440
Duntulm Castle 480
Dunvegan Castle 475
Dunyvaig Castle 457
Durness 423
Dwarfie Stane 515

E

Eadar Dha Fhadhail 492
Eas Coul Aulin 428
Easdale Island Folk Museum 227
East Fortune 270
East Linton 271
East Neuk 296
Edinburgh 234
– Assembly Hall 242
– Calton Hill 258
– Canongate Tolbooth 245
– Charlotte Square 254
– City Arts Centre 253
– City Observatory 259
– Crown Square 239
– Dean Gallery 260
– Dean Village 258
– Dynamic Earth 253
– Edinburgh Castle 238
– Edinburgh Festival 235, 266
–Edinburgh Fringe Festival 235, 266
– Edinburgh Folk Festival 104
– Edinburgh International Festival of Music and Drama 104
– Edinburgh Zoo 261
– Fire Department Museum 253
– Georgian House 254
– Gladstones Land 242

545

Register

- Heart of Midlothian 243
- Holyrood Park 260
- John Knox House 244
- Leith 261
- Mercat Cross 243
- Museum of Childhood 244
- Museum of Scotland 252
- National Gallery of Scotland 255
- New Calton Burial Ground 260
- Old Calton Burying Ground 259
- Old College 252
- Old Town 237
- Outlook Tower 241
- Parliament House 243
- Parliament Square 243
- Portcullis Gate 238
- Portobello 261
- Princes Street Gardens 255
- Radical Road 261
- Register House 258
- Royal Mile 237
- Royal Scottish Academy 255
- Royal Scottish Museum 252
- Scott Monument 255
- Scottish National Gallery of Modern Art 260
- Scottish National Portrait Gallery 255
- Scottish United Forces Museum 240
- St Andrews Square 254
- St Giles Cathedral 243
- St Margaret's Chapel 238
- Talbot Rice Art Centre 253
- The Palace of Holyrood House 245
- The People's Story 245
- The Scotch Whisky Heritage 241
- Tolbooth Church 242
- West Register House 255
- White Horse Close 245
- Writer's Museum 242

Edzell 328
Edzell Castle 328
Eilean Bharraigh 503

Eilean Donan Castle 436
Eilean Leodhais 490
Eilean Na Hearadh 496
Ein- und Ausreisebestimmungen 32
Einkäufe 60
Eiriosgaigh 502
Eisenbahn, nach Schottland 29
Eisenbahn, in Schottland 41
Elektrizität 70
Elgin 352
Elgol 472
Elie 296
Elphin 429
Energieversorgung 126
Eoligarry 504
Eoropaidh 495
Erholung 60
Eriskay 502
Ermäßigungen 69
Essen 58
Europie 495
Eyemouth 159

F
Fähren, nach Großbritannien 26
Fähren, in Schottland 43
Fahrrad 31, 45
Fair Isle 522
Falkland 308
Fall of Measach 431
Fallen Rocks 450
Falls of Clyde Nature Reserve 211
Falls of Glomach 437
Falls of Shin 413
Fasag 433
Fast Castle 159
Fastfood 59
Feiertage 69
Feolin 461
Ferienhäuser 56
Ferienwohnungen 56
Feste 103
Festivals 104
Fife 292
Finanzwesen 127
Fingals Cave 470
Finlaggan Castle 459
Fionnphort 467
Firth Bridge 407

Firth of Clyde 217
Fischereiindustrie 133
Five Sisters of Kintail 404, 437
Floors Castle 145, 146
Flug, nach Schottland 23
Flug, in Schottland 39
Flüsse 134
Folklore 102
Folkmusic 119
Fontane, Theodor 250
Forfar 327
Forres 355
Forstwirtschaft 131
Fort Augustus 439
Fort Charlotte 521
Fort Dun Norsebridge 458
Fort George 397
Fort William 441
Fraserburgh 346
Fremdenverkehrsamt 14
Fringe Festival 104, 235, 266
Fyrish Monument 409
Fyvie Castle 359

G
Gairloch 433
Galashiels 150
Gälisch 98
Galloway Forest Park 169
Garenin 494
Gasthöfe 54
Gearraidh Bhailteas 501
Gearrannan 494
Gebäck 59
Geiz 127
Geld 21
Geographie 74
Geologie 75
Geschäfte 67
Geschichte Schottlands 83
Geschützte Gebiete 136
Geschwindigkeitsbegrenzungen 35
Gespensterglaube 106
Gesundheit 65
Gewässer 134
Gewichte 70
Giants Craves 453
Gigha 454
Glamis 325
Glamis Castle 325

Register

Glasgow 190
- Burrell Collection 199
- City Chambers 198
- Gallery of Modern Art 198
- Glasgow Cathedral 196
- Glasgow Science Center 201
- Hunterian Art Gallery 199
- Hunterian Museum 199
- Kelvin Hall 199
- Kelvingrove Art Gallery and Museum 199
- Mackintosh House 199
- Museum Transport 198
- People's Palace 194
- Pollok Country Park 200
- Pollok House 200
- Templetons Carpet Factory 194
- University of Glasgow Visitor Centre 199

Glen Affric 403
Glen Aray 223
Glen Cannich 403
Glen Coe 445
Glen Esk 328
Glen Etive 446
Glen Grant Distillery 372
Glen Iorsa 452
Glen Nevis 442
Glen Urquhart 403
Glenashdale Falls 453
Glenbrittle 472
Glencoe, Skifahren 528
Glenelg 437
Glenfinnan 444
Glenfinnan Sleeping Car 444
Glenkiln Reservoir 173
Glenlivet 392
Glenshee, Skifahren 529
Glenshee-Skilifte 387
Goatfell 450
Golf 61, 300
Grafschaften 121
Grampian 330
Grampian Mountains 330
Grantown on Spey 392
Gretna Green 164
Grey Cains of Camster 417
Grey Mare's Tail 180
Gruinard Bay 431
Grutness 522

Gurness Broch 513
Guy Fawkes Day 105

H
Haddington 271
Haddo House 358
Hadrians-Wall 142
Haggis 59
Halbinsel Cowal 215
Halbinsel Kintyre 226
Halbinsel Sleat 473
Handa Island Nature Reserve 426
Handy 57
Harris 496
Harris Tweed 488
Hart Fell 180
Haustiere 32
Hawick 155
Healabhal Bheag 474
Heaval 504
Hebriden, Äußere 484
Hebriden, Innere 448
Helensburgh 212
Hell's Glen 216
Helmsdale 414
Hermitage Castle 155
Highland Clearances 410
Highland dancing 389
Highland Games 103, 388
Highland Gatherings 388
Highland Mary's Monument 188
Highland-Mary 217
Hill House 212
Hill O'Many Stanes 417
Hill of Towie 364
Hin- und Rückreise 23
Historic Scotland 15, 69
Hochland 377
Hochtechnologien 125
Hogwart's Express 444
Holy Island 454
Hopetoun House 275
Hosta 499
Hotels 54
Howmore 501
Hoy 515
Huntly 362

I, J
Inchcolm Abbey 275
Inchcolm Island 275

Inchmahome Priory 290
Information 14
Inveraray 221
Inverewe Garden 431
Invergarry 439
Inverness 393
Inverpolly Nationalpark 429
Inverurie 360
Iona 469
Iona Abbey 469
Islay 457
Isle of Seil 227
Jacobite Steam Train 444
Jarlshof 523
Jedburgh 154
Jedburgh Abbey 154
John O'Groats 420
Jugendherbergen 54
Jura 461

K
Kames Castle 220
Kanal 26
Kanaltunnel 29
Katholische Kirche 102
Keith 363
Kelso 145
Kelso Abbey 146
Kelso Horse Sales 145
Kelso Ram Sales 145
Kelten 84
Kfz-Vertragswerkstätten 37
Kilchattan 455
Kilchoman Church and Cross 459
Kilchurn Castle 223
Kildalton Chapel 457
Kildalton Cross 457
Kildonan 453
Kildrummy Castle 367
Killiecrankie 383
Kilmartin 227
Kilmory Cairns 452
Kilmun 216
Kilninver 227
Kiloran Gardens 465
Kilravock Castle 399
Kilt 98
Kilt Rock 481
King's Cave 452
Kingussie 385
Kinross 310
Kintyre 226

Anhang

547

Register

Kirkoswald 189
Kirkwall 510
Kirriemuir 327
Klima 75
Knap of Howar 517
Kocher 20
Kompass 52
Konsulate 66
Krankenkassen 65
Krankheit 65
Kreditkarte 21, 67
Kreisverkehre 35
Küche, schottische 58
Kyle of Lochalsh 434
Kyle of Tongue 423
Kyleakin 471
Kylestrome 427

L

Lairds 94
Lake of Menteith 290
Lamlash 454
Le Shuttle 29
Lecht-Tows-Skigebiet 392
Leith Hall 362
Lerwick 520
Leverburgh 497
Lewis 490
Liathach-Massiv 433
Linlithgow 276
Linn of Dee 390
Literatur 108
Literaturtipps 531
Loanhead of Daviot 362
Loch Assynt 429
Loch Awe 223
Loch Badanloch 415
Loch Baghasdail 501
Loch Coruisk 472
Loch Druidibeg National
    Nature Reserve 501
Loch Duich 404, 436
Loch Etive 446
Loch Faskally 381
Loch Garry 438
Loch Glencoul 428
Loch Harport 474
Loch Hope 423
Loch Katrine 289
Loch Leven 310
Loch Leven Castle 310
Loch Lochy 439
Loch Lomond 210, 214

Loch Maree 433
Loch na Gainmhinch 428
Loch Ness 400, 403
Loch Rannoch 383
Loch Tay 383
Loch Tummel 383
Lochawe 223
Lochboisdale 501
Lochcraig Head 180
Lochinver 428
Lochranza 451
Lodberries 520
Lomond Hills 308
Lowlandman's Bay 463
Ludag 501
Lunan Bay 322

M

MacArthur's Head 458
Macduff 347
Machrie Moor Standing
    Stones 452
Mackintosh, Charles Rennie
    201
MacNeils of Barra 503
Macpherson, James 108
Maes Howe 513
Maestro-Karte 21, 67
Magazine 108
Maiden Stone 361
Mainland 510
Malerei 114
Mallaig 445
Manderston House 156
Maria Stuart 87
Mary Queen of Scots
    211, 246
Maße 70
Mauchline 188
McCaig's Tower 224
Meigle Museum 327
Mellerstain House 147
Melrose 147
Melrose Abbey 147
Merse 156
Midhowe 517
Mietwagen 36
Mill of Towie 364
Milton 501
Mingary 501
Minngearraidh 501
Mither Tap 361
Mobiltelefon 57

Moffat 179
Monreith Animal World 168
Montrose 322
Motorrad, in Schottland 33
Mousa 522
Mousa Broch 522
Mücken 66
Mull 466
Müll 136
Mull and Iona Museum 467
Mull of Galloway 167
Mull of Kintyre 231
Mull of Oa 458
Museum of Flight 270
Musik 119
Musselburgh 268

N

Na Fir Breige 499
National Trust for Scotland
    15, 69
Nationalismus 92
Neidpath Castle 153
Neist Point Lighthouse 475
Neptune's Staircase 443
Nessie 401
Netzspannung 70
Nevis Range, Skifahren 527
Nevis-Range-Skigebiet 442
New Abbey 177
New Lanark 209, 210
New Town 254
Newton Stewart 167
Noltland Castle 518
Nordküste 420
North Berwick 268
North Uist 499
Northwaa 515
Noss 523
Notfall 66
Noup Head 518

O

Oban 224
Öffentliche Verkehrsmittel,
    in Schotland 39
Öffnungszeiten 67
Old Aberdeen 337
Old Man of Hoy 515
Old Man of Storr 481
Ölförderung 125
Orchardton Tower 171
Ord of Caithness 416

548

Register

Orientierung 51
Orkney 506
Oronsay 464
Owen, Robert 183, 210
Oxen Craig 361

P
Paisley 209
Papa Westray 517
Parlament, schottisches 93, 121
Pass of Drumochter 384
Paxton House 157
Peebles 152
Pennan 347
Perth 312
Peterhead 344
Pflanzenwelt 81
Pfund Sterling 21
Pitlochry 380
Pitmedden Garden 357
Pitsligo Castle 347
Pittenweem 296
Plockton 434
Pobull Fhinn 499
Pol A Charra 501
Pollachar 501
Pop 120
Port Askaig 458
Port Charlotte 459
Port Ellen 457
Port Nis 495
Port of Menteith 290
Port of Ness 495
Portknockie 351
Porto 56
Portree 482
Post 56
Postbus 41
Presbyterian Church 101
Presse 105
Preston Mill & Phantassie Doocot 271
Prestongrange 268
Privathaftpflichtversicherung 23
Protestantismus 101
Pubs 68

Q
Queen Elizabeth Forest Park 289
Queensway 170

Quiraings 481
Quoyness 515

R
Raasay 474
Rannoch Moor 383
Rannoch Station 383
Rapploch Moss 170
Red Castle 322
Reformation 87
Regionen 121
Reisegepäckversicherung 23
Reisekosten 21
Reiserückholversicherung 65
Reiserücktrittsversicherung 23
Reiseschecks 67
Reisezeit 16
Religion 101
Restaurants 68
Rhinns of Galloway 162
Rhinns of Islay 459
Rind 130
River Craig 433
River Dee 372
Robert Burns 111
Robert Burns Centre 174
Robert the Bruce 85
Rock 120
Rocks of Solitude 328
Rodel 497
Roghadal 497
Rosehearty 347
Roslin 273
Rosslyn Chapel 273
Rothes 372
Rothesay 219
Rothesay Castle 219
Roundabout 35
Rousay 517
Rubha Robhanais 495
Rucksack 17
Rugby 64
Ruthwell Church 178
Ruthwell Cross 178

S
Saddel Abbey 231
Sale of Work 103
Sanday 515
Scalloway 522
Scalpay 474
Schafe 128

Schecks 21
Schlucht von Killiecrankie 383
Schottenrock 95, 102
Schriftsteller 113
Schuhe 19
Scone 316
Sconser 474
Scott, Sir Walter 110
Scots 101
Scottish Broth 58
Scottish Hydro Electric Centre 381
Scottish National Party 121
Scottish Seabird Centre 268
Scourie 427
Scrabster 421
Seevögel 508
Segeln 63
Shader 495
Shandwick 412
Shetland 518
Shetland Folk Festival 521
Siadar 495
Sir Arthur Conan Doyle 109
Sir Walter Scott 110
Skara Brae 513
Skifahren 526
Skigebiete 526
Skipness 231
Skoten 84
Skye 470
Skye Museum of Island Life 480
Slains Castle 343
Sleat 473
Sligachan 474
Smoo Cave 424
Souter Johnnie's Cottage 189
South Queensferry 274
South Uist 501
Southend 231
Spean Bridge 439
Sport 60
Sprache 98
Sprachkurse 72
SS Politician 502
St Andrew's Day 105
St Andrews 298
St Blane's Chapel 219
St John's Head 515
St Mary's Kirk 368
St Monans 296

Anhang

549

Register

St Ninian's Cave 168
St Ninians Chapel 220
St Oran' Chapel 465
St Vigeans 322
Stac Polly 429
Staffa 469
Stalker Castle 446
Stechmücken 17
Steckdosen 70
Stenness Standing Stones 513
Steornabhagh 490
Stevenson, Robert Louis 109
Stewarts 86
Stirling 280
Stonehaven 324
Stornoway 490
Storr 481
Stranraer 165
Straßennummern 51
Strath of Kildonan 415
Strathnaver Museum 423
Strathpeffer 409
Stromness 514
Studium in Schottland 71
Sty Wick 515
Sueno's Stone 355
Suilven 428
Sumburgh Head 523
Summer Isles 430
Sutherland 416
Sweetheart Abbey 175

T

Tain 409
Tal des Clyde 209
Talisker 474
Tankstellen 36
Tantallon Castle 269
Tarbert 229, 463, 496
Tarbolton 188
Tartan 95
Tauchen 64
Tayinloan 230
Taynuilt 223
Tayside 312
Teampull na Trionaid 499
Telefon 56
Temperatureinheit 70
Temple Wood 228
Teviot 145
The Burg 467
The House of the Binns 275

The Lecht, Skifahren 529
The Machars 163
The Moors 162
The Needle 481
The Oa 458
The Rhinns of Islay 459
The Strand 465
The Trossachs 287
The Whithorn Story 168
Threave Castle 172
Thurso 421
Tierwelt 77
Tigh A Ghearraidh 499
Tigharry 499
Tighnabruaich 216
Tobermory 467
Tobha Mor 501
Tolquhon Castle 357
Tomintoul 392
Torhouse Stone Circle 168
Tormiston Mill 513
Torosay Castle 466
Torridon 433
Tourismus 126
Tourist Information Centres 15
Touristeninformation 14
Trachten 99
Trampen 31, 44
Traquair House 151
Traveline 39
Trinity Temple 499
Trinken 58
Trinkgeld 22
Trossachs 287
Trotternish 479
Trushel Stone 495
Turriff 359
Tursachan Calanais 492
Tweed 145, 488
Tweedsmuir Hills 180

U

Uddington 209
Uibhist A Dheas 499
Uibhist A Tuath 501
Uig 479
Ullapool 431
Ullapool Hill Walk 431
Umweltschutz 133
Unabhängigkeitskriege 85
Unfallversicherung 23
Unterkunft 53

Up Helly Aa 105, 521
Upper Donside 367
Urquhart Castle 403

V

Veranstaltungen 103
Verkehrsregeln 33
Verlust von Geld 67
Versicherungen 22
Verwaltung 121
Victorianismus 91
Visit Britain 14
Vögel 79
Vogelschutzgebiet North Hill 517
Volksmusik 119

W

Währung 21
Waldvernichtung 133
Wandern 46
Wasser 70
Wassersport 63
Werftindustrie 125
Werkstatt 36
West Highland Heavy Horses 473
West Highland Line 444
West Highland Way 47
Westness House 517
Westray 518
Wetter 75
Whisky 370
Whiting Bay 453
Whiting Ness 322
Wick 418
Wiederaufforstung 133
Windsurfing 63
Wirtschaft 124
Wohnmobil 38
Wohnwagen 38, 56
Wrack 502

Z

Zeitdifferenz 71
Zeitschriften 108
Zeitungen 105
Zelte 18
Zelten 46
Zimmervermittlung 53
Zoll 32
Zug, in Schottland 41
Zug, nach Schottland 29

Die Autoren

Andreas Braun, Jahrgang 1968, wurde im Alter von 17 Jahren bei einer Reise quer durch Großbritannien vom Schottlandfieber infiziert. Seit dieser Zeit wandelt er begeistert über die karge Bergwelt des schottischen Hochlandes, fühlt sich aber genauso wohl im Süden Schottlands und muss immer wieder Glasgow besuchen. Nach abgeschlossenem Studium der Architektur hofft er, irgendwann (bevor die Kinder groß sind) in Schottland zu arbeiten.

Ruhe im Eichenbett Schottlands Einzigartigkeit in flüssiges Sonnenlicht verwandelt: in Single Malt Scotch Whisky.

Antje Großwendt (Jahrgang 1969) studierte Germanistik und Romanistik in Marburg, hat aber trotzdem eine ausgesprochen anglophile Ader. Seit 1990 bereist sie immer wieder Schottland, weil nirgendwo sonst die Schlossgespenster schauriger, die Dudelsäcke schräger und die Menschen schottischer sind.

Holger Cordes, Jahrgang 1969, studierte Geschichte und Volkswirtschaftslehre in Marburg und Poitiers. Seit er 1986 das erste Mal nach Schottland reiste, zieht es ihn immer wieder in dieses Land der lebendigen Geschichte, der Mythen und Legenden, aber auch der Wiege der modernen Nationalökonomie. Anziehender noch als die Weite der Bens, ist ihm das Wasser der Glens, das nach allerlei Verfeinerungen und

Kartenverzeichnis

Schottland . . . . .hintere Umschlagklappe

Thematische Karten
Fährverbindungen 27
Grafschaften 122
Regionen 123
Landschaftsschutzgebiete 137

Stadtpläne
Aberdeen Zentrum 335
Edinburgh . . . . .vordere Umschlagklappe
Edinburgh, Royal Mile 238
Glasgow 194
Inverness 395
Old Aberdeen 339
St Andrews 299

Kartenatlas
Dumfries and Galloway, Südwesten II
Glasgow und Innere Hebriden, Süd IV
Edinburgh und Borders VI
Westliches Hochland und Mull VIII
Perth, Stirling, Fife und Angus X
Skye und Äußere Hebriden, Süd XII
Inverness und der Nordwesten XIV
Aberdeen und Grampian Mountains XVI
Äußere Hebriden, Nord XVIII
Der Norden XX
Orkney XXII
Shetland XXIII

KARTENATLAS I

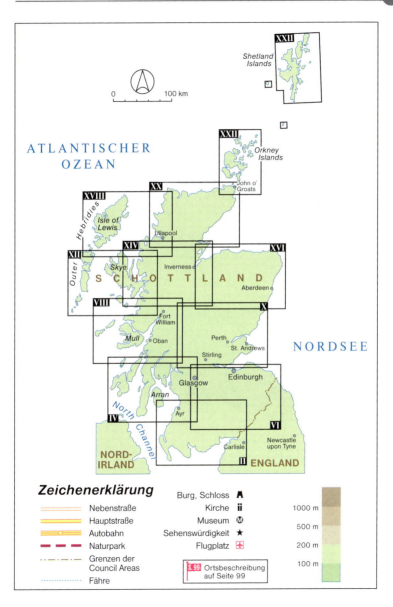

II STRANRAER, NEWTON STEWART, AYR

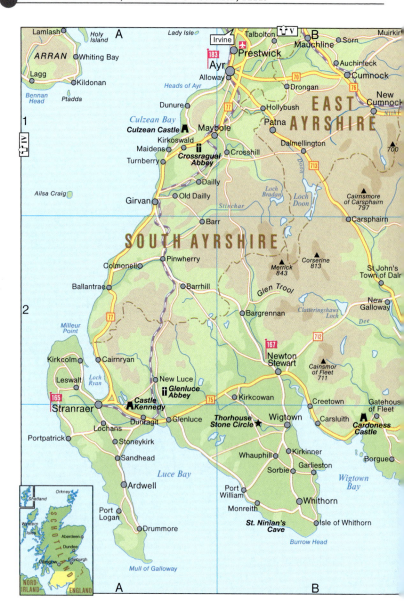

Dumfries, Moffat, Tweedsmuir Hills

III

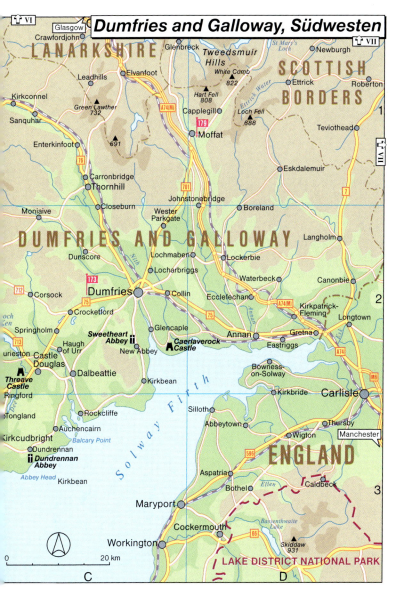

IV KINTYRE, ISLAY, JURA, COLONSAY, ORONSAY

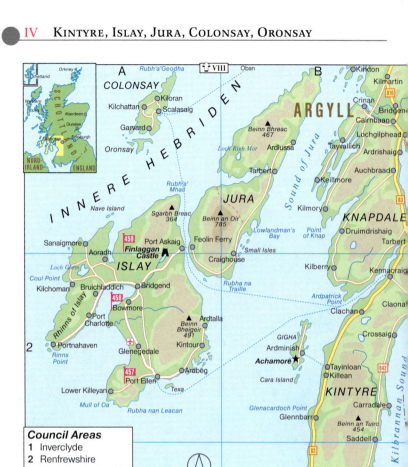

Glasgow, Ayr, Arran, Bute, Cowal

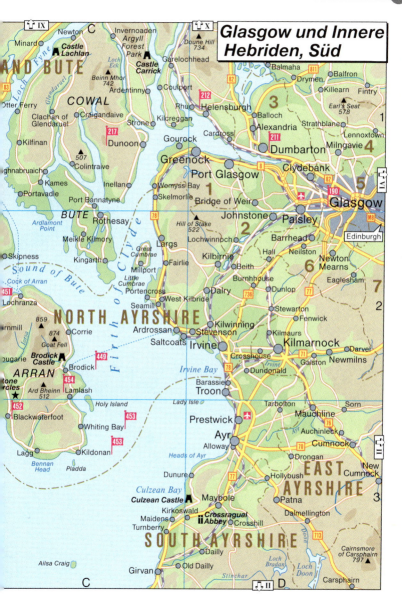

GALASHIELS, HAWICK, KELSO, MELROSE, EYEMOUTH VII

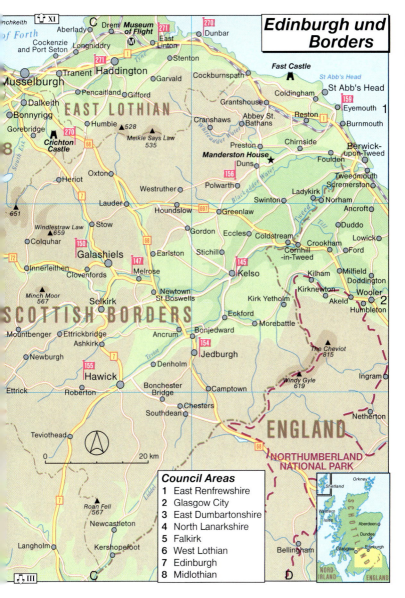

VIII MULL, IONA

Fort William, Oban, Mallaig, Glen Coe   IX

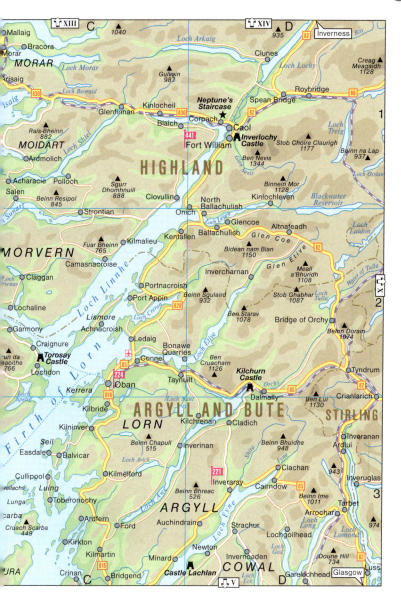

X Stirling, Loch Lomond, Dunkeld, Pitlochry,

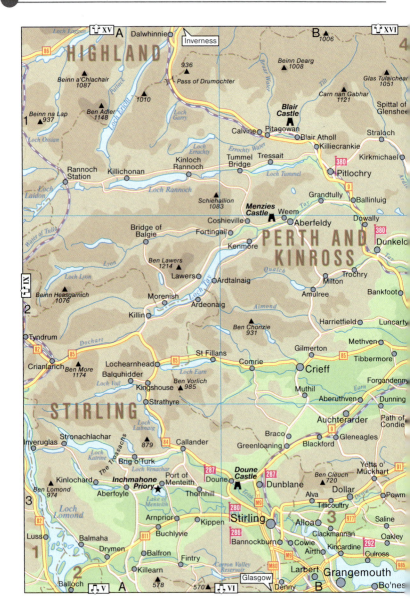

Dunfermline, Perth, St Andrews, Dundee, Glamis   XI

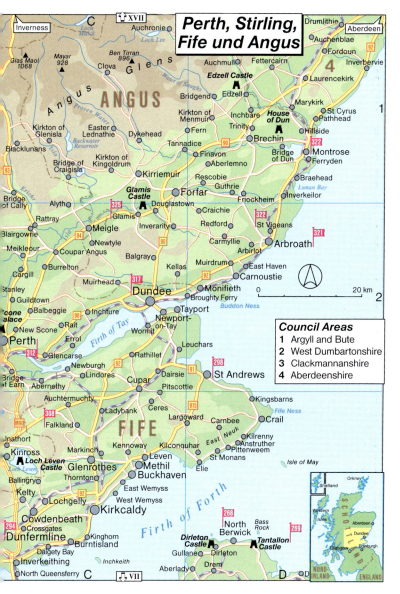

XII NORTH UIST, BENBECULA, SOUTH UIST, BARRA

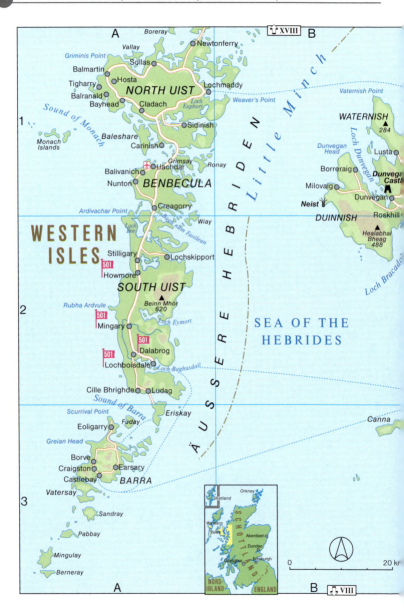

Skye, Torridon, Glenelg, Five Sisters of Kintail — XIII

XIV SKYE, TORRIDON, GLENELG, FIVE SISTERS OF KINTAIL

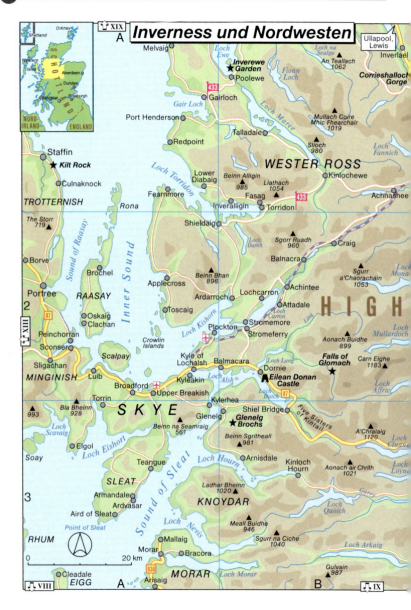

INVERNESS, KINGUSSIE, AVIEMORE, STRATHPEFFER XV

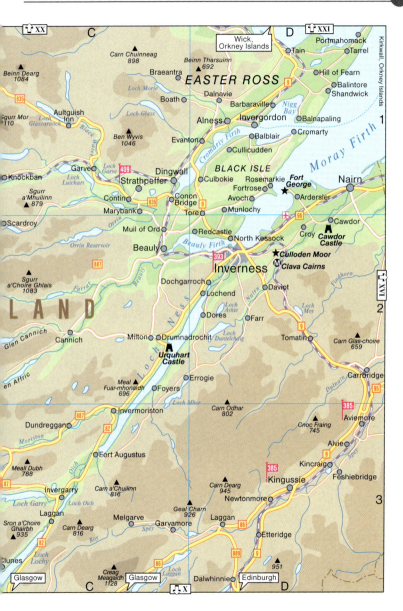

XVI Dufftown, Ballater, Braemar, Elgin

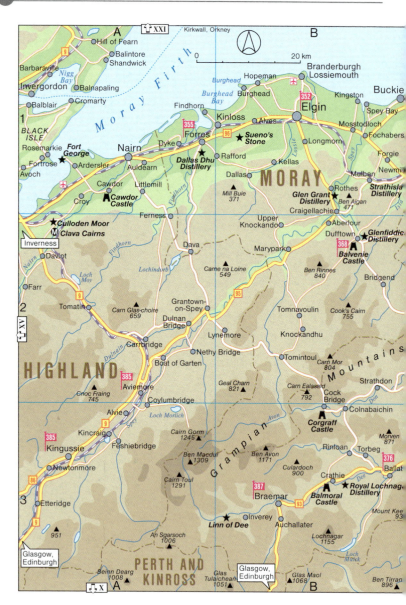

ABERDEEN, PETERHEAD, FRASERBURGH, INVERURIE — XVII

XVIII LEWIS, STORNOWAY, HARRIS, TARBERT

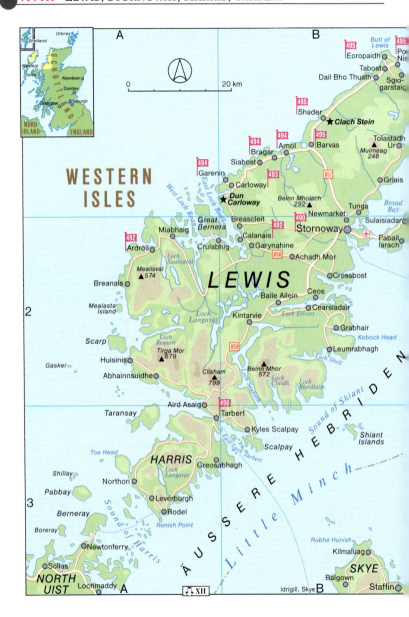

ULLAPOOL, LOCHINVER, LOCH ASSYNT, GAIRLOCH XIX

XX BONAR BRIDGE, DURNESS, SCOURIE, ULLAPOOL

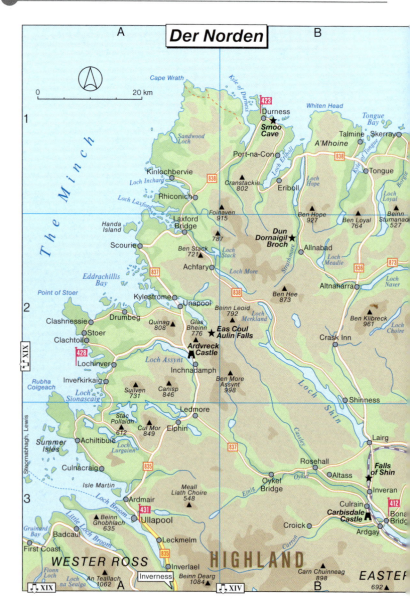

DORNOCH, HELMSDALE, WICK, THURSO

XXI

XXII MAINLAND, HOY, SANDAY, ROUSAY, WESTRAY

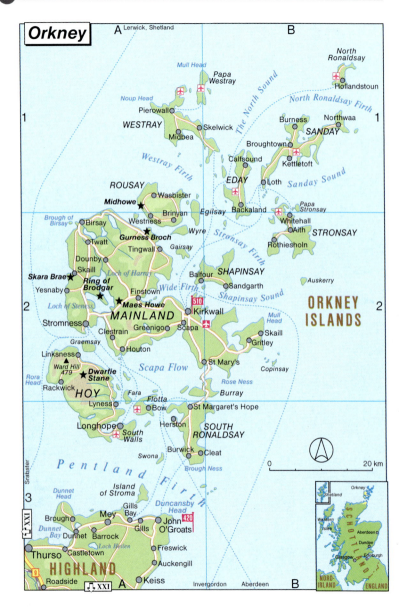

LERWICK, SCALLOWAY, MOUSA, FAIR ISLE, SUMBURGH   XXIII

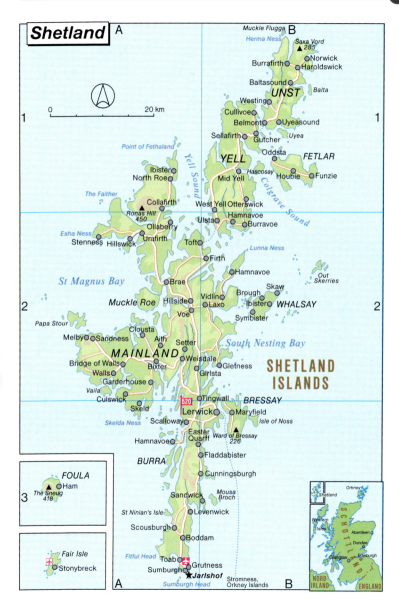

Umrechnungsfaktoren

°C	°F
50--	- 122
45--	- 113
40--	- 104
35--	- 95
30--	- 86
25--	- 75
20--	- 68
15--	- 59
10--	- 50
5--	- 41
0--	- 32

Temperaturen

°Fahrenheit → °C	x 1,8 + 32
°C → °F	- 32 x 0,556

Längenmaße
Flächenmaße

Inches → Zentimeter	x 2,54
Zentimeter → Inches	x 0,39
Feet → Meter	x 0,3
Meter → Feet	x 3,28
Yards → Meter	x 0,91
Meter → Yards	x 1,09
Miles → Kilometer	x 1,61
Kilometer → Miles	x 0,62
Acres → Hektar	x 0,4
Hektar → Acres	x 2,47

Gewichte

Ounces → Gramm	x 28,35
Gramm → Ounces	x 0,035
Pounds → Kilogramm	x 0,45
Kilogramm → Pounds	x 2,21
British Tons → Tonnen	x 1,016
Tonnen → British Tons	x 0,985

Hohlmaße

Imperial Gallons → Liter	x 4,55
Liter → Imperial Gallons	x 0,22

Reifendruck

Pounds/Inch^2 → Bar	x 0,07
Bar → Pounds/Inch^2	x 14,2

VI Edinburgh, Glasgow, New Lanark

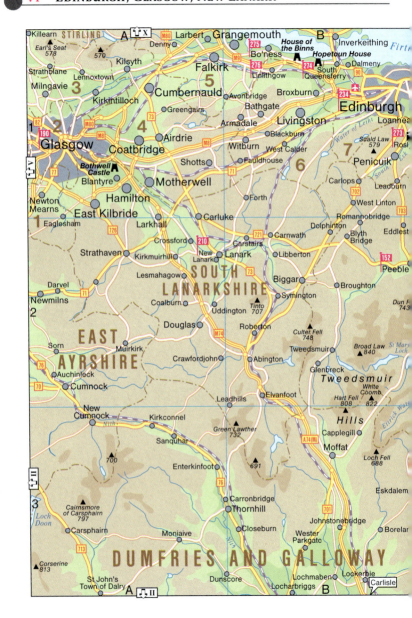